Peter Kratz
Die Götter des New Age

Umschlag: Jürgen Holtfreter
Gestaltung: Barbara Globig
Satz: Eigensatz
Belichtung: MSP Satz+Grafik GmbH, Berlin
Druck: Nørhaven A/S, Viborg, Dänemark

Printed in Denmark
EP 511
ISBN 3-88520-511-4
2. Auflage 1995

ELEFANTEN PRESS
Postfach 66
12414 Berlin

Die Deutsche Bibliothek – CIP-Einheitsaufnahme

Kratz, Peter:
Die Götter des New Age :
im Schnittpunkt von "Neuem Denken",
Faschismus und Romantik /
Peter Kratz. – Berlin : Elefanten Press, 1994
(EP ; 511)
ISBN 3-88520-511-4
NE: GT

Peter Kratz

Die Götter des New Age

Im Schnittpunkt von »Neuem Denken«, Faschismus und Romantik

ELEFANTEN PRESS

Inhalt

Die Philosophen zerstörten in ihrem Kampfe gegen die Religion die heidnische, aber eine neue, die christliche, stieg hervor. Auch diese ist bald abgefertigt, doch es kommt gewiß eine neue, und die Philosophen werden wieder neue Arbeit bekommen, jedoch wieder vergeblich: die Welt ist ein großer Viehstall, der nicht so leicht wie der des Augias gereinigt werden kann, weil, während gefegt wird, die Ochsen drin bleiben und immer neuen Mist anhäufen.

*Heinrich Heine**

* Heinrich Heine, Gedanken und Einfälle, in: Werke, Wiesbaden o.J., Bd. IV, S. 436.

Vorbemerkung

Der Gott des »Neuen Zeitalters« soll naturverbunden sein, ein grüner Gott. Doch bei näherem Hinsehen zeigt er eine auffällige Identität mit der »Vorrrsehunggg«, wie Adolf Hitler markig-lächerlich die pantheistische Gottesvorstellung des Nationalsozialismus nannte. Dieser Gott ist nie allein, denn zu ihm gesellen sich lauter angeblich gottförmige Menschen. Sie gründen eine »spirituelle Bewegung«, die heute New Age heißt. Damals nannte sie sich »völkische Bewegung«. Ihre zahlreichen »neuheidnischen« oder »deutschgläubigen« Sekten, wie sie sich selbst nannten, mündeten überwiegend im Faschismus und Neofaschismus. Diese Menschen glauben, das All-Göttliche wirke in ihnen und durch sie selbst.

Das materielle Ziel der angeblich neuen Spiritualität ist ein Angriff auf die große Mehrheit der Menschen. Bei näherem hinsehen erscheint die Naturreligiosität nur noch als Deckmantel dieses Angriffs. Im Visier erscheinen ethische Normen, soziale Errungenschaften, ja sogar das Lebensrecht des Individuums.

Das gab es alles schon einmal als politische und gesellschaftliche Praxis, im historischen Faschismus. Die Unbelehrbaren, die immer wieder scheinbar neuen Ideologien nachrennen, statt sich an den Interessen der Menschen zu orientieren, leisten einer solchen gesellschaftlichen Praxis Vorschub, auch wenn sie für sich etwas anderes, ja sogar das Gegenteil, im Sinn haben mögen.

Das New Age richtet sich an die Sanften, nicht an die Militanten. Deshalb wird meistens übersehen, daß in dieser breiten religiösen Strömung der Selbstvergöttlichung faschistische Ideologie wiederauflebt. Für Linke und Liberale fällt dies alles unter das Grundrecht der freien Religionsausübung. Die Grundrechte zu schützen ist ihr Interesse, darüber hinaus findet Religion bei ihnen wenig Beachtung. Faschisten dagegen haben schon gleich nach dem Zweiten Weltkrieg die im Grundgesetz garantierte Religionsfreiheit als Chance begriffen, ihre menschenverachtende Ideologie weiterzupflegen. Für ihre Weltanschauung des selbstgöttlichen Herrenmenschen, die gerade erst wegen der millionenfachen Nazi-Verbrechen geächtet worden war, entdeckten sie die Religionsfreiheit als willkommenen Unterschlupf. Sie wußten, daß der Faschismus eine religiöse Basis im

»nordischen« Mythos der Göttlichkeit von Natur und Kosmos hatte. Sie wußten, daß dieser braune All-Gott den Menschen, der ihn sich nutzbar macht, selbst zum Gott über andere erhebt.

Die Linke war dagegen allzu einseitig fixiert auf die unbestritten zentrale Tatsache, daß der Faschismus eine Herrschaftsform des Kapitals ist. Vergessen wurden hierbei die Köpfe der Menschen. Die lange übersehene Funktion des Faschismus als Ideologie der gesellschaftlichen Modernisierung ließ die Frage außer Acht, wie völkische Naturreligiosität und die Arbeit an einer deutschen Atombombe zusammengehen könnten. Der deutsche Physiker Werner Heisenberg wurde wegen seiner physikalischen Arbeiten zum Idol des New Age. Wegen *ebendieser* physikalischen Arbeiten hatte auf ihm auch die letzte Hoffnung des deutschen Kapitals geruht, mit einer Superwaffe doch noch den Zweiten Weltkrieg zu gewinnen. Die Linke hat bisher kaum danach gefragt, ob ein Zusammenhang zwischen beidem besteht.

So erscheinen New Age und Faschismus fälschlich als Gegensätze. Die Rechte profitiert heute davon, nachdem das New Age zu einer Massenströmung geworden ist. Der geächtete nordische Mythos ist unbemerkt zurückgekehrt. Das Kapital bedient sich ein zweites Mal seiner, bisher weitgehend ungestört.

Das New Age ist ein Angriff auf die linke Weltanschauung und auf eine Politik, die die Interessen der Bevölkerungsmehrheit in den Vordergrund stellt. Der Angriff vollzieht sich nach demselben Muster wie der des historischen Faschismus, allerdings bisher ohne offenen Terror. Dieser Angriff und seine gesellschaftlichen Ziele sind das Thema des vorliegenden Buches. Es will einen Beitrag dazu leisten, die Aufmerksamkeit auf diese übersehenen, aber nachhaltig wirkungsvollen Zusammenhänge zu lenken.

Der Beitrag will trotz mancher sachlich erzwungener Komplexität der Argumentation bescheiden bleiben. Das entspricht dem Zustand der Linken und insbesondere des Antifaschismus: In den Zeiten einer Offensive der extremen Rechten, die ideologisch und praktisch-politisch bereits in die Mitte der Gesellschaft hineinwirkt, glaubt sich die Linke in einer weltanschaulichen Krise und steht ohne finanzielle Mittel da.

An dem Thema »Faschismus als New Age« muß über dieses Buch hinaus weiter gearbeitet werden, um den Angriff auf die Linke wenigstens zu verstehen.

Ohne die vielfältigen Anregungen von Hartmut Meyer wäre dieses Buch nicht möglich gewesen. Er gehörte zu denen, die schon früh die Bedeutung der völkischen Religiosität für den Neofaschismus erkannt hatten und Beziehungen zum New Age sahen. Das Manuskript des Buches konnte er nicht mehr lesen. Er starb am 29. Juli 1992.

1.

Germania trifft Aquarius

Mittsommernacht an den Externsteinen

21. Juni, kurz vor fünf Uhr mitteleuropäischer Sommerzeit. Es ist kalt und neblig an den Externsteinen im Teutoburger Wald. Die schroffen Felsspitzen ragen in ein Tal hinein, das nach dem Krieg zu einem See aufgestaut wurde. Feuchtigkeit zieht hoch. In ein paar Minuten ist es soweit: Die Sonne wird aufgehen, die kürzeste Nacht des Jahres wird zu Ende sein. Irgend jemand hat vor langer Zeit in einen der Felsen eine Zelle und in deren Stirnwand ein kleines Loch gehauen, niemand weiß wann. Für Neuheiden und Esoteriker, Nazis und New Ager waren es die alten Germanen. Nur wenige von ihnen zweifeln daran, weil naturreligiöse Menschen sich niemals mit Hammer und Meißel an einem heiligen Stein zu schaffen machten. Der erste Sonnenstrahl des ersten Sommertages soll durch dieses Loch fallen. Die Externsteine sind für diese Gläubigen das größte Sonnenheiligtum des europäischen Festlandes, übertroffen nur noch vom britischen Stonehenge.

Auf der feuchten Wiese pellen sich ein paar befrorene Gestalten aus den Schlafsäcken. Sie haben die ganze Nacht zur Gitarre gesungen, Rotwein getrunken und hier und da ein Pfeifchen geraucht. Sonnenwende mit Camping-Romantik. Da kommen noch welche vom Großparkplatz, der hier für die vielen Sommerfrischler angelegt wurde. Sie haben wohl zwischen Kneipen-Ultimo und kosmischem Ereignis ein Nickerchen im warmen Auto gemacht.

Die Externsteine waren immer schon ein touristisches Ziel, seit der Zeit, als sich die lippischen Barock-Grafen auf den Felsspitzen Pavillons für Schäferstündchen bauten. Die baulichen Erinnerungen an diese sinnenfrohe Zeit (wenn auch nur für die Grafen, nicht für ihre Leibeigenen) wurden erst in der deutschen Romantik beseitigt. Man benötigte die Steinformation nun als monumentalen Gehilfen gegen die welschen Ideen von Freiheit, Gleichheit und Solidarität.

Die Legende kam auf, hier habe sich ein Naturheiligtum aus der heidnischen Vorgeschichte der alten Germanen befunden. Wie praktisch, denn

Natur und Naturspiritualität kennen die Forderung der bürgerlichen Revolutionen nach der Emanzipation des Menschen nicht. In der Natur herrschen nicht die Werte der Französischen Revolution, sondern Gebundenheit an die vorgefundenen Verhältnisse, Ungleichheit der Individuen und das Recht des Stärkeren im Kampf ums Dasein. Eine nationale Gedenkstätte konnte man brauchen in der Zeit der Besetzung Deutschlands durch die Truppen Napoleons, die für die Revolution standen, erst recht eine vermeintlich naturreligiöse, geheiligte und die Gegnerschaft zur Revolution heiligende Stätte. Da paßten barocke Orgien nicht ins Bild, denn die Teilnahme an solcher Lebensqualität forderten die unterdrückten Menschen in den bürgerlichen Revolutionen und Revolten ja gerade ein. Also weg mit dem alten Gemäuer. Das heutige Aussehen der Externsteine ist ein Werk der Romantik, die Wiese davor ein Werk der Nazis, der Großparkplatz für die sommerlichen Touristenmassen eine Errungenschaft des Fünfziger-Jahre-Wirtschaftswunders – hier hinterläßt wohl jede Epoche deutschen Stolzes Spuren.

Der Ort war gut gewählt, um vor knapp zweihundert Jahren die Volksseele mit germanischer Naturreligion gegen »die Welschen« aufzuputschen. Denn schon einmal, vor knapp zweitausend Jahren, soll sich hier eine historische Befreiungstat der Germanen gegen fremde Besatzung vollzogen haben. In der Schlacht am Teutoburger Wald im Jahre 9 drängten die Germanen die Römer von der Elbe an den Rhein zurück, eine Grenze, die das antike Rom dann nie mehr überschreiten sollte. Allerdings deutet nichts daraufhin, daß der Gebirgszug, dessen Teil die Externsteine sind, überhaupt dieser »Teutoburger Wald« ist, den der antike Historiker Tacitus als Ort der Schlacht angab. Dreißigtausend römische Elitesoldaten sollen von den Germanen niedergemetzelt worden sein, aber bisher wurde kein einziger römischer Helm, kein einziges Schwert und keine Lanzenspitze ausgegraben. Und im Volksmund wurde der Gebirgszug ohnehin »Osning« genannt. Doch »Teut« hieß hier früher ein Berg, das reichte aus, um eine Legende in der Romantik zur Gewißheit werden zu lassen. Die Legende war brauchbar, bis heute hin, und – wer weiß! – vielleicht auch um die Zeit der kommenden Zweitausend-Jahre-Gedächtnis-Feier.

Viel weiter westlich, bei Osnabrück, fand man neuerdings römische Überreste. Nationalideologen wollen nun hier den Ort der Schlacht sehen, in der ein Germanenfürst die Römer besiegte. Wir kennen von ihm nur den lateinischen Namen Arminius, die deutsche Übersetzung »Hermann« ist falsch, eine Erfindung späterer Tage. Arminius hatte für kurze Zeit die vielen germanischen Stämme geeint, die sich vorher und nachher gegenseitig bekämpften. Seine historische Leistung war diese einmalige germanische Einheit, durch die ein gewaltiges Heer geschaffen wurde, das die römische Macht zerschlug.

Epochen später erinnerte man sich daran, wie germanische Einheit siegreich war gegen die Eindringlinge aus dem Westen, aus dem römischen Gallien. Das zerstückelte Deutschland der napoleonischen Zeit mußte nach diesem Vorbild geeint werden, dann konnten die Truppen der französischen Bourgeoisie vertrieben werden. Die Einheit der Nation in der Vielheit ihrer Stämme bringt den Sieg, so lautete die Idee, die am Teutoburger Wald sinnlich wahrnehmbar gemacht und in der völkischen Bewegung weitergepflegt wurde.

Auf dem Berg Teut, der heute Grotenburg heißt, steht das Hermannsdenkmal, nur ein paar Kilometer entfernt von den Externsteinen. Es wurde zwischen 1841 und 1875 als Mahnmal für die deutsche Einheit gebaut und ab 1988 aus Anlaß des vierzigjährigen Bestehens der Bundesrepublik Deutschland für mehr als eine Million Mark als Mahnmal für die deutsche Einheit von Grund auf restauriert – eine Art Vorahnung wohl. Das kommende Jahrhundert wird, wenn es so weitergeht wie in den letzten Jahren, ein Jahrhundert des vereinigten Deutschland als Führungsmacht des vereinten Europa werden, im Jahre 2009 wird dann einiges los sein im Teutoburger Wald.

Das drohend gegen Westen, gegen den »Erbfeind« Frankreich erhobene Schwert des Hermann auf dem Denkmal ist weithin übers Land sichtbar. Es symbolisiert eine Geisteshaltung von deutscher Romantik, völkischer Bewegung und NS-Ideologie, die sich auch bei heutigen Anhängern der Naturreligion wiederfindet: Germanische Naturmystik siegt über westliche Aufgeklärtheit, germanische Kraft und Gesundheit über westliche Zivilisationskrisen. Das Zurück zur Natur ist hier als ein Zurück zu deutscher Weltherrschaft in Kupfer geschmiedet. Auf dem Schwert steht, nach der Restaurierung jetzt wieder in goldenen Buchstaben: »Deutschlands Einigkeit meine Stärke, meine Stärke Deutschlands Macht«. Das Monument wurde vom Kaiser damals persönlich eingeweiht. Es symbolisiert den Sieg des »Nordischen« über das »Welsche«, die Wiedergeburt des vermeintlich Eigenen aus der eingebildeten Überfremdung und die Wiedergeburt des »Reiches«. Die Bronzereliefs am Sockel, die aus dem Metall erbeuteter französischer Kanonen aus dem Krieg 1870/71 gegossen wurden, erzählen dies.

Hier ist der Mythos von »Germania gegen Lutetia« lebendig. Lutetia lautete der römische Name für Paris, »Germania gegen Lutetia« war der Schlachtruf der deutschen völkischen Bewegung gegen die Linke, gegen Bürgerliche und Sozialisten. Der unbeholfen lateinisch-deutsche Spruch bringt es auf den Punkt: Es geht um den Kampf derer, die zur Zeit des Hochkapitalismus in den vorzivilisatorischen Zuständen der kelto-germanischen Urwälder die Lösung der Krisen des neunzehnten Jahrhunderts suchten, gerichtet gegen die immer wieder aufständischen modernen Massen, eben vor allem die aus der Hauptstadt der bürgerlichen und sozialistischen Revolutionen von 1789, 1830, 1848 und 1871. Es ist derselbe Mythos, der auch auf dem Mosaik der Siegessäule in der wiedergewonnenen deutschen Hauptstadt Berlin dargestellt ist, die von vergoldeten Beutekanonen des 1870/71er-Krieges geschmückt wird.

Der Sieg von 1871 hatte die Einheit des reaktionären, völkisch-rassistischen, militaristischen deutschen Kaiserreiches zu Folge, das sich auf die militärtechnischen Leistungen des deutschen Kapitals und auf die antidemokratisch und antisozialistisch ausgerichtete Germanentümelei der völkischen Intellektuellen stützte. Hier wie dort wird der Sieg gefeiert, der sich angeblich aus heidnischer Naturmystik speiste und mit überlegener Technik – den Kanonen von Krupp – errungen wurde. 1914, zum neuen Krieg gegen Frankreich, erschien der rassistische Roman »Osning« von Ernst Wachler, der aus dem Bergwald des Lippelandes, dem Hermannsdenkmal und den Externsteinen die Forderung komponierte, Deutschland müsse erneut von »Rom« befreit werden, diesmal vom katholischen; sein Volk müsse zurückgeführt werden zur naturmystisch-pantheistischen »Germanischen Religion« der völkischen Bewegung.

Völkischer Mystizismus prägt diese Gegend, die nicht die tatsächliche Geschichte, sondern nationale Legenden geschichtsträchtig machen. Der inkarnationsgläubige Heinrich Himmler ließ von KZ-Opfern nicht weit von den Externsteinen das Kultzentrum der SS errichten, die Wewelsburg. In dieser »Reichsführerschule SS«, die als Symbol der »Mitte der Welt« geplant war, sollte mit mystischen Zeremonien der alten Germanen gedacht und meditativ aus ihren naturspirituellen Mythen die Kraft zur Beherrschung Europas durch eine angebliche rassische Elite gezogen werden. Der Kampf ums Dasein, aus der Natur abgeschaut, sollte die Grundlage der Politik werden, der »nordische Mythos« der Göttlichkeit der Natur und der »Arier« als ihrem Teil sollte dies legitimieren. Das Bauprojekt blieb unvollendet, aber die NSDAP feierte im Land der Grafen zur Lippe schon vor 1933 Wahltriumphe.

Ein »Kraftplatz« soll hier sein, in dem heute Touristen die Stationen Wewelsburg – Externsteine – Hermannsdenkmal abklappern können, nachdem das »Zeit-magazin« im September 1990 breit über die lange vergessene Wewelsburg berichtete. Hier finden sie Erholung und heiße Würstchen mit Kartoffelsalat in einem Wald, der so deutsch ist wie sonst keiner. Hinein bringt sie die Bundesstraße Eins, Nachfolgerin der Reichshauptstraße Eins von Aachen über Berlin nach Königsberg, die früher angeblich durch die breite Lücke zwischen den Felsspitzen der Externsteine verlief. Schade, daß die Touristen ihre Ansichtskarten nicht mit der Externstein-Briefmarke frankieren können; da hat die Bundespost nicht aufgepaßt, die Marke aus der Dauerserie »Deutsche Sehenswürdigkeiten«

kostet drei Mark fünfzig – überfrankiert. Viele Neofaschisten und Neuheiden glauben, daß sich hier, in der »Mitte der Welt«, zwei »Kraftachsen« schneiden, Paris-Warschau und Kopenhagen-Mailand. Am 21. Juni soll dieser Ort etwas von ihrer Kraft freigeben.

Am frühen Morgen auf den Steinen sitzend und auf die Sonne erst noch wartend, merkt man davon nichts. Die feuchte Kälte überträgt sich auf den Steiß, und die Beine werden kraftlos. Offenbar ist das die falsche Haltung zu diesem angeblich archaischen Heiligtum. Zwei Männer laufen in dieser Nacht stundenlang murmelnd den Weg rund um die Felsen lang, schnellen Schrittes immer rund und rund. Sie tragen ihr Bekenntnis über der Jacke, ein dreiarmiges Sonnenrad an einer Kette, das durch die Körperbewegung hin und her schwingt. Leider kann man nicht verstehen, was sie sagen; da sie einzeln gehen, den Kopf gesenkt, werden es wohl heilige Verse sein. Ihr Brustzeichen erinnert an die Rune südafrikanischer Faschisten. Mit Lodenmänteln bekleidet gehen zwei Alte gemächlich spazieren, unterhalten sich leise und sehen ab und an gen Himmel, ob sich der Nebel wohl noch hebe und keine Wolken im Osten hingen. Eine weißhaarige Frau sagt mit niederländischem Akzent, sie komme jedes Jahr zu dieser Nacht hierher, um spirituell Kraft zu tanken. Das sei hier ein uralter Platz der Ahnen, »dem muß man doch die Treue halten«, meint sie ruhig, gar nicht aufgeregt ob der hehren Stunde, sondern fest und überzeugt. Sie ist sich ihres Daseins als Teil der Natur sicher. An diesem Ort durchströme das All-Göttliche Mensch und Stein, hier sei man eins mit dem Naturgeschehen, kein Grund zur Aufregung also. Die Alte erscheint weise und würdig, sie pflegt diese Erscheinung während des kurzen Gesprächs. Hier ist man Gott, hier darf man's sein.

Goethe kommt einem nicht zufällig in den Sinn, ist er doch von Faschisten wie New Agern gleichermaßen als naturreligiöser Ahnherr beschlagnahmt. »Deutsche Frauen, deutsche Treue, deutscher Wein und deutscher Sang«, so dichtete Hoffmann von Fallersleben etwas peinlich die zweite Strophe des Deutschlandliedes, an einem anderen angeblichen Kraftort sitzend, Helgoland: »Heiligland«, für viele Faschisten und New Ager der Rest des mythischen versunkenen Atlantis, Urheimat der »Arier«. »Treufest« steht auf dem Schild des kupfernen Hermann nebenan, »Unsere Ehre heißt Treue« war der Leitspruch der SS und »Treuhand« heißt die Institution, die Deutschlands Einheit in der Vielheit sozialer Abstufungen vollzieht: So treiben einen an diesem Ort angeblicher spiritueller Dynamik die Gedanken fort.

Ein paar kurz geschorene kräftige Jungs mit Springerstiefeln laufen umher, die Aufmerksamkeit für die eigene Sicherheit reißt einen jäh ins Hier und Jetzt. Doch sie sind offenbar von der Heiligkeit des Ortes beeindruckt und friedlich oder auch nur zu wenige. Vor einigen Jahren war hier mehr los, da prügelten sich Neonazis mit Antifa-Punks und Polizisten; die stillen New Age-Esoteriker hatten damals das Nachsehen, meditative Stimmung wollte unter solchen Umständen nicht recht aufkommen. Dieser Ort ist ein Schnittpunkt für Ideologien, vielleicht macht das seine Kraft und Faszination aus.

Die Nazis ergriffen gleich nach ihrer »Machtergreifung« von den Externsteinen alleinigen Besitz. Großangelegte Ausgrabungen zum Auffinden germanischer Spuren förderten vor laufenden Kameras Hakenkreuz-Mandalas zu Tage, die man allerdings erst am Vortag zum Zwecke des Auffindens vergraben hatte. Das tat faschistischen Aufmärschen und Fackelzügen keinen Abbruch, zu ihrem Zweck wurde die große Wiese angelegt. Kein Zweifel war gestattet: Hier war die zentrale Kultstätte der Germanen Mitteleuropas. Der »Reichsarbeitsdienst« wurde mobilisiert und pflügte den Boden rund um die Felsen um. Noch 1992 nahm der »Deutsche Unitarier« Dieter Vollmer in der Zeitschrift »Deutschland aus Geschichte und Gegenwart«, die im rechtsextremistischen Grabert-Verlag erscheint, auf diese Ausgrabungen bezug.

Die seriöse Archäologie hat nur christliche Spuren gefunden, keine einzige Scherbe von hier scheint nach Historikermeinung aus der Zeit Karls des Großen oder älter zu sein. Ein Krakel in einer Grotte, das einzige derartige Zeichen an den Felsen und daher sogleich interessiert und begierig als Rune gedeutet, findet sich auf keinem echten Runenfund wieder. Ohne Zweifel waren diese Felsen eine heilige Stätte: für mittelalterliche Eremiten aus dem Bistum Paderborn, später für Benediktinermönche. Diese Christen haben hier am Fuße einer der Steinspitzen das bedeutendste Felsrelief Europas hinterlassen, eines der großartigsten Werke romanischer Kunst überhaupt, das in die erste Hälfte des 12. Jahrunderts datiert wird. Es stellt die Kreuzabnahme Christi dar. Der biblische Nikodemus stützt sich in tiefer Depression über den Kreuzestod des Heilands halb auf das Kreuz und steht – die Beine hat man ihm allerdings inzwischen weggeschlagen – auf der gebeugten Irminsul, dem heiligen germanischen Weltenbaum, die die völkische Bewegung und die faschistischen Sekten zu ihrem Zeichen gemacht haben. Über ihm hält Gottvater die Auferstehungsfahne. Der Sieg des Christentums über die germanische Naturreligion ist hier dargestellt, die Erlösung durch das Kreuz, dem sich die Irminsul beugen muß.

Das konnte die Völkisch-Religiösen nicht ruhen lassen, Germanentümler entwarfen immer neue Theorien über diesen Ort. Die bekannteste ist die von Wilhelm Teudt, der von Hitler deshalb eine Professur verliehen bekam. Bis heute wird sie von zahlreichen neofaschistischen Sekten vertreten. Demnach soll hier das bedeutendste Heiligtum der heidnischen Sachsen, die Irminsul, gestanden haben, bzw. die Felsen selbst sollen dieses Heiligtum gewesen sein, das der »welsche« Karl der Große im Jahre 772 zerstört und zum christlichen Heiligtum umfunktioniert habe, um die Sachsen zu unterwerfen. Zwar hätte eine solche Zerstörung mit den bescheidenen Mitteln der damaligen Zeit ein großes Heerlager gebraucht, mit der entsprechenden Hinterlassenschaft im Boden, aber selbst die Nazi-»Archäologen« konnten sie nicht finden. Wenigstens sind die Legenden stimmig: Da, wo sich die Sachsen unter Arminius vom römischen Joch befreiten, errichteten sie ihr Heiligtum, das vom römisch-christlichen Karl, später in Rom von den Nachfahren der alten jüdischen Priesterhierarchie zum Kaiser gekrönt, wieder zerstört wurde. Der unterjochte Sachse, der sich selbst befreite, wurde wieder unterjocht, diesmal auch geistig durch das jüdisch-römische Christentum als »vorderasiatische Fremdreligion«, wie es bei den Faschisten bis heute heißt. Die erneute Befreiung, die Rückwendung zur »eigenen« Naturreligion, steht demnach wieder an; sie wurde von der völkischen Bewegung und dem deutschem Faschismus vergeblich versucht.

Die Gegnerschaft zum Judentum und zum Christentum als vermeintliche Anti-Natur-Religionen findet sich in derselben Weise in der faschistischen Ideologie wie im New Age, die inhaltlich gleiche Kritik an Judentum und Christentum als den vermeintlich Verantwortlichen für die Zerstörung der göttlichen Natur ist bei beiden die geistige Ausgangsbasis. Mit Yggdrasil, wie die Weltesche Irminsul auch genannt wird, macht die »Stiftung Wald in Not« im Juli 1993 gegen Treibhauseffekt und Waldsterben mobil, als gäbe es keine besseren Argumente für den Schutz der Natur als die alten Germanen. »Weisheit und Schicksal lagen unter ihren Wurzeln verborgen«, heißt es in Anzeigen der Stiftung, die in großen Tageszeitungen erschienen: »Das Schicksal der Menschen war gebunden an ihr Leben. Und der Fall des Baumes bedeutete das Ende der Welt. Die Dichtung von damals ist die Wahrheit von heute. ... Stirbt der Wald, so kann der Mensch nicht leben.«

Judentum, Christentum, Liberalismus und Sozialismus, das waren und sind die Haßbilder für völkisch-neuheidnische (Neo-) Faschisten, denn diese Weltanschauungen vereint die Ansicht von der Gleichheit der Menschen, mal vor Gott, mal vor dem Gesetz, mal in sozialer Hinsicht. In dem Nazi-Witzblatt »Die Brennessel« erschien 1938 eine Hetzkarikatur der »Göttin des Westens«, wie die Überschrift hieß. »Sancta Democratia« ist hier als antike Kriegsgöttin dargestellt, die Aufschrift auf ihrem Schild lautet »Freiheit, Brüderlichkeit, Gleichheit« und auf dem Schwert »Pazifismus«. Doch diese Göttin ist nur Maskerade von Helm, Brustpanzer und Tunika, die an einem Kreuz zu einer Art »potemkinscher« Puppe aufgehängt sind. Dahinter steht der typische Jude der Nazi-Hetze und leiht der Göttin seine Arme, zum Schwert auch noch den Speer »Menschlichkeit«

schwingend. Dagegen steht »Natürlichkeit«, die Göttlichkeit des Kosmos, die weder menschliche Freiheit noch Gleichheit kennt, weil es diese in der Natur und ihren Gesetzen nicht gibt. Ein vermeintliches Naturheiligtum nordischer Germanen wie die Externsteine verschafft der »eigenen« Religion der Ungleichheit – die deshalb nur mystisch erfahrbar ist, weil die Gleichheit der Menschen in Wahrheit das Natürlichste auf der Welt ist – eine auch sinnlich unbezweifelbare Basis.

Die wenigsten, die heute in der Mittsommernacht hierher kommen, sind sich der Logik dieses Ortes inmitten antidemokratischer Ideologie und verbrecherischer Politik bewußt. Sie beachten weder das Kreuzabnahmerelief noch erkennen sie die Irminsul. Gedanken über die Gleichheit der Menschen macht sich hier niemand, der Komplex Auschwitz ist kein Thema dort, wo die Sonne aufgehen soll wie sonst nirgendwo. Wie sollte man die Selbstvergöttlichung des Ariers am Ort der angeblich vollkommenen Harmonie der Natur mit Auschwitz zusammenbringen! Organisierte Neonazi-Aufmärsche werden hier neuerdings verboten, deshalb kommen nur wenige von ihnen und bleiben unauffällig.

Nachdem die Externsteine in den achtziger Jahren für New Ager als naturreligiöses Heiligtum entdeckt wurden, sind Esoteriker jetzt in der Überzahl. Sie sorgen sich um den Zustand der eigenen Psyche und der Natur. Oft wissen sie nicht einmal mehr um die herausragende Bedeutung dieser Gegend für den Faschismus und rutschen unversehens in nazistische neuheidnische Kreise. Naturreligiös beeinflußt, erscheint ihnen dann eine Politik der Ungleichheit der Menschen als richtige Folgerung aus der Göttlichkeit des Kosmos.

Ihre Aufmerksamkeit richtet sich auf den Gipfel des mittleren Felsens, nicht auf das Relief. Hier oben findet jetzt gleich das Ereignis statt, das sie mit dem Kosmos verbindet, der ihnen die Gesetze des Lebens gibt. Urkraft tanken. Man sieht jetzt öfter auf die Quarzuhr, die genaue Minute des Sonnenaufgangs steht ja heutzutage in jedem besseren Taschenkalender. Geschiebe in der winzigen Steinzelle, alle können wohl nicht glücklich werden: Der Blick auf die aufgehende Sonne durch das Loch im Felsen soll wenigen Priestern vorbehalten sein, der erleuchteten Elite, so scheint es. Aber auf die Hauptgipfel führen heute Treppen hinauf, die der Lippische Landschaftsverband aus Gründen der Wirtschaftsförderung des ländlichen Bereichs anlegte. Am heiligen Ort stehen jetzt Touristen. Einige zählen den Countdown, und das auch noch auf Englisch, andere zischeln ihr Mißfallen: Heilige Stille soll jetzt herrschen! Die im Lotussitz – Augen nach Osten, aber geschlossen – wurden auf die Nebenfelsen vertrieben. Das müssen Kletterkünstler sein, da führt keine Treppe hoch.

Doch irgendwas scheint jetzt nicht mehr zu stimmen, die Menschen direkt vor dem Loch werden unruhig und murren, einer lacht sogar hämisch. Tatsächlich, die Sonne ist schon da, aber durch das Loch nicht so richtig zu sehen, man muß sich verrenken, nein, eigentlich sieht man sie im Moment des Aufganges gar nicht von hier aus. Knapp daneben ist auch vorbei. Und das soll ein vorzeitliches Sonnenheiligtum sein? Die Cleveren kommen jetzt mit der Verschiebung der Erdachse über die Jahrhunderte. Die Skeptischen wollen gelesen haben, daß die Steinmetztechnik damals noch gar nicht so ausgefeilt gewesen sei, um die kleine Zelle mit dem Loch aus dem Fels zu schlagen, und überhaupt würden alle mittelalterlichen Urkunden Zelle und Loch noch gar nicht erwähnen. Wie dem auch vor Jahrtausenden gewesen sein mag, als es noch keine Sommerzeit und keine Quarzuhren gab und die Sonne deshalb eine Stunde früher aufging: Ein Kultplatz wird zum Kultplatz durch die Menschen, die sich dort treffen. Die beiden Läufer mit dem Sonnenrad am Hals ficht das alles nicht an, sie laufen immer noch. Die Externsteine sind *heute* ein Kultplatz.

Und dieser Platz macht dem aufmerksamen Beobachter etwas ganz anderes als die vermeintliche Einheit von Mensch und Kosmos sinnlich wahrnehmbar, nämlich die Einheit von faschistischer Ideologie und New Age, deren *gemeinsamer* Kultplatz dieses verhinderte Sonnenheiligtum ist. Die sorgsam gepflegten Sektenstreitereien enden hier vor dem göttlichen Kosmos, die Differenzen zwischen verschiedenen faschistisch-religiösen Gruppen – als Schutz vor dem Verfassungsschutz gegenseitig hochgespielt – verschwinden vor der gemeinsamen Irminsul. Der »Externsteinbund. Verein für Volkskunde und Ahnenerbe« verschickt Broschüren aus dem »Verlag Hohe Warte« der faschistischen Sekte »Bund für Gotterkenntnis – Ludendorffer«, die in den 60er und 70er Jahren wegen ihrer antisemitischen Ausfälle verboten war. »Unser Herz gehört dem eigenen Volk, für fremde Völker haben wir weder Zeit noch Geld«, heißt es trotzig-kleinlich im Begleitbrief. Solche Positionen vertritt man hier seit Jahrzehnten, nicht erst seit Hoyerswerda und Rostock oder Quedlinburg, wo – 60 Jahre vor den Rassenkrawallen der Neonazis – Heinrich Himmler am Grabe des Sachsen-Herzogs Heinrich den Beweis der Inkarnation suchte. Aus den Broschüren »Die Externsteine – ein Volksheiligtum« und »Die Irminsul im Felsenrelief der Externsteine« fällt dem ahnungslosen Freund der Naturreligion dann ein maschinengeschriebener Prospekt für die Schrift »Honsik: Freispruch für Hitler. 36 KZ-Insassen und Juden sagen: keine Vergasungen« entgegen. In einem der Heftchen wird für die Schrift »Kampf um ein Heiligtum. Der Irminsulgedanke und die religionsgeschichtliche Bedeutung der Externsteine« aus dem Verlag Hohe Warte geworben, die Bernhard Kummer verfaßte.

Kummer war ehedem »Schriftleiter der Nordischen Stimmen. Zeitschrift für nordisches Wesen und Gewissen« und ein herausragender Ideologe nazistischer Naturreligion. Er schrieb fleißig in den »Nationalsozialistischen Monatsheften«, Herausgeber: der Nazi-Chefideologe Alfred Rosenberg. Bis zu seinem Tode 1961 arbeitete Kummer herausragend in der völkisch-rassistischen Sekte »Deutscher Unitarier Religionsgemeinschaft e. V.« (DUR) mit, einem Sammelbecken neuheidnischer Rosenberg-Anhänger, die heute auf dem New Age-Trip nach verstörten Seelen fischen. Mitgründer und 1983 geistiges Oberhaupt dieser Sekte war der ehemalige Chefredakteur (»Schriftleiter«) der »NS-Monatshefte«, Eberhard Achterberg.

Die rassistische »Arbeitsgemeinschaft naturreligiöser Stammesverbände Europas« (ANSE) ist bei den Externsteinen mit von der Partie. Allerdings nennt sie die Felsen »Eggesternsteine«. Immer wieder ruft die ANSE zur Teilnahme an der Sonnenwendfeier auf, die allerdings nicht in der Mittsommernacht, sondern offenbar aus Sicherheitsgründen kurz vorher oder nachher stattfindet: Man möchte nicht von Antifaschisten gestört werden. Das primitiv gemachte ANSE-Blatt »Huginn und Muninn. Deutschsprachige Midgart-Zeitung für europäische Religion, Kultur und Mysterien« ist benannt nach den beiden Raben der germanischen Mythologie, die auf Odins Schultern saßen und ihm einflüsterten. Es preist die Göttlichkeit der Blonden und Blauäugigen, wirbt für »Baumheilmittel« und »beste Vollwertöle« und sucht für das »Haus eines international bekannten Parapsychologen« – auch ein »Ort der Kraft« – als Käufer »eine spirituelle und verantwortungsvolle Gemeinschaft oder auch Einzelbewerber im Sinne des Wassermannzeitalters«. »Leben im Einklang mit Natur und Kosmos« heißt hier die Devise, Gegner dessen seien Exponenten des »fischezeitlichen« Denkens. Das Blatt müht sich um nordamerikanische Indianer als artverwandte Naturreligiöse ebenso wie um die »Deutschen Unitarier«, die ihrerseits von »Schwarzfuß-Indianern« Aufklärung über spirituelle Gemeinsamkeiten erbitten. Mit den Argumenten der ehemaligen Ehrenpräsidentin der »Deutschen Unitarier«, der Erfinderin einer »eigenen Religion Europas« und Mitarbeiterin des »Thule-Seminars« der »Neuen Rechten«, Sigrid Hunke, kritisiert »Huginn und Muninn« das angebliche Zurückweichen der DUR-Sekte vor antifaschistischen Angriffen. Dabei hatten die ideologischen Nachfolger Rosenbergs 1991 ihren »Unitariertag« schon ins bayrische Wolfrathshausen gelegt, wo die »Schriftleiterin« von »Huginn und Muninn«, Sigrun Schleipfer, als »Sigrun Freifrau von Schlichting« bei der Volksbank das ANSE-Konto verwaltet.

Wie sehr die Völkisch-Religiösen versippt sind, zeigt z. B. auch das »Stammestreffen« der ANSE im März 1991 im Pinneberger »Gartenhaus«, dem freien Tagungshaus des Grundschullehrers und Seminarleiters Günter Pahl aus dem schleswig-holsteinischen Pinneberg. Dieser Rechtsextreme im Öffentlichen Dienst war in den achtziger Jahren »Schriftleiter«

der rassistischen Zeitschrift »unitarische blätter« der DUR-Sekte, die sich offen auf die Kirchenkämpfer um Rosenberg bezieht und nazistische Sonnenanbeter schreiben läßt. In Pahls »Gartenhaus« treffen sich häufig Gruppen der »Deutschen Unitarier«. Das ANSE-Blatt berichtete nach dem »Stammestreffen« in Pinneberg über die gelungene Organisation und »das raffiniert-delikate rein pflanzliche Mahl aus heimischen Gemüsen und Salaten«.

Sigrun Schleipfer ist naturmystische Multifunktionärin. Als »Schriftleiterin« der »Burg-Nachrichten« arbeitet sie für die »Gemeinschaft zur Erhaltung der Burgen und Burgengemeinschaft e. V.«. Das Blatt berichtet z. B. über die weltweit deutscheste der deutschen Burgen, Schloß Neuschwanstein, als »Ort der Kraft«, wo sich »unheimlich starke Strahlungen und positive Energiefelder« an der Stelle messen lassen sollen, auf der der Thron des bayrischen Märchenkönigs Ludwig II. stand. Als »Großmeisterin« des Armanenordens wirbt Schleipfer für die »Godenweihe«, die »magische Auflösung der christlichen Taufe«, wobei »die Mitgliedschaft bei anderen Heidengruppen« für die Teilnahme »kein Hindernis« sei. Der Armanenorden sieht sich in der Tradition des extrem rassistischen »Ariosophen« Guido von List, der um die letzte Jahrhundertwende die »Arier« zu Göttern erklärte. Mit seiner Zeitschrift »Irminsul« kämpft der Orden »für die Wiedergeburt einer Lebensgestaltung auf der Grundlage der naturgesetzlichen Weltordnung« und bekämpft andere, die »die freie Erkenntnis des göttlichen Universums durch starre Dogmen verhindern oder ersetzen wollen«. In der Ehe suchen die Armanen »polare Ergänzung« der beiden reinrassig »arischen« Partner und versprechen nach Art vieler New Age-Sekten nie gekannte sexuelle Ekstase im »Yin und Yang«-Zusammenfall der geschlechtlichen Gegensätze, wenn die »polare Spannung« richtig gewählt war. Ähnliche Ansichten über die Polarität der Geschlechter vertrat auch Alfred Rosenberg, der sich allerdings mit der Beschreibung der ekstatischen Vereinigung der Geschlechter zurückhielt. Wie die Menschenzuchtanstalt der SS, so heißt ein »Heidnisches Mitteilungsblatt für artgerechten Glauben und Weltanschauung sowie das Bekenntnis für Natur, Volk und Heimatland«, das in »Huginn und Muninn« wirbt, »Lebensborn«. Es trägt als Logo dasselbe zwölfarmige Sonnenrad, das heute noch als Fußbodenmosaik in den Resten von Heinrich Himmlers Wewelsburg zu besichtigen ist.

Nicht nur »Huginn und Muninn«, sondern auch die weit verbreitete New Age-Zeitschrift »esotera« zeigt den Zusammenhang von New Age und Faschismus. Der New Ager Roman Schweidlenka versuchte hier im Dezember 1991, unter einem Bild der Externsteine, das naturreligiöse Neuheidentum vom Faschismusvorwurf reinzuwaschen und den Nazis »Mißbrauch« vorzuwerfen. Offenbar war ihm der Inhalt des Armanen-

Blattes »Irminsul« entgangen, dessen Titel er im Faksimile zur Illustration abdruckte. Der Chef der rassistischen Berliner »Heidnischen Gemeinschaft e. V.«, Géza von Neményi, kommt recht gut als Freund der Germanen und Indianer weg. Der 1958 geborene »Gode« Neményi wurde Mitte der achtziger Jahre im Zusammenhang mit der Zwangsauflösung des angebräunten Berliner Landesverbandes der Partei Die Grünen bekannt; er war als dessen Mitglied ein Auslöser der Streitigkeiten. Er gehört immer noch den Grünen an. Neményi sieht sich selbst in der Nachfolge des völkisch-rassistischen Religionsstifters Ludwig Fahrenkrog, dessen »Germanische Glaubens-Gemeinschaft« er 1991 wiederbelebte. In seiner Zeitschrift »Germanen-Glaube« kündigte Neményi dann auch Veranstaltungen des rassistischen »Armanen«-Ordens an. In einer Selbstdarstellung seiner Organisation heißt es im klaren Rassisten-Deutsch: »Die Heidnische Gemeinschaft e.V. wirkt in erster Linie im wendisch-semnonischen Stammesgebiet und befaßt sich mit germanischer, ostgermanischer (›slawischer‹) und celtischer Mythologie.« Von den »Slawokeltogermanen«, die von angeblichen Ur-Ariern abstammen sollen, schrieb schon der NSDAP-Chefideologe Houston Steward Chamberlain.

Fast alle diese rechtsextremen Sekten tragen die Irminsul als Zeichen, ob Armanen, die rassistische »Artgemeinschaft« Jürgen Riegers, die »Deutsche Unitarier Religionsgemeinschaft« zeitweise, oder die Goden, eine Konkurrenzgruppe, der Sigrun Schleipfer früher angehörte. Alle wollen sie »kosmisch« sein und die anti-egalitäre Ordnung der Natur auch in der menschlichen Gesellschaft verwirklichen. Die persönliche Einheit mit dem Kosmos suchen sie an den Externsteinen.

Im zwei Kilometer entfernten Örtchen Horn haben sich einige heidnische Gruppen niedergelassen, um das Geschehen am »Kraftort« besser im Blick zu haben. Zentrale Anlaufstelle ist die antiquarische Buchhandlung und der Verlag von Burkhart Weecke, Chefredakteur der »neurechten« Zeitschrift »elemente« aus dem Kasseler »Thule Seminar«. In diesem unregelmäßig erscheinenden Blatt mit dem Untertitel »Elemente der Metapolitik zur europäischen Wiedergeburt« trifft sich die Crème des europäischen Neofaschismus um dessen theoretischen Kopf Alain de Benoist, der auch im »wissenschaftlichen Beirat« von Jürgen Riegers rassistischer Zeitschrift »Neue Anthropologie« sitzt. »Elemente« druckte Texte der Chefideologin der »Deutschen Unitarier«, Sigrid Hunke. In der »elemente«-Ausgabe zur »Wintersonnenwende 1990« steht ein Text des großen Vorbildes zahlreicher Alter Nazis aus der DUR-Sekte, des obersten NS-Rassisten Hans F. K. Günther, über »indogermanische Frömmigkeit«. Hier finden sich auch Zeilen von Günthers Biographen, dem langjährigen Chef der »Unitarier«-Zweigorganisation »Freie Akademie e. V.« und ehemaligen SS-Mann Lothar Stengel-von Rutkowski.

In Weeckes Buchladen kann man neben einschlägigen Klassikern Fotos der Externsteine kaufen, die zu jeder nur möglichen Sonnenwende aufgenommen wurden. Wir konnten in dem Antiquariat zahlreiche alte Ausgaben der »Unitarier«-Zeitschrift »glaube und tat« erwerben. In Weeckes Verlag erscheint ein Nachdruck der 1824 erschienen Schrift »Zur Geschichte der Externsteine« von Karl Theodor Menke, angeblich die »erste Monographie zum Thema«. Weecke verlegt an neuen Büchern den Chef des »Thule-Seminars«, Pierre Krebs (»Strategie der kulturellen Revolution«), und den Ideologen der französischen »Nouvelle Droite«, Guillaume Faye (»Unser Kampf für das künftige Reich«). Der Text zwischen den beiden Büchern in einer Werbeanzeige verrät das Programm der »Neuen Rechten«: »Im Kampf gegen die universale Mischkultur muß man die nationalen europäischen Identitäten vereinigen, sie als einander ergänzend betrachten und sie nicht gegenüberstellen. Es gilt, die nationale Identität von oben (Europa) zu ergänzen und von unten (die Region) zu verankern.«

Dafür sind die Externsteine richtig. Hier herrscht bereits Einheit in der Vielheit. Was viele noch als Gegensätze ansehen, das trifft man hier als »Yin und Yang«: Faschismus und New Age, vereint auf der Grundlage der Naturspiritualität.

2.

Altes »Neues Denken«

Religiosität in Deutschland – Deutsche Religiosität: Begriffe, Ideologen, Strömungen, Gemeinsamkeiten

Die Bibel, »gebunden in Kunstleder mit Goldprägung und Goldschnitt«, kann man neuerdings zur Weihnachtszeit bei der Einzelhandelskette »Aldi« kaufen, Discount-Preis: neunzehn Mark und achtundneunzig Pfennig. In einer Meinungsumfrage des »Spiegel«[1] vom Januar 1992 antworteten 52 Prozent der Westdeutschen und 27 Prozent der Ostdeutschen auf die Frage: »Welche Bedeutung hat die Religion in Ihrem *Alltagsleben*« mit »Die Religion ist mir sehr wichtig« bzw. »ziemlich wichtig«. Dagegen gaben nur 22 Prozent der Westdeutschen und sieben Prozent der Ostdeutschen an, »mindestens einmal im Monat« bzw. »jeden oder fast jeden Sonntag« in die Kirche zu gehen, während 62 Prozent der Ostdeutschen und neunzehn Prozent der Westdeutschen mit der Antwort, »nie zur Kirche zu gehen«, ihre mangelnde Bindung an die christlichen Großkirchen bekannten. 62 Prozent der Deutschen sprachen sich für einen »Schlußstrich« unter die deutsche Vergangenheit bezüglich der Judenverfolgung durch die Nazis aus, nur zwanzig Prozent waren gegen einen solchen Schritt. Lediglich 25 Prozent der Deutschen zeigten keinerlei antijüdische Ressentiments bei der Beantwortung von sechzehn entsprechenden Fragen.

Bereits im Januar 1991 hatte die »Süddeutsche Zeitung« die Ergebnisse einer Umfrage unter den wiedervereinigten Deutschen veröffentlicht, bei der es die Möglichkeit gab, sich zu den »Werten der Nation« zu äußern: Wovon sollte es im neuen größeren Deutschland zukünftig mehr geben, wovon weniger? 32 Prozent der befragten Deutschen antworteten, es solle mehr »Religiosität« geben, nur neun Prozent wollten weniger davon. 29 Prozent fanden, es müsse mehr »Scham über die Verbrechen des Faschismus« gezeigt werden, achtzehn Prozent wollten hier weniger. Mehr »Scham über die Verbrechen des *Sozialismus*« wünschten sich 35 Prozent, weniger davon wäre zwölf Prozent lieber. Insgesamt 63 Prozent befanden, es müsse mehr »Toleranz gegenüber Andersdenkenden« geübt werden.[2]

Das vorliegende Buch liegt quer zu diesen Meinungen der Deutschen. Aber am meisten interessiert hier die Zahl derer, die mehr Religiosität im Alltagsleben wünschen. Sie zeugt von einem bemerkenswerten spirituellen Potential in der Bevölkerung, das offenbar in erheblichem Maße außerhalb der etablierten Religionen beheimatet ist. Die wachsenden Widersprüche in der nun fast global herrschenden bürgerlichen Gesellschaft führen offenbar nicht zu einer Politisierung. Aber auch die »Entzauberung« kultureller und gesellschaftlicher Phänomene, die Ulrich Beck 1986 in seinem Buch »Risikogesellschaft« beschrieben hat, findet sich in der Empirie nicht, eher ihr Gegenteil. Die Ohnmachtserfahrungen der Massen[3] führen im Reflex dazu, die gänzlich unharmonische Wirklichkeit spirituell zu harmonisieren, weil ihre Bedingungsfaktoren unverstandenen bleiben und sie deshalb letztlich als undurchschaubar und unbeeinflußbar fehlbegriffenen wird. Dies gilt auch und gerade für die stark verbreiterten gebildeten Mittelschichten, die in der Illusion leben, an gesellschaftlichen Entscheidungen mitzubestimmen und teilzuhaben. Ihre reale Ohnmacht gegenüber den materiellen Auswirkungen einer Politik, die sich mehr und mehr als Selbstbedienungsladen ihrer Akteure denn als Sachwalterin eines (immer schon vermeintlichen) Gemeinwohls darstellt, treibt vor allem Menschen aus den Mittelschichten zur »Wiederverzauberung« der Welt. Angesichts der seit Jahrzehnten leeren Kirchen in der alten Bundesrepublik und der nun wieder geleerten Kirchen in Ostdeutschland ginge eine Interpretation dieser Sucht nach dem Opium des Volkes fehl, die allein das abendländische Christentum berücksichtigte. Von »vagabundierender Religiosität« sprechen Experten der – noch – marktbeherrschenden Großkirchen,[4] die sich um die Wanderungsbewegungen derer sorgen, die doch eigentlich *ihre* Schäfchen sein sollten. An die gesellschaftlich überholte Weltanschauung des Feudalismus, das kirchlich organisierte Christentum, mögen sich ersichtlich weniger und weniger binden.

Im Sommer 1992 ergab eine weitere »Spiegel«-Umfrage, daß fast zwei Drittel der Ostdeutschen keiner Kirche angehören. Zehn Prozent aller Deutschen seien bereits nicht christlich getauft, nur noch 56 Prozent glaubten an den biblischen Gott, dagegen schon siebzehn Prozent an ein anderes »höheres Wesen«. »Was nach der Aufklärung ein Problem für wenige war«, so »Der Spiegel«, »ist ein Problem für viele geworden: Glauben und Vernunft in Übereinstimmung zu bringen.« Allein 1991 seien bundesweit 141 000 Menschen aus der evangelischen Kirche ausgetreten, eine halbe Million aus der katholischen Kirche. 1992 kehrten nach einem Bericht des Fernsehmagazins »report« vom September 1993 knapp 200 000 Katholiken ihrer Kirche den Rücken. Eine Allensbach-Studie vom Sommer 1993 ergab, daß jährlich eine halbe Million Christen austreten.

Dagegen zeigt die spirituelle Alternative Wachstum. Nach einer Umfrage des Bundesministeriums für Frauen und Jugend vom Sommer 1993 glauben 82 Prozent der westdeutschen Jugendlichen im Alter von vierzehn bis 27 Jahren, daß es einen Gott oder eine überirdische Macht gebe, ebenso 32 Prozent der ostdeutschen. Bereits zwölf Prozent des Umsatzes des deutschen Buchhandels entfallen auf Bücher aus dem Bereich des New Age.[5] In jeder größeren Stadt gibt es inzwischen New Age-Buchhandlungen, jede größere Buchhandlung hat bereits ihre esoterische Abteilung, jeder Bahnhofskiosk bietet entsprechende Zeitschriften augenfällig an. Und sogar in der Bonner »Buchhandlung am Bundeshaus«, in der sich Politiker und Journalisten mit Lektüre versorgen, finden Zeitschriften wie »Wassermann« oder »esotera« ihre Käufer.

Die angeblich besondere *spirituelle Sendung der Deutschen* wurde (christlich) schon in der »Heiligung« des Römischen Reiches deutscher Nation zur Schau getragen. Die ermöglichte eine Spiritualisierung des Staates, die außer beim Patrimonium Petri in Europa einzig dastand und von anderer Qualität war als die profane Landesherrlichkeit der Fürstbischöfe. Haben nicht auch einige Hopi-Indianer in ihrer bekannten mysteriösen »Prophezeiung« den Deutschen eine besondere spirituelle Tiefe und Begabung angedichtet? Von Paul de Lagarde, dem Vater der völkischen Bewegung in Deutschland am Ende des letzten Jahrhunderts, von dem hier noch viel die Rede sein wird, bis zu den Ökosophen heute[6] wird auch im Faschismus, nun antichristlich, auf diese »spirituelle Sendung der Deutschen« gesetzt. Seit neuestem wird hier und da über die wieder wachsende völkische Religiosität berichtet,[7] die den neuen Gottesglauben auf die lange verpönten deutschen, germanischen, heidnischen Füße des nordischen Mythos stellen will. Die vergrößerte Nation hat bereits darauf reagiert. Nach einem Bericht der »Frankfurter Allgemeinen Zeitung« vom 26. Februar 1991 wurde der »geographische Mittelpunkt des vereinigten Deutschland« neu vermessen. Dieser Punkt, der geopolitisch so wichtig ist für Landgewinner und Landvermesser, liegt nun nicht mehr im hessischen Ort Wahnfried, sondern im thüringischen Niederdorla. Deutsch bedeutungsschwanger wie der Name der bisherigen Stelle[8] ist auch der neue Platz: Am neuen gesamtdeutschen Mittelpunkt soll sich laut »FAZ« in der Zeit zwischen 600 vor und 800 nach Christus eine heidnische Opferstätte der Germanen befunden haben. Wenn das kein Omen ist!

Die großen spirituellen Kongresse, »Bewußt Sein 88« bzw. als Ableger »Rat Tat Art« in Berlin und »Geist und Natur« in Hannover, fanden im Jahre 1988 statt. Die Gegenspieler hatten sich bereits ein Jahr zuvor in Frankfurt beim Kongreß »Zukunft der Aufklärung« getroffen. Die Veranstaltungen fanden ein breites Echo ebenso in der links beleumundeten Presse (z. B. »die tageszeitung«, »Der Spiegel«) wie in neofaschistischen Blättern (z. B. »MUT«, »Criticon«).[9] Trotz der öffentlichen Aufregung, die sich in Ablehnung und anfänglichen Mißverständnissen ausdrückte,[10] waren die Kongresse »Bewußt Sein 88« und »Geist und Natur« nicht der Scheitelpunkt einer spirituellen Modewelle, sondern die öffentliche Dokumentation, daß eine bestimmte Weltanschauung sich in Deutschland (re-) etabliert hat. Diese Dokumentation war bedeutsam, denn in Deutschland hatte man sich bisher aufgrund der Erfahrungen mit dem Faschismus gegenüber der nicht-christlichen und ganzheitlichen Spiritualität eher abwartend verhalten. Die geistige Wende weg vom »westlich-rationalen« Denken war jedoch – das zeigten die Kongresse – bereits breit in den etablierten gesellschaftlichen Führungsgruppen vollzogen.

Letztlich sind die großen New Age-Kongresse im Zusammenhang mit dem »Historiker-Streit« als Teil der konservativen »geistig-moralischen Wende« einzuschätzen: Bei dem Versuch, die deutsche Geschichte vom Komplex Auschwitz zu entsorgen, hatte man angesichts zunehmender Gesellschaftskrisen die absehbare Notwendigkeit im Sinn, einen Teil der antiegalitären, rechtsextremen Herrschaftsstrategien vom Odium der Nazi-Verbrechen zu reinigen. Hierdurch sollte ermöglicht werden, sie wiederzuverwenden. Entsprechend soll die wieder hervorgekramte spirituelle Grundlage des Faschismus im modischen New Age-Gewand die weltanschaulich-ethische Verankerung einer unsozialen und unchristlichen, allein dem Kapitalinteresse verpflichteten neokonservativen Politik gewährleisten.

»Bewußt Sein 88« wurde vom damaligen Berliner CDU-Senat mit 100000 Mark finanziert, die Berliner Kongreßhalle kostenlos bereitgestellt.[11] »Geist und Natur« wurde vom damaligen niedersächsischen CDU-Ministerpräsidenten und Stellvertreter Helmut Kohls im CDU-Vorsitz, Ernst Albrecht, angeregt, durchgeführt und gesponsert.[12] Albrecht ist selbst Sohn eines Mystik-Experten und war Schirmherr dieses Kongresses für die Eliten aus »Politik, Wirtschaft und Kultur«, der von der CDU-Stiftung Niedersachsen ausgerichtet wurde.[13] Die Eliten waren dankbar, daß Albrecht in seiner Festrede insbesondere das Zusammenwachsen des Planeten Erde durch Hochtechnologie zum Anlaß nahm, das ganzheitliche Denken zu beschwören, denn schließlich verdienen die High Tech-Konzerne an Telekommunikation, Flugzeugbau, Atomtechnologie und Satellitenstarts. »Die Erklärung des Atomkerns hängt immer vom gesellschaftlichen Zweck ab, dem sie dient«, verriet ehrlich der japanische Physiker Watanabe das hintergründige Ziel einer *Respiritualisierung der Gesellschaft* auf der Basis der *Quantenphysik*, wie sie im New Age betrieben wird.[14] Die wissenschaftlich und »spirituell« hochkarätig besetzten Kongresse ließen nur noch Alibi-Nischen für Rationalisten: In Hannover wollte Karl Popper eine Lanze für die Vernunft brechen, wurde aber ausgebuht. Er verstand sich wohl in der Nachfolge des »Wiener Kreises«, der bereits in den zwanziger Jahren als einzige namhafte Denkrichtung außerhalb der Linken gegen den gesellschaftlich hegemonial gewordenen Irrationalismus in Wissenschaft und Politik aufgetreten war – gegen eine *damalige* »New Age«-Bewegung, von der wir noch hören werden. In Berlin stellte sich Josef Huber gegen »Verdunkelungsstrategien«, die »unangenehm ans Dritte Reich erinnern«, erntete aber nur das Unverständnis der anwesenden Hopi-Indianer-Prominenz.[15]

Wenn das »Neue Denken« bereits in den achtziger Jahren mit solchen Verbündeten des Establishments auftreten konnte, sollte der gegenwärtige Sekten- und Psycho-Boom in den »neuen Bundesländern« weit weniger erstaunen.[16] Die Aufgeregtheiten um die »Kornkreiszeichen«, die selbst das Ungeheuer von Loch Ness beschämten, oder das breite Vordringen von New Age-Versatzstücken in Theorie und Politik auch der Linken zeugen ebenso von einer anhaltenden und gesellschaftlich hegemonial werdenden Bedeutung der neuen/alten Spiritualität wie die mittelalterlich-christlich fundierten Entwicklungen in Osteuropa oder der Wahlsieg der islamischen Heilsfront im ehemals sozialistischen Algerien. Die Linke täte gut daran, sich nicht nur auf den Angriff der Geister einzustellen und sich entsprechend zu bewaffnen, sondern den Kampf auch aufzunehmen.

Die Rechte hat längst begriffen, was die Respiritualisierung für ihre politischen und ökonomischen Ziele bedeutet. Der konservative Historiker Thomas Nipperdey wurde als Gegner des marxistischen Flügels der »68er«-Bewegung und als Gründungsmitglied des »Bund Freiheit der Wissenschaft« bekannt. Er hat vor kurzem in mehreren Veröffentlichungen die parallele Entwicklung um die letzte Jahrhundertwende untersucht und mit deutlicher Sympathie beschrieben, gerade so, als solle sie zu einem Beispiel für das heutige »Fin de Siècle« aufgebaut werden.[17] Das damalige Auftreten von romantizistischer Kulturkritik, völkischem Neuheidentum und völkischem Protestantismus, Reformkatholizismus, in der Gegenbewegung die weltlichen Herrschaftsansprüche des katholisch-»fundamentalen« Ultramontanismus, aber auch der Versuch christlicher Modernisierer, durch die Gründung von Arbeiter-, Frauen- und Jugendvereinigungen sowie Pressegründungen zugunsten der Religion organisatorische Antworten auf die neuen gesellschaftlichen Verhältnisse zu geben – all dies sind für Nipperdey nicht etwa grundsätzlich antimodernistische Tendenzen, sondern eine letztlich im Interesse der ökonomischen und politischen Eliten des Kaiserreichs liegende »postmoderne Modernität«.[18] Nipperdey untersucht die damals teilweise ins Bodenlose sinkenden Besuchsfrequenzen von Gottesdienst und Abendmahl und bemerkt: »Dazu kam schließlich die wachsende Ablösung von der Kirche bei Leuten aus den Bildungsschichten, in einer Fülle von Selbstzeugnissen und Beschreibungen festgehalten« – eine Ablösung der Eliten eben. Er konstatiert eine »Entkirchlichung« und »Entchristlichung« im Kaiserreich: »Die Deutschen hören auf, in ihrer Mehrheit Christen zu sein, oder wenigstens: sich als Christen zu verstehen.«[19]

Die damalige, deutsch-völkisch verstandene Alternative hieß »Welt- und Allfrömmigkeit«. Nipperdey sieht in der »Rückkehr zur Natur« und dem Bestreben nach »moralische(r) Vervollkommnung durch die Evolution« religiöse Elemente, »ebenso wie die gern gesuchte Beziehung zum Pantheisten Goethe«.[20] Solche Entwicklungen hatten nach Nipperdey damals »beträchtlichen Einfluß in der verunsicherten Bildungswelt« und seien »typisch für die Mentalitätslage vor 1914. Weltseele und Weltgeheimnis waren Faszinationsworte«[21] wie heute der im links-grün-alternativen Bereich *und* bei wissenschaftlichen, wirtschaftlichen und politischen Eliten gleichermaßen verbreitete Geist von Gaia oder die kosmische Religiosität. Jürgen Habermas hatte schon 1987 beim Frankfurter Kongreß »Zukunft der Aufklärung« vor den Gemeinsamkeiten gewarnt, die für die Linke gefährlich werden: »Wie kommt es gerade hierzulande zu einer großen Koalition der Aufklärungskritiker, in der sich die braunen, schwarzen und grünen Ränder berühren?«[22]

Nicht die gemäßigte, sondern die extreme Rechte war zuerst da, als es in den siebziger und achtziger Jahren galt, das alte »Neue Denken« für die Zukunft wieder herzurichten, an die geänderten Verhältnisse zum Ende des zwanzigsten Jahrhunderts anzupassen und damit politisch und ökonomisch fruchtbar zu machen. Das Buch »Europas andere Religion« der Alt- und Neofaschistin Sigrid Hunke aus dem Jahre 1969, das uns im 3. Kapitel beschäftigen wird, war ein Startschuß. Es verhalf seiner Autorin zur Vize- und Ehrenpräsidentschaft über die völkisch-rassistische Sekte »Deutsche Unitarier Religionsgemeinschaft e. V.«, die im 5. Kapitel näher untersucht werden wird. Hunke genießt hohes Ansehen von Rudolf Bahro bis zum konservativen (statt christlichen), eigentlich schon *konservativ-revolutionären* Flügel der CDU. Die rechtsextremistische Zeitschrift »Nation und Europa« würdigte Hunke im April 1993 zu ihrem achtzigsten Geburtstag. Der im französischen Konservativismus der Gegenwart bis in die Regierungen Chirac und Balladur einflußreiche Alain de Benoist, Kopf der französischen »Nouvelle Droite« und darüber hinaus des europäischen Neofaschismus, zog 1981 unter Bezug auf Hunke mit den Buch »Comment peut-on être paien?« nach, das vom »Thule-Seminar« im neofaschistischen Grabert-Verlag 1982 unter dem Titel »Heide sein – zu einem neuen Anfang« sogleich in der Sprache der angeblich spirituell besonders Berufenen herausgebracht wurde. Die anscheinend über enorme Finanzmittel verfügende neofaschistische Zeitschrift »MUT« befindet sich seit einigen Jahren auf dem Weg zu einer Vermittlerposition zwischen dem sich erneuernden »ultramontan« christlich orientierten und dem bereits modernisierten, eher in der Tradition des völkischen Protestantismus und des Neuheidentums stehenden Teil des Konservativismus/Neofaschismus. Heute gibt es kaum einmal eine Ausgabe von »MUT«, in der nicht ein Artikel zur Respiritualisierung steht, mal aus christlicher, mal aus völkisch-pantheistischer, mal aus New Age-Sicht. Warum wohl?

Die Grundthese des Buches

Wir gehen davon aus, daß New Age und Faschismus in wesentlichen ideologischen Komponenten identisch sind und beide in ihren gleichartigen objektiven praktischen Folgen den Kapitalinteressen dienen. Der verbreiteten These vom »Mißbrauch« bestimmter Ideologeme durch den Nationalsozialismus, wie sie z. B. von Roman Schweidlenka behauptet wird, treten wir entgegen. Wir sehen stattdessen den folgerichtigen Gebrauch der gemeinsamen Komponenten im historischen Faschismus – theoretisch und praktisch -, im Neofaschismus und im New Age. Das wird im dritten Kapitel thesenhaft zu zeigen sein an den inhaltlichen Übereinstimmungen von New Age-Autoren und -Aposteln wie Pierre Teilhard de Chardin, Erich Fromm, Fritjof Capra, Rudolf Bahro, Hubertus Mynarek u. a. mit klassisch faschistischen Ideologen wie Paul de Lagarde, Houston Stewart Chamberlain, Ernst Krieck u. a. sowie neofaschistischen Ideologen der »Neuen Rechten« wie Alain de Benoist, Sigrid Hunke, Guillaume Faye u. a.

Die ideologischen Identitäten können die zahlreichen aktuellen und historischen Berührungspunkte zwischen (Neo-) Faschismus und New Age bzw. seinen Vorläufern erklären und führen zu der These, daß die so »sanft« erscheinende New Age-Ideologie in Zukunft weit besser die Funktion der faschistischen Ideologie übernehmen kann, eine neue autoritäre, antidemokratische und gegen die Gleichheitsforderungen der Menschen gerichtete Gesellschaft herbeizuführen, weil sie von den abstoßenden Verbrechen (noch) unbelastet ist. Wir schließen hiermit auch an die historische Tatsache an, daß die frühen »New Age«-Ideologen und die Scharen ihrer Mitläufer in der völkischen und Lebensreformbewegung schließlich im wesentlichen zum Faschismus und nicht zur Linken stießen. Der These steht nicht entgegen, daß sich prominente Ideologinnen des Neofaschismus wie z. B. Sigrid Hunke[23] plakativ gegen das New Age als angeblich »amerikanisch« statt arisch-europäisch aussprechen, denn sie argumentieren *inhaltlich* identisch. Auch der Rückgriff auf Autoren und Wissenschaftler wie Erich Fromm oder Albert Einstein, die als Juden vor den Nazis emigrieren mußten und deren inhaltliche Positionen von einigen Fraktionen des Nationalsozialismus kurzsichtig als »nicht arisch« bekämpft wurden, spricht nicht dagegen. Eine bestimmte Einstein-Interpretation zählt heute z. B. zu den Grundpfeilern »neurechten« Denkens

Die Definitionen der Begriffe *New Age* und *Faschismus* bereiten allgemein Schwierigkeiten. Zweifellos handelt es sich um (jeweils) einen weltanschaulich »breiten Strom« mit teilweise sich bekämpfenden Fraktionen, die unterschiedliche Schwerpunkte in Ideologie und Praxis setzen. So ergibt sich ein verschwommenes Bild, das wünschenswert klare Begriffe ausschließt.

Als gänzlich unzureichend erscheint uns die klassische Definition Georgi Dimitroffs vom *Faschismus* als »offene terroristische Diktatur der reaktionärsten, am meisten chauvinistischen, am meisten imperialistischen Elemente des Finanzkapitals«,[24] die die faschistische Ideologie und Gesellschaftsform unangemessen auf eine historische Entwicklungsphase der Industriegesellschaft festschreibt, weil sie den Terror betont. Dies mag für das damalige Europa berechtigt gewesen sein, in dem eine hegemonial tätige Bewußtseinsindustrie noch nicht entwickelt war und infolge tiefgreifender materieller Krisen die Stabilität kapitalistischer Herrschaftsverhältnisse nur durch physischen Terror gewährleistet werden konnte. Die derzeitige gesellschaftliche Situation jedenfalls in Westeuropa entspricht dem nicht, obwohl hier ideologisch wie praktisch auf faschistische Versatzstücke zurückgegriffen und die Wiederverwendung faschistischer Politikelemente nach deren »Entsorgung« von den damaligen Verbrechen betrieben wird.[25]

Die Linke hat den Faschismus bisher zu einseitig bloß als Herrschaftsform des Kapitals gesehen und dabei seine Funktion als Weltanschauung, die auch individuelles Handeln »ethisch« (oder besser: unethisch) leitet, wenig zur Kenntnis genommen. Allenfalls wurde die faschistische Weltanschauung von einer linkselitären Position her mit Hilfe von Blütenlesen aus Hitlers »Mein Kampf« lächerlich gemacht, statt die Argumentationsmuster faschistischer Welterklärung herauszuarbeiten und zu kritisieren. Ein grundlegendes Werk zum Verständnis faschistischer Ideologie wie »Zerstörung der Vernunft« von Georg Lukács wurde von wortführenden Salonsozialisten und Linksliberalen der materiell befriedeten akademischen Mittelschichten als angeblich stalinistisch abgelehnt und nachfolgend erst gar nicht mehr zur Kenntnis genommen. Die Pflege der »stadtneurotischen« Leiden und des vemeintlichen »Kunstgenusses« waren wichtiger, auf einen Carl Gustav Jung oder einen Stefan George mochte man daher nicht verzichten. Diese Haltung zum Faschismus hat sich bereits durch den Aufstieg der »Neuen Rechten« in den siebziger und achtziger Jahren gerächt. Als *einem* Verursachungsfaktor ist ihm bereits der andauernde, durch die Hegemonie des »geistig-moralisch gewendeten« Zeitgeistes mitbedingte Machtverlust des system*tragenden* Teils der Linken zuzurechnen.

Die »Neue Rechte« wurde von der Linken so lange *nicht* als neofaschistisch wahrgenommen, bis es zu spät war und sie inzwischen Einfluß bis in die Linke hinein gewonnen hat. Wir werden den Faschismus-Begriff im folgenden sehr weit im Sinne des »Knäuels« von Armin Mohlers »Konservativer Revolution« benutzen und damit auch diejenigen Vorläufer und Zuarbeiter erfassen, die vom späten Nationalsozialismus mitunter sogar verfolgt wurden, von Mohler aber zum breiten Strom des Faschismus/der Konservativen Revolution gerechnet werden. Wir stehen damit auch im Einklang mit Hans-Jürgen Lutzhöft, der in seinem Buch »Der nordische Gedanke in Deutschland« schreibt: »›Konservative Revolution‹ oder ›Faschismus‹ – das ist kaum mehr als ein Streit um Worte.«[26]

Wir betrachten darüber hinaus den Faschismus nicht als Alternative zu anderen, »weicheren« Herrschaftsstrategien der Rechten, sondern aufgrund der Erfahrungen mit der Breite und dem Einfluß des historischen Faschismus und der aktuellen »Neuen Rechten« als Teil eines Kontinuums rechter Herrschaftsstrategien. Als der maßgebliche Unterschied und deshalb als wirkliche Alternative zu einem Kontinuum linker Politik erscheint uns hierbei die Ablehnung des Konzeptes der Gleichheit der Menschen. Insofern werden christliche Konservative, die von dem Verständnis der Gleichheit der Menschen vor Gott aus Politik machen, diesseits der »Barrikade« gesehen.

Definitionsversuche von *New Age* können rundheraus als gescheitert angesehen werden.[27] Es ist angesichts der vielhundertjährigen Geistesgeschichte dieser Weltanschauung gänzlich unzureichend, das New Age auf die Theosophie der Helena Blavatsky als »Mutter des modernen New Age« zu reduzieren. Auch eine historisierende Rückführung auf die spätantike Gnosis, die das New Age seines *heutigen* politischen Potentials entkleidet, greift zu kurz.[28]Der neblige Begriff ist inzwischen zu allem gut. Die einschlägigen Zeitschriften der New Age-Szene bekommen vom »Neuen Denken« Gorbatschows bis zum Satanismus, von christlich-mittelalterlicher, indianischer oder auch asiatischer Mystik bis zur Astrologie und dem »arischem« Neuheidentum alles unter diesen Hut, was irgendwie spirituell in Opposition zu den etablierten christlichen Hauptströmungen steht. Aber selbst dies muß noch relativiert werden, wenn z. B. der »Mutter

Erde e. V.« von Papst Johannes Paul II. über Fritjof Capra bis Bhagwan/Osho alle zur »Selbstdarstellung« bemüht, die spirituell Führerschaft beanspruchen.[29] »New Age« wird von New Agern inzwischen auch gern als Schimpfwort benutzt, um sich von konkurrierenden Fraktionen abzugrenzen,[30] und ist dennoch gleichzeitig im Alltags- wie im wissenschaftlichen Verständnis[31] ein Sammelbegriff, der – passend – vor allem durch seine geheimnisvolle Anmutung Verstehen heischt. Einig ist man sich weitgehend im Anspruch des New Age auf politische Wirksamkeit, darauf, Teil der »neuen sozialen Bewegungen« zu sein, bis hin zur synonymen Verwendung des Begriffs »Alternativbewegung« bzw. des Ausspielens dieser Begriffe gegeneinander.[32]

Als ungeeignet muß das modisch gewordene Wort des *Fundamentalismus* verworfen werden, das insbesondere von liberaler Seite in totalitarismustheoretischem Sinne parteipolitisch instrumentalisiert wird. Dem Begriff, der eigentlich für eine streng bibelgläubige antimodernistische christliche Bewegung des ausgehenden neunzehnten Jahrhunderts geprägt wurde, fehlt jede analytische Schärfe, wenn er vom New Age bis zur Islamischen Heilsfront, von Rainer Trampert bis Rudolf Bahro alles subsummieren will, was sich nicht in den Konsens des Establishments einpassen läßt,[33] oder schließlich marxistische Positionen ebenso umfassen soll (bei dem Liberalen Ralf Welt) wie neofaschistische (bei dem Sozialdemokraten Arno Klönne). Ralf Welts Definition vom grundsätzlich vernunftfeindlichen, militanten, moralisch rigorosen und intoleranten Fundamentalismus funktioniert eben in der Praxis nicht, weder beim Marxismus (hier schon mal per se nicht) noch bei unserem Thema. Das soll selbstverständlich nicht heißen, daß Bestimmungsmomente aus der Theorie des Fundamentalismus nicht auch zentral für unsere Fragestellung wären, wie z. B. »die Rückkehr des Absoluten in die Politik« (Thomas Meyer), also die angestrebte Unhinterfragbarkeit politischer Entscheidungen durch ihre Vergöttlichung im Interesse der Herrschenden, oder die Tatsache der »›Kriegserklärung‹ an die politische Kultur einer demokratischen Gesellschaft« (Ralf Welt).

Der Aufsatz »Europäische Moderne und islamischer Fundamentalismus« von Bassam Tibi in der Dezembernummer 1991 der sozialdemokratischen Theoriezeitschrift »Die Neue Gesellschaft/Frankfurter Hefte« macht deutlich, wie sehr der Begriff »Fundamentalismus« vernebelt statt zu erklären. Statt die islamische Form des Faschismus als solchen zu benennen, führt Tibi das Konzept der »Gleichzeitigkeit des Ungleichzeitigen« ein, das den Begriff des »Fundamentalismus« erläutern soll. Zwar spricht er vom »islamischen Erwachen« als dem anfänglichen Kampfbegriff der Muslime für diese Bewegung, führt ihren imperialen Anspruch einer völkisch-religiös fundierten »Neuordnung« der Welt bzw. eines Ausschnitts der Welt und das Herrenmenschen-Bewußtsein an. Er verweist auch implizit auf grundlegende existentialistische Konzepte im islamischen »Fundamentalismus«, die sich ebenso schon bei dem deutsch-völkischen Neuheiden Martin Heidegger finden lassen. (Das Völkische kommt immer nur je spezifisch daher, um die überall gleiche wahre Absicht zu verschleiern, eine autoritäre Herrschaft errichten zu wollen.) Doch scheint ihm der religiöse Hintergrund des historischen wie aktuellen Faschismus Europas nicht bekannt zu sein, auch sieht er nicht die Parallele zum politisch *und* spirituell gemeinten »Deutschland erwache!«, die sich doch aufdrängt.

Tibis Bemerkung, monotheistische Religionsgemeinschaften seien universalistisch, d. h. sie strebten weltweite Geltung an, zeigt sein Unverständnis religiös-politischer Zusammenhänge: Den »arischen« Pantheismus des nordischen Mythos z. B. verstehen seine Vertreter, etwa Sigrid Hunke oder Alain de Benoist, radikal monotheistisch und ebenso radikal anti-universalistisch, nur für »arische« Nordeuropäer angemessen. Der Universalismus ist in *dem* Islam, der Herrschaftsansprüche stellt, etwa so zu bewerten, wie der Universalismus in *dem* Christentum, das von der Bergpredigt abgekommen ist: kolonialistisch, imperialistisch. Man mag Tibi zugute halten, daß sein Blick durch die iranischen Erfahrungen getrübt ist. Der Kompromiß zwischen der pragmatischen Modernisierungsfraktion des Faschismus um die heimischen Kapitalien mit der völkisch-spirituellen Ideologiefraktion der Geistlichen im engeren Umfeld des Imam Khomeni vollzog sich im Iran erst nach dem Sieg der letzteren und unter dem Druck der ökonomischen Verhältnisse, während die Auseinandersetzungen zwischen diesen beiden Fraktionen z. B. in Deutschland bereits vor dem Machtantritt des Faschismus im wesentlichen zugunsten des Kapitalinteresses entschieden war. (Auch die Röhm-Affäre war hier mehr eine Demonstration, weniger das sich Erwehrenmüssen der pragmatischen Nazis gegen die ideologischen, denn die Herrschaft der ersteren war ja in Wahrheit gar nicht gefährdet.)

Unverzeihlich ist diese Blindheit Tibis gegenüber dem wahren Wesen seines »Fundamentalismus« als Faschismus jedoch spätestens dann, wenn er den Zweiten Golfkrieg zu einem religiösen Phänomen, gar zum islamischen Heiligen Krieg uminterpretiert. Er will nicht wahrhaben, daß es eine kriegerische Auseinandersetzung des *westlichen* Imperialismus mit den widerstreitenden imperialistischen Bestrebungen der inzwischen industrialisierten und zu Mittelmächten herangewachsenen Kapitalien der *islamischen* Welt war und ist, ein Konflikt also, der in einem anderen Maßstab durchaus seine Parallelen zu den beiden großen Kriegen des zwanzigsten Jahrhunderts in Europa hat. Diese Sicht gilt umso mehr, als sich für den »Westen« inklusive Japan bereits mögliche Zugriffe auf die Bestandteile der zerfallenden UdSSR abzeichneten, und in deren »frei« werdenden islamischen Gebieten (»frei« für die ökonomische Ausbeutung durch die starken, weil entwickelten Kapitalien) die ideologisch und geographisch näher liegende Konkurrenz industrialisierter Mittelmächte des Mittleren Ostens verhindert werden mußte. Diese Mittelmächte bilden eine Konkurrenz, die auch in der »Dritten Welt« mit gutem Image auftritt und sich nach innen mit völkisch-religiösen Terrordiktaturen absichern kann, während im liberalen »Westen« immer mit innenpolitischen Unsicherheiten und dadurch bedingten Konkurrenznachteilen zu rechnen ist. Die amerikanisch-europäisch-japanische Propaganda, Saddam Hussein mit Adolf Hitler zu parallelisieren, hat hier sicher ebenso einen wahren Kern, wie der Kriegseintritt der USA in den Ersten und in den Zweiten Weltkrieg eben auch – und zuerst – den imperialistischen Interessen des US-Kapitals diente.

Die Argumentation Tibis erweckt dagegen den Eindruck, als wäre der Zweite Golfkrieg eine Auseinandersetzung um Weltanschauungen gewesen, gerade so, als ob das US-amerikanische Kapital in den Zweiten Weltkrieg gegen Nazi-Deutschland eingetreten sei, um gegen die *Ideologie* des Faschismus zu kämpfen, die ihm doch andernorts – Spanien, Lateinamerika, Türkei – so nützlich war und ist. Die islamische völkisch-religiöse Antipathie gegen die Moderne *als emanzipatorische Moderne des Westens* ist daher nicht als der »fundamentalistisch-kulturelle« *Motor* des Zweiten Golfkriegs anzusehen, wie Tibi dies tut, sondern nur als die altbekannte, wenn auch neu gekleidete, ideologische *Rechtfertigung* für einen ökonomisch statt spirituell angetriebenen imperialistischen Krieg gegen ein anderes Imperium.

Schließlich muß auf die überall verbreitete Ableitung des New Age aus der *Romantik* eingegangen werden,[34] die das Problem wiederum um eine politische Dimension verkürzt. Der Hinweis auf romantische »Zeitgeist«-Schübe – vorgreifend zu der die klassische Romantik bestimmenden Gotik und endend bei neoromantischen Erscheinungen der letzten Jahrhundertwende, der zwanziger Jahre (Lebensreform) und der jüngsten Zeit (Hippie-Bewegung) – als Quelle von New Age und (Neo-) Faschismus hat sicherlich Berechtigung und Erklärungswert. Die romantische Idee des harmonischen, idyllischen »Goldenen Zeitalters« findet sich durchaus in New Age-Vorstellungen, etwa bei Hubertus Mynarek,[35] wieder. Der Rückgriff auf die Romantik macht jedoch weniger Sinn beim Vergleich angeblich ähnlicher »Kultur-« oder »Sinnkrisen«, »antimodernistischer« bzw. »gegengesellschaftlicher« Bewegungen, bei denen Einkehr ins Innerliche, Hinwendung zum Magischen mit enttäuschter Abwendung von der widersprüchlichen gesellschaftlichen Wirklichkeit einhergehen, als vielmehr beim Betrachten ihrer objektiven gesellschaftlichen Wirkungen.

Tatsächlich stellen die antimodernistischen Bestrebungen nach unserer

Ansicht weder bei den Vordenkern der Romantik noch in der völkischen und der New Age-Bewegung die wesentlichen Positionen dar. Vielmehr sind diese Gesellschaftsentwürfe – unterhalb der bloßen Erscheinungsebene ihrer angeblichen Weltabgewandtheit – ihrem Wesen nach als Gegenbewegungen nicht gegen die Moderne, sondern *gegen die Linke* zu erkennen. Sie sind ideologische Stützen von Restaurationsphasen der Eliten, die zwar von den politischen Forderungen der Massen in ihrer Herrschaft bedroht, nicht aber entmachtet sind, deren Existenzgrundlage der rationale Kapitalismus und die bürgerliche Gesellschaft (damals: der feudal-bürgerliche Kompromiß) sind. Diese Eliten wissen um diese rationalen Grundlagen ihrer Herrschaft.

Bemerkenswerterweise tauchen die scheinbar antimodernistischen Bestrebungen begleitend zu oder als Vorboten von Modernisierungsschüben auf, in denen der Großteil des gesellschaftlichen Kapitals nicht für Soziales ausgegeben wird, sondern um diese Modernisierung zu finanzieren. Die Ansicht von der Religion als Opium *des* Volkes meint, die romantische Gegenmoderne wende sich von den realen Problemen des Modernisierungsschubes ab. Ergänzend wollen wir die Bedeutung solcher Ideologie *für* die Modernisierung betonen, und zwar als Opium *für* das Volk – als Versuch, diejenigen einzubinden, die unter den sozialen Auswirkungen leiden – und ebenso als Opium *für die Eliten*, die ihr Modernisierungshandeln ethisch-sinnstiftend unterfüttern wollen.

Es ist immer wieder dasselbe Programm seit dem ausgehenden achtzehnten Jahrhundert, in allen bürgerlichen Gesellschaften Europas und Nordamerikas:[36] Die gerade befreiten Menschen sollen wieder eingebunden, notfalls wieder an die alten Dämonen gekettet werden. Denn die freien Individuen werden dem herrschenden Bürgertum gefährlich, wenn sie im Bewußtsein ihres Frei-Seins als teilweise verelendete Massen und als mit diesen solidarische Fraktionen der Eliten nun politische und soziale Freiheiten *praktisch* einfordern. Vor allem die Ideologie des *Organizismus* dient dazu, sie wieder einzubinden. Über seine zentrale Rolle in der romantischen Weltsicht wird heute immer wieder hinweggesehen. Er erscheint uns als die wesentliche Übereinstimmung mit New Age und Faschismus. Mit dieser Ideologie wird nicht mehr das Austragen der gesellschaftlichen Konflikte, sondern ihre Harmonisierung betrieben – und zwar auf Erden und zu Lasten der Mehrheit der Bevölkerung. Die Erlösung der Welt aus der Zerrissenheit ihrer materiellen Gegensätze, von denen die Gesellschaft nach dem (Teil-) Sieg des Bürgertums gekennzeichnet ist, das Aufgehen des Einzelnen in der unendlichen Einheit der Gegensätze statt seines Kampfes um die Erfüllung seiner berechtigten materiellen Forderungen, die Bindung des Individuums an seinen Einklang mit einem angeblich natürlichen Gesamtzusammenhang, die Hinwendung zu einer ganzheitlich gesehenen Natur als vermeintliche Garantin der realgesellschaftlich entbehrten Harmonie, das Erstreben der Vereinigung des Individuums mit dem Universum als Möglichkeit zur Teilhabe am Glück, an Gott[37] – all dies sind Vorstellungen, die für die Neuzeit zuerst in der nachrevolutionären Phase zu Beginn des letzten Jahrhunderts als organizistische Staats- und Gesellschaftsvorstellungen direkt politisch wurden, wenn auch teilweise noch – äußerlich – im christlich-katholischen Gewand der Metternich-Zeit. Es ging gegen die Forderungen nach Freiheit, Gleichheit und Solidarität aus der Amerikanischen und Französischen Revolution.

Der Wunsch, das Individuum in die als natürlich-unhinterfragbar verstandene organizistische Ganzheit einzubinden, trat bereits in der Romantik als Kritik der »Atomisierung« der bürgerlichen Gesellschaft in lauter gleiche Einzelne auf. Heute finden wir dies als zentrale Grundlage von (Neo-)Faschismus und New Age wieder. In der Staatsphilosophie und der Gesellschaftslehre der Romantik hat der Organismus-Begriff aber nicht nur eine zentrale Stellung, er gerät – z. B. bei Adam Müller – im Gegensatz zum mittelalterlichen Organizismus sogleich in völkisches Fahrwasser, wenn die vom »gewachsenen Volkstum« – und nicht, wie in der Französischen Revolution, vom freien Zusammenschluß der Individuen – her definierte »Nation« das Anwendungsfeld der Organismus-Metapher ist. Zur Rechtfertigung der organizistischen Metternich-Welt benutzten Romantiker wie Friedrich Schlegel die Elemente einer angeblichen »indogermanischen« Weltanschauung, die sie selbst seit dieser Zeit aus Vergleichen »germanischer« und indischer Texte herauskonstruierten – in Wirklichkeit sahen sie jedoch meist das politisch Gewollte und Benötigte in die indischen Texte hinein.[38] Schon Heinrich Heine bemerkt 1835 in seiner Schrift »Die Romantischen Schule« zu Schlegels grundlegendem Buch »Weisheit und Sprache der Inder« kritisch: »Es ist im Interesse des Katholizismus geschrieben. Nicht bloß die Mysterien desselben, sondern auch die ganze katholische Hierarchie und ihre Kämpfe mit der weltlichen Macht hatten diese Leute in den indischen Gedichten wiedergefunden.« Und vorher: »Diese Herren betrachteten nämlich Hindostan als die Wiege der katholischen Weltordnung, sie sahen dort das Musterbild ihrer Hierarchie.«[39] Wir kommen auf solche Konsequenzen aus »indischem« Denken am Ende des 3. Kapitels zurück.

Daß sich die naturreligiös-pantheistisch begonnene Romantik dann doch dem katholischen Metternich-System zuwandte, zeigt nicht nur den Opportunismus ihrer Vertreter, sondern auch die Kompatibilität bestimmter Denksysteme, die uns auch weiterhin in diesem Buch begegnen wird. Sie mag ein Grund dafür sein, daß vor allem die kirchliche New Age-Kritik den Aspekt des Organizismus und seiner antidemokratischen Folgen gerne außen vor läßt: Eine solche Kritik träfe *diese* Kritiker im gleichen Maße. In diesem Zusammenhang ist auch der Versuch Gerd-Klaus Kaltenbrunners für eine aktuelle Wiederverwertung Schlegels bemerkenswert, den er in der Zeitschrift »MUT« unternahm.[40] Hier wird der Zusammenhang zur Restaurationsphase unserer Tage unmittelbar deutlich, zur »geistig-moralischen Wende« mit Kaltenbrunner als Ideengeber des Bundeskanzlers Helmut Kohl, dessen Partei an New Age-Kongressen beteiligt ist, wie wir oben sahen. Es paßt zu unserem Gedankengang, wie die »MUT«-Redaktion den Romantiker Schlegel mit der als Blutrausch verteufelten Französischen Revolution kontrastiert, deren zweihundertste Wiederkehr 1989 gegen den heftigen Protest der vereinigten europäischen »Neuen Rechten« gefeiert wurde: Mit Hilfe des Organizismus wendet »MUT« sich hier gegen die Auswirkungen der »68er«-Emanzipationsbewegung, die sich von der heftig umstrittenen Konfliktpädagogik bis zu Forderungen nach Produktionsverboten ökologisch unverträglicher Produkte erstrecken. »Der König von Thule, lieber Schlegel, war Dein Vorfahr«, zitiert Kaltenbrunner Novalis, und weiter: »Wenn irgend jemand zum Apostel in unserer Zeit sich schickt und geboren ist, so bist Du es – einer der Erstlinge eines neuen Zeitalters: des religiösen. Mit dieser Religion fängt eine neue Weltgeschichte an.«

Diese Weltgeschichte soll keine linke sein. Kaltenbrunner hatte in »MUT« bereits vorher versucht, den als mechanizistischen Psychophysiker bekannten Gustav Theodor Fechner zu reaktivieren, der in der Restaurationsphase nach der 1848er Revolution einen mystischen, auf den Kosmos bezogenen Organizismus mit den bekannten New Age-Vorstellungen von »Gaia« und »Erdgeist« schaffte. Damit, so Kaltenbrunner, beeinflußte Fechner konservative Revolutionäre wie Arthur Moeller van den Bruck, Ernst Jünger oder Jorge Luis Borges.[41] Der mystisch-organizistische Fechner wird heute im New Age z. B. von Hubertus Mynarek rezipiert. Er diente auch bereits dem späteren NSDAP-Chefideologen Houston Steward Chamberlain als Quelle.[42]

Wir werden beim *New Age-Begriff* verfahren wie Christoph Schorsch – und wie Armin Mohler beim Begriff der Konservativen Revolution –, nämlich die schriftlichen Zeugnisse herausragender Ideologen untersuchen, die in der Literatur dieser Ideologie weitgehend übereinstimmend zugeordnet werden bzw. die sich den Bewegungen selbst zuordnen. Daß unser Entschluß, die Begriffe New Age und Faschismus nach zuordenbaren Autoren zu bestimmen, nicht zu befriedigenden Definitionen, sondern nur zu Mohlerschen »Knäueln« führen kann, liegt in der Breite ihrer Bedeutungen und der Bewegungen.

Gemeinsame Bestimmungselemente von New Age und Faschismus

Die von uns als wesentlich angesehenen gemeinsamen Bestimmungselemente der untersuchten Ideologien sind der Organizismus, die Dialektik von Versubjektivierung und Verobjektivierung des Individuums, die ganzheitliche Auflösung dieser Dialektik im faustischen Menschen, im Heroischen Realismus, und die Mystik als adäquates Erkenntnismittel all dessen.

Organizismus

Der *Organizismus*[43] verbindet ganzheitliches Denken und pantheistisch verstandene »übernatürliche« Wesenheit, eigentlich eine immanente Göttlichkeit, die jedoch letztlich weder materiell noch begrifflich faßbar und deshalb »übernatürlich« ist. Er dient dazu, den biologischen Organismus[44] mit seinen von Verschiedenheit geprägten Gliedern und mit seinem die Einzelnen im übergeordneten Interesse der Gemeinschaft zusammenfassenden Prozeß als einzig gültiges Vorbild für alles Geschehen in der Welt zu postulieren. Die Biologie und Teile der Physik werden dabei als Leitwissenschaften für gesellschaftliches Handeln eingesetzt und ihre Prinzipien durch pantheistische Vergöttlichung unhinterfragbar gemacht. Am Kosmos als geordnetem Raum und am Organismus als gegliedertem Leben wird die hierarchische und der Menschenhand entzogene Ordnung als Vorbild für die menschliche Gesellschaft *erschaut*.

Das Verhältnis von Teil und Ganzem im Organizismus ist vom Primat des Ganzen über die Teile bestimmt. Der organizistische Prozeß des hierarchisch verstandenen Sichverhaltens der Teile untereinander ist nicht ein Kampf der Gegensätze im Sinne des dialektischen Materialismus – also nicht zu verstehen wie die auf Hegel zurückgehende dialektische »Negation«, d. h. als Aufheben und Aufbewahren des Einen im Anderen auf einer für das Ganze aus Beiden höheren Stufe –,[45] sondern ein erzwungenes Harmonisieren der verschiedenen, in ihrer jeweiligen Funktion existierenden Teile, im postulierten Interesse des Ganzen. Konflikte aus widerstreitenden Interessen in einer antagonistischen Gesellschaft kann es im ganzheitlichen Weltbild nicht geben, das Austragen solcher Konflikte muß unterbunden werden, da der gesellschaftliche Prozeß von einem fiktiven Ganzen her, nicht von den widerstreitenden Teilen her, bestimmt sein soll.

Der Harmonie-Begriff entspricht weitgehend dem des auf nur zwei Teile reduzierten Ganzen im *I Ging*, der »Einheit in der Vielheit« von »Yin und Yang«, dem Zusammenfallen von Natur und Geist, Lebendig und Tot, Gut und Böse als zusammengezwungenen Ganzheiten, die nur »von innen« betrachtet durch ihr Wechselspiel Dynamik aufweisen. Die (angestrebte) Harmonie – und damit auch die jeweilige Position der verschiedenen Teile zueinander in der Hierarchie, mit dieser wiederum der Prozeß selbst mit den ihn bestimmenden Gesetzen bzw. sein »Telos« –[46] ergibt sich aus den Vorgaben der übernatürlichen Wesenheit bzw. *ist* diese Wesenheit selbst bzw. ist als solche das Ziel des Prozesses. Das »Interesse des Ganzen« bleibt dabei – auch in seiner Bestimmung *als* Harmonie bzw. als die übernatürliche Wesenheit selbst bzw. als endliche Erreichung dieser – letztlich unbestimmt und damit der Willkür derer überlassen, die als Vertreter des Ganzen sich dieses Interesse gegen die Interessen der Teile nutzbar machen. Die organizistische Behauptung, das Interesse des Ganzen sei gleichzeitig auch das Interesse der Teile, läßt sich wegen der Unbestimmtheit des Interesses des Ganzen weder kritisch hinterfragen noch konkretisieren.

Diese Unbestimmtheit und die Organizismus-immanente Rechtfertigung der Ungleichheit der Teile untereinander als Grundlage des Ganzen und als Ausdruck und gleichzeitig Wirkweise des Göttlichen machen den Organizismus zur idealen Unterdrückungsideologie für weltliche Herrschaft von Eliten über Massen. Durch das Postulat, Gesellschaft sei letztlich naturwüchsig, sei von einer Gott-Natur bestimmt, werden alle gesellschaftlichen Entscheidungen vordergründig dem Zugriff der Menschen – hintergründig nur dem der Mehrheiten – entzogen. Betroffen sind die Mehrheiten, die sich gerade erst in den bürgerlichen Revolutionen von den spirituell begründeten Fesseln ihrer Herrschaften befreit und ihr Leben in die eigenen, untereinander abgestimmten Hände genommen hatten. Das organizistische Verständnis von Ganzheit, »Einheit in der Vielheit«, ist danach als sich harmonisch einstellendes Gefüge oder Gewebe schicksalsmäßig vorgegebener Verschiedener zu denken, in dem jedes Einzelne an seinem Platz ist und bleibt und funktioniert, »Jedem das Seine«.[47] Das Ganze existiert in seiner nicht kritisierbaren Weise um seiner selbst Willen, die Teile haben dem zu dienen. Im Organizismus hat das Konzept des freiwilligen Zusammenschlusses von Gleichen, die über sich und ihre Positionen im Ganzen nach ihrer Vereinbarung untereinander bestimmen, keinen Platz. Damit ist auch das vereinbarte oder erkämpfte Wechseln der Positionen der Einzelnen oder von Gruppen mit der Folge der Veränderung des Ganzen unmöglich.

Das organizistische Konzept von »Einheit in der Vielheit« schließt so z. B. politische »Eine Welt«-Konzeptionen nach dem Modell der UNO aus, wenn hierin alle Teile wirklich gleichberechtigt sein sollen. Interessanterweise findet sich im New Age auch immer wieder Opposition gegen solche überstaatlichen Zusammenschlüsse.[48]

Durch die Hereinnahme der übernatürlichen Wesenheit, deren pantheistische Form durchaus als Erbschaft der frühen Romantik wie der Klassik anzusehen ist, bietet der Organizismus als Ideologie mit antidemokratischen Folgerungen einen erheblichen Vorteil gegenüber der mechanistischen Verwendung der Organismus-Metapher z. B. durch den Positivisten Auguste Comte im restaurativen Frankreich der nachnapoleonischen Zeit. Auch dort war es das Ziel der Verwendung der Organismus-Metapher, gesellschaftliche Ungleichheit zu rechtfertigen, diesmal über »die verschiedenen Rädchen im Getriebe«. Doch fehlte – dem siegreichen Bürgertum geschuldet – die göttliche Rechtfertigung und damit die Unhinterfragbarkeit der Ungleichheit: Maschinen kann man auch anders zusammenbauen.

Die Begriffe organische, organismische, organologische, biologische, biologistische, kosmische, holistische Weltanschauung, Organologie, Universalismus, ganzheitliches Denken, Holismus, die Vorstellung des alles begründenden »All-Lebens« usw. sind im wesentlichen Synonyme, ohne damit im Detail liegende Unterschiede bestreiten zu wollen.

Dialektik von Versubjektivierung und Verobjektivierung des Individuums

Die *Dialektik von Versubjektivierung und Verobjektivierung des Individuums* sowie ihre Auflösung sind eigentlich Teilbereiche des Organizismus. »Dialektik« muß hier im Sinne des »Zusammenfallens« der Gegensätze, nicht im Sinne der Hegelschen Dialektik, verstanden werden. Bedauerlicherweise wird für dieses *rechte* Verständnis ebenfalls der Begriff »Dialektik« verwendet, obwohl hier eigentlich die Statik des Zusammengehens gemeint ist und nicht eine Fortbewegung des Ganzen aus der Dynamik seiner Gegensätze heraus. Der New Ager Fritjof Capra versucht sogar, die »Dialektik der Natur« von Friedrich Engels für dieses gewollte Mißverständnis zu aktivieren, wohl um damit Linke einzufangen. Doch mögen sie – wie Capra – wohl keine Zeile von Engels gelesen haben, sonst wäre ihnen die Unvereinbarkeit der beiden Verständnisse von Dialektik aufgefallen.

Dagegen beinhalten die »Einheit in der Vielheit« des *I Ging* oder Sigrid Hunkes »dialektischer Unitarismus«[49] das vom Organizismus Gemeinte. Die Versubjektivierung erwächst als Selbstvergöttlichung des Individuums aus dem Pantheismus. Wenn das Göttliche, die übernatürliche Wesenheit, in allem ist, sein Wesen in allem zeigt – in allem »west«, wie es in der völkischen Literatur oft heißt – dann auch im menschlichen Individuum und in und durch dessen Taten. Die ethischen Postulate des Vermeidens von Bösem und des Tuns von Gutem ergeben keinen Sinn mehr, wenn jedes menschliche Handeln eine Verwirklichung des Göttlichen ist. Die Versubjektivierung entgrenzt menschliches Handeln von jeder (ethischen) Schranke.

Die Verobjektivierung als Ausliefern des Individuums an sein pantheistisch vorbestimmtes Schicksal ist die Kehrseite dessen. In der gesellschaftlichen Wirklichkeit bedeutet diese Dialektik des Organizismus jedoch nicht ein tatsächliches Zusammenfallen von beidem in jedem einzelnen Individuum, sondern platt die Selbstvergöttlichung der herrschenden Eliten, die die beherrschten Massen auf die Schicksalsergebenheit verweisen. Gesellschaftliches Subjekt sind nur noch die herrschenden Eliten, die Massen sind entmündigte Objekte unter deren Herrschaft.

Dem Organizismus als Herrschaftsmittel begegnen wir in seiner dualistisch-christlichen Form bereits in der ideologischen Begründung des mittelalterlichen Feudalismus. Er kann jedoch nur sehr indirekt eine weltliche Hierarchie aus der spirituellen ableiten, das zeigen z. B. mittelalterliche Bilder vom Jüngsten Gericht, in denen sogar Könige und Bischöfe wegen ihrer Sünden in die Hölle gehen: Vor Gott sind in der jüdisch-christlichen Vorstellung eben alle Menschen gleich und werden in gleichem Maße vor diesem Gericht an den Kategorien Gut und Böse gemessen. Die Hoffnung der gläubigen Unterdrückten auf jenseitige Gerechtigkeit durch die Gleichheit der Menschen vor Gott ist ihre Rache für erlittenes Unrecht durch irdische Hierarchie. Diese Hoffnung war nicht nur unerfüllbare Verheißung, sondern historisch auch immer der Keim irdisch bezogener Gleichheitsforderungen, die wieder und wieder aufkamen und in Revolutionen mündeten. Erst der ganzheitlich-pantheistisch-neuheidnische Organizismus vermag gesellschaftliche Ungleichheit direkt spirituell zu rechtfertigen, indem er die übernatürliche Wesenheit einbezieht, statt sie aus dem organizistisch verfaßten Diesseits auszugliedern, wie es dem christlich-dualistischen Gott geschieht: Das All-Göttliche west auch in der irdischen Hierarchie, wirkt durch sie und rechtfertigt sie dadurch. Damit ist gleichzeitig den von der Ungleichheit Betroffenen, auf das Schicksal Verwiesenen *jede* Möglichkeit zur Hoffnung genommen. Die nun Gläubigen sind die optimalen Untertanen: Sie fügen sich freiwillig, Terror ist im »sanften« Faschismus des hegemonialen New Age ein Anachronismus.

Faustischer Mensch – Heroischer Realismus

Die *Auflösung der Dialektik* von Versubjektivierung und Verobjektivierung erfolgt durch die »Einheit in der Vielheit«, durch das »Zusammenfallen« des »Yin und Yang«. Das selbstvergöttlichte und *deshalb* schicksalsergebene Individuum, Herrscher und Beherrschter in einem, ist der *faustische Mensch*, der nicht anders kann, als sich die göttlichen Taten herauszunehmen und dies freudig tut. Er bringt – wie im jüdisch-christlichen Mythos der Genesis ausgedrückt – die Verheißung der Schlange, selbst wie Gott zu werden, praktisch zu Ende und ißt nun auch, ohne ethische Schranke, vom »Baum des Lebens«. Der »Heroische Realismus« – ein Begriff der Konservativen Revolution – ist die aus dem pantheistischen

Organizismus im Faschismus wie im New Age folgende Haltung zur Welt: Die Taten, die man meint (schaut, fühlt, glaubt, visionär sieht) tun zu müssen, soll und will man auch praktisch tun, ohne ethisches Abwägen, weil sie immer göttliche Taten sind, bis zum eigenen Untergang. Die Folge ist eine extrem affirmative Haltung zum eigenen Tun und zu den Weltzuständen, die diesem nützlich sind. Wenn die Eliten an diese Weltanschauung gebunden werden können, sind sie instrumentalisierbar für die Kapitalinteressen, wie es im historischen Faschismus zu sehen war: Sie können ihre möglicherweise verbrecherischen Taten religiös rechtfertigen, sie haben wieder einen Gottesglauben, der nicht so zweifelhaft ist, wie das Christentum nach den Ergebnissen der Wissenschaft inzwischen erscheint, und der vor allem nicht solche moralischen Ansprüche stellt.

Dem »heroischen Illusionismus« der Romantik fehlte noch der Schritt in die Praxis, zum »faustischen Menschen«, der uns als Ziel von (Neo-) Faschismus und New Age im 3. Kapitel beschäftigen wird. Goethes Werk »Faust I« war 1808 erschienen, nicht verstanden worden, erst 1829 uraufgeführt, »Faust II« erst 1833 veröffentlicht worden, als der Hochkapitalismus in England und Frankreich bereits blühte und dort der selbstgöttliche Tatmensch gefragt war. Das am eigenen Interesse ausgerichtete, in der Selbstvergöttlichung wurzelnden Handeln ermöglichte die industrielle Mobilmachung. Im nachromantischen Deutschland mußten die Möglichkeiten des »Faustischen« erst noch geistig verdaut und für die – vor allem technische – Praxis umgesetzt werden. Der »magische Idealismus« (Novalis) oder »heroische Illusionismus« der Romantik blieb Plan, *verlor* sich im Geistigen, war lediglich die idealistische Vorstufe zur gesellschaftlichen und technischen Tat *in* der Welt, die sich der Kapitalist in der Folge zu seinem unbegrenzten Privatnutzen der Welt gegenüber als Praxis herausnahm. Wenn sich die Romantiker in die Kunst flüchteten, so wollten sie doch hierin Herrscher sein, Götter sein, eine Kunst-Welt schaffen, in der »der menschliche Geist sein Gesetz allem aufprägt, ... die Welt sein Kunstwerk ist« (Friedrich Schlegel). Ähnliches gilt für den im (Neo-) Faschismus gleichermaßen wie im New Age verehrten Novalis, der die pantheistische Göttlichkeit des Fichteschen[50] überindividuellen, absoluten »Ich« als des »Ganzen« auf das einzelne Individuum übertrug, welches nun die Welt »poetisieren« könne: Das bedeutete, die Welt seiner rein geistig-künstlerischen, eben noch nicht praktischen, gesellschaftlich- und technisch-realen, Willkür zu unterwerfen.[51] Romantiker wie Friedrich Schlegel und Novalis können also keineswegs als prinzipielle Kritiker des »Machet Euch die Erde untertan!« gelten, ebensowenig die New Age-»Vorläufer« in der deutschen Klassik.

In seinem Mißverständnis des schon als »indo-arisch« begriffenen Pantheismus der frühen Romantik erklärt Heinrich Heine in der widersprüchlichen Schrift »Religion und Philosophie in Deutschland«[52] leichtfertig und naiv die einheitliche Gott-Welt und den vergöttlichten Menschen als das Gute, die Kategorie des Bösen dagegen als »Wahnbegriff« des Christentums. Er führt aus, von den späteren Äußerungen der faschistischen und New Age-Ideologen nicht unterscheidbar: »Im Menschen kommt die Gottheit zum Selbstbewußtsein«, »Wir stiften eine Demokratie gleichherrlicher, gleichheiliger, gleichbeseligter Götter.« Dann wird Heine technisch-praktisch: »Das Bewußtsein seiner Göttlichkeit wird den Menschen auch zur Kundgebung derselben begeistern, und jetzt erst werden die wahren Großtaten des wahren Heroentums die Erde verherrlichen.« Als Quelle dieses Denkens identifiziert er »unsere ersten Romantiker«, die »aus einem pantheistischen Instinkt, den sie selbst nicht begriffen«, heraus handelten, und trotz ihrer späteren Hinwendung zum Katholizismus »eine bei ihnen plötzlich erwachte aber unbegriffene Zurückneigung nach dem Pantheismus der alten Germanen« betrieben. In dieser letztlich biologistischen Argumentation, die mit der beschworenen »Sendung der Deutschen« zur völkisch-rassistischen wird, nimmt Heine Positionen der völkischen Bewegung und der »Neuen Rechten« (Hunke, de Benoist) vorweg.

Erst am Ende der Schrift, inhaltlich unverbunden, warnt Heine vor dem – von ihm nicht so benannten – Faustischen der Einheit aus Selbstvergöttlichung und naturreligiös erfahrener *selbstgöttlicher* Schicksalsergebenheit. Hier wird vor den praktischen Konsequenzen aus Fichtes Naturphilosophie gewarnt. Heine formuliert eine Vision des hundert Jahre später praktisch herrschenden, *theoretisch* organizistisch begründeten Faschismus: »Doch noch schrecklicher als alles wären Naturphilosophen, die handelnd eingriffen in eine deutsche Revolution und sich mit dem Zerstörungswerk selbst identifizieren würden. ... So wird der Naturphilosoph dadurch furchtbar sein, daß er mit den ursprünglichen Gewalten der Natur in Verbindung tritt, daß er die dämonischen Kräfte des alten Pantheismus beschwören kann, und daß in ihm jene Kampflust erwacht, die wir bei den alten Deutschen finden.« Dies wurde jedoch erst möglich nach der spätromantischen Dichtung des Bösen durch E. T. A. Hoffmann, nach der geistigen Aufnahme des Faustischen und der Verbindung mit Schopenhauers Pessimismus, der durch seine Ansicht von der Selbstsucht und Bosheit als Charakter des natürlichen Willens das Böse ethisch integrierte, während Goethe es noch offen ließ, ob man Faust nacheifern solle, und im »Wilhelm Meister« schließlich sogar der Praxis entsagte, um der Gefahr zu entgehen, tatsächlich faustisch zu werden.

Der faschistische Organizist Eduard Spranger, ein Lehrer Sigrid Hunkes, auf den sich auch Hubertus Mynarek gerne bezieht, führt im Jahre 1933 das »Yin und Yang« des *Heroischen Realismus* in seinem Artikel »Goethes Weltanschauung«[53] als faschistische Interpretation des »Faust«

und des »West-östlichen Diwan« aus. Der aus Goethes Naturmystik, Naturphilosophie und -religiösität und Naturwissenschaft sich schließlich herleitende »faustische Drang« treibe »die Helden der Tat«. »Überall will der Mensch mehr als bloß gebundener Mensch sein. Mag es ihm gelingen oder nicht: der Stachel zum Unbegrenzten ist in seiner Brust. Alles Tragische und alles Sieghafte stammt aus dieser Unruhe, die sich nach ungemessenen Fernen sehnt.« Spranger schreibt 1933 weiter, nun als New Ager des Faschismus kenntlich: »Wenn alles im Grunde identisch ist, alles durch mannigfache Übergänge sich in alles verwandeln kann, dann ist dem lebendigen Ganzen der Natur eine Denkform angemessen, die man neuerdings als das Kreisdenken bezeichnet hat (Leisegang). Die Gegensätze, die sich aus dem identischen Lebensgrunde entfalten, bleiben nicht als Letztes gegeneinander stehen. Die Polarität weist zurück auf eine Einheit in der Vielheit, in der die Gegensätze zusammenfallen.« »Will der Übermensch den Sinn des Universums und des Menschentums ganz ausschöpfen, so bleibt an Stelle der Magie (beim frühen Goethe, P. K.) nur ein heroischer Realismus: der Weg durch das voll gelebte Leben und seine Gehalte. Im Lebenskampf entfaltet sich langsam des Lebens Deutung.«

Diese Auflösung der Dialektik von Versubjektivierung und Verobjektivierung als »Einheit in der Vielheit« und – ethisch – »Zusammenfallen« von Gut und Böse gestattet den herrschenden Eliten, ihre Taten gegenüber den auf das Schicksal verwiesenen Massen gänzlich und für alle Zeit vom Gemessenwerden an ethischen Kategorien zu befreien. Vorausgesetzt, es gelingt ihnen, das individuelle Erlangen dieser »Einheit in der Vielheit« für sich zu reservieren, den Massen vorzuenthalten. Diese ethische Schrankenlosigkeit ist der eigentliche »Fortschritt«, den der pantheistische Organizismus den Eliten bringt: Er ist affirmativ statt kritisch. Der katholische Organizismus ist der, der *vor* der Aufklärung steht, der zwar den Menschen unfrei läßt, sich aber auch weiterhin scheut, Menschen zu vergöttlichen. Der biblisch fundierte Organizismus warnt davor, nun auch noch »Früchte vom Baum des Lebens« zu essen. Der ganzheitlich-pantheistische, eigentlich »arisch-germanische« oder »indo-arische« Organizismus, mit dem wir es seit der frühen Romantik vor allem zu tun haben, hat aufgeklärtes, von klerikalen Fesseln befreites, »Rom-freies« Denken aufgenommen. Er hat zwar *die Menschheit* nicht befreit, wie es die Aufklärung wollte, nimmt sich aber für *wenige Menschen*, die Herrschenden und nur sie, die Vergöttlichung heraus.

Die historische klerikal-faschistische Koalition erscheint demnach im ideologischen Kern ebenso als ein Mißverständnis der Beteiligten wie die sich abzeichnende Klerus-New Age-Koalition, die wir beide weiter unten ansprechen werden. Doch waren die Herrschenden noch nie um die Folgerichtigkeit der Ideologien besorgt, die ihre Herrschaft absichern, solange sie oberflächlich einigermaßen plausibel sind und funktionieren. Es gehört zur Unterdrückung, daß die Unterdrückten nicht in der Lage sind, unter diese Oberfläche zu sehen. Ein entsprechendes Bildungssystems mag dieses Unvermögen bewirken. Für die Linke jedoch heißt dies: Die »Feuer und Wasser«-Koalitionen sind nicht nach »Yin und Yang« zu verklären, sondern als Zweckbündnisse auf Zeit im Interesse der Herrschenden gegen die Emanzipationforderungen der Beherrschten nach bürgerlicher und sozialer Gleichheit zu verstehen und zu bekämpfen. Denn alle drei: die althergebrachten Pfaffen, die Faschisten und die New Ager, diffamieren das Bestreben nach materieller Bedürfnisbefriedigung als »utilitaristisch«.

Mystik

Die *Mystik* ist der Weg, über den der Organizismus als Weltanschauung seine Gültigkeit behaupten soll. Sie ist die Methodik des Organizismus. Gleichzeitig können die Selbstvergöttlichungs-Konsequenzen so den Eliten vorbehalten werden. Die organische Ganzheit soll mystisch erfahrbar und hierbei als einzig gültiges Weltprinzip erkennbar sein. In dem Buch »Zurück zur Natur-Religion. Wege zur Ehrfurcht vor allem Leben« aus dem größten deutschen New Age-Verlag Hermann Bauer, in dem auch etliche als Theoretiker bekannte Neofaschisten wie Holger Schleip, Peter Bahn oder Henning Eichberg schreiben und das nach Schleips Aussage bezeichnenderweise zuerst »Zurück zur Deutschen Naturreligion« hatte heißen sollen, schreibt der New Age-Theoretiker Christoph Schorsch: »Die mystische Erfahrung stellt einen radikalen empirischen Weg zur ontischen Wirklichkeit dar. ... In der ›Gipfelerfahrung‹ des Durchbruchs in die ontische Realität erscheint die Wirklichkeit in einem gleichsam kristallinen Zustand, wo innerer Frieden und völlige geistige Klarheit erfahren werden. ... Die Mystik gehört eben nicht einer ›Glaubensgewißheit‹ an, sondern radikaler Empirie.«[54] Der Zugang zu dieser Erfahrung ist für Erleuchtete reserviert, die der – richtigen – Mystik fähig sein müssen. Die Richtigkeit bestimmt sich dabei nach der Brauchbarkeit des mystisch Erkannten in der realen Welt, technisch und gesellschaftlich, auch wenn die Mystiker dies weit von sich weisen mögen. Denn wer etwa mystisch eine atomisisch-mechanizistische Welt erkannt haben will und deshalb gar die Forderung nach Gleichheit der Menschen aufstellt, könnte nicht für sich in Anspruch nehmen, erleuchtet zu sein. Er wäre vielmehr weiterhin am Erhalt dessen interessiert, das der Organizismus bekämpft. Weil das Gewinnen der »Einheit in der Vielheit« für den Einzelnen, die individuelle Auflösung der Dialektik von Versubjektivierung und Verobjektivierung im von der Ethik befreiten faustischen Menschen, nur mystisch für die zu dieser »Erfahrung« Fähigen möglich ist, bleibt das vermeintlich so erstrebenswerte Ziel der Göttlichkeit des Menschen nur einer Elite vorbehalten.

Die auf die Schicksalsergebenheit allein verwiesenen subjektlosen Massen sind dieser »Erfahrung« nicht fähig und können deshalb auch nicht den gleichen Anspruch der eigenen Göttlichkeit erheben wie die Eliten. Das Konzept der Einheit in der Vielfalt als organizistische Harmonie ist in der von Widersprüchen und sich bekämpfenden Gegensätzen bestimmten Klassengesellschaft deshalb reaktionär, weil es den Herrschenden den entscheidenden Vorteil von vornherein beläßt: die Herrschaft.

Im Organizismus ist der Rückzug auf die Mystik allein schon deshalb nötig, weil tatsächliche Empirie, menschenmögliche Wirklichkeitserfahrung im täglichen Gesellschaftsprozeß, niemals zu den Inhalten dieser Weltanschauung führen könnte. Die Rechtfertigung von Ungleichheit in der Gesellschaft als dem Prinzip, das den Interessen aller Menschen am besten gerecht werde, widerspricht jeder menschlichen Erfahrung. Ihm entgegenstehend ist täglich zu sehen, daß die Gesellschaften der realen Ungleichheiten die menschlichen Bedürfnisse eben nicht befriedigen können, weshalb es ja immer wieder zu Emanzipationsbewegungen und Revolutionen kommt. Erst mit Hilfe der Mystik als der zur täglichen menschlichen Erfahrung entgegengesetzten, aber von interessierter Seite als angeblich einzig adäquat ausgegebenen Erkenntnismethode kann über den Weg der Organismus-Metapher, der Versubjektivierung der faustischen Eliten und der Verobjektivierung der Massen die Wirklichkeit als Täuschung, die Emanzipation als der falsche Weg, das mystisch Phantasierte dagegen als das Anzustrebende und als der richtige Weg zum menschlichen Glück behauptet werden. Dieses Glück wird als immaterielles »Heil« ausgegeben.

Doch das mystische Erkennen des Organizismus erbringt den herrschenden Eliten nicht nur die Fortsetzung der Herrschaft, unter der nun sogar störende ethische Schranken des Handelns aufgehoben sind. Die Eliten, die ja selbst ebenso Opfer der Zerrissenheit ihrer Gesellschaft sind, finden in der Harmonie-Sehnsucht ihr »Opium« ebenso wie das »Volk«, vielmehr: die nicht veränderungswilligen Teile der Gesellschaft. Die »68er«-Bewegung zeigte, daß auch die Eliten anfällig sind für die Wirklichkeit der Welt und die aus ihr sich ergebenden Emanzipationsforderungen. Die Französische Revolution, die von fortschrittlichen Adeligen im Bündnis mit dem Bürgertum und dem Pariser Proletariat herbeigeführt wurde, zeigte dies schon früher. Der pantheistische Organizismus kann die gefährdeten Teile der Eliten, die die Folgen der Zerrissenheiten an sich selbst spüren, vor solchem Herausfallen aus dem Konsens der Herrschenden und vor einem Bündnis mit den veränderungswilligen Beherrschten bewahren, sie einbinden in einer Weise, wie es die hergebrachten religiösen Vorstellungen des Christentums offenbar nicht mehr können.

Dies ist um so mehr nötig in einer Mittelstandsgesellschaft, in der sich immer breitere Schichten einerseits aus der Illusion der Teilhabe an der Macht heraus zu den Eliten rechnen, Teilfunktionen der Herrschaft nachgeordnet ausüben, andererseits von den Widersprüchen selbst betroffen sind, die die tatsächlich Herrschenden durch ihre Entscheidungen täglich neu produzieren. Diese Mittelschichten aber zweifeln aufgrund entsprechender Bildung breit an den Dogmen des Christentums, das kaum noch in der Lage ist, sie gesellschaftlich zu integrieren.

Wenn diese Einbindung nun auch noch über die früheren Möglichkeiten, mit denen das Christentum Loyalität schuf, *weit hinausgeht* und das jetzt mögliche faustische Handeln in der Technik »ethisch« rechtfertigen kann, so ist dies ein wesentlicher, durch die Entwicklung der Wissenschaften nötig gewordener Fortschritt für die re-ligio, die spirituelle Rückbindung der Tat an eine die Täter ent-verantwortende Geistigkeit. Das Subjekt und sein Handeln werden hier wieder – wie in der Zeit vor der Aufklärung – der Vernunft entzogen und an eine irrationale Macht gebunden, die allerdings im Gegensatz zur Zeit vor der Aufklärung durch das ganzheitliche Zusammenfallen von Gut und Böse, *durch das Auflösen der Möglichkeit von Ethik*, nicht mehr als Beurteilungsinstanz für das Handeln des Subjekts zur Verfügung steht. Die spirituelle Rechtfertigung des eigenen Handelns bekommt hierdurch eine gänzlich neue Qualität. Fatalismus als passive Erscheinung einerseits, andererseits die konservativ-revolutionäre Vorstellung von der »Tragik« des menschlichen Handelns als Tat-Seite dieser Medaille: beide sind die Folgen einer solchen »ganzheitlichen Ethik«.

Wer im Heroischen Realismus des New Age oder des Faschismus seine Welterklärung findet, kann ohne Selbstzweifel und Skrupel, ohne das »schlechte Gewissen« der Christen und ohne die Verpflichtung zur Einhaltung des liberalistisch-sozialistischen Gesellschaftsvertrages, das von den Herrschenden Verlangte »tragisch« tun, er hat ja keine Wahl als sein eigener Gott, als Subjekt und Objekt in einem, Schöpfer und Opfer des Schicksals, »Yin und Yang«.

Schorsch erkennt in seinem grundlegenden Werk »Die New Age-Bewegung« das Problem, begreift jedoch nicht seine Bedeutung und Auflösung, sondern läßt es als Eigentümlichkeit stehen, deren gesellschaftliche Konsequenzen unaufgeklärt bleiben: »Die New Age-Bewegung ist in einer eigentümlichen Ambivalenz befangen: Einerseits wird der einzelne grenzenlos überhöht, wodurch die autistische kosmische Monade als gottebenbürtig deklariert ist, andererseits verschwindet der einzelne hinter Systemgesetzlichkeiten, numinosen Auseinandersetzungen und astrologisch-kosmischen Zwangsläufigkeiten.«[55]

Die Auflösung der Dialektik von Versubjektivierung und Verobjektivierung im Heroischen Realismus führt die Gegensätze im gesellschaftlichen Maßstab nur scheinbar zusammen, tatsächlich aber verschärft sie sie extrem: Nur die wenigen »Erleuchteten« sind in der Wirklichkeit jetzt noch Subjekte. Die »Ganzheit« der Gesellschaft zerfällt erst recht: Während das produktive Handeln für die auf die Schicksalsergebenheit Verwiesenen allenfalls noch geistiger Natur und damit »unmöglich« ist, sie in ihren Meditationsbemühungen real einflußlos bleiben, ist es für die sich der Versubjektivierung Bemächtigenden die unumschränkte Allmacht des Gottmenschen über Mitmensch und Natur/Kosmos.

Von der Romantik über den Faschismus bis zum New Age funktioniert dieser gemeinsame und wesentliche Kern der hier betrachteten Ideologien, der gegen die Subjektivität der Massen gerichtet ist. Es ist erstaunlich, wieso sich trotzdem in der Linken die Ansicht mehr und mehr verbreitet, Mystik und Spiritualität sowie ihr schon in der Methode angelegtes Ergebnis des »ganzheitlichen Denkens« könnten Wurzeln emanzipatorischer Politik sein. Wann je wirkte denn geheimes Wissen, mit einem Fremdwort: *Esoterik*, ob in den Köpfen von Medizinmännern und Schamanen oder in den Regalen geheimer Klosterbibliotheken, emanzipatorisch für die, vor denen es geheim gehalten wurde![56] Wie könnte die aus der Natur abgelesene Ungleichheit der Individuen Vorbild für eine gleiche Befriedigung der Grundbedürfnisse der Menschen sein! Eine Menschen-Vergöttlichung, die bei ungebrochener Herrschaft des Kapitals und seiner Eliten stattfindet, kann niemals links und emanzipatorisch sein. Die moderne Emanzipationsbewegung begann in der Aufklärung doch gerade mit der *Entgöttlichung* von Herrschaft, mit dem Sturz von Menschen, die ihren Absolutismus aus spirituellen Hierarchien ableiteten. Die linke Sicht des Subjekt-Objekt-Verhältnisses ist nicht die eines mystischen »Yin und Yang«, einer konservativ-revolutionären »Tragik« des Tun-*Müssens* und damit zusammenfallenden freudigen Tun-*Wollens*, der Affirmation des mystisch erfahrenen vorgegebenen Ich/Selbst/Kosmos, sondern die der bewußten, aktiven, tat-sächlichen Aneignung der Welt. Das dialektisch-materialistische Konzept der »Aneignung durch Tätigkeit«, des Menschwerdens durch Arbeit an der Welt, des Sichselbstveränderns durch das Verändern der Welt, der »Negation« der Welt durch das Eingreifen des menschlichen Subjekts, ist die Alternative der Linken zum Heroischen Realismus der Rechten.[57]

Sie ist die *einzige* Alternative für die Unterdrückten zur Entmündigung. Der »Weg zur eigenen Persönlichkeit« (wie es in den Anzeigen der Firma »Astro-Intelligence. Die intelligenten Computer-Horoskop-Analysen« heißt), zur Selbstverwirklichung, zum »erweiterten Bewußtsein«, ist nicht der des mystischen Erkennens der eigenen »tragischen« Position im Kosmos, die dann im New Age als »Selbstverwirklichung des Universums« ausgegeben wird. Es ist nicht das Seinen-Lauf-Nehmen des All-Gottes. Vielmehr führt zur »eigenen Persönlichkeit« nur der Weg des tätigen Schaffens, das reflexiv zu einem höheren Bewußtsein von der Welt führt. Dabei geschieht das Schaffen selbstverständlich verantwortlich in der Welt. Das heißt, der umweltkranke, krebszerfressene Mensch entspricht ebensowenig der linken Vorstellung von dem allseitig entwickelten Subjekt wie das Mitglied der faustischen Elite. Das Zerstören der Aneignungsmöglichkeiten für die Menschen ist in beiden Fällen abzulehnen.

Einzig die Linke wird auf Dauer beide Arten der Zerstörung von Selbstverwirklichung verhindern können. Denn auch die Umweltproblematik wird sich nicht über das Zurückwerfen der Mehrheit der Bevölkerung hinter das Erreichte – wieder in die gänzliche Unmündigkeit hinein – lösen. Im Gegenteil: Nur die Massen sind in der Lage, zu verhindern, daß sich die Eliten selbstvergöttlichen und damit zu versubjektivierten, faustischen, zerstörerischen Eliten werden. Der Ausweg aus der Krise ist es also, die Aneignungsmöglichkeiten für alle Menschen zu vergrößen, die in vielen Farben auftretenden, sehr materiell-menschlichen »braunen Götter« zu entmachten.

Durch die gemeinsamen Bestimmungselemente von New Age und Faschismus sollten nun erste »konzeptionelle Bezugspunkte« vorliegen, deren Fehlen für die Untersuchung »der völkischen Religiosität zusammen mit verwandten Objektbereichen« in der vergleichenden Religonswissenschaft noch 1991 beklagt wurde.[58] Pastor Ekkehart Hieronimus behauptet: »Völkische Religiosität ist heute ein historisches Problem, aber gerade darum, als Beispiel für die im Religiösen liegenden Möglichkeiten, von Bedeutung.«[59] Die Behauptung ist im Kern falsch, sowohl, weil das New Age die »konzeptionellen Bezugspunkte« der völkischen Religiosität aufgenommen hat, als auch, weil es solche spirituellen Tendenzen auch im katholischen wie protestantischen Bereich seit dem Ende der achtziger Jahre vermehrt gibt. Das mag wohl seinen Grund auch darin finden, daß die gemeinsamen Inhalte dieser Ideologien seit der antinapoleonischen Zeit zum geistigen Besitzstand des Bildungsbürgertums gehören und hierüber eben auch die Anfälligkeit der Eliten der zwanziger Jahre für den Nationalsozialismus verständlich wird.[60] Die Meinung einer der Hauptvertreterinnen des New Age, Marilyn Ferguson, die New Age-Bewegung sei »eine Verschwörung ohne politische Doktrin. Ohne Manifest«[61], ist in der Hinsicht falsch, als die genannten Bestimmungselemente, Organizismus und Heroischer Realismus sowie Mystik als Methodik, ohne weiteres als New Age-Doktrin angesehen werden können.

Die christliche Seite

Wir wissen aus der Geschichte, daß sich die *christlichen Großkirchen* gut mit dem Faschismus in ganz Europa standen, ohne daß die Relativierung ethischer Normen durch den patheistischen Organizismus und damit der Gegensatz zur biblisch begründeten Ethik zum grundlegenden Problem zwischen beiden geworden wäre.[62] Bekannt sind die aus der völkischen Bewegung kommenden protestantischen »Deutschen Christen«, die sich ab 1932 vehement der kirchlichen Selbstverwaltungsgremien, der Altäre und vor allem der Kanzeln in Norddeutschland bemächtigten.[63] Die Reichstagsfraktion des katholischen Zentrums stimmte 1933 dem Ermächtigungsgesetz zu und ermöglichte damit erst die Nazi-Diktatur. Der Katholizismus wurde durch Mussolini und Franco im faschistischen Italien und Spanien zur Staatskirche erhoben. Der Vatikan unterstüzte das faschistische Ustascha-Regime in Kroatien, wo schließlich sogar Franziskaner-Mönche Vernichtungslager leiteten. Das slowakische Marionettenregime an der Seite Nazi-Deutschlands wurde von dem katholischen Priester Josef Tiso als Regierungschef geleitet. Der als Kriegsverbrecher zum Tode verurteilte Tiso – er ließ 1942 mehr als 60000 Juden in deutsche KZ deportieren und kassierte pro Juden ein Kopfgeld von fünfzig Reichsmark – soll von der heutigen rechristianisierten Slowakei rehabilitiert werden. Größte Schuld luden sich die christlichen Kirchen auf, als sie den Nazis zum Zwecke der Judenidentifikation ihre Taufregister öffneten. Die gemeinsame Feindschaft gegen den »jüdischen Bolschewismus«, aber auch gegen den Liberalismus, veranlaßte die Amtskirchen, den zur Macht gekommenen Faschismus zu unterstützen.

Schließlich wurde der Überfall Nazi-Deutschlands auf die Sowjetunion von katholischen Bischöfe öffentlich als »Kreuzzug« und »heiliger Krieg für Christus« bezeichnet und gesegnet. Der Münchner Kardinal Faulhaber sprach den meisten Bischöfen aus dem Herzen, als er das Christentum zum »stärksten Bundesgenossen« der Nazis »in diesem Abwehrkampf« gegen den Sozialismus erhob.

Dennoch bekundete der deutsche Katholizismus – zwar antisozialistisch, organizistisch und nationalistisch und deshalb für den autoritären Staat und den Krieg – seine inhaltliche Distanz zur NS-Ideologie öffentlich, erst recht, nachdem die Anbiederungspolitik der Jahre 1933/34 weniger den katholischen Einfluß in Deutschland gesichert als vielmehr die Nazis national und international gestärkt hatte. Diese bedankten sich 1934 bis 1937 mit dem Kirchenkampf der neuheidnischen Sekten gegen die Katholiken, der erst vermindert wurde, als die Kirchen für den kommenden Krieg zum Trostspenden eingeplant wurden. Weniger bekannt ist die offen nationalsozialistische Fraktion im deutschen Katholizismus um den

Freiburger Erzbischof Conrad Gröber, der nicht nur die katholischen Jugendverbände an die Hitlerjugend ausliefern wollte, weil sie im Widerstand gegen die Nazis standen, sondern auch selbst Fördermitglied der SS wurde. Sein Mitstreiter Wilhelm Berning, Bischof von Osnabrück – ein Bistum, das seit dem Frühmittelalter wehrhaft gegen »die Heiden« stand – widmete sein Buch »Das neue Reich. Katholische Kirche und deutsches Volkstum« 1934 Adolf Hitler.

Mit dem »Bund katholischer Deutscher ›Kreuz und Adler‹« – gegründet von Hitlers Vizekanzler Franz von Papen – und dessen Nachfolgeorganisation »Arbeitsgemeinschaft katholischer Deutscher« saßen diese Katholiken sogar an Hitlers Kabinettstisch, der NS-Kronjurist Carl Schmitt, der Hitlers Führungsanspruch »juristisch« begründete und auf den sich die »Neue Rechte« heute beruft, gehörte zu ihnen.[64]

Organizistisches Denken ist der römischen Kirche seit Paulus und Augustinus eigen,[65] ihre weltliche Macht und die Macht der mit ihr verbündeten Feudalherren bis zu den bürgerlichen Revolutionen beruhten darauf. Nachdem sich die Romantiker wieder dem Katholizismus zugewandt hatten, brachten sie mit der von ihnen wiederentdeckten, lange Zeit verschollenen mittelalterlichen Mystik nun auch pantheistische, naturreligiöse Ansätze in die katholische Ideologie ein, mit denen sich dann sogar das Erste Vatikanische Konzil 1869/70 (ablehnend) beschäftigen mußte. Kulturpessimistische Ansätze des neunzehnten Jahrhunderts beeinflußten gleichzeitig viele Nachfolger Luthers und bereiteten hier – mehr noch als im Katholizismus – den Boden für deutsch-völkische Erweckungsbewegungen jeder Art. An der Spitze des neuen Deutschen Reichs standen »von Gottes Gnaden«, aber im Auftrage der Krupp, Borsig und Siemens, die Hohenzollern-Kaiser, deren Berliner Dom im neu wiedervereinigten Deutschland gerade erst frisch vergoldet worden ist. Die Feindschaft gegen Liberalismus und Sozialismus als den anti-organizistischen Weltanschauungen zum Ende des letzten Jahrhunderts und ein spiritueller Nationalismus (Luthers Reformation als »deutscher Protest gegen Rom«) schufen damals schon bald eine geistige Nähe von Teilen des organisierten Christentums zur völkischen Bewegung. Aus christlichen Reihen kamen dann auch überwiegend die völkischen Chefdenker, vor allem aus dem Protestantismus, aber auch aus »deutschkatholischen« Sekten. Sie führten ihre gläubigen Anhänger mehr oder weniger direkt in den NS-Staat.[66]

Zu den zentralen Antworten des (deutschen) Christentums auf die gesellschaftlichen Krisen des Hochkapitalismus im letzten Drittel des neunzehnten und im ersten Drittel des zwanzigsten Jahrhunderts gehörten die *Remystifizierung* des Glaubens (Herz-Jesu- und Marien-Mystik) und die Rückwendung der Kirche auf Rom im papistisch-hierarchischen Ultramontanismus der katholischen Kirche. Beim Protestantismus fand eine

Hinwendung zum Völkischen statt, zu einem »nordisch-arischen« Christus-Verständnis, dessen Folge – sicher unbeabsichtigt – ein verstärktes Abbröckeln hin zum pantheistischen Neuheidentum war. Der Organizismus und seine Methodik, die Mystik, entsprachen nicht nur dem Denken breiter bürgerlicher intellektueller Schichten, die sich in der Tendenz bereits pantheistisch orientierten, auch wenn sie teilweise noch in den Kirchen verblieben. Organizismus und Mystik kamen auch dem Geschmack der Unterdrückten nach, das zeigte sich in der Begeisterung für den deutschen Adel und – nachdem dieser entmachtet war – in den neuen säkularen Domen, den Kinos: Fritz Langs Film »Metropolis« von 1927 ist ein herausragendes Beispiel für die noch christlich-mystisch verbrämte Botschaft, die eine organizistische Gesellschaft propagiert; ihre Verkünderin im Film hieß auch noch passend Maria. Da Langs Film trotz aller christlichen Symbolik letztlich dann doch auf den kommenden Faschismus verwies, brachte er ihm das (ausgeschlagene) Angebot der Nazi-Machthaber ein, ihr Hofregisseur zu werden.[67]

So wenig jedoch die damaligen materiellen Ursachen der Krisen, die große Teile der Eliten wie der Massen von den Großkirchen sich abwenden ließen, wegmystifiziert, wegarisiert, weggebetet werden konnten, so sehr sind zahlreiche christliche Gruppen heute bemüht, den damaligen Fehler unbeirrt zu wiederholen. Die aktuellen Versuche einer *Remissionierung* Europas wollen den wiederbelebten Ultramontanismus zum Erben des zusammengebrochenen Sozialismus machen und damit an die Politik der Päpste um die letzte Jahrhundertwende anknüpfen, die eine »Erneuerung der Welt durch die Kirche« (Papst Leo XIII.) als Programm ausgaben. Dies geschieht heute unter einem Papst, der von einem exzessiven Marien-Kult und einem antimodernistischen Katholizismus geprägt ist, der in mittelalterlicher Heiligen-Mystik und einfältiger Volksfrömmigkeit verharrt. Gleichzeitig beansprucht er in einer totalitären Weise weltliche Herrschaft, wie es der polnische Katholizismus traditionell – und für »westliche« Bergpredigt-Katholiken in kaum vorstellbarem Ausmaß – tut.

Die am 28. November 1991 im Petersdom eröffnete Europa-Synode war nur die eine Seite des römischen Weges, den Kontinent zu reevangelisieren – d. h. christlich zu respiritualisieren -, um eine antiegalitär organizistische Verfassung zu erreichen. Die andere Seite bildet eine Wiedergeburt der Mysterienverehrung, die nicht nur den ökonomisch einträglichen Wallfahrts-Tourismus belebt, sondern eben vor allem der Demonstration politischer Herrschaftsansprüche dient: Sei es im portugiesischen Fatima, wo der Papst die Menschen mit »Wundern« abspeisen und so reintegrieren wollte, nachdem sie um die Früchte der 1974er Revolution gebracht worden waren. Sei es im polnischen Festungskloster Tschenstochau, wo verarmte Kleinbauern ihre letzten Feldfrüchte im Glauben an die Schwarze

Madonna opfern – in Wahrheit aber den Mönchen des Klosters darbringen, die dann wohlgenährt und fast schon drohend den westeuropäischen Besuchern ein eigenes Waffenmuseum (!) präsentieren. Sei es im kroatischen Medjugorje, wo eine angeblich erschienene Jungfrau Maria rechtzeitig zum Anheizen des Nationalismus und des Bürgerkriegs »Geheimnisse« preisgab, für die man nach ihrer angeblichen »Botschaft« sogar zu sterben bereit sein soll. Der Vatikan hat hier allerdings erst spät die politisch nützliche, weil den letzten sozialistischen Staat Europas sprengende Wirkung dieses »Wunders« begriffen. Die New Age-Zeitschrift »PSI-Journal« z. B. war im Mai 1990 weitsichtiger als der Papst: »Medugorje kann als Fanal gelten für andere diktatorisch regierte Länder. Was ist in den meisten Ländern des Ostblocks inzwischen nicht alles in Gang gekommen. Haben die laufenden Marienerscheinungen und der dadurch entfesselte ›Gebetssturm‹ vieler Menschen nicht doch eine wahrhaft sensationelle Umkehr bewirkt, die noch vor kurzem niemand für möglich gehalten hätte?«[68]

Heute herrscht über die Jungfrau von Medjugorje ein Regime, das vom euro-hegemonialen neuen Deutschland in Eile anerkannt wurde, während andere Länder vermehrt auf die kroatischen Traditionen zur faschistischen Ustascha verweisen. Nach Mitteilung des Verfassungsschutzes vom März 1992 ließ Kroatien auf seinem Territorium neben Neonazis aus zahlreichen europäischen Ländern auch neonazistische deutsche »Freischärler« gegen die jugoslawische Bundesarmee kämpfen. Wahrhaft eine »Umkehr«! Wahrhaft ein »Sturm«, allerdings nicht des Gebets, sondern der – gesegneten – Waffen. Politische Führer des europäischen Rechtsextremismus wie Jean-Marie Le Pen vom französischen Front National oder Franz Schönhuber von den »Republikanern« waren bereits Gäste des kroatischen Präsidenten Tudjman. Auch die Führer des neofaschistischen Vlaams Block aus dem katholischen Belgien reisten ins katholische Kroatien, wo jetzt wieder Straßen und Schulen nach dem Massenmörder Mile Budak benannt werden, der wegen der Deportation und Ermordung von 31000 Juden hingerichtet worden war.[69]

Hatte die römische Kirche in Medjugorje noch gezögert, so genießen kirchenoffizielle okkultistische Strömungen wie die Geheimorganisation »Opus Dei« die Sympathie des Papstes Karol Woytila: Der »Opus Dei«-Gründer Josemaria Escriva de Balaguer wurde 1992 vom Papst heilig gesprochen. Gegen Escriva werden heute Vorwürfe erhoben, er sei ein Anhänger Hitlers gewesen und habe die Massenmorde an Juden in den KZ geleugnet.[70]

Bei den christlichen »freikirchlichen« Sekten, deren religiöses Querulantentum ihre fanatisierten Mitglieder in keiner größeren Kirche lange verweilen läßt, sind vor allem die *Charismatiker*[71] auf mystische Erlebnisse versessen, wie sie wohl in der Einfalt des Mittelalters in jeder düsteren Höhle und hinter jedem größeren Dornbusch zu haben waren. Die »Erfahrung des Überwältigtwerdens durch Gott« bis hin zur Selbstvergöttlichung durch die »Erfüllung mit dem Heiligen Geist«[72] leisten sich immer mehr freichristliche Quasi-Götter in Führungspositionen, die keineswegs nur randständige Sektenspinner sind. Die Nachfolgerin des progressiven früheren Nürnberger Kulturdezernenten, des als kulturgeschichtlicher Autor bekannt gewordenen Sozialdemokraten Hermann Glaser, ist die von SPD und Grünen eingesetzte bekennende Charismatikerin Karla Fohrbeck. Sie schwärmt von spirituellen Grenzerfahrungen und magischen Kulten und benutzt ihre neue Prominenz so nebenbei zur vielfältigen Unterstützung fanatischer Sekten. Auch hier ist neofaschistische Politik nicht weit entfernt: Ein »Arbeitskreis christlicher Publizisten«, dem auch der rechtsextreme Ex-General Günter Kießling angehört, tagte in Nürnberg in Anwesenheit der erleuchteten Kultur-Chefin (»Gott hat mit mir was vor in dieser Stadt«), die in der Lokalpresse als »heimlicher Star, dem eigentlich diese Veranstaltung galt«, gehandelt wurde. Kießling ist eifriger Autor in rechtsextremen Zeitschriften wie dem konservativ-revolutionären »Criticon«, in »MUT« oder dem nationalrevolutionären Blatt »wir selbst« um den »neurechten« Chefdenker Henning Eichberg. In dessen Umfeld trat Kießling schon Mitte der achtziger Jahre für die deutsche Wiedervereinigung ein – »Deutschland als Ganzes«, ganzheitliches Denken eben. Karla Fohrbeck will sich da nicht lumpen lassen: »Ich wußte früher als andere, daß die Mauer bricht, am Karfreitag davor wurde mir das sozusagen vermittelt.«[73] Die besondere spirituelle Begabung der Deutschen, ob christlich oder heidnisch, scheint immer dann heftig zutage zu treten, wenn es um die rein völkischen Belange geht.

Die als »linkskatholisch« begonnene[74] Zeitschrift *Publik-Forum* hat sich inzwischen zum New Age-nahen christlichen Freikirchlertum hin entwickelt. Die wiederentdeckte Mystik wird hier breit propagiert. In einem Sonderheft zur Marien-Mystik wird die Rolle der Madonna von Tschenstochau beim Kampf gegen den Sozialismus gewürdigt. Die guten Beziehungen der »Publik-Forum«-Redaktion zu nationalrevolutionären Kreisen sorgen dafür, daß die Interessen der politischen Rechten hier nicht zu kurz kommen. Alfred Mechtersheimer z. B., der in den achtziger Jahren mit (Neo-) Nazis und dem ursprünglich der NPD entstammenden »wir selbst«-Kreis für die deutsche Einheit focht, ist eines ihrer langjährigen Objekte der Fürsorge. Er konnte z. B. 1991 in »Publik-Forum« seinen deutschnationalistischen Text »Antiamerikanisch – weshalb eigentlich nicht?« gekürzt veröffentlichen. In voller Länge, ergänzt um eine einzige antisemitische Bemerkung, erschien der Artikel in der militant-neonazistischen Zeitschrift »Sieg« des bekannten österreichischen »Auschwitz-Lügners«

Walter Ochensberger[75] – ausgerechnet hier gefolgt von einem Zitat des Jesuitenpaters, New Age- und »Neue Rechte«-Vorbilds Pierre Teilhard de Chardin. »Sieg« ist ein neuheidnisch orientiertes Blatt, das sich immer wieder dem »Ahnenerbe« der alten Germanen widmet. Ochensberger sitzt im Knast, weil er die Massenmorde an den europäischen Juden leugnete.

Wenn es gegen die Sieger des Zweiten Weltkriegs geht, sind ehemalige »Linkskatholiken« wohl nicht so wählerisch: Eine Titelgeschichte zum Golfkrieg schmückte »Publik-Forum« mit Zeichnungen des Nationalrevolutionärs A. Paul Weber, der politisch zum Kreis des Konservativen Revolutionärs Ernst Niekisch gehörte, privat Niekischs bester Freund war und vor 1933 antisemitische Hetzkarrikaturen in rassistischen Büchern verfaßte.[76] Niekisch, der mit seinen Schriften in den zwanziger Jahren den Faschismus vorbereitete und eigene antichristliche, völkisch-mystische Vorstellungen von Religion hatte, gehört seit den siebziger Jahren zur Hauptliteratur der bundesdeutschen Nationalrevolutionäre, selbstverständlich auch des »wir selbst«-Kreises. Auch gegen eine nazistische Sekte wie die »Deutsche Unitarier Religionsgemeinschaft e. V.« (DUR) ist »Publik-Forum« tolerant: Der »Justitiar« der DUR, der Schleswiger Notar und Rechtsanwalt Ralf Abel, ist für das Blatt ein Zeuge gegen die »Scientology-Church«, einer der Chefideologen der »Deutschen Unitarier«, der auch als New Ager bekannte Hubertus Mynarek, wird in »Publik-Forum« gegen Angriffe von Antifaschisten verteidigt.[77] Mynarek gehört wie Mechtersheimer ebenfalls zu den nationalrevolutionären Deutschland-Vereinigern der achtziger Jahre um die Zeitschrift »wir selbst«.

Im »neurechten« polit-religiösen Bereich haben sich inzwischen Netze herausgebildet, die über weltanschauliche Fraktionsstreitigkeiten hinweg knallhart rechte Politik machen. Den meisten Lesern von »Publik-Forum«, von denen viele zu den progressiven Angestellten kirchlicher Sozialeinrichtungen gehören, werden diese Hintergründe sicher nicht bekannt sein. Doch zeigen die Personen, mit deren Foto »Publik-Forum« 1992 zu seinem zwanzigjährigen Bestehen für sich wirbt, auch ein bemerkenswert eindeutiges Bild: der »sanfte« Antisemit Franz Alt, der vom Hitler-Fan Carl Gustav Jung zum New Age kommt;[78] Luise Rinser, die seinerzeit Hymnen auf Hitler verfaßte; Rita Süssmuth, die der rechtsextremen »Deutschen Liga für das Kind« die Treue hält;[79] Hans Küng, der 1990 bei einem Sekten-Kongreß als Festredner auftrat, der von der DUR mitveranstaltet worden war. »Besser es gibt Skandal, als daß die Wahrheit zu kurz kommt«, dieser Satz aus der »Publik-Forum«-Werbung erhält so seinen besonderen Sinn.

Ist die »Charismatische Bewegung« mit ihrer neu-alten Frömmigkeit bis hin zur Selbstvergöttlichung über das Konzept des Heiligen Geistes – und damit sehr nah am pantheistischen Organizismus – vor allem im

Bereich des Katholizismus stark, so entspricht ihr im Protestantismus die *Evangelikale Bewegung*. Ein Blick nach *Mittelamerika* erhellt die Hintergründe der Propagandafeldzüge evangelikaler Sekten, die inzwischen mit Hilfe privater Fernsehsender wie »Sky Channel« oder »Super Channel« auch von Madrid bis Moskau die elektronische Respiritualisierung des sozialismusfreien Europa betreiben. »Adventisten des Siebten Tages«, »Zentralamerikanische Mission«, »Kirche des Wortes«, »Gesellschaft Gottes« oder die »Comunidades del Pentecostés« (Pfingstgemeinden) führen auf den Plantagen von Panama bis Mexiko zugunsten der Großgrundbesitzer seit den zwanziger Jahren vor, was es heißt, christlich-organizistisch gegen die Subjektivität der Massen zu kämpfen und dies als Missionswerk zu tarnen. Der Sieg der Contra in Nikaragua, die mit Christus-Plakaten mordend durch den Urwald zog, hätte mehr linke Aktivisten in Europa auf die Bedeutung der Respiritualisierung als Waffe gegen den Sozialismus aufmerksam machen dürfen. Ob in Guatemala oder El Salvador, die evangelikalen Sekten standen und stehen hier mit den Konzernen Mobil-Oil, Coca-Cola oder Holiday-Inn und den lokalen herrschenden Oligarchien eng zusammen gegen die sozialistischen Befreiungsbewegungen. Da fließt so mancher Petro-Cola-Dollar in die christliche Kasse.

In Deutschland sind viele Evangelikale Mitglied der Evangelischen Kirche in Deutschland (EKD) geblieben. Sie arbeiten gleichzeitig in der »Evangelischen Notgemeinschaft in Deutschland« (ENiD) teilweise eng mit der neofaschistischen »Neuen Rechten« zusammen, etwa in Zeitschriften wie »Criticon« (regelmäßig Klaus Motschmann, stellvertretender Vorsitzender der ENiD) oder »MUT«. Der Gründungspräsident und langjährige Vorsitzende der ENiD, Pfarrer Alexander Evertz, predigt in seinem Buch »Kirche und Volk. Ein Ja zum Vaterland« die Ungleichheit der Menschen und Völker und die Notwendigkeit der Apartheid, streng aus der Bibel begründet.[80] Verbindungen von ENiD-Mitgliedern zu Propagandaeinrichtungen für die rassistische Politik Südafrikas sind immer wieder nachgewiesen worden.

Die Vorstellung von der völkischen Gemeinschaft als Ausdruck des Gotteswillens und der göttlichen Gnade, die aus der Vorromantik (Herder) stammt, war bereits in den zwanziger Jahren wesentlicher Bestandteil des Protestantismus in Deutschland.[81] Der im Neofaschismus breit verankerte evangelikale Pfarrer Wolfgang Borowski, ein extremer Antisemit und Mitglied des rassistischen, ausländerfeindlichen »Schutzbund für das deutsche Volk« (»Heidelberger Manifest«), arbeitete 1991 eng mit teilweise völkisch-neuheidnischen nationalrevolutionären Gruppen um die Publikationen »wir selbst« und »Junge Freiheit« zusammen, über die sich wiederum Rückbindungen zu völkisch-rassistischen Sekten wie den »Deutschen Unitariern«, dem Nazi-Kirchenkampf und der historischen völkischen Bewegung sowie zu New Agern wie Hubertus Mynarek ergeben, die sich selbst in diese faschistische Tradition stellen.[82]

In Sorge um die Schäfchen, um diejenigen Menschen, die überhaupt noch spirituell sind, aber heute wieder – wie zur Jahrhundertwende – in Richtung New Age und Neuheidentum abwandern, passen sich die *christlichen Großkirchen* bereits der neuen Lage an. Bei Katholiken wie Protestanten wird von amtlicher Seite in gleicher Weise der angebliche Mangel an Mystik, die angebliche Verweltlichung einer mehr und mehr auf irdisches Wohlergehen ausgerichteten Theologie beklagt. Im Visier haben sie die Befreiungstheologie, die aus dem Postulat der Gleichheit der Menschen vor Gott praktische Sozialpolitik ableitet.

Die Devotionaliendruckerei »Fotokunst Groh« aus dem bayrischen Wörthsee druckt 1993 schöngeistige Lesezeichen mit einem Sinnspruch des Vordenkers der völkischen Bewegung, Paul de Lagarde: »Jeder Mensch ist ein besonderer Gedanke Gottes«, heißt es da. An den Karten- und Broschürenständern in katholischen Kirchen, wo diese Firma fast ein Monopol hat, können die Gläubigen solche Kärtchen kaufen. Sie erfahren allerdings nicht, daß Paul de Lagarde wegen seines glühenden Antisemitismus von den Nazis als Stammvater adoptiert wurde. Sie erfahren auch nicht, daß sein Spruch als Rechtfertigung für die Ungleichbehandlung von Menschen gedacht war, als Vorstufe zum Ethnopluralismus des Evangelikalen Evertz, der die Ungleichbehandlung der Völker scheinbar christlich rechtfertigt. Lagarde war ein Gegner der Idee der Gleichheit der Menschen vor Gott, in einer christlichen Kirche hätte er eigentlich nichts zu suchen.

Die »Neue Rechte« erfand den Begriff des Ethnopluralismus, den sie vor allem in der Tradition Lagardes definiert. Sie greift solche Tendenzen bereitwillig auf. Günter Rohrmoser kann in »Criticon« »aus der Sicht eines christlichen Publizisten« über die »Kapitulation der Theologen« schreiben: »Sie fingen bei sich selbst an und säkularisierten alles, was an Substanz der christlichen Dogmatik fast zwei Jahrtausende lang fast unstrittig war. Wir haben an dieser Stelle nicht die Zeit zu interpretieren, was das theologisch bedeutet: Humanisierung, Sozialisierung aller christlichen Inhalte bis zur völligen Unkenntlichkeit und zum Verschwinden der Christlichkeit in der Hoffnung, mit diesem Zug der Zeit mithalten und vielleicht wieder die Spitze übernehmen zu können.«[83]

Der »Zug der Zeit« des New Age liegt freilich im Unterschied zu einer humanistischen, »sozialistischen« Theologie nahe bei den politischen Zielen des Organizismus. So ist es keineswegs ein Zeichen von Progressivität, von Offenheit einer neuen Spiritualität gegenüber, wenn sich Christen an New Age-Positionen anpassen. Vielmehr ist es der schlecht getarnte Versuch, den im »linken« Christentum ausrangierten Organizismus wieder aufzuwerten, emanzipatorische Ansätze des Christentums, die auf der

Bergpredigt basieren, zurückzudrängen. So wie Evangelikale und Papst in Südamerika gemeinsam gegen die Befreiungstheologie antreten, so setzen rechte Christen in Deutschland ihre (politische) Hoffnung offenbar darin, mit Hilfe von New Age- und neuheidnischen Tendenzen die Linke in den eigenen Reihen in die Schranken zu verweisen.

Evangelische Zentralstelle für Weltanschauungsfragen

Die *Evangelische Zentralstelle für Weltanschauungsfragen* (EZW) in Stuttgart ist die offizielle Institution der EKD zur »Feindbeobachtung«. Sie soll die Auseinandersetzung mit solchen Weltanschauungen betreiben, die angeblich dem Protestantismus gefährlich werden bzw. ihn in seinem weltanschaulichen Gehalt und Reinerhalt beeinträchtigen könnten. In der Praxis allerdings ist die EZW offen für ideologische Gegenspieler, wenn sie von rechts bzw. aus dem New Age kommen. Sie hat sich als eine der ersten christlichen Einrichtungen mit dem New Age befaßt und in ihren Publikationen Sprach- und vor allem Denkregelungen gesetzt, die sogar die Auseinandersetzung des Katholizismus mit dem New Age breit bestimmen.

Die EZW sieht sich selbst in der Tradition des Mitbegründers der evangelikalen ENiD, Walter Künneth[84], den die Konservativen Revolutionäre von »Criticon« als einen der Ihren ansehen.[85] Der rechtsextreme Publizist Karlheinz Weißmann, häufiger Autor in »MUT« wie in »Criticon«, scheint hervorragende Verbindungen zur EZW zu haben. So konnte er den Hauptartikel über die neuheidnische Szene im Schwerpunktheft des »Materialdienstes der EZW« schreiben.[86] Wie sehr hier der Bock zum Gärtner gemacht wurde, zeigt Weißmanns Versuch, die völkischen Neuheiden vom Faschismus zu reinigen, indem er die wesentlichen Bezüge dieser Gruppen zum Faschismus verschleiert, dagegen aber völlig absurde Vorstellungen groß herausstellt, die mit der wieder wachsenden Bedeutung faschistischer Spiritualität kaum etwas zu tun haben. So präsentiert er z. B. ein Buch als besonders wichtig, das einen wundersam verjüngten Hitler in einem UFO auf die Erde zurückkehren läßt, das von gefallenen Wehrmachtssoldaten gesteuert wird – derartiges ist selbst Neofaschisten zuviel. Es scheint so, als wolle Weißmann mit dem Übersteigern ins Absurde die evangelischen Pfarrer, die mit New Age und Neuheidentum konfrontiert sind, von der wirklichen Gefahr ablenken, denn es ist wohl kaum vorstellbar, daß ein derartiger Unsinn massen- oder elitenwirksam würde. Im Anschluß an Weißmanns Artikel darf sich im »Materialdienst der EZW« – offiziell als »Dokumentation« bezeichnet – die rassistische »Heidnische Gemeinschaft e. V.« aus Berlin auf sechs Seiten selbst vorstellen, inklusive einer zwei Seiten langen Adressenliste teilweise offen faschistischer Kleinsekten.

Walter Künneth, dessen Arbeit für die EZW Vorbildcharakter hat, stand bereits vor der Kanzlerschaft Hitlers dem Nationalsozialismus nahe und versuchte, den Protestantismus mit der NSDAP zu versöhnen: »Evangelische Kirche und Nationalsozialismus stehen in dem Verhältnis einer notwendigen Begegnung. ... Der Nationalsozialismus ... bedarf der Kirche als gewissenschärfenden Korrektivs.« »Der Nationalsozialismus ist die aus deutscher Not geborene Bewegung der Nation, in der sich am elementarsten der Wille des Volkes zur Freiheit und Neugestaltung heraussetzt.« »Jeder Anschein, als ob die nationalsozialistische Bewegung durch christlich-kirchliche Argumente gehemmt werden sollte, muß nicht nur die nationalsozialistischen Kreise selbstverständlicherweise erbittern, sondern ist auch der kirchlichen Grundhaltung unwürdig.«[87] Künneths Versöhnungsversuche waren keineswegs bloß taktischer Natur (erst recht nicht vor 1933!), etwa, um dem Protestantismus einen Freiraum auch unter der Kapital-Nazi-Herrschaft zu erhalten. Er veröffentlichte mitten im Kirchenkampf der dreißiger Jahre seine Schrift »Antwort auf den Mythus«, die als Gegenschrift zu dem Buch Alfred Rosenbergs, »Der Mythus des zwanzigsten Jahrhunderts« – dem nach Hitlers »Mein Kampf« meistgelesenen Nazi-Ideologie-Buch – gedacht war.[88] Künneths »Antwort« an Rosenberg wird heute fälschlicherweise als die große ideologische Auseinandersetzung des Protestantismus mit dem völkischen Neuheidentum dargestellt. Tatsächlich ist die Schrift profaschistisch, nicht etwa antifaschistisch. Künneth bezieht sich hier keineswegs ausschließlich ablehnend auf Rosenberg. Dies ist heute besonders interessant, weil sich die EZW von Künneth herleitet und gleichzeitig die »Deutschen Unitarier Religionsgemeinschaft e. V.« mit einem eigenen Buch verteidigt, eine Sekte, die sich offen auf ihre Herkunft aus dem direkten Umfeld Rosenbergs beruft. Die herausragende Bedeutung dieser offiziellen Einrichtung der EKD für die Auseinandersetzungen der evangelischen, aber teilweise auch katholischen Kirche mit der »neuen« Spiritualität des New Age macht es erforderlich, näher auf Künneth einzugehen.

Künneth, der mehrfach beteuerte, der Nationalsozialismus sei nicht identisch mit den Ideen Rosenbergs, versteht in seiner »Antwort auf den Mythus« die Selbstvergöttlichung des Ariers als Kern faschistischer Weltanschauung und kritisiert diese auch als »Diesseitsgläubigkeit« und als Hinwendung zum »faustischen Menschen«. Seine Aussagen lassen in dieser Hinsicht für Christen nichts zu wünschen übrig: »So steigert sich die Blutreligion des Mythus zur Hybris der Gottgleichheit, zu dem stolzen Hochmut des Titanen, der schrankenlos schöpferisch, allmächtig und ewig zu sein vorgibt. Die Verblendung dieser gottfeindlichen Kreaturvergötzung wird erst von der Offenbarung aus in ihrer ganzen Furchtbarkeit durchschaut. ... Die Religion des Mythus wiederholt den Turmbau zu

Babel, dessen Titanismus den Keim der Zersetzung in sich trägt.«[89] Mit dem Gleichnis vom Turmbau zu Babel trifft der Künneth des Jahres 1935 genau den Modernismus des Nationalsozialismus, den Heroischen Realismus von Faschismus/Konservativer Revolution und New Age und die Gemütslage der romantizistisch-kulturkritischen Völkischen und New Ager. Künneth bricht jedoch weder grundsätzlich mit dem Antisemitismus, den er von der Bibel her als gerechte Strafe für die jüdischen Christus-Mörder begründen will, noch mit der Judenverfolgung der Nazis, die er teilweise rechtfertigend unterstützt,[90] noch mit der Vorstellung Chamberlains und Rosenbergs vom »Völker- und Rassenchaos« der niedergehenden Antike, aus der erst die Germanen als herausragende Blutsgemeinschaft die Menschheit wieder zur Rassenhygiene geführt hätten.

Er stimmt in zahlreichen Punkten dem Antisemitismus Rosenbergs ausdrücklich zu und versucht auch, Brücken zu bauen vom Christentum zu einem New Age-faschistischen Verständnis der »Einheit in der Vielheit«. An ein Paulus-Zitat, das die Gleichheit der Menschen vor Gott beinhaltet, schließt Künneth sein Bekenntnis zur faschistischen Rassehygiene an: »Wir müssen gestehen (!), daß im Laufe der Kirchengeschichte diese Aussagen auch auf dem Missionsgebiete im Sinne rassischer Gleichgültigkeit mißverstanden wurden. Wir bestreiten Rosenberg nicht das Recht, darauf den Finger zu legen.«[91] Mit seiner Neuinterpretation des paulinischen Christus-Verständnisses als organizistische »Einheit in der Vielheit«, mit seinem Bibel-Verständnis von der gottgewollten Verschiedenheit der Völker, die der Mensch nicht mischen dürfe, will Künneth Rosenberg *missionieren*: Die echten Christen dächten gar nicht daran, »die Reinheit ihrer (jeweiligen, P. K.) Rasse preiszugeben.« Dieser Angriff auf das Prinzip der Gleichheit der Menschen versucht, den vom (Neo-) Faschismus wie vom New Age als Prediger eines angeblich jüdischen Gott-Welt-Dualismus abgelehnten Paulus durch dessen organizistisch-ganzheitliche Interpretation zu integrieren, für ein »deutsches« Christentum zu retten. Künneths Verständnis einer »Einheit in Christus« zeigt durchaus Übergänge zur New Age-faschistischen »All-Einheit« und dem verwandten Konzept des »kosmischen Christus« bei Pierre Teilhard de Chardin, auch wenn er sich verbal immer wieder dagegen wendet, Schöpfung und Gottheit gleich zu setzen.

Andererseits kann Künneth auf die direkte Selbstvergöttlichung des Menschen leicht verzichten. Er ist nach wie vor ein naiv Genesis-gläubiger Mensch, an dem die Erkenntnisse über eine evolutionäre Entwicklung der Welt spurlos vorbeigegangen sind. Daher kann er den *alten Weg* der Affirmation des Seienden als von Anfang an bestehende *Gottesschöpfung* einschlagen. Er kommt *damit* zu demselben Ergebnis wie die faschistischen Gottmenschen: »Die bluthafte Größe der Rasse, die naturhaft-geschichtliche Gemeinschaft des Volkes, das rechtliche, machterfüllte Wesen des Staates sind nicht Erscheinungen, denen der Christ mit Gleichgültigkeit gegenübersteht, denn es sind ja Wirklichkeiten, die von Gott als tragende Pfeiler in seine kreatürliche Welt eingebaut sind. Ihr Charakter und ihr Sinn werden von der Gottesoffenbarung aus neu erhellt, sie empfangen von ihr das Wissen um ihren Ursprung, um ihre gottgesetzte Würde, um ihr tiefstes Daseinsrecht und ihre Grenze. Rasse, Volk und Staat werden als Gesetz Gottes, als seine Ordnungen anerkannt, die im Kampfe gegen die zerstörenden Mächte der Unordnung die Welt und die Menschheit vor dem Sturz in chaotischen Untergang erhalten sollen. Die neue Erkenntnis erbbiologischer Gesetze und Notwendigkeiten, Reinerhaltung des Blutes, Pflege und Schutz einer gesunden Rasse, die Freude an nordischer Kraft und Leistungsfähigkeit sind demnach für die christliche Schau nicht Fremdelemente, sondern vielmehr eine Bestätigung ihrer Erkenntnis der Gottesordnung, zu deren Erhaltung und Dienst der Christ sich besonders verpflichtet weiß. ... Heißt die Rasse ehren den Schöpfer ehren, dann bricht der Vorwurf christlicher Rassefeindschaft in sich zusammen. Das Blut ist anvertraute Schöpfungsgabe, die nicht verachtet werden kann, die vielmehr eine im Angesichte des Schöpfers einzulösende Aufgabe in sich begreift. ... Die Liebe zum Volke, der Stolz auf seine Geschichte, die Treue zu seinem Wesen, der Einsatz für seine Ehre, die Hingabe für die Freiheit der Heimat und des Landes der Väter sind darum wieder für den christlichen Glauben nicht Randerscheinungen und Grenzmöglichkeiten seines Lebens, sondern viel mehr Äußerungen seiner unbedingten Bindung an Gott, den Schöpfer, dessen Wille mir auch in meinem Volke begegnet. ... Die staatliche Macht ist als ›Gottes Dienerin‹ der Herrschaft Gottes unterstellt und im Vollzug dieser von Gott zum Lehen empfangenen Macht Gott dem Herrn verantwortlich. Die staatliche Autorität ist ja letztlich nicht eigenständige, sondern von Gott abgeleitete Autorität. Das Amt der Obrigkeit ist gleichsam der stellvertretende Dienst, den sie im Namen Gottes ausübt. Auch der Staat ist eine Maske Gottes, durch die er sein Werk treibt. Weil alle staatliche Macht und auctoritas auf Gott hinweisen, ist es der Obrigkeit möglich, den Eid zu fordern und zwar den Eid bei ›Gott dem Allmächtigen und Allwissenden‹ und zum Kriegsdienst bis hin zum Lebensopfer aufzurufen.«[92]

Grundpositionen von Faschismus und New Age, wie die Erkenntnis angeblicher Notwendigkeiten durch (mystische) Schau, die Bindung des Religiösen an die Wirklichkeit, das schier unumschränkte Handeln des von Künneth nur verbal kritisierten, durch seine angebliche »Gottgefälligkeit« de facto eben dennoch vergöttlichten »faustischen Menschen« aus »nordischer Kraft und Leistungsfähigkeit« werden hier auf angeblich christlichem Boden errichtet. Künneth betont zwar immer – im Gegensatz zu Faschisten und New Agern – die »Sündhaftigkeit« auch des »nordischen« Menschen, erklärt jedoch den totalitären, faschistischen und eben letztlich »faustischen« Staat zum Sachwalter Gottes, der der pantheistischen Selbstvergöttlichung des Tatmenschen nicht bedürfe, solange dieser Tatmensch im Willen des christlichen Gottes, »gottgefällig«, handele. Schließlich versteigt er sich sogar dazu, seinen Christus und die Christen indirekt als die besseren Faschisten auszugeben und eine »christliche« Interpretation des Heroischen Realismus vorzutragen, in dem der »nordisch-deutsche Mensch« trotz – oder vielmehr, in der Folge Lutherscher Gnaden-Automatik: ungeachtet – seines Schuldigwerdens der göttlichen Gnade teilhaftig werde.[93]

Ein auf das »Heldenhafte« der Leidensübernahme und des Kreuzestodes Christi ausgerichteter christlicher Heroischer Realismus findet sich im übrigen fast überall im Protestantismus der zwanziger Jahre und der NS-Zeit. Auch Künneth bekennt sich ausdrücklich und vehement dazu: »Kann und darf das Leben Jesu unter dem Begriff des Heldischen gefaßt werden? Rosenberg ist darin zuzustimmen, daß die Evangelien Jesus als eine starke männliche Persönlichkeit zeigen. Eine in bestimmten Perioden der Kirchengeschichte sich findende weichliche, feminine oder aber gar süßliche Zeichnung und Darstellung des Jesusbildes bedeutet eine Abweichung von der geschichtlichen Wirklichkeit Jesu, die nicht ernst genug abgewehrt werden kann ... Jesus war ein heroischer Mensch ohnegleichen. ... Wie ein König steht er vor den Verrätern, die erschrocken vor ihm zurückweichen, ... schicksalsüberlegen, todesmutig, ein heldischer Geist. ... Jesus der Held ist immer zugleich mehr als ein irdischer Held, er ist der Sündlose, der Schuldlose, er ist der göttliche Herr.«[94]

Das Zitat beinhaltet die Beschreibung des heroischen Realisten, wie sie dann als Konsequenz des pantheistischen Organizismus in Faschismus und New Age auf den Menschen, eigentlich den Nordeuropäer, angewandt wird: ebenso schicksalsergeben wie schicksalsüberlegen, Objekt und Subjekt in einem. Wenn Künneth den Heroischen Realismus für Jesus als Gott reserviert sehen will, dem die menschlichen Geschöpfe allenfalls nacheifern können – und dies im Interesse irdischer »Obrigkeit« von Gottes Gnaden auch tun sollen, jeder an seinem organizistisch als vorgegeben gedachten Platz -, so will er lediglich die Kirche als Vermittlungsinstanz zwischen »nordischem Menschen« und Gott um des Erhalts ihrer irdischen Macht Willen bewahrt sehen. Die pantheistischen Organizisten dagegen wollen die ananchronistische, schmarotzende Feudalmacht der Kirche im Interesse der Herrschenden der bürgerlichen Gesellschaft hinweggefegt sehen.

Die Versubjektivierung der »Obrigkeit«, der herrschenden Eliten, bei gleichzeitiger Verobjektivierung der Massen tritt bei Künneth und seinen evangelikalen Nachfolgern lediglich in einem alten, vorbürgerlichen Gewand auf. Sein extremer Antisemitismus, den Künneth in zahlreichen Ausfällen bekannte[95] und der ihn zu einem Wegbereiter der Novemberpogrome von 1938 werden ließ, ist gespeist aus schlechtester christlicher Tradition, die im neuheidnischen Faschismus ebenso wie im New Age allerorten anzutreffen ist, selbstverständlich auch im heutigen, noch hegemonialen Christentum: In der »Spiegel«-Umfrage vom Januar 1992 vertraten 48 Prozent der evangelischen Kirchgänger und sogar 60 Prozent der katholischen die Ansicht von der jüdischen Schuld am Tode Jesu.[96]

Das gänzliche Scheitern von Künneths »christlichem« wie des pantheistisch-neuheidnischen Heroischen Realismus im Komplex Auschwitz zeigt den ethischen Bankrott dieser Ansätze, der von Beginn an angelegt war. Und selbst die Täter glaubten am Ende ihrer Selbstvergöttlichung nicht, wie das schuldbewußte Sprengen der Gaskammern und Krematorien in den Konzentrationslagern kurz vor dem Eintreffen der Roten Armee zeigte. Der Antisemitismus, bisweilen »sanft« als Antijudaismus auftretend, gehört zu den Grundpfeilern bürgerlichen »ganzheitlichen« Denkens, sei es in der Ablehnung des biblischen Sündenglaubens als »unarisch« bzw. inhuman – mit der Alternative der Selbstvergöttlichung; sei es in der pantheistischen Verneinung des jüdischen Gott-Welt-Dualismus, die beinhaltet, die Schuld an allen Übeln dem Dualismus zuzuweisen.

Der heutige Leiter der EZW, Reinhart Hummel, promovierte 1963 über das am meisten antisemitische Evangelium, das Mattäusevangelium.[97] In der Dissertation kommt – gelinde gesagt – das Judentum jedenfalls nicht gut weg. Wer eine kritische Würdigung des neutestamentlichen Antisemitismus als eine Ursache des nazistischen Mordens sucht – dies wäre nach Auschwitz wohl zu erwarten gewesen – sieht sich enttäuscht. Hummel bezieht sich auch in neueren Schriften auf die faschistische »Religionswissenschaftlerin« Sigrid Hunke, ohne ihre Nazi-Bezüge auch nur zu erwähnen. Er beklagt sogar im Gleichklang mit ihr die angebliche »Amerikanisierung der religiösen Kultur«, obwohl doch Europa seine eigenen ganzheitlichen Wurzeln habe.[98]

Da mag es nicht mehr erstaunen, wenn die EZW offensiv eine nazistische Selbstvergöttlicher-Sekte wie die »Deutsche Unitarier Religionsgemeinschaft e. V.« abschützt, indem sie ein Buch über diese ideologischen und teilweise personellen Nachfolger und Wegbegleiter Alfred Rosenbergs veröffentlicht, ohne diese geistigen und personellen Quellen deutlich herauszustellen.[99] Dieses EZW-Buch versucht vielmehr ausdrücklich, die »Deutschen Unitarier« vom Vorwurf des Nazismus reinzuwaschen, indem es die nazistische Herkunft, die antisemitische Militanz und die neofaschistischen, teilweise offen neonazistischen Aktivitäten *dort genannter* »Unitarier« sowie die einschlägigen Bezüge in der Ideologie dieser Sekte fast gänzlich ignoriert. Trotz der objektiven Funktion dieses Buches als Persilschein für eine nazistische Sekte (das Buch wird bezeichnenderweise vor allem von den »Deutschen Unitariern« *selbst* verkauft) besteht Reinhart Hummel darauf, es weiterhin über die EZW zu verbreiten.[100] Für einen Funktionär der evangelischen Kirche, der aus eigener Forschung um die christlichen Wurzeln des Antisemitismus weiß, auch wenn er sie als solche in seiner Dissertation nicht sonderlich zur Kenntnis nahm, ist dies zweifellos eine bemerkenswerte Haltung. Offenbar gibt es jedoch immer wieder derartige Kontakte der EZW zu zwielichtigen Organisationen. So war schon im August 1978 der EZW-Mitarbeiter Helmut Aichelin als Referent bei einer Tagung der rechtsextremen »Freien Akademie«, einer Zweigorganisation der »Deutschen Unitarier«, gemeinsam mit Hubertus Mynarek und der Antisemitin Margarete Dierks angekündigt. Mynarek und Dierks sind Anhänger des Nazi-Kirchenkampf-Ideologen Wilhelm Hauer, der seine »Theologie« explizit auf Rosenbergs »Mythus des zwanzigsten Jahrhunderts« aufbaute. Die EZW erscheint in diesem Zusammenhang selbst als ein Teil des konservativ-revolutionären Netzwerks bzw. Mohlerschen »Knäuels«. So wurde neuerdings berichtet, das ehemalige Mitglied des EZW-Arbeitskreises »Psi und christlicher Glaube«, Rudolf Passian, habe 1984 bei der Europawahl als Spitzenkandidat der rechtsextremen New Age-Partei »Neues Bewußtsein« fungiert.[101]

Katholische Ordensbrüder

Auf *kirchenoffizieller katholischer Seite* sieht es kaum besser aus, im Gegenteil. Es ist wieder modern geworden, an die »Deutsche Mystik« der Dominikaner anzuknüpfen. Hiermit soll das Katholische gegen die Einvernahme der mittelalterlichen Mystiker durch Faschismus und Pantheismus/New Age verteidigt werden, de facto jedoch ergibt sich eine offene Flanke zu diesen Ideologien. So ist Hildegard von Bingen, eine der Gründerinnen der »Deutschen Mystik«, eine zentrale Figur für die Medizinkritik und Alternativmedizin des New Age.[102] Die »coincidentia oppositorum« des Fürstbischofs und Kardinals Nikolaus von Kues, genannt Cusanus, eines großen Förderers der »Deutschen Mystik« und der Benediktiner am Ausgang des Mittelalters, gehört heute ebenso zur Grundlage antichristlicher »arischer«, »europäischer« Religion bei Sigrid Hunke wie – in asiatischer Übersetzung – zum New Age, als katholische Form des »Yin und Yang«. Die Schriften der Hildegard und »des Kusaners«, wie Nikolaus von Kues bei Hunke gleichermaßen wie bei Katholiken liebevoll genannt wird, gehören heute zum Grundstock der aktuellen Remystifizierungsbewegung im Katholizismus wie im New Age und im Neofaschismus.[103] Der heutige deutsche Dominikaner-Pater David Steindl-Rast, eine Art New Age-Beauftragter seines Ordens und – inoffiziell – weiter Teile der Remystifizierungsfraktion in der römischen Kirche, versucht bereits seit längerem, die pantheistische mittelalterliche Mystik des Dominikaners Meister Eckhart im Katholizismus wiederzubeleben. Solche Versuche des Trittbrettfahrens gab es bereits früher in der Romantik, die Eckhart wiederentdeckte, und als Versuch einer christlichen Antwort auf die Eckhart-Rezeption durch Alfred Rosenberg, die jedoch eher den Charakter des Nachäffens der Nazis hatte. Gerade der Seelsorge-Orden der Dominikaner prägte nicht nur maßgeblich die »Deutsche Mystik« des Mittelalters, sondern hat sich von seiner Gründung an auch immer besonders um konkurrierende spirituelle Richtungen gekümmert. Sein Ziel war es dabei, sie für das offizielle Kirchen-Christentum einzufangen. Gleichzeitig sind »persönliches Heiligkeitsstreben« und »feierliche Liturgie«, also mystisch gestützte Bestrebungen in Richtung auf eine Selbstüberhebung des Menschen, Mittel zum dominikanischen Ordens-Ziel.[104]

Im Heimatland des New Age, Kalifornien, wandelt der Dominikaner Matthew Fox bereits seit längerem auf den Spuren Eckharts. Er verbreitet seine »Vision vom kosmischen Christus«. New Age-Zeitschriften wie »esotera«[105] widmen ihm seitenlange Artikel, in denen er pantheistisch die Affirmation alles Seienden predigt, den Unterschied zwischen Gut und Böse, Tod und Leben verwischt und die Sündenfixiertheit der christlichen Theologie – und damit implizit die christliche Hoffnung auf Besserung – verurteilt, ohne – wie es z. B. der Sozialismus tut – eine *menschliche* Alternative anzubieten. Seine »Freundschaft mit der Dunkelheit«, mit »Schatten« und »Schmerz«, kann jedenfalls für diejenigen, die tatsächlich im Elend leben, kaum eine Hoffnung sein, niemals eine Lösung. Dieser Fatalismus ist nicht christlich, kann niemals links sein, führt vielmehr geradewegs zur faschistischen, »tragischen« Weltauffassung.

Ein Höhepunkt der Bemühungen des Dominikaner-New Agers Steindl-Rast, der Fox in nichts nachsteht, ist sein 1991 als Buch veröffentlichtes Gespräch mit Fritjof Capra, in dem er als die »Wendezeit« des Katholizismus den »Wechsel von Gott als Offenbarer der Wahrheit zur Wirklichkeit als Gottes Selbstoffenbarung« bezeichnet.[106] Der angestrebte Wechsel von Gott zur Wirklichkeit – undifferenziert, um welche Wirklichkeit es sich handelt: gut oder böse – beseitigt den Unterschied, der bisher zwischen dem Christentum und den Ansätzen neuheidnisch-faschistischer »Wirklichkeitsreligion« der zwanziger und dreißiger Jahre bestand. Diese »Wirklichkeitsreligion« organisatorisch verschiedener Einzelsekten war wesentlich an den Selbstvergöttlichungs-Versuchen des »Ariers« mit ihrer Konsequenz des Komplexes Auschwitz beteiligt. Auch der bisherige Unterschied zum Pantheismus des New Age ist bei Steindl-Rast aufgehoben. Wenn Steindl-Rast dann als weiteres Merkmal der christlichen »Wendezeit« die »Verlagerung des Schwerpunkts von theologischen Feststellungen zu göttlichen Mysterien« benennt, dann bewegt er sich auf altem mönchischem Boden. Auf ihm wächst seit langem der Organizismus mit seiner Methodik der Mystik als Erkenntnis- und Rechtfertigungsmittel. Steindl-Rast war bereits 1988 auf Ernst Albrechts CDU-nahem New Age-Kongress »Geist und Natur« aufgetreten. Er hatte dort mit zahlreichen Zitaten aus den Werken Rainer Maria Rilkes, auf dessen Gedichte auch Sigrid Hunke bereits 1969 ihre »eigene« Religion Europas aufzubauen versuchte, das selbstvergöttlichende Gotterleben in der Einsamkeit der »Dunkelstunden« gepriesen: »Daß Gott eine Wirklichkeit ist, die in und um uns reift, ist zutiefst christlich.« In Wahrheit aber bringt nach biblischer Überlieferung nicht etwa die Einsamkeit der Dunkelstunden Christliches hervor, sondern die tätige Barmherzigkeit den Nächsten gegenüber. Steindl-Rast hatte hier auch heroisch-realistisch den »Gehorsam« gegenüber den angeblichen Gesetzen des Ganzen verlangt: »Das Ideal ist aber, daß wir die Tugend des Gehorsams so schnell wie möglich und so gründlich wie möglich lernen und dann niemanden mehr brauchen, der uns sagt, was wir tun sollen, weil wir es selber aus jedem Augenblick heraushören.«[107]

Die zur Zeit stattfindende *mystizistische Revision katholischer Theologie*, für die z. B. die Zeitschrift »Lebendige Seelsorge« immer wieder Beispiele bringt, erhofft sich von einer Wiedergeburt der spätantiken *Pneumatologie*, der Lehre vom überall wirkenden *Heiligen Geist*, eine »christliche« Alternative zum New Age-Pantheismus. Man stützt sich dabei außer auf die spätantike Gnosis und die mittelalterlichen Mystiker vor allem immer wieder auf Pierre Teilhard de Chardin, der die Idee vom »Kosmischen Christus« propagierte.[108] Papst Johannes Paul II. segnete diese Entwicklung sogar mit seiner Enzyklika »Über den Heiligen Geist« ab. Damit wollte er wohl vor allem den Charismatikern in den eigenen Reihen entgegenkommen, die den Heiligen Geist in einem karma- oder schicksalsartigen »Charisma« wirken sehen, das der Einzelne an sich entdecken und gottgefällig verwirklichen muß – eine »christliche« Form der Selbstvergöttlichung.[109]

Mit der neuen Pneumatologie lebt das neuinterpretierte Konzept der Engel als den Vermittlern zwischen dem Heiligen Geist (bzw. als der Heilige Geist selbst) und der materiellen Welt wieder auf, dessen spirituellpolitische Potenz in New Age-Zeitschriften wie »esotera« schon vor Jahren entdeckt wurde und jetzt auch in neofaschistischen Blättern wie »MUT« auftaucht.[110] Man stellt sich hier taktisch an die Seite des New Age und des (Neo-) Faschismus, wo z. B. der Schüler des Nazi-Psychologen und Ganzheits-Mystikers Felix Krueger, der frühere SA-Mann und heutige New Ager Karlfried Graf von Dürckheim, das »Zeitalter des Heiligen Geistes« bereits ausgerufen hat.[111] Die Konsequenz – mindestens aber Möglichkeit – der Pneumatologie ist eine Art christlicher Allgott, der entgegen bisheriger christlicher Tradition und biblischer Überlieferung in allem, auch im Bösen, wirken und restlos alles bestimmen soll. Es ist letztlich ebenfalls wieder ein Heroischer Realismus der selbstvergöttlichten christlichen Eliten bei gleichzeitigem Verweis der gläubigen Massen auf das göttgefällige sich Fügen ins unabänderliche Schicksal. Dabei beruft man sich auch noch auf dieselben geistigen Quellen wie Faschismus oder New Age, vor allem eben auf Eckhart, Teilhard und die »coincidentia oppositorum«, das katholische »Yin und Yang« des Nikolaus von Kues.[112]

Heute werden in Zeitschriften wie »Lebendige Seelsorge«, die für das katholische Gemeindeleben eine zentrale Stellung haben, Meditationstechniken angepriesen, z. B. das spätantike »Herzensgebet« oder »Jesusgebet«, das heute vor allem eine mystische Institution der Ostkirche ist: Mit körperlichen Übungen und dem Mantra-artigen ständigen Aussprechen des Namens Jesu will man zu einem eingebildeten »Christus in mir«, zum Erlebnis der »unio mysica« der mittelalterlichen Mystiker, gelangen. Der Gläubige soll bewußtseinsmäßig mit Gott selbst verschmelzen. Solche Techniken werden zwar breit angeboten, gleichzeitig aber selbsternannten Christen Erster Klasse vorbehalten, die den »höchsten Reifegrad« erlangt haben und daher einzig zu diesen mystischen Erlebnissen fähig sein sollen – wie die erleuchteten Gurus des New Age.

Nicht mehr in der tätigen Barmherzigkeit des Samariters dem Nächsten gegenüber wird hier Christus verehrt, Christus erlebt, indem die Christen ihm nacheifern. Entgegen der biblischen Botschaft und der überlieferten Forderungen des biblischen Jesus sollen sich die Gläubigen vielmehr einer meditativen Technik hingeben, die objektiv niemandem etwas bringt und damit den Herrschenden niemals gefährlich wird, allenfalls ihnen dienlich ist. Das christliche Bekenntnis wird nicht mehr auf die Mitmenschen gerichtet, sondern auf das angeblich mögliche individuelle Erleben der *eigenen* Gottförmigkeit. Die Ganzheits-Mystik des mittelalterlichen Mönches Johannes vom Kreuz ist heute bei Katholiken aktuell, und offen werden die organizistischen Konsequenzen ausgesprochen: »In der Tat ist im Blick auf Innenwelt- und Umweltzerstörung neu darauf aufmerksam zu machen, wieviel Selbstheilungspotential vorliegt, wenn der Mensch nur in den vorgegebenen kosmischen und naturalen Ordnungszusammenhängen sich fügte.«[113] Die Rezeption Meister Eckharts hat die Geister inzwischen soweit verwirrt, daß die Zeitschrift »Lebendige Seelsorge« eine Position vertritt, die bisher nur aus faschistischer Religiosität bekannt war, nämlich den Gläubigen als über Gott stehend anzusehen: »Entsprechend ist der höchste ›Reifegrad‹ christlichen Glaubens erst dort erreicht, wo die Gottesfrage des Menschen sich umkehrt in Gottes Bitten und Fragen nach dem Menschen: ›Adam, Eva, wo bist du, und wie tragt ihr dazu bei, daß meine Welt gerettet wird?‹«[114]

Die Benediktiner, deren Ordensgrundsätze Schweigen, Gehorsam und Demut lauten, haben sich die Pflege und Entwicklung des christlichen *Kults* zur Aufgabe gemacht. Dies meint die Liturgie, das Zelebrieren der Meß-Mysterien. Ihre materiell-körperliche Seite, die kultischen Handlungen der Gläubigen, sind nichts weiter als Einübung in die Verhaltensweisen der Beherrschten, die eine organizistisch-antidemokratisch verfaßte irdische Gesellschaft ebenso verlangt wie produziert: Ehrfurcht, Nachbeten, Staunen, nach oben Schauen, kritikloses Hinnehmen der Eucharistie-Mysterien; glauben, daß Kerzenanzünden und Weihräuchern die Welt zum Bessern wenden, nicht etwa menschliches, gar revolutionäres Handeln; Schaf in der Herde sein, nicht etwa Hirte, die unteren, hinteren Plätze in der Kirche einnehmen, Knien, Verbeugen, Niederfallen vor dem angeblich wundertätigen Heiligenbildchen. Eingeübt werden vielfältige Demutshaltungen vor spiritueller, theologischer und weltlicher »Obrigkeit«, deren Taten und Begründungen der Taten dem eigenen Einfluß entzogen sind. Dies alles heißt, das Akzeptieren der Entsubjektivierung bis hin zum Körperlichen einzuüben.

Henning Eichberg nennt das »sakrale Motorik« und findet es gut so.[115] Der Kult »heiligt« auf praktische Weise eine Wirklichkeit, die den Interessen der Mehrheit entgegengesetzt ist, als etwas nicht aus dieser Wirklichkeit Begründbares. Der Kult *verschafft* das mystische Erlebnis, das die gegebenen gesellschaftlichen Zustände als unhinterfragbare verewigt. Hierin unterscheiden sich Wesen und Ziel des christlichen Kults in nichts vom »kultischen Milieu« des New Age bis hin zum Ok-kult-ismus, auch nicht von den quasi-religiösen Kulten der völkischen Bewegung und der NSDAP. Der Organizist Eduard Spranger lobte Goethes quasi-kultisches Verhältnis zur Natur: »An der organischen Natur übt sich der Dichter, um Gestalten der beweglicheren seelischen Welt nach ebenfalls organischer Natur bilden zu können«.[116] Tendenzen, sich zum Kultischen zurückzuwenden, finden sich heute bei New Age-nahen christlichen Autoren wie Erwin Haberer wieder, der die New Ager mit dem Beschwören christlicher Frömmigkeit, der »Heiligen Liturgie«, der »Spiritualität der Klöster«, dem Hinweis auf Meister Eckhart als christliche, statt New Age-Tradition usw. remissionieren will. »Warum nimmt aber kaum jemand zur Kenntnis, daß auch christliche Spiritualität mit lernbaren Übungen verbunden ist?«, fragt Haberer in seiner oben angeführten Schrift. »Langsam erst spricht sich herum, daß etwa das Herzensgebet eine Meditationsform ist, die in ihrer Tiefe und in ihrer Wirkung sich durchaus messen kann mit den Yoga-Wegen oder mit der Zen-Meditation. Haben wir als Kirchen wirklich zu sehr nach außen gelebt? Haben wir uns wirklich zu sehr abgegeben mit politischen und sozialen Stellungnahmen?« Haberer meint: Ja.

Die unbescheidene Auffassung zweier führender katholischer Theologen läßt keine Zweifel mehr: »Da alle Wirkungen des Kultes der Aufrechterhaltung der göttlich gesetzten Ordnung dienen, besteht ein enger Zusammenhang zwischen Kult und Moral. Im Kult wird das Gesetz bekräftigt und erneuert; die Kultorte sind daher zugleich Stätten des Rechts.«[117] Das Konzept der von Gott abgeleiteten, geheiligten Ordnung der irdischen Verhältnisse soll sich von »innen« her begründen, aus Meditation und Kult. Der innengeleitete Untertan ist das Ziel dieser christlichen wie der New Age- und faschistisch-religiösen Ansätze. Er macht terroristische Repression überflüssig.

Der historisch bekannte Benediktinerabt Alban Schachleiter, der von seinem Orden gemaßregelt wurde, weil er die Nazis allzu weitgehend glorifizierte, ist die Ausnahme, weil er gemaßregelt wurde.[118] Die »Liturgische Bewegung«, die zu Beginn des zwanzigsten Jahrhunderts ihre Hohe Zeit hatte, war eine besonders von Benediktinern getragene, der Romantik sich verpflichtet fühlende Remystifizierungsbewegung im Katholizismus. Sie betonte die mystischen kultischen Handlungen als Grundlage einer organizistischen Gemeinschaft der Gläubigen und stand damit der heutigen, allerdings inzwischen schismatischen, Bewegung um den verstorbenen Erzbischof Marcel Lefebvre in nichts nach. Als Antwort auf die gesellschaftlichen Krisen des Hochkapitalismus, die im Einklang mit den bereits oben genannten päpstlichen Versuchen einer »Erneuerung der Welt durch die Kirche« stand, wandte sie sich zu mittelalterlicher Spiritualität und Gesellschaftsform hin. Das rheinische Kloster Maria Laach war unter seinem Faschismus-freundlichen Abt Ildefons Herwegen in den zwanziger und dreißiger Jahren ein Zentrum der »Liturgischen Bewegung«. Über einen ihrer bekanntesten Führer, Romano Guardini, hatte sie zur völkisch-kulturkritischen Lebensreform- und Jugendbewegung enge Kontakte. Derart bestanden nicht nur persönliche Zugänge zur Konservativen Revolution, man kann die »Liturgische Bewegung« geradezu als ihren katholischen Teil angesehen.

Richard Faber bezeichnet die Liturgiker aufgrund ihrer »archaischen Traditionspflege« als »präfaschistisch« und kann den Laacher Abt Herwegen mit dem Satz zitieren: »Was auf religiösen Gebiet die Liturgische Bewegung ist, ist auf politischem Gebiet der Faschismus.«[119] Die »Mysterien-Theologie« der »Liturgischen Bewegung« ließ sich so mit der »Reichstheologie« – die den organizistischen Staat aus katholischer Theologie zugunsten eines faschistischen Großdeutschland ableitete – verbinden, daß das Benediktiner-Kloster Maria Laach zu einem Zentrum der Katholiken in der Konservativen Revolution wurde. Hier trafen sich die Anhänger von Hitlers Vizekanzler von Papen. Katholisch geprägte geheimbündlerisch-elitäre, kult- und volksgemeinschaftliche Ideen aus dem Umfeld der faschistisch-neuheidnischen »Action Française« (einer

Art »Konservativer Revolution« in Frankreich), aus dem esoterisch-völkischen Kreis um Stefan George – ein von den Nazis hofierter Lyriker, der im New Age, z. B. bei Hubertus Mynarek, und bei der »Neuen Rechten« heute wieder hoch im Kurs steht – und aus den Büchern des Organizisten Othmar Spann wurde unter dem Schutz der Benediktiner zu einem klerikalfaschistischen Gebräu *eigener* Art verarbeitet, das einigen Nazi-Ideologen schließlich doch verdächtig vorkam. So war der in Maria Laach hoch angesehene Österreicher Othmar Spann – ein Bewunderer Meister Eckharts – zuerst ein glühender Anhänger des Nationalsozialismus und wurde schließlich doch von den Nazis verfolgt, wie andere Vorkämpfer des Faschismus in Deutschland auch.

Heute gilt Spann den konservativ-revolutionären Katholiken als der »wahre« Capra, als der Vertreter des »ureuropäischen« gegen das »amerikanisch-westliche« New Age. Die Verbindungen des Laacher Zirkels gingen in die höchsten Kreise: Konrad Adenauer versteckte sich angeblich vor der Gestapo bei seinem Freund Herwegen in Maria Laach.[120] Der spätere Vorsitzende der Katholischen deutschen Bischofskonferenz, Kardinal und Erzbischof von Köln, Josef Höffner, gehörte zu den Förderern des katholischen Klerikalfaschisten Peter Wust, eines Exponenten dieses Laacher Kreises.

Ildefons Herwegen selbst vertrat einen »liturgischen Organizismus« (Richard Faber) und pries den nationalsozialistischen Staat als Erfüllung katholischen Wollens. Schon im Frühjahr 1918 hatte er in größter Offenheit über das Ziel geschrieben, das der Organizismus jeder Spielart und seine Methodik, die Mystik, anpeilen. In seiner Einführung in das Buch »Vom Geiste der Liturgie«, das der lebensreform- und jugendbewegte katholische Ideologe Romano Guardini (Quickborn)[121] herausgebracht hatte, hieß es: »Der Sozialismus kennt zwar Gemeinschaften, aber nur solche, die eine Anhäufung von Atomen, von Individuen bilden. Unser Verlangen aber geht nach dem Organischen, nach der lebensvollen Gemeinschaft. Eine solche organische Gemeinschaft im höchsten Sinne ist die Kirche. Sie schließt die Menschen so innig zusammen wie keine andere Gesellschaft, gibt ihnen einen Geist, ja in gewissem Sinne einen Leib – corpus Christi mysicum.[122] In diesem Leib steht alles zum Haupt und zueinander in engster, lebensspendender Verbindung ... Eine organische Gemeinschaft, die auf Gott gerichtet ist, muß einen öffentlichen gemeinsamen Kult haben. Die Liturgie der Kirche ist ... öffentlich.«[123] Den religiösen Kult sieht Herwegen als Instanz zur Einübung des gesellschaftlichen Verhaltens, das die Eliten den Massen abnötigen. Andernorts schreibt er: »Die Liturgie (muß) als der formelle Ausdruck christlichen Geistes auch heute wieder unser Lebensstil werden.«[124] 1924 meint Herwegen dann: »Zwei unvergleichliche Werte haben wir Katholiken unseren Volksgenossen zu bieten: Objektivität gegenüber dem auflösenden Subjektivismus, und Gemeinschaft gegenüber dem atomisierenden Sozialismus. Eine unübertreffliche Schule, in der wir diese Lebensgüter ausbilden, ist die Liturgie.«[125] Im Juli 1933 gibt Herwegen in Anwesenheit des Konservativen Revolutionärs Peter Wust und des Hitler-Vizekanzlers von Papen in Maria Laach ein ganz besonderes Credo ab: »Sagen wir ein rückhaltloses Ja zu dem neuen soziologischen Gebilde des totalen Staates, das durchaus analog gedacht ist zu dem Aufbau der Kirche.«[126]

Der katholische Abt Herwegen kommt vom christlichen Organizismus ebenso zum Faschismus wie der protestantische »bekennende« Pastor Künneth, ebenso wie ihn die völkisch Religiösen vom pantheistischen Organizismus her erreichen. Aus unserem Blickwinkel, der Selbstvergöttlichung und Heroischen Realismus untersuchen will, erscheint somit die Frage nach dem *Ort* des göttlichen Wesens, in dieser Welt oder außerhalb, fast schon als zu vernachlässigende *Fraktionsstreitigkeit* zwischen christlichem und pantheistischem Organizismus. Man ist jenseits der »Barrikade« offenbar keineswegs so weit auseinander, damals nicht und heute nicht. Wer heute das touristische Kleinod Maria Laach besucht, findet in der klostereigenen Buch- und Kunsthandlung mit dem schönen Namen »ars liturgica« nicht nur die Werke Herwegens, Guardinis, etliche Editionen zum »Johannes-vom-Kreuz-Jubiläumsjahr«, das die Katholiken New Age-wirksam propagieren, oder das ganze Arsenal von der mittelalterlichen bis zur neuheidnischen Mystik, inklusive Karin Johnes praktisches Buch »Einübung in christliche Mystik. Ein Kursus mit Meister Eckhart«, der freilich bereits im dreizehnten Jahrhundert verstarb. Neben Matthew Fox' »Vision vom Kosmischen Christus« liegt hier auch gleich die politische Praxis aus: In dem Sammelband »Liturgie zwischen Mystik und Politik« sind die Referate der Österreichischen Pastoraltagung vom Dezember 1990 gesammelt, Inhalt z.B.: »Erfahrungsberichte: Friedensgebete in Leipzig. Wallfahrten in der Ukraine« und ein Aufsatz der CDU-Politikerin Hanna Renate Laurien »Liturgie als Lebensdeutung und Lebenskritik«. Auf den Buchrücken steht unmißverständlich: »Der politisch engagierte Mystiker« sei der »Christ der Zukunft«. Wer den Pressereferenten von Maria Laach, Bruder Petrus, nach einer katholischen oder gar benediktinischen Handreichung zum Thema New Age fragt – wie wir es taten –, der bekommt die Zeitschrift »Lebendige Seelsorge« empfohlen.

Zum 900jährigen Bestehen der Abtei Maria Laach 1993 kam eine Sonderbriefmarke heraus. Bundeskanzler Helmut Kohl erklärte bei dem Festakt, das Kloster sei »Mittelpunkt geistlichen Lebens« in Deutschland, »wichtiger Teil des kulturellen Erbes Europas«, ein »Ort der Einkehr ..., an dem der Mensch zu sich selbst findet«. Nach Meinung des rheinland-pfälzischen Ministerpräsidenten Rudolf Scharping herrsche hier »Toleranz und Solidarität«. Von Herwegens faschistischen Ausfällen wurde geschwiegen.

Längst sind Christentum und New Age/Faschismus – oder besser: das antiquierte und das moderne »alte Neue Denken« – ideologisch *wieder* soweit angenähert, wie es im historischen Faschismus bereits der Fall war. Die Nähe ist größer als manch fanatischer heidnischer Kirchenfeind glauben mag. Die Tage der Befreiungstheologie scheinen gezählt zu sein, weil die am Machterhalt der Eliten und an der Entsubjektivierung der Massen interessierten Amtskirchen *theologisch* den Kampf aufgenommen haben und im Mantel eines breit populären christlichen »New Age« mit ihrem politischen Ziel des Organizismus auf dem Siegeszug sind.

Der Nachfolger Höffners als Erzbischof von Köln und damit Oberhirte auch des Einzugsbereichs von Maria Laach, Joachim Kardinal Meisner, hatte bereits in seinem Fastenhirtenbrief 1990 vor dem New Age kapituliert. Die Schrift lag noch 1992 als einziges geistliches Wort des Erzbischofs im Kölner Dom aus. Der pantheistische Titel »Gott in allen Dingen finden« knüpft an Meister Eckhart an. Kardinal Meisner legt hier – kein guter Hirte – den Gläubigen das katholische »Yin und Yang« mit seinen un-ethischen Konsequenzen der Einheit von Licht und Dunkel, Gut und Böse, ans Herz. Der naturmystische Pantheismus tritt im katholischen Gewand auf, ja sogar den von New Age und »Neuer Rechter« hofierten modernen pantheistischen Mystiker Antoine de Saint-Exupéry empfiehlt der Erzbischof. Das Ziel des Papst-Lieblings Meisner: Organizismus, Naturverhältnisse als Metapher und Vorbild für Gesellschaftsverhältnisse, Affirmation des Seienden. Es gebe »nicht nur Naturgesetze im Sinne physikalischer Funktionen, sondern das letztlich entscheidende Naturgesetz ist ein moralischer Anspruch. Die Schöpfung selbst lehrt uns, wie wir auf rechte Weise Mensch sein können und die Welt bewahren sollen. Der christliche Glaube, der uns hilft, dieses Sollen im Sein zu begreifen, ist darum nicht eine Lähmung der Vernunft und nicht Opium für das Denken des Menschen. Er gibt vielmehr dem Menschen die innere Wahrnehmung, im Sinn das Sollen für den Menschen zu erkennen. ... Wo wir Gott ganz Gott in seiner Schöpfung sein lassen, indem wir sein Wollen darin respektieren, entsteht der Lebensraum, in dem der Mensch ganz und gar Mensch sein kann«, meint Meisner. Im Herbst 1993 hat der faschistische Organizist Hubertus Mynarek eine kritische Biographie des gar nicht mehr so christlichen Organizisten Joachim Meisner verfaßt – Fraktionsstreitigkeiten. Der Vorsitzende der Deutschen Bischofskonferenz, der Mainzer Bischof Karl Lehmann, wirbt im Februar 1993 für die »Initiative Pro Gentechnik« der chemischen Industrie und stützt sich dabei auf den Existentialisten Hans Jonas, dessen Ethik im New Age rezipiert wird – faustische Übermenschen unter sich.

Ein »Arbeitskreis christlicher Publizisten« versucht neuerdings, die verschiedenen Stömungen des Organizismus zu vereinen. In seiner Zeitschrift »ACP-Informationen« wird der nazistisch belastete evangelische Landesbischof Hermann Dietzfelbinger ebenso gelobt wie der Nazi-Marine-Richter Hans Filbinger oder der katholische Militärbischof Johannes Dyba. Die »Charismatiker« kommen zu Wort, die rechte Organisation »Verein zur Förderung der Psychologischen Menschenkenntnis« (VPM) hat regelmäßig eine ganze Seite im zwanzigseitigen »ACP«-Heft. Breit wird berichtet, der Nazi-Okkultist Rudolf Heß sei kurz vor seinem Tode noch Christ geworden und der ehemalige BASF-Chef Siegfried Buchholz sei »Gottes guter Kapitalist«: »Dr. S. Buchholz übergab in seiner Eigenschaft als 2. ACP-Vorsitzender dem damaligen Ministerpräsidenten Dr. Ernst Albrecht eine ›Respektzuweisung‹, einen Dank für sein klares christliches Bekenntnis«, hieß es in dem »ACP«-Blatt vom November 1993. Auszüge aus dem Buch »Versäumter Widerspruch« des rechtsextremen Ex-Generals Günter Kießling – der in Henning Eichbergs Zeitschrift »wir selbst« publizierte – wurden 1993/94 vom »ACP« gedruckt, Überschrift: »An der Front erfuhr ich die Begegnung mit Jesus.« Und der Bergsteiger Peter Habeler äußerte sich zum übermenschlichen Bergsteigen ohne Sauerstoffgerät »auf dem höchsten Berg der Welt«: »Gehirnzellen sterben ab, Traum und Wirklichkeit haben fließende Grenzen. In diesen Grenzbereichen zwischen Leben und Sterben hat ER mir Kraft gegeben, habe ich Gott in meiner Nähe real gespürt.«

Dagegen muß freilich betont werden, daß selbstverständlich zahllose Christen deshalb in tätiger Opposition zum Übermenschentum, zum Faschismus und zum Organizismus standen und stehen, weil sie aus der Botschaft ihres Heilands das Gegenteil von »tragischer« Weltauffassung, von Heroischem Realismus und »faustischem Menschentum« herauslasen und -lesen. Dennoch darf die Linke die Kritik des New Age nicht den Christen, erst recht nicht den Kirchen überlassen. Auch ist besorgt zu fragen, wohin christliche (Jugend-) Organisationen unterwegs sind, die den Weg praktischer Gesellschaftsveränderung aus den siebziger und achtziger Jahren verlassen und nun – angepaßt an modische New Age-Strömungen – ideologisch und »liturgisch«-kultisch den Weg der Mystik und der Naturreligiosität eingeschlagen haben. Daß hieraus kein besseres Leben der Menschen auf Erden entstehen kann, sondern ein korporativistischer Staat der Unethik, wie ihn der Benediktiner Herwegen 1933 begrüßte, ist ersichtlich. Hier werden offenbar die falschen Verwandtschaften gepflegt: Den Sinn der »Kultgemeinschaft« als Lehrinstanz des Organizismus finden wir ebenso bei der SS wie in der faschistischen und »neurechten« Ideologie – z. B. bei Henning Eichberg – oder im New Age. Der vernünftige Gesellschaftsaufbau zum gleichen Nutzen aller kommt ohne »Kultgemeinschaft« aus, da ist auch manch merkwürdiger, im Sinne der »68er«-Bewegung »unaufgeklärter« Kult des Antifaschismus kein Gegenargument.

Zu den sogenannten Jugendsekten

So wie der militante Neonazismus heute als jugendliches Rowdytum halbstarker Fußballfan verharmlost wird, wurde in den siebziger Jahren von »Jugendsekten« gesprochen, wenn hierarchisch strukturierte, rechtsextreme Organisationen mit antidemokratischen Zielen gemeint waren. Scheinbar ging das alles nur die großen Kirchen an, die Konkurrenz fürchteten. Heute wissen wir, daß Hare Krishna, die zahlreichen Organisationen der Mun-Sekte, Transzendentale Meditation, die Bhagwan-Anhänger oder die heute bekannteste dieser Gruppen, die Scientology Church, alles andere als »Jugendsekten« sind. Die antidemokratisch strukturierten Organisationen werden von spirituellen Führern dominiert, die sich göttlich fühlen. Sie haben sich und ihre rechtsextremen Ideologien inzwischen auch in Mitteleuropa ideologisch, politisch und ökonomisch fest verankert. Obwohl sie im Mittelpunkt des öffentlichen Interesses stehen, wenn von antidemokratischer Spiritualität die Rede ist, sind doch die bekannten Chefideologen des New Age nicht etwa demokratischer, wenn es um die Ernte der Früchte des Heroischen Realismus für die Eliten geht.

Die Zeitschrift »esotera« zitiert 1985 als »taoistisches Führungsprinzip«, was der Traum jedes Diktators ist und was wir oben schon auf christlicher Seite kennenlernten: »Lao-tse beschreibt die seiner Ansicht nach besten Führer mit den Worten: ›Doch von ihnen, wenn ihr Werk vollbracht ist, bemerken alle Leute: ›Wir haben es selbst getan.‹« Marilyn Ferguson, die mit ihrem Buch »Die sanfte Verschwörung« zur Päpstin des New Age neben Fritjof Capra wurde, sagte bei den Züricher New Age-Tagen: »Der beste Führer ist der, der das Verhalten der Menschen verändert, ohne daß sie es merken.«[127] Sir George Trevelyan, der Dritte im Bunde der New Age-Meisterdenker und Träger des »Alternativen Nobelpreises« 1982 des ehemaligen Europa-Abgeordneten der Grünen, Jakob von Uexküll, schreibt in seinem Buch »Eine Vision des Wassermannzeitalters«: »Viele sind zweifellos fortgeschrittene und reife Seelen, die es sich zur Aufgabe gemacht haben, die neue Gesellschaft in die dem Spirituellen gemäße Gesellschaftsform zu überführen. ... Wenn dann der spirituelle Wandel eintritt, ... werden diese jungen Leute – bereits befreit von allen bindenden Fesseln der Konvention – der Aufforderung ›Folgt mir!‹ nachkommen können.«[128] David Spangler von der New Age-Kommune Findhorn äußerte sich in seinem Buch »New Age – Die Geburt eines Neuen Zeitalters« so: »Ich bin der Herold und die Wahrheit des Neuen Zeitalters. Ich bin die neue Offenbarung.«[129]

Der *Satanismus* ist eher eine spektakuläre Randerscheinung des New Age. Er zieht spezielle Konsequenzen aus dem Verwischen des Unterschiedes von Gut und Böse in der »Yin/Yang«-Einheit und treibt das spirituelle »Führer befiehl, wir folgen« auf die Spitze. Mit psychologischen Techniken (»Ekeltraining«), bei denen Führer von »Geheimorden« die Psyche ihrer Anhänger zu brechen versuchen, sollen vorher freie Menschen dazu gebracht werden, das Gegenteil von dem zu tun, was als Frucht Jahrtausende dauernder zivilisatorischer Kämpfe allgemein als ethische Errungenschaften der Menschheit gilt.[130] Diejenigen – auch heutige »christliche« Mystiker -, die das Recht der »Dunkelheit« einfordern und dem Bösen als angeblichem Teil Gottes einen gleichberechtigten Platz zuweisen, tragen eine ideologische Mitverantwortung bis hin zu den Ritualmorden von zerbrochenen Persönlichkeiten, die sich »einer dunklen Macht verfallen« fühlen.[131]

»Reverent« San Myung Mun braucht nicht den perversen Genuß der Macht des Satanisten über eine kleine Schar Verstörter. »Christdemokrat Hans Stercken, Vorsitzender des Auswärtigen Ausschusses im Bundestag, und sein Parteifreund, der Verteidigungsfachmann Karl Fell, die Ex-Botschafter Günther van Well und Per Fischer sowie hohe Offiziere außer Dienst parlieren mit dem ehemaligen Nato-Generalsekretär Joseph Luns über die Ostpolitik des Westens«, 1989 auf Einladung einer der vielen Zweigorganisationen der *Mun-Sekte*. »Im Mun-Seminar weilte der frühere FDP-Sicherheitsexperte im Bundestag, Wolfram Dorn, in Sektenschriften publiziert der CSU-Europarlamentarier Otto von Habsburg. Dessen Parteifreund Hans Graf Huyn (beide übrigens eifrige Autoren in »Criticon«, P. K.) war ebenso auf Mun-Trip wie der General a. D. Günter Kießling (der ja auch schon mal bei den »Charismatikern«, in »Criticon« und in dem neuheidnisch-nationalrevolutionären Blatt »wir selbst« schreibt, P. K.). Heinz Maier-Leibnitz und Eduard Pestel (vom Club of Rome, P. K.) kamen billig nach Seoul, der allgegenwärtige Horst-Eberhard Richter nach Miami, und Karl Friedrich von Weizsäcker, der Bruder des Bundespräsidenten, durfte sich gratis in Washington fortbilden« (die beiden letzteren sind ja auch Führungsfiguren des New Age) – so berichtete »Der Spiegel« über die Aktivitäten des fünf Milliarden Dollar schweren Mun.[132] Seiner »Vereinigungskirche« darf man nach einem Urteil des Oberlandesgerichts Frankfurt von 1982 nachsagen, sie propagiere ein »faschistisches System« und betreibe »Psychoterror«.

Muns Glaubensbekenntnis ist die Selbstvergöttlichung über das Konzept des koreanischen »Sung Sang«: »Und schließlich sind im ursprünglichen Gemüt des Menschen alle Funktionen des Ursprünglichen ›Sung Sang‹ Gottes manifestiert« – das erinnert sehr an Meister Eckharts Selbstvergöttlichung, obwohl der von der Existenz Koreas noch keine Ahnung hatte. »Die Vereinigungsphilosophie behauptet ..., daß die Struktur des menschlichen Gemüts in der Struktur des ›Sung Sang‹ Gottes ihren Ursprung hat, da der Mensch nach dem Bilde Gottes geschaffen ist.«[133] »Das ›Sung Sang‹ Gottes (das Ursprüngliche ›Sung Sang‹) ist das Gemüt Gottes oder diejenige Eigenschaft Gottes, die die grundlegende Ursache der unsichtbaren funktionellen Aspekte aller existierenden Wesen (d. h. ihr Gemüt, Instinkt, Leben usw.) ausmacht« – das erinnert an Capras göttliche Selbstorganisationskräfte.

Mun bemüht sich auch darum, daß der Nationalbolschewismus, eine Fraktion der Konservativen Revolution, bekannt wird und Nationalrevolutionäre wie Wolfgang Strauss als Autoren der Mun-Zeitschrift »Causa« Breitenwirkung bekommen. Strauss schrieb hier über »Russische Dorfprosa – Christliche Kraft der Seele«.[134] In Frankreich kandidieren hohe Mun-Funktionäre auf den vorderen Listenplätzen von Jean-Marie Le Pens »Front National« und werden vom Bürgermeister von Paris, Jacques Chirac, empfangen. Chiracs neogaullistische Partei RPR hat beste Verbindungen zur »Nouvelle Droite« um Alain de Benoist.[135] Das Mun-Imperium soll nach Angaben des »stern« gemeinsam mit dem ehemaligen Gestapo-Chef von Lyon, Klaus Barbie, und anderen den bolivianischen Staatsstreich vom 17. Juli 1980 arrangiert haben. Am 11. April 1990 wurde Mun von Michail Gorbatschow empfangen, als er noch Staatschef der UdSSR war. Der antikommunistische »Reverent« aus Korea hatte die Sowjetunion, deren Herrschaftsbereich nach dem Ende des Sozialismus nun zum Zielfeld aller spirituellen Richtungen gehört, schon immer im Visier: »Mein Ziel ist Moskau und die Befreiung der kommunistischen Welt.«[136]

Günter Rohrmoser, ein Stichwortgeber der Konservativen Revolution bis weit in die CDU/CSU hinein, sprach 1987 bei dem Mun-Ableger »Causa« über »Nation und Religion: die Geschichte der Deutschen«.[137] Er vertrat hier die völkische Position der »Befreiung« Deutschlands von »Rom« durch die Reformation, die auch bei Rohrmoser in der schon bekannten psychopathologischen Allmachtsphantasie des »Ariers« endet. Diese Freiheit mache die Deutschen gottförmig, ja mehr noch, über Gott stehend: Luther »hat mit einer Kühnheit, die ja unseren spießbürgerlichen, sentimentalen Redensarten, die uns heute von den Kirchen ereilt, geradezu widerspricht, gesprochen, daß der Glaube kraft dieses Anteils an der Dynamis des Gottes selber Macht gewinnt über Gott. ... Kraft der Vollmacht des Gebetes kann der Christ auf Gott selbst einwirken.« Rohrmoser befürchtet, »morgen (werden) Neger und Tartaren das Schicksal des christlichen Europa entscheiden«. Die Deutschen sollten sich besinnen, wie es die Polen vorgemacht hätten: »Der Besuch des Papstes hat uns noch einmal daran erinnert, wessen eine Nation fähig ist, wenn sie sich ihres eigenen, religiösen Herkunftsgrundes gewiß bleibt.«

Die *Transzendentale Meditation* (TM) des Maharishi Mahesh Yogi konnte wie Mun und die Scientology Church in die Mitte der Gesellschaft, zu den herrschenden Eliten, vordringen. Maharishi meint, organizistisch: »Es gibt keinen Platz und wird nie einen geben für den Schwachen. Der Starke wird führen, und wenn der Schwache nicht folgen will, gibt es keinen Platz für ihn.«[138] TM wurde nicht nur vom philippinischen Diktator Marcos und dem US-Multi General Motors unterstützt,[139] sondern konnte nach dem Fall der Mauer in Berlin »einen ganzen Fachbereich der Humboldt-Universität für ihre umstrittenen Entspannungspraktiken gewinnen«, für ein Forschungsprojekt mit lernbehinderten Kindern.

Wer glaubt, bei den freundlich lächelnden *Bhagwan-Jüngern*, wo sich sogar Politiker der Grünen finden, sähe es besser aus, irrt. Die spirituelle Szene ist zu sehr verwoben, als daß allzu große Unterschiede auftreten könnten. Man stellt sich sogar bewußt in alte Traditionen. Der Osho-Verlag – wie sich eines der Unternehmen der geschäftstüchtigen Spiritualisten nach dem letzten Namen ihres schillernden Führers nennt – preis J. Hogues Buch »Nostradamus – Jahrtausendwende« mit dem Slogan an: »Der Buddha des 21. Jahrhunderts ist, laut Nostradamus, Osho.« Weder die »neurechte« Sigrid Hunke noch die New Ager kommen heute ohne den »ganzheitlichen« mittelalterlichen »Seher« Nostradamus aus, den bereits die völkische Bewegung und in ihrem Gefolge die Nazis für sich bemühten.

Die Osho-Zeitschrift »Connection« wendet sich New Age-strömungsübergreifend an die akademischen Mittelschichtseliten, preist mal Rudolf Bahro, mal Maharishi Mahesh Yogi an, druckt Werbung für Pyramiden- und Kristallmystik, für den »Weg zur eigenen Persönlichkeit« mit Hilfe der »Astro-Intelligence« und lockt mit dem Versprechen nie erlebter sexueller Ekstase, die allerdings sehr an die Exzesse von »Dunkelheits«-Fanatikern jeder spirituellen Provinienz erinnern, von Opus Dei bis Satanismus. Die Psychotechnik des Tantra wird als zu wenig dunkel kritisiert: »Tantra in Deutschland: Die Vermeidung des Dunklen.« »Tantra, wie es bei und in den meisten Gruppen vermarktet wird, verspricht dir schnelle Wege zur Ekstase und Transformation deiner Sexualenergie, redet von Schönheit und Freude, lockt dich mit der Aussicht auf Heilung von Körper und Geist. Dabei wird die positive, helle Seite überbetont, alles Dunkle, das harte, wirkliche Leben aber, so gut es geht, ausgeklammert. Advaita Maria Bach, seit vielen Jahren Tantratherapeutin, will dieser Heuchelei und Vermeidungsstrategie den Garaus machen. Bei ihrer Arbeit beginnt sie daher ganz unten, in der Kanalisation, bei den verdrängten, dunklen Anteilen der Persönlichkeit und Sexualität. Denn lebendiges Tantra schreckt nicht vor Schmerz und Schmutz zurück«, so heißt es im Dezember-Heft 1991 von »Connection«. Diese Wendung in Richtung der faschistischen AA-Kommune des inhaftierten Fäkalien-Fetischisten Otto Muehl, deren innere

Strukturen wiederum an die chilenische Colonia Dignidad erinnern, bereitet den so sanftmütig erscheinenden Osho-Jüngern anscheinend keine Schwierigkeiten. Kritik an solchen persönlichkeitszerstörenden Psychotechniken findet sich jedenfalls in dem angeführten »Connection«-Heft nicht.

Stark mutterkreuzverdächtig ist der »Connection«-Schwerpunkt »Kinder: Quälgeister und Meister«, der mit der Schlagzeile »Mein Körper gehört nicht mehr mir« anhebt. Die Distanz zur emanzipatorischen Frauenbewegung wird betont, sie begann einmal unter dem Slogan »Mein Bauch gehört mir«. »Ich habe mir immer eine normale Familie gewünscht, in der die Mutter das Frühstück macht, der Vater arbeiten geht und ich in die Schule gebracht werde, und wenn ich mittags heimkomme, gibt es Mittagessen«, so propagiert »Connection« das wahre gesellschaftliche Ziel der Ideologie Oshos. Seine Anhänger stehen inzwischen zu Unrecht im Ruf, sexuelle Freizügigkeit zu propagieren: »Es war mir oft unangenehm, Freunde mitzubringen, weil meine Mutter mit ihrem Freund bis mittags im Bett lag – es war mir einfach peinlich!«, so lesen wir in »Connection«. In der »Osho Times«, deutschsprachige Ausgabe, nimmt der verstorbene Meister kein Blatt mehr vor den Mund: »Homosexualität ist eine Perversion. Sie ist gegen die Natur. Homosexualität ist fruchtlos, sie bringt nichts in dir hervor. Weder kann sie Kinder zeugen, noch kann sie dir eine orgasmische Erfahrung geben. ... Und Homosexualität hat AIDS gebracht.«[140] Ähnlich steht es auch immer wieder in der neofaschistischen Zeitschrift »Nation und Europa«. Ora et labora für Sannyasins, psychopathologische Fäkal-Orgien im Hinterstübchen als Ventil, so wie Angehörige der herrschenden Eliten immer schon mal gerne zur Domina gingen: Dies ist das übernommene alte Muster, mit dem autoritäre Herrschaft aufrechterhalten wird.

In der Rubrik »Spiritualität und Politik: Kämpfende Buddhas« präsentiert ein »Connection«-Redakteur sein Verständnis des »Yin und Yang«, Karl Marx pervers: »Der reiche Müßiggänger, der gierige Fabrikbesitzer oder Börsenspekulant, der blutrünstige General oder der bestechliche Politiker sind nicht meine Feinde. Sie sind ein Teil von mir, und ich fühle ihren Schmerz ebenso wie den des Armen, des Arbeitslosen, des Rekruten und des Gefangenen. ... Wirkliche, gelebte Spiritualität wird auch sie von den Ketten, in die sie sich selber gelegt haben, befreien«. Verkaufen die Sannyasins jetzt ihre Buchläden, Arztpraxen, Diskotheken und Restaurants? Wohl kaum. Und auch die gleich anschließend präsentierte »Politik« des ersten Bürgermeisters Deutschlands aus der Partei Die Grünen, Osho-Jünger Franz Petschel aus dem niederbayrischen Hausen, vermag kaum zu überzeugen: In einem vierseitigen Interview stellt er sich als rabiater Kleinbürger nach dem Vorbild der rechtsextremen Politiker Glistrup (Dänemark) oder Poujade (Frankreich) dar, der nur einen einzigen politischen Satz (zu einer Klärschlammdeponie in seiner Gegend) sagt.

Dafür treffen wir aber einen »kämpfenden Buddha« in der zerfallenden Sowjetunion des Sommers 1991 wieder: »Die Georgier sind richtige Osho-Freaks, mit selbstentwickelten Malas aus Papier, Plastik und Nylonschnüren, ein Oshofoto drauf und fertig. Malas aus Poona sind eine Rarität und sehr begehrt.« »Eine innere Stimme sagt: ›Statt einer Mala kriegt er den Stein aus Oshos Badezimmer‹. Ich habe ihn in einer Holzschatulle mitgenommen, zu Heilzwecken. ... Und Boris Jelzin? ›Der ist gut, wir brauchen mehr Demokratie im Land.‹« Es ist Osho, der beim Putsch in Moskau 1991 gewinnt: »Militärs unterstützen Jelzin. Ich atme auf, das hatte ich so schnell nicht erwartet. ... Osho und Gorbi: Satchidanand, ein Kaufmann, der das Zentrum in Odessa leitet, erzählt: ›Ich war auf den Barrikaden bei Jelzin.‹ ... Ich umarme ihn, bin gerührt und weine. ›Osho everywhere.‹ Er nickt und versteht. ... ›Gorbi ist zurück im Kreml!‹ Mit dieser Botschaft weckt mich Shantam. Im Fernsehen schaut Gorbi gut aus. Auf mich wirkt er locker und gelöst, seine Stimme hat Poesie. Wir frühstücken und fahren in die Schule.« So schildert uns »Connection« den aufregenden Moskauer Sommer 1991. Heute ist es nicht mehr so leicht, in der ehemaligen UdSSR an ein Frühstück zu kommen.[141] Gorbatschow aber, der Liquidator des real existierenden Sozialismus, wird von westlichen Deutsche-Mark-Spiritualisten als Quasi-Heiliger verehrt.

Kapitulation der Linken

Statt sich geistig zu munitionieren, scheint die Linke bisher auf dem Rückzug zu sein, ideologisch und bei den praktisch-politischen Folgen. Zwei Beispiele dafür sollen angeführt werden, wie das Scheitern der marxistischen »68er«-Bewegung und der Zusammenbruch des real existierenden Sozialismus die Linke geistig verwirrt haben. Die Auseinandersetzung mit der realen Entfremdung im Kapitalismus, der nun unumschränkt herrscht, findet immer weniger in dem Versuch statt, die gesellschaftlichen Widersprüche zu bewältigen. Flucht in religiöse Konzepte, in pantheistische Harmonievorstellungen treten an die Stelle linker Politik. So wird 1989 in den »Blättern für deutsche und internationale Politik« von Erika Hickel »ein auch mythisches Naturverhältnis« als »Bestandteil menschlicher Integrität« gegen die Linke eingefordert, die dies »in menschenverachtender zynischer Weise wegdiskutiert« habe. In der Konsequenz einer nur noch mythischen, nicht mehr real materiellen »Integrität« des Menschen fordert sie dann – »Hier herrscht doch wohl Übereinstimmung bei den Lesern dieser Zeitschrift!« – das sozialpolitische Laissez-faire: Man müsse nicht bei jedem Erdbeben »um jeden Preis helfen«, denn »Katastrophen« wie »Giftpflanzen, Erdbeben, Alter (!) und Tod« seien schließlich »Grundlage menschlicher Existenz«, Natur eben.[142] Linke Politik hat aufgehört, wo man der Not mit mythologisch begründeter Schicksalsergebenheit begegnet. Sie wird seit hundert Jahren als gesellschaftspolitischer Naturalismus gegen soziale Forderungen ins Feld geführt. Wo z. B. Altern nicht mehr als gesellschaftlich bedingt begriffen wird, sondern als »mythisches Naturverhältnis«, da ergibt sich schnell die Konsequenz, daß die von der jeweiligen Klassenzugehörigkeit bestimmte Verschiedenheit des Alterns der Fließbandarbeiterin und der Professorin nicht mehr gesehen und Forderungen nach Humanisierung der konkreten Arbeitswelt in den Betrieben nicht mehr erhoben werden.[143]

Ein Beispiel dafür, wie innerhalb der Linken marxistische Kategorien von New Age-Phrasen abgelöst werden, ist der dem Umfeld von Wolfgang Fritz Haug und früher der »Kritischen Psychologie« der Schule Klaus Holzkamps angehörende Bremer Behindertenpädagoge Wolfgang Jantzen. Die Unerträglichkeit des hegemonialen Kapitalismus und die vermeintliche Undurchschaubarkeit der gesellschaftlichen Widersprüche treiben einen ehemaligen Marxisten zur bedingungslosen Kapitulation vor der gauklerischen Welt-Harmonie des New Age. Die eigene bisherige Weltsicht scheint ihm durch das praktische Scheitern des real existierenden Sozialismus entwertet und wird nur allzu gerne verworfen bzw. relativiert. 1978 ging Jantzen im Gefolge Leontjews[144] noch vom historisch-materialistischen Konzept der »Aneignung der Welt« durch »Tätigkeit« aus, d. h. von der je gesellschaftlich bestimmten Arbeit des Individuums der Welt gegenüber. Behinderung war danach »die Isolation vom gesellschaftlichen Erbe« durch eingeschränkte Möglichkeiten seiner Aneignung und damit der Entwicklung der eigenen Person, der entsprechend dem Aneignungskonzept durch möglichst weitgehende Kompensationsprogramme begegnet werden müsse. Jantzen verstand sie als Teil der *allgemeinen* Isolation von Teilen des gesellschaftlichen Erbes, die im Kapitalismus besonders die Arbeiterklasse treffe. Der Bezug auf eine linke Sozialpolitik, in der die Gesellschaft genügend Geld für technische und therapeutische Kompensationsmöglichkeiten von Behinderung bereitstellt, folgte als realpolitische Forderung ebenso unmittelbar wie der Kampf um die grundsätzliche gesellschaftliche Veränderung.

Während Jantzen in den siebziger Jahren so etwas wie »Ganzheitlichkeit« im Sinne der Marxschen sechsten Feuerbachthese als das »Ensemble der gesellschaftlichen Verhältnisse« verstand,[145] hat er sich inzwischen New Age-modisch zum *Pantheismus* bekehren lassen und vertritt die Position Feuerbachs, nicht mehr die Kritik von Marx und Engels an diesem.[146] Ausgehend von der heute so wohlfeilen Kritik des cartesianischen, mechanistischen und Gott und Welt als Zweiheit dualistisch trennenden »alten«

Denkens – die aber nicht mehr als linke Kritik vom dialektisch-materialistischen Standpunkt aus erfolgt sondern metaphysisch – preist Jantzen nun Spinozas Pantheismus an (oder vielmehr das, was er dafür hält): »Gott ist für ihn (Spinoza, P. K.) der Weltprozeß als Ganzes, der sich in der Natur realisiert. ... Gott ... ist nichts neben dem Natur- und Gesellschaftsprozeß Stehendes, er ist dieser Prozeß«. Das ist New Age.[147] Er knüpft an das Konzept der »Selbstorganisation des Lebens« an, das im »Neuen Denken« pantheistisch verstanden wird, und verkennt dabei, daß sein vergöttlichtes »Ganzes« nun zur Rechtfertigung der Nicht-Therapie von Behinderung, des Nicht-Helfens im Sinne von Erika Hickel, taugt, nachdem es von der gesellschaftlichen Tätigkeit des Menschen getrennt wurde: Das göttliche Ganze organisiert sich halt so, »Vielheit in der Einheit«. Die Vielheit der Behinderung/Nichtbehinderung entspricht allerdings sogleich der Vielheit der Lebenschancen. Da sieht es für Behinderte in der real existierenden Gesellschaft schlecht aus.

Wenn Jantzen dann auch noch vom Begriff der »Eigenzeit« zu Statements kommt wie: »Blindheit führt uns in der Regel heute nicht mehr dazu, jemand als generell minderwertig auszugrenzen«, dann ist das »neurechte« Mißverständnis selbst verschuldet, vielleicht sogar ersehnt aufgrund bisheriger Erfolglosigkeit mit linker Politik. Behindertenpolitik wird zum Lob der Ungleichheit, naturmythisch verklärt, frustrationsfrei – denn das neue Deutschland braucht seine Wirtschaftskraft für andere Ziele, als den Behinderten das Leben zu erleichtern. Der Schritt zum Sterbenlassen ist – wohl entgegen den naiven Intentionen Jantzens – nur noch klein, wenn über den Pantheismus Natur- und Weltall-Mystik ins Spiel kommen. Hier ist der Weg eingeschlagen weg vom Bereitstellen der Möglichkeiten zur *weitgehend gleichen* Teilhabe am gesellschaftlichen Erbe, hin zur Akzeptanz der *Ungleichheit*, die sich darauf beschränkt, lediglich das Vorurteil der Minderwertigkeit zu beseitigen, nicht aber, so weit möglich, die Benachteiligung.[148]

In einem Artikel, den er ausgerechnet in der »Zeitschrift für Heilpädagogik« des »Verbandes Deutscher Sonderschulen« veröffentlichte, bekennt sich Jantzen noch extremer zu einem Pantheismus, der die menschlichen Beziehungen zu »Gottesbeziehungen« erklärt und die Behinderten ihrer Behinderung naturbejahend überläßt. Jantzens Positionen erscheinen hier als der Konservativen Revolution zugehörig, und es ist wohl kein Zufall, daß die sich marxistisch nennende Zeitschrift »Hintergrund« den Artikel in demselben Heft nachdruckt, in dem der bekannte rechtsextreme Nationalrevolutionär Rolf Stolz einmal mehr über die Zukunft der Grünen Partei räsonniert. Der heutige »MUT«-Autor Stolz, früher einmal Mitglied des ersten Bundesvorstands der Grünen, hat selbst Verbindungen zu »neurechten«, konservativ-revolutionären New Agern wie dem Ideologen der »Deutschen Unitarier«, Hubertus Mynarek, oder der Szene um den Neuheiden Henning Eichberg.[149] Jantzen verbindet in diesem Aufsatz die in der »Neuen Rechten« so beliebten biologistischen Übertragungen von Ergebnissen der Tierforschung des Konrad Lorenz und seines Nachfolgers Norbert Bischof, kosmische Harmonie-Konzepte, Spinozismus und pantheistische Naturreligion mit der christlichen Vorstellung der Nächstenliebe und dem Gottesverständnis Feuerbachs. Es ist bemerkenswert, daß die Osnabrücker Zeitschrift »Hintergrund«, die den Untertitel »Marxistische Zeitschrift für Gesellschaftstheorie und Politik« trägt, im Editorial diesen Artikel als Beispiel für die »Rekonstruktion und Neubegründung des revolutionär-humanistischen Gehalts des Marxismus als geistig-moralischer Orientierungsgrundlage des Menschheitsfortschritts ... im Horizont eines sich revitalisierenden Marxismus« ausgibt. Ist doch der Artikel mehr ein Beispiel für die geistig-moralische Wende weg vom Marxismus, von linkem Denken überhaupt, hin zu einer spirituell-ganzheitlichen Ideologie, deren Konsequenz eben nicht mehr die Veränderung der elenden Zustände auf Erden ist, sondern ihre Affirmation, ihr heroisches Ertragen im Bewußtsein des angeblichen Mitschöpferseins.

Jantzen begeht in seinem gänzlich unkritischen Rückgriff auf Feuerbach nicht nur den von Marx bereits an Feuerbach kritisierten Fehler, die Rolle der tätigen Praxis des Subjekts in einer bestimmten historischen Gesellschaft auszuklammern. Er setzt auch, als hätte es die Schrift »Ludwig Feuerbach und der Ausgang der klassischen deutschen Philosophie« von Friedrich Engels nie gegeben, die »Liebe« an die Stelle der Sozialpolitik für Behinderte. »Liebe« versteht er im Sinne einer auf reines Mitleiden verkürzten, von ihrem aktiven Tätigsein als Barmherzigkeit dagegen entkleideten und somit verfälschten christlichen Nächstenliebe. Mit seiner Empfehlung der »humane(n) Annahme des Leidens« als »Voraussetzung der Überwindung des Unglücks« – statt der wirklichen, tätigen Überwindung des Unglücks – kommt Jantzen nicht nur in die Nähe der emanzipationsfeindlichen Konzepte der »Neuen Rechten« wie des »Rechts auf Ungleichheit«, diesmal im Mantel eines Rechts auf Leiden und Mitleiden; auch die sozialpolitischen Konsequenzen sind dieselben wie oben bei Hickel, jedenfalls sind sie angelegt: Man muß ja nicht bei jedem Erdbeben immer gleich helfen.

Friedrich Engels nannte dies bereits 1888 »allgemeiner Versöhnungsdusel« jenseits der gesellschaftlichen Wirklichkeit: »Aber die Liebe! – Ja die Liebe ist überall und immer der Zaubergott, der bei Feuerbach über alle Schwierigkeiten des praktischen Lebens hinweghelfen soll – und das in einer Gesellschaft, die in Klassen mit diametral entgegengesetzten Interessen gespalten ist.«[150] Engels kommt angewidert zu dem Schluß: »Seine ›schönsten Stellen‹, zur Feier dieser neuen Liebesreligion, sind heute gar nicht mehr lesbar«. Hundert Jahre später sind sie es wieder, der New Age-Konvertit Wolfgang Jantzen basiert darauf. Welch ein Bankrott linken Denkens, das ideologisch hinter Marx und Engels auf Feuerbach und Spinoza zurückgeht, das in der Folge nun praktisch der Deregulierungspolitik des Kapitals zu Diensten ist.

Analog zur Vielheit der Behinderung in der Einheit des pantheistischen Liebes-Zusammenhanges liegt der politische Ethnopluralismus der »Neuen Rechten« als völkische »Vielheit in der Einheit«. Linke Politik ist hier am Beispiel Behinderter ebenso zu Ende wie bei der neurechten Akzeptanz von ökonomischer gesellschaftlicher Ungleichheit über entsprechende Regionalismus-Konzepte, die z. B. der auch naturmystisch und völkisch-heidnisch engagierte Henning Eichberg vertritt: Unter dem Deckmantel des Antiimperialismus werden die Entwicklungsgrade bestimmter Regionen der Erde in einer vorher definierten »Eigenzeit« bestimmt und deshalb z. B. Entwicklungshilfe als Zerstörung dieser »Eigenzeit« betrachtet, als Ausdruck der »europäisch-kolonialistischen« Sicht auf die Gesellschaften des Südens, die erst noch zu entwickeln seien. Was sich so liest, als wäre es dem Süden gegenüber freundlich gemeint, ist doch in Wahrheit der Versuch, die Menschen dieser Regionen in den vorzivilisatorischen Armutsverhältnissen zu belassen bzw. sie dorthin zurückzustoßen.[151] *Dieses* »Neue Zeitalter« der völkischen, ökonomischen und Lebenschancen-»Vielheit« ist allerdings – fragt man die Betroffenen – dort gar nicht attraktiv.

Auch die Methode, die Mystik, ist bei Jantzen zugegen. Das gefährlich sich zum Idealismus hinneigende Konzept der »vorauseilenden Widerspiegelung« aus dem Spätwerk des dialektisch-materialistischen sowjetischen Physiologen Pjotr Anochin erscheint als eine Art mediale Fähigkeit. Im Zusammenhang mit dem Fluchtpunkt des Spinozismus wirkt es mehr wie ein Abklatsch der Spekulationen des New Agers Rupert Sheldrake denn als Begriff des dialektischen Materialismus.[152] Die Natur hat in Sheldrakes Werken »Das schöpferische Universum« und »Das Gedächtnis der Natur« ein eigenes Merksystem, das Kristallen, Pflanzen, Tieren, Menschen, Gesellschaft und Kultur ihre charakteristische Form geben soll und als »Erfahrung« in mystisch existierenden »morphischen Feldern« abgespeichert sei, mit denen jedes Individuum in Verbindung stehe. Auf dem Wege der spirituellen »morphischen Resonanz« – also ohne sich die Welt vorher durch Tätigkeit angeeignet zu haben – könne diese »Erfahrung« abgerufen werden. Jantzen stellt die »vorauseilende Widerspiegelung« als Fähigkeit des Individuums dar, »über eigene raum- und zeitschöpfende Strukturen« Ereignisse zu erkennen, »die in der Außenwelt erst später auftreten«.[153] Zur Erläuterung wählt der Erleuchtete ein Beispiel, das nicht nur der Plattheit mancher Äußerungen auf den New Age-Kongressen entspricht, sondern auch als Abgrenzung vom Materialismus zu lesen ist: »Ich habe Durst, bevor ich verdurstet bin.«

Derartige Mißverständnisse und Anbiederungen sind nicht neu in der Linken. Heinrich Heine schrieb 1834 in »Religion und Philosophie in Deutschland« ein flammendes Bekenntnis zum Pantheismus, von dem er sich erst auf dem Totenbett, in der Vorrede zur zweiten Auflage 1852, distanzierte. Inzwischen befand sich der Pantheismus im nachrevolutionären Deutschland bereits im Übergang zur rechtsextremen, antidemokratischen und antisemitischen Politik der beginnenden völkischen Bewegung. Diese Konsequenz noch nicht erkennend, gehörte 1834 auch die besondere spirituelle Sendung der Deutschen zu den Verirrungen Heines. Wie aus der Feder der hundertdreißig Jahre später schreibenden Sigrid Hunke heißt es bei ihm: »Der Pantheismus ist die verborgene Religion Deutschlands.« Und wie aus der Feder Alain de Benoists beschwört er die »Göttlichkeit des Menschen« und erklärt: »Wir kämpfen nicht für die Menschenrechte des Volks sondern für die Gottesrechte des Menschen.« Weder New Ager noch (Neo-) Faschisten erwarten sich wohl solche Rückendeckung aus dieser Ecke.[154]

Die verbreitete, aber – wie wir sehen werden – falsche Ansicht, beim New Age handele es sich um »gegengesellschaftlichen Protest«, verleitet dazu, das »Neue Denken« als ungezogenes Kind der Linken zu betrachten, das man lediglich hier und da vor dem Spiel mit den völkisch-neuheidnischen Schmuddelkindern warnen müsse.[155] Die grundsätzliche geistige Auseinandersetzung mit Gruppen wie der »AG Neue Wege in Spiritualität und Politik« der Grünen wird gescheut, ihre teilweise im Neofaschismus aktiven Führer werden vom Rest der Aufrechten lieber belächelt statt bekämpft. Solche Tendenzen lassen sich auch in der Sozialdemokratie aufzeigen. Auseinandersetzungen wie die um die Grünen-Mitgliedschaft von Rassisten aus der Berliner »Heidnischen Gemeinschaft e. V.« Mitte der 80er Jahre sind nicht nur die Ausnahme, sondern werden innerhalb der »neuen sozialen Bewegungen« eher mißtrauisch beäugt statt unterstützt. Zu sehr schon haben sich die objektiven gesellschaftlichen Wirren und Widersprüche dieser Tage als Harmoniebedürfnis im verwirrten Bewußtsein niedergeschlagen, das die Welt gesundbeten oder irgendwie pantheistisch-naturmythisch gesundschauen möchte. Das vorläufige Ergebnis solchen Umgehens mit New Age und Neuheidentum durch die Linke ist z. B. in Berlin zu sehen. Die sich rassistisch auf die »Naturreligion unserer Vorfahren« des »wendisch-semninischen Stammesgebietes« zurückführende »Heidnische Gemeinschaft« bekommt inzwischen für ihre Propaganda-Veranstaltungen vom Land Berlin kostenlos Säle bereitgestellt, tagt regelmäßig »in einem Berliner Rathaus« und kann »auf Staatskosten mit eigenen Lehrern« – als »heidnischer Religionsunterricht« getarnt – Jugendliche mit arteigenem »Neuen Denken« indoktrinieren.[156] Einen größeren Mißerfolg hätte die Verharmlosungs-Strategie des Totschweigens nicht haben können.

Nur wenige Schriften sind in letzter Zeit erschienen, die sich mit der Beziehung von pantheistischer Spiritualität und Faschismus befassen. Die Interessen des Kapitals an beiden tauchen darin wegen des Fehlurteils der »gegengesellschaftlichen Motive«, die historisch auch auf die völkische Bewegung bezogen werden, fast gar nicht auf. Die meisten Publikationen sind historisch ausgerichtet und haben ihre Schwerpunkte oftmals nicht direkt auf dem Schnittpunkt der genannten Komplexe.[157] Andere, ältere, aber nach wie vor lesenswerte Werke, für die derselbe Vorbehalt gilt, werden heute außerhalb der Wissenschaften kaum rezipiert.[158]

Ein antifaschistischer Autor wie der verstorbene Reinhard Opitz erwähnt für Vergangenheit und Gegenwart zwar Verknüpfungen zwischen spirituell ausgerichteten Gruppen und entstehenden faschistischen und neofaschistischen Organisationen. So weist er auf die Rolle der okkultistischen und gleichzeitig politischen Geheimorden (Thule-Gesellschaft, Germanen-Orden, der Ludendorffer-Kreis)[159] hin, die in der Entstehungsphase des europäischen Faschismus nach dem Ersten Weltkrieg mit dem Kapital und den politischen Republikfeinden verwobenen waren. Er geht auf ihre imperialen Pläne für ein pangermanisches Mitteleuropa ein. Auch führt er an, daß die neofaschistische »Nouvelle Droite« unter Alain de Benoist in den siebziger Jahren durch den »einstigen Astrologie- oder Parapsychologie-Spekulanten Louis Pauwels den de facto unbeschränkten Einfluß auf das neugeschaffene ›Figaro Magazine‹ und dessen Ausgestaltung zu einem Flagblatt der ›Neuen Rechten‹« und damit den publizistischen Durchbruch erhielt. Schließlich erscheinen Opitz auch die »Ganzheit«- und »Gestalt«-Begriffe und das »›spirituelle Denken‹ à la Fritjof Capra« einschlägig verdächtig und brauchbar zur Begründung des faschistischen »Bio-Humanismus«.[160] Jedoch behandelt er dies immer nur in Nebensätzen und betrachtet es rein von der politisch-ökonomischen Seite, niemals von den ideologischen Identitäten und der religiös-ethischen Seite her. Letzteres aber entfaltet seine antidemokratische Dynamik heute im weit verbreiteten New Age.

Aktuell gibt es außer den Schriften von E. Gugenberger und R. Schweidlenka[161] kaum Literatur zum Problem. Die Publikationen der beiden genannten Österreicher sind jedoch mit dem Mangel behaftet, daß die Autoren selbst New Ager sind und zu keiner grundsätzlichen Kritik des breiten Stroms des New Age und seiner Verbindungen und Identitäten zum und mit dem Faschismus bereit sind. So beschränkt sich ihr umfangreiches Buch von 1987 auf die Sammlung von Einzelbeispielen der Kontakte zwischen New Age und (Neo-) Faschismus, ohne daß verständlich würde, weshalb sie zustande kommen. Dabei übernehmen sie teilweise sogar gänzlich kritiklos die interessierten Darstellungen angeblicher europäischer Urreligiosität, die neofaschistische Nationalrevolutionäre wie Henning Eichberg verfaßten,[162] oder schwimmen – scheinbar indianisch-naturreligiös motiviert – offen im politischen Fahrwasser der »Neuen Rechten«, wie z. B. Schweidlenka, der das amerikanische New Age kritisiert: »Nach Hamburgers, Pommes Frittes (sic!), Pershingraketen und unserer außenpolitischen Entmündigung bekommen wir von den sendungsbewußten weißen US-Amerikanern auch noch die Erleuchtung.«[163]

Gänzlich unzureichend ist ihr Versuch, im Gefolge des New Age-Theoretikers Morris Berman die Verantwortung zu verlagern und »marxistischen Dogmatiker«, die das Spirituelle mißachtet hätten, vorzuhalten, daß bereits die spirituelle Szene der Jahrhundertwende schließlich weitgehend im Nationalsozialismus aufging.[164] Schweidlenka, der auch als »ständiger Mitarbeiter« der abstrusen »UFO-logischen« Zeitschrift »2000 – Magazin für ganzheitliches Denken« firmiert, scheut sich nicht, in einer zweifelhaften Publikation wie »esotera« zu veröffentlichen. Das ist um so erstaunlicher, als Gugenberger/Schweidlenka 1987 sehr breit auf die antisemitischen rassistischen Wurzeln mancher New Ager-Strömung in der Theosophie der Helena Blavatsky eingehen und vor ihr warnen. 1991 dann warnt Schweidlenka in derselben »esotera«-Nummer vor »Wodans neuen Erben«, in der ein paar Seiten weiter die Blavatsky unkritisch als Urmutter esoterischen Denkens angepriesen wird.

»esotera« – Untertitel: »Neues Denken und Handeln« – ist eine der ältesten deutschsprachigen nichtchristlichen spirituellen Zeitschriften und erscheint im größten deutschen New Age-Spezialverlag, dem Freiburger Hermann Bauer Verlag. Hier konnte auch so mancher Rechtsextremist über »Runenorakel« oder »Deutsche Naturreligion« veröffentlichen. An diesem Beispiel zeigt sich nicht nur mangelnde Konsequenz der New Age-eigenen Kritik an angeblich nur »braunen Rändern«, sondern auch ein generelles Unverständnis den ideologischen Konzepten und praktischen politisch-ökonomischen Folgen des New Age gegenüber.[165] Es reicht eben nicht aus, mal davor zu warnen, daß z. B. Mahatma Gandhi Sympathien für den europäischen Faschismus hegte.[166] Es reicht auch nicht, mal besorgt den Zeigefinger zu heben, wenn ein Frauenbildungshaus neben Astrologie, Bauchtanz, Tarot und Chakren auch »Ostara-Rituale« anbietet, weil solches Anbeten der Sonnengöttin Ostara um die Jahrhundertwende auch schon bei dem spirituell-»ariosophischen« (die »Arier« vergöttlichenden) Antisemiten und Rassisten Lanz von Liebenfels zentral war, der angeblich als erster eine Hakenkreuz-Fahne hißte und »Hitler die Ideen gegeben« haben soll.[167] Die Gründe für die von Gugenberger und Schweidlenka so fleißig zusammengetragenen Aktionseinheiten von (Neo-) Faschisten und Esoterikern müssen vielmehr in gemeinsamen Ideologemen gesucht werden.

3.

New Age und Faschismus

Zur Identität zweier Weltanschauungen

Die Ideologie des New Age stellt den größten *Angriff auf die Linke*, auf ihre dialektisch-materialistische Weltanschauung und ihre praktische Politik für gleiche bürgerliche und soziale Rechte aller Menschen seit der Entstehung des historischen Faschismus dar. Dabei wird der Angriff des New Age im wesentlichen mit denselben geistigen Waffen geführt wie der Angriff des Faschismus. Auch versteht sich das New Age mit seinem Konzept der »Transformation« der Welt in einer »sanften Verschwörung« (Marilyn Ferguson) wie der frühe und der Neo-Faschismus als »Dritter Weg« zwischen Kapitalismus und Sozialismus, als der wahre Weg zum Glück.[168]

Ein wesentlicher Unterschied besteht – bisher – in der Praxis: Das New Age gibt vor, auf offenen Terror verzichten zu können, wenn es zur gesellschaftlichen Macht gelangt ist. Damit bietet es den entscheidenden Vorteil gegenüber dem »klassischen« Neofaschismus. Eine zukünftige antiegalitäre Gesellschaft, die mit dem historischen faschistischen und neofaschistischen Gesellschaftsentwurf vergleichbar wäre, wird besser auf der Basis der New Age-Ideologie zu errichten sein, die »sanft« daherkommt und die wahren ideologischen Wurzeln und politischen Ziele verschleiert, als im offenen Rückgriff auf faschistische Konzepte. Denn der Faschismus als Weltanschauung ist im öffentlichen Bewußtsein zu sehr mit den Verbrechen seiner historischen Praxis verknüpft, als daß ein offener Bezug auf ihn hegemonial und damit politisch wirksam werden könnte. Auch die Versuche einer »Entsorgung« des Faschismus zwecks Wiederverwendung haben es bisher nicht vermocht, die Nachwirkungen der Verbrechen tatsächlich verblassen zu lassen. Das New Age steht scheinbar ohne diese historische Belastung da. Es kann die Funktion des Faschismus als Weltanschauung heute besser erfüllen: die ideologische Absicherung einer Politik der sozialen Ungleichheiten und des Abbaus demokratischer Gesellschaftselemente.

Einer der führenden deutschsprachigen New Ager ist Hans-Peter Dürr,

Direktor des Werner-Heisenberg-Instituts (Max-Planck-Institut für Physik und Astrophysik München), Träger des »Alternativen Nobelpreises« des ehemaligen Grünen-Europaabgeordneten Jakob von Uexküll. Dürr war maßgeblich an dem New Age-Kongreß »Geist und Natur« beteiligt. Das von Dürr herausgegebenen Buch »Physik und Transzendenz. Die großen Physiker unseres Jahrhunderts über ihre Begegnung mit dem Wunderbaren« ist heute eines der deutschsprachigen Grundlagenwerke des New Age.[169] In seinem Vorwort stellt Dürr die Aussöhnung von Religion und moderner Naturwissenschaft im – allerdings so nicht explizierten – faustischen Menschen als die adäquate Lösung der Weltprobleme dar, die mit demokratischen Grundpositionen jedoch unvereinbar ist. Er leugnet nach dem Schema des altbekannten Angriffs der Idealisten auf den Materialismus plump die Existenz einer dinglichen Wirklichkeit, die der menschlichen Erkenntnis und Praxis zugänglich ist, als hätte es den Sieg des Materialismus in dieser Debatte niemals gegeben.[170]

Die politische Konsequenz, daß die Wirklichkeit in ihrer Ganzheit, also auch die gesellschaftlichen Zustände, demnach auch nicht der tätigen menschlichen Praxis unterliege und somit ihre Gestaltung dem Willen von Mehrheiten entzogen sei, bleibt noch unausgesprochen. Aber wenn Dürr eine göttliche Instanz als den eigentlichen Grund menschlichen Handelns annimmt und sodann die Physiker – oder richtig: eine kleine Gruppe philosophierender Quantenphysiker, die sich vor allem um Adolf Hitlers Atombomben-Bauer Werner Heisenberg gruppierte – als die einzig legitimierten Übersetzer eines angeblichen göttlichen Willens präsentiert, so ist diese politische Konsequenz mitgedacht. Eine Elite »wissender Priester«, hier als philosophierende Physiker, weist den Weg, der für die Massen nicht zu sehen ist.

Dürrs Ansichten passen zu der elitären Staatstheorie des immer lächelnden Ernst Albrecht, der den New Age-Kongreß »Geist und Natur« ausrichtete. »Der Spiegel« kommentierte Albrechts Ansichten: »Vielleicht, daß Ernst Albrecht sich allzu eilig unter die Kategorie ›überdurchschnittliche Menschen‹ gereiht hat, die er in seinem Buch ›Der Staat – Idee und Wirklichkeit‹ als berufen bezeichnete, durch ›Alleinherrschaft und Wenigenherrschaft eine bessere Ordnung zu errichten als die Volksherrschaft‹. ... Und daß es, wie Albrecht auch in der zweiten Auflage seines Buches stehenließ, ›sittlich geboten‹ sein könne, Informationen über ein geplantes ›namenloses Verbrechen‹ ›auch durch Folter zu erzwingen‹, ... hat auch die Skepsis vertieft, was hinter Lack und Lächeln stecken mag.«[171]

Dürr ergänzt die religiöse Rechtfertigung für Albrechts politische Ordnung: »Der Mensch bedarf, um handeln zu können, einer über seine wissenschaftlichen Erkenntnisse hinausgehenden Einsicht – er bedarf der

Führung durch das Transzendente«. Diese göttliche Instanz erscheint bei Dürr als heroisch-realistische Fluchtmöglichkeit aus der Verantwortung menschlichen Handelns: »In der verwirrenden Vielfalt einer zunehmend komplexeren und komplizierteren technischen Welt wird der Ruf nach einer klareren Orientierung immer lauter. Es wächst bei den Menschen der modernen Gesellschaft das Verlangen, hinter dieser sich immer weiter aufsplitternden und zerbröselnden Gedankenwelt wieder das wesentliche ›Eine‹ oder, wie Werner Heisenberg es nennt, die ›zentrale Ordnung‹ zu erkennen«, die unhinterfragbar hinzunehmen ist. Diese Verbindung von Naturwissenschaft und Religion – eine der Grundpositionen des New Age – führt geradewegs in die Diktatur des Gottesstaates. Dürr verbindet die angeblich nötige »Führung« durch das unhinterfragbare »Transzendente« mit der angeblich unvermeidbaren Reservierung von Wissen für wenige Spezialisten, die als Priester den Willen des Transzendenten gegenüber den Menschen vermitteln. So rechtfertigt er das klassische Herrschaftswissen, mit dem eine Elite als angebliches Sprachrohr des Göttlichen über die Massen herrscht. Dies ist eine moderne Analogie zur alten Esoterik: dem Geheimwissen von Schamanen ebenso wie von Klosteräbten, die im Dienste der Herrschenden die Mehrheit der Bevölkerung davon fernhielten, die Gesellschaft mitzugestalten, indem sie ihnen Bildung vorenthielten. »Die genauen Zusammenhänge und eigentlichen Inhalte sind so kompliziert und vielfältig, daß sie nur noch von wenigen Experten ... verstanden werden. Das ist bedauerlich, aber unvermeidlich«, meint Dürr.[172]

Hier wird nicht mehr abgehoben auf das interindividuell prüfbare wissenschaftliche Begreifen des historischen Gewordenseins des Menschen und seiner Lebensumstände aus natürlichen und gesellschaftlichen Verhältnissen, also auf die Bedingungen der menschlichen Praxis, die diese Verhältnisse wiederum verändert. Hier sind nicht die Bedürfnisse der Mehrheit der Bevölkerung der Maßstab menschlichen Handelns, es erübrigt sich, diese Bedürfnisse zu ermitteln. Vielmehr wird die wissenschaftlich nicht faßbare, ethisch nicht hinterfragbare, demokratisch nicht beeinflußbare »Führung durch das Transzendente« reklamiert, deren Richtung nur einige wenige »wissende«, demokratisch weder legitimierte noch kontrollierte Gurus verkünden, die nach diesem Konzept auch nicht demokratisch, sondern nur göttlich legitimier*bar* sind.

Dürr verschweigt allerdings nicht, in wessen Interesse er einigen Quantenphysikern diese Rolle übertragen will, wenn er schreibt: »Die heute wichtigsten Zweige der Technik sind ohne die Quantenphysik nicht denkbar.« Neben Atomtechnik, Raumfahrt und Elektronik müßte also nur noch die Gentechnik ergänzt werden, um alle heutigen und zukünftigen Zielgebiete des faustischen Kapitals beisammen zu haben. Man braucht nicht die Wissenschaftssoziologie mit ihren Erkenntnissen über die Parteilichkeit wissenschaftlicher Arbeit zu bemühen[173] oder in den höheren Konzernetagen nach den Finanziers der Max-Planck-Institute zu fragen, um zu erkennen, in wessen Interesse hier Ideologie geschaffen wird. Dieses »Neue Denken« gibt den faustischen Wissenschaftlern und Technikern die Lossprechung für ihr unethisches Tun im Dienste des Kapitals. Die Entwicklung der »neuen« Naturwissenschaften, auf die sich das New Age stützt, ist bisher direkt geknüpft an Wettrüsten, Umweltzerstörung und Effektivieren der Ausbeutung menschlicher Arbeit. Ihre praktischen Auswirkungen – nicht einmal nur unter der Herrschaft des Kapitals, siehe Tschernobyl – sind Armut und wachsende Verelendung jeder Art bei den Massen, jedenfalls im überwiegenden Teil der Erde, in den hochentwickelten Industriegesellschaften des Nordwestens bisher noch abgemildert.

Statt der Wirklichkeit zu trauen, die vermittels der Evolution den Menschen derart hervorbrachte, daß er in dieser Wirklichkeit überlebte und *deshalb* sie auch erkennen *und verändern* kann, wird hier die menschliche Vernunft idealistisch als Wirkung einer vom Menschen nicht zu hinterfragenden Göttlichkeit bzw. als dem Menschen eingehauchte Göttlichkeit phantasiert, die auch die Natur »göttlich-vernüftig«, nach ihrem allwaltenden Willen, gestaltet habe. Dürr führt zum »Beweis« für diese implizite Entsubjektivierung der Menschen die erkenntnistheoretischen Fehler Eddingtons, des späten Einstein und Plancks an. Sie legten in die Naturgesetze, die sie selbst erkannt hatten, das menschliche Konzept der »Vernunft« hinein und waren dann von dieser »Vernünftigkeit« der Natur, die sie doch erst selbst postulierten, psychisch überfordert. Ihr Erstaunen und ihre Ergriffenheit konnten sie nur reduzieren, indem sie das Wirken einer Göttlichkeit annahmen.

Doch der Grund ihrer als religiös interpretierten Ergriffenheit ist das idealistische Verkennen der Funktionsweise menschlichen Welterkennens. Das von den Menschen geschaffene Konzept der »Vernunft« rührt in Wahrheit doch selbst erst aus den widergespiegelten Naturgesetzen her, weder Mensch noch Natur bedürfen – so gesehen – des Transzendenten. Der Materialist Ludwig Feuerbach kritisierte bereits im neunzehnten Jahrhundert diesen Fehler, der das Menschliche ins Religiöse hineinverlegt. Seine objektive Funktion ist es, die große Mehrheit der Menschen davon abzuhalten zu erkennen, daß die Menschen selbst es sind, die diese Welt schaffen und auch anders, besser, schaffen können, sie verändern können, weil sie sie erkennen können.

Das »Neue Denken« geht also geistesgeschichtlich noch vor Feuerbach zurück, der seinerseits von Marx und Engels bereits in der Mitte des neunzehnten Jahrhunderts überwunden war. So greift es – wie der Faschismus – nicht nur den Wissenschaftlichen Sozialismus als Basis der Politik der Linken an, sondern auch den Positivismus als wissenschaftliche Grundlage des Liberalismus und seiner nur – aber immerhin – bürgerlichen Politik der Gleichheitsrechte. Karl Popper hat dies auf dem Kongreß »Geist und Natur« deutlich gemacht und wurde deshalb ausgebuht.

Gorbi et orbi: »Neues Denken« verbindet die europäische Rechte

Mit der Geschichte »New Age auf dem Balkan« wartet das Bhagwan-Magazin »Connection« im Juni 1990 auf. »Zwischen Kommunismus und traditioneller Spiritualität« sollte Zagreb einen »New-Age-Bürgermeister« bekommen, »denn viele Jugoslawen sind bereit, sich für New Age zu erwärmen«. In den Jahren 1989/90 tauchen – glaubt man den einschlägigen Magazinen – über der UdSSR vermehrt UFOs auf, vor allem in Georgien. Experten sei es gelungen, »detaillierte Informationen mit den E.T.s auszutauschen. ... Über diese sensationellen Vorgänge wird eine vierköpfige sowjetische Delegation jetzt auf der zweiten internationalen UFO-Konferenz ... in der bayrischen Landeshauptstadt berichten. Die Delegation steht unter der Leitung von niemand geringerem als Marina Popovich, Kosmonautengattin, Pilotin und Vorsitzende der Initiative ›Wissenschaftlerfrauen für den Frieden‹«, so berichtet die New Age-Zeitschrift »Lichtnetz West« aus Köln im Juni 1990. Luxemburgische und japanische Filmteams wollten jetzt den Kaukasus besuchen. Allerdings haben ganz offensichtlich die »Kontakte« der Außerirdischen, die im New Age auch schon mal als Engel oder Götter ausgegeben werden, dem Kaukasus noch keinen Frieden gebracht. Doch etwas anderes geschah hier: »Die Nacht im Kaukasus, das war die Nacht der deutschen Einheit«, so der Bundeskanzler rückblickend am 20. März 1992 in den ARD-Tagesthemen. Er sprach über die entscheidenden Stunden des Jahres 1990, in denen er mit Gorbatschow die Wiedervereinigung verhandelte. Der neofaschistische »Hohenrain Verlag« aus Tübingen verlegt neben Größen der »Neuen Rechten« wie Alain de Benoist, Guillaume Faye und Pierre Krebs sowie faschistischen Klassikern wie Julius Evola (der breit im New Age rezipiert wird) auch UFO-Bücher: »Aus den Tiefen des Alls«. »International angesehene Wissenschaftler legen Beweise und Möglichkeiten der Außerirdischen auf unserer Erde vor«. Oder: »Die geheime Botschaft von Fatima«. »In Fatima ist nicht Maria erschienen. Wir haben es nicht mit einer göttlichen, sondern mit der Manifestation außerirdischer Intelligenz zu tun«, so heißt es im Verlagsprospekt.

»Nichts ist realistischer als starke Visionen« lautet der Werbeslogan des »Horizonte«-Verlags, der sein Buchprogramm im New Age-Stil vermarktet.[174] Wenn man der Verlagswerbung glaubt, werden hier »Pioniere für ›Global denken – lokal Handeln‹« verlegt: zum Beispiel »Der Öko-Gandhi« (»Der Mann der Bäume: Last uns Überleben pflanzen«), oder »Eine Welt für alle Visionen von globalem Bewußtsein«. Als »Durchbruch der ganzheitlichen Denkart« präsentiert der Verlag 1989 unter der Überschrift »Eine neue europäische Kultur: Einheit und Ganzheit« das Buch der Alt- und Neofaschistin Sigrid Hunke »Vom Untergang des Abendlandes zum Aufgang Europas. Bewußtseinswandel und Zukunftsperspektiven«. In dem Buch legt die ehemalige Ehrenpräsidentin der »Deutschen Unitarier« und Mitarbeiterin des »Thule-Seminars« ihre Konzeption faschistischer Religiosität als Grundlage einer neuen Zeit dar. Zwar schreibt der Verlag im Klappentext, daß Hunke Trägerin des »Schiller-Preises« 1985 und »Kuratoriums-Vorsitzende der Sigrid-Hunke-Gesellschaft e. V.« ist. Er verschweigt jedoch, daß dieser »Schiller-Preis« vom »Deutschen Kulturwerk Europäischen Geistes« verliehen wird, das im Verfassungsschutzbericht als rechtsextremistisch aufgeführt ist. Der New Age-Konsument erfährt auch nicht, daß die »Sigrid-Hunke-Gesellschaft« von Härte-Nazis wie dem früheren NSDAP-Reichtstagsabgeordneten und späteren NPD-Kandidaten Otto Wetzel im wesentlichen als Ableger der »Deutschen Unitariers« gegründet wurde.

Rudolf Bahros Buch »Rückkehr. Inweltkrise als Ursprung der Weltzerstörung« erschien 1991 ebenfalls bei »Horizonte«. Bahro bezieht sich hier positiv auf den Schüler des Nazi-Ganzheitstheoretikers Felix Krueger, Karlfried Graf Dürckheim, auf die nationalistisch-organizistische »Ganzheits«-Tradition Johann Gottlieb Fichtes,[175] auf Luise Rinser oder auf Hunkes extremes religiös-faschistisches Buch von 1983 zum nordisch-arischen Mythos »Europas eigene Religion. Der Glaube der Ketzer«. In der Rubrik »Praktische Psychologie« werden von »Horizonte« Lebenshilfen für den Alltag geboten (z. B. Theo Schoenaker: »Ich weiß, ich bin okay. Mut zur eigenen Stärke«, solche Bücher gibt es im Psycho-Boom des New Age zu Hunderten). Diese Literatur will zu angepaßten Höchstleistungen ermuntern statt zur Emanzipation. In der Abteilung »Mystik/Weisheit« präsentiert der Verlag das Buch »Einheit in der Vielfalt«, das von dem »sanften« Antisemiten Franz Alt als »ein Meilenstein zum Religionsfrieden« gepriesen wird. »Horizonte« bringt auch »das internationale Vordenker-Magazin« namens »One World. Magazin für globales Denken« heraus, »mit Havel-Interview« und »Robert Jungks Werkstätten für bessere Zukünfte«. Nicht mehr »von der Utopie zur Wissenschaft« will man hier gehen – wie in der Linken –, sondern »Visionen« verkünden. Der diesseitige Begriff der Utopie weicht dem religiösen der Vision.

Michail Gorbatschow: »Meine Vision. Die Perestroika in den 90er Jahren. So geht es weiter« erscheint als »das aktuellste Gorbatschow-Buch« 1991 bei »Horizonte«. Boris Jelzin möchte da nicht fehlen: »Die Alternative. Unser Weg zur Demokratie«, freilich bei gleichzeitigem Verbot jeglicher Opposition. Der Verlag nennt das »Starke Visionen werden reale Politik« und bringt »Die sanfte Politik. Nachdenken über Weltethos und Realpolitik« von Vaclav Havel heraus, unter dessen Präsidentschaft in der Tschechoslowakei – gar nicht sanft – »kommunistische Propaganda« mit einem Gummiparagraphen verboten und bestraft wurde. Hier fehlt dann nicht einmal mehr die offene Repression im Namen des »Neuen Denkens«. Wie weit bereits Gorbi, das Idol der westeuropäischen Linken der achtziger Jahre, zum Spiritualismus übergewechselt ist, zeigt seine Bewunderung für den polnischen Papst und dessen »spirituelle Qualität« (Gorbatschow) als Konterrevolutionierer Osteuropas.[176]

1988 hatte die nationalrevolutionäre Zeitschrift »Aufbruch« des späteren REP-Funktionärs Marcus Bauer neben einem Artikel »Leitlinien einer organischen Wirtschaftsauffassung« und einer Rezension über den Führer der nazistischen, germanisch-neuheidnischen »Deutschen Glaubensbewegung« Wilhelm Hauer (dem späteren »Papst« der »Deutschen Unitarier«) auch über die »Hoffnung Gorbatschow« geschrieben: »Unter solchen Voraussetzungen kann man dem Europäer Gorbatschow wirklich nur den größtmöglichen Erfolg wünschen. Deutschland und Europa zuliebe.«

Die »FAZ« brachte am 1. August 1990 in der Rubrik »Geisteswissenschaften« den Artikel »Freier Flug der Phantasie. Glasnost für die Schamanen der Sowjetunion. Die Wiederkehr der alten Mythen«. Hier wird das, was Hunke mit »Europas eigener Religion« meint, in der Form der russisch-nationalen Besonderheit vorgestellt. Es heißt dort: »Als sich mit Gorbatschows neuer Innenpolitik die Unterdrückung zu lockern begann, zeigte sich, daß nicht nur immer noch zahlreiche Geschichten über die Macht der Schamanen in der Bevölkerung kursieren, sondern daß es auch praktizierende Schamanen gibt. ... Es sind keine Außenseiter, ... sondern etablierte Wissenschaftler. ... Die Beeinflussung der Natur gehört zu den traditionellen Fähigkeiten des Schamanen«, aber auch, »den erfolgreichen Widerstand der alten spirituellen Kräfte gegen die Zumutungen des Parteiapparates (zu) demonstrieren. ... Er (der jetzt wiederbelebte Schamane der russischen Volksseele, P. K.) war Sänger, Tänzer, Künstler, Heiler, Wahrsager, Opferpriester, Jagd- und Regenzauberer, Zeremonienmeister und Hüter kultureller Traditionen und religiöser Mythen. Er war Totenführer und konnte angeblich ins Jenseits reisen, in den Himmel fliegen und kosmische Regionen erreichen, mit übersinnlichen Mächten verhandeln und die Kräfte der Natur beeinflussen.« Bringt man ihn auf das wissenschaftliche Niveau des ausgehenden zwanzigsten Jahrhunderts, so entspricht er dem faustischen Menschen.

Die Welle der Wunderheiler, die nach US-amerikanischem Muster via Fernsehen ihren »Segen« verteilen, kam in der späten UdSSR im Gefolge

Gorbatschows.[177] Auch der christlichen russisch-orthodoxen Kirche, die das feudale Zarentum weltanschaulich gestützt hatte, wurden wieder Freiräume gegeben. Heute ist der tanzende Derwisch des Islam, der die imperialistische Feudalherrschaft der Osmanen über Vorderasien und Nordafrika mit dem mystischen Sufismus ideologisch absicherte, an der Stelle von Hammer und Sichel auf der Fahne der Tschetscheken zu sehen. Die bundesdeutschen Nationalrevolutionäre um Henning Eichberg und Wolfgang Strauss, die vom »Völkergefängnis Sowjetunion« sprachen, wiesen bereits früh auf die Bedeutung der islamischen Mystik als politische Waffe der extremen Rechten hin. Eichberg z. B. verfaßte 1986 einen Artikel über Sufismus in der Zeitschrift »wir selbst«.[178]

Die Respiritualisierung der Politik und der Gesellschaft in Osteuropa begann mit den christlichen Marien-Wundern Tschenstochaus und Medjugorjes. Sie wurde mit den naturreligiösen Schamanen-Wundern Sibiriens fortgesetzt. Unter dem Etikett »Neues Denken« war sie das Kampfmittel, um den Erdkreis vom Sozialismus zu entledigen, wie es der Faschismus – allerdings vergeblich – bereits einmal versucht hatte. Wie passend, daß die ehemalige Professorin des Marxismus-Leninismus Raissa Gorbatschowa am 6. März 1992 im deutschen Fernsehen den Münchnern, die ihrem Mann zujubelten, ein kräftiges »Grüß Gott« zurief. Die Nonnen des Dreifaltigkeitsklosters im russischen Kolomna hatten schon 1990 gebetet: »Gesegnet sei Gorbatschow, denn er hat der Kirche die Freiheit zurückgegeben.«[179]

Der »ganzheitliche« Blick auf die »Gattungsprobleme«, denen im »Neue Denken« Gorbatschows der *Vorrang* vor den Klassenproblemen eingeräumt wurde, hat den Kapitalismus weltweit siegen lassen, aber *keines* der Gattungsprobleme gelöst. Im Gegenteil, alte Probleme kehren zurück: Krieg, Armut und Hunger gehören nicht nur wieder zum Alltag der ehemaligen Sowjetbürger, Krieg bedroht inzwischen in einem Maße die ganze Menschheit, wie es nicht einmal zu Zeiten von Kaltem Krieg und Nachrüstung der Fall war. Das »Gattungsproblem« der faustischen Atomtechnik und des Atomkriegs hat sich sogar noch vergrößert, seitdem frühere sowjetische Wissenschaftler von halbstarken Drittwelt-Diktaturen abgeworben werden. Der breite Strom des New Age als modernste Ideologie des Kapitals, bisweilen auch der anachronistische Organizismus der Feudalperiode, treten in die Lücke, die der real existierende Sozialismus hinterlassen hat. Diese Art von »Dritter Weg« hat der Menschheit einen historischen Rückschlag gebracht, wie er noch vor zwanzig Jahren undenkbar war. Er führt sie weg von den Möglichkeiten, ihre Lebensbedingungen selbst zu gestalten, und wieder zurück zur Abhängigkeit vom »Transzendenten«. Die Herrschenden und ihre nachgeordneten Eliten wissen dies zu nutzen.

Der ehemalige Gorbatschow-Berater Anatolij Frenkin – wie andere ähnlicher Herkunft auch inzwischen auf der extremen Rechten gelandet – schrieb 1991 in der Zeitschrift »MUT« des ehemaligen NPD-Bundestagskandidaten Bernhard Wintzek über »Religion und Politik – Aus der Sicht des ›Neuen Denkens‹ in der Sowjetunion«.[180] Man findet ein Loblied auf die Respiritualisierung der menschlichen Verhältnisse als angeblichen Ausweg aus der nachsozialistischen Krise: »Auf die Frage, was die Sowjetunion in ihrer Krisensituation am dringendsten braucht, antworte ich: eine geistige Grundlage und Strategie. ... Das beste, was ich nach eifriger Suche gefunden habe, ist das Buch von Professor Dr. Günter Rohrmoser: ›Religion und Politik in der Krise der Moderne‹«, so schreibt Frenkin in »MUT«. Im Sinne Ernst Albrechts fährt er fort: »Die intellektuelle und moralische Krise der modernen Gesellschaft besteht in ihrer konstitutionellen Unfähigkeit, einen Ausgleich zwischen Ordnung und Freiheit herzustellen. ... Das ›Neue Denken‹ wurde im Grunde genommen von M. S. Gorbatschow formuliert: Es geht um die Priorität der allgemeingültigen Interessen gegenüber den Klasseninteressen.« Frenkin meint den Primat des fiktiven Ganzen, der niemals den Bedürfnissen der Mehrheit gerecht wurde und deshalb immer schon von den Herrschenden und ihren Ideologen gegen ihre Forderungen ins Feld geführt wurde. »Gerade der Patriotismus«, so Frenkin, »war die stabilste integrative Kraft zur Unterordnung der privaten Interessen unter den Staat und dessen Willen, den tödlichen Feind zu bekämpfen, um das Heimatland zu retten.«

Die Anknüpfung an den Nationalsozialismus erfolgt ungeniert, wenn Frenkin sich auf den Nazi-Kronjuristen und Adoptivvater der »Neuen Rechten« bezieht: »Aus der Sicht des ›Neuen Denkens‹ müßten wir die Werke von Carl Schmitt noch einmal lesen. Das war eine Offenbarung für mich. ... Nicht der Staat bildet die Bürger zur Sittlichkeit, sondern die Religion. ... Es geht um die geistige Integration des Volkes als der Grundlage einer politischen Integration. ... Die Ideen der Integration – nicht nur der politischen, sondern auch der geistigen Integration des Heimatlandes – finden bei Liberalen keine klare Unterstützung. Sie sind von den Ideen des Pluralismus begeistert, von den Ideen der Freiheit und der Autonomie. ... In allen diesen Fällen gilt die nationale Identität als die neue Grundlage für die Verbindung und für die Vereinigung von Politik und Geist.«

Rohrmoser hatte bereits in dem Mun-Sekten Blatt »Causa« im Gefolge von Johann Gottfried Herder und Johann Gottlieb Fichte, der völkischen Bewegung, der »deutschgläubigen« Sekten und des Faschismus die nationale Identität als religiös begründet vorgestellt: Jedem Volk seine Religion, die es stark macht gegen andere.[181] Hunkes Idee der »europäischen Religion«, die im Kern nichts weiter als der bekannte nordisch-arische Mythus des Nationalsozialismus ist, bringt diesen Gedanken zeitgemäß auf die Ebene der Europäischen Union. Gleich im Anschluß an Rohrmoser hatte 1987 der Nationalrevolutionär Wolfgang Strauss in »Causa« über »Russische Dorfprosa – Christliche Kraft der Seele« geschrieben und den russischen Neofaschismus gemeint: »Unabhängig vom Gorbatschowismus vollzieht sich in Rußland ein Wandel der Gesinnung, der Einstellung zu Religion, Natur, Volk, Gott, Kirche. Man sagt ›Russische Partei‹ und meint die konservativen Revolutionäre, die in der auflagenstarken politisch-literarischen Zeitschrift ›Nasch sowremennik‹ (Unser Zeitgenosse) eine Tribüne besitzen. ... Die Rettung der russischen Wesensart ist ihr Hauptanliegen, die Renaissance der russischen Nationalidentität«.

Valentin Rasputin (die Namensgleichheit mit dem unseligen Mönch Rasputin, der die Politik des letzten Zaren auf eine mystisch-spirituelle Grundlage zu stellen versuchte, ist zufällig) sei »der berühmteste Dorfprosaiker, ein Sibirjake, dessen Aussage aus der Tiefe einer nationalreligiösen Gesinnung strömt. ... Rasputin ist ein Verkünder einer fundamentalen Wahrheit: die moralische Zersetzung der Russen seit 1917 ist die Folge der Lösung von Tradition, Religion und Scholle«, so Strauss. Die Versuche von Sigrid Hunke und anderen, das New Age als »amerikanisch« und »uneuropäisch« zu verteufeln und gleichzeitig seine Inhalte als alternative »eigene Religion Europas« – als Weltanschauung des faschistischen Neuheidentums – anzubieten, entsprechen durchaus dem, was Rohrmoser in »Criticon« an New Age-Kritik auf christlich-organizistischer Basis und in »Causa« als neue Art des Deutschchristentums anbietet. Sie sind nahe am Pantheismus und seinen organizistischen, menschvergöttlichenden faustischen Konsequenzen, immer im Interesse eines ganzheitlichen »Europa« gegen den Rest der Welt. Sie sind wesensverwandt mit dem, was Strauss und Frenkin als russisch-völkische Nationalreligion in der »eigenen« Tradition – mal christlich, mal schamanisch – anbieten. Dies sind weniger »spirituelle Alternativen«, die zur Lösung der materiellen Probleme verhelfen sollen, sondern spirituelle Alternativen, die zur Reetablierung von kapitalistischer Klassenherrschaft dienen. Die Unterschiede zwischen diesen Ansätzen erscheinen als Fraktionsstreitigkeiten.

Rudolf Bahro im »Neuen Zeitalter«

Rudolf Bahro ist ein prototypischer Fall für den Angriff des New Age auf die Linke. Als ehemaliger Marxist nach seinem eigenen Selbstverständnis, als »Eurokommunist«, wurde er von der westlichen Linken gefeiert.[182] Nachdem er zum pantheistischen Organizismus konvertiert ist, lenkt Bahro heute die Eliten in ähnlicher Weise zum Neofaschismus hin, wie sie Eugen Dühring oder Rudolf Eucken zum historischen Faschismus hinlenkten. Mehr noch: Bahro bekennt sich offen zum Nationalsozialismus, was dessen »spirituelles Erbe« angeht. Mit der praktischen Konsequenz faschistischer Religiosität, für die die Begriffe Auschwitz und Stalingrad stehen, will er dagegen nichts zu tun haben.

Bahro wollte bereits in den siebziger Jahren mit seinem Buch »Die Alternative« den real existierenden Sozialismus nicht nur vom demokratischen Standpunkt aus kritisieren, sondern generell unterminieren. Die damalige Linke Europas hatte dies kaum begriffen, weil es das New Age und die »Neue Rechte« in der heutigen Form noch nicht gab. Schon in der »Alternative« argumentierte er bisweilen rassistisch, nationalistisch und nationalrevolutionär, auch mit deutlich spirituellen und ganzheitlichen Anklängen.[183]

Bahros Ziel heißt Entbehrung. In seinem Hauptwerk von 1987 »Logik der Rettung. Wer kann die Apokalypse aufhalten? Ein Versuch über die Grundlagen ökologischer Politik« schafft er eine Ideologie, die Massenarmut legitimiert und somit objektiv im Interesse der Herrschenden liegt. Er zieht dabei alle ideologischen Register des New Age und verbindet seine Vorstellungen explizit mit denen von Kurt Biedenkopf oder Günter Rohrmoser, die autoritäre Gesellschaftskonzepte einer »ORDO« – der letztlich naturalistisch fundierten organischen Ordnung der Welt – vertreten. Ausdrücklich verurteilt er uni sono mit Biedenkopf, und im Gleichklang mit allen ökologisch verbrämten Konzepten des Nordens, die den Süden arm und ausbeutbar halten wollen, die angebliche Erzeugung von »Massenbedarf« in der Dritten Welt durch den Norden und den »Bedürfnisdruck«, die der »natürlichen Ordnung« widersprächen. Die Menschen des Südens werden nicht nach ihren Wünschen und Bedürfnissen gefragt, der New Ager des Nordens gibt sie ihnen vor. Ebenso ausdrücklich fordert Bahro soziale Opfer: Aus einem verqueren Verständnis von Ökologie heraus wird Armut künstlich errichtet und zementiert, angeblich um der göttlichen Natur Willen. Das freilich ist demokratisch nicht zu haben, und Bahro weiß es: »Eine ökologische Wende ist ganz unmöglich ohne das Moment einer konservativen Revolution.«[184]

Bereits in der »Alternative« vertrat er einen Gemeinschaftsbegriff, der sich am biologischen Organismus orientierte und zur Bevormundung des Individuums und seiner Lebensweise bis hin zur Wohnform führte. In der »Logik der Rettung« bezieht er sich explizit und positiv auf Quellen der Konservativen Revolution bzw. der ihr nachfolgenden »Neuen Rechten«: auf den Nationalrevolutionär Günter Bartsch, auf so scheinbar gegensätzliche, doch so nahe beieinander liegende Ideologen wie Sigrid Hunke (von der er weitgehend das faschistische Konzept der »europäisch eigenen Religion« übernimmt) und Romano Guardini, auch auf Hubertus Mynarek und Günter Rohrmoser, den er »insofern Rohrmoser wirklich fundamentalistisch ist (er hält es leider nicht durch!), ... mir geistig sogar noch näher als

Biedenkopf« findet. Und wie Rohrmoser und Strauss in der Mun-Sekten-Zeitschrift »Causa« das nationalreligiöse Element betonten, so knüpft auch Bahro an die antidemokratisch-antifranzösische Romantik an: »Zugleich sind des Novalis Worte ein *deutsches* Vermächtnis. Rußland, die Sowjetunion, gibt jetzt einen Anstoß, eine Hilfe. Aber wir folgen unserem eigenen Traum, wenn wir uns auf diese Denkweise einlassen.« Es ist die Denkweise, die bei Hunke »europäisch« heißt und bei Alfred Rosenberg »arisch«, zwei weiteren Bewunderern der Politik und Ideologie des Novalis als einem »deutschen Vermächtnis«.[185] Schon selbstverständlich ist da Bahros Bezug auf Carlos Castaneda, auf Fitjof Capra, auf den allgegenwärtigen New Age-Jesuiten Pierre Teilhard de Chardin.

Der organizistische Ausgangspunkt von Bahros »Logik« ist »die Übereinstimmung mit der impliziten Großen Ordnung, die in Natur und Gesellschaft dieselbe ist«, die also der demokratischen Verfügbarkeit menschlicher Mehrheitsentscheidungen entzogen ist. Offen will er die Organisation der Ökonomie an Naturprinzipen binden, wobei die Realität von Natur- und Gesellschaftsgeschichte mal eben vergewaltigt wird: »Seit Mensch und Erde real zu einem System zusammengewachsen sind, ist das Ökologische da mit eingeschlossen. Von dorther müssen wir die eine Wirtschaftsordnung zu erkennen suchen, die von uns verlangt ist (!), damit wir bestehen können«. Die Zeit der industriellen Hochkultur werden »nur Stämme überleben«, meint er rassistisch-biologistisch, »d. h. soziale Organismen mit überschaubaren Rückkopplungen zueinander und zur Natur«. »Wir sind in einer Zeit, wo nichts mehr lohnt – weil nichts anderes mehr rettend ist – als der Versuch, die ›Begriffe‹ bis auf den Grund zu ›berichtigen‹, die Gesellschaft von Grund auf nach dem Dau, nach dem ursprünglich-natürlichen Lauf der Dinge einzurichten.« In dieser Gesellschaft wird es dann nicht nur keine Stereoanlagen mehr geben – Bahro will sie ebenso verbannen wie den Faustkeil, dessen Erfindung er 1984 gegenüber dem Verfasser als den wahren Sündenfall der Menschheit bezeichnete –, sondern weder wetterfeste Häuser noch Aspirin, auch keine Blinddarmoperation, denn dies sind Errungenschaften der Menschheitsentwicklung, die mit dem »ursprünglich-natürlichen Lauf der Dinge« nichts zu tun haben. Dagegen strebt Bahro die »archaische Richtigkeit der Verhältnisse« an, womit nur die vorzivilisatorische Zeit gemeint sein kann, als der von kräftigen Muskeln geschwungene Totschläger den Schwachen Mores lehrte. So real kann eine »geistig-moralische Wende« sein.[186]

Bahro identifiziert »Natur« mit »Gottheit« und rechtfertigt derart die Unhinterfragbarkeit der als natürlich und damit unabänderlich ausgegebenen Ordnung des Oben der Eliten und Unten der Massen religiös. Zustimmend zitiert er Biedenkopf zur Rolle der Frau (»Emanzipation heißt damit die Wiedergewinnung der *natürlichen* Rolle der Frau«) und zum Zusammenhang zwischen New Age und Weiblichkeit: »Die Zeit des Zweifelns, Fragens und Messens, die Zeit der Konfrontation von Geist und Materie, die Zeit in der sich der Mensch die Natur unterwarf, war eher männlichen Eigenschaften gemäß. Die Zeit der Erneuerung der Zusammenhänge des Ganzen, die Wiederentdeckung der organischen Einheit der Natur, der Dezentralisation des Lebens in kleinen Lebenskreisen, die Zeit des dynamischen Gleichgewichts unter den Menschen und zwischen Mensch und Natur und die Zeit der Wiederentdeckung der Familie und der Hauswirtschaft als Ort der Identität des Menschen wird eher den Eigenschaften der Frau zugänglich sein.« Bahro kritisiert dies im Kern nicht, im Gegenteil, er hebt Biedenkopfs Vorstellung von der Reetablierung der »natürlichen« Rolle der Frau von emanzipatorischen Ansätzen wie der Frauen-Quotierung in gesellschaftlichen Institutionen ab, die »in einer platten Werbegeste für Auf- und Einsteigerinnen in die männliche Struktur unserer Apparate« steckenbleibe. Offenbar soll also die Zeit des Kritikverbots, der Hinnahme des als göttlich und damit unbezweifelbar Ausgegebenen, nach dem Willen von Bahro und Biedenkopf anbrechen, und zwar zuerst auf dem Rücken der Frauen. Die Frau – angeblich so nah am Kreislauf der Natur mit Gebären und Sterben, mit den gesellschaftlich typischen Frauenberufen im Ernährungs-, Erziehungs- und Krankenpflegebereich – wird als Verkörperung und deshalb als beste Lehrmeisterin ganzheitlichen Denkens hingestellt. Allerdings wird damit auch die antiemanzipatorische Konsequenz dieses »Neuen Denkens« verraten.[187]

Bahros bindet die Gesellschaft an die Natur und kommt – wie überall im Organizismus – zu einer von den Massen nicht zu hinterfragenden sondern hinzunehmenden autoritär-hierarchischen Staatsstruktur, die er an Biedenkopfs ORDO-Konzept der »naturgemäßen Ordnungen« eines »starken Staates« anlehnt. Von Biedenkopf oder Rohrmoser unterscheidet den romantizistischen Zivilisationskritiker Bahro lediglich, daß er den faustischen Kapitalismus bekämpft. Das vereint ihn mit Ideologen der völkischen Bewegung, deren Zivilisationskritik dann allerdings vom Faschismus in der Praxis beiseite geschoben wurde, nachdem sie ihm zur Macht verholfen hatte. Auch bleibt Bahro im Gegensatz zu Biedenkopf Ideologe, wenn er nach dem Muster des Faschismus die germanischen Herzöge und das Wahlkönigtum des Mittelalters als Vorbild für eine zukünftige Staatsverfassung präsentiert. Er knüpft explizit an den »Kaisertraum« der völkischen Bewegung an, die den Mythos von der Rückkehr des im Berge schlummernden Kaisers Barbarossa als Führer Deutschlands propagierte, von dem schließlich Adolf Hitler profitierte. Das Konzept des »Volkskaisers« oder »Erlöser-Kaisers«, der gleichzeitig geistliches Oberhaupt einer »Deutschkirche des ›arischen Heils‹« sein soll, gehörte bereits zu den zentralen Ideologemen der völkischen Bewegung.

Bahros Bezug auf die germanischen »Herzöge« als spirituelle Führer der Deutschen findet eine weitere direkte Parallele in den rassistischen »ariosophischen« Sekten der Jahrhundertwende und zehner und zwanziger Jahre, z. B. beim Neutempler-Orden des Jörg Lanz von Liebenfels, der »Hitler die Ideen gab«, wie es vielfach heißt. Die Neutempler-Zeitschrift »Ostara« machte z. B. 1922 mit dem Titel auf: »Deutsche, wer soll führen, wer soll Herzog sein?«, auf dem ein gotischer Ritter mit dem Schwert zwischen dem »Blonden« und dem »semitisch-asiatischen Untermenschen« entscheidet.[188]

Bahro knüpft an den italienischen Faschisten Julius Evola an, einen Mystiker, Gewalt- und Elitetheoretiker des zwanzigsten Jahrhunderts, der von der Konservativen Revolution gleichermaßen wie vom New Age hochgeschätzt wird, »der erste und bedeutendste Vertreter des Nordischen Gedankens faschistisch-italienischer Prägung«.[189] Bei Evola entlehnt er seinen »Fürsten der (ökologischen) Wende«, der »für Deutschland und vielleicht überhaupt für die europäische Nord-Süd-Achse ... am ehesten in einem Kaisertraum« »visualisiert« sei. Bahro schränkt die Forderung nach einer Führer-Diktatur nur scheinbar ein, wenn er »diese kaiserliche Instanz *zugleich* an ihren Platz in uns selber, nicht über uns« rückt. In Wahrheit verschärft er diese Forderung: Es wird der Anspruch an die Massen erhoben, dem Führer von innen heraus, freiwillig, zu folgen. Als naturalistischer Frontalangriff auf den demokratischen Rechtsstaat und die aufgeklärten Menschenrechte ist Bahros Forderung zu werten, »die gesellschaftliche Rechtsordnung darf nicht länger vom Staat und von anderen, noch unbefugteren faktischen Mächten gesetzt sein«, »die europäische Lösung, die mit der Magna Charta Libertatis beginnt, ... wird gewogen und zu leicht befunden.« Sie müsse von einem »Regiment«, aus der vergöttlichten Natur abgeleitet, über eine an Carl Schmitts Ausnahmezustand erinnernde »Rettungspolitik« bestimmt werden. »Jeder komplexe Organismus hat eine Führungsfunktion«, das demokratische Prinzip müsse man »enttabuisieren«, »zur Disposition stellen«, »das Oberhaus einer Gesellschaft ... muß Gottes Stimme, muß die Stimme der Gottheit sein«, »das Oberhaus mag soziale Interessenvertreter hören, aber nicht in seinen Reihen haben«, »in diesem Oberhaus müssen also, vertreten durch Anwälte, die sich rituell damit identifizieren, Erde, Wasser, Luft und Feuer, müssen Steine, Pflanzen und Tiere Sitz und Stimme haben«, »der Ökologische Rat, der das Oberhaus vorwegnimmt und übt, ist vor allem eine spirituell-politische Instanz«, »die neue Lösung muß erst einmal von einer berufenen Gestalt regulär verfochten werden; nur personifiziert wird sie der Allgemeinheit kenntlich«, so Bahro in der »Logik der Rettung«. Hier ist der heimliche Kaiser als Führer dann eben doch der New Age- oder Öko-Diktator, mindestens aber der Öko-Adel einer herrschenden Elite.[190]

Und Bahro zitiert Novalis, dem er anschließend überschwenglich zustimmt: »›Wo ist jener alte, liebe, alleinseligmachende Glaube an die Regierung Gottes auf Erden?‹ ... Novalis verlangt eine neue alte ›Kirche‹ ... Ja, wir müssen uns diese rettende Instanz schaffen, weltweit, bei uns aber beginnend. Und die deutsch-russische Verbindung wird dabei höchst bedeutvoll sein.« Das ist alles wenig originell. Schon der konservative Revolutionär Ernst Niekisch hatte die glückliche Zukunft in einem Zusammengehen von russischer Volksseele und germanischem Barbarentum gesehen. Die Idee einer spirituellen Aristokratie, die zwischen dem »Bund freier Stämme« und dem »Kaiser« unabhängig von gesellschaftlichen Zwängen göttliche Pläne erfüllen können soll, kupfert Bahro zum Teil fast wörtlich bei dem Vater der völkischen Bewegung, Paul de Lagarde, ab. Der hatte im letzten Viertel des neunzehnten Jahrhunderts geschrieben: »Wo die Germanen hingekommen sind, haben sie die Aristokratie mit sich gebracht. ... Der Adel soll die Gesamtheit aller innerlich und äußerlich unabhängigen Familien sein, zwischen dem König und den täglich für den Tag Erwerbenden stehend. ... Das wahre Deutschland ist ein Bund freier Stämme unter einem starken Kaiser.« Lagarde schwebte ein neuer, spiritueller Adel vor, der nichts mit dem von ihm als dekadent verabscheuten realen Adel Deutschlands in der zweiten Hälfte des letzten Jahrhunderts zu tun haben sollte.[191]

Bahro schwebt – bei aller Selbstvergöttlichungs-Mystik, die das Hineinverlegen des »Kaisers« in jedes Individuum bedeutet – ein faschistischer Führer vor, bestenfalls eine faschistische Oligarchie. Daran gibt es keinen Zweifel, wenn man seine ergänzenden Ausführungen zum Nationalsozialismus mit einbezieht. Bereits im vierten Kapitel der »Logik der Rettung« erzählt er unter dem Titel »Europäische Kosmologie« im wesentlichen die Positionen Hunkes und früherer faschistischer Ideologen nach: Europa müsse sich vom Juden-Christentum abwenden, das die Krise der Natur verschuldet habe, indem es den Gott »dualistisch« außerhalb der Welt plaziert und die Welt-Natur entgöttlicht habe – hier Welt-Natur, da Gott. Dagegen müsse Europa zurückfinden zu der angeblich europäisch ureigenen, pantheistischen Weltsicht, die zuerst bei den Keltogermanen zu sehen sei. »Gemeint ist mit Kosmologie die jeweilige kollektive Tiefenpsychologie, die wenigstens ursprünglich unbewußte Grundeinstellung zur Welt, die sich in den kulturellen Verhaltensmustern verwirklicht«, »ein ganz bestimmter völkischer Impuls«, »ein besonderer Typus von psychischer Energetik und von entsprechendem geistigem Zugriff auf die Welt«, so Bahro. Er fragt, »wieso denn ausgerechnet die Europäer diese äußerst expansionistische, kapitalistische Produktionsweise hervorgebracht haben«, und findet den Ewigen Juden als Ursprung des Übels, wenn er antwortet: im Gleichklang mit der völkischen Bewegung, explizit mit Johann

Galtung und Sigrid Hunke: »Unsere Kosmologie ist jüdisch-griechisch-römisch-christlich«, »Assimilationen, Anverwandlungen zunächst fremder Überlieferungen, gerade auch im Christlichen des Abendlandes, das ja dann mit Paulus über die Griechenstädte und Rom zu uns kam. Aber von nördlich der Alpen her gesehen sind all das Überformungen einer autochtonen Grundlage, die die germanischen Stämme aus ihrer eigenen formativen Periode mitgebracht haben.«

Die jüdische Überfremdung ist schuld, die Nordeuropa in christlicher Verkleidung heimsuchte. Der Angriff auf den Juden Paulus und die These, er habe das Christentum des arischen Christus judaisiert, gehört seit Houston Steward Chamberlain über Alfred Rosenberg bis Sigrid Hunke zum Grundstock faschistischer Religiosität. Hunke versucht sogar, Paulus eine geistige Mitschuld an der heutigen Umweltzerstörung zuzuweisen. Kein Wunder, daß der »sanfte« Antisemit Franz Alt Bahros »Logik der Rettung« positiv rezensierte: Er vertritt selbst diese antisemitische Position, die dem Judentum die Schuld an allen Übeln zuweist.[192]

Die Alternative zur jüdisch-christlichen Überfremdung kommt nach Bahro – wie bei Chamberlain, Rosenberg, Hunke – aus der arischen Volksseele: »Da eine Rettungsbewegung eben retten, d. h. auch die gewachsene Substanz, eben die entfaltete europäische Individualität, Subjektivität bewahren soll, während sie alles verwandelt, kann sie nur aus der Tiefe des inneren historischen Raumes kommen. Dann wird eine Rettungspolitik die Seele des Volkes für sich haben. ... Die Werte, um die es geht, sind nur zu retten, wenn wir uns zur revolutionären Erneuerung des institutionellen Systems entschließen und dabei an die stärksten politisch-psychologischen Dispositionen unseres Volkes anknüpfen. ... Die Deutschen haben sich trotz aller schlechten Erfahrungen ein Gefühl dafür bewahrt, daß es eine Instanz des Gemeinwohls geben muß, allerdings eine würdige, eine von echter Autorität, wie sie ein Parlament ... einfach nicht aufbringen kann. ... Trotz aller schlechten Erfahrungen sind die Deutschen ansprechbarer als andere Völker für charismatische Führung geblieben. Sie werden wieder lernen, daß Charisma zunächst eine Kraft jenseits von Gut und Böse ist und uns herausfordert, auf Reinigung zu denken, individuell wie kollektiv, anstatt die Ansprache zu verwerfen, die die Herzen erhebt.« Hier scheint die spezielle spirituelle Sendung der Deutschen wieder auf – die New Age-haft gefaßte Parole des Hohenzollern-Kaiserreichs: Am deutschen Wesen soll die Welt genesen.[193]

Das »Charisma«, das wir bereits im zweiten Kapitel des vorliegenden Buches als pantheistische Form des Heiligen Geistes bei den »Charismatikern« kennenlernten, ist auch bei Bahro nichts weiter als das besondere Erfülltsein von Göttlichkeit, das angeblich die Elite über die Massen hebt. »Die Nazibewegung« war nach Bahro, der sie allerdings nicht in ihrer faustischen Dialektik von völkischer Naturmystik und kapitalistischer Modernisierung verstanden hat, »u. a. auch bereits eine erste Lesung der Ökologiebewegung.« Der Komplex Auschwitz erscheint bei ihm als »u. a.«, die Erinnerung hieran ist offenbar kein »Wert, um den es geht«! Abgeschrieben bei Niekisch, der von einem postulierten »germanischen Barbarismus« die Wende zum Besseren erhoffte, führt Bahro weiter aus: »Es kann aus derselben Energie, die damals auf die Katastrophe hin disponiert war, sogar aus der Neigung zum Furor teutonicus (d. i. »deutsches Ungestüm«, eine angebliche zerstörerische Wesensart des Deutschen, P. K.), wenn sie bewußt gehalten und dadurch kontrolliert wird, heute etwas Besseres werden. Kein Gedanke verwerflicher als der an ein neues anderes 1933 ?! Gerade der aber kann uns retten. Die Ökopax-Bewegung ist die erste deutsche Volksbewegung seit der Nazibewegung. Sie muß Hitler miterlösen. ... Das Wirtschaftswunder hat die Bundesdeutschen quasi erneut in ein ›Volk ohne Raum‹ verwandelt ... Ich glaube, daß Erich Fried das richtige Zeichen gesetzt hat, indem er Kontakt mit dem eingesperrten Neonazi Michael Kühnen aufnahm.«[194]

Kurz nach Erscheinen der »Logik der Rettung« verschärft Bahro die dortigen Aussagen in einem Interview mit der »taz«, das am 13. Februar 1988 erscheint. Er bekennt sich noch einmal nachdrücklich zu Rohrmoser, spricht sogar von »kommandieren«, wenn er die Tätigkeit seines diktatorischen Regimes meint. Sein gesellschaftspolitisches Ziel liegt in der vordemokratischen, ja vorzivilisatorischen Vergangenheit: »Ursprünglich gab es diesen einen heiligen König, einer von allen, der selbstlos das allgemeine Beste und den Kontakt mit der Gottheit wahrt«, eine Vorstellung, wie sie auch bei Hans-Peter Dürr anklingt. »Es braucht Leute, der Meinung bin ich allerdings«, sagt Bahro hier, »die es schaffen, öfter als üblich von dem höheren Selbst in sich auszugehen als von den Ich-Interessen. Leute, die schon mal genug gekriegt haben.« So werden die heute Herrschenden vorsichtig umschrieben, die Reichen in der Gesellschaft, die eben »schon mal genug gekriegt haben.« Diese Ansicht macht Bahro zum berufenen ideologischen Partner dieser Herrschenden. Nach dem Fall der Berliner Mauer wurde er dort auf eine Professur berufen, wo bisher mit der in Erz gegossenen elften Feuerbach-These von Karl Marx zum Sturz dieser Herrschenden aufgerufen worden war. In wessen Interesse »Leute, die schon mal genug gekriegt haben«, herrschen – nämlich nur in ihrem eigenen –, lehrt die Geschichte.

Auch Bahro meint in der »taz«, daß sie keineswegs im Interesse der Schwachen herrschen sollten, im Gegenteil: »Könnten wir nicht das gesellschaftliche Ganze so organisieren, daß wir wieder dahin kommen, wo wir bei unserem Austrittspunkt aus der Natur gewesen sind: daß im Großen und Ganzen für das Fortbestehen der Gattung schon gesorgt war.«

Das Leben des Individuums gilt hier nichts mehr, Hauptsache, die Gattung besteht fort – wenn auch nur »im Großen und Ganzen«. Bahro spricht in dankenswert offener Weise das sozialdarwinistische Recht des Stärkeren an, das die menschliche Entwicklung in vorzivilisatorischer Zeit bestimmte, bis sich der Mensch aus der natürlichen in die historisch-gesellschaftliche Stufe seines Daseins bewegte, auf der das Recht des Stärkeren gegen die Schwächeren, der Totschläger als einziges Mittel der Politik, von der Möglichkeit zur Solidarität untereinander zugunsten aller abgelöst wurde. Bahro schließt sofort den Bezug zum Heute an und legt die Stärkung der Herrschaft des Kapitals als den hinterstehenden Sinn offen. Die Stahlarbeiter an der Ruhr, die 1988 ums ökonomische Überleben gegen Stillegungen kämpften, sollten damit gefälligst aufhören: »... etwa an der Ruhr, geht es wirklich um Brot, geht es um was anzuziehen, wird jemand erfrieren im Revier demnächst? Offenbar nicht. Es geht um das Überleben unseres Egos.« Leute, die sich als »Stahlkocher« *definiert* hätten, seien nicht bereit, ihr »Ego« aufzugeben. An der Ruhr zwar noch nicht, aber an der Wolga und an der Moskwa hungern heute schon Menschen, und sie erfrieren wieder. Für Bahro aber gilt nur das Überleben der »Gattung« Mensch »im Großen und Ganzen«.

Bei diesem Verständnis des Vorranges der Gattungsfragen vor der Klassenfrage kommt Bahro in einer weiteren Publikation aus dem Jahre 1989 zu dem Schluß, die »charismatische« Wirkung Gorbatschows und der KPdSU als einer Ersatzkirche mit einem »Oberpriester Gorbatschow« – wie er sagt – sei geeignet, die Krise der Sowjetunion zu bewältigen.[195] In der Zeitschrift »2000 – Magazin für Neues Bewußtsein«, die sich hauptsächlich mit UFOs beschäftigt und dessen »ständiger Mitarbeiter« Bahro ist, schrieb dieser bereits 1988, daß Gorbatschows Berufung an die Spitze der KPdSU kein Zufall, sondern Ergebnis spiritueller und biologischer Wirkung gewesen sei: »Die Partei hatte Antennen für diesen einen, der durch seine Anlage und durch mancherlei Umstände vorbestimmt war.«[196]

Daß es inzwischen anders gekommen ist mit der Krise in Osteuropa und daß mit solchen Ansichten Probleme nicht gelöst, sondern verschärft wurden, läßt Bahro aber auch in seinem 1991er »Rückkehr«-Buch unbeeindruckt. Im Gegenteil, er treibt alles noch weiter auf die Spitze, indem er eine Nazi-Sekten-Größe wie Wolfgang Deppert einbezieht. Ganz wie Erika Hickel oder Wolfgang Jantzen verficht Bahro in der »taz« das Sterbenlassen als Mittel der Politik: »Eigentlich ist die ganze Katastrophe, daß wir jegliche Gefährdung, Krankheit, ... unbedingt vermeiden wollen und so auf der Flucht vor dem Tod umso sicherer bei ihm anzukommen scheinen.« Demnach sollen also die Kranken und Schwachen – wen immer man auch je nach Bedarf zu solchen definieren will – dem Tod überlassen werden. Und in der Tat vertreten auch New Age-faschistische Bezugsgrößen wie Konrad Lorenz die Ansicht, z. B. AIDS könne die Natur und die überlebenden Menschen retten, denn das eigentliche ökologische Problem sei die Überbevölkerung.[197] Offenbar ist dies die Vision solcher furchtbarer Meisterdenker: Die göttlichen Eliten, die inzwischen ja auch an Hautkrebs und Pseudo-Krupp sterben und unter der ökologischen Krise leiden, bestimmen diktatorisch den »natürlichen« Massentod, um die ökologischen Probleme zu reduzieren. Das ist Politik für die Herrschenden, auf die Spitze getrieben. Es ist die fürs Kapital »kostengünstige« faschistische Sozialpolitik des Todes, die aus Bahros Konzept »naturwüchsig« folgt: Die Menschen werden reduziert, nicht die Krankheitsursachen.

1990 präsentiert Bahro in einem Interview noch einmal seine rassistische Grundposition, die deutlich macht, daß er mit allen faschistisch-religiösen Ideologen das rettende völkische Bewußtsein schließlich doch als biologisch verankert sieht: »Es ist nun einmal so, daß das Stammesbewußtsein tiefer als das Klassenbewußtsein in dieser historischen Tektonik liegt. ... Die nationale Frage (ist) eine objektivere Realität von tieferen Gründen als die Klassenfrage.« Und die Konsequenz: »Eigentlich ruft es in der Volksseele nach einem grünen Adolf. Und die Linke hat davor nur Angst, anstatt zu begreifen, daß ein grüner Adolf ein völlig anderer Adolf wäre als der bekannte. Es ist überhaupt nicht die Frage, ob es ein Mann oder eine Frau ist, sondern es ist die Frage nach einer Struktur. Das ist das deutsche Moment in dieser grünen Bewegung.«[198]

Offenbar verstehen Bahros Anhänger den »grünen Adolf« genauso wie den alten Adolf. Schweidlenka berichtet von einem Seminar im Jahre 1991, das in etwa zeitgleich mit dem Erscheinen des zitierten Interviews in Bahros rheinischem Seminarhaus »Lernwerkstatt« stattfand: »Es mag kein Zufall sein, daß einige Seminarteilnehmer den Wunsch nach dem Zusammenbruch der Demokratie äußerten. Die Alternative, wie sie mir von einer Teilnehmerin vorgestellt wurde: ›Deutschland hat ohne Führer keine Chance.‹«[199] Über den Beitrag des Münchner New Age-Gurus Rainer Langhans – der mit Bahro und Jochen Kirchhoff bereits seit längerem ein Trio Infernal des spirituellen New Age-Neofaschismus bildet –[200] auf demselben Seminar berichtet Schweidlenka: »Sein Beitrag: Die Nationalsozialisten und vor allem die SS hätten eine ›hohe Sterbekultur‹ entwickelt und seien uns in der Einsicht in die ›Notwendigkeit des Sterbens‹ weit überlegen gewesen.« Das ist keineswegs als schlechter Witz gemeint, angesichts von sechzig Millionen Toten des Zweiten Weltkriegs, von sicher sieben Millionen durch die SS ermordeter Menschen, im Gegenteil. Man ist heute wieder so frei, SS-Kult und nazistische Spiritualität zu empfehlen und zu pflegen, *trotz* der Millionen Toten.

Wir sind uns deshalb so sicher in unserer Interpretation von Bahro und

Konsorten als Neofaschisten des New Age,[201] weil ja auch dies paßt: Bahro bezieht sich in seinem letzten Buch »Rückkehr«, das seine Professorentätigkeit an der Berliner Humboldt-Universität im Wintersemester 1990/91 zum Inhalt hat, nicht nur positiv auf den langjährigen theologischen Chef der nazistischen »Deutschen Unitarier«, Wolfgang Deppert, sondern arbeitet im Winter 1991/92 in Vorlesungen direkt mit Deppert zusammen, obwohl Bahro inzwischen von dessen Sekten-Aktivitäten weiß. Bahro wirbt ausdrücklich für Depperts Veranstaltungen an der Humboldt-Universität, die er »im Kontext« seines eigenen Kurses sieht, und kündigt seine eigene Anwesenheit an. In der Kieler Gemeinde der »Deutschen Unitarier«, der Deppert vorsteht, werden zur gleichen Zeit Sympathisanten des kriminellen »Auschwitz-Lügners« und ehemaligen Wachmannes des KZ Auschwitz, Thies Christophersen, hofiert, die selbst den »Deutschen Unitariern« angehören. Deppert selbst druckte in der von ihm verantwortlich herausgegebenen Zeitschrift »Blick« dieser Sektengemeinde noch Ende 1990 wissentlich einen Text der ehemaligen Chefredakteurin von Christophersens Zeitschrift »Die Bauernschaft«, Marie-Adelheid Reuß-zur Lippe, ab; die Dame, von der zu distanzieren Deppert sich nachdrücklich weigert, war nicht nur eine Vorgängerin im Amte Depperts, sondern auch die engste Vertraute des Chefs des SS-Rasse- und Siedlungsamtes, Walter Darré. Die hohe »SS-Sterbekultur« kennt man da wohl aus erster Hand. Bahros »Rückkehr« erscheint so als eine Rückkehr zu den Vordenkern, Organisatoren, Tätern des Komplexes Auschwitz, die diese Form der »deutschen« Spiritualität als faustische Rechtfertigung ihres verbrecherischen Tuns benötigten.

Bahro bezieht sich nicht nur positiv auf die »Thule Seminar«-Mitarbeiterin Sigrid Hunke, den »Deutsche Unitarier«-Ideologen Hubertus Mynarek oder den »Neuen Rechten« Alfred Mechtersheimer, der unverblümt Antisemitismus und Ausländerfeindlichkeit schürt, sondern auch auf den Alt-New-Ager Jochen Uebel, dessen Zusammenfassung der »Logik der Rettung« von Bahro als »guter Überblick« empfohlen wird. In Uebels kleinem »Worpsweder Kreis«, einem einflußreichen Zirkel von New Age-Verlagen, saß nach den Angaben von Gugenberger und Schweidlenka Mitte der achtziger Jahre zeitweise auch ein Mitglied der rassistischen Ariosophen-Szene, die sich in der Nachfolge des Jörg Lanz von Liebenfels sehen, des Mannes, »der Hitler die Ideen gab«.

Wenn Bahro Hans-Peter Hempel in »Rückkehr« über »Heideggers Weg zum asiatischen Denken« schreiben läßt, als hätte es Victor Farías' Buch »Heidegger und der Nationalsozialismus« von 1989 nicht gegeben, so wird vollends deutlich, an welche Spiritualität Bahro anknüpfen will: die »arische«. Es ist in mehr oder weniger verklausulierter Form immer wieder der »nordische Mythos« von der Göttlichkeit der Natur und den

Ariern und ihrer gleichzeitigen Schicksalsgebundenheit gemeint, den auch Heidegger – intellektuell hochstehend – bearbeitete. Farías breitet detailliert aus, wie sehr Heideggers nationalrevolutionäre Philosophie der zwanziger Jahre den Faschismus geistig vorbereitete, ja eigentlich die Philosophie des (deutschen) Faschismus überhaupt war. Jürgen Habermas betont in seinem Vorwort zu Farías' Buch, daß Heidegger sich nach »Sein und Zeit« zum Neuheidentum und zur Konservativen Revolution hingewendet habe, als dessen Teil auch Armin Mohler ihn sieht. Heideggers faustisches Technik-Verständnis (»als einem Geschick, das zugleich Geheimnis, Gewähr und Gefahr sein soll«, so Habermas bei Farías) ist das des Heroischen Realismus im Faschismus, in der »Neuen Rechten« und im New Age, die sich alle auf Heidegger beziehen. Habermas meint, Heidegger »bleibt vom welthistorischen Gewicht und der metaphysischen Bedeutung des Nationalsozialismus überzeugt bis zum bitteren Ende« – ja sogar über dieses Ende weit hinaus –, weil der deutsche Faschismus die spirituelle Antwort auf die technische Vernutzung der Welt gewesen sei. So ist es kein Wunder, daß Bahro sich auch noch in der Tradition Heideggers sieht. Farías betont die guten Verbindungen Heideggers zum »Amt Rosenberg« der NSDAP, aus dem später so viele Funktionäre der »Deutschen Unitarier« stammten.[202]

Bahro gehört zu denjenigen New Agern, die sich am weitesten hinaustrauen, die aus ihrer Sympathie für den Faschismus als wesensverwandtem Konzept kein Hehl mehr machen. Sie sind trotz allem selten. Führende New Age-Ideologen wie Fritjof Capra, Hans-Peter Dürr oder Carl Friedrich von Weizsäcker meiden den direkten Bezug auf den Faschismus und die »Neue Rechte«, auch auf die bekannten faschistischen Theoretiker. Capra bezieht sich fast ausschließlich auf die US-amerikanische Diskussion und versteht sich als Linker. Das macht es eurofixierten Neofaschisten leicht, sich von diesem »New Age« als dem vermeintlich »amerikanischen« zu distanzieren. Dennoch läßt sich die enge Verwobenheit der New Age-Konzepte mit faschistischer Ideologie aufzeigen, leicht sogar. Dabei sind Hinweise aus der Linken auf die »Naturalisierung von Herrschaftsverhältnissen« durch Capra und andere, wie sie etwa Rolf Nemitz anbringt, weder erschöpfend noch treffen sie den Kern.[203] Tatsächlich ist die New Age-Ideologie für den Neofaschismus mehr als »eine willkommene Begleitmusik«, wie der linke Kritiker des »Systemdenkens«, Michael Weingarten, meint.[204] Liest man die Schriften von prominenten New Agern wie Capra, Mynarek, Bahro oder Dürr parallel mit denen der Ideologen des historischen Faschismus wie Lagarde, Chamberlain oder Rosenberg und der »Neuen Rechten« wie Hunke, Benoist, Krebs oder Eichberg, so erkennt man nicht nur die breite Identität ihrer Aussagen, sondern auch die objektive ideologische Funktion des New Age als Wegbereiter bzw.

Ersatzideologie des Neofaschismus. Ein im deutschen Kaiserreich renommierter Erfolgsautor wie Houston Stewart Chamberlain gehörte zum damaligen »New Age«, zum Versuch, die gesellschaftlichen Probleme mit Hilfe einer neuen Spiritualität auf der Basis »indoarischer« Naturreligiosität gegen die Interessen der Bevölkerung zu lösen. Er bereitete »in der Mitte der Gesellschaft«, im gehobenen Kleinbürgertum, bei den Führungskräften der Mittel- und Oberschichten, bei den Führern des deutschen Kapitals, bei Adel und Militär das Terrain für den Nationalsozialismus.

Mit Bahro ist an die Berliner Humboldt-Universtität nicht nur »das geistige Leibregiment des Hauses Hohenzollern« zurückgekehrt. Derart rühmte 1870 der damalige Rektor Emil du Bois-Reymond die Hochschule, die noch den Namen des antinapoleonischen Preußenkönigs Friedrich Wilhelm trug.[205] Auch der legitime geistig-moralische Erbe der Hohenzollern-Zeit feiert fröhliche Urständ: der Faschismus als Weltanschauung. Bahro vergleicht sich im Mai 1993 in der Studentenzeitung der Humboldt-Universität, »Un-Aufgefordert«, mit dem nationalistischen Berliner Universitäts-Rektor Johann Gottlieb Fichte, der hier im Geiste völkischer Romantik gegen die Ideen der Französischen Revolution anging. Alles klärend, gibt Bahro dann zum besten: »Unter meinen Selbstdefinitionen kommt ›Antifaschist‹ nicht vor.« Als hätte es Auschwitz und Stalingrad nicht gegeben, fordert er im November 1993 in einem Interview mit der Zeitung »Contraste«, man solle mit Gelassenheit auf die deutsche Geschichte sehen und den »Volkscharakter« aus der biologischen Sequenz »Horde, Stamm, Volk, Nation« herleiten. Gegen seine Kritiker gerichtet, meint er: »Wir definieren uns selbst als antinational, als Fremdkörper. Politisch gesehen verrückt, diese Abwehr, statt gelassen Deutsche zu sein, hinzusehen, was alles Deutschland ist.«

Im Frühjahr bereits hatte er in seiner »Lernwerkstatt. Ökologische Akademie für Eine Welt« gemeinsam mit Alfred Mechtersheimer das Seminar »Nationalität und Friedensfähigkeit« abgehalten. Solle man angesichts des »Einwanderungsdrucks« auf Deutschland die »Herzen und Grenzen bedingungslos öffnen?«, fragte er im Programmheft, gleich daneben kündigt er das Seminar »Tai Chi Chuan und der Geist des Laotse« an. »Wie real sind Volkscharakter, Nationalcharakter, Nationalstaat, Nationalismus und religiöse Identifikation? ... Sind Vielvölkerstaaten und multikulturelle Gesellschaften friedensfähig?«, hieß es da. Mechtersheimer – ein erklärter Gegner der multikulturellen Gesellschaft – gab wenig später in seinem Buch »Friedensmacht Deutschland« die Antworten: Stalingrad? Deutschland habe »die am wenigsten kriegerische Vergangenheit in Europa.« Vernichtungslager? »In einem gewissen Sinne sind Workuta und Auschwitz Exzesse multikultureller Gewalt. Es ist ein Verbrechen an der Menschheit und am Frieden, wenn man Völker mit Gewalt zusammenzwingt.« »Völker« – das sind die Deutschen hie und die ausgebürgerten jüdischen Deutschen da. Wären die vorderasiatischen Juden nicht frech nach Europa eingewandert – so versteht man Mechtersheimers Botschaft –, dann hätten sich die Deutschen den Komplex Auschwitz glatt schenken können.[206]

Niemand sollte sich irre machen lassen, wenn Bahro heute versucht, den Faschismus-Vorwurf gegen ihn zu kontern, indem er auf eine ebensolche Kritik von seiten der konservativen Rechten an ihm hinweist. Wenn Bahro aus dem »Bund Freiheit der Wissenschaft« oder vom »Deutschland-Magazin« angegriffen wird,[207] dann handelt es sich hier vor allem um Fraktionsstreitigkeiten, wie sie aus der historischen völkischen Bewegung und dem Faschismus als Auseinandersetzungen zwischen dem pragmatischen, kapitalfreundlichen Flügel und dem ideologischen »Blut und Boden«-Flügel bekannt sind. Als Gegner der Möglichkeit zum Faustischen ist Bahro eben auch ein Gegner nicht nur des Kapitals (darin allerdings wegen seiner prinzipiellen Gegnerschaft zur Moderne niemals ein Verbündeter der Linken), sondern auch der Kapital- und Modernisierer-Fraktion des Faschismus. Deshalb wird er von denjenigen Rechten, die seine gegenwärtige objektive Funktion in der Bekämpfung der Linken nicht begreifen, bekämpft.

Erste These: Gemeinsam gegen materielle Ansprüche – Respiritualisierung statt Veränderung der Gesellschaft

Das Beklagen einer *Zivilisationskrise*, das Diagnostizieren eines angeblichen Niederganges der bestehenden Welt, ist nicht nur bei Hellsehern die Geschäftsgrundlage, sondern der Ausgangspunkt für den Ruf nach einem »Neuen Zeitalter«. Der angebliche »Verfall geistiger Werte« ist heute ebenso in aller Munde wie »Sittenverfall« oder »Naturvernutzung«, Verfall von Gesundheit, Psyche, Bildung, all den angeblichen Folgen angeblich »geistiger Entfremdung« durch die materialistisch orientierte Kultur der Moderne und durch ihre Grundlage, die industrielle Gesellschaft. Der Physiker-Philosoph David Bohm, der Capra erst mal die Physik als Grundlage des New Age erklären mußte (so Capras Danksagung im Nachwort der »Wendezeit«), steht nicht an, »ein derart breites Spektrum von Krisen« – nämlich »soziale, politische, ökonomische, ökologische, psychologische usw., und dies sowohl im einzelnen wie in der Gesellschaft im ganzen« – dem »fragmentierenden« mechanistischen Weltbild anzukreiden. Umweltzerstörung und psychische Krankheiten dienen als Argumente, um ein generelles »Unbehagen an der Moderne« zu wecken, das zu antidemokratischen, organizistischen und gegen die Interessen der Mehrheit gerichteten Schlüssen verleitet. Weder Ferguson noch Capra scheuen sich, offen an die ideologische Weltsicht des Aufstiegs und Niedergangs von Kulturen anzuknüpfen, die der erzkonservative Brite Arnold Toynbee in seinem Buch »Der Gang der Weltgeschichte« ausbreitete. Dies ist nichts weiter als ein erneuter Aufguß der Idee des kommenden Unterganges, dem nur eine »Wiedergeburt«, ein »Aufgang Europas« auf der Basis des nordischen Mythos der Göttlichkeit des Nordeuropäers und seiner Welt entgegentreten könne. Sie wurde von faschistischen/konservativ-revolutionären/»neurechten« Ideologen wie Chamberlain, Henschel, Spengler oder Hunke entwickelt.[208]

Dem *Christentum* wie dem *Sozialismus* wird vorgeworfen, die Menschen nicht befreit zu haben, sondern sie fortwährend zu unterdrücken: ersteres durch Sexualmoral und den Glauben an die Sündhaftigkeit des Menschen, letzterer, indem er die Freiheit des Individuums beschränke. Aber auch der individualistische Liberalismus habe die Menschen versklavt, diesmal an die verdinglichte Produktwelt. Hierfür treffe ebenso das Christentum die Schuld, das im europäischen Kulturkreis die Gottheit wirklichkeits- und menschenfern angesiedelt habe und deshalb die Menschen dazu treibe, die Produkte zu vergötzen – mit den bekannten ökologischen und psychischen Folgen.

Das Christentum, die bisher vorherrschende Spiritualität, wird von New Agern darüber hinaus als abgehalftert dargestellt: Es könne weder geistige Bindung noch Sinn jenseits der Produktwelt vermitteln, schließlich seien die Kirchen ja auch schon seit Jahren leer. Der Kampf gegen die christlichen Großkirchen erfolgt durch das New Age ganz einfach, indem es einen Teil des Potentials an religiösen Menschen abschöpft, aber auch, in dem es sich in Form eines neuerlichen »Kirchen-« oder »Kulturkampfes« offensiv mit dem Christentum und dem Judentum ideologisch auseinandersetzt. Jüdisch-christliche Tradition wird für die ökologische Krise oder das Patriarchat verantwortlich gemacht, z. B. in Capras »Wendezeit«: »Die Anschauung, daß der Mann die Natur und die Frau beherrschen solle, und der Glaube an die überlegene Rolle der Vernunft wurden gestützt und ermutigt von der jüdisch-christlichen Tradition, die dem Bilde eines männlichen Gottes, der Personifizierung der höchsten Vernunft und Quelle allerhöchster Macht, huldigt, eines Gottes, der die Welt von oben regiert, indem er ihr sein göttliches Gesetz auferlegt.«

Antisemitismus, der dem Judentum die Schuld für alle Unbill dieser Welt zuweist, findet sich durchgängig in der New Age-Literatur. Der »Sündenbock« – eine Institution der Religiosität aus biblischen Zeiten – wird umgedreht: Die Sünden werden dem Bock »Judentum« aufgeladen, dieses sodann in die Wüste gejagt. Allgemein wird der Ursprung für die Trennung von jenseitig-geistigem Gott und diesseitig-materieller

Natur/Erde – der »Dualismus«, wie es bei Hunke, Eichberg, Mynarek oder Capra im Sinne eines Schimpfwortes heißt – dem Judentum angekreidet und für den Verfall von Natur/Erde verantwortlich gemacht: Gott sei aus der Wirklichkeit entfernt worden, die Entgöttlichung der Natur sei die ethische Voraussetzung zur Vernutzung der Natur. Das biblische »Macht Euch die Erde untertan« wird als jüdisch-christliche Aufforderung zur Umweltzerstörung, als deren eigentliche Ursache, kritisiert. Der »technisch-utilitaristische Mensch«, der die Natur/Erde und schließlich sich selbst »vernutzt« und geistig angeblich in dem biblischen Gebot des Judentums wurzelt, gehört zu den Lieblings-Haßobjekten des New Agers Hubertus Mynarek. Auch Erich Fromm, ebenfalls ein Verkünder des New Age, kommt ohne die obligatorische Prophezeiung des Untergangs, der durch alle möglichen Zivilisationsschäden ausgemalt wird, nicht aus. Rudolf Bahros Popularisierung des Begriffs »Exterminismus« – Auslöschen des als Ganzheit verstandenen »Lebens« – steht dem nicht nach.[209]

Die Argumentationsfigur des New Age ist identisch mit der der völkischen Bewegung in der Krisenzeit des letzten Viertels des neunzehnten Jahrhunderts. Einer der Urväter der deutschen völkischen Bewegung, der von den Nazis posthum als Vordenker adoptiert wurde, sei hier beispielhaft angeführt: Paul de Lagarde. Er tat in der Blütezeit der Industrialisierung nichts anderes als die heutigen New Ager: den vom Hochkapitalismus verursachten vermeintlichen »Niedergang der Kultur« zu beklagen und die – damals allerdings so benannte – »arische« Respiritualisierung als Lösung anzubieten. Ohne Zweifel gab es im wilhelminischen Kapitalismus und während der ersten großen Wirtschaftskrise in Deutschland, dem »Gründerkrach«, Mißstände jeder Art, die auch die Linke bekämpfte. Allerdings war diese Linke in den Augen der offen völkischen »New Age«-Bewegung des deutschen Kaiserreiches selbst ein Mißstand. Die Unbill der damaligen Zeit waren Massenelend mit »Sittenverfall« (Diebstahl, Prostitution, Alkoholismus) in der größten Klasse der Gesellschaft, Abbröckeln der inneren Bindungen an die Autoritäten von christlichen Kirchen und Staat, Hinwendung von relevanten Gesellschaftsteilen zum Sozialismus, bereits feststellbare Umweltauswirkungen ungezügelter Industriealisierung, »Sittenverfall« auch bei den Herrschenden (als »ausschweifendes Leben« im Fin de Siècle) und dergleichen.

Für all dies machten Lagarde und andere die »Fremdheit« der bis dato vorherrschenden Spiritualität verantwortlich: Das Christentum der Großkirchen hatte seine Quelle eben in Kleinasien, nicht in Europa. Es war nicht nur jüdischen Ursprungs, sondern auch noch mit Gewalt den Nord- und Mitteleuropäern aufgezwungen worden, als der – so sehen es die Alt- und Neofaschisten – durch römisch-jüdische Priesterherrschaft gekrönte Franke Karl mit der germanischen Irminsul das naturnahe pantheistische

Heidentum fällen ließ. Das konnte nach Meinung der frühen völkischen Ideologen nicht gutgehen, von solch »fremdem« Geistigen mußten die Deutschen zwangsläufig ab- und in den Abgrund fallen, haltlos im Innern, weil geistig-spirituell wurzellos.[210]

Die Phänomene der modernen Gesellschaft, die hier meist negativ gewertet werden, sind dieser Ansicht nach die Folge der »Entfremdung vom Eigenen«, der »Entwurzelung« aus dem eigenen geistigen Boden der »Keltogermanen« (Chamberlain), und einer Hinwendung zum »fremden« Jüdischen auf allen Gebieten: der Spiritualität, der Ökonomie, der Staatsverfassung, der Ökologie (die damals noch nicht so hieß). Lagarde beklagt die Entgöttlichung der Natur durch das Judentum in demselben Stil, wie es heute im New Age getan wird: »die folge ist eine gottlose natur und ein unnatürlicher geist: die folge ist ein vollständiger mangel an harmonie in der Weltanschauung: die folge ist, daß wenn der übernatürliche gott einmal nicht mehr geglaubt wird, in der welt nichts übrig bleibt als materie: der materialismus ist das notwendige korrelat« des offiziellen Großkirchen-Christentums. Der Aufstieg der Arbeiterbewegung in Deutschland und der noch weitgehend ungeregelte Frühkapitalismus, in dem sich die Mittel- und Oberschichten für die neuen Möglichkeiten ihrer Bedürfnisbefriedigung durch die Industrie begeisterten, waren der Hintergrund, als Lagarde dies um 1859 aufschrieb. Aber auch die sich anbahnende ökologische Krise, die sich schon im neunzehnten Jahrhundert im Waldsterben zeigte, gehörte zur Wirklichkeit der völkisch-religiösen Ideologen.[211]

Die angebliche geistige Überfremdung Europas durch das »Judaochristentum« mit seiner behaupteten dualistischen Entgöttlichung der Welt und seinem Postulat der Gleichheit der Menschen – wenn auch nur vor Gott – ist das ewige Thema des Faschismus und seiner Vorläufer. Die Weltanschauungen des Liberalismus und des Sozialismus werden als säkulare Erben dieser »judaochristlichen« Gleichheitsidee angesehenen und daher antijudaistisch-antisemitisch angegriffen. Der Antisemitismus kommt hier – besonders bei Lagarde – zuerst ohne biologistisch-rassistische Grundlage als *geistige* Feindschaft gegen das Judentum und die als ihm nachfolgend gesehene römische Kirche einher. Dies ist nicht nur parallel, sondern wesensgleich mit dem Antisemitismus des New Age. (Im übrigen braucht wohl nicht weiter ausgeführt zu werden, daß diese Schuldzuweisungen nichts weiter als rechte Ideologie sind. Sie haben mit den tatsächlichen Ursachen von materieller, ökologischer und psychischer Verelendung, die selbst materieller Natur sind, nur soviel zu tun, als sie hiervon ablenken sollen.)

Bei Houston Stewart Chamberlain, dem mit einer Tochter des germanisch-religiösen Fanatikers Richard Wagner verheirateten späteren Chefideologen der NSDAP, gehört die »jüdische Überfremdung« Europas mit der Konsequenz des Dualismus von Materie und Geist zur Basis seines Denkens: »Jahve wurde der Gott der Indoeuropäer«, »das Tun der Hände und das Trachten des Herzens fällt auseinander« beim Juden.[212] Allerdings hat er den Dualismus-Begriff noch keineswegs so durchdrungen wie z. B. Hunke oder Capra; auch macht er die Ablehnung des Dualismus noch nicht in der Weise für den Aufbau einer pantheistischen Weltanschauung nutzbar wie diese. Für Chamberlain ist »Rom« gleichbedeutend mit kulturellem Niedergang aufgrund von Rassenmischung. Ein »Völkerchaos« sei die ausgehende Antike insbesondere, seit sich die Juden, aus Palästina vertrieben, überall in Europa festgesetzt hätten und mit der Idee der Gleichheit der Menschen vor Gott vermittels der römischen Kirche Europa kolonisierten und die »Weltherrschaft« anstrebten. Die angeblich am Sitten- und Kulturverfall sterbende erste große Zivilisationsperiode Europas wird bei ihm von der Epoche der angeblich sittlich und rassisch festen Germanen abgelöst, die allerdings bald, durch das antike »Weltjudentum« begünstigt, unter die Herrschaft der römischen Kirche und damit ins psychisch-physische Unglück geraten seien.

Geistige »Entkolonialisierung Europas« mit Hilfe einer »europäisch eigenen Religion«, der die politisch-ökonomische und militärische Entkolonialisierung folgen soll, ist auch das Stichwort des nationalrevolutionären Flügels der »Neuen Rechten«, z. B. bei dem heutigen Kelten-Mystiker Henning Eichberg, der den politischen Kampf gegen das »Jalta-System« – die inzwischen abgeschaffte Spaltung Europas durch die Sieger des Zweiten Weltkriegs – mit dem kulturellen Kampf gegen eine die Europäer »entfremdende Wodka-Cola-Kultur« verbindet. Die Diffusion dieser neofaschistischen Nationalrevolutionäre um Eichberg in die zivilisationskritische Ökologiebewegung war bereits in deren Anfängen zu erkennen, bei der Anti-AKW-Bewegung in Wyhl z. B. Eichberg selbst stellt sie am Beispiel neospitiruell beeinflußter Protestaktionen im Rahmen der Startbahn-West-Kampagne dar: die »sanfte Gegenkultur« sei die eine Erbin des »Kampfes zweier Kulturen: Rom gegen den Norden«, der »westlich-christliche Show down« des »Atomstaates« der andere Erbe. Wie Hunke oder Benoist, historisch Lagarde oder Chamberlain, so findet auch Eichberg die Gründe für negative Folgen der industriellen Zivilisation letztlich in der jüdisch-christlichen Weltanschauung: »Offenbarungsreligion, Priesterhierarchie und Heiliges Buch«.[213]

In den verschiedenen Phasen faschistischer Ideologiebildung, bei Chamberlain 1899, bei Hunke 1969 oder bei Benoist 1988, wird die Geschichte der römischen Kirche wiederkehrend als Versuch eines getarnten Judentums dargestellt, auf neuem Wege die Weltherrschaft über die anderen Völker zu erlangen.[214] Mit Hilfe der Christen-Mission, des Liberalismus und des Sozialismus bemächtige es sich nicht nur der Köpfe der

»fremden« Völker und verwirre sie, sondern sei – man sehe es ja von den Erster-Mai-Demonstrationen damals bis zum Ozonloch heute – auch für die negativen Folgen der Industriegesellschaft letztlich verantwortlich. »Das utilitaristische Nichts, das leere Leben mit Fabriken drin«, so Chamberlain in seinem wenig bekannten »Kant«-Buch, sei »die uns bedrohende Zukunft«.[215]

Ein besonders deutliches Beispiel ist Hunkes Buch »Das Ende des Zwiespalts«, in dem schon in den Kapitelüberschriften die »Verzweiflung der Jugend«, »Flucht in Drogenrausch und Gewalt«, »kranke Gesellschaft, krankes Bewußtsein«, »totale Sinnkrise«, »Ungehorsam«, »Besessenheit am Sex« usw. beklagt werden. Als »der Krisenherd« wird schließlich der »griechisch-christliche Dualismus« ausgemacht, also die angebliche Entgegensetzung von Geist und Natur: »Ursache aller Übel, an denen wir heute leiden, ist das uns fremde dualistische Ideensystem.« »Vom freien Sachsen zum weinenden Knecht«, so faßt Hunke im Jahre 1988 die psychisch angeblich desolate Verfassung der Mittel- und Nordeuropäer zusammen, seitdem sie christlich missioniert sind. Der Weltkriegs-General und Sektengründer Erich Ludendorff hatte dies – auf Goethes »Faust«-Drama anspielend – bereits in den zwanziger Jahren in einem Buchtitel ausgedrückt: »Durch Paulus von Gudrun zum Gretchen«.[216]

Apokalyptiker hat es zu allen Zeiten der Menschheitsgeschichte gegeben. Für ihre Zeitgenossen, die sich ihnen aufgrund der Horrorszenarien anschlossen, war die Schwarzmalerei immer glaubwürdig, weil sie immer dem Erkenntnisstand der jeweiligen Gesellschaftsstufe entsprach. Solche Reden hatten nicht zum Ziel, die Menschen aufzufordern, ihr Leben selbst in die Hand zu nehmen und durch verantwortliche Tätigkeit zum Besseren zu wenden, die irdische Gesellschaft zu verändern, sondern: sich innerlich zu bekehren, dann werde schon alles gut – nein: dann werde alles so, wie es sein solle. Während die Linke zu allen Zeiten die auch von ihr kritisierten Zustände praktisch verändern wollte, zementieren die spirituellen Kritiken des Bestehenden – so lehrt es die Geschichte – diese Zustände, ob die Kritiker das subjektiv wollen oder nicht. Denn ihre falsche Konsequenz ist die *Respiritualisierung* der Natur und in der Folge der menschlichen Gesellschaft und ihrer Regeln, die als Teil der Natur gesehen werden. Eine Gesellschaftsveränderung im Interesse der Mehrheit wird dadurch ausgeschlossen bzw. allenfalls in die Richtung der Rückbindung der Gesellschaft an das unhinterfragbare Transzendente eingefordert, nicht in Richtung Emanzipation.

Überall wird dabei *diejenige* Spiritualität als der Rettungsring präsentiert, die bereits in der völkischen Bewegung und bei den historischen faschistischen Theoretikern als die »indoarische« – die sowohl im Denken der (Nord-) Inder wie der (Nord-) Europäer vorherrschende pantheistischkosmische – Religiosität die Rettung bringen sollte. Der Annahme, die Europäer seien religiös überfremdet und dadurch äußerlich und innerlich kolonialisiert, folgt die Forderung nach ökonomischer, politischer und militärischer »Entkolonialisierung«, der eine Respiritualisierung im »arisch«-nordeuropäischen Mythos vorweg gehen müsse. In den achtziger Jahren wird dieser »Antiimperialismus von rechts« zu einem bedeutsamen Mittel, mit dem die Neofaschisten auf die »neuen sozialen Bewegungen« Einfluß nehmen. Diese Bewegungen sind sich dessen nicht einmal annähernd bewußt geworden, weil sie die faschistischen Klassiker bis heute nicht kennen und ihnen die Identität der Denkformen nicht auffallen konnte. Daher sind sie z. B. über die Thesen Bahros erstaunt und verwirrt, statt sie zu begreifen und fundiert zu kritisieren.

»Alles muß im neuen Zeitalter – dem Wassermannzeitalter – spirituell durchdrungen werden, und zwar ohne Ausnahme, d. h. auch die Politik«, heißt es in dem Informationsblatt »bewußter denken« der Partei »Neues Bewußtsein« vom Januar 1989, denn »durch die spirituelle Entwicklung werden die Probleme gelöst«. »Wir wollen ein spirituell erweitertes Politikverständnis anregen und durch spirituelle Wege und Methoden neue Lösungsmöglichkeiten entwickeln«, schreibt die »Arbeitsgruppe Spirituelle Wege in Wissenschaft und Politik« der Grünen, »so daß Mensch, Erde und Natur wieder in einem spirituellen Verständnis gesehen werden und dieses sozial umsetzbar wird«. Die Forderung nach einer naturalistischen Sozialpolitik, die die Naturverhältnisse zum Vorbild der menschlichen Verhältnisse nimmt, wird ohne Umschweife erhoben. »Ich wurde zu einer spirituellen Politikerin«, bekennt die ehemalige Grünen-Bundestagsabgeordnete Karin Zeitler in der Zeitschrift »esotera«, »Entwurzelung« führe zu »Lebensangst und Lebensunlust«. Dagegen ist für Zeitler »eine spirituelle Lebenseinstellung die Voraussetzung dafür, daß unsere moderne, materielle, kranke Welt wieder zu einem gesunden, ausgeglichenen Zustand findet«.[217]

Marilyn Fergusons idealistisches Konzept der »Transformation« der Gesellschaft durch den Aufbau einer neuen spirituellen inneren Macht in den Eliten – statt der Revolution der Gesellschaft durch die und im Interesse der unterdrückten Mehrheit – entspricht der Propaganda der Sekte »Transzendentale Meditation« vom automatisch eintretenden »Goldenen Zeitalter«, wenn nur eine Mindestzahl von Menschen meditiere. Fritjof Capra bindet die Ziele der »neuen sozialen Bewegungen« in den USA und Nordmitteleuropa an asiatische Meditationsformen, an das mystische Sich-Eins-Fühlen mit dem als geistig-spirituelles statt materielles Phänomen aufgefaßten Universum. Damit schafft er nur eine weitere Variante der Respiritualisierung von Welt und Gesellschaft. Auch wenn sich Capra als jemand präsentiert, der mit beiden Beinen in der Wirklichkeit steht, fußt seine gesamte Ideologie auf einem »kosmischen Geist«, einem spirituellen Phänomen: »Das Gedankengebäude des neuen Systemansatzes wird in keiner Weise eingeengt, wenn man diesen kosmischen Geist mit der traditionellen Vorstellung von Gott assoziiert. Jantsch sagt: ›Gott ist nicht der Schöpfer, sondern der Geist des Universums.‹ Aus dieser Sicht ist die Gottheit natürlich weder männlich noch weiblich, noch in irgendeiner persönlichen Form manifestiert, sondern stellt nichts weniger als die Selbstorganisations-Dynamik des gesamten Kosmos dar.« »Sieht man Gott als universale Dynamik der Selbstorganisation, dann könnte Teilhards Gottesvorstellung, wenn man sie von ihren patriarchalischen Begriffsinhalten befreit, unter den vielen Bildern, mit denen Mystiker das Göttliche beschrieben haben, den Vorstellungen der modernen Naturwissenschaft am nächsten kommen.« (Der in New Age und Neofaschismus allgegenwärtige Jesuit Pierre Teilhard de Chardin ist gemeint.)

Dieses spirituelle Verständnis bezieht Capra explizit auch auf menschliche Gesellschaften: »Da das Systembild des Geistes nicht auf individuelle Organismen begrenzt ist, sondern auf gesellschaftliche und ökologische Systeme ausgedehnt werden kann, können wir sagen, daß Gruppen von Menschen, Gesellschaften und Kulturen einen kollektiven Geist besitzen und dementsprechend auch über ein kollektives Bewußtsein verfügen.« Wird hier schon deutlich auf Konzepte wie »Volksbewußtsein«, »Volkscharakter« und »nationale Identität« angespielt, die der so progressiv erscheinende Capra offenbar – wie Bahro – vermittels der Respiritualisierung wiederzubeleben gedenkt, so wird nachfolgend die rassistische Konsequenz dieser Konzepte deutlich: »Weitet man dieses Denken auf das Universum als Ganzes aus, dann ist die Annahme nicht zu weit hergeholt, daß *alle* seine Strukturen – von den subatomaren Teilchen bis zu den Galaxien und von den Bakterien bis zu den Menschen – Manifestationen der Selbstorganisationsdynamik des Universums sind, die wir vorhin mit dem kosmischen Gott identifiziert haben. Das ist jedoch fast schon eine mystische Anschauung. ... Um die menschliche Natur zu verstehen, untersuchen wir nicht nur ihre physischen und psychischen Dimensionen, sondern auch ihre gesellschaftlichen und kulturellen Manifestationen«, wobei sich »biologische und kulturelle Eigenarten der menschlichen Natur nicht voneinander trennen« ließen.

An den Hitler-Fan Carl Gustav Jung und seine Vorstellungen von dem beim Neugeborenen bereits vorhandenen, völkisch gebundenen »kollektiven Unbewußten« anknüpfend, baut Capra den historischen nazistischen Gegensatz zwischen dem – von ihm nicht so benannten – »Arier« Jung, der der ganzheitlichen Weltsicht anhinge, und dem Juden Sigmund Freud, der dem dualistisch-mechanistischen Weltbild anhinge, auf. Jung habe hier angeblich »überraschende Ähnlichkeiten« mit der Quantenphysik. Hubertus Mynarek folgt Capra im Ausspielen Jungs gegen den Juden Freud nach; Chamberlain hatte bereits vor Jung, am Ende des letzten Jahrhunderts, gegen Freud in derselben Weise argumentiert.[218]

Hans-Peter Dürr versucht in dem Buch »Physik und Transzendenz« mit Hilfe einiger Physiker, die auf philosophischen Abwegen wandeln, die Respiritualisierung als seriöses Unternehmen auszugeben. Dabei verrät er allerdings, daß die Physiker, die sich gerade von der Fiktion des »Äthers« als dem Medium der Ganzheit verabschiedet hatten, nun zu einem pantheistischen Gott greifen sollen, der an die Stelle des »Äther«-Konzepts treten soll. Dürr beklagt, daß seine Idole des Neuen Denkens erst zum Glück gezwungen werden müßten: »Einige der ersten und bedeutendsten unter ihnen, wie Max Planck, Albert Einstein und Erwin Schrödinger, die alle mit dem Physik-Nobelpreis für ihre bahnbrechenden Arbeiten zur Quantentheorie ausgezeichnet wurden, haben die Wende zum neuen Paradigma nie ganz vollzogen.« Die bereits oben erwähnte Verkehrung der Wirklichkeit durch philosophisch dilettierende Physiker, die aufgrund ihrer falschen Blickrichtung nicht verstehen, weshalb Menschen – und in anderem Maße auch andere Lebewesen – die Welt *erkennen* können, treibt dazu an, ein göttlichen Wesen und die Spiritualität als Lückenbüßer für die nur eingebildete Lücke zu postulieren. Carl Friedrich von Weizsäcker spricht sogar von einem »Wunder, daß wir Wirkliches überhaupt denken können.« Um ihr Unverständnis gegenüber der Wirklichkeit zu vertuschen, tun diese Physiker nichts anderes, als ihre Vorgänger jahrhundertelang getan haben: Sie erfinden etwas Göttliches, daß ihnen über ihr Unverständnis hinweghilft. Die »Entzauberung der Welt durch die Naturwissenschaften«, wie der Physiker Pascual Jordan Max Webers Beschreibung der Säkularisierungstendenzen in der hochindustriellen Gesellschaft variiert, habe nur »auf zeitgebundenem Irrtum beruht«. Die »Wiederverzauberung der Welt« durch das New Age steht an.[219]

Der bisher nicht vorhersagbare Zerfall des Radiumatoms, das schlichte Nichtwissen der Physik über ein Detail, wird von Jordan zum mystischen Geheimnis umgedeutet und benutzt, um die grundlegende Errungenschaft der Aufklärung und der bürgerlichen Revolutionen zu kippen, die Entgöttlichung der Umstände des menschlichen Daseins: »Jedes einzelne Radiumatom ist für uns ein Geheimnisträger, es hält, bis es einmal zerfällt, das Geheimnis fest, wann es zerfallen wird. ... Für den Physiker ist dies nur ein Nebenergebnis, aber es ist ein Ergebnis, das für die heutigen Probleme der Menschheit wichtig ist.« Hier wird der ideologische Charakter der Verwendung der Quantenphysik zur Respiritualisierung der Welt deutlich. Max Planck, politisch im deutschen Kaiserreich weit rechts stehend, benötigt die Quantenphysik noch nicht, um Religion als Disziplinierungsinstrument gegen die Bevölkerung zu rechtfertigen. Er spricht zur Hohen

Zeit der Arbeiterbewegung davon, daß die »Gottlosenbewegung« mit Hilfe der Ergebnisse der Naturwissenschaft »in immer schnellerem Tempo ihre zersetzende Wirkung auf die Völker der Erde in allen ihren Schichten vorantreibt. Daß mit ihrem Siege (der »Gottlosenbewegung«, P. K.) nicht nur die wertvollsten Schätze unserer Kultur, sondern, was schlimmer ist, auch die Aussichten auf eine bessere Zukunft der Vernichtung anheimfallen würden, brauche ich hier nicht näher zu erörtern.«[220]

Der ehemalige katholische Theologe Hubertus Mynarek – bis 1972 Pro-Dekan der Katholischen Fakultät der Universität Wien, Gründungsmitglied der »AG Spirituelle Wege in Wissenschaft und Politik« der Grünen – ist heute einer der führenden deutschsprachigen New Ager und nach Sigrid Hunke neuer Chefideologe der »Deutschen Unitarier«, denen er 1979 für ihre Jugendarbeit das Buch »Orientierung im Dasein« schrieb. Er hat Ende der achtziger Jahre in der New Age-Reihe des Goldmann-Verlages[221] die Bücher »Ökologische Religion« und »Die Vernunft des Universums« veröffentlicht, in denen er den Plan für einen naturreligiösen Gottesstaat als gesellschaftliche Konsequenz der Respiritualisierung entwickelt. Mynarek kommt vom katholischen Organizismus und von der Lebensphilosophie Max Schelers her, über den er promovierte. Die Nazis wollten ihn auf eine Eliteschule (»Napola«) schicken, was sein Vater verbot, der im polnischen Katholizismus verwurzelt war. Nach Mynareks öffentlichkeitswirksamen Kirchenaustritt 1972 kam er sehr bald dahin, wo ihn schon die Nazis gern gesehen hätten, zum »arischen« Neuheidentum. Auf Vortragsreisen durch Volkshochschulen verbreitet er – unterstützt von örtlichen Gemeinden der »Deutschen Unitarier« – seine antidemokratischen Ideen. Bei seinen Vorträgen an der Bonner VHS bekam er deshalb mehrfach Schwierigkeiten mit der »Bonner Initiative Gemeinsam gegen Neofaschismus«. Wegen der vielfachen öffentlichen Proteste gegen ihn meidet er heute Auftritte im Bonner Raum.

Mynarek hält »das Numinose«, das Heilige, in dem »selbst ja der Begriff des Heilen und Heilens mitschwingt«, für die zentrale Kategorie. Ihr Fehlen in der modernen Welt sei das Grundübel: »heile« Welt statt »kranke« Welt. »Ökologische Religion heißt, das Absolute in der Natur (und ihren wunderbaren Lebensgesetzen) zu verehren; das Göttliche als greifbar kosmisches Phänomen sichtbar zu machen.« Mynarek will religiöse »Erlösung«, nicht »Lösung« der Probleme der Welt. In blumiger Theologensprache, die mehr an das religiöse Gefühl des Barock erinnert als an die handfesten Probleme der Gegenwart, drückt er dasselbe aus, was Dürr gerne bei bestimmten Physikern als Bekenntnis zum Göttlichen sieht: Die Natur und die in ihr waltenden Gesetze seien ein göttliches »Sinnprinzip«, das Göttliche schlechthin bzw. das Göttliche in eins mit seiner Verwirklichung. Allerdings spricht Mynarek als platte Konsequenz die frag-

und kritiklose Affirmation der pantheistisch respiritualisierten Welt deutlicher aus: »Ökologische Religion verehrt und bewundert ... Natur in der ganzen atemberaubenden Weite und Mannigfaltigkeit ihrer Gestalten, verehrt und bewundert aber noch mehr die Natur in der Tiefe ihres einen und grundlegenden Seins- und Schaffensprinzips.« Religiosität ist für ihn »eine *biologische Tatsache*, etwas, daß in den genetisch-biologischen Anlagen des Menschen verankert ist«, ein »angeborne(r) Drang des Menschen zur Religion« – areligiöse Menschen sind demnach wohl erbkrank; ein neues, interessantes Feld für die Eugenik tut sich auf.[222]

Das politische Potential der Respiritualisierung nimmt Mynarek ausschließlich für sich und seine Anhänger in Anspruch, die neue Elite der »ökoreligiösen Menschen«, die selbstvergöttlicht einen angeblichen Naturwillen durchsetzen: »In dieser Sicht ist die Natur auch politisch. ... Das kann man im heutigen öko-politischen Kontext so verstehen, daß die Natur die ›Absicht‹ hat oder dahin tendiert, mit dem Menschen ein ethisch-soziales, ein sittlich-gesellschaftlich verfaßtes Wesen hervorzubringen, das durch die geeignetste politische Staatsform der Natur in ihrer Gesamtheit zu ihrem effektivsten Rechtsstatus verhilft.« Diese Staatsform ist göttlich vorgeplant und daher vom Menschen nicht zu hinterfragen. Wie die oben angeführten Physiker interpretiert er in den Kosmos eine mit seinem *menschlichen* Gehirn erfundene abgebliche Vernünftigkeit und Planung hinein – der Denkfehler, den Feuerbach bereits aufzeigte –, die dann allerdings den menschlichen Möglichkeiten nicht verfügbar ist, sondern eines Gottes bedarf. Dieser Gott wirkt nur durch die, die ihn erkennen können, die mystisch befähigten Eliten, hier: die »ökoreligiösen« Menschen. Sie sollen als einzige Zugang zur göttlichen Planung haben.

Der Fortschritt im Denken der Menschen, das göttliche Wesen in das menschliche aufgelöst zu haben – wie es Marx im Bezug auf Feuerbachs Leistung ausdrückt –, soll unter Hinweis auf die angeblich größere Nähe »sogenannter Primitiver« (Mynarek) zum Kosmos rückgängig gemacht werden. Offenbar ist hier wieder – wie im Faschismus – der Keltogermane als Bezugspunkt gemeint, denn Mynarek beklagt mit Carl Gustav Jung, die »germanischen Völker« seien mit dem »artfremde(n) Christentum« »dem Zauber der frischen Fremdartigkeit östlicher Symbole« erlegen. Die erstrebte Respiritualisierung soll auf der Basis des nordischen Mythos erfolgen, denn, so Mynarek, das Judentum habe »keinen eigentlichen Naturbegriff«. Er zitiert offen und zustimmend einen Vertreter der völkischen Bewegung, daß dagegen »bei den Ariern die ›Verehrung Gottes in der Natur, eine Erkenntnis des Göttlichen, wie es hinter dem prächtigen Schleier der Natur waltet‹«, üblich sei.[223]

Rudolf Bahro schrieb seine »Logik der Rettung« in der »Absicht, Spiritualität und Politik zu verbinden«. Seinen »Ökologischen Rat«, der als passende Machtinstitution für Mynareks »ökoreligiöse Menschen« erscheint, versteht Bahro »vor allem (als) eine spirituell-politische Instanz«, die erst in Aktion treten kann, wenn »innerlich« alles bereitet ist: »Die neue soziale Macht wird zuerst als innerer Entwurf und dann als Geisterbund existieren, ehe die neue deutsche Reformation auch den Staat ergreift, was sie indessen von vorneherein auch ins Auge faßt.« Insofern knüpft das New Age hier direkt an den »heroischen Illusionismus« der Romantik an, der die Veränderungen »im Innern« stattfinden ließ, geht aber hierüber hinaus, weil die »innere Instanz« nur auf die Veränderungen in der Wirklichkeit vorbereiten soll, die nach der Machtergreifung real geschehen sollen. Bahro knüpft an Novalis an und meint später als Antwort auf die Fragen »Religiöser Totalitarismus? Es wird ja wohl einen Aufschrei geben: Am Ende der Moderne und nach dem gescheiterten braunen Millenarismus in Deutschland die grüne Utopie einer neuen Reformation, neuer Klostergründungen, einer Unsichtbaren Kirche? Und die Perspektive des Gottesstaates, des Heiligen Reiches wieder aufnehmen? Ich kann nicht anders, ich sehe die ökologische Krise in diesem Licht.«[224]

Während Bahro in der *Partei Die Grünen* nicht mehr den Faktor sieht, der das Neue Zeitalter durchsetzen könnte, ist Mynarek eine treibende Kraft der Grünen-AG »Spirituelle Wege in Wissenschaft und Politik«. In der Zeitung »Die Grünen« konnte sich Mynarek über eine ganze Seite zur biologisch verankerten »natürlichen Religion« auslassen. Auch andere Medien stehen ihm offen. Die Zeitschrift »Das Neue Zeitalter – Das erste Magazin für ganzheitliches Denken«, die an den meisten Bahnhofskiosken zu haben ist, führte Mynarek im April 1990 als ständigen Mitarbeiter. Die Zeitschrift »esotera« brachte im Oktober 1988 eine Titelgeschichte »Ein neuer Geist für Bonn. Politik der Zukunft ist spirituell«, in der Mynarek meint: »Spiritualität ist die Seele der Politik.« Die ehemalige Bundestagsabgeordnete der Grünen Karin Zeitler – Führerin der Spiritualisten-AG – schrieb in demselben Heft ganz ungeniert: »Sich nicht verleugnen: Der Gemeinschaftsgedanke der zwanziger und dreißiger Jahre, auch der Kommunegedanke der sechziger und siebziger Jahre, haben mit ihren Vorhaben, den Menschen als Ganzes zu sehen, Politisches mit Privatem zu verbinden und politische Ideen zuallererst bei sich selbst umzusetzen, die richtige Richtung schon gezeigt.« Sie meint tatsächlich den »Gemeinschaftsgedanken« der völkischen und Lebensreform-Bewegung, die wegen dieses Gedankens meist problemlos im Nationalsozialismus aufgingen. Das erinnert sehr an Bahro und Langhans, und das soll es wohl auch.

Doch bei Assoziationen bleibt es nicht. Damit niemand mißversteht, in welche Richtung es mit der Respiritualisierung wieder gehen soll, spricht Rainer Langhans Klartext. Als der Hippie-Kultpoet Leonard Cohen seinen Gedichtband »Blumen für Hitler« herausbrachte, war Flower-Power-Zeit und im Musical »Hair« wurde das »Wassermann-Zeitalter« weltweit bekannt gemacht. Niemand dachte daran, daß Cohens Zeitgenosse Rainer Langhans, damals »APO-Politclown« im Generationskonflikt mit den Nazi-Eltern der Studierenden, alles allzu wörtlich nehmen würde. Gut eineinhalb Jahrzehnte später und inzwischen zeitgemäß zu einem deutschen Guru des New Age gewandelt, erklärt Langhans am 12. April 1989 in der Zeitung der Erben der 68er-Bewegung, der »taz«: »Spiritualität in Deutschland heißt Hitler. Und erst wenn Du da ein Stück weiter bist, kannst Du jenseits davon kommen, bis dahin aber mußt Du das Erbe übernehmen. Wir haben keine Chance: Wir müssen dieses Erbe von unseren Eltern übernehmen, nicht im Sinne dieses braven, ausgrenzenden Antifaschismus, sondern im Sinne einer Weiterentwicklung dessen, was da von Hitler versucht wurde. ... Wir müssen sozusagen die besseren Faschisten werden – die man dann als solche nicht mehr bezeichnen kann – statt diesen ängstlichen, ewig-gestrigen Faschismus als einzigen Sachwalter dieser Utopiebedürfnisse den Neonazis zu überlassen.«

Die Respiritualisierung der Welt führt letztlich zu dem altbekannten *Leugnen der Existenz von Materie* und damit zum *Leugnen von Wirklichkeit* mit den ebenfalls bekannten handfesten politischen Folgerungen, denn auch Gesellschaft ist materielle Wirklichkeit. Dies sieht man im New Age-Gefolge Heisenbergs sehr deutlich, auch bei Mynarek. Den Historischen Materialismus und seine konkret gesellschaftlichen Forderungen zurückzuweisen, ist die Konsequenz. Den Aufbau eines *neuen* »inneren Reiches« zu empfehlen und gleichzeitig die materielle Askese zuzumuten, ist die konkret individuelle Folge. Götter mag man stürzen, solange die Herrschenden nicht gestürzt werden.

Das Prinzip der Respiritualisierung als Waffe gegen die Linke hatte schon Lagarde angewandt. Sein Ziel war es, mit einer neuen »Germanischen Religion« den geistigen Unterbau eines deutschen Kaiserreiches zu schaffen, den das jüdische Christentum seiner Meinung nach nicht mehr bieten konnte. Was »verborgen in der germanischen Seele« lag (Carl Gustav Jung), wollte der ehemalige protestantische Theologe Lagarde heben. Er sah dabei die vorzivilisatorischen Naturreligionen Nordeuropas ebenso als Bezugspunkt wie die indische Religiosität, mit der er sich intensiv befaßte.[225] Während die Arbeiterbewegung die materiellen Verhältnisse durch Revolution verändern wollte, um ein besseres Leben zu erreichen, hatten die konservativen Ideologen anderes im Sinn: Nur nichts am Diesseits ändern! Das kam den Herrschenden gelegen. »Beseelung« hieß Lagardes romantizistisches Programm gegen die Krisen des Hochkapitalismus, die er allgemein von der Vorherrschaft des »jüdischen Materialismus« verursacht sah. Es machte keinen Unterschied, ob der Materialismus »liberalistisch« als die Ideologie der herrschenden Klasse der verschiedenen »Rothschilds« daherkam, oder »sozialistisch« als der Versuch, ein besseres Leben für alle auf Erden mit Hilfe der Schriften des Juden Karl Marx zu erreichen.[226]

Lagardes Begriff vom »inneren Reich« wird heute von Rudolf Bahro bis Pierre Krebs, vom New Age bis zur »Neuen Rechten« genutzt. Es bezeichnet einen Pantheismus, der urgermanisch verwurzelt sein soll. Lagarde wollte zuerst das »innere Reich« schaffen, als die notwendige Voraussetzung für ein neues, zweites »Deutsches Kaiserreich«, das im Gegensatz zum wilhelminischen weder rote Fahnen noch die Rauchfahnen der Fabrikschlote kennen sollte. Lagarde stand wie Chamberlain noch am Beginn faschistischer Religiosität, was zu einiger Konfusion in seinen pantheistischen Vorstellungen führte: Mal sieht er sich selbst als Pantheisten, mal wendet er sich gegen die Naturreligionen, dann wirkt für ihn das Allgöttliche vor allem in der Geschichte, dann »in Buchen und Eichen«, dann soll der göttliche Gesamtplan im religiösen Erlebnis erkannt werden usw.[227] Immer jedoch ist der Bezug zu heutigen naturreligiösen New Age-Vorstellungen noch erkennbar, insbesondere auch, wenn er immer wieder betont, Gott sei in dem auf das eigene Selbst bezogenen mystischen religiösen Erlebnis erfahrbar.

Selbstverständlich stand Lagarde mit seiner rüden Industriefeindlichkeit ebenso im Gegensatz zur realen politischen Ökonomie seiner Zeit wie die spätere Blut-und-Boden-Ideologie des Nazismus zu der realen Modernisierungspolitik des deutschen Kapitals in den dreißiger und vierziger Jahren. Eingebunden zu werden heißt ja nicht, selbst Macht zu haben. Ideologie für die Herrschenden zu produzieren heißt ja nicht, fixe Ideen praktisch umsetzen zu können. Zudem bietet diese Ideologie durch den Heroischen Realismus Modernisierungsmöglichkeiten, die sich seine romantizistischen Denker nicht haben träumen lassen. Lagardes pantheistisches »inneres Reich« diente der Selbstvergöttlichung der Eliten, der Entsubjektivierung der Massen, der geistigen Etablierung des Heroischen Realismus, auch wenn Lagarde ein Gegner von faustischer Industrie und Technik gewesen sein mag. Es diente – ob es seinem Schöpfer gefallen hätte oder nicht – schließlich dem Kapital nicht dazu, eine völkische romantische Idylle zu errichten, in dem es als herrschende Klasse nicht überlebt hätte, sondern zur ideologischen Absicherung der faustischen Modernisierung, sowohl bei den ethisch entlasteten Eliten als den Tätern als auch bei den schicksals-eingebundenen Massen als den Opfern. Zuerst sollte dieses »Beseelungsprogramm« noch erreicht werden, indem das Christentum von allem Jüdischen gereinigt wurde, durch einen »arischen Christus«, der bereits über die pantheistischen New Age-Qualitäten des »Kosmischen Christus« von Pierre Teilhard de Chardin und Günter Schiwy verfügte. Später erst wurde es rein germanentümlich und neuheidnisch.

Noch deutlicher wird dies in Chamberlains Hauptwerk »Die Grundlagen des neunzehnten Jahrhunderts«, in dem er seinen Pantheismus auf die heute wieder aktuelle Vorstellung vom »Kosmischen Christus« aufbaut. Christus sei »der Sohn des kosmischen Gottes, jenes allen Ariern unter verschiedenen Namen geläufigen ›heiligen Geistes‹«. Auch Chamberlains fortwährender Bezug auf »die indische Religion« und ihre Naturmystik als »eine unverfälscht indogermanische«, auf das – so noch nicht benannte – Konzept des Zusammenfalls der Gegensätze im Yin und Yang des Innen und Außen, des göttlichen Selbst und der göttlichen Natur macht ihn zu einem Vorläufer der New Age-Spiritualität. Er unterscheidet die pantheistischen »Heidenchristen« von den »Judenchristen« und will, Lagarde folgend, mit ersteren als der neuen Elite eine »wahre Revolution«, »von innen heraus«, »nicht bloß äußerlich politisch«: »Die Religion ist der Mittelpunkt; hier müßte die Umwandlung wurzeln«, schreibt er in seinem »Kant«-Buch. Fergusons Konzept der Transformation der Gesellschaft entspricht der Rede vom »inneren Reich« bei Lagarde und von der »wahren Revolution« bei Chamberlain. »Nie sind bei Indoeuropäern die Götter ›Weltschöpfer‹«, findet Chamberlain in den »Grundlagen«, vielmehr zeige sich das Göttliche in den Naturgesetzlichkeiten, »die gesamte Natur verbürgt uns die innere, transzendente Wahrheit«, das sei der Inhalt der »kosmische(n) Mythologie« der Arier. Man müsse die Religion aus der Natur ablesen, wie es die mittelalterlichen deutschen Mystiker getan hätten: »Häufig identifizieren sie die Natur mit Gott. ... Fast nie verfallen sie in jenen Erbfehler der christlichen Kirche: Geringschätzung und Haß gegen sie zu lehren.« Er spricht 1899 bereits – wie Mynarek 1986 – von einer »religiösen Verehrung« für die Natur und lobt eine »Metaphysik, wie sie aus treuer Beobachtung der Natur erschlossen worden war«. Schließlich fordert Chamberlain »die restlose Einbeziehung des inneren Ich« in die Natur, als das er das Metaphysische ansieht.[228]

In dieser Respiritualisierung des gesamten Seienden wird der selbstvergöttlichte Arier, der das Metaphysische als »inneres Ich« in sich trägt, mit Handeln und Erleben an die Natur gebunden. Chamberlain meint, es sei die indoarische »antitheologische Auffassung« – »antitheologisch« durchaus im Sinne des New Age –, »den Menschen mitten hinein in die Natur zu stellen, als einen organischen Bestandteil von ihr, als eines ihrer noch im vollen Werden begriffenen Geschöpfe«, das dennoch aber als Träger des Metaphysischen den Gipfel der Natur darstellt, wie es z. B. Mynarek in seiner »Ökologischen Religion« ebenfalls sieht. Durch die vorgehende pantheistische Vergöttlichung der Natur kommt Chamberlain – ohne den von Ernst Jünger geprägten Begriff schon zu kennen – geradewegs zum Heroischen Realismus, der nun das menschliche Tätigsein und Erleiden als ein spirituelles Phänomen unhinterfragbar macht. Daß Chamberlain als Kind seiner Zeit zum Begriff des Pantheismus ein zwiespältiges Verhältnis hat, obwohl er seinen Inhalt vertritt, sollte nicht täuschen. Das pantheistische Natur-, Welt- und Gesellschaftsverständnis ist der eine Kern von Chamberlains »Grundlagen des neunzehnten Jahrhunderts«, der ihn zu einem »New Ager« macht. Sein Antisemitismus, der wie bei der »Neuen Rechten« vorwiegend kulturell gebunden ist, ergänzt dies noch.[229]

»Es ist das Eine Göttliche, daß sich im Kosmos in tausenderlei Gestalten offenbart – nicht der Gott, der politische Voraussagen Propheten ins Ohr flüstert; es ist das Göttliche, dessen Gerechtigkeit in der Ewigkeit seiner Naturgesetze eingeschlossen liegt – nicht der historisch tätige Gott, der dem einen Volk schenkt, was das andere erarbeitet hat. ... Der semitische èl, der Jahve der Juden, ist der Gott von phantasiearmen Naturblinden, wir dagegen sind naturtrunkene Schöpfer, und um uns von der Alleinheit des Göttlichen zu überzeugen, müssen unsere Augen und unser Sinn es auf allen Wegen, die sich vor uns auftun, suchen, es in allen Gestalten erfassen und es denkend und bildend verherrlichen. Der semitische Monotheismus ist die Lehre von der Einzelhaftigkeit Gottes; der indogermanische Monotheismus ist die Lehre von der erst aus der Mannigfaltigkeit sich ergebenden Einheit, von dem Eingeschlossensein des Alls und aller Zeitenfolgen in dem raum- und zeitlosen actus purus der Gottheit (wie Duns Scotus sich ausdrückte), die Lehre von der unitas ineffabilis.« Trieften diese New Age-Sätze nicht derart von einem antiquiert *zur Schau getragenen Judenhaß*, sie könnten bei Sigrid Hunke oder bei Fritjof Capra oder bei Hubertus Mynarek stehen; tatsächlich stehen sie in Chamberlains Verteidigungsschrift »Dilettantismus, Rasse, Monotheismus, Rom« von 1903.[230]

Die in der völkischen Bewegung entstandenen »deutschgläubigen« Sekten können als eine erste »New Age«-Bewegung angesehen werden. Chamberlain gehörte hier dem »Bund für Deutsche Kirche« an. Bis in die dreißiger Jahre hinein wollten diese Sekten aus Ideen, die sie für germanische Mythologie hielten, eine zeitgemäß reformierte völkische Religion als Grundlage eines völkischen Staates schaffen. Oftmals nahtlos gingen sie dann in den Nationalsozialismus auf. Der Franziskaner-Pater Erhard Schlund verfaßte hierüber bereits 1923 die Broschüre »Neugermanisches Heidentum im heutigen Deutschland«, in der er auch Dokumente abdruckte, die die Nähe zu den Allbeseelungs-Vorstellungen und den daraus resultierenden Respiritualisierungsbemühungen des heutigen New Age beweisen. So zitierte er z. B. das Glaubensbekenntnis der »Germanischen Glaubensgemeinschaft«, in dem die Punkte standen: »1. Wir bekennen uns zu der Kraft des Geistes und des Lebens, die das All durchdringt und uns. 2. Und erkennen im All eine formbildende Kraft des Lebens, welche die Mannigfaltigkeit aller Erscheinungen und ihre besondere Art bedingt, und anerkennen daher auch alle Sondererscheinungen in ihrer Naturnotwendigkeit als Offenbarungen der Kraft des Lebens. ... 6. Religion ist uns das reine, weltbejahende, tat- und erkenntnisfrohe Verhältnis der Seele zum Geist des Alls und zu seinen Erscheinungs- und Offenbarungsformen.«[231]

1933 gründete der führende nazistische Religionswissenschaftler Wilhelm Jakob Hauer eine Sammelorganisation der »deutschgläubigen« Sekten namens »Deutsche Glaubensbewegung« (DG), die als spiritueller Unterbau des »Dritten Reiches« gedacht war. Der militante Antisemit und Germanentümler Hauer, an den sich Mynarek heute explizit anlehnt, wurde in den achtziger Jahren im »Esoterik Almanach« als »Indologe« vorgestellt, weil er in den zwanziger Jahren auf mehreren Studienreisen nach Indien »indogermanische« religiöse Gemeinsamkeiten »entdeckte«, bei denen oft der Wunsch der Vater der Entdeckung war. Den »Esoterik Almanach« verfaßte Jens Dittmar vom Rossipaul-Verlag, der breit im New Age-Buchgeschäft verankert ist. Hauer, der sich vor allem auf die Schrift »Der Mythus des zwanzigsten Jahrhunderts« von Alfred Rosenberg stützte, ist einer der »Päpste« der »Deutschen Unitarier«, deren direkter Vorläufer die DG war. Auf einem Flugblatt der DG »Deutscher Glaube, sieben Fragen und Antworten« von 1935 heißt es: »Was ist deutscher Glaube? Glaube an das All-Wirkende. ... Gott schauen wir in allen Erscheinungen der Welt, im ganzen Werden und Vergehen der Natur.«[232]

Die Partei »Die Republikaner« nannte in ihrem alten Parteiprogramm Paul de Lagarde als Vorbild der Jugend. In ihrem Parteiprogramm von 1990 stand der meist überlesene Abschnitt »Kirche und Religion«, in dem »die innere Erneuerung unseres Volkes« gefordert wurde, weil »die moralischen Abwehrkräfte unserer europäischen Kultur nahezu erschöpft sind«. Die hundertzwanzig Jahre seit Lagardes Schrift »Über das Verhältnis des deutschen Staates zu Theologie, Kirche und Religion« sind offenbar sehr kurz. Henning Eichberg steht im direkten Übergang von den »Republikanern« zur New Age-Bewegung. Er will mit den »alten Göttern« die neuen Probleme lösen und setzt auf »Religion als soziale Sinnlichkeit«: »Altdeutsches Heidentum und Gesellschaftskritik griffen ineinander«, die »neualten Mythen« seien »subversiv und gegenkulturell«.[233]

Sigrid Hunke sah bereits 1969, ein gutes Jahrzehnt vor dem Siegeszug des »New Age«-Begriffs, in einem »Bewußtseinswandel« die Lösung, in der »Heilung vom Materialismus« und der Hinwendung zur »Religion der Zukunft«. Noch nannte sie es »Europas andere Religion«, um von der Identität mit der alten faschistischen Religiosität abzulenken. Zwanzig Jahre später fordert sie die »Denkwende zum Ganzheits-Denken« durch »Europas *eigene* Religion«, die des »amerikanischen Supermarktes New Age« gar nicht bedürfe, da sie originärer sei; statt des weiteren »Untergangs des Abendlandes« werde dann der »Aufgang eines europäischen Europas« als Lösung »aller Übel« kommen.[234]

Pierre Krebs, Leiter des Kasseler »Thule-Seminars«, knüpft in der ersten Ausgabe der Zeitschrift »elemente« 1986 direkt an Lagardes Beseelungs-Forderungen an: »Unser inneres Reich« nennt er plagiierend seinen Beitrag und triumphiert: »Deutschland ist, ohne es eigentlich zu wissen, ... zu den alten Göttern zurückgekehrt.« Die von Heidegger diagnostizierte »Verfinsterung« – »die Flucht der Götter, die Zerstörung der Erde, die Vermassung des Menschen, der Vorrang des Mittelmäßigen« – beginne sich als »inneres Reich« bereits aufzuhellen, als »die Identität des neuen Deutschland. Diese Identität ist imperial.« Deutschland werde nicht untergehen, sondern über die Respiritualisierung zum »Epizentrum unseres Kontinents« werden.[235]

Alain de Benoist fordert – Hunke abschreibend – »zu einem neuen Anfang« Europas die Rückkehr zum Heidnischen. Der französische Neofaschist Guillaume Faye schreibt recht offen über den wahren Hintersinn der Spiritualität im Kampf gegen »die Zivilisation des jüdisch-christianisierten Westens«: »Warum ein Mythos? Weil zu einer Zeit, wo alles Gedachte von jüdisch-christlichen und egalitären Werten geprägt ist, die surhumanistische Botschaft der neuen europäischen Identität – will sie die Geister nicht erschrecken – in einer irrationalen und verschlüsselten Form dargelegt werden muß, die mehr die Sensibilität als den Intellekt anspricht. ... Das surhumanistische Projekt wendet sich an all diejenigen, die die heidnische Weltanschauung – häufig ohne es zu wissen – in sich tragen und die zahlreicher als angenommen sind, da der Schatten der Götter immer noch vorhanden ist, die alten Pantheons immer noch fruchtbar und imstande sind, junge Götter ins Leben zu rufen. Wie Meister Eckhart es formulierte, ist ein solcher Diskurs für diejenigen gemacht, die ihn bereits in ihrem Herzen als ihre eigene Wahrheit tragen. ... Erst wenn Europa den Sinn für das Heilige und die Schicksalsgemeinschaft wiederentdeckt, wird es sich regenerieren«, dazu diene die »mythische Spiritualität«.[236]

Die Respiritualisierung ist also mehr als eine bloße Naturalisierung bestehender bzw. wieder zu errichtender vergangener gesellschaftlicher Verhältnisse. Vielmehr bekommt die Naturalisierung einen Heiligenschein. Die mit ihr angestrebten antidemokratischen Verhältnissen werden nicht nur als natürlich – und deshalb als unhinterfragbar und unabänderlich – ausgegeben. Es wird zusätzlich der Eindruck erweckt, als seien diese Verhältnisse die einzigen, die Glück und Heil bringen. Damit wird jegliche Hoffnungsmöglichkeit auf andere, bessere Verhältnisse genommen, und seien sie erst im Jenseits zu erwarten. Diese Hoffnung aber war – als Überbau des materiellen Elends – durch die Jahrtausende eine ideologische Triebfeder zur Gesellschaftsveränderung *auf Erden*, auch wenn sie aufs Jenseits gerichtet gemeint war. Die Perfidie der New Age-faschistischen Respiritualisierung besteht gerade in dem Versuch, der Mehrheit der Menschen nicht nur die reale Emanzipation vorzuenthalten, sondern sie auch noch um diese Hoffnung zu bringen. Die Alternative des »Neuen Zeitalters« ist die freudige Unterwerfung als das erstrebte Heil selbst. Es liegt am Konstruktionsfehler dieses Denkens, daß diese Befriedungsstrategie *auf Dauer* kaum funktionieren kann, denn idealistisches Denken mißachtet die materiellen Bedürfnisse der Menschen, die immer der wesentliche Antrieb für Gesellschaftsveränderungen waren. Allerdings mag die Neuauflage der faschistischen Respiritualisierung im New Age wieder für eine Epoche ausreichen, wie damals: eine Epoche, die für viele Elend und Tod bringen kann.

Zweite These: Gemeinsam aus denselben Quellen schöpfen

Im New Age und in der historischen wie »neurechten« faschistischen Ideologie begegnen uns ständig dieselben Denker als Quellenbezug. Die »Neue Rechte« aktualisiert nur die alten Arbeiten Lagardes oder Chamberlains auf die Situation am Ende des zwanzigsten Jahrhunderts hin. Ihre geistige Traditionslinie ist identisch mit der der völkischen und faschistischen Bewegung: Zum einen wird aus der asiatischen, vor allem der indischen, Philosophie und Religiosität geschöpft, die uns ebenso in Capras »Tao der Physik« oder »Wendezeit«, in Erich Fromms »Haben oder Sein« oder bei Externstein-Meditierern begegnet und die bereits in der Romantik (Schlegel) und bei Lagarde, Chamberlain, Hauer sowie zahlreichen völkischen Ideologen bis in die dreißiger Jahre auftaucht. Auch an die bekannte »Tibet-Connection« in Himmlers SS sei erinnert. Zum andern wird bei diesen Ideologen vor allem auf die Geschichte der europäischen »Ketzer« als die Geschichte der eigenen ureuropäischen Weltanschauung zurückgegriffen, die gegen die angeblich fremde »vorderasiatisch-semitische« des Juden-Christentums gestellt wird. Auch dies ist in den Hauptwerken faschistischer Ideologie wie Chamberlains »Grundlagen« oder Rosenbergs »Mythus« genauso wie in Hunkes Buch »Europas andere Religion« und ihren nachfolgenden Variationen, in Benoists »Heide sein – zu einem neuen Anfang«, in Capras »Wendezeit«, in Fromms »Haben oder Sein« usw. zu finden.

Herausragend werden immer und überall als Ahnen eines »Germanischen Glaubens«, einer »Deutschkirche« oder einer »europäisch eigenen Religion« des nordischen Mythos reklamiert: vor allen anderen der gotische Mystiker Meister Eckhart, der auch einen Hauptbezug in Alfred Rosenbergs »Mythus des zwanzigsten Jahrhunderts« abgibt, Nikolaus von Kues (auch Cusanus, der kirchengeschichtlich nicht als Ketzer gilt), Giordano Bruno, Jakob Böhme, Baruch Spinoza (der trotz seiner jüdischen Abstammung bereits bei Chamberlain auch positiv gewürdigt wird), schließlich niemandem anderen aus der Neuzeit gleich: Johann Wolfgang Goethe, dann Friedrich Hölderlin, Martin Heidegger, Pierre Teilhard de Chardin und vermehrt Antoine de Saint-Exupéry. Die Personen, die außer Bruno und Spinoza als die Hauptvertreter der »Deutschen Mystik« bzw. als deren Nachfolger gelten und von Armin Mohler teilweise »die ›Kirchenväter‹« der Konservativen Revolution genannt wurden, bilden auch die Ahnengalerie des New Age. Der »deutsche Medizinmann« Paracelsus, Johannes Kepler und Nikolaus Kopernikus, sogar Martin Luther (als Befreier der Deutschen von »Rom« und von der Sündhaftigkeit des Menschen) werden in gleicher Weise und mit denselben Textstellen von den entsprechenden Autoren genannt, einmal als Vorläufer der faschistischen »Deutschkirche« oder »europäisch eigenen Religion«, ein andermal als Vordenker des New Age. Weil die pantheistischen Mystiker durch die römische Kirche verfolgt wurden, beansprucht die völkische Bewegung die »Gegenwehr« des »wahren Europa«, schließlich bis zum Komplex Auschwitz.[237]

Die brennenden Scheiterhaufen des Mittelalters sind die Leuchtfeuer auch für die New Ager, die im Nebel ihrer Spiritualitäten umhertasten. Als neue, alte Art der Gegenwehr bringt Mynarek den Sozialdarwinismus: Nach dem »ökoreligiös« göttlichen Naturprinzip sollen die jüdisch-atomistisch-utilitaristischen Menschen als »Irrläufer der Evolution« dem »Kampf ums Dasein« anheim fallen. »Irrläufer der Evolution« ist sein böses, nach Vernichtung schreiendes Wort gegen alle, die ihm nicht ins New Age des »ökoreligiösen« Gottesstaates folgen wollen.[238]

Zur erweiterten Neuausgabe seiner »Wendezeit« schreibt Capra 1988 im Vorwort, an der Erstausgabe sei häufig kritisiert worden, daß er »insbesondere die Tradition des ganzheitlich-ökologischen Denkens in der deutschen Geistesgeschichte nicht berücksichtigt« hätte. Um diesen Mangel zu beheben, schrieb die als »Philosophin der Grünen« bekanntgewordene Autorin Manon Maren-Griesebach (heute: Andreas-Griesebach) für Capra ein »Hintergrundpapier« über »ganzheitlich-ökologisches Denken in der deutschen (!) Geistesgeschichte«, auf dessen Basis Capra nun der »Wendezeit« ein neues Kapitel zufügte: der Italiener Bruno, der indische Hinduismus, Paracelsus, Jakob Böhme, der jüdische Portugiese Spinoza und Herder werden nun berücksichtigt. Auf Herders Religionsvorstellungen beriefen sich von Chamberlain bis zum REP-Parteiprogramm alle Faschisten gern, er betonte immerfort die »Fremdheit« der Juden in Europa. Schließlich schreibt Capra nun: »Goethe nun ist die zentrale Gestalt in der Entwicklung des ökologischen Ganzheitsdenkens in der deutschen Geistesgeschichte. ... Wie das der Naturmystiker wird auch Goethes Denken von einer tief ökologischen Spiritualität getragen.«[239]

Wir erfahren bei Capra nichts davon, ob er oder seine Vorarbeiterin

Maren-Griesebach – die wegen ihrer Blauäugigkeit gegenüber »arischer« Geistestradition schon lange umstritten ist – sich überhaupt die Frage gestellt haben, warum in dieser Tradition »deutscher Geistesgeschichte« auch der Faschismus steht. Bahro hat sich diese Frage gestellt und sie profaschistisch beantwortet. Es ist das »Volk der Dichter und Denker«, das uns in gleicher Weise als geistige Basis sowohl des Faschismus als auch des New Age präsentiert wird. Und es ist leider eben nicht nur ein Kalauer, sondern blutige Wahrheit millionenfachen Mordens und erneuter Politik des Todes, daß sich mit den Gedanken dieser »Dichter und Denker« die deutschen »Richter und Henker« jeder Provinienz zu rechtfertigen versuchten und versuchen.

Mit Goethe liegt man in Deutschland immer gut, nicht erst seit Chamberlains monumentalem Werk »Goethe« von 1912. Der »Dichterfürst«, dessen Antisemitismus, dessen pantheistische Naturlehren und dessen Selbstvergöttlichungs-Botschaften aus dem Munde des eigentlichen Deutschkirchlers Faust ihn zu einem adoptierten Vordenker des Faschismus machten, ist nicht nur abstrakt *die* Referenz für New Age und (Neo-) Faschismus. Chamberlain und Hunke oder Fromm und Capra kommen keineswegs zu verschiedenen Interpretationen derselben Textstellen Goethes, denn man ist sich in der Ausdeutung des Dichters als eines Ahnherrn des gemeinsamen Organizismus einig. Und auch wenn Bahro oder Capra die Konsequenz des Faustischen, des Heroischen Realismus, nicht explizit aussprechen mögen, so können sie doch auch keine mögliche alternative Schlußfolgerung benennen. Der spätere NSDAP-Ideologe Chamberlain stellt uns Goethe mit Zitaten als Antisemiten vor (nicht etwa »nur« als Antijudaisten), eine neue lehrreiche Erfahrung für humanistisch gebildete Oberschüler nach 1945. Der Kopf der deutschen Klassik gewann seine naturreligiös-pantheistischen Anschauungen in Auseinandersetzung mit dem Juden- und Christentum, worin ihm die ideologischen Väter des Faschismus knapp hundert Jahre später folgten.

Diese Vorgehensweise ist heute immer noch sehr modern, bei der »Neuen Rechten« ebenso wie im New Age. Das Judentum als nicht-natürliche, ja naturfeindliche Religion, so liest man in den »Grundlagen« Chamberlains, werde von Goethe als eine die Mitteleuropäer überfremdende Weltanschauung abgelehnt. »›Mögen die Juden an ihrer eigenen Kultur arbeiten – das wäre ersprießlich; an unserer Kultur ... dürfen wir ihnen keinen Anteil vergönnen‹«, so zitiert Chamberlain Goethe in seinem ausschließlich ihm zugedachten Buch. Dieses Bekenntnis zur völkischen Religiosität gab schon Herder kurz vor Goethe ab: »Jedes Volk bete auf seine Weise«. Goethe ist laut Chamberlain ein Seher der Natur des Kosmos, mit ihm komme es zu einer »Erweiterung der Vorstellung ›Natur‹« im Sinne des pantheistischen Naturverständnisses von »Natur als Alles« –

der Mann ist eben ganz Arier. Der Bezug auf Goethe (und die andern Genannten) dient im New Age wie im Faschismus demselben Zweck: der pantheistisch fundierten Selbstvergöttlichung des Menschen mit Hilfe von allgemein anerkannten, auch von der Linken nicht ohne weiteres kritisierbaren Kultur-Autoritäten. Es ist wohl kaum ein Zufall, daß ausgerechnet Paul de Lagarde es war, der die »Opere italiane« von Giordano Bruno auf deutsch herausbrachte und so einem breiten Lesepublikum in der Entstehungszeit der völkischen Bewegung zugänglich machte. Chamberlain, der dem mystisch-»sehenden« Pantheisten Bruno ein Kapitel in seinem Buch »Immanuel Kant« widmet und ihn als Schaffer von Mythen – im Sinne von Guillaume Faye – lobt, nennt Lagardes Bruno-Ausgabe »die einzig authentische Ausgabe der italienischen Schriften Brunos«. Die Weisheiten Eckharts findet Chamberlain – wie heute Capra – »vollkommen indisch«.[240]

Diese »neue Sicht der Wirklichkeit« findet Capra auch bei Pierre Teilhard de Chardin, den er »unter den abendländischen Mystikern« als denjenigen ansieht, »dessen Gedanken denen einer neuen Systembiologie am nächsten kommen.«[241] Ohne Teilhard – den von seiner Kirche kaltgestellten, vom Zweiten Vatikanischen Konzil stillschweigend rehabilitierten, dann katholischerseits totgeschwiegenen pantheistischen Jesuiten – geht nichts mehr, weder bei Hunke oder Krebs vom »Thule Seminar« noch bei den New Agern Capra, Mynarek oder Bahro. Der des historischen Faschismus scheinbar so Unverdächtige, der Mystiker und Naturwissenschaftler, der rehabilitierte Ketzer: Teilhard ist für seine Anhänger ein Galilei des zwanzigsten Jahrhunderts. Doch Teilhard ist in Wahrheit der personifizierte New Age-Faschist inmitten des Establishments. Der (Neu-) Schöpfer des »Kosmischen Christus«, der den Christen Wege zur pantheistischen Teilhabe an Gott eröffnete wie damals Deutschkatholiken oder Deutsche Christen – einige mögen ihn sogar noch gekannt, ihm die Hand geschüttelt haben – hatte vor allem ein Ziel: den »Übermenschen« zu schaffen, die Evolution auf die selbstgöttliche Spitze zu treiben. In den dreißiger Jahren, als Teilhard aktiv war, gab es dafür nur die Mendelschen Gesetze und die biologische Zucht von Menschen. Heute greifen die »europäischen« Gottmenschen zur Gentechnik.

Teilhard und seine Familie standen den *Gegnern* des französischen Hauptmannes Dreyfus nahe, des ersten jüdischen Mitglieds im französischen Generalstab, den Antisemiten 1894 wegen angeblicher Spionage verhaften ließen. Die »Dreyfus-Affäre« schwelte jahrelang; wegen der antisemitischen Intrigen der damaligen französischen Justiz und des nicht rechtsstaatlichen Verfahrens gegen Dreyfus veröffentlichte Zola sein berühmtes »J'accuse!«. Teilhard stand zeitweise unter dem Einfluß der später verbotenen rechtsextremen »Action Française« des Charles Maurras, der 1901 in seinem Buch »L'Autinéa« zurück zum heidnischen »Erbe« wollte, dessen Gruppe aber auch katholisch-faschistischen Einflüssen unterlag. Günter Schiwy, der christliche New Age-Biograph Teilhards, sieht sein Vorbild »im Banne der Lebensphilosophie«, die von der Linken als mitverantwortlich am Faschismus, als »Zerstörerin der Vernunft«, analysiert wurde. Kein Wunder, daß Teilhard zu einem Bezugspunkt auch der »Neuen Rechten« geworden ist, die in vermehrt zitiert.[242]

Auch in der neofaschistischen Zeitschrift »MUT« findet man die gemeinsame Ahnengalerie, im März 1989 wird das Thema New Age ausführlich behandelt: Der Psychologie-Professor Ernst Plaum stellt das »neue Weltbild« dar und Teilhard als dessen »bedeutsamen Gewährsmann«. Er fordert allerdings die Auseinandersetzung mit der bunten Zeiterscheinung des New Age: »Allzuvieles wirkt phantastisch und absurd.« Er will in der Nachfolge Hunkes oder Benoists die Rückbesinnung auf die europäischen Wurzeln des »neuen Weltbildes«: Nikolaus von Kues, Spinoza, die romantische Naturphilosophie, Othmar Spann oder die nazistische »Leipziger Schule« der »Ganzheitspsychologie«. Ergänzend schreibt hier Gerd-Klaus Kaltenbrunner über »Meister Eckhart in neuer Sicht«: Er sei »eine geistesgeschichtliche Großmacht« gewesen, die Schlegel, Schopenhauer, Othmar Spann und Sigrid Hunke in gleicher Weise fasziniert habe. Der »neurechte« Elitetheoretiker Kaltenbrunner reserviert die Eckhart-Lehre für »Einzelne und Wenige« und zitiert Schopenhauer: »Buddha, Eckhart und ich lehren im wesentlichen dasselbe.«

Mit der Ahnenreihe der Naturmystiker wird nur der eine Teil des gemeinsamen Weltbildes von Faschismus und New Age abgestützt. Es ist der Teil, der mit dem mechanistischen Weltbild auch die rationalen Forschungsmethoden kritisiert und sie durch Intuition, Meditation, durch die Mystik als Methode des Organizismus ersetzt, mindestens aber ergänzt sehen will. Wenn Chamberlain davon ausgeht, daß die Natur ein nicht zu erforschendes unendliches Welträtsel sei, liegt er auf der Linie Carl Friedrich von Weizsäckers und seines »Wunders« der Denkbarkeit des Wirklichen und all der anderen, die die Unhinterfragbarkeit von Handeln und Leiden durch Mystifizierung noch vergrößern wollen. Für die der Mystik nicht fähigen Menschen bleibt nur affirmatives Staunen. Chamberlains Ansicht, in der Mystik sei Religion »nicht mehr ein Fürwahrhalten, eine Hoffnung, eine Überzeugung, sondern eine Erfahrung des Lebens, ein tatsächlicher Vorgang, ein unmittelbarer Zustand des Gemüts«, ist nur eine andere Formulierung für das Lob der Mystik als Erkenntnismittel bei Weizsäcker, der meint: »Die Anerkennung einer meditativen oder mystischen Erfahrung der Einheit ist nicht ein Ausweichen vor der Rationalität, sondern, wenn wir richtig argumentiert haben, eine Konsequenz des Verständnisses des Wesens der Rationalität.«[243]

Quantenphysik als Weltanschauung

In einer Zeit, in der die rationalistische Naturwissenschaft die christliche Religion bereits besiegt hat, macht man sich jedoch unglaubwürdig, wollte man die Regeln wissenschaftlichen Vorgehens in Bausch und Bogen verwerfen. Die Hauptzielgruppe von Faschismus und New Age sind die gesellschaftlich notwendigen Führungskräfte der akademischen Mittelschichten. Zu sehr sind sie wissenschaftlich gebildet, als daß man ihnen mit platter Wissenschaftsfeindlichkeit kommen könnte. Die Ideologen versuchen daher, sich einen wissenschaftlichen Anstrich zu geben, für den sich die offenen Fragen der neueren Physik, insbesondere der Quantenphysik, hervorragend eignen, wenn man sie kurzerhand als Antworten präsentiert. Doch auch etliche Physiker, allen voran Heisenberg, Weizsäcker und Dürr, selbstverständlich auch Capra, beteiligen sich selbst an dieser Produktion von Ideologie. New Age-Religionsstifter wie Hubertus Mynarek, der sich vielfach auf Heisenberg bezieht, danken es ihnen.

Das freilich muß bei näherer Prüfung peinlich daneben gehen. Bereits Chamberlain sah sich von weltanschaulichen Gegnern dem Vorwurf des Dilettantismus ausgesetzt, weil er versucht hatte, faschistische Weltanschauung aus dem gesellschaftlich-politischen Meinungs- und vor allem Interessenkampf herauszuheben, indem er sie mit (natur-)wissenschaftlichen Erkenntnissen untermauern wollte, obwohl er nur eine grobe Ahnung hatte. Den pseudowissenschaftlichen Rückgriff vor allem auf die unverstandene Quantenphysik erleben wir heute bei Sigrid Hunkes »europäisch eigener Religion«. Hunke verdankt ihren Doktortitel der Philosophischen Fakultät der Berliner Universität (heute Humboldt-Universität) von 1941, als sie eine linientreue Dissertation bei dem SS-Rassepsychologen Ludwig Ferdinand Clauß verfaßte, auf den man sich bei den »Deutschen Unitariern« noch in den achtziger Jahren gerne positiv bezog. Physikalischen Dilettantismus erleben wir auch bei dem studierten katholischen Theologen Hubertus Mynarek, der in den Büchern »Ökologische Religion« und »Die Vernunft des Universums« jede Wissenschaft, die ihm begegnet, als Beweismittel für seine Ideen nutzt. Dasselbe erleben wir bei Fritjof Capra, dem der Ruf als Physiker vorausgeht, obwohl er nicht als Physiker Karriere machen konnte, sondern nur als freischwebender Ideologe, der aber wenigstens am Ende seines Buches »Wendezeit« zugibt, seine gesamten Grundlagen – die Quantenphysik, die asiatische Philosophie, die »Humanistische Psychologie«, die »Deutsche Mystik« – fast ausschließlich nur vom Hörensagen zu kennen.

All dies tut dem Siegeszug dieser Ideologen keinen Abbruch. Es zeigt uns aber, daß die »Kritik des Irrationalismus« – wie sie z. B. von Georg Lukács in der »Zerstörung der Vernunft« so glänzend geleistet wird, oder wie wir sie von Fritz Stern und Kurt Sontheimer her kennen – nicht ausreicht und nie ausreichte. Es geht um mehr als nur um Irrationalismus. Doch genügt es auch keineswegs, z. B. Capra als »klassischen Sonntagsphilosophen« lächerlich zu machen, wie dies J.-P. Regelmann mit dem berechtigten Hinweis auf die gänzlich fehlenden wissenschaftlichen Grundlagen bei Capras Produktion eines »Synthetik-Hits« wie der »Wendezeit« tut. Die notwendige Berücksichtigung und Kritik des New Age-faschistischen Einbezugs *naturwissenschaftlicher Erkenntnis* als Basis des »Neuen Weltbildes« reicht z. B. bei Lukács kaum über das hinaus, was Lenin in seinem Werk »Materialismus und Empiriokritizismus« von 1909 bereits schrieb. In dieser Arbeit versuchte Lenin erste – und größtenteils immer noch gültige – Ansätze einer dialektisch-materialistischen Kritik des »Neuen Denkens«, das sich auf der Basis der gerade beginnenden nicht-mechanistischen Physik anbahnte. Die ideologiebildenden Umwälzungen in der Physik zeigten sich dagegen erst nach Lenins Tod in voller Breite.[244]

Die faschistische und die New Age-Ideologie haben beide einen durchgehenden *wissenschaftlichen Anspruch*, den sie als selbsternannte Alternative zum wissenschaftlichen Sozialismus vor sich hertragen. Sie geben sich keineswegs nur anti-rationalistisch, nur die *Grenzen* der Erkenntnis betonend, sehen vielmehr vor allem die Naturwissenschaft als eigene unverzichtbare Basis an. Dies nur als »irrationalistisch« zu kritisieren, statt diesen Umgang mit Naturwissenschaft ernst zu nehmen, greift zu kurz. Beides: das Ansprechen der Wissenschaftsgläubigkeit *und* die Kritik an der Wissenschaft verschafft diesem »Neuen Weltbild« breite Zustimmungsfähigkeit. Es ist ein internes »Yin und Yang«. Küenzlen weist darauf hin, daß »der Anspruch, den eigenen religiös-spirituellen Weg als sicheres *Wissen* begründen zu können, ja geradezu die New-Age-Orientierung als unausweichliches Ergebnis moderner *Wissenschaft* ausweisen zu können«, zu »den wesentlichen Orientierungen der modernen Lebenskultur« gehöre.[245]

Gleichzeitig werden jedoch angebliche Grenzen der Naturwissenschaft aufgezeigt und Alternativen, auch Erkenntnis-Alternativen, im irrationalen, nicht-wissenschaftlichen Vorgehen präsentiert. Bei Chamberlain wie bei Capra wird die Intuition zu einem wesentlichen Erkenntnismittel. Die »Deutsche Mystik«, so wird uns erzählt, »erkannte« die »Weltprinzipien« auf dem Weg der »Intuition« und des »Mythos«, sie sei eine meditative, ganzheitliche, »deutsche« Erkenntnismethode im Gegensatz zum zergliedernden, »welschen« induktiven Verfahren.

Es ist zwar richtig, wenn Lukács unter dem unmittelbaren Eindruck des Nationalsozialismus, seiner Ideologie *und seiner Praxis* schreibt: »Hitler und Rosenberg tragen alles, was über irrationellen Pessimismus von

Nietzsche und Dilthey bis Heidegger und Jaspers auf den Lehrstühlen, in den intellektuellen Salons und Cafés gesprochen wurde, auf die Straße.« Und es ist durchaus berechtigt, eine solche Entwicklung aus den New Age-Bildungszentren heraus für die Zukunft zu befürchten, wo z. B. Heidegger und Jaspers heute dieselbe Rolle spielen wie in den neurechten Denkfabriken der »anderen Religion Europas«. Bahro und Langhans sind hierfür Beispiele. Dennoch ist es nur die Hälfte, denn es geht nicht mehr nur um »Weltauslegung«, die Lukács durch den Einfluß des Irrationalismus *an die Stelle* der Welt*erkenntnis* treten sah, sondern um die direkte weltanschauliche Verwendung *ebensolcher* neuerer, überwiegend physikalischer *Erkenntnisse selbst.*[246]

Diese Verwendung läßt sich nicht (mehr) ohne weiteres bloß denunziatorisch als »irrationalistische Uminterpretation« bekämpfen, als angeblichen »Mißbrauch«. Allerdings scheint die Linke erhebliche Schwierigkeiten mit dem ideologischen Umgang der Rechten mit der neueren Physik zu haben. Die Linke scheint sich bisher in eine Vogel-Strauß-Politik zu flüchten, obwohl von den Ansätzen her, die Lenin in »Materialismus und Empiriokritizismus« ebenso bietet wie Friedrich Engels im »Anti-Dühring«, durchaus die heutige Situation bedacht werden könnte. Nachdem jedoch die »blauen Bände« den »Vollwert-Kochbüchern« auf den Regalen der Wohngemeinschaftsküchen Platz machen mußten, werden die Argumente der altlinken Prominenz nicht einmal mehr zur Kenntnis genommen.

Die »Neuen Rechten« wie die New Ager dagegen verfügen inzwischen über den geistigen Beistand naturwissenschaftlicher Prominenz, die sich allerdings überwiegend um Hitlers erfolglosen Atombombenbauer Heisenberg gruppiert. Ergebnisse der Atomphysik, die jedoch oft sogar innerhalb der Diskussion der Physiker umstritten sind, werden von Laien »philosophisch« interpretiert und als »Beweise« verwendet, um letztlich gesellschaftspolitische Forderungen im Sinne des Organizismus zu begründen. Der Zusammenhang zwischen *ihrem* Verständnis der neueren Physik und ihren »Neuen Weltbildern« ist immer ein *politisch* interessierter. Das gilt auch für Heisenberg, Weizsäcker oder Dürr, denen jedenfalls *in ihrem Fach* kein Dilettantismus vorgeworfen werden kann, die aber Details der Atomphysik in unzulässiger Weise zu Generalaussagen über die menschliche Gesellschaft aufzublasen versuchen. Dabei werden die Ansichten ihrer Säulenheiligen wie Planck, Einstein, Schrödinger usw. bisweilen auch einfach verfälscht oder verschiedene, gänzlich unvereinbare erkenntnistheoretische Phasen dieser Wissenschaftler gegeneinander ausgespielt. Tote können sich nicht wehren, und der einzige Überlebende, Carl Friedrich von Weizsäcker, steht auf seiten des New Age.

Der amerikanische Wissenschaftshistoriker Paul Forman legte 1971 eine eindrucksvolle Studie über den Zusammenhang »ganzheitlich«-antidemokratischen Denkens in der Weimarer Republik und der *Entstehung der Quantenphysik* vor, die er auch als Warnung vor den beginnenden Tendenzen des New Age in der US-amerikanischen (Natur-) Wissenschaft der sechziger Jahre verstanden wissen wollte. Damals wurden in den USA verstärkt lebensphilosophische Konzepte rezipiert, aus denen dann z. B. Capra mit seinem New Age-Konzept hervorging. Forman zeigt nicht nur auf, daß sich heutige New Age-Heilige wie Planck oder Einstein – die auch die Ideologie der »Neuen Rechten« begründen sollen, *ungeachtet* Einsteins jüdischer Herkunft, z. B. bei Hunke – zu ihren Lebzeiten vehement gegen die Ideologisierung der neueren physikalischen Forschungsergebnisse wandten. Er findet vor allem ein politisch-spirituelles Klima in der Zeit unmittelbar nach dem Ersten Weltkrieg, das antirationale und intuitivistische Haltungen auch in der Naturwissenschaft förderte. So wurde der Boden geebnet, auf dem sich die damalige Physik *diesen* Weg bahnte – nicht den dialektisch-materialistischen. Die frühen zwanziger Jahre sind auch die Zeit der Organisationsphase des ideologisch bereits entwickelten Faschismus und des Kampfes gegen die sozialistischen Revolutionen in Europa und Revolten in Amerika. In dieser Zeit kommt der erkenntnistheoretische Relativismus und Idealismus als Waffe gegen aufgeklärtes Denken gerade recht. Formans These lautet: Nur in dem Klima der damals alles beherrschenden *Lebensphilosophie* und der hegemonialen Wirkung der antirationalen und antidemokratischen Arbeiten Oswald Spenglers – die von den damaligen Physikern breit rezipiert wurden und gegen die sich allenfalls Planck und Einstein stellten – konnte die Physik *ohne jede Alternative* den Weg der Quantentheorie einschlagen. So paßte sie sich den damals geistig hegemonialen Tendenzen an, die der Naturwissenschaft und ihren Methoden grundsätzlich feindlich gegenüberstanden. Wollten die Wissenschaftler – auch finanziell mit ihren Instituten und Forschungseinrichtungen – »überleben«, so mußten sie sich *mit ihrer Wissenschaft* diesem Klima anpassen, das dem exakten und rationalen Vorgehen »Entseelung« vorwarf.[247]

Eine ähnliche Argumentation verfolgt Ulfried Geuter im Bezug auf die Psychologie, die in den zwanziger Jahren den rationalen, naturwissenschaftlichen Weg verließ und sich der lebensphilosophischen Methodik (Introspektion, Intuition, Mystik) zuwandte. Gerade für die Psychologie war die Physik immer das große naturwissenschaftliche Vorbild. Geuter untersucht vor allem die Lehrstuhlberufungen und die Proteste der wenigen verbliebenen Experimentalpsychologen gegen den Vormarsch der Lebensphilosophen. Das New Age und die »Neue Rechte« greifen heute in gleicher Weise nicht nur auf lebensphilosophische Physiker zurück, sondern auch auf Vertreter dieser lebensphilosophischen antirationalen Psychologie, z. B. den Krueger-Schüler Karlfried Graf Dürckheim oder Erich

Rothacker. Allerdings haben sich die nicht emigrierten Psychologen dieser Richtung weitaus mehr für den Nationalsozialismus stark gemacht als ihre Physiker-Kollegen, so daß auf sie insgesamt weniger zurückgegriffen wird. Statt dessen steht hier die Gestaltpsychologie als vermeintlich faschistisch »unbelastete« Richtung bereit, da ihre Protagonisten bis auf Wolfgang Metzger emigrierten und ihre Vorstellungen – nun auch via New Age – aus den USA reimportiert werden.[248]

Das in den zwanziger Jahren allgemein verbreitete Gefühl einer Krise der Wissenschaft und der Gesellschaft, das mit dem Lebensgefühl der achtziger Jahre durchaus vergleichbar ist, hatte das Aufkommen bestimmter wissenschaftlicher Grundrichtungen ebenso zur Folge wie die Moden des Okkultismus und der Hellseherei sowie eine Welle von Sektengründungen. Sie alle sollten den »Hunger nach Ganzheit« in der von ökonomischen und politischen Krisen zerrissenen Weimarer Republik stillen, wie Forman den Historiker Peter Gay zitiert.[249] Die Ganzheit, die in der erforschten Natur nicht mehr zu finden war, wurde auch von den Naturwissenschaftlern nunmehr ins Transzendente verlagert, als Kitt, der die Trümmer des erkenntnistheoretischen Relativismus irgendwie wieder zusammenfügen sollte. Neben Spengler sieht Forman vor allem Rudolf Steiner hierbei als einflußreich. Steiners Anthroposophie, auf die sich heute auch Capra explizit bezieht, war aus der rassistischen Theosophie hervorgegangen und orientierte sich an Goethes Pantheismus. Sie eroberte damals weite Teile der Mittelschichten. Forman führt deutsche Physiker an, die sich offen auf einen Pantheismus stützten, den sie aus den Werken Goethes und Schillers herausgelesenen haben wollten. Dies geschah damals – entgegen den Behauptungen von Hunke, Capra oder Dürr – gegen den Protest von Max Planck und Albert Einstein. Forman zitiert Planck mit der Forderung, es müsse mehr getan werden gegen den Vormarsch von »Okkultismus, Spiritualismus, Theosophie und die zahlreichen Schattierungen, wie immer sie genannt werden mögen«. Er zitiert Einstein, es wäre geradezu lachhaft, wenn viele glaubten, in der Relativitätstheorie könnte man »Unterstützung für die antirationalistische Tendenz unserer Tage finden«.[250]

Forman zeigt, daß sich entgegen solcher Mahnungen in der Physik eine zuerst ideologisch – statt experimentell – fundierte, »quasi-religiöse Zurückweisung« des bisher gültigen Determinismus und des Kausalgesetzes und damit des materialistischen Wirklichkeitsbegriffes als Grundlage der Naturerkenntnis durchsetzte, und daß gleichzeitig im politischen Bereich, sogar von der Spitze der *sozialdemokratischen* Kultusverwaltung des Landes Preußen aus, der spirituell-irrationalistische Wissenschaftsansatz als Waffe gegen »Mechanismus und Materialismus« ins Feld geführt wurde. Forman behauptet *nicht*, die Quantenphysik wäre politisch rechts oder gar als falsch anzusehen. Er will vielmehr die Atmosphäre aufklären, in der die Physik bereitwillig und fast ohne Opposition in den eigenen Reihen gerade diesen Weg einschlug und nicht einen anderen – z. b. den dialektisch-materialistischen, den Forman allerdings nicht nennt. Dabei verweist er darauf, daß außer Einstein, der – eher unreflektiert – mit der Linken sympathisierte, die herausragenden deutschen Physiker der zwanziger Jahre in ihrer politischen Haltung nationalistisch und extrem konservativ waren, weshalb ihre innere Sympathie für das »Neue Denken« der Konservativen Revolution nicht erstaunlich ist.

Bemerkenswert ist Formans Hinweis, daß der Führer der Ideologisierung der Quantenphysik, Werner Heisenberg, aus der lebensphilosophisch, irrationalistisch und naturmystisch bestimmten deutschen Jugendbewegung stammte, die das große Vorbild der »neuen sozialen Bewegungen« der achtziger Jahre darstellt. In der Jugendbewegung zu Anfang unseres Jahrhunderts entwickelte sich unter dem Einfluß prominenter Vertreter der Konservativen Revolution die erste spirituelle »New Age«-Bewegung, auch mit ihrem völkischen Flügel. Auch zeigt sich – nach Forman – Heisenbergs ideologisches Interesse an der Quantenphysik darin, daß er vor der eigentlich wissenschaftlichen Publikation seiner Ergebnisse zur Ungültigkeit des Kausalgesetzes und des Determinismus in der Natur diese der überwiegend konservativ-revolutionär eingestellten gebildeten Öffentlichkeit als eine Art Vollzugsmeldung in einem populärwissenschaftlichen Artikel mitgeteilt habe. Zwar könne man keine direkt politischen oder jugendbewegten Aussagen in seinen Memoiren finden, doch ließen sich zwischen den Zeilen bei Heisenberg die lebensphilosophischen Ideen der einflußreichsten Ideologen der Jugendbewegung, Ludwig Klages, Herman Keyserling (letzterer übrigens – es paßt immer zusammen – ein enger Freund Chamberlains) und Rudolf Steiner, wiederfinden. Es sind Ideologen, die auch im New Age wieder eine Rolle spielen. Vor diesem Hintergrund erscheint Heisenbergs spätere Arbeit für das Deutschland des Nationalsozialismus – bis hin zum Versuch, den Nazis die Atombombe zu verschaffen – nur folgerichtig. Denn der Weg von der Jugendbewegung zum Nationalsozialismus war aus der Rückschau nicht nur der logische, sondern auch der meist begangene Weg.

Der Nachteil an Formans Arbeit ist sein Verharren im Bereich des Ideologischen. Der Frage, ob es materialistische Erfordernisse im Entwicklungsstadium der Produktivkräfte und damit reale ökonomische Zwänge – in der dem kapitalistischen Konkurrenzprinzip unterliegenden Wirtschaft selbst und vermittelt in den von den Kapitalien finanzierten Forschungseinrichtungen – gab, die zu den Entdeckungen der Quantenphysik zwangen, die wiederum Hoffnungen auf Profite weckten, geht er nicht nach. Weiterhin ist Forman nicht darin zuzustimmen, daß die Ideologisierung der Physik eine rein deutsche Angelegenheit gewesen sei, bedingt durch die geistige Krise in der Weimarer Republik. So diente z. B. Georges Sorels Buch von 1907 »Les préoccupations métaphysiques des physiciens modern«, auf das sich bereits Lenin kritisch bezog, in der damaligen Phase des »New Age« bereits einer reaktionären Politik. Sorel, der vom Anarchosyndikalismus über die »Action Française« zur Ideologie des Herrenmenschen kam, ist der »Neuen Rechten« heute eine Quelle für die Erschaffung des faustischen Menschen, was bereits in Lenins Kritik als Möglichkeit anklingt.[251]

Es ist nicht zu übersehen, daß vieles im New Age wie im Neofaschismus auf Werner Heisenberg zuläuft, der selbst daran mitwirkte, die offenen Fragen der neueren Physik zu weltanschaulichen Antworten umzubiegen. Die New Ager Dürr und Weizsäcker sind in der Physik tatsächlich Heisenberg-Schüler und wollen auch seine ideologische Tradition fortsetzen. Capra verkauft sich als Heisenberg-Schüler und er verwendet – wie Weizsäcker – dessen »Unschärferelation«, um die Existenz der materiellen Wirklichkeit zu leugnen und – »Yin und Yang« – den Gegensatz von Subjekt und Objekt aufzulösen. Capra zitiert Heisenberg als Zeugen des Relativismus, der der Ansicht gewesen sei, »daß nämlich jedes Wort oder jeder Begriff, so klar er uns auch erscheinen mag, doch nur einen begrenzten Anwendungsbereich hat«. Dieser Relativismus, der erst im spirituellen »Ganzen« aufgelöst wird und den weltanschaulichen Vorstellungen der Konservativen Revolution entspricht, wird von Hunke als Ausdruck der bei Einstein und Planck und bei Weizsäcker angeblich wirksamen »europäisch eigenen Religion« angeführt.

Heisenberg ist für den Neofaschisten und Kernphysiker im DESY-Teilchen-Beschleuniger-Projekt in Hamburg Rudolf Künast in dem »Thule-Seminar«-Buch »Das unvergängliche Erbe. Alternativen zum Prinzip der Gleichheit« – aus dem neofaschistischen Grabert-Verlag – der Kronzeuge für Irrationalismus, »intuitive Schau« und ganzheitliches Denken. Heisenberg ist für den Rassisten Jörg Rieck alias Jürgen Rieger in demselben Buch Kronzeuge für die These, ein biologistisches Zeitalter werde kommen. Pierre Krebs nennt Heisenberg in dem »Thule-Seminar«-Buch »Mut zur Identität« – aus dem Ludendorffer-»Verlag für ganzheitliche Forschung und Kultur« – in einem Atemzug mit dem Lebensphilosophen Max Scheler, mit den Konservativen Revolutionären Carl Schmitt, Ernst Jünger und Arthur Moeller van den Bruck, mit Konrad Lorenz und dem völkischen Mystiker, Antisemiten und Antidemokraten Hans Jürgen Syberberg als Vordenker des neuen »inneren Reiches Deutschland«, welches der »neue Vorbote des europäischen Schicksals« sei.[252]

Die wissenschaftlichen Gallionsfiguren des New Age haben sich in früheren Jahrzehnten nicht gescheut, für die faschistische Seite Partei zu ergreifen. Carl Friedrich von Weizsäcker, der nach seinen eigenen Angaben vom zeitweiligen SS-Liebling Werner Heisenberg persönlich an die Physik herangebracht wurde und während des Faschismus eng mit ihm zusammenarbeitete, war Mitarbeiter in der »ganzheitlichen« Nazi-Zeitschrift »Volk im Werden« von Ernst Krieck. Krieck gehörte der neuheidnisch-rechtsextremen Sekte Armanen-Orden an, seine Zeitschrift erschienen im Leipziger Armanen-Verlag. Zu seinem sechzigsten Geburtstag 1942 würdigte der NSDAP-Gauleiter und Reichsstatthalter Robert Wagner Krieck als »Wegbereiter Großdeutschlands«, einen »der ersten Gelehrten der neuen Zeit«, der »als deutscher Nationalsozialist« »die Möglichkeit der Wiederaufrichtung verkündet« und »mitgeholfen (hat), dem neuen Reich seine Geltung in der Welt zu verschaffen«. Der Reichsstudentenführer der NSDAP, Gauleiter und Reichsstatthalter G. A. Scheel befand zur selben Gelegenheit über Krieck: »Er ist einer von den bedeutenden Einsamen, die lange vor dem 30. Januar 1933, der Zeitenwende einer neuen Welt, nichts anderes gekannt haben als den unbedingten Willen zum Reich; in den Jahren, die dieser Revolution folgten, war er einer der vordersten Streiter im Kampf um die Erneuerung des deutschen Charakters; er ist es geblieben bis zur Stunde, da Europa unter der Führung des wiedererstandenen Reiches um seine innere und äußere Freiheit kämpft (1942 !, P. K.). An seinem Lebenswerk gewinnt unsere Weltanschauung und unser geschichtlicher Wille die Richtung in eine große Zukunft.«[253] Der ganzheitliche Organizist und »New Ager« Krieck hatte in der NSDAP zahlreiche Gegner, weil er der Konservativen Revolution entstammte und daher als Konkurrenz Alfred Rosenbergs und seiner Clique angesehen wurde, obwohl sich die Konzepte beider sehr nahe waren.

Krieck hatte bereits 1922 an dem Sammelwerk der Konservativen Revolution »Die Neue Front« mitgearbeitet, das vergleichbar ist mit den beiden genannten Büchern des »Thule-Seminars« aus den achtziger Jahren. Hier waren schon Artikel über die angebliche Notwendigkeit ganzheitlicher Weltauffassung nach dem New Age-Modell erschienen: »Es gilt, diese Welt ... zu neuer Einheit zu zwingen, die widerstreitenden Elemente zu überwinden, sie in unser Inneres aufzunehmen, sie zu Organen wesentlich deutschen Lebens werden zu lassen. Das aber ist eine Frage schöpferischer Kraft, ist eine Frage religiöser Erneuerung« gegen den »auflösenden Verstand«, die »immer mehr mechanisierte Gesellschaft und Wirtschaft« und »das furchtbare Chaos einer entseelten Masse«. Hier war auch – Forman bestätigend, der »Die Neue Front« nicht kennt – unter Hinweis auf Spengler, Steiner und Einstein über die »Wissenschaftskrisis« und »Kulturkrisis« dieser Zeit geschrieben worden. Die Möglichkeit einer Beantwortung der »Frage nach Vielheit und Einheit« in der Welterkenntnis wurde aufgeworfen, eine Antwort in Einsteins Arbeiten als wahrscheinlicher angesehen als z. B. in Steiners, eine endgültige Beantwortung jedoch der zukünftigen Bewährung der Einsteinschen Weltsicht im Rahmen lebensphilosophischer Erwägungen überlassen.[254]

Der Jahrgang 1942 der Krieck-Zeitschrift »Volk im Werden« ist ein einziger »New Age«-Jahrgang, in dem das »Neue Denken« des Organizismus und seiner faustischen Konsequenz als »deutsche Naturanschauung« ausgegeben wird, in dem die Ahnenreihe von Nicolaus Cusanus, Paracelsus, Böhme, Goethe usw. zu Chamberlain und Krieck gezogen wird, in dem der Pantheismus als das von Krieck so genannte »Prinzip All-Leben« erscheint: »Allem Seienden wohnt ein bildendes Prinzip ein, alles Existierende folgt in individuell-rassisch-artlich abgewandelter Weise dem Einheitsgesetz All-Leben. Im Vielen das Eine und im Einen das Viele schauen.« »Eindeutig steht Krieck mit dieser Feststellung in der Tradition des deutschen Naturanschauens, in Kampfstellung also gegen die westliche Mechanistik (Cartesianismus, Newtonismus), deren Tendenz dahin zielt, alles lebendige Geschehen in kausal-mechanische Ablaufsreihen oder das Weltgeschehen in einen planlosen Atomwirbel aufzulösen.« Diese Weltsicht, die heutige New Ager – ohne rassistische Ausfälle – auch nicht wesentlich anders beschreiben, sei »eigentümlich deutsch«. Es ist offenbar der Kern dessen, was uns Bahro oder Langhans heute als das anpreisen, was Hitler angeblich »wirklich« gewollt habe, weshalb Hitler nun »erlöst« werden müsse.[255]

Als Teil dieser »eigentümlich deutschen« Weltanschauung schreibt Carl Friedrich von Weizsäcker in »Volk im Werden« 1942 seinen Artikel »Die Atomlehre der modernen Physik«, in der explizit gegen den Materialismus gerichtet und mal wieder unter Bezug auf Goethe die apriori-Existenz der materiellen Außenwelt und ihre Erkennbarkeit geleugnet wird. Die Wirklichkeit wird voluntaristisch nur als experimentelles Konstrukt quasi-göttlicher, schöpferischer (faustischer) Naturwissenschaftler hingestellt und sodann mystifiziert. Weizsäcker schreibt: »Das Ganze aber entzieht sich dem Zugriff des messenden Menschen«, »wir müssen uns eingestehen, daß wir diese anschaulichen Erscheinungsformen des Wirklichen durch unser Experiment selbst erst geschaffen haben«, weshalb die Erkenntnisse daraus nicht generalisierbar seien. Dies sind Positionen, die z. B. Hunke auch Einstein verfälschend unterschiebt, um ihn zur Stütze eines kulturell-religiösen Relativismus zu machen. Lenin hatte sie bereits in »Materialismus und Empiriokritizismus« an Vorgängern Weizsäckers als »Physikalischer Idealismus« kritisiert. Die Verbindung voluntaristischer mit naturmystischen Anschauungen macht Weizsäckers Quantenphilosophie brauchbar für »faustische« Absichten, auch wenn er diese heute wohl weit von sich weisen würde. Tatsächlich aber hat er seine Quantenphilosophie nie wesentlich verändert, der Artikel aus »Volk im Werden« gibt den Kern von Weizsäckers Denken bereits vollständig wieder.

Daß sich Weizsäcker 1942 ausgerechnet Kriecks Nazi-Blatt zur Publikation seines Atom-Artikels aussuchte, zeigt, wie sehr er sich in dieser Fraktion des Nationalsozialismus heimisch fühlte. Es war die Fraktion der organizistischen und neuheidnisch-naturmystischen Konservativen Revolution, deren Nachfolger heute die »Neue Rechte« um Sigrid Hunke und Alain de Benoist bilden. Diese Fraktion war 1942 keineswegs randständig, in einem Jahr, als Hunke gerade mit häufigem Bezug auf die berüchtigte SS-Zeitschrift »Das schwarze Korps« promoviert hatte und Weizsäcker seine Professur im besetzten Straßburg bekam, dessen Universität – wie die des besetzten Posen – zur Hochburg der NS-Ideologie ausgebaut werden sollte. Zu dieser Zeit war Weizsäcker einer der auch politisch engagiertesten Vorkämpfer für eine Nazi-Atombombe, das damals am meisten »faustische« wissenschaftliche Projekt überhaupt. Die nazistische Referenz »Volk im Werden« ist ihm nicht einmal nach dem 8. Mai 1945 peinlich: In einem Wiederabdruck des genannten Artikels 1958 in der siebten Auflage seines Hauptwerkes »Zum Weltbild der Physik«, das erstmals 1943 erschien, bringt er sie an und beweist damit seine Kontinuität im Denken. Es kommt wohl auch nicht von ungefähr, daß Richard Wisser 1967 in seinem Buch »Verantwortung im Wandel der Zeit« ausgerechnet Karl Jaspers, den völkischen Zionisten Martin Buber, Romano Guardini und Martin Heidegger zusammen mit Weizsäcker als verschiedene Repräsentanten einer einheitlichen Geistesströmung präsentiert – Einheit des Denkens in der Vielheit der Denker.

Im Juli 1992 gibt Weizsäcker der rechtsextremen Zeitschrift »MUT« ein Interview. Obwohl sein eigener Anteil an der neueren Physik im Vergleich zu seinen weltanschaulichen Schriften eher klein ist, sagt er hier: »Die Meinung, daß Religion durch die Wissenschaft zu ersetzen sei, stammt von Propagandisten, die keine großen Forscher sind.« Mit Bezug auf Capra meint er, die Quantentheorie sei »mit den mystischen Traditionen leichter zu vereinbaren als die alte Physik«. »MUT« fragt ihn, ob er dem »Neuen Denken« des New Age zustimme, wonach »der Mensch vor dem Evolutionssprung seiner ›Gottwerdung‹« stehe, und Weizsäcker antwortet im Stile eines Religionsstifters: »Also, so große Dinge sind mir nicht geoffenbart. Aber sie könnten stimmen. ... Diese Weltsicht stammt wahrscheinlich aus Indien, und ich habe die größte Ehrfurcht vor der tiefen Weisheit der altindischen Kultur.« Sodann bekennt er sich zu einer »wahren Wissenschaft«, die monistisch-pantheistisch fundiert sei, und zum

»Mythos« der »Einheit«, den er als Teilhards »kosmischen Christus« versteht.

Thomas Görnitz – Weizsäckers »persönlicher Mitarbeiter« – versucht 1992 in einer Biographie, seinen Chef in die Nähe des Widerstands gegen Hitler zu rücken. Tatsächlich war die Familie Weizsäcker jedoch am Nationalsozialismus beteiligt: Carl Friedrich wurde vom Kriegsdienst freigestellt, um seine Professur in Straßburg zu übernehmen und an Hitlers Atombombe zu bauen, sein Vater wurde in den Nürnberger Prozessen als Kriegsverbrecher verurteilt, weil er an Juden-Deportationen beteiligt gewesen sei.

Görnitz faßt Weizsäckers Ideologie zusammen: »Bei Carl Friedrich v. Weizsäcker hat sich gleichermaßen aus seinen religiösen Erfahrungen und aus seinen wissenschaftlichen Forschungen heraus eine Schau auf das Ganze der Wirklichkeit entwickelt, die das dualistische Weltbild zu überwinden gestattet, welches bis heute noch das Paradigma des Abendlandes bildet. Bei ihm kommt es zu einer Gesamtschau, die die Möglichkeit eröffnet, das Diesseitige und das Transzendente zusammen zu denken. ... Neues Bewußtsein meint bei Weizsäcker nicht, zumindest für ihn selbst, das Verbleiben im Zustand der Entrückung. (Er wollte) nicht den Weg des Bettelmönches gehen, sondern zurückgehen nach Europa und die Dinge tun, die er zu tun hatte. Dazu gehörte das Verstehen der Physik und das Handeln in der Öffentlichkeit und Politik nach den von ihm als wahr erkannten Grundsätzen.« Dies ist eine Umschreibung des faustischen Menschen, der im »Heroischen Realismus« die Selbstgöttlichkeit mit der Tat verbindet. Allerdings hat Weizsäcker in der »Göttinger Erklärung« 1957 vor der Atombombe gewarnt und sich in den achtziger Jahren gegen den NATO-Doppelbeschluß ausgesprochen. Diese Haltung hat er jedoch 1988 in seinem Buch »Bewußtseinswandel« dann wieder als falsch revidiert.[256]

Weizsäcker ist für seine Distanz zu den Massen und zur Massendemokratie und für seine Sympathie für elitäre Konzepte bekannt. Eines paßt mal wieder zum anderen. Kein Wunder, daß er Stargast auf Ernst Albrechts New Age-Kongreß »Geist und Natur« war. Lenin hatte 1909 auf die Parteilichkeit der philosophierenden Physiker hingewiesen, die gegen die Interessen der Mehrheit der Bevölkerung gerichtet war, und hatte ihren Psychologismus kritisiert, der den Elitemenschen vergöttlichte – den »Experten« im Sinne des heutigen New Age-Physikers Hans Peter Dürr. Weizsäcker belebte den Psychologismus in neuer Sprache und nun aus der Quantenphysik heraus wieder: »Der Mensch sucht in die sachliche Wahrheit der Natur einzudringen, aber in ihrem letzten, unfaßbaren Hintergrund sieht er wie in einem Spiegel unvermutet sich selbst.« Er meint damit die ideologische Verallgemeinerung der Unbestimmtheitsrelation Heisenbergs, wonach es der Experimentator sei, der die erforschte Wirklichkeit erst selbst erschaffe; sie ist eine Grundlage des gesamten heutigen pantheistischen Organizismus. Dieses »Selbst« ist letztlich wieder das im faustischen Menschen wirkende pantheistische »All-Leben« Kriecks oder der völkisch-religiösen Sekten.

Der DDR-Wissenschaftler Helmut Korch hatte 1959 Weizsäckers Philosophie einer eingehenden Kritik von marxistischem Standpunkt aus unterzogen, die jedoch inzwischen der Vergessenheit anheim fiel.[257]

Es ist Weizsäckers Vorteil, daß er während des historischen Faschismus nicht zum Kreis Philipp Lenards und seiner »Deutschen Physik« zählte und deshalb als ideologisch unbelastet erscheint. Die Quantenphysik des Heisenberg-Kreises wird kaum mit den organizistischen Vorstellungen Kriecks und anderer Nazis in Verbindung gebracht. Sie profitieren zu Unrecht davon, daß einige Nazis um Lenard den Heisenberg-Kreis bekämpften und dieser sich eine Verfolgten-Legende zulegen konnte. Der deutsche Nobelpreisträger Lenard dagegen ist bekannt als fanatischer Nationalist schon der Kaiserzeit, als Antisemit und Nationalsozialist und zudem – wie praktisch für die Ideologen um Heisenberg, die nach 1945 Persilscheine brauchten – als jemand, der sich aus ideologischen Gründen gegen den wissenschaftlichen Fortschritt stemmte, weil dieser mit dem Namen des Juden Albert Einstein verbunden war. Lenard galt als der einzige rechtsextreme Ideologe unter den Physikern und wurde nach 1945 zum Sündenbock gemacht. Denn er und seine wenigen Nazi-Freunde hatte bis in die vierziger Jahre an dem wissenschaftlich bereits überholten Konzept des *Äthers* festgehalten, das diejenigen Naturphänomene erklären sollte, deren Unerklärbarkeit die »Krise der Physik« um die Jahrhundertwende ausgelöst hatte. Statt der Mehrheit der Physiker zur Quantenphysik und zur Relativitätstheorie als den besten neuen Erklärungen zu folgen, feindete Lenard die Relativitätstheorie als »jüdisch« an, weil sie von Einstein aufgestellt worden war, und setzte ihr eine Weiterentwicklung des alten Äther-Konzeptes entgegen, das als rein »arisch« ausgegeben wurde.

Das alte Äther-Konzept wurde von Descartes vertreten, der hiermit einen ganzheitlichen Aspekt in den Mechanizismus einbrachte. (Die Bedeutung dieser Tatsache hat Capra in seinem ideologischen, blinden Kampf gegen Descartes und den »Cartesianismus« gar nicht verstanden.) Der als materiell betrachtete Äther sollte auf mechanische Weise – wie das Meerwasser die Küsten – alles mit allem im Weltall verbinden. Er war als das Medium gedacht, das die Wirkung des einen auf das andere vermittele. Das materialistische Äther-Konzept wurde am Ende des neunzehnten Jahrhunderts unter dem Eindruck der Arbeiten von Michael Faraday und Clark Maxwell, die die alte Äther-Hypothese zunehmend widerlegten, immer weiter idealistisch aufgelöst. Maxwell, den Lenard in den Himmel zu heben versuchte, hatte hieran wesentlichen Anteil. Für Capra dient Maxwell ebenfalls als der zentrale und einzige Bezugspunkt innerhalb der Physik des neunzehnten Jahrhunderts, da er der erste gewesen sei, der »über die Newtonsche Mechanik hinausging. Das war der großartige Triumph der Physik des 19. Jahrhunderts.«[258]

Chamberlain sah in Descartes einen »arischen« Organizisten, nachdem er den »Äther« bereits deutlich in eine pantheistische Richtung interpretiert und damit entmaterialisiert hatte. Lenard ging hierin noch wesentlich weiter. Am Ende seines vierbändigen Werks »Deutsche Physik«, das unter dem besonderen Schutz *einer Fraktion* der Nazis mehrere Auflagen erlebte, vertrat Lenard als spezifisch »arische« Art, Physik zu betreiben, und gegen den breiten Strom der neueren, an Planck und Einstein anknüpfenden Theoriebildung ein umgeformtes Äther-Konzept, das sich jedoch kaum noch von den pantheistischen Ansätzen z. B. bei Capra unterscheidet.[259]

Ernst Krieck hat in seinem Buch »Leben als Prinzip der Weltanschauung und Problem der Wissenschaft« diesen Übergang zum pantheistischen Organizismus bei Lenard erkannt. Ein aus der materiellen Welt gänzlich herausgeholter »geistiger« Äther soll hier die Vermittlungs- und Lenkungsinstanz zwischen den materiellen Weltphänomenen sein, die anderswo die Namen »All-Leben« oder »göttliches Prinzip« trägt und im wesentlichen mit dem pantheistisch verstandenen Transzendenten des New Age und des Neofaschismus übereinstimmt. Die Vorstellung des »Äthers«, so Chamberlain in den »Grundlagen«, sei »altes indisches Erbgut«.[260]

Der Chef des »Thule-Seminars« Pierre Krebs greift – ohne Chamberlain zu nennen – auf die alten Ansätze direkt zurück, wenn er 1988 in dem Buch »Mut zur Identität« den Autor der neurechten französischen Zeitschrift »Nouvelle Ecole« Patrick Trousson zitiert: Trousson hatte im Winter-Heft 1985/86 der von Benoist herausgebrachten »Nouvelle Ecole« die Weltvorstellungen der Physik untersucht. Dabei hatte er die französische »Nouvelle Droite« auf Capra und den heutigen Anhänger der Äther-Hypothese Lucien Romani aufmerksam gemacht. Die »bootstrap«-Theorie Geoffrey Chews aus den sechziger Jahren, die wir in Capras »Wendezeit« als »neuphysikalische« Grundlage des »Neuen Weltbildes« finden, hatte Trousson in einem Atemzug mit dem »Äther«-Konzept genannt. Trousson sah *diesen* »Äther« – wie Chamberlain und wie Capra beim »bootstrap« – als Möglichkeit, ein idealistisches Weltbild zu fundieren. Dabei löste er nicht nur die Materie in Nichts auf, sondern er leitete – wie praktisch – zugleich auch die antidemokratische »organische Gemeinschaft« ab.

Der Streit zwischen der hegemonial gewordenen neueren Physik und wissenschaftlichen Fossilien wie Philipp Lenard in den zwanziger und dreißiger Jahren war in dieser Hinsicht einer um Worte. Der nachdrängende naturwissenschaftliche Nachwuchs verstand Lenard nicht oder wollte ihn – sicher auch aus Gründen wissenschaftlicher Konkurrenz – in die

Ecke veralteter Theorien stellen, was dieser durch sein ungeschicktes Vorgehen selbst verschuldete. Die pantheistischen Vorstellungen aber, die heute von Physiker-Ideologen auf der Basis der Aussagen dieses damaligen Nachwuchses propagiert werden, sind nur ein Neuaufguß des Nothelfers »Gott«, nach dem die Physiker auch in der Vergangenheit griffen, um das noch Unerklärbare zu erklären. Während des neunzehnten Jahrhunderts – der Zeit der unumschränkten Vorherrschaft des bürgerlichen Materialismus in den Naturwissenschaften – wurde dieser Nothelfer lediglich in dem materialistischen Konzept des »Äthers« *ausdrückt*, dessen materielle Nichtexistenz noch nicht beweisbar war. Seine materielle Existenz als eine Art Ersatzgott konnte daher so lange ungestraft postuliert werden, bis sein Hinüberziehen in den ideellen Bereich aufgrund seiner materiellen Nichtnachweisbarkeit nötig wurde.

Auch der schon idealistisch-spirituell gemeinte Äther-Begriff wurde schließlich aufgegeben, aber der erneute Griff nach dem Transzendenten durch einige Physiker-Ideologen geschieht prinzipiell – wenn auch in neuer Form – nach dem Äther-Konzept, wie es sich am Ende seiner Karriere beim »deutschen Physiker« Lenard abzeichnete. Während dieser sich niemals damit abfinden konnte, daß auf den Ergebnissen des Juden Einstein »arische« Weltanschauung entstehen sollte, ist der Neofaschismus – aufgrund der Entwicklung der Physik gezwungenermaßen – hiervon abgegangen. Einstein wurde als angeblich unverzichtbarer Steinbruch des Organizismus von Hunke »rehabilitiert« und für eine Weltanschauung reklamiert, die damals »arisch« hieß und heute von ihr »europäisch« genannt wird. Es ist der nordische Mythos. Wollten sich Capra oder Hunke heute offen auf Lenards oder Chamberlains Äther-Konzept stützen, sie würden nur verlacht werden, weil es – meist mißverstanden – als mechanistisch gilt, obwohl es bereits pantheistisch-ganzheitlich zu verstehen war. Die Respiritualisierung auch der akademischen Physik erspart ihnen diese Peinlichkeit, denn auf der Basis einer ideologischen Verfälschung von Lenards Gegenspieler Einstein oder auf der Basis der ideologischen Schriften Heisenbergs ist der offene Rückgriff auf den Äther-Begriff verzichtbar geworden.[261]

Deutlicher noch als bei Weizsäcker zeigt sich die Ideologisierung von Naturwissenschaft bei Jakob von Uexküll. Der heute so viel gerühmte Erfinder des Umweltgedankens, auf den sich New Ager wie Hubertus Mynarek ebenso gern berufen wie die »Neue Rechte«, war ein eifriger Antisemit und Hetzer gegen alles Demokratische. 1920 brachte er seine »Staatsbiologie« heraus, in der er organizistisch den Aufbau des Staates nach dem Bild der biologischen Organismen propagierte und gegen jeden emanzipatorischen Fortschritt zu Felde zog. Insbesondere die streikbereite Arbeiterschaft der zwanziger Jahre war ihm verhaßt. 1928 veröffentliche Uexküll in dem Buch »Natur und Leben« posthum einige Schriften seines »verehrten

Freundes« Houston Steward Chamberlain, die dieser zum Gestaltbegriff geschrieben hatte. Chamberlain stand in engem brieflichen Kontakt mit Emma von Ehrenfels, der Ehefrau des Schöpfers des Gestalt-Begriffs, Christian von Ehrenfels. Es wird in der Gestalttheorie gerne verschwiegen, daß Ehrenfels ein glühender österreichischer Antisemit und Rechtsextremist war, der dessen ungeachtet bis heute einen hervorragenden Ruf genießt. Uexküll schrieb im Vorwort zu diesem Chamberlain-Buch: »Ich bin aber überzeugt, daß auch die modernen Gestaltstheoretiker, obgleich sie mehr psychologisch als biologisch eingestellt sind, mit Freude die ihnen hier gebotene Neubegründung ihrer Wissenschaft begrüßen werden, um auf den von Chamberlain errichteten Fundamenten weiter zu bauen.«[262]

Wie bei den Physikern wird auch in Chamberlains »Natur und Leben« die »Planmäßigkeit der Natur« vergöttlicht. Aus ihr werden die Gestaltgesetze abgeleitet, die auch die menschliche Gesellschaft bestimmen sollen. Wie bei Mynareks und Capras göttlichem Naturplan heute ist eine affirmative Bewunderung dieser »Planmäßigkeit« das Gebot: »Gestalt ist angeschaute Planmäßigkeit.« Hierin sieht sich Chamberlain mit »einem der genialsten unserer Biologen der Gegenwart« eins: Er meint Jakob v. Uexküll. Das Buch ist eine Sammlung früher »New Age«-Texte Chamberlains, in dem alle zentralen Positionen des »Neuen Denkens« behandelt werden, von der Kritik am »Kausalitätswahn« der Naturwissenschaften über ein Oberflächenphänomen des New Age wie Kristallmystik (Kristalle als Ausdruck von »Gestalt«) bis zu Capras pantheistischem Konzept der »Selbstorganisations-Dynamik des gesamten Kosmos« als neue Form von »Gott«, das bei Chamberlain als »innewohnender aktiv eingreifender Faktor« und »allen Wesen gemeinsame, ewig beharrliche Gestaltungskraft« benannt wird; sie begründe nach der indischen Philosophie »die Verwandtschaft alles Lebenden miteinander (Tat-twam-asi)«. Als wär's ein Text aus den 80er Jahren, kann Uexküll 1928 eine Schlußfolgerung Chamberlains aus dem Jahres 1896 drucken: »Die Politik (und Soziologie) reagiert endlich gegen den Fortschrittswahn, sowie auch gegen die Schreckvorstellung des Verfalls und lernt einsehen, daß, bei aller nötigen Elastizität, die Beharrlichkeit das große, von der ganzen Natur uns gelehrte Prinzip ist.«[263]

Chamberlain entwickelt hier sein pantheistisches Verständnis von Descartes' Äther-Konzept als dem Mittler zur kosmischen Ganzheit, das – idealistisch gewendet – letztlich die kosmische Energie überhaupt, die Lebensenergie oder Gestaltungskraft darstellen soll, die im New Age den Inhalt des Gotteskonzepts bildet. »Äther« wird zur »Grundmythe aller Wissenschaft der Kräfte«. Wenn Chamberlain dann den »Elektromagnetismus« als »Seele des Äthers« anführt, kann man New Age-Phänomene wie Okkultismus oder Parapsychologie leicht anbinden, die zur Jahrhundertwende bis in die zwanziger Jahre Modeerscheinungen in den Mittelschichten waren. Uexküll gräbt Schriften Chamberlains aus, in denen dieser ein »kosmisches Weltbild« vertritt, in dem nicht nur alles mit allem zusammenhängt und dieser Zusammenhang ein pantheistischer ist, sondern in dem der Kosmos politisch instrumentalisiert wird. Unter der Überschrift »Die Wissenschaft des Weltalls« läßt sich Chamberlain über Astronomie aus und fordert: »Ja, hineinwachsen soll der Mensch in das ihn umgebende Weltall, er soll den bestirnten Himmel über ihm als seine Heimat erkennen, voll Vertrauen, daß er ihre Geheimnisse wird enträtseln können, gehört er doch organisch zu ihr und ist ihren gigantischen Verhältnissen gewachsen. Der große Gedanke der Solidarität zwischen dem moralischen Gesetz in uns und dem uns umgebenden Weltall, indem jeder von beiden gleichsam die Bürgschaft für die Realität, d. h. die Wirklichkeit des anderen übernimmt, ist wohl wert, in erster Reihe hervorgehoben zu werden.«[264]

Die »Enträtselung« der kosmischen »Geheimnisse« geschieht vor allem mystisch. Der faustische Mensch, der »voll Vertrauen« heroisch-realistisch seinen moralisch vom Kosmos bestimmten Weg geht, ist hier das deutliche Ziel. Im Sinne von Bahro und Langhans, die heute »Hitler erlösen« möchten, um zu dem zu gelangen, was dieser angeblich wirklich wollte, schrieb Chamberlain 1923 – kurz vor dem mißglückten Feldherrnhallen-Putsch der NSDAP – an Hitler: »Sie haben Gewaltiges zu leisten vor sich, aber trotz ihrer Willenskraft halte ich Sie nicht für einen Gewaltmenschen. Sie kennen Goethes Unterschied von Gewalt und Gewalt! Es gibt eine Gewalt, die aus dem Chaos stammt und zu Chaos führt, und es gibt eine Gewalt, deren Wesen es ist, Kosmos zu gestalten, und von dieser sagte er: ›Sie bildet regelnd jegliche Gestalt – und selbst im Großen ist sie nicht Gewalt.‹ In solchem kosmosbildenden Sinne meine ich es, wenn ich Sie zu den aufbauenden, nicht zu den gewaltsamen Menschen gezählt wissen will.«[265]

Von der Kraft, die aus dem pantheistischen Äther des Kosmos kommt (bzw. mit diesem identisch ist), die Welt zur »Gestalt« formt und das moralische Gesetz – also die gesellschaftlichen Lebensumstände der Menschen – nach dieser »Gestalt« bestimmen soll, sieht Chamberlain Hitler durchdrungen. Nun, heute sind wir klüger: Offenbar hatte Hitler dann doch wohl die »falsche« Gewalt gewählt! Bahro und Langhans möchten nichtsdestotrotz einen neuen Versuch von demselben Startpunkt aus wagen. Gerd-Klaus Kaltenbrunner, der moderne konservative Revolutionär mit der Spürnase für antidemokratisch nutzbare spirituelle Entwicklungs- und Traditionslinien, hat über die Jahrzehnte mehrfach auf die Bedeutung Chamberlains hingewiesen und aufgefordert, ihn in dem Sinne zu lesen, wie er im New Age – ohne daß man ihn dort kennt – nachgeäfft wird.

Jakob von Uexkülls Enkel Jakob von Uexküll, in den achtziger Jahren Europaabgeordneter der Grünen, stiftete aus einer Erbschaft des baltischen Uexküll-Adelsgeschlechts den »Alternativen Nobelpreis«, den so illustre heimliche Organizisten wie Hans-Peter Dürr oder Robert Jungk verliehen bekamen. Der Enkel, im Öko-Bereich bestens angesehen, blieb der Familientradition treu. So publizierte er in der nationalrevolutionären Zeitschrift »Neue Politik« des früheren hohen Hitler-Jugend-Funktionärs und Mitarbeiters des Nazi-Blattes »Völkischer Beobachter«, Wolf Schenke. Bei Schenke liefen bis zu seinem Tode Mitte der achtziger Jahre die Fäden des nationalrevolutionären Flügels des Neofaschismus um die Nachfolger Ernst Niekischs und Otto Strassers zusammen. In der »Neuen Politik« schrieben neben Uexküll Junior in den letzten zwanzig Jahren zahlreiche neuheidnische Nationalrevolutionäre, die das Comeback der völkisch-spirituellen Ansätze in den »neuen sozialen Bewegungen« betrieben.[266]

Im Jahre 1992 hatte der Uexküll-Enkel über uns unbekannte Wege von der Arbeit an dem vorliegenden Buch erfahren und schrieb mit Briefkopf der »Right Livelehood Award«-Stiftung des »Alternativen Nobelpreises« an den Verfasser folgenden Brief: »Sehr geehrter Herr Kratz! Zu meinem Erstaunen erfahre ich, daß Sie meinen Großvater, den Biologen Jakob v. Uexküll, in verschiedenen Schriften mit faschistischem Gedankengut in Verbindung bringen. Eine solche Schlußfolgerung kann nur auf Fehlinformationen oder Mißverständnissen beruhen. Es waren Darwin und seine Nachfolger, die mit ihrer falschen Naturlehre des Kampfes aller gegen alle und des ›survival of the fittest‹ die Rechtfertigung lieferten für Kapitalismus (Konkurrenz um jeden Preis) und ›Herrenrassen‹. ... Mein Großvater hat die darwinistische Irrlehre immer abgelehnt und wurde deswegen oft schikaniert. ... Ich wäre Ihnen dankbar, wenn Sie Ihre Veröffentlichungen in Zukunft entsprechend korrigieren – besonders da ich öfters mit meinem Großvater verwechselt werde. Mit freundlichen Grüßen Jakob v. Uexküll.«

Der Brief ist alleine schon deshalb bemerkenswert, weil auch der Uexküll-Enkel – trotz seiner früheren Arbeit für die Partei »Die Grünen« – selbst Verbindungen zum Neofaschismus hat: Im März 1991 luden die »Deutschen Unitarier« zu einem Seminar ein, bei dem Henning Eichberg und »Jakob von Uexküll (Stifter des alternativen Nobelpreises)« als Referenten angekündigt waren.[267]

Eine weitere geistige Traditionslinie des »ganzheitlichen« Organizismus und des Relativismus führt mitten in die südafrikanische Apartheid, zum Schöpfer des von Capra geliebten New Age-Begriffs »Holismus«: Jan Christiaan Smuts, ein Verfechter der Rassentrennung, den Marilyn Ferguson explizit als New Ager nennt. Als Buren-General ein »Arier«, zweifacher Regierungschef Südafrikas, nahm Smuts im Ersten Weltkrieg dem Deutschen Kaiserreich im Auftrag des britischen Imperialismus die namibische Kolonie »Deutsch-Südwest-Afrika« ab. Sein Buch »Holism and Evolution« von 1926 muß als der Vorläufer von Capras »Wendezeit« schlechthin angesehen werden: mit denselben physikalischen, psychosomatischen, humanistisch-psychologischen Bezügen wie bei Capra, teilweise nur mit anderen Begriffen. Das Buch, in dem die ganzheitliche Weltsicht bereits unter expliziter Ideologisierung der Arbeiten Einsteins und der Quantenphysik Heisenbergs als Alternative zu den christlichen Religionen entwickelt wird, war einer Fraktion der Nazis ideologisch so wertvoll, daß es trotz der offensichtlichen Nachteile seines Autors als Freund der Briten 1938 auf deutsch in Berlin erscheinen konnte. Möglicherweise war es der Krieck-Kreis, der die Drucklegung durchsetzte, denn er predigte 1942 in »Volk im Werden« durch Wolfgang Metzger auch die Gestaltpsychologie als die wahre deutsche und faschistische Psychologie und Weltanschauung, auf die sich Smuts bereits positiv bezog. Das Geleitwort zur deutschen Ausgabe »Die holistische Welt«, das der bekannte Ökologe Adolf Meyer-Abich im »Deutsch-Dominikanischen Tropenforschungsinstitut« der Dominikanischen Republik unter dem faschistischen Diktator und Hitler-Unterstützer Trujillo schrieb, ist angefüllt mit peinlich-platten Anwürfen gegen den Liberalismus der Aufklärung und der Französischen Revolution und den Marxismus als »die offiziell allein geduldete Philosophie des bolschewistischen und atheistischen Rußland«. Mayer-Abich bezieht sich hier auch auf Jakob von Uexküll und Houston Steward Chamberlain.[268]

Bereits der Smuts-Biograph Crafford hebt 1945 die Verbindungen zwischen den »Ganzheits«-Vorstellungen des Smutsschen Holismus und seinen politischen Zielen eines »gestalthaften« britischen Empire hervor, in dem die ehemaligen britischen Kolonien Teile des Ganzen sein sollen: Der Gedanke der Ganzheit habe Smuts nicht nur in der Biologie fasziniert, sondern wäre die große Antriebskraft seiner politischen Bestrebungen zugunsten des britischen Imperialismus und der Unterdrückung der schwarzen Mehrheit Südafrikas durch Rassentrennung und offene Sklaverei (serfdom) gewesen, während er den Sozialismus immer verflucht (anathematized) habe. Darüber hinaus wollte er ganz Afrika für das britische Kapital »zivilisieren«. Stevens betont in seiner Untersuchung »Weizman and Smuts. A Study in Zionist-South African Cooperation«, daß Smuts es als »unehrenhaft« ansah, »weißes und schwarzes Blut zu vermischen«. Er habe den Wert der weißen Zivilisation als ausreichenden Grund für die Abwehr einer Schwarzen-Befreiung ausgegeben. Smuts war ein Anhänger der Homeland-Rassentrennung, die er mit den berüchtigten Paßgesetzen und auch mit offener Gewalt der Militärpolizei durchsetzte. Wo »Ganzheit« als Gefüge von Ungleichen verstanden wird, da ist Apartheid die logische Folge.[269]

Lenin irrte sich leider, als er 1909 in »Materialismus und Empiriokritizismus« den »Physikalischen Idealismus« als ein letztes Aufbäumen reaktionärer Ideologie gegen die Macht der Massen beschrieb, als ein Strohfeuer, dem der dialektische Materialismus als einziger legitimer Erbe des mangelhaften bürgerlichen Materialismus der Naturwissenschaften ein Ende setzen würde. »Das Wesen der Krise der modernen Physik besteht in der Umwälzung der alten Gesetze und Grundprinzipien, in der Preisgabe der objektiven Realität außerhalb des Bewußtseins, d. h. in der Ersetzung des Materialismus durch Idealismus und Agnostizismus«, so Lenin in einer sehr aktuell klingenden Zustandsbeschreibung. Doch der von ihm gesehene Ausgang der Krise trat nicht ein: »Die moderne Physik liegt in Geburtswehen. Sie ist dabei, den dialektischen Materialismus zu gebären. Die Entbindung verläuft schmerzhaft. Außer dem lebendigen und lebensfähigen Wesen kommen unvermeidlich noch gewisse tote Produkte, einige Abfälle zum Vorschein, die in die Kehrichtgrube gehören. Zu diesen Abfällen gehört auch der ganze physikalische Idealismus.«

Die biologistische Metapher Lenins war auch inhaltlich falsch: Die Krise gebar das »Neue Denken« als neue Waffe der Herrschenden, die »Abfälle« gewannen ideologisch die Oberhand. Weder konnte Lenin den Sieg des völkisch-religiösen, pantheistischen Organizismus als brauchbarste Ideologie für die faustischen Modernisierer-Faschisten vorhersehen, noch dessen logisches Einmünden in den Komplex Auschwitz, noch die für solche Folgen blinden aktuellen Wiederbelebungsversuche. Allerdings hätten Nachfolgende hier schlauer sein können, erst recht die »68er«, die doch Lukács gelesen hatten.

Die Attraktivität des *Mystizismus* und vor allem ihre Gründe sind der rationalen Linken nach wie vor ein Buch mit (zahlenmystisch) sieben Siegeln. Der zu Lenins Zeiten auf der »Rechten« diskutierte Ausweg kommt uns aktuell vor. Lenin zitiert den »Psychologisten« Abel Rey, der heute als New Ager durchginge: »Man muß der subjektiven Intuition, dem mystischen Gefühl der Realität, mit einem Wort, dem Geheimnisvollen, alles zurückgeben, was man ihm durch die Wissenschaft entrissen zu haben glaubte.« »Die antiintellektualistische Strömung der letzten Jahre« in Frankreich – dem Frankreich der Dreyfus-Affäre und der »Action française« – sei bestrebt gewesen, sich auf den »allgemeinen Geist der modernen Physik zu stützen«. Hier ist von der Zeit der Jahrhundertwende die Rede.[270]

Weite Teile der Linken scheinen den Anschluß an ihre eigene Tradition verloren zu haben. Sie wenden sich bereitwillig dem Mystizismus eines Meister Eckhart oder eines Weizsäcker zu, ohne zu erkennen, daß solche Ideologen immer schon im Dienste des *fortschrittlichen* Teils der Herrschenden gestanden haben. Der fortschrittliche Teil der Herrschenden war aber durch die Jahrhunderte hindurch immer zugleich auch der für einen

Sieg der Massen in den gesellschaftlichen Kämpfen gefährlichste Teil. Er bedurfte deshalb immer der besonderen Aufmerksamkeit. Doch die muß erst wiedergefunden werden. Die Linke seit »1968« war stark genug, den Neopositivismus zu bekämpfen, aber zu schwach, um an seine Stelle – als Negation in Hegels Sinn – den dialektischen Materialismus zu setzen. Im Ergebnis wurde eine erneute »Zerstörung der Vernunft« erreicht – in einer seltsamen Koalition von Adorno bis Bahro –, statt die Vernunft über die positivistischen Beschränkungen hinaus weiterzuentwickeln. Der Schritt wurde nicht nach vorne gemacht sondern nach hinten, zurück Richtung Mittelalter. Viele Linke sehen daran vorbei und verstehen deshalb nicht, weshalb das New Age ihr Todfeind ist, aber niemals ein Verbündeter gegen die »Verdinglichung« der Welt, oder besser: gegen ihre Verdinglicher. Die peinliche Frage lautet: War der Anti-Neopositivismus der »68er« eine Stärke der *Linken* oder nur ein Ausfluß noch der Ideologie der Nazi-Eltern, gegen die die Studentenbewegung zu rebellieren vorgab, aber deren Kind sie dennoch war? Oder beides, tatsächlich die Koalition Adorno/Bahro? Beruht auf diesem »Beides« möglicherweise der Erfolg der nationalrevolutionären Strategie in der Linken der achtziger Jahre, nachdem sich große Teile der »68er« mit ihren oftmals bereits verstorbenen Eltern innerlich ausgesöhnt haben?

Dritte These: Gemeinsam für das organisch-kosmische Weltbild

Das kosmische Weltbild des modernen Organizismus ist auf die Tat gerichtet. Es dient nicht einem Hinausfliehen aus der Welt, einem Passivbleiben gegenüber der Welt, sondern im Gegenteil einer menschlichen Herrschaft über die Welt, wie es sie bisher nicht gegeben hat. Für Faschismus und New Age trifft dies in derselben Weise zu, auch wenn beide Weltanschauungen ursprünglich aus romantizistisch-zivilisationskritischen Zeitströmungen entstanden sein mögen. Das Zusammenbringen des organizistischen Konzeptes natürlich-kosmischer Ganzheit/Gestalt mit der pantheistischen Vergöttlichung der Welt, des Weltgeschehens, bis hin zur Selbstvergöttlichung derer, die meditativ das Göttliche in sich zu entdecken in der Lage sein wollen, mündet im faustischen Menschen, im »Heroischen Realismus« der Konservativen Revolution. Er ist auf die Tat gegenüber der Welt gerichtet, auf das ethisch uneingeschränkte Sichuntertanmachen der Erde.

Die Konsequenz des kosmischen Weltbildes ist das Gegenteil von dem, was sich naive New Ager in ihrer kindlichen Indianerromantik und Liebe zur Natur vorstellen mögen. Auch die Konsequenz des historischen Faschismus – die umfassende, ethisch unbeschränkte Modernisierung der

Gesellschaft nach dem Maßstab des herrschenden Kapitals – war das Gegenteil von dem, was sich naive Anhänger der völkischen Bewegung und Ideologen von »Blut und Boden« dachten.[271]

Doch zur Absicherung der Tat braucht es die Einbindung sowohl der Tätigen als auch derer, mit, über und gegen die gehandelt werden soll. Ein inneres »Yin und Yang« von New Age und Faschismus sind der Heroische Realismus des faustischen Elite-Menschen, des Herrenmenschen, und seine Entsprechung: die organizistische Einbindung der Massen als den Beherrschten. Diese Einheit in der Vielheit ist der Sinn des Organizismus.

Die Begriffe »Ganzheit« und »Gestalt«, die fast immer denselben Inhalt haben, *und* ihre *Verbindung mit einer übernatürlichen Wesenheit*, einem »Göttlichen«, bilden die Grundlage des modernen Organizismus. Die übernatürliche Wesenheit stellt die Einheit des Universums her bzw. ist selbst schon diese Einheit, die Einheit in der Vielheit des Kosmos ist Ausdruck des derart verstandenen Transzendenten. Maria Wölflingseder behandelt diesen Aspekt 1991 in ihrer Dissertation über Capra als idealistischen Gegenspieler Paulo Freires, ohne jedoch die Relevanz dessen als Grundlage einer Ideologie der Tat zu begreifen: »Als wichtigstes Merkmal der östlichen Weltanschauung, als ihre Essenz, bezeichnet Capra das Gewahrsein der Einheit und die gegenseitige Beziehung aller Dinge und Ereignisse, die Erfahrung aller Phänomene in der Welt als Manifestation der *gleichen letzten Wirklichkeit*«, »die innere Vernetzung und gegenseitige Abhängigkeit aller Phänomene des Universums – das wiederum bedeutet Ganzheitlichkeit.«[272]

Das *mechanistische Weltbild* wird auch von der Linken als unzureichend angesehen und wurde im dialektischen Materialismus kritisiert, durch Negation aufgehoben. Der Kampf gegen das mechanistische Weltbild durch den Organizismus ist dagegen jedoch reaktionär, weil eine spirituelle, transzendente Ganzheit postuliert wird, die zu einer Entsubjektivierung der Massen und zu einer Rechtfertigung von angeblich natürlicher Ungleichheit innerhalb der »Gestalt« führt. Die Kritik des mechanistischen Weltbildes mit dem Ziel, dem Organizismus voran zu helfen, ist ein altes Thema faschistischer Ideologie, das von Anfang an hinter naturmystischem Gerede eine politische Zielrichtung gegen die Demokratie hatte. Hinter dem Kampf gegen den »Atomismus« verbarg sich seit dem letzten Viertel des neunzehnten Jahrhunderts ein Kampf für das »Recht auf Ungleichheit«, wie es bei der heutigen »Neuen Rechten« heißt, für einen Elite- und Führerstaat. Der Atomismus zerlege die Wirklichkeit in lauter kleine gleiche Teile, die dann mechanistisch aufsummiert werden sollten – so der Vorwurf –, während ganzheitlich-organisches Denken die Wirklichkeit als gewachsene Gestalt, als Gefüge von ungleichen Elementen, ansehe. »Gleichheit ist Tod, Gliederung ist Leben«, schrieb schon Julius Langbehn in seinem berühmten Buch »Rembrandt als Erzieher«. Langbehn war neben Lagarde einer der Führer der deutsch-völkischen Religiosität.[273]

Paul de Lagarde fand für die bürgerliche Demokratie das Wort »Unstaat«, bezeichnete ihn mit Novalis als »Maschine«, dem die Innerlichkeit fehle und der ein bloßes »Stimmviehgetriebe« sei. Schon 1853 schrieb Lagarde vom »état machine, nation machine«, von »einem ungeheuren Räderwerke, das grausam ist, weil jede Maschine grausam ist«. Lagardes Schriften wurden später von dem Verleger Eugen Diederichs herausgebracht, der selbst zur völkisch-religiösen Bewegung zählte und auch Schriften von Hermann Wirth und dem obersten Nazi-Rassisten Hans F. K. Günther herausbrachte (vgl. Lutzhöft 1971, S. 219). Heute veröffentlicht der Diederichs-Verlag zahlreiche New Age-Schriften und -Buchreihen. Mendlewitsch hebt in ihrer Analyse der Ideologie Lagardes deren »holistischen« Charakter hervor und resümiert: »Die Vorstellung des Ganzen mit seinen inneren Beziehungen als organische Struktur weist diesem einen natürlichen und damit ... ›wahren‹ Status zu, der nicht angreifbar ist.«[274]

Lagarde schrieb 1878 in seinem Buch »Die religion der zukunft« über die Selbstvergöttlichung der Deutschen und das daraus entstehende organische Deutsche Reich: »je mehr einzelne Deutsche ... sich zu bilden, das heißt, das in ihnen durch geburt und anlage materiale schlummernde gottesbild herauszuarbeiten bemüht sind, desto klarer wird uns unser wesen werden.« Mendlewitsch sieht Lagardes Selbstvergöttlichung des Deutschen »als Verknüpfung seiner biologistisch-organizistischen Volksvorstellung mit der religiös-geschichtsspekulativen Überhöhung der deutschen Bestimmung«. Dies entspricht z. B. dem pantheistischen Gottesstaat Mynareks, in dem »öko-religiöse« Menschen als die selbst berufenen – weil selbst göttlichen – Verwirklicher des göttlichen Evolutionsplanes agieren. Nach Lagarde soll dem spirituellen »inneren Reich« das äußere Reich folgen, die Bildung einer deutschen Nation als Gestalt, die für ihn Ausdruck göttlichen Willens war, der in den Deutschen und durch ihre *Tat* der Reichsgründung sich verwirkliche. Parallel dazu entwickelt Mynarek seine Gottesstaats-Vorstellungen. Mendlewitsch charakterisiert Lagarde so, als sei der heute gängige Organizismus des New Age gemeint: »Die Selbstüberhebung läuft auf eine Selbstvergöttlichung hinaus, die nur über die Nation als Ganzes erzielt wird; d. h. eine Verweigerung gegenüber der Nation oder Selbstvergöttlichung ist schon ein Angriff auf Gott selbst. Die göttliche Existenz legitimiert alles, sie gibt genau vor, was zu tun ist und verspricht in der totalen Symbiose aller miteinander und mit Gott die immerwährende Überlegenheit über alle anderen, das ewige Leben und die gänzliche Auflösung aller Dissonanzen.« Wenn im New Age die Einheit mit dem harmonischen Kosmos angestrebt wird durch meditatives Erlebnis des Göttlichen im

Selbst, so ist dies parallel zu Lagardes Vergöttlichung des Deutschen über das Sich-Eingliedern in die Nation. Lagarde fordert mit mörderischer Schärfe die Vernichtung derer, die sich nicht einfügen in das Ganze der Nation. Der New Ager Mynarek spricht von »Irrläufern der Evolution«, die dann wohl zumindest im pantheistischen Naturgesetz des Kampfes ums Dasein der Vernichtung anheim fallen sollen.[275]

Anti-atomistisches und ganzheitliches Denken waren in den zwanziger Jahren – der Zeit der konservativen Feindschaft gegen die revolutionäre Bevölkerung, die sich nicht organisch eingliedern wollte – die Grundlage rechtsextremer Ideologie, ob bei Spengler, bei Ortega y Gasset oder Le Bon. Die Eliten fühlten sich von den Massen bedroht und wollten ihren Ansprüche auf Herrschaft und Teilhabe am materiellen Wohlstand eine Ideologie entgegensetzen, die half, Ungleichheit zu rechtfertigen und hierdurch die Massen von den Privilegien fernzuhalten. Moeller van den Brucks antimechanistische Kritik zitiert Fritz Stern aus Moellers Buch »Der preußische Stil«: »Was fangen wir mit unseren Massen an? Wie retten wir die Natur vor der Maschine?« Ernst Krieck hetzt gegen »westliche Mechanistik« und setzt seine Hoffnung auf die »›Krise der Physik‹«, die ihr eigenes »Ende auf den Newtonschen Grundlagen herbeiführt«.[276]

»Daher löst der Atomismus ... jede Gestalt auf, wogegen der Organizismus ... von der Tatsache der Gestalt ausgeht«, schreibt Chamberlain in seinem »Kant«-Buch. Der Primat des Ganzen vor den Teilen zeigt sich bei ihm in Aussagen wie den folgenden: »Eine organische Auffassung der Lebensformen (würde) die Gestalt als das primäre hinstellen.« »Das gesamte Leben der Erde (wäre) für sie ein organisches Ganzes, in welchem jeder Teil zu jedem Teile in Beziehung steht.« »Es ist das Ganze, das das Verhalten der Teile bestimmt« – nein, dieses Zitat ist jetzt wieder von Capra, aus dem Nachwort zur revidierten Auflage seines »Tao der Physik« von 1991. Chamberlains »Natur und Leben« von 1928 ist eine einzige Kritik des mechanistischen Denkens, wie er sie auch in seinen anderen Werken als Kampf gegen den »atomistisch-mechanischen Standpunkt« betrieb. Sein idealistisches »Äther«-Konzept, das bei Chamberlain nur als ein anderes Wort für die übernatürliche Wesenheit erscheint, die das Ganze und die Gestalt ausmachen soll, ist Teil dieses Kampfes. Die Einheit des Lebens im Universum ist für Chamberlain »Gestalt«. Das Gesetz des Lebens, das die Lebewesen – auch die Menschen in der Gesellschaft – bestimme, sei kosmischen Ursprungs, Rassen und Nationen seien »Gestalten« nach dem Willen dieses Gesetzes.[277]

»Nur dort kann von Gestalt die Rede sein«, meint Uexküll kommentierend in »Natur und Leben«, »wo das Ganze aus verschiedenartigen Teilen zusammengesetzt ist«, wo die Teile auf den Erhalt des Ganzen – nicht etwa den Erhalt ihrer selbst – bezogen seien. Die Ungleichheit wird hier biologistisch-kosmisch-pantheistisch begründet. Die Gestalt hat göttliche Qualität, wie die Ungleichheit ihrer Teile und der die Mehrheit der Gesellschaftsmitglieder benachteiligende Prozeß ihres Gefüges. »In sämtlichen Gestalten des Lebens« sieht Chamberlain – fast wortgleich mit Capra – »ein einheitliches Bildungsgesetz« am Werke, eine »allen Wesen gemeinsame, ewig beharrliche Gestaltungskraft«. Sie begegnet uns bei Capra als »Selbstorganisationskräfte«, bei Mynarek als »Vernunft des Universums«, das er als Gestalt verstanden haben möchte und dessen »Vernunft« der vergöttlichte Evolutionsplan sei. Die »Gleichsetzung von Natur und Vernunft«, so Chamberlain (1921), die »seit den ältesten Zeiten, von denen wir Nachricht besitzen, bis zum heutigen Tage herab eine so große Bedeutung für die Weltanschauung der Indoeuropäer besitzt«, sei »der Urmythos aller Mythen«.[278]

»Die Natur ist als uns entgegentretendes Phänomen die sinnliche Erscheinungsweise des Geistes, des Göttlichen«, meint Mynarek für das New Age heute analog. Die Weltphänomene (natürliche und gesellschaftliche) sind ihm »Offenbarungen des biokosmischen Heiligen als Ganzem«. Daß der New Ager Mynarek letztlich nichts anderes im Sinn hat als der NSDAP-Chefideologe Chamberlain – auch keinen anderen Rassismus –, zeigt seine gleichartige Bewunderung für die Religionen archaischer Naturvölker, die »Natürlichkeit ihres ganzheitlichen Weltbildes«, ihr »Bewußtsein und Überzeugtsein von der organischen Ganzheit Mensch-Natur« und ihre »mystische Partizipation« hieran, die keine zivilisierte Forderung nach Gleichheit aufkommen läßt. Denn, so zitiert er zustimmend einen Ethnologen: »Das, was wir das ›Ganze‹ und den ›Teil‹ nennen, sind für den Primitiven zwei Seiten ein und derselben Realität. Er unterscheidet z. B. nicht zwischen dem Volk oder Stamm und dem Einzelnen. Im Einzelnen erscheint gerade das Ganze, in den Nachkommen lebt der Stammvater.« Allerdings ist Mynarek kein Ethnologe, der Epochen betrachtet, die die Menschheit überwunden hat. Ihm geht es vielmehr um den Versuch, das Überwundene zurückzuholen. Schon Chamberlain hatte bei Giordano Bruno das entdeckt, »was bei metaphysisch beanlagten, doch primitiven Völkern völlig naiv vorausgesetzt wird, weil selbst der Gedanke an die Möglichkeit einer Unterscheidung zwischen Welt und Mensch, zwischen Angeschautem und Gedachtem nicht aufkommt, und gar nicht verstanden werden könnte«. Diese naturreligiös-mystische Verneinung des Unterschieds »zwischen Angeschautem und Gedachtem«, also Natur und (menschlich-selbstvergöttlichtem) Geist entspricht der Auflösung des Unterschieds von Subjekt und Objekt des naturwissenschaftlichen Erkenntnisprozesses bei Carl Friedrich von Weizsäcker.[279]

Auch Jakob von Uexkülls Therapie gegen die Zivilisationskrankheiten der Moderne ist die Rückkehr zu den vorzivilisatorischen Mythen der

Naturvölker, die damals der Rechtfertigung ihrer nicht-demokratischen Gesellschaften diente: »Die Überzeugung einer umfassenden Planmäßigkeit ist in jedem Wilden lebendig, der dauernd mit der lebendigen Natur verkehrt. Die Mythen der primitiven Völker«, so v. Uexküll in seiner offen antidemokratischen »Staatsbiologie« von 1920, »sind nichts anderes als der Versuch, diese überwältigende Macht dem Verständnis näherzubringen. Man kann daher die Göttermythen als die Wissenschaft von damals bezeichnen, während unsere Wissenschaft nichts anderes ist als der Mythus von heute.« Und auch bei Capra lesen wir: »Vor 1500 Jahren betrachtete man in Europa und in den meisten anderen Zivilisationen die Welt organisch. Die Menschen lebten in kleinen, zusammenhängenden Gemeinschaften und erlebten die Natur als organische Beziehung, charakterisiert durch die wechselseitige Abhängigkeit der spirituellen und materiellen Phänomene und die Unterordnung der Bedürfnisse unter die der Gemeinschaft.« Es war der angebliche »heile« Zustand vor der kritisierten und für alle Unbill verantwortlich gemachten »Newtonschen Weltmaschine«. »Dieser Zustand änderte sich im 16. und 17. Jahrhundert radikal. Die Vorstellung von einem organischen, lebenden und spirituellen Universum wurde durch das Bild von der Welt als Maschine ersetzt.«[280]

Dieser romantisierte, zum Paradies verklärte Zustand war nach Capras eigener Rechnung also tatsächlich die Zeit des fünften Jahrhunderts in Mitteleuropa: Die Zeit des Unterganges der Antike, die nach Chamberlain am rassischen »Völkerchaos« des Molochs »Rom« krankte; die Zeit der Völkerwanderung germanischer Stämme, die nach Chamberlain die erst einmal rettende Herrschaft antraten; und die Zeit des sich herausbildenden Feudalismus, der totalen Barbarei und des Rechts des Stärkeren auf den Schlachtfeldern Europas, hierin tatsächlich dem biotisch-»kosmischen« Regelungsprinzip entsprechend. Capra und die Faschisten beschreiben das angeblich vorbildhafte, noch nicht römisch-jüdisch-christianisierte, erst recht von jeder Demokratie unberührte, weitgehend heidnische Mittel- und Nordeuropa an der Wiege des Feudalismus identisch. Die Zeit, die hier beginnt, findet in der faschistischen Literatur ihren Höhepunkt in der Gotik, mit ihrer »Deutschen Mystik« und der deutschen Herrschaft über fast die gesamte bekannte Welt.[281]

Der Begriff »Leben« spielt die zentrale Rolle in diesen Ganzheits- und Gestalt-Konzepten. Er ist ein weiteres Synonym für die übernatürliche Wesenheit. Aber nicht das Leben des einzelnen Individuums ist hier gemeint, sondern ein abstraktes Leben, *Leben überhaupt als der Prozeß des Kosmos* und seiner nachgeordneten Ganzheiten, von diesen vor allem Volk, Nation und Rasse, der fortbestehen muß, auch um den Preis des Lebens einzelner Individuen. Es ist bemerkenswert, mit welcher Gleichförmigkeit sich Chamberlain und Capra hier äußern. Für den faschistischen Ideologen erscheint »alles Leben« als »eine Gestalt«: »Alles Gestaltete, Lebende (bildet) zusammen ein Ganzes.« Chamberlain erfindet den »Satz von der Erhaltung der Gesamtgestalt des Lebens«, wie Uexküll ihn nennt, der die »gegenseitige Interdependenz der Lebewesen« im Sinne des »Rechts auf Ungleichheit«, der auf- und absteigenden Völker und Kulturen Spenglers, Moeller van den Brucks oder Toynbees ausdrücken soll: »Da – nach der Hypothese, – nur eine gewisse Summe ›Gestaltung‹ vorhanden ist, wenn sich an einem Orte ein Organismus zu größerer Komplikation entwickelt, so muß an einigen anderen Organismen eine Rückbildung stattfinden.« Uexküll schreibt hier im Vorwort: »Alles, was lebt, hat Gestalt – Das Leben ist Gestalt.« Capra ist in seinem zusammenfassenden Buch »Das neue Denken« der Ansicht, »daß nämlich Geist und Selbstorganisation nur verschiedene Aspekte ein und desselben Phänomens sind, des Phänomens Leben«. In der »Wendezeit« hatte er die Selbstorganisation von Natur/Kosmos mit dem Begriff Gott gleichgesetzt und den bootstrap-Ansatz als »das Systembild des Lebens« bezeichnet.

Die »Gaia-Hypothese«, die auch von Capra oder Mynarek vertreten wird, ist nichts anderes als dieses Verständnis von »Leben«: Der Planet Erde ist ein einziger Organismus, der überleben muß, auch wenn Individuen deshalb sterben. »Der Planet wimmelt nicht nur von Leben, sondern scheint selbst ein lebendes Wesen aus eigener Kraft zu sein.« Dies ist zwar Unsinn, wenn man nur an die Sonnenkraft denkt, aber eine solche Meßlatte darf man an die Aussagen des Doktors der Philosophie Fritjof Capra wohl nicht anlegen. Chamberlain meint in seinem »Kant«-Buch, für den Organizismus wäre »das gesamte Leben der Erde ... ein organisiertes Ganzes, in welchem jeder Teil zu jedem Teile in Beziehung steht«.[282]

Dieser abstrakte Lebens-Begriff entspricht dem der Lebensphilosophie, die für Capra, Mynarek oder Fromm explizit eine Wurzel des New Age ist. Er liegt auch der »Ökologischen Religion« Mynareks zugrunde, er ist der des Holismus von Smuts und letztlich das Verständnis des »Sein« in Erich Fromms »Haben oder Sein«. Er ist inhaltlich identisch mit dem pantheistischen »All-Leben« der völkischen Sekten und Ernst Kriecks, das bei diesem als »deutsches Weltanschauungsprinzip«, als »das ursprüngliche, tiefste und umfassendste Prinzip germanischen Weltanschauens« bezeichnet wird. Es gibt keinen Unterschied zu Capra, wenn Krieck unter der Überschrift »All-Leben und biogenetisches Grundgesetz« zustimmend den deutschen Organizisten Treviranus zitiert: »Alles, das Universum selber, besitzt Leben: denn wie ist es sonst erklärbar, daß in der Tätigkeit des Weltalls ... dennoch Gesetzmäßigkeit herrscht?« Er kommt zu dem Schluß: »›Lebenskraft‹ ist hier keineswegs wie bei den Vitalisten eine Kraft unter Kräften, eine zu den physikalischen und chemischen Kräften zusätzlich hinzutretende Sonderkraft. Vielmehr ist für Treviranus Lebenskraft gleich All-Kraft, gleich universale Kraft, also gleich dem All-Leben selbst, sofern dieses als Kraft wirkt und sich in den Lebenserscheinungen äußert.« Diese Art von All-Kraft ist nichts anderes als die kosmische Kraft des New Age, zu der man angeblich mystisch-meditativ Verbindung aufbaut, mit der man meditierend eins wird. Krieck vertritt die Gaia-Hypothese, ohne diesen Ausdruck zu benutzen, wenn er schreibt: »Das Prinzip des Lebendigen in den Organismen stammt genau von dort, wo die Materie der Organismen beheimatet ist: aus der Erde, die das Leben selbst in sich trägt und die damit wiederum Glied des All, des Kosmos ist.«[283]

Sigrid Hunke faßt 1969 in ihrem Buch »Europas andere Religion« dieses All-Göttliche zusammen, indem sie im Stile Chamberlains eine Galerie von Europäern für ihren Neofaschismus dienstbar zu machen versucht, die man allenthalben auch im New Age findet: »Ob sie mit Eckhart von Gottes Grund oder mit Teilhard vom Göttlichen Bereich, mit Böhme vom Ungrund oder der großen Tiefe überall, mit Shaftesbury vom göttlichen Weltgrund oder mit Anaximander vom Weltschoß und Urgrund, dem Unbegrenzten spricht, ob sie es mit Schleiermacher das Unendliche nennt oder mit Bruno die unendliche Allgegenwart, mit Heinrich von Berg das Allerwirklichste, mit Herder die Ur- und Allkraft, das tiefste Sein alles Seins, ob es bei Kant als alle Naturen durchwaltende Bestrebung auftritt, im Angelsächsischen als gewif, als das große Gewebe des Schicksalsteppichs, oder als Weltordnung oder Weltgesetz bei Heraklit und der Stoa, bei Goethe als das Eine, das sich vielfach offenbart, und bei den Unitariern als All-Einheit, ob er es als das Unerforschliche verehrt oder Szczesney es als die unbegreifliche, aber von uns immer mitzudenkende und immer mit im Spiel befindliche Dimension bezeichnet, Henry Moore als die vierte Dimension, Rilke als Weltinnenraum, als Sein oder das Ganze, Nikolaus von Kues als aller Dinge Wesensgrund, Mittelpunkt und unendlicher Umfang und Friedrich Schöll (ein Vordenker der »Deutschen Unitarier«, P.K.) als Wirkgrund aller Wirklichkeit, die beide eine ganzheitliche Wirkeinheit darstellen, die nur als Vollzug geschieht: sie alle, Stimmen aus tausend Generationen unseres Kontinents – wenn sie auch in dem Versuch, es hindeutend zu umschreiben, den Ton je verschieden setzen –, sie alle meinen dasselbe: Es gibt nur *ein* Sein. Nur *eine* Wirklichkeit. Und wir, in denen diese göttliche Wirklichkeit sich selber wirkt, erfassen gleichwohl mit unserem Verstand und unseren Sinnen niemals das Ganze.« Capras Selbstorganisationskraft des Universums war 1969 noch nicht geschrieben, Lenards entmaterialisierter Äther nicht mehr zitierbar. Es ist im übrigen dieselbe »Ketzergeschichte«, die auch schon Chamberlain 1899 mit denselben Namen als Grundlage der »germanischen Religion« beschwor.[284]

»Der mächtigste, alle anderen beeinflussende Vertreter des Prinzips All-Leben«, schreibt Krieck, »ist Goethe mit seiner Lehre von der lebenden All-Natur«, doch habe er leider »die bei ihm ursprünglich ebenso angelegte Anwendung von All-Leben auf die politisch-geschichtliche Wirklichkeit abgebrochen und in sich unterbunden«. Das zu beheben, schickt sich in demselben Jahrgang 1942 von »Volk im Werden« auch Wolfgang Metzger an, der führende Nachkriegs-Vertreter der *Gestalt-Psychologie* in Deutschland. Metzger war in den dreißiger Jahren der Vertreter des emigrierten Max Wertheimer an der Universität Frankfurt und hierin, wie sich zeigt, ein Gewinnler der Judenverfolgung. Er beweist in seinem Artikel »Der Auftrag der Psychologie in der Auseinandersetzung mit dem Geist des Westens«, daß es nicht den vielfach behaupteten Unterschied zwischen der angeblich »sauberen« Gestalt-Psychologie der emigrierten »Berliner Schule« – auf die man sich heute im New Age breit stützt[285] – und der offen nazi-kontaminierten »Ganzheitspsychologie« Felix Kruegers gibt. Metzger parallelisiert deutsche Politik dieser Zeit mit der akademischen Psychologie und stellt fest, daß sich beide zu den Gestalt-Prinzipien hin entwickelten. Er lehnt die parlamentarische Staatsform wegen ihres »atomistischen Prinzips« ab und will ihr »den Ganzheitsgedanken gegenüber(stellen)«. Das Ganze sei »etwas *anderes* als die Summe seiner Teile, und keine seiner Eigenschaften kann einfach durch Zusammenrechnen der gleichartigen Eigenschaften sämtlicher Teile gefunden werden. Dies trifft insbesondere auch für den ›Willen des Ganzen‹ zu, für den der Wille ganz bestimmter Einzelner, die in dem Ganzen eine ausgezeichnete Funktion besitzen, vorwiegend oder allein ausschlaggebend werden kann.«

Das »Ich will« ist die Zauberformel der heutigen Gestalttherapie nach Fritz Perls, die vor allem in den USA zur geistigen Modedroge des New Age und zahlreicher Konzern-Manager wurde. Lernziel in der Gestalttherapie ist es, die Fähigkeit zu entwickeln, sich einerseits führen zu lassen und andererseits egozentrisch zu sein, seine Interessen und Gefühle durchzusetzen. Das entspricht der »Un-Ethik« des faustischen Menschen. »Wir fragen in der Gestalttherapie niemals warum, wir fragen immer: wie?«, schreibt Perls in seinem »Vermächtnis der Gestalttherapie«.[286]

Der »Wille des Ganzen« als Politik

Der »Wille des Ganzen« entspricht offenbar gänzlich Capras Selbstorganisationsdynamik oder Mynareks naturgöttlichem Evolutionsplan, den der »ganz bestimmte Einzelne« nur mystisch erfahren kann. Auch an Dürrs »Experten«-Gurus der Quantenphysik und -philosophie läßt sich unschwer denken. Wenn der »Wille des Ganzen« unter Umständen sogar gegen den Willen der meisten Teile des Ganzen von dem einzigen Sehenden durchgesetzt werden muß, dann allerdings muß dieser Wille spiritualisiert und mystifiziert werden. Denn das, wogegen alle sinnlich wahrnehmbare

Wirklichkeit und ihre praxisbewährten menschlich-vernünftigen Ableitungen so sehr stehen, daß sich eine Mehrheit dagegen findet, kann nur noch ihr zum Trotz als angeblich Mystisches behauptet werden. Capra meint: »Immer wenn das Wesen der Dinge vom Intellekt analysiert wird, erscheint es absurd und paradox. Die Mystiker haben das von jeher erkannt; für die Naturwissenschaften ist das jedoch erst seit kurzem ein Problem.« Gemeint ist aber vor allem – wie beim Gestaltpsychologen Metzger – die Organisation der Gesellschaft. Und auch wenn Metzger das Wort Mystik nicht verwendet, so ist seine Empfehlung, wie man zum »Willen des Ganzen« kommt, doch nur als Hinweis auf die Mystik als Methode des Organizismus zu verstehen: »das Hinhorchen auf die tatsächlichen Bedürfnisse des Ganzen« wird empfohlen, »durch Hinhorchen auf das Wesen und auf die natürlichen Erfordernisse des hier und jetzt gegebenen Ganzen« sei der Weg zur »Ordnung« zu finden. Sie soll »Ordnung aus Freiheit« sein, freiwillige, selbstorganisierte Unterordnung der Teile unter den »Willen des Ganzen« nach mystisch-meditativer Einsicht in die vermeintlich kosmisch-natürlichen Notwendigkeiten.

Dieses »Hinhorchen« ist wieder einmal nichts anderes als das affirmative Verehren und Bewundern der Natur bei Mynarek, sein »offener, unverklemmter Blick auf die Natur«, denn: »Die Natur, sowohl die leblose als auch die belebte, ist objektive Weisheit.« Nur Erleuchtete sind nach Metzger befähigt, beim »Hinhorchen« das angeblich Richtige zu vernehmen: »Nicht jeder ist in gleichem Maße imstande, das Wesen und die Bedürfnisse des Ganzen zu vernehmen. Der Wille des Ganzen wird darum sinngemäß verkörpert durch diejenigen einzelnen (vielleicht u. U. durch denjenigen einzigen) Menschen, in welchem das Bild des Ganzen in seiner Weite und Fülle am lebendigsten und klarsten lebt, und der darum am besten sehen kann, was ihm Not tut. Indem er diese Fähigkeit besitzt, ist er auch der Führer, ja in ganz besonderem Maß, ›Diener‹ des Ganzen.«[287] Das ist offenbar der »Volkskaiser«, »Herzog« und »Fürst der ökologischen Wende« bei Bahro.

Metzger meint, den »Grundsatz der Gleichheit alles dessen, was Menschenantlitz trägt« bedenkend: »Wo das Gemeinwesen als wirkliches und echtes Ganzes und nicht mehr bloß als die Summe seiner Teile verstanden wird, da ist kein Platz mehr für die Annahme von der Beliebigkeit der Angehörigen.« Er kritisiert den »fragwürdige(n) Versuch einer ›naturwissenschaftlichen‹ Weltdeutung durch Descartes, von dem im Weltbild der heutigen Physik so gut wie nichts übrig geblieben ist« und ruft als Alternative schon 1942 – ein paar Seiten nach dem Artikel Weizsäckers – »nicht weniger als ein neues Weltalter« aus: »Unsere Gegenüberstellung (von Gestalt-Psychologie und Nazi-Politik, P.K.) sollte darauf hinweisen, daß der politische Umsturz mit allen seinen Folgen gewissermaßen den

Augenblick darstellt, wo die allgemeine geistige Umwälzung, die zum Anbruch des nächsten Weltalters führt, unter dem scheinbar ruhenden Boden so weit fortgeschritten ist, daß mit einem Mal in einem gewaltigen Beben Gebirge stürzen und sich neu auftürmen, Ströme ihr Bett verlassen, das Weltmeer über blühende Fluren hereinstürzt und neue Festländer, die Träger künftiger Frühlinge, aus seiner Tiefe emporsteigen.«[288] Dies ist eine Anspielung auf Goethes »Faust« ebenso wie auf den 30. Januar 1933 als den Tag der »deutschen Revolution«.

Überall im New Age finden sich Apokalypsen – vom Atomkrieg bis zur AIDS-Katastrophe – aus denen das neue Zeitalter durch diejenigen geschaffen werden soll, die bereits vor den Katastrophen das »Neue Zeitalter« untergründig »sehend« verfochten. Der »Neurechte« Pierre Krebs schreibt, sich auf einen Ober-New Ager berufend: »In ›Über Amerika‹ äußerte Hermann von Keyserling die Überzeugung, daß alles junge Leben in der Finsternis, im Chaos und in der Häßlichkeit reife. ... Das Zeitalter der Finsternis entspreche sozusagen der Schwangerschaftsphase.« Mynarek meint: »Ökologische Religion heißt, das Absolute in der Natur (und ihren wunderbaren Lebensgesetzen) zu verehren; das Göttliche als greifbar kosmisches Phänomen sichtbar zu machen.« Dabei faßt auch er, wie wir schon oben sahen, dieses »Absolute« politisch: »Ist doch Ökologische Religiosität jene grundlegende und umfassende Haltung, in der die sinnliche Außenwelt, die seelische Innenwelt und die (ideel) vollkommenste Struktur der menschlichen Gesellschaft immer schon *keimhaft* zur Harmonie gekommen sind.«

Die Untersuchung Metzgers über Gestalt-Psychologie und NS-Politik, so resümiert der Bielefelder Psychologie-Professor W. Prinz,[289] »führt zu dem Ergebnis, daß beide Bewegungen nicht nur den gleichen Feind bekämpfen, sondern auch auf das gleiche Ziel hin orientiert sind«. Die Zielperspektive läßt sich auch konkretisieren. Chamberlain nennt als Ganzheiten Gattung, Familie, Reich, später dann auch die Rasse; Capra nennt Familie, Stamm, Gesellschaft, Nation. Diese Ganzheiten sind bei beiden als Erscheinungen des Göttlichen gemeint, unterliegen also keinesfalls der Verfügung menschlicher Mehrheit. Mynarek findet »das Göttliche des eigenen Daseins oder der Sippe, des Stammes, des Volkes«. Capra will »das Systembild des Lebens« ausdrücklich ebenfalls »auf die Beschreibung der gesellschaftlichen und kulturellen Evolution« ausgedehnt wissen und wendet biologische Ordnungsprinzipien auf soziale Phänomene an – mit den bekannten antidemokratischen Folgen, auch wenn er sich subjektiv als Teil der neuen Emanzipationsbewegungen verstehen mag. »Diese Anschauung ermöglicht es, die biologische, gesellschaftliche, kulturelle und kosmische Evolution aus demselben Modell der System-Dynamik zu begreifen«, ein zentraler Gedanke auch bei Teilhard de Chardin.[290]

Capra: »Das neue Weltbild betont die Verknüpftheit und gegenseitige Abhängigkeit aller Phänomene, und ist nicht auf ihre Teile beschränkt. Dieselben Ganzheitsaspekte zeigen sich in sozialen Systemen – zum Beispiel einer Familie oder einer Gemeinschaft – und ebenso in Ökosystemen, die aus einer Vielzahl von Organismen in ständiger Wechselwirkung mit lebloser Materie bestehen. Alle diese natürlichen Systeme sind Ganzheiten. ... Der menschliche Körper, zum Beispiel, enthält Organsysteme, die aus verschiedenen Organen bestehen, von denen jedes aus Geweben und jedes Gewebe aus Zellen besteht. Alle diese sind lebende Organismen, oder lebende Systeme, die aus kleineren Teilen bestehen, und zugleich die Teile von größeren Ganzheiten bilden. Der gesamte Organismus schließlich ist in größere soziale und soziologische Systeme eingebettet«, die »gesund« oder eben krank sein könnten.[290a] Man braucht schon gar nicht mehr auf die beliebten biologistischen Vergleiche der menschlichen Gesellschaft mit Bienen- und Ameisenstaaten zu verweisen, die Capra und Mynarek verwenden, um zu sehen, wie sehr hierbei der Mensch zum Tier degradiert werden soll. Pierre Krebs hatte schon in der ersten Veröffentlichung des »Thule-Seminars« 1981 einen langen Artikel plaziert, in dem er die Gemeinsamkeiten des modernen Mystikers Antoine de Saint-Exupéry – der im New Age wie auch z. B. bei Sigrid Hunke ein gefragter Bezugspunkt ist –, des Faschisten Julius Evola – der heute auch in esoterischen Buchläden verkauft wird – und Friedrich Nietzsches – auf dessen »Zarathustra« sich auch der New Ager Mynarek beruft – als der Vordenker des »organischen Staats« untersucht. Dieser Staat sollte die »atomisierten Menschen des Individualismus« in die organische »Gemeinschaft der Menschen« als Alternative zum demokratischen Rechtsstaat überführen.

Die Organismus-Methapher, nach der die Welt wie ein biologischer Organismus mit steuerndem Zentralnervensystem und den ausführenden Organen Arme und Beine geschaffen sei, kann nur antidemokratische Folgen haben, denn wann je hätten sich ein Arm und ein Bein ein neues Zentralnervensystem *gewählt*! Capra ahnt diese Form von »Wendezeit«, wenn er schreibt: »In der Vergangenheit ist die geschichtete Ordnung der Natur oft fehlinterpretiert worden, um autoritäre gesellschaftliche und politische Strukturen zu rechtfertigen.« Hier begegnet uns wieder das allzu billige Argument des Mißbrauchs von »an sich« richtigen Konzepten, als gäbe es einen an sich richtigen, demokratischen »Gebrauch« *natürlicher* Hierarchien! Capra sucht einen Ausweg: »Aus diesem Grunde habe ich die (hierarchische, P. K.) Pyramide umgedreht und in einen (ökologischen, P.K.) *Baum* verwandelt.« Offenbar weiß er nicht, daß bereits Jakob von Uexküll in seiner 1920 erschienenen »Staatsbiologie« den »Organbaum« als ständestaatliches Ordnungsprinzip gegen die »unbiologische« und »unorganische« Demokratie gesetzt hatte.

Die Baum-Metapher ist ein Liebling der Ökologie- und der New Age-Bewegung. Sie wird schon von alters her bei Fichte und dem Romantiker Eichendorff für Gesellschaftsverhältnisse angewendet. Auch Mynarek widmet ihr ein ganzes Kapitel: »Der Baum als herausragendes Beispiel des Mensch-Natur-Zusammenhanges«. Die Naturvölker sähen im Baum ein mythisches »Abbild des Ganzen, der Wiederholung der kosmischen Landschaft«, der Baum sei »Teil-Offenbarung des biokosmischen Heiligen als Ganzem«. Sofort fällt einem der Begriff Ab-Stamm-ung ein.

Im August 1989 schreibt die Industrieberaterin Gertrud Höhler, die schon mehrmals fast zur CDU-Bundesministerin berufen worden wäre, in der Zeitschrift »MUT« über »Bäume – Sinnbilder des Lebens, I. Teil: Indianerbäume«. Der Indianerhäuptling Seattle hat es ihr angetan. Aus seiner Rede, die als ein Manifest des New Age gilt, zitiert sie einen Lösungsweg aus der vermeintlichen Zivilisationskrise, den Metzger ähnlich formulierte: »Zurückhören nach gestern und vorgestern«. Höhlers Buch von 1985 »Die Bäume des Lebens – Baumsymbole in den Kulturen der Menschheit« zählt für »MUT« »zweifellos zu ihren beeindruckendsten Publikationen«. Uexküll hatte in seiner »Staatsbiologie« als »die Krankheiten des Staates« die Menschenrechte und das Streikrecht der Arbeiter analysiert, die die ständischen »Organbäume« zerfräßen. Er bezeichnete »fremde Rassen« als »Parasiten«, die vor allem ein Interesse am »kranken Staatskörper« hätten, weil hier das Immunsystem die Parasiten nicht abwehren könne. Der Bezug zur Rede von der »jüdischen Demokratie« und dem »bolschewistischen Weltjudentum« bei den Nazis ist deutlich und logisch. Der rechtsextreme Naturmystiker Eichberg schreibt 1986: »Menschen pflanzen Bäume, weil sie darin eine Gegenmacht erkennen. Erinnerungen tauchen auf an Yggdrasil: die Welt als Baum.« Yggdrasil ist Irminsul, das altgermanische heilige Zeichen, das der Kulturbaum der alten Germanen gewesen sein soll und deshalb zum Logo der völkischen Bewegung wurde.[291]

Das organisch-kosmische Weltbild ist wahrlich keine Erfindung des New Age. Kurt Sontheimer schreibt zusammenfassend über die intellektuell-ideologische Demokratiezerstörung in der Weimarer Republik: »Wesentlich für das Verständnis der antidemokratischen Bewegung bleibt indes, daß solche Elementarbegriffe wie Volk, Gemeinschaft und Organismus den Kern ihrer weltanschaulichen Orientierung bilden.« Auch Walter Becher schließt sich in seinem 1985 erschienenen Buch »Der Blick aufs Ganze. Das Weltbild Othmar Spanns« der Kritik des »mechanistischen Weltbildes« an, in dem die Menschen nur noch lauter kleine Sandkörner seien und die Gesellschaft zum »Sandhaufen« (Spann) verkomme. Becher ist selbst ein Schüler des »Konservativen Revolutionärs« der klerikalfaschistischen Richtung Othmar Spann, der den sudetendeutschen Henlein-Faschismus und ab 1928 die faschistische österreichische Heimwehr beeinflußte und dabei von dem Stahlindustriellen Fritz Thyssen finanziell unterstützt wurde. Becher war vor 1945 Redakteur in der Nazi-Presse, nach 1945 Vorsitzender des »Witikobundes« – der von ehemaligen Henlein-Faschisten gegründet wurde –, später Führer der revanchistischen Sudetendeutschen Landsmannschaft und CSU-Bundestagsabgeordneter.

Bechers Buch ist als eine rechte Antwort auf Capra gemeint: Spanns Lehre sei »nicht nur eine ›Summa philosophiae‹, sondern auch eine ›Summa oecologiae‹«. Zu recht kritisiert Becher den Demokratismus, den Capra dem Organizismus aufgesetzt hat. In der Tat läßt sich aus der Natur weder Gleichheit noch Gleichberechtigung ableiten. »Anders als heutige Systemtheoretiker wie Fitjof Capra, Morris Berman und in besonderem Maße auch Alvin Toffler«, so Becher, »landet die ganzheitliche Staatslehre nicht bei der Propagierung einer ›Gegenkultur‹ oder Kultur-Revolution. Holistisches Denken müßte folgerichtig sein. Wer den ›Atomismus‹ in Physik, Psychologie und Gesellschaft ablehnt, kann ihn nicht mit den Thesen einer ›Basis-Demokratie‹, mit antipatriarchalischen Floskeln, mit ›Feminismus‹, mit Homosexuellen- und Minderheitenschutz, mit radikaler Demokratisierung, d. h. mit völliger Atomisierung überwinden. ... Vor dem ›Unheil der totalen Demokratie‹ ... sollte uns das Schicksal bewahren.« Und das Schicksal ist bekanntlich kosmisch verankert. Spann selbst hatte vorgeschlagen, den deutschen Juden auf deutschem Boden eine Art Homeland zu schaffen, ein eigenes Apartheid-Territorium, das jedoch als Ghetto organisiert sein sollte: Holismus pur.[292]

Der Neofaschist Pierre Krebs schreibt, um was es geht im »Neuen Zeitalter«, das »unserem inneren Reich« folgen soll: »Eine alte, noch etablierte politische Ära geht zu Ende: die anorganische Politik der Gleichheitslehre. Eine neue politische Ära, die legitimen Anspruch auf die Macht haben wird, steht bevor: die organische Politik, die das Recht auf Verschiedenheit wahrnimmt.« Und er zitiert einen französischen Mitkämpfer, als hätten es Capra oder Mynarek gesagt: »Das Biologische und das Kulturelle sind im Grunde eins: eine Gesellschaft stellt ein biokulturelles System dar, indem beide Sphären ineinander dringen und aufeinander wirken.« Da können alle, Faschisten und New Ager, zustimmen.

»Verwurzelung« ist – nach der Baum-Metapher – hier nun das Zauberwort: »Unser Humanismus«, so Krebs, »ist organisch, er basiert auf den erworbenen Erkenntnissen des Lebens. So bringt er *Natur und Leben*, Volkstum und Menschen wieder in Einklang.« »Natur und Leben« war der Titel des von Uexküll edierten, heute fast gänzlich unbekannten »New Age«-Klassikers von Chamberlain. Die »Rückkehr«, die »Wiederentdeckung« und »Wiedergeburt« bezieht sich immer auf die »eigenen Wurzeln«, also auf vorzivilisatorische, vordemokratische Weltanschauungen. Germanen- und keltentümelnde »Wurzelsuche« im New Age gerät zielsicher an die Autoren der historischen völkischen Bewegung in Deutschland. Wie sich »inneres Reich« und äußeres Reich entsprechen, ist hier deutlich. Die aufscheinende Wirklichkeit des äußeren Reiches verheißt nichts Gutes.[293]

Es ist nicht erstaunlich, den Holismus-Ideologen Jan Smuts als Anhänger der südafrikanischen *Apartheid* anzutreffen. Die Idee der »geschichteten Ordnung der Natur«, wie es bei Capra heißt, beinhaltet ein Aufteilen des Ganzen in Teile, die ihrerseits jeweils wieder zu einem Ganzen für Teile unterer Ordnung werden usw. Capra versucht, dies mit der Baum-Metapher auszudrücken: »Der Systembaum veranschaulicht verschiedene Ebenen der Komplexität in einem individuellen lebenden Organismus.« Auf derselben Ebene der hierarchischen Struktur sind die verschiedenen Ganzen/Gestalten strikt getrennt voneinander. Ihr Zusammenhang als die Einheit in der Vielheit stellt sich erst durch ihre Verknüpfung auf der höheren Ebene ein, der sie aber nicht mehr als Individuen angehören. Der Gestalt-Begriff beinhaltet auch nach dem Verständnis von Smuts das hierarchische Gefüge der ungleichen Teile, von denen jedes seinen Platz im Ganzen habe. Der Platz werde vom »holistischen Befehl, ... gleich einer lebenden Quelle aus den Tiefen des Universums« als »gestaltende(r), beaufsichtigende(r) Einfluß« der Natur zugewiesen, so Smuts. Hier sieht man förmlich die Peitsche, mit der der weiße Herr Südafrikas den schwarzen Sklaven »beaufsichtigt«. Die Gestalt dürfe nicht zerstört werden, weder in ihrer inneren Struktur noch durch das Vermengen mit anderen Gestalten.

Schon Chamberlain, der die Gestalten als Unterformen der einen Ganzheit des Kosmos ansah, hatte die Disparatheit der Gestalten, ihre Ungleichartigkeit und Unvereinbarkeit, in seinem Briefwechsel mit Emma von Ehrenfels als zentrales Wesensmerkmal behauptet. Gleichzeitig hatte er ihre Autonomie untereinander und dennoch ihre Leistungsbezogenheit auf das Ganze (wie die Leistungsbezogenheit der Teile auf das Ganze ihrer jeweiligen Gestalten) als Wirkung des All-Göttlichen betont, das den Zusammenhang stifte. Jedoch besitzt nur die Gestalt diese begrenzte Autonomie, nicht ihre Teile, nur die Gemeinschaft ist autonom, nicht das Individuum. Wenn Smuts zu den ersten gehörte, die sich für die »Homelands« der Schwarzen Südafrikas aussprachen, und diese Politik mit seinen rassistischen Paßgesetzen durchzusetzen versuchte, dann war das nur der politische Ausfluß einer Weltanschauung, bei der schließlich der Staat als das Ganze erscheint, auf dessen Nutzen hin die Teile – die ihrerseits unvermischbare, getrennt zu belassende Unter-Ganzheiten bilden – an dem ihnen zugewiesenen Ort leistungsbezogen hinarbeiten sollen.[294]

Ausfluß dieses vergöttlichten Ganzen – bis hin zur Historie als Teil des Ganzen – ist die Vorstellung vom *Schicksal*, das letztlich alles vorbestimme. Die aus dem Schicksalsglauben folgende Verpflichtung, »seiner eigenen Natur treu (zu) bleiben« (Abraham Maslow), findet sich in der gesamten New Age-Literatur. Gerne wird dabei auf die Sätze des Atomphysikers Harald Fritzsch zurückgegriffen: »Eines der wohl wichtigsten Erkenntnisse der modernen Naturwissenschaft ist, daß jeder von uns eine Rolle spielt, eingebettet in das Netz der Naturvorgänge. Wir sind ein Teil des Ganzen und nicht losgelöst vom Rest des Universums.« Die Folge einer nur noch eingeschränkten Freiheit des Individuums im Rahmen dessen, was ihm schicksalsmäßig »kosmisch« vorbestimmt ist, findet sich bei Capra ebenso wie bei Smuts. Habe man sich erst einmal in mystischer Erfahrung mit dem Kosmos verschmolzen, so Capra, dann »scheint die Frage nach dem freien Willen ihre Bedeutung zu verlieren«, weil man ja *selbst* »das ganze Universum« sei. Es ist nichts anderes als das *freudige und freiwillige* Sicheinfügen in sein Schicksal, das Traumbild der »sanften« Diktatur. In der Astrologie, die einen Strom des New Age darstellt, wird dies popularisiert.[295]

Dieses Bild von der Welt beinhaltet das Ende jeglicher Emanzipationsmöglichkeit, weil die Welt – bis hin zu gesellschaftlichen Phänomenen wie Nation oder Familie – als vorbestimmte hierarchisch geordnete Gestalt mit nachgeordneten Unter-Gestalten gedacht wird. Ein Weltbild der Gestalt kennt weder Gleichheit innerhalb der hierarchisch verfaßten Gestalten noch Austausch zwischen den nach außen abgeschlossenen, gegeneinander autonomen und auch unter einander verschiedenen Gestalten. Gleichheit und Austausch sind vom Begriff der Gestalt her bereits ausgeschlossen, wie er von Christian von Ehrenfels entwickelt wurde und seitdem unverändert benutzt wird. Die Bindung von Gestalt/Ganzheit an eine sie bestimmende, in ihr wirkende übernatürliche Wesenheit entzieht die »Gestaltung« der Gestalten menschlichem Zugriff und bindet dadurch Gesellschaft und ihren Aufbau an etwas Außermenschliches.

Daß nicht nur der Kosmos Gestalt sein soll, die nach göttlichen Selbstorganisations-Gesetzen funktioniert, sondern auch die nachgeordneten Unter-Gestalten genau denselben Gesetzen unterliegen, somit also auch die im Zentrum der Aufmerksamkeit stehenden gesellschaftlichen Phänomene hier keine Ausnahme von der Schicksalsbestimmung beanspruchen können, dafür haben die Ideologen vorgesorgt. Die von dem Quantenphysiker David Bohm entwickelte Idee einer impliziten Ordnung in jedem Teil, die der Ordnung des Ganzen entspreche – weil diese Ordnung das identische göttliche Wesen sein soll, das im Ganzen wie im Teil herrscht, der ja selbst wiederum das Ganze für die Teile auf tieferer Hierarchieebene sei – ist der Ansatz, an dem sich Capra orientiert. Auch dies ist kein origineller Einfall. Chamberlain schrieb bereits 1899: »Die gesamte Natur verbürgt uns die innere, transzendente Wahrheit«, dies sei »kosmische Mythologie« der »Arier«. Chamberlains Bezug auf das indische »Tat-twam-asi« macht dies noch einmal deutlich. Er versteht es als »einheitliches Bildungsgesetz«, das »in sämtlichen Gestalten des Lebens ... zu entdecken« sei.[296]

Die alte Ansicht, *Makrokosmos und Mikrokosmos* würden sich entsprechen, weil sie von dem identischen Göttlichen in gleicher Weise durchdrungen seien, wird in der kirchlichen New Age-kritischen Literatur immer wieder als geistiges Erbe der spätantiken Gnosis ausgegeben, während man hier den faschistischen Hintergrund dieser Ansicht verschweigt. Das Konzept ist so alt wie der Organizismus, es wurde von der Antike über die Ahnengalerie »europäisch eigener Religion« bis zu Oswald Spengler verwendet. Das Begriffspaar wird von Capra in derselben Weise verwendet wie von Krieck. Bohm ist also allenfalls in der Formulierung originell, nicht jedoch im Konzept.

Der Bohmsche Ausdruck des Eingefaltetseins des Ganzen in jedem seiner Teile als universale Eigenschaft der Natur ist wiederum nur ein anderer Ausdruck für den Primat des Ganzen über die Teile, dafür, daß die Teile vom Ganzen her bestimmt sind, niemals aber umgekehrt das Ganze bestimmen können. »Wie es sich formt und erhält, hängt demnach von seinem Ort und seiner Aufgabe im Ganzen ab«, schreibt Bohm, ohne darzulegen, wer denn die Aufgaben verteilt, die so schicksalshaft an einem kleben sollen. Das mag in der Physik vielleicht nur die Elementarteilchen tangieren, Bohm jedoch bezieht dies sogleich auf die Gesellschaft, wo es Menschen – und vor allem die beherrschte Mehrheit – tangiert. Die Menschen seien verschieden und hätten in der Gesellschaft ihre verschiedenen Aufgaben zu erfüllen, zum Nutzen des Ganzen. Dagegen würde das atomistische Gesellschaftsbild – das Bohm »fragmentiert« nennt und dem soziale Durchlässigkeit bei den Positionen und demokratische Mehrheitsbildung entsprechen – die Ganzheit zerstören. Bohm kommt (ohne den Begriff zu verwenden) zum Konzept der Apartheid, wenn er dem »fragmentierenden Weltbild« einerseits vorwirft, »zu teilen, was in Wirklichkeit unteilbar ist«, nämlich die *ganze, heile* Gestalt, und sogleich anschließt: »Der nächste Schritt wird darin bestehen, daß wir zu vereinigen versuchen, was sich in Wirklichkeit nicht vereinigen läßt. Dies kann man besonders deutlich im Fall von Gruppenbildungen in der Gesellschaft sehen (politischer, ökonomischer, religiöser Art usw.)«, die sich aufgrund ihrer Partikularinteressen »vom Gesellschaftsganzen absetzen« würden. Das Teilen des Unteilbaren und das Gleichsetzen des Verschiedenen schaffe »Verwirrung angesichts der Frage, was verschieden und was zusammengehörig (oder eins) ist, aber das klare Erfassen dieser Kategorien ist in jeder Lebensphase notwendig. Wer das, was verschieden ist und was nicht, durcheinanderbringt, bringt alles durcheinander.«[297]

So mag es sich auch der Holist und Rassist Smuts vorgestellt haben: Die heile Gestalt einer Gemeinschaft, des Staates Südafrika – in der die Unter-Gestalt der Weißen bestenfalls patriarchal über die hierarchisch niedrigeren Unter-Gestalten der verschiedenen Farbigen-Gruppen herrscht – wird von liberalistisch-sozialistischen Predigern der Gleichheit der Menschen »fragmentiert« in lauter gleiche Atome, die die Unter-Gestalten zerschlagen und zu einer angeblich unnatürlichen, jedenfalls unorganischen Gesellschaft neu kombinieren. Das ganzheitliche Südafrika von Smuts sollte selbst wiederum Teil sein, zuerst in der von Weißen beherrschten Ganzheit Afrika, mit dieser in der Ganzheit des kolonialen britischen Empire. »Ganze sind nicht willkürlich teilbar«, schreibt Smuts, »und die abgespaltenen Teile sind nicht willkürlich austauschbar. Jedes Ganze hat eine wirkliche Eigenart, eine einzigartige Identität, und eine nicht umkehrbare Ausrichtung, die es von jedem anderen unterscheidet und das eigentliche Wesen der Individualität ausmacht.« Die nationale Identität des Ethnopluralismus mit ihrer Konsequenz der Apartheid ist die logische Folge. Bohm wird nicht derart deutlich. Er bleibt im Allgemeinpolitischen. Das atomistische Gesellschaftsbild bringe als Konsequenz der »Verwirrung« »ein breites Spektrum von Krisen« hervor: »soziale, politische, ökonomische, ökologische, psychologische usw., und dies sowohl im einzelnen wie in der Gesellschaft im ganzen«. Es bewirke »das endlose Ausufern von chaotischem und sinnlosem Konflikt, der darauf hinausläuft, daß alle Energien durch gegeneinander gerichtete oder sich durchkreuzende Bewegungen vergeudet werden«.[298]

Diese Visionen von menschlichen Gesellschaften als kosmisch bestimmte organische Gemeinschaften gleichen sich überall in den Büchern des »Neuen Denkens«. Dabei mögen sie vordergründig das eine Mal quantenphysikalisch, ein anderes Mal »öko-religiös« begründet sein. Im Organizismus ist für das freie Austragen von Konflikten kein Platz. Diese »Gemeinschaften« sind künstlich befriedete Zwangsvereinigungen, in denen die Konflikte einfach deshalb von der Ideologie negiert werden, weil der Kosmos als harmonisch konzipiert gilt. Wenn aber Konflikte auftreten – trotz der angestrebten mystischen Einsicht in die Harmonie – so ist letztlich und entgegen aller zur Schau getragenen »Sanftheit« immer wieder Repression das Mittel, die Konflikte zu unterdrücken. Wolfgang Metzger äußerte sich 1942 in seinem Gestalt-Artikel in der Zeitschrift »Volk im Werden« eindeutig: Es sei im Interesse des Bestandes der Gestalt wohl unverzichtbar, »unbelehrbare Widerspenstige zu zwingen, Störenfriede abzukapseln und zu beseitigen«. Dies genau ist die Konsequenz des Gestalt-Begriffes, der von dem extremistischen Antidemokraten Christian von Ehrenfels ja nicht im politikfreien Raum entwickelt wurde und der von faschistischen Gestalttheoretikern um den Begriff des »Gestaltfremden« folgerichtig ergänzt wurde. Hier ist überall eine *Zwangseinheit des Ganzen* gemeint, in der die Vielheit der Teile, auch die Gegensätze wie Gut und Böse, zur Einheit gezwungen – oder aber vernichtet – werden. Es liegt auf der Hand, daß diese Einheit nur noch als transzendente, die Grenzen der Erfahrung und der sinnlich erfahrbaren Welt überschreitende, in der täglich erfahrbaren Welt eben auch nicht zu erfahrende unwirkliche Einheit möglich ist. Gesellschaftlich hegemonial können solche wirklichkeitsfernen Ansichten nur werden, weil die Herrschenden ein Interesse daran haben, die Austragung der für ihre Herrschaft gefährlichen Konflikte zu unterdrücken.[299]

Der Organizismus als Weltanschauung hat die untereinander verwandten Staatsformen des korporativen Ständestaats, der Monarchie bzw. des faschistischen Führerstaats als politische Konsequenz. Nur diese Staatsformen erfüllen die Forderungen des »Systembaumes«, der Gestalt als hierarchisches Gefüge. Der organizistische Staat, dessen Idee aus der Antike stammt, hatte bereits im Mittelalter einen »transzendenten Zweck« zur Rechtfertigung von Elitenherrschaft über die Massen. Das Transzendente erfuhr in der Romantik, wie in ihren Nachfolgern bis zum New Age, durch den Pantheismus eine Modernisierung, die von der gesellschaftlichen Entwicklung – bei den Produktivkräften, zu denen auch die Wissenschaften zählen, wie im Überbau der politischen Theorie – abgefordert wurde. Metternichs Feudalismus des frühen neunzehnten Jahrhunderts stützte sich auf die mittelalterliche Form des Transzendenten, auf die wieder katholisch gewordenen Romantiker. Doch er konnte sich nicht mehr halten gegen die politischen Freiheits- und Gleichheitsforderungen, die von materiellen Wohlstandsforderungen genährt waren. Der Versuch der vormals fortschrittlichen, jetzt restaurativen bürgerlichen Partei, die Ansprüche der Massen zu neutralisieren, indem sie mechanizistisch in den bürgerlichen Organizismus eines Auguste Comte eingebunden werden sollten, scheiterte. Zu deutlich war die Maschine Menschenwerk und Comtes Gesellschaftsmaschine also menschlichem Willen und menschlichen Mehrheitsentscheidungen zugänglich, als daß die Massen sich mit dieser Ideologie hätten abspeisen lassen. Erst zum Ende des neunzehnten Jahrhunderts wurde das Göttliche – und damit das Unhinterfragbare, in staunender Anbetung Hinzunehmende – in den unerklärten Phänomenen von Elektrizität und Strahlung »wiederentdeckt« und damit die Möglichkeit zum pantheistischen Organizismus als Herrschaftsmittel gelegt. So wurde der alte »transzendente Zweck«, wie er uns heute im »quantenphilosophischen« New Age begegnet, wiederbelebt. Willig, ja gierig griffen die Herrschenden schon damals nach dieser neuen Ideologie als Antwort auf den Sozialismus. Sie taten es erneut in den sechziger und siebziger Jahren, als Antwort auf die marxistische Renaissance.

Hunke hatte 1974 die ganzheitliche Antwort parat. Als der Begriff des New Age noch gar nicht in Europa angekommen war, wandte die damalige Vizepräsidentin und Chefideologin der »Deutschen Unitarier« bereits den Inhalt des altbekannten »Neuen Denkens« als die »Alternative« des »dialektischen Unitarismus« – wie sie die organizistische Einheit in der Vielfalt nannte – gegen die damalige Reformpolitik an, die auf der »68er«-Bewegung aufbaute.

In ihrem Buch »Das nach-kommunistische Manifest. Der dialektische Unitarismus als Alternative« muß Werner Heisenberg als organizistischer Einbinder der Massen ran. »Soziale Partnerschaft statt Klassenkampf« heißt das Kapitel, das von einem Heisenberg-Zitat eingeleitet wird: »An die Stelle der reinen Alternative, die in ihrer Härte der Wirklichkeit oft nicht gerecht wird, tritt eine komplementäre Betrachtungsweise. Man muß einsehen, daß es sich keineswegs um eine dualistische, sondern durchaus einheitliche Beschreibung der Phänomene handelt. Werner Heisenberg.« Zitate des damaligen Arbeitgeberpräsidenten Hanns Martin Schleyer – vormals der SS verbunden, ähnlich wie Hunke – dienen ebenfalls als Prologe vor den Kapiteln. So z. B. zum Kapitel »Verantwortung am Arbeitsplatz«: »Gebraucht wird der Mitarbeiter von hoher Verantwortungsfreudigkeit und von einem Kooperationswillen, der niemals durch Zwang erzeugt werden kann, sondern nur aus freiem Entschluß der Person entspringt. Hanns Martin Schleyer.«

Da kommt das New Age gerade recht, wo man sich einbinden läßt aus naturmystischer meditative Einsicht. Gegen das marxistisch-materialistische Konzept der Entfremdung, das soeben eine Renaissance erlebt hatte, setzt Hunke 1974 die spirituelle Verwirklichung des Selbst im Kapitel »Vom diskriminierten zum ›selbstverwirklichten‹ Mitarbeiter«. Wiederum steht ein Schleyer-Zitat vorweg: »Es ist schon abzusehen, daß der Arbeiter der Zukunft ein ganz anderer Typ sein wird als der Arbeiter von gestern. Hanns Martin Schleyer.« Vorbereitet wird das »richtige« Verständnis Schleyers mit einem Zitat Teilhard de Chardins: »Dem Menschen ist es nicht genug, nach Überwindung seines Egoismus, sozial zu leben. Ihn verlangt es, aus einem ganzheitlichen Herzen, vereint mit dem ihn tragenden Weltganzen, seinem Ruf zu antworten.« Und Saint-Exupéry schließt bei Hunke die »Alternative« des Organizismus gegen eine gerechte, sozialistische Gesellschaftsgestaltung ab: »Die Menschen treffen sich nicht, wenn sie unmittelbar aufeinander zukommen«, so zitiert sie diesen Mystiker des zwanzigsten Jahrhunderts als Zeugen gegen das linke Konzept der »humane(n) Gesellschaft«, »sondern wenn sie sich im gleichen Gott vereinigen.« Das bedeutet in ihrem »dialektischen Unitarismus«, den sie heute »Europas eigene Religion« nennt, ebenso wie im New Age, bei der »Neuen Rechten« oder im historischen Faschismus: vereint sein im Gott der kosmischen Gesamt-Gestalt und ihrer gesellschaftlichen Unter-Gestalten. »Tragisch« schicksalshaft, mystisch-einsichtig vereinigen sich die kleinen Teilchen, indem sie sich dem Primat des Ganzen unterordnen.[300]

Zerstörung der Ethik

Diese Form der »sanften« Einschränkung menschlicher Freiheit – und *hierdurch* der Möglichkeit zu materieller Bedürfnisbefriedigung – durch eine pantheistische, schicksalhafte Festlegung bedeutet gleichzeitig aber auch eine *Entlastung* des handelnden Menschen (der herrschenden Eliten) *von der Verantwortung* für sein Tun. Er kann zwar nicht von seinem Platz, der ihm im Gefüge der Gestalt zugewiesen wurde, aber er muß sich hier in seinem Schicksal »sieghaft bewähren«, wie es bei den Völkisch-Religiösen heißt. Wo die pantheistische Einheit in der Vielheit, ja in den Gegensätzen liegt, da ist kein Platz mehr für die Forderung an das Individuum, das Böse zu vermeiden. Die ethischen Kategorien des Gut und Böse werden hier vielmehr als »Yin und Yang« aufgefaßt, von denen eine jede seine Berechtigung habe.

Chamberlain sagt über den frühen Vordenker des Faschismus und des New Age Jakob Böhme: »Und Böhme geht furchtlos weiter und leugnet den absoluten Unterschied zwischen Gutem und Bösem; der innere Grund der Seele, sagt er, ist weder gut noch böse, Gott selber ist beides: ›Er ist selber alles Wesen, er ist Böses und Gutes, Himmel und Hölle, Licht und Finsternis.‹ ... Das ist reine indische Lehre; daß sie der Lehre der christlichen Kirche ›schlechthin widerstreite‹, haben die Theologen längst und ohne Mühe gezeigt.« Hunke beschränkt sich siebzig Jahre später darauf, Chamberlain inhaltlich zu plagiieren. Schlund zitiert 1924 den fünften Glaubensgrundsatz der völkischen Sekte »Deutschgläubigen Gemeinschaft«: »Ich glaube, daß es vor Gott ein Gut oder Böse nicht gibt – denn auch was wir böse nennen, weil es uns schädlich wirkt, liegt im Schöpfungswillen.«

Der Kampf gegen die Unterscheidung der ethischen Kategorien von Gut und Böse setzt sich fort im Verwischen des Unterschieds zwischen Leben und Tod. Es sind Hauptanliegen faschistischer Ideologie damals wie heute. Das ist verständlich, denn wo das Böse angeblich Teil des göttlichen Willens ist, da ist es das Handeln des SS-Schergen im KZ auch. Tatsächlich wird dies von völkisch-rassistischen Religionsstiftern auch offen vertreten.

Hunke, die sich in ihrer Promotionsschrift 1941 auf die SS-Zeitschrift »Das Schwarze Korps« berief, schreibt 1969: »Gutes könnte nicht sein, wenn es Böses nicht gäbe. ... Auch Fehler und Irrwege, das Böse selbst, sind *notwendiges* Moment der göttlichen Weltordnung und Bedingung unaufhörlichen Werdens und Vergehens, von Aufstieg und Steigerung.«

Selbst »das Dunkel« will sie »heiligsprechen« und »es auch in seiner Furchtbarkeit (bejahen) und noch dem scheinbar sinnlos Zerstörerischen ... schöpferischen Sinn« geben. Damit kommt sie auf der heutigen Linie des US-amerikanischen New Age-Dominikaners Matthiew Fox an. Auch mit dem New Age-Ideologen George Trevelyan kann Hunke mithalten, der das »Neue Zeitalter« erst aus der Asche des in einer Katastrophe untergegangenen Bestehenden emporsteigen sieht. Hunke interpretiert Nikolaus Cusanus in dieser Weise und schreibt: »Das bedeutet, daß auch das Dunkel, auch das Furchtbare und Grauenhafte des Daseins vom Ganzen umfaßt wird und seinen Sinn erhält. Es bedeutet eine Neuwertung auch des Bösen.«

1986 schreibt Hans Ulrich in seinem apologetischen New Age-Buch »Von Meister Eckardt bis Carlos Castaneda« über »das esoterische Weltbild«: »Schwarz und Weiß, Gut und Böse, Hell und Dunkel sind in Wahrheit keine Gegensätze, die sich gegenseitig ausschließen. Sie bilden nur zwei Seiten einer Medaille und gehören tatsächlich zusammen.« »Alles ist Eins« sei der Sinnspruch des Neuen Zeitalters, und dieses »Eins« sei der »All-Geist«. »Niemals«, sagt auch Hunke, »können wir darum aus dem Göttlichen herausfallen, das uns ›unablöslich‹ ... umhüllt und durchlebt.«[301]

Den Kampf gegen den jüdisch-christlichen Glauben von der *Sündhaftigkeit des Menschen* führen Faschismus und New Age gemeinsam. Er ist außerordentlich populär, denn er verspricht mehr als nur die Möglichkeit einer Lossprechung durch Gottes Gnade nach getaner Buße. Er verspricht vielmehr Befreiung von Verantwortung und daher von Buße und Strafe für jedwede Tat. Wo das Schicksal wirkt und wo es kein Gut und kein Böse als handlungsleitende Kategorien mehr gibt, da existiert allenfalls noch die »Verstrickung«, für die das Individuum keine persönliche Verantwortung zu übernehmen braucht. In einigen (neo-) faschistischen Sekten tritt an die Stelle der Verantwortung das »Irren«. Das Irrtums-Konzept weist keine logische Verbindung zum Schicksals-Konzept mehr auf, sondern ist allenfalls als Ausrede gegen die Kritik von seiten einer wirklichen Ethik der Verantwortung her gedacht. Die Konsequenz des »Irrtums« ergibt sich wiederum schicksalsmäßig. Der New Ager Mynarek spricht vom »Irrläufer der Evolution« und suggeriert damit: wer in die Irre geht, fällt zwangsläufig den Evolutionsgesetzen, dem Kampf ums Dasein, anheim. Dieses Schicksal ist jedoch weder Sühne noch Buße noch Strafe, nichts vom Menschen Geschaffene oder Vereinbarte, sondern wiederum die angeblich natürliche, durch die kosmischen Gesetze vorgesehene Folge des Irrtums. Der pantheistische Organizismus kann aufgrund seiner Konstruktion keine Ethik kennen außer dem extrem egoistischen Willkür-Gebot, niemals gegen die Gebote des Schicksals, des Göttlichen in der eigenen Brust zu verstoßen.

Seine Popularität gewinnt der Kampf gegen den Sündenglauben vor allem durch die sexuelle Interpretation des Konzepts der Erbsünde. Mynarek ist ein herausragendes Beispiel dafür, wie unter dem Deckmantel des Kampfes gegen die sexuelle Unterdrückung durch die christlichen Kirchen in Wahrheit die Un-Ethik von Schicksal und Irrläufer durchgesetzt werden soll. Das New Age, in dem zahlreiche Sekten mit dem Versprechen bisher nicht erlebter sexueller Ekstase, die durch spirituelle und körperliche Praktiken erreichbar sein soll, auf Verklemmten-Fang gehen, bezieht einen großen Teil des emotional begründeten Zuspruchs aus seinem Kampf gegen den Glauben von der Sündhaftigkeit des Menschen. An die Stelle der menschlichen Ethik treten die Naturgesetze. Wer nur dem Ruf der Natur folge, so heißt es, der sei im Einklang mit dem Göttlichen, der handele *deshalb* ethisch. Der Ruf der Natur aber ist der von Ungleichheit und Hierarchie, von Organismus- und Baum-Metapher, vom Recht des Stärkeren und vom Tod des Schwächeren. Dies ist keine Ethik mehr sondern Barbarei.

Die *Selbstvergöttlichung* derer, die dazugehören, ist eine Grundlage des New Age und Grundlage des Schicksalsglaubens wie der Ablehnung des Sündenglaubens. Sie ist im übrigen – darauf weist bereits Lenin 1909 hin – ein alter Trick des Kampfes gegen die Linke. Die Selbstvergöttlichung findet mal plump statt, z. B. bei den Anhängern Erich von Dänikens, deren »Präastronautik« inzwischen zum Bestandteil der »UFOlogie« geworden ist. Da werden Fragen gestellt wie »Wer waren die ›Götter‹? Woher kamen sie? Kommen sie wieder, oder sind sie nie fortgewesen?«. So wird suggeriert, die Götter seien unter uns, wohl als die Elite, die in mystisch-meditativer Verbindung zum All-Göttlichen steht und vorgibt, in dessen Interesse – statt im eigenen – Platzanweiser in der ganzheitlichen Gesellschaft zu sein. Nach dem oben Dargestellten es nicht erstaunlich, daß Rudolf Bahro in der UFO-Zeitschrift »Magazin 2000« als »ständiger Mitarbeiter« geführt wird.

Auch Mynareks Selbstvergöttlichungsversuche des »ökoreligiösen Menschen« folgen kaum einem anspruchsvolleren Denken, wenn er Religiosität an die Gene bindet, »Öko-Religiosität« als höchste Stufe der Evolution ausgibt und behauptet, die »ökoreligiösen« Menschen hätten bereits den »nächsten Schritt der Evolution« vollzogen, sie seien »der Sinn der Erde, der Evolution der Natur«, in ihnen bringe sich das Göttliche als göttliche Natur selbst zu Bewußtsein. Nachdem er derart den neuen Herrenmenschen konstruiert hat, findet Mynarek für »das genaue Gegenteil des öko-religiösen Menschen« (denjenigen etwa, der Mynarek lediglich für einen schlechten Ideologen und seine »Ökologische Religion« für einen wahren Schmarrn halten mag) die nach Vernichtung schreiende Bezeichnung »Irrläufer der Evolution«.[302]

Etwas ausgefuchster kommt Capras Selbstvergöttlichung daher. Als die Hauptphänomene der allgöttlichen Selbstorganisation der Ganzheiten sieht er die Möglichkeit zur Selbsterneuerung und zur *Selbst-Transzendenz* an. »Wird der Begriff des transzendenten menschlichen Geistes in diesem Sinne verstanden, als Bewußtseinsform, in der sich das Individuum mit dem Kosmos als Ganzem verbunden fühlt, dann wird deutlich, daß ökologisches Bewußtsein im wahrsten Sinne des Wortes spirituell ist.« »Dieser Glaube an Gott ist verbürgt durch die innere Erfahrung der göttlichen Eigenschaften des eigenen Selbst«, findet Erich Fromm in »Haben oder Sein« in Anlehnung an den großen Selbstvergöttlicher des Mittelalters, Meister Eckhart: »Er ist ein ständiger, aktiver Prozeß der Selbsterschaffung, oder, wie Meister Eckhart sagt, Christus werde ewig in uns selbst geboren.« Die Möglichkeit der Selbstvergöttlichung des »Ariers« durch Interpretation der Eckhart-Schriften ist der Grund für die Popularität dieses christlichen Mystikers in der faschistischen Literatur. Das aber bringt Erich Fromm, der vor den Nazis emigrieren mußte, keineswegs dazu, diese Selbstvergöttlichung zu hinterfragen.

Ebenso verweist Bahro in der »Logik der Rettung« auf Eckhart, der – mit Bahros Worten – gelehrt habe: »Wir müssen uns der Uridentität mit dem All-Einen vergewissern.« Und Bahro zitiert Eckhart mit dem Spruch »Hier ist Gottes Grund mein Grund und mein Grund Gottes Grund«, den er von Sigrid Hunke abgeschrieben haben mag. Eckharts Wort vom »inneren Jerusalem« – nicht mehr der mythischen Ort ewigen Glücks ist gemeint, der nach dem Jüngsten Tag tatsächlich erreicht werde, sondern das mystisch-meditativ zu erreichende Gefühl des Jetzt-schon-selbst-Gott-Sein – dient allenthalben, auch bei Bahro, der Selbstvergöttlichung der Wissenden oder Sehenden oder Erleuchteten. »Darum das Beten zuerst«, meint Bahro, »das nicht als Formelnaufsagen gemeint war, sondern als verbale Meditation. Wir Deutschen müssen Meister Eckhart lesen, wenn wir wieder wissen wollen, was das war und sein kann und wie sehr es über den Bekenntnisfloskeln steht.« Mit deutscher Mystik zu deutscher Weltherrschaft, das war das Programm Lagardes und Chamberlains, der völkischen Bewegung und Rosenbergs. Sie alle stützten sich auf den hochgotischen Mystiker Eckhart, der Jahrhunderte vorher die erste Phase des deutsch-europäischen Kolonialismus – die Kreuzzüge als Erobern des reichen Ostens – ideologisch untermauerte.[303]

Das Konzept der *Individuation* des New Age-Vordenkers Carl Gustav Jung – oder besser: das, was New Ager daraus machen – ist auch wieder nur ein anderer Name für die Selbstvergöttlichung. »Auf dem Höhepunkt des Individuationsprozesses kommt es zur überwältigenden Begegnung mit dem Selbst, zu einer nicht anders als numinos, als religiös zu bezeichnenden Spitzenerfahrung«, findet Mynarek, der Jung als dem – im Gegensatz zum Juden Freud – angeblich wahren Psychoanalytiker ein ganzes Kapitel in dem Buch »Vernunft des Universums« widmet. »Es ist eine Erfahrung des Grundes und des Ganzen aller Wirklichkeit, des Göttlichen, des Absoluten, vergleichbar etwa dem hinduistischen Gipfelerlebnis der zur erfahrenen Gewißheit gewordenen Einsicht: ›atman ist brahman‹ (mein Selbst, das innerste Wesen des Menschen, der unwandelbare Kern und die tragende Mitte des Individuums ist identisch mit der Mitte und dem Grund aller Wirklichkeit). Die gelungene Individuation oder echte Verwirklichung des Selbst bedeutet nach Jung ein Einswerden mit sich selbst, mit der Menschheit, die man im Urgrund seiner Psyche ja auch ist, und mit der ganzen Welt, dem Kosmos.« Jung hatte allerdings eine andere, völkische Vorstellung von seinen Archetypen, mit der »Menschheit« hatte der Nazi und Hitler-Verehrer nichts im Sinn. Sein elitäres Konzept der Individuation war das Erkennen der eigenen Göttlichkeit, das eben archetypisch nur dem Arier möglich sein soll, so wie es die gesamte völkisch-religiöse Szene sieht. Auch Capra wendet sich gegen den jüdischen Mechanisten Freud und findet, Jung habe in der Psychoanalyse das mechanistische Paradigma durch das ganzheitliche ersetzt und dabei »auch Vorstellungen (benutzt), die überraschende Ähnlichkeiten mit denen aufweisen, die moderne Physiker zur Beschreibung subatomarer Phänomene benutzen«.[304]

Es gibt eine erstaunliche *Parallele* zwischen den explizierten ethischen Vorstellungen von Chamberlain und Ferguson, die von der These der Selbstgöttlichkeit herrührt und überall im pantheistischen Organizismus – überwiegend implizit – auftritt. Auch wenn ihre Positionen auf den ersten Blick als gegensätzlich erscheinen mögen, so meinen beide doch dasselbe. Bei Ferguson ergibt sich durch die Selbstvergöttlichung eine »neue Ethik« gegen die Kantsche Vernunftethik als ein unbedingtes Befolgen der Gebote der inneren göttlichen Stimme, die ja mit dem All-Göttlichen eins sein soll. Das göttliche Selbst sei es, das dem Menschen sage, was er zu tun habe, unabhängig von den Meinungen und Rechten anderer Menschen und den Lebenszusammenhängen. Dies ist eine extreme Selbstverwirklichungsethik, die auch aus dem Satanismus als das »Tu, was du willst!« des Aleister Crowley bekannt ist. Chamberlain, der das Sich-eins-Fühlen des »Ariers« mit der Natur heraushebt, verfährt genauso, stützt sich allerdings auf seine »arisch«-pantheistische Verfälschung Kants, nach der das sittliche Gebot dem rassisch gebundenen »echten, natürlichen Gefühl« aus dem Innern entsprechen soll. Er schreibt: »›Das Gewissen‹, sagt er (Kant, P.K.), ›bedarf keines Ahnherrn‹, mit ihm ist alles gegeben; es hat nur mit der inneren eigenen Welt zu tun.« Indem Chamberlain sich Kant *voluntaristisch* dienstbar macht, kommt er zur erstrebten faustischen *Ethik der Tat*: »Für Kant kommt es zunächst gar nicht darauf an, *was* wir sollen, sondern einzig darauf, *daß* wir sollen.« »Sittlich ist eine Handlung nur, insofern sie aus dem innersten eigenen Willen hervorquillt und einem selbstgegebenen Gesetz gehorcht«, schrieb er bereits in den »Grundlagen«. An die Stelle, wo in Kants Ethik die vernünftige eigene Einsicht steht, tritt hier das mystisch zu fühlende Selbst als Manifestation des All-Göttlichen, dessen Willen gefolgt werden *soll*. Auch hier ist die *Verwirklichung* dieses Selbstes, die Tat, das sittliche Gebot. Es wird nicht – jedenfalls nicht zuerst – danach gefragt, ob denn die Tat ethisch vertretbar sei. Da, wo das Auftreten dieses Selbst-Willens ein göttliches Phänomen sein soll, ist das *Befolgen* dieses Willens die sittliche Pflicht, nicht das Beurteilen. Immerhin ist bei Chamberlain durch die rassische Bindung des Göttlichen, durch die Vorstellung, das Göttliche zeige sich in der Rassenseele des Volkes, noch ein Kollektiv – wenn auch ein biologistisches, für das dann »Führer« sprechen wollen – als Kontrolle dieser Selbstgöttlichkeits-Ethik vorhanden. Derartiges findet sich nicht explizit bei Ferguson, im Rahmen der Vorstellung von der geschichteten Ordnung der Natur in hierarchischen Gestalten ist sie bei Ferguson jedoch auch nicht ausgeschlossen.[305]

»Wir handeln an Gottes Statt«, sagt Hunke und meint mit »wir« die Mittel- und Nordeuropäer. Sie zitiert zum Auftakt ihres Hauptwerkes »Europas andere Religion« den Meister Eckhart: »Greift in euer eigenes Gut – ihr tragt doch alle Wahrheit wesenhaft in euch.« Zwanzig Jahre später sieht Hunke sich und ihre Arier noch höher stehen: »Verantwortung ›für‹ Gott« ist jetzt ihre Parole, »wir« seien »hochverantwortliche Mitschöpfer Gottes«. Höher kann selbst eine faschistische »Arierin« nicht mehr steigen. Chamberlain hatte bereits 1899 geschrieben: »Diese germanische Metaphysik befreit uns vom Götzendienst und offenbart uns dadurch das lebendige Göttliche im eigenen Busen«, fast so hatte es Eckhart, von der römischen Kirche *deswegen* verfemt, im dreizehnten Jahrhundert geschrieben. In der germanischen Religion der Wende zum zwanzigsten Jahrhundert »seid ihr selber schaffende, gesetzgebende Natur«, so rief Chamberlain den »Ariern« zu. »Religion« wird bei ihm zur »*Tat* der Gegenwart«. Der tiefere Sinn: »Glaubt ihr nur an euch selber, so besitzt ihr die Kraft, das neue ›mögliche Reich‹ wirklich zu machen.« Das ist der Selbstvergöttlicher Meister Eckhart, deutsch und praktisch. Sigrid Hunke achtzig Jahre vorweggenommen, schreibt Chamberlain in seinem »Goethe«-Buch, der germanische Mensch habe »am göttlichen Wesen teil – wie Eckhart es mit erhabener Demut ausspricht, Gott liebe den Menschen nicht als Kreatur, sondern ›als Gott‹«.

Wo hier die Demut sein soll, das konnte schon Eckhart nicht erklären, trotz der ihn erwartenden Schrecken der Inquisition. Wer für sein Handeln die pantheistische selbst-göttliche Rechtfertigung hat, darf alles tun: »Selbst die luziferische Natur ... könnte nicht sein, wäre sie nicht Abglanz der Gottheit«, so Chamberlain in seinem »Goethe«-Buch. Diese Ideologie hat ein Ziel: den Komplex Auschwitz als Handeln an Gottes Statt. Der ethische Unterschied zwischen »Gut« und »Böse« verschwindet, er wird – z. B. von Hunke – sogar als jüdisch und damit uneuropäisch denunziert. Wo das Göttliche sich durch die »Arier« verwirklicht, da ist der »Kampf des germanischen gegen den jüdischen Geist« (Chamberlain) in den Mordfabriken der Nazis Praxis – Handeln –, und zwar an Gottes Statt. Aus den Werken der Dichter und Denker der »Deutschen Mystik« seit Meister Eckhart ist die Rechtfertigung der Richter und Henker, der tödlichen »Meister aus Deutschland«, abgeleitet. Hunke schreibt als Höhepunkt ihrer »europäischen Religion« über die Vereinigung des Ariers mit dem Göttlichen, dies geschehe »als Gott-Subjekt, indem wir ihn in uns einströmen, ihn uns durchfluten und durchformen und durch uns ausströmen lassen, so daß wir mit ihm über uns selbst hinausschreiten und uns hinausweiten, indem wir ihm in den anderen Gott-Subjekten begegnen. Von hier alle Ethik, alles soziale Verhalten!« Dies sei »die Menschwerdung und Individualisierung des Göttlichen im ›göttlichen Menschen‹«.[306]

Das Gebäude des »Neuen Denkens« hat freilich einen grundlegenden Widerspruch: Es will/muß antiemanzipatorisch sein, deshalb darf die *Selbstvergöttlichung nicht für alle* gelten. Man setzt sich ja gerade ab von der »judaochristlichen« Vorstellung von der Gleichheit der Menschen vor Gott, wie sollte das pantheistische All-Göttliche da in gleicher Weise in allen Menschen sein! Damit nicht jeder Mensch meint, hier mitreden und mittun zu können, wie es ihm gefällt, weil doch das Göttliche auch in ihm wirke – damit nicht etwa eine Mehrheit sich zusammenschließt und nach diesem Prinzip Forderungen stellt und durchsetzt, Herrschende entmachtet –, wird die Fähigkeit zur Erkenntnis des Göttlichen innerhalb des Gestaltgefüges den Eliten bzw. ihren Mystiker-Agenten vorbehalten. Sie allein sollen die entsprechenden Techniken des Gotterkennens beherrschen und deshalb in der Lage sein, als einzige das Göttliche zu verkünden. Der New Age-Führer David Spangler aus der Findhorn-Gemeinschaft erklärt kategorisch: »Alle spirituellen Gesellschaften sind hierarchisch. Anders könnten sie nicht funktionieren. Es ist klar, daß man sich bei der Führung der Angelegenheiten einer spirituellen Gesellschaft nicht an jene wenden kann, die weniger erleuchtet sind.« Und wie Bahro oder die frühen faschistischen Sekten setzt er auf den spirituellen Alleinherrscher, der seine Legitimation aus der Selbstgöttlichkeit zieht, die andere eben nur *relativ* haben sollen, weshalb sie nicht zum Führer befähigt seien: »Diese New Age-Energie manifestiert sich durch ein Wesen, das als Herr der Welt bekannt ist. Er wird auch der König oder der Führer der Hierarchie genannt.« Die schottische Findhorn-Kommune gehört zu den wichtigsten Zentren des New Age. Andere New Ager wie Capra oder Mynarek trauen sich nicht, diesen Sachverhalt derart deutlich auszusprechen, sondern verbergen ihn lieber hinter Floskeln wie »Systembaum« oder dem »ökoreligiösen Menschen« als »Sinn der Evolution«.[307]

Gegenüber den »Anderen«, den ethnopluralistisch verschiedenen, *konkurrierenden* Gestalten, hilft der *völkische Relativismus* des Gotterkennens – jedenfalls bei der »Neuen Rechten«, weniger *explizit* im New Age. Die Selbstvergöttlichung wird für sich reserviert und anderen abgesprochen. In der gesamten völkisch-rassistischen spirituellen Literatur von Chamberlain über Hauer bis Hunke und Benoist, im Ansatz auch bei Bahro, wird die Möglichkeit, das Göttliche meditativ in sich selbst zu finden, als die *speziell den »Ariern« eigene Religiosität* ausgegeben. Synonym für »Arier« heißt es auch: Germanen, Keltogermanen, Indogermanen, Nordeuropäer, Indoeuropäer, Deutsche. Andere hätten eine andere Religiosität. Die der Juden z. B. entgöttliche die Natur, trenne den Menschen als Sünder von Gott und predige die Gleichheit der Menschen vor Gott. So können sich die »Arier« das Gottsein – mehr noch: das Verantwortlichsein für Gott – gegen die Ansprüche aller anderen Menschen dieser Erde reservieren.

Die Konsequenz heißt Apartheid: »Die Unvereinbarkeit verschiedener, auf verschieden*artigen* Denkstrukturen beruhender religiöser Auffassungsweisen« muß, »wo eine starke religiöse Potenz vorhanden ist wie in diesem niemals religionsmüde gewordenen Europa, notwendig zu ständigen Konflikten und schließlich zur vollständigen Abstoßung des Ungemäßen führen«, meint Hunke. Die Vorstellung einer einheitlichen Menschheit mit einheitlichen Menschenrechten wird deshalb als gestaltwidrig abgelehnt, weil Gestalt eben in sich ein hierarchisches Gefüge hat. Deshalb dürfe »Verschiedenes« eben nicht zusammengefügt werden *außerhalb* des spirituellen Zusammenhanges in der Ganzheit des All-Göttlichen, der aber kein »atomistischer« Zusammenhang der Gleichheit, sondern ein organischer, hierarchischer der Ungleichheit sei. »Einheit in der Vielheit«, so diese These, sei eben nicht aus der Gleichheit heraus möglich, sondern nur aus der Verschiedenheit.[308]

Doch gibt es im Ganzen der »Arier« eben auch eine Hierarchie, innerhalb der sich nicht jeder zum spirituellen Führer aufschwingen darf. Allenfalls ermöglicht in diesen Vorstellungen die pan-arische Fähigkeit der Selbstvergöttlichung dazu, das eigene Unten als ein göttliches Unten zu erkennen und sich deshalb in ihm zu fügen, während das Oben der Eliten und Herrschenden ebenso als göttliches Oben anerkannt und akzeptiert wird. Zu dieser Herrenmenschen-Ideologie fühlen sich im Faschismus auch Teile der Massen hingezogen, vor allem solche, die real am wenigsten »göttlich« über ihre eigenen Lebensbedingungen bestimmen können. Doch die Selbstvergöttlichung kommt auch für die »arischen« Massen, für die kleinen faschistischen Täter, lediglich als *Verheißung* einher, die sie nur in ihrem Verhalten gegen die »Untermenschen« einlösen können. Niemals jedoch werden sie tatsächlichen Einfluß auf gesellschaftliche Zustände, auf ihr eigenes Leben haben. Die hinter den realen Handlungen stehende und sie »ethisch« absichernde Selbstvergöttlichung tritt hier real als hierarchisch gestufte Göttlichkeit auf: Der SS-Scherge im Warschauer Ghetto konnte sich allenfalls gegen Lebensmittel hortende, verhungernde Wehrlose als Gott aufspielen. In der gesamten »Gestalt« der Nazi-Hierarchie faschistischen Gottmenschentums war er lediglich ein untergeordneter Teil, dem seine eigene Unterordnung, sein eigenes Getretenwerden im Gesamtgefüge, durch die Erlaubnis zur relativen Göttlichkeit gegenüber Kindern und Schwachen, zum Treten nach »unten«, erträglich gemacht werden sollte.

Im New Age ist es eher schwierig, einen direkten völkischen oder rassistischen Relativismus des Gotterkennens zu predigen, denn hier will man ja »global denken«, zumindest also die *Möglichkeit* der Erleuchtung für ein paar Führer aus allen Völkern offenhalten. Dieser Anspruch hindert an verbaler Ehrlichkeit, auch wenn Bohm – an dem sich Capra immer wieder orientiert und den auch Dürr gerne zitiert – den Weg zu einem New Agehaften Relativismus öffnet. Aber über einen anderen Weg kommt man hier zum selben Ziel, der indirekten Postulierung des »Arischen« als des Höchsten nämlich. Wie oben an der gleichartigen Zivilisationskritik dargestellt, findet sich trotz allem »Yin und Yang« von Gut und Böse im Faschismus wie im New Age selbstverständlich *der Feind*, der bekämpft wird, das abzulehnende Böse. Er tritt zumindest als Natur zerstörender, Ganzheit fragmentierender, utilitaristischer Mensch des »Habens« statt des »Seins« auf. Gemeint ist derjenige, der bewußt gegen das göttliche Wollen in ihm handele. (Hier ist ein nicht zu kittender logischer Bruch im pantheistischen Organizismus, den Mynarek mit letztlich christlichen Vorstellungen lösen wollte, die zum Glauben an die Sündhaftigkeit zurückführen. Dieser Bruch macht im übrigen auch die konzeptionelle Ärmlichkeit dieser Weltanschauung deutlich.) Gemeint ist auch, wer wegen anderer biologischer und/oder kultureller Ausstattung zum Erkennen der Eigengöttlichkeit und ihrer eigen-inneren Handlungsgebote angeblich schon gar nicht in der Lage sei.

In der gesamten Geistesgeschichte dieses »Neuen Denkens« von den »Gründerjahren« des Deutschen Reiches an wird dieser abgelehnte, zu bekämpfende, zu vernichtende »Irrläufer der Evolution« immer mit der biblischen Trennung von Gott und Welt, der Entgöttlichung der Natur, der Fragmentierung des Ganzen im Dualismus von jenseitigem Gott und diesseitiger Welt, von dortigem Himmelreich und hiesigem Jammertal in Verbindung gebracht: also mit der Weltanschauung des Judentums.

Die Behauptung, das biblische Gebot des jüdischen Gottes an die Menschen: »Machet euch die Erde untertan!« trage die Schuld an den Zivilisationskrisen jeder Art, tut ein übriges. Es ist zwar ein völliger Unsinn, weil die Bibel den Menschen nicht zur Vernutzung der Natur auffordert, sondern zum ehrfurchtsvollen Umgang mit der eben göttlich geglaubten, *nicht* menschlichen Schöpfung. Das hindert aber alle Ideologen der Ganzheit – ob christlich-antisemitisch, ob germanisch-nazistisch, ob »neurechts-europäisch-eigen«, ob New Age-amerikanisch – nicht daran, eine angeblich falsche und schlechte jüdische Weltauffassung einer angeblich richtigen und guten indogermanischen gegenüberzustellen. Und überall in Faschismus oder New Age, wo dieser Feind-Mensch beschrieben wird, ist er das Schreckgespenst des Liberalisten und/oder des Sozialisten, des nur am materiellen Interessierten, der alles rücksichtslos wegrafft, auch um den Preis der Selbst- und Weltzerstörung. Es mag erstaunen, besser erschrecken: Dieses Menschenbild des Feindes ist die Fratze des Geld scheffelnden Juden aus der nazistischen Karikatur. Sie und meist *nur* sie wird im New Age wie im Faschismus als die Ausgeburt des Bösen angeführt. Man erkennt diese Feindesfratze immer noch in der »neurechten« und auch in der New Age-Literatur, obwohl sich die Ideologen von Hunke bis Benoist, von Mynarek bis Capra, erst recht der unbelehrte, als Jude verfolgte Erich Fromm, nach Auschwitz nicht mehr der Redewendungen Lagardes, Chamberlains oder Kriecks bedienen.

Zudem zeigt sich im New Age die Tendenz, einen neuen Rassismus aufzumachen, wie z. B. bei Mynarek, der Religiosität als *biologische* Tatsache sieht. Er behauptet von seinem »öko-religiösen« Menschen, dieser habe den nächsten Schritt der Evolution bereits vollzogen, sei selbst »Sinn der Evolution«, handele einzig im Einklang mit der Gott-Natur und somit kosmisch-ethisch, während derjenige, der auf der Evolutionsleiter angeblich eine Stufe darunter stehengeblieben sei, der »Irrläufer« sei, feindlich gegen die Gott-Natur und damit unethisch. Die Ausgrenzung, die hier geschieht, unterscheidet sich prinzipiell in nichts von der nazistischen Ausgrenzung als »Rassefremder«, »Volksschädling« usw., als demjenigen, der aus dem als göttlich ausgegebenen Ganzen herausfällt, durch eigene Schuld oder durch Anderssein. Mit dem aber, der als Gottesschädling dingfest gemacht werden kann, gibt es *keine Diskussion* mehr über ein Richtig oder Falsch der »gottesschädlichen« Ansichten über den Umgang mit und die Organisation der Welt. Es gibt nur noch göttlich gerechtfertigte Vernichtung.

Vierte These: Gemeinsam für den selbstvergöttlichten faustischen Menschen

Der Organizismus hat neben der Einbindungsfunktion für die Massen, denen jede Subjektivität abgesprochen wird (zumindest aber diejenige »nach oben«, der Einfluß auf die oberen Ebenen der Gesellschaft und auf diese als Ganzes), noch eine andere, vielleicht wichtigere, ideologische Funktion: die der ethischen Absicherung des Elite-Handelns im *Heroischen Realismus*. »Yin und Yang«: Sich selbst zum Gott aufschwingen und gleichzeitig – besser: deshalb – dem Schicksal »tragisch« unterliegen, in Wahrheit: selbst niemandem verantwortliches Schicksal spielen zu wollen, extremstes Subjekt und extremstes Objekt zugleich *sein* und den harmonischen Zusammenfall von Beiden *einsehen*: Dies ist der Inhalt des Heroischen Realismus.

Dieses Handeln will das bisher Menschenmögliche überschreiten, und zwar entgegen allem Irrglauben über den Romantizismus von völkischer Bewegung und New Age auch und vor allem durch die *Technik*. Das Überschreiten kann mit der hergebrachten »menschlichen« Ethik nicht gerechtfertigt werden. Die Herrschenden selbst, die ja nicht aus einer anderen Welt sind, sondern im christlichen abendländischen Denken und Fühlen aufwuchsen, brauchen zuallererst und für sich selbst eine neue »ethische« Einbindung ihrer Vorhaben, die von einer »abendländischen«, also linken Ethik her nur verurteilt werden könnten.

Die Eliten des Spätkapitalismus, die sich siegreich zu einem neuen Hoch aufgeschwungen haben, und die nachgeordneten ausführenden Mittelschichten: Wissenschaftler, Techniker, Ärzte und Händler des Todes durch jedes denkbare Mittel, Ideologen, Politiker, Planer und Ausführer in der Verwaltung einer gegen die Massen, gegen Mensch und Natur überhaupt, gerichteten Gesellschaft, sie alle als handelnde Individuen brauchen einen »Sinn« für ihr ethisch verwerfliches Tun. Sinngebung und geistigmoralische Einbindung für die Täter, die im Sinne der Herrschenden handeln, ist nötig. Das Subjekt ist dabei in seinem Handeln nicht mehr an die Vernunft gebunden – wie noch zu Beginn der klassischen deutschen Philosophie –, sondern an Irrationales, an ein Göttliches. Das reicht weit über eine ideologische Rechtfertigung für den Komplex Auschwitz hinaus, ist vielmehr relevant für die zukünftige Technik und für zukünftige sozialpolitische Entscheidungen und in deren Folge: für zukünftige Profite.

Menschen, die »an Gottes Statt« (Hunke) handeln wollen, die *dazu* Naturwissenschaft und Spiritualität verknüpfen, die Naturreligiosität brauchen, um »in allem«, was sie wollen, das Göttliche wiederzufinden, also auch im Bösen, und deshalb auch zum Bösen bereit sind: Das sind die »faustischen« Menschen, die sich selbst ihre »Ethik« je nach ihren Interessen und ihrem Nutzen zimmern. Der gemeinsame Stammvater von New Age und Faschismus, Johann Wolfgang Goethe, führte an diese Schwelle: Die Wette des Dr. Faustus mit dem Satan ist angesprochen, neuerdings in eine »göttliche« statt »mephistophelische« Faust-Interpretation gefaßt – pantheistisch sind Gott und Teufel ohnehin eins, wie wir sahen – und auf den Bereich des Sozialen, der Gesellschaftsstruktur ausgedehnt.

Ernst Krieck kritisiert Goethe 1942 in der Zeitschrift »Volk im Werden«, er führe im »Wilhelm Meister« und im ersten »Faust« »beidemal nur an die Schwelle der neuen Welt hin und hütet sich streng, deren Planung fest durchzuzeichnen«. Goethe führt hier die Einheit in der Vielheit von Gott und Teufel vor, ohne sich für sie zu entscheiden. Er entwerfe zwar in den Figuren der Makarie und des Faust die »Gottwerdung des Menschen ... als ideologisches Leitbild«, meint Krieck, zeige dann jedoch »einen Zug von Wirklichkeitsfeindschaft«, »eine Flucht« in die »Entsagung«, Flucht vor der Selbstvergöttlichung wegen ihrer furchtbaren Konsequenzen. Es fehle Goethe letztlich an der notwendigen »Überwindung«, er schrecke dann doch vor dem Faustischen zurück. »Immerhin«, so Krieck, sei im »Faust II« »gegenüber dem ›Wilhelm Meister‹« in der Frage der Entsagung von der Praxis »eines gewonnen: die neue Welt, Fausts eigene Welt, ist der Natur abgerungen, dem Meer abgekämpft, selbst geschaffen und erworben dieser Boden. ... Da ist nicht mehr bloß Flucht in Niemandsland, Nirgendsland, sondern erlösende Tat, beinahe schon nationalpolitische Tat. ... Faust wird als Lehensmann des Kaisers zum Pionier, zum kämpfenden und mehrenden Kolonisten. Volk und Reich bleiben zwar im Hintergrund. Was Faust vollbringt, ist indessen Expansion, positive Mehrung: Zeichen höchster Lebenskraft. So treibt ein großes Lebenswerk zuletzt doch wieder dem positiv Politischen und Geschichtlichen entgegen: die Entsagenden werden erlöst durch die schöpferische Tat.«

1942, mitten im Zweiten Weltkrieg, ist die öffentliche Interpretation der »schöpferischen Tat« erst einmal auf Landnahme, Rohstoffnahme, Zwangsarbeiternahme gerichtet. Im angebrochenen »neuen Weltalter« (Metzger) des Faschismus soll der gezüchtete »neue Mensch« die Heere von genetisch zu »Untermenschen« erniedrigten Arbeitsameisen und -bienen befehligen. 1942 sind die furchtbaren Konsequenzen im mephitischen Komplex Auschwitz bereits praktisch. Doch die »schöpferische Tat« des Gott gewordenen »Ariers«, der in die gegebene Schöpfung eingreifen will, hat bereits eine weitere Qualität. Zu dieser Zeit arbeitet Werner Heisenberg an der Atombombe für das nazi-deutsche Kapital, auch dies eine faustische »schöpferische Tat«. Schon in seinem Buch »Leben« von 1938 hatte Krieck »Goethes Fehler« der »tiefen Abneigung gegen alles Technische« kritisiert. Er hatte – gegen die weltflüchtige Interpretation der faustischen Naturmystik, statt dessen voluntaristisch auf das Handeln hin gerichtet – geschrieben: »Dagegen sehen schon die deutschen ›Mystiker‹ Eckhart und J. Böhme: die Schau soll ihnen den Willen gebären, sonst wäre alles ein Nichts.«[309]

Das Zurückschrecken Goethes vor dem Faustischen als dem Teuflischen kritisiert auch der völkisch-religiöse Erich Ludendorff in seiner Schrift »Durch Paulus von Gudrun zum Gretchen« als etwas Weibisch-Jüdisch-Christliches, jedenfalls Ungermanisches. Der Jude Paulus, so kann man eine Quintessenz aus den Schriften von Erich und Mathilde Ludendorff ziehen, hat den jüdischen Glauben von der Sündhaftigkeit des Menschen ins Christentum eingeschleppt. Mit Hilfe der christlichen Missionare sei die Germanin Gudrun von dem Sündenglauben psychisch derart fertig gemacht worden, daß sie als christliches Gretchen dem germanisch-pantheistischen Faust nur ein jämmerliches, passives »Heinrich, mir graut vor dir« entgegenwinseln kann, statt mit ihm germanisch-froh, heilserwartend, affirmativ, heroisch-realistisch ins neue Zeitalter überzugehen. Gretchen und Faust verdeutlichen die Ambivalenz Goethes. Dem Gretchen der christlichen Ethik graut vor dem Faust des »arischen« Pantheismus. Goethe mag sich nicht auf eine der Seiten schlagen, die er beschreibt. Sigrid Hunke spricht Jahrzehnte später, aber inhaltlich gleich zu Ludendorff, von der »psychischen Vergewaltigung« des vorher »freien Sachsen«, der durch die Christianisierung zum »weinenden Knecht« geworden sei: Er habe seine von kosmischer Religiosität beaufsichtigte »Freiheit« des Schicksals, des Heroischen Realismus – frei von Ethik je nach dem Verlangen des All-Gottes bereit zur guten wie zur bösen Tat zu sein – an den Sünden- und Gnadenglauben des Judaochristentums verloren, der von ihm zuallererst die Unterlassung des Bösen verlange. Auch Erich Fromm vertritt diese Gegnerschaft zur Sündhaftigkeit des Menschen, und meint, dieser solle sich das, was er haben wolle, auch gegen den Willen und die Gebote eines jüdisch-christlich-griechischen Gottes herausnehmen können. Bei den faschistischen Ideologen zeigt sich das Verlangen des ganzheitlichen All-Gottes in den »Erfordernissen« der Unter-Gestalten Rasse, Nation, Volk, Familie. Entsprechend sind die »schöpferischen Taten«. Denkwürdigerweise sind die Gestalt-Erfordernisse identisch mit den »Erfordernissen« des Kapitals.[310]

Einer der universitären Lehrer von Sigrid Hunke, der Goethe-Exeget und Organizist Eduard Spranger – ein herausragender Ideologe der deutschen Konservativen Revolution und 1945 kurzzeitig kommissarischer Rektor der Berliner Humboldt-Universität – hält sich nicht mit einer spitzfindigen Kritik an Goethe auf, sondern geht geradewegs zu einer rein faustischen Goethe-Interpretation über. In der bereits zitierten Sammlung seiner Goethe-Reden, die er vor allem in den dreißiger und vierziger Jahren gehalten hatte, preist er den Heroischen Realismus des »Dichterfürsten«.

Vor allem der Vortrag »Goethes Weltanschauung« aus dem »Goethe-Festjahr« 1932 ist ergiebig: Der »›faustische Drang‹ treibt die Helden der Tat ... Überall will der Mensch mehr als bloß gebundener Mensch sein. Mag es ihm gelingen oder auch nicht: der Stachel zum Unbegrenzten ist in seiner Brust.« Es ist dieselbe Brust des »Ariers«, in der Meister Eckhart das Göttliche findet. Spranger zitiert den Faust: »... dieser Erdenkreis / Gewährt noch Raum zu großen Taten. / Erstaunenswürdiges soll geraten, / Ich fühle Kraft zu kühnem Fleiß.« »Die älteste Hoffnung dieses faustischen Geistes« sei es, »sich durch Magie unmittelbar in das Zentrum der Natur versetzen, mit ihr sympathisierend eins werden zu können« und hieraus die Kraft zur übermenschlichen Tat zu ziehen. Spranger benutzt 1932 die Begriffe der Konservativen Revolution: »Will der Übermensch den Sinn des Universums und des Menschentums ganz ausschöpfen, so bleibt an Stelle der Magie nur ein heroischer Realismus: der Weg durch das voll gelebte Leben und seine Gehalte. Im Lebenskampf entfaltet sich selbst des Lebens Deutung.« Goethes Lebensgefühl sei das »plus ultra«.

Parallelen zu den vulgären Erscheinungen des New Age werden sichtbar, wenn Spranger hier von der »sternengleichen Abkunft« des Menschen bei Goethe spricht und aus einem seiner Texte herausliest: »Der Anstieg zu höheren und höchsten Sphären ist dem Menschen nicht versagt. ... Es ist der Schritt ins Transzendente.« Dieser Schritt soll den Eliten vorbehalten bleiben: »Aber dies Empordringen ... gelingt nur dem, der die letzten Weihen empfangen hat.«[311]

Während der Faschismus – auch in der reformierten Form der »Neuen Rechten« – Goethe Ambivalenz vorwirft bzw. Goethes Ambivalenz verschweigt und coram publico so tut, als sei der faustische Ausgang der von Goethe gewollte, ist das New Age eher selbst von *Ambivalenz* im Bezug auf das Faustische geprägt. So distanziert sich Bahro in der »Logik der Rettung« ausdrücklich von allem Faustischen: »Die Logik der Rettung (fängt) damit an, daß wir bereit sind, alles loszulassen, auch unsere Schätze, vor allem das Geldmachen und die Wissenschaft, die allem zugrunde liegen, aber auch diese bestimmte Art von verteilungskämpferischer Demokratie, die ebenfalls eine Phase der Schlinge um unseren Hals ist. Und die Logik der Rettung endet damit, daß wir unseren höchsten Schatz preisgeben, den Doktor Faustus in uns, ... der jeden Tag bereit ist, den Teufelspakt zu erneuern.« Andererseits stützt sich Bahro in demselben Buch auf die extrem faustische Sigrid Hunke, deren großes Vorbild zur Gesellschaftsgestaltung der ehemalige SS-Mann und ehemalige Chef des Arbeitgeberverbandes Hanns Martin Schleyer ist. Er stimmt auch dem Prediger der Selbstvergöttlichung Meister Eckhart zu, dessen mittelalterliche »Deutsche Predigten« geradewegs zum neuzeitlichen Heroischen Realismus führen.

Auch bei Capra finden wir diese Ambivalenz. Einerseits entspricht sein Konzept der »Selbst-Transzendenz« genau dem, was Spranger bei Goethe herausliest. Der Übermensch erkennt das Göttliche – bei Capra die »Selbstorganisationskräfte« – in sich und macht es sich nutzbar, er beginnt, die Schöpfung »neu« zu organisieren nach seinem Nutzen. Auch bekennt sich Capra selbst zu Goethe und zitiert dieselbe Stelle (»Wär nicht das Auge sonnenhaft, die Sonne könnt es nie erblicken«), die Spranger heranzieht, um den faustischen Übermenschen zu begründen. Die Interpretation dieser Stelle ist aber eben *nicht* eine dialektisch-materialistische im Sinne des Aneignungskonzepts durch Handeln in Verbindung mit den Evolutionsgesetzen nach Darwin, sondern eine spirituelle, wie sie im Faschismus und New Age überall üblich ist. Sie sieht im *All-Göttlichen* das Verbindende zwischen »Sonne« und »sonnenhaftem Auge«, so wie Carl Friedrich von Weizsäcker die Einheit von Subjekt und Objekt pantheistisch-quantenphilosophisch herstellen will. Die Konsequenz der Einführung des All-Göttlichen ist die Haltung des Selbst-Schöpfer-Seins bzw. Neuschöpfer-Seins gegenüber der Natur. Dagegen fordert die dialektisch-materialistische Interpretation zu einem rücksichtsvollen – trotzdem nicht etwa nur verehrend-passiven, sondern durch Arbeit gestaltend-aktiven – Umgang mit der vorgefundenen Natur auf, weil eben die generelle *Möglichkeit* zur Aneignung – die vom Subjekt wie vom Objekt her an die jeweils vorgefundene Natur gebunden ist – nicht durch die selbstgöttliche, unbeschränkte Tat des Neuschöpfens der Natur zerstört werden darf.

Capra bekennt sich auch sogleich zu Jakob Böhme, den uns Chamberlain als »vorfaustischen« Stifter des »Gut/Böse-Yin/Yang« vorstellte. Andererseits stellt sich Capra auf die Seite der zivilisationskritischen Ökologie-Bewegung, die teilweise nicht einmal mehr den *menschlichen* Umgang mit der Welt – zu schweigen vom selbstvergöttlichten – zulassen will. Mynarek führt uns in einer ähnlichen Springprozession hin und her. Er will den »öko-religiösen« Menschen als biologischen Übermenschen ausrufen, der aus Eigengöttlichkeit die Evolution fortzuführen habe und bezieht sich dabei auf Spranger, Teilhard de Chardin und andere Ideologen des »Faustischen«, selbstverständlich auch auf Hunke. Gleichzeitig wendet er sich jedoch gegen »die absolute Herrschaft der Technik im Verein mit den wirtschaftlichen Großkonzernen«, »das gefräßige Wesen der Großtechnik im Dienst internationaler Konzerne«, »die den Interessen und Rechten der Natur absolut zuwiderlaufen«.

Auch Erich Fromm verfährt nach diesem Muster, wenn er einerseits positiv auf Meister Eckharts Selbstvergöttlichung des Menschen abhebt und zugleich unter der Überschrift »Das Ende einer Illusion« kritisiert: »Wir waren im Begriff, Götter zu werden, mächtige Wesen, die eine zweite Welt erschaffen konnten.« Allerdings begreift Fromm schon nicht die

Rolle des Faust, wenn er schreibt, dieser verkörpere den Konflikt des »Haben und Sein«, wobei Mephistopheles die Haben-Seite zukomme. Schließlich schlägt sich auch Fromm auf die Seite des Heroischen Realismus, wenn er den »Helden« – denjenigen, der zur Gefahr und zum Risiko bereit ist und auch dazu, »zu verlassen, was er hat – sein Land, seine Familie, sein Eigentum, ... ohne sich von den Risiken und Gefahren abschrecken zu lassen« – als den Vertreter der richtigen Lebensweise des Seins darstellt. Dieser »Held« Fromms ist der Faust der Eroberung, der »schöpferischen Tat«, bei Krieck. Bereits Alfred Rosenberg hatte im »Mythus des zwanzigsten Jahrunderts« Eckharts Mystik als Mittel zur Tat ausgegeben, um hierauf den faschistischen Helden aufzubauen. Es ist eben falsch, wenn Erwin Haberer in »christlicher Auseinandersetzung« mit dem New Age – in Wahrheit biedert er sich an – schreibt: »Die Entmythisierung der Natur schuf erst die Voraussetzungen für die Entwicklung einer Technik, die sich eben diese Natur untertan machte.« Er ist der Propaganda der pantheistischen Organizisten aufgesessen und glaubt sie blind, statt sie zu hinterfragen. In Wahrheit ist es der Mythos von der Göttlichkeit und Ganzheit der Natur, der die Technik des Menschen zu einer faustischen Technik der Gott-Natur machen will.[312]

Sicher, mancher New Age-Ideologe redet tatsächlich nur wirr und uninformiert daher. Sicher, es gab und gibt in der kleinbürgerlichen romantizistischen Zivilisationskritik durchgängig die beschriebene Ambivalenz, auch schon in der völkischen Bewegung als der schließlichen Massenbasis des faustisch modernisierenden Faschismus. Sicher ist hier auch einiges an »ökologischer Demagogie« zu konstatieren, die bewußt über die wahren Beweggründe täuschen will. Doch dieses interne »Yin und Yang« scheint auch auf dem mangelhaften Durchdenken des Organizismus durch seine eigenen Vertreter zu beruhen, vor allem durch seine massenhaften Anhänger. Auch dies finden wir bereits bei Lagarde und der völkischen Bewegung, die sich mit ihren »deutschgläubigen« Sekten der »Arier«-Vergöttlichung zwar zu den Herren der Welt aufschwingen wollten, aber das einzige Mittel zu dieser Weltherrschaft – die ethisch ungebundene faustische Technik – zum Teil vehement bekämpften. Der ökologische Schleier, hinter dem die faustische Konsequenz damals wie heute bisweilen verschwindet, ist den Herrschenden gefällig, unabhängig davon, ob es Lagarde oder Langbehn, Bahro oder Mynarek so mögen. Das Kapital hat sich mit der faustischen Selbstvergöttlichung des »Ariers« durch den Faschismus bereits einmal *alle* Zukunft versprochen, und es mag vielleicht nur am noch *ungenügenden* Faustischen, dem Fehlen der Atombombe, gelegen haben, daß es damals nicht reichte (bzw. für das konkurrierende Kapital reichte). Doch findet sich heute auch im scheinbar »sanften« New Age – so, wie es Krieck im »Faust II« sieht – letztlich doch die faustische

Klarheit: die Erlösung des »weinenden Knechts« durch die schöpferische Tat, wenn auch auf Umwegen, nicht ganz so deutlich ausgesprochen, denn es muß ja Rücksicht genommen werden auf die Klientel der »neuen sozialen Bewegungen«. Auch die eigene Verwicklung von New Age-Ideologen in das Faustische zeigt dies.

Selbst Schöpfer sein

Jan Smuts ist ein passendes Beispiel, auch deshalb, weil er selbst als Politiker der Apartheid einschlägig tätig war. Smuts versucht in seinem Buch »Die holistische Welt«, die Tatsache des evolutionären Fortschritts mit dem Gottmenschentum zum Selbstschöpfersein zusammenzubringen. Das abstrakte Konzept der »schöpferischen Evolution«, des ständigen Über-sich-Hinauswachsens, bekommt einen faustischen Inhalt, wenn der selbstvergöttlichte Mensch diese Evolution in die Hand bekommt. Diese Hand ist allerdings nicht frei in ihrem Tun und unterliegt auch nicht Mehrheitsentscheidungen, deshalb ist sie nur *von Ethik frei*. Sie wird vielmehr durch die vermeintliche, behauptete und ihrem Wesen nach weder hinterfragbare noch kritisierbare All-Göttlichkeit gelenkt, ist in Wahrheit also von nichts weiter als von der Willkür der Herrschenden bestimmt. Das »Tragische« des Heroischen Realismus ist das Wesen dieser »schöpferischen Evolution« des Holismus: Sie – als Abstraktum – ist Subjekt und Objekt zugleich, sie ist das Aktiv in der Entwicklung und das Passiv in dem, was entwickelt wird, und dieser »Yin und Yang«-Prozeß verläuft nach Gesetzen, die als göttlich ausgegeben werden. Smuts aber bleibt nicht beim Abstraktum, er will den Menschen als »schöpferische(n) Faktor in der Wirklichkeit als einem Ganzen«. Nachdem nun dieser Mensch (in Wahrheit ist der Experte, Erleuchtete, die Elite gemeint, und bei Smuts selbstverständlich nur die der weißen Rasse) als bisherige Spitze der Evolution, als die sie nunmehr treibende Kraft hinzugetreten ist, hat das Abstraktum der »schöpferischen Evolution« sehr konkrete Züge bekommen: In einer als Gestalt-Gefüge aufgebauten organizistischen Gesellschaft sind es die faktischen Entscheidungsträger, die die Richtung angeben. Und in einer solchen konkreten Gesellschaft ist es dann auch nicht die abstrakte Evolution, die auf sich selbst einwirkt als »Yin und Yang« von Subjekt und Objekt, sondern es sind Herrschende, die auf Beherrschte einwirken, Herrschende, die vorgeben, mit ihren Entscheidungen den »Willen« der Evolution zu vollziehen.

In dieser Weise konzipiert auch Mynarek seinen »ökoreligiösen« Gottesstaat, in dem die »ökoreligiösen« Menschen als biologische, spirituelle und politische Spitze der göttlichen Evolution diese weitertreiben. »Der holistische Befehl«, schreibt Smuts als Quintessenz seines Buches, »der gleich einer lebenden Quelle aus den tiefsten Tiefen des Universums aufsteigt, ist der Bürge dafür, daß wir kein Mißlingen zu erwarten haben« bei dem, was der selbstgöttlich selbstschöpfende *Weiße* tut. Smuts als einer der Väter des New Age vertritt das Konzept eines völlig ungebremsten und als natürlich ausgegebenen Fortschritts: »Holistisches Wirken läuft deshalb notwendig in wirklichen Fortschritt und schöpferische Evolution aus.« Dies steht im frontalen Gegensatz zu dem, was die New Ager jeder Ausrichtung anzustreben vorgeben. Indem die Entscheidungen darüber, wie diese menschlich getriebene Evolution aussehen soll, im Holismus an etwas Außermenschliches, an eine übernatürliche Wesenheit, das Transzendente usw., gebunden wird, das nur einer kleinen menschlichen Elite auf nichtrationalem, d. h. nicht intersubjektiv nachprüfbarem Wege zugänglich ist, werden diese der Verfügung der Massen entzogen. Mit viel neuem naturreligiös-pantheistischem und kosmischem Tamtam wurde einfach nur das alte Verfahren, die um die Erfüllung *ihrer* Interessen kämpfenden Menschen mit dem Hinweis auf einen entgegenstehenden Gotteswillen zu entwaffnen, wiederverwendet. Das ist schon der ganze Inhalt des New Age.[313]

In dem 1990 erschienenen Buch »Neue Wege – neue Ziele. Denkanstöße und Orientierungshilfen in einer Wendezeit«, in dem neben Capra auch Gorbatschow, Oskar Lafontaine, Hans Peter Dürr, der Dominikaner David Steindl-Rast, der Dalai-Lama und Monika Griefahn schreiben, berichtet der auch im New Age gern gesehene Robert Jungk über die »Zukunftswerkstätten« unter der Überschrift »Selber Schöpfer sein«.[314] »Die in Zukunftswerkstätten entfachte Entdeckerfreude macht die Teilnehmer ohne Drogen oder andere Stimulantia regelrecht ›high‹«, schreibt Jungk da. Allerdings bleibt die »Zukunft« nur »Vision« und »Ausnahmezustand«, die Teilnehmer der Zukunftswerkstätten dürfen vom besseren Leben eben doch nur träumen. Und damit kein Mißverständnis aufkommt, gibt Jungk das Ziel an: »Eine gewaltige ›schöpferische Aufwallung‹..., die alle Lebensbereiche weltweit erfassen müßte, ist nach Ansicht des englischen Physikers und Philosophen David Bohm eine unentbehrliche Voraussetzung jedes Versuchs, unsere vom Scheitern bedrohte Zivilisation noch zu retten.« Was der Organizist Bohm vertritt, sahen wir oben. Jungk geht es ausdrücklich um »soziale Erfindungen« und er hebt ab auf die »von David Bohm erhoffte große gesellschaftliche Rettungsbewegung«, die wir eher befürchten. Jungk tauchte bereits in den siebziger Jahren im Umfeld des heidnisch-naturreligiösen Alt- und Neonazi Werner Georg Haverbeck auf. In Haverbecks Tagungshaus »Collegium Humanum«, das z. B. im »New Age Buch« von Daniel Sillescu angepriesen wird, tagte auch Ende 1990 wieder der Kreis um Sigrid Hunke, der sich inzwischen »Arbeitskreis Europas eigene Religion« nennt.

Haverbeck, der 1982 das rassistische, ausländerfeindliche »Heidelberger Manifest« unterzeichnete, veröffentlichte 1978 das Buch »Die andere

Schöpfung. Technik ein Schicksal von Mensch und Erde«, das sich oberflächlich ökologisch gibt, aber den faustischen Menschen zum Inhalt hat. Nicht nur Mynarek bezieht sich auf diese Schrift in seiner »Ökologischen Religion« und lobt die »treffenden Ausführungen von W. G. Haverbeck«. Auch Robert Jungk – der Jahre später Bahros »Logik der Rettung« so zutreffend als gefährlich für die Demokratie einstufte – hängt an Haverbeck, diesem ehemaligen hohen NSDAP- und »Kraft durch Freude«-Funktionär, der sich selbst als Schüler des SS-»Ahnenerbe«-Gründers Hermann Wirth sieht und der 1984 in seinem Tagungshaus unter dem Deckmantel eines Seminars über »Naturreligionen« das »Komitee zur Vorbereitung der Feierlichkeiten zum 100. Geburtstag Adolf Hitlers« des Neonazi und New Age-Sympathisanten Michael Kühnen tagen ließ, der den Kühnen-Vertrauten, FAP- und späteren REP-Funktionär Michael Krämer in der Geschäftsleitung des »Collegium Humanum« beschäftigte und heute offen der Auschwitz-Lügner-Szene angehört.[315]

Jungk sagt in seinem Vorspruch zu Haverbecks Buch: »Das Werk von Werner Georg Haverbeck hat mich angeregt zu neuen Einsichten und zur Auseinandersetzung. Daß der Autor sich über die notwendige Kritik hinaus bemüht, eine positive Veränderung der Technik geistig einzuleiten, erscheint mir besonders wichtig. Er gehört damit zu den geistigen Vätern einer Wende, die herbeizuführen mit jedem Tag dringender wird.« In Wahrheit entwickelt Haverbeck in diesem Buch unter ungeniertem Bezug auf einschlägige deutsche Literatur der Nazi-Zeit, auf Arnold Toynbee und auf Oswald Spenglers angebliche »Entdeckung der Evolution in der Geschichte« das Weltbild des sich selbst vergöttlichenden mystisch-organisch-technischen Menschen, des Übermenschen, den er »Großmensch« nennt. Von »Bevölkerungsflut« ist hier die Rede, die die Erde unterwerfe und zu ihrer Ausplünderung und Vergiftung führe – die Menschen in der »Dritten Welt« sind da wohl schuld. Die Technik habe ein »Doppelantlitz«: »Der faustische Pakt mit dem Tod ist Voraussetzung für technisches Handeln.« »Polarität« sei nun mal »Lebensgesetz« und müsse deshalb ausgehalten werden, Yin und Yang, Gut und Böse, Leben und Tod. Nach seinem Bezug auf Goethe, Steiner, Teilhard, Saint-Exupéry und Heisenberg, auf das innere Reich als den »Weg nach innen«, auf »die alten Inder« und ihr unvermeidliches, in der organizistischen Literatur allgegenwärtiges »tat wam asi«, auf den konservativen Revolutionär und »Übermensch«-Ideologen Leopold Ziegler, kommt Haverbeck am Ende des Buches zu dem Schluß: »Die Menschwerdung der Erde als das Ziel der Technik tritt heute in ihre volle Erscheinung. Eine größere Bedeutung kann der Technik wohl kaum zugesprochen werden. Doch der Mensch hebt sich, wenn er wahrhaft zum Meister der Materie wird, zugleich über diese hinaus. Seine Technisierung kann wie ein Weg erscheinen, der ihn zu seiner eigentlichen

Bestimmung führt. Der Weg ist belanglos angesichts des erreichten Zieles.« Das Ziel ist die Stellung des Menschen über dem Göttlichen, wie bei Hunke. Haverbeck postuliert »die Abhängigkeit der Natur vom Menschen« im »Lebewesen« Erde – Gaia. »Die Natur erfährt eine Weiterführung, die sie ohne den Menschen nicht erfahren würde«, ein Satz, der seine Plattheit dadurch verliert, daß diese Natur das Göttliche sein soll.[316]

Die Verbindung von Technik und religiöser Naturmystik ist bei Haverbeck wie bei Mynarek identisch: »Im menschlichen Bewußtsein erkennt die Natur sich selbst«, so Haverbeck, »im Menschen bringt die Natur sich selbst zur Sprache«, so plagiiert Mynarek. Technik gehört auch beim letzteren dazu: »Der (öko-religiöse, P.K.) Mensch erfüllt nun die Aufgabe, die ihm die ›sich mit ihm forttreibende‹ Natur gestellt hat, u. a. dadurch, daß er ihre Werte (die ... ästhetischen, sozialen, logisch-mathematischen, biotechnischen usw. Wertaspekte) ins Bewußtsein hebt und zur Sprache bringt.« Hunke entwickelt ihr identisches Technik-Verständnis in ihrem Buch »Vom Untergang des Abendlandes zum Aufgang Europas« in direktem Bezug auf dieses Haverbeck-Buch und schließt daran ihre »europäisch eigene Religion« an, in der der Mensch durch die Technik »Verantwortung ›für‹ Gott« übernimmt: »Gott aus dem Jenseits heimholen – auf daß er im Menschen groß werde.« »Selbstwerdung und Selbstüberschreitung« predigt sie hier, will den Nordeuropäer »vom Sünder zum Mitarbeiter Gottes« aufsteigen sehen. Der Kampf gegen das jüdische Alte Testament mit seiner Lehre von der Gleichheit der Menschen und vom Sündenfall hat in der angestrebten »Selbstüberschreitung« des Nordeuropäers seinen Grund: »Daß ihr wie Gott werdet«, hatte die Schlange im biblischen Mythos versprochen, und genau dieser Griff nach der Gottgleichheit in Allmacht und Allwissen ist es, der hier als das Böse schlechthin, als die Erbsünde der Menschheit gilt. Wenn größenwahnsinnige, von pathologischen Allmachtsphantasien geprägte »arische« Herrenmenschen antijudaistisch-antisemitisch sind, dann deshalb, weil das jüdisch-christliche Geisteserbe ihnen, die über die Natur, die nicht-»nordischen« Menschen und schließlich sogar über Gott herrschen wollen, ihre angebliche Gottgleichheit bestreitet.[317]

Daß sich in einem solchen Umfeld auch Robert Jungk bewegt, ist keineswegs so erstaunlich, wie es scheinen mag. Der eng mit Capras Elmwood-Institut verbundene Jungk, der auch mit Jakob von Uexkülls »Alternativem Nobelpreis« 1986 ausgezeichnet wurde, gab in den sechziger Jahren eine Buchreihe »Modelle für eine neue Welt« heraus, in denen die »Neue Rechte« bereits für die deutschen und US-Kapitalinteressen, aber noch ohne den »arischen« weltanschaulichen Hintergrund des New Age bzw. der euro-völkischen Religiosität auftritt. Die Reihe ist eine Fundgrube für unsere These von der Entwicklung der »neurechten« Ideologie in den Denkfabriken des Kapitals. Sie ist offenbar teilweise auch eine Antwort auf den liberalistischen Kennedy-New Deal der sechziger Jahre und die damaligen gesellschaftlichen Kämpfe zur Gleichstellung der Schwarzen. Hierin paßt sie zu der Beobachtung Formans über den wachsenden Einfluß lebensphilosophischer Strömungen in den USA der damaligen Zeit. In der Buchreihe erschienen biologistische Artikel über die Ungleichheit der Menschen und ihr »wertvolles« oder wertloses Erbgut und entsprechende »positive Eugenik«, die es dem Menschen erlauben soll, »Herr seines Schicksals« zu werden.[318]

Hier darf der Jakob von Uexküll-Sohn und Jakob von Uexküll-Vater Gösta von Uexküll elitär lamentieren: »Die Urteilskraft der Massen steht aber in keinem Verhältnis zu ihrer Macht. Nicht einmal zur Auswahl der geeigneten Führer, geschweige denn zur Selbstregierung reicht diese Urteilskraft ... Die Staatsgewalt geht von einem unreifen und unmündigen Volke aus.«[319] Hier stellt auch ein ehemaliger Redakteur des »Handwörterbuchs des Grenz- und Auslanddeutschtums« der Jahre 1934-1939 Überlegungen zu »Zielen einer deutschen Raumplanung« an und führt den Kampf der völkischen Bewegung gegen die Einführung des römischen Rechts statt des germanischen Rechts am Ende des neunzehnten Jahrhunderts weiter, der sich damals gegen Freiheit, Gleichheit und Solidarität richtete.[320] Gleichzeitig preist hier derselbe Autor die »Wirtschaftskatastrophen, Hungersnöte, Kriege und große(n) Seuchen zwischen dem vierzehnten und der Mitte des siebzehnten Jahrhunderts« als »Ausgleich zwischen Bevölkerung und überbeanspruchtem Lebensraum«. Jahre später äußerten sich Konrad Lorenz ebenso über Aids oder Haverbeck im oben genannten Buch über die »Bevölkerungsflut«. In der Jungk-Buchreihe der sechziger Jahre wird auch – sogar direkt bezahlt von der Pharmaindustrie – von selbstgöttlichen Genetikern der genetischen Veränderung des Menschen das Wort geredet. Es sind Wissenschaftler, die schließlich sogar die Zweigeschlechtlichkeit des Menschen beseitigen wollen, weil dies gesellschaftliche Probleme verhindere. Auch die Züchtung subhumaner Arbeitssklaven als Kreuzung aus Affe und Mensch ist hier kein Tabu mehr.[321]

Die Autoren dieser Buchreihe sind überwiegend hochkarätige Elite-Menschen: Zum Beispiel Z. Brzezinski, damals Mitglied im Politischen Planungsausschuß des US-Außenministeriums, später Berater des US-Präsidenten; H. Donovan, Herausgeber der »Time«; E. R. Priore, Vizepräsident und »Chefwissenschaftler« von IBM; Professoren von Havard, Cambridge/Mass. und Yale, zahlreiche Nobelpreisträger; H. Becker, Direktor des Max-Planck-Instituts für Bildungsforschung; der spätere Ökologiebegeisterte Regierungschef Hamburgs Klaus von Dohnanyi sowie ein leitender Redakteur der Zeitung »Die Welt« (in der Hunke später Kolumnen schrieb und in der mit Günther Deschner ein führender Vertreter der »Neuen Rechten« als Redakteur saß), ein Oberbürgermeister von Ulm, ein Kulturdezernent von Darmstadt usw.

Ohne Zweifel: Derartige Elite-Menschen aus Wissenschaft, Politik und Wirtschaft brauchen eine Ideologie der Selbstvergöttlichung, für ihr Ego und für ihre Geschäfte. Nicht nur Robert Jungk weiß das. Die New Age-Stars Capra und Ferguson wollen das »Neue Zeitalter« vor allem mit Hilfe der *Manager-Elite* herbeiführen. Die faustische Ferguson meint, daß die Erkenntnis des Göttlichen im Innern Macht verleiht. Wölflingseder berichtet: »Bei seinem Vortrag im Auditorium Maximum der Wiener Universität am 15. Mai 1987 und im ›Club 2‹ am 17. Mai 1988 hob Capra die Veränderungsbereitschaft der Manager positiv hervor. Er stelle bei seinen Seminaren mit Topmanagern in Europa fest, daß diese immer mehr bereit sind, ganzheitlich zu denken. Capra meint, ganzheitliches Management ist mehr als ein Schlagwort.« Wölflingseder arbeitet heraus, daß Capra als einzig legitime Agenten von Veränderung Naturwissenschaftler und Topmanager ansieht, Eliten eben. Schweidlenka berichtet von »spirituellen Wirtschaftskonferenzen«, zu denen IBM, Rank Xerox, Philipps, Volvo oder Shell Angestellte entsandten. Ein IBM-Vertreter war auch nach einem Bericht der UFO-Zeitschrift »Magazin 2000« 1991 auf einem UFO-Kongreß. Die neue Liebe ist schon älter: Capras »Wendezeit« sei einer Umfrage der Zeitung »Welt am Sonntag« zufolge im Sommer 1983 das meist gelesene Urlaubsbuch der Spitzenmanager der Großkonzerne gewesen, berichtet Schweidlenka. Die eher konservative »Zeitschrift für Politik« brachte 1988 ein Schwerpunktheft zum Thema New Age. Gottfried Küenzlen schreibt hier, es ließen sich gemeinsame Ansichten und Merkmale des New Age nennen, »die sich quer durch die verschiedenen Tendenzen und Gruppen finden« und nennt u. a.: »Der Mensch als Teil des Göttlichen kann sich seines göttlich-kosmischen Ursprungs also auf dem Weg der Überwindung des Ichs versichern. Es gibt ein esoterisches Wissen, es gibt okkulte Praktiken, die dem Menschen seine Göttlichkeit erfahrbar machen. ... Wo ihm dies gelingt, wo er den Schein des subjektiven Ich abstreift, hat er, Teilhaber des Göttlichen, die Macht, die Realität um ihn her zu verändern und sich ihm verfügbar zu machen« – trotz allem vordergründigen Protest gegen das biblisch-jüdische »Macht euch die Erde untertan«.[322]

Der Heroische Realismus und die Verbindung von Technik und »Neuem Denken« werden bei etablierten New Agern fast ausschließlich von dem einen *Heisenberg-Experiment* abgeleitet, das zur Unbestimmbarkeits-Relation der Quantenphysik führte und das Capra, Weizsäcker oder Dürr dazu dient, den physikalischen Experimentator als eine Art Weltschöpfer auszugeben. »Auf fundamentaler Ebene ist das Unschärfeprinzip ein Maß für die Einheit und die innere Verbundenheit des Universums«, meint Capra. Subjekt und Objekt fallen faustisch in eins, wenn es der Experimentator durch seinen Experimentalaufbau in der Hand hat, die Wirklichkeit der Atomteilchen einmal so und einmal anders zu finden und zugleich selbst Teil dieser Wirklichkeit ist. Die *Ideologen* der Quantenphysik beschränken nicht etwa ihre Weltanschauung, weil dies ein Zwischenergebnis des noch beschränkten Wissens sei, sondern ideologisieren das Heisenberg-Experiment, indem sie die Einheit von Subjekt und Objekt spiritualisieren.

Weizsäcker findet in der Quantentheorie »die Denkmittel für einen spiritualistischen Monismus«, für einen Pantheismus, den er christlich belassen will, also letztlich als Pneumatismus, was für unsere Betrachtung aber irrelevant ist. Er führt zur Nichttrennbarkeit von Subjekt und Objekt in der Quantentheorie aus: »›Subjekt‹ und ›Objekt‹ – das ist wohl die klassische Unterscheidung von Geist und Natur. Subjekt, das ist hier der bewußt experimentierende Mensch; Objekt, das ist, was er so experimentierend in der Natur vorfindet.« Und er wendet sich vehement gegen die cartesianische Trennung von Geist und Natur im Dualismus von erkennender und erkannter Materie, wie es – ohne Quantenphysik – bereits Chamberlain tat.[323]

Chamberlain war ein glühender Anhänger des »Fortschritts« und der »Technik« (und keineswegs nur ihr irrationalistischer Gegner, der er in seiner antimechanistischen Kritik sicher auch war). Er begeisterte sich für die Naturforschung als angeblich typisch germanische Wesensart, wollte sie jedoch für den technischen Fortschritt nutzen. Ein »Zurück zur Natur« lehnte er rundheraus ab und unterschied sich darin von vielen Zeitgenossen aus der völkischen und der Lebensreform-Bewegung. Die Technikbegeisterung hat Chamberlain mit anderen faschistischen Ideologen gemein, auch mit der heutigen »Neuen Rechten« und Teilen des New Age, denn Technikfeindlichkeit ist im Gegensatz zu einem verbreiteten Urteil keineswegs ein durchgängiger Wesenszug der Ideologen des Organizismus. Wenn die Technik als naturwüchsig erscheint, dann gilt sie durchaus als Teil des All-Göttlichen und ist akzeptiert. »Nur das sich selbst Gestaltende besitzt Gestalt«, so interpretiert Uexküll in »Natur und Leben« Chamberlain faustisch. Dieser hatte bereits in den »Grundlagen« 1899 seine »religiöse Verehrung« für die Natur bekannt und den »Ariern« den göttlichen Platz zugewiesen: In der germanischen Religion »seid ihr selbst schaffende, gesetzgebende Natur«, Religion sei »Tat der Gegenwart«. »Die Religion soll erzeugen, Taten erzeugen«, ist die Quintessenz am Ende seines »Kant«-Buches. Er fährt im Stile Ernst Jüngers oder Erich Fromms fort: »Jetzt *wagt* der Mensch. ... Er opfert sich für eine Idee, er geht freudestrahlend in den Tod; mit einem Worte, er gehorcht dem selbstgegebenen Gesetz«, alles ist »seinem Willen untertan«. Genau hiervor warnte der biblische Sündenfall-Mythos die übermütige Menschheit. Die Warnung war gleichnishaft geschrieben, zum Verständnis für eine analphabetische, größtenteils agrarisch lebende Bevölkerung, die dennoch bereits in der technischen Lage war, sich und die Natur zu ruinieren.

In »Natur und Leben« schreibt Chamberlain dann, der selbstvergöttlichte »arische« Übermensch sei »den gigantischen Verhältnissen« des Kosmos »gewachsen«, da er ja allgöttlich sein Teil sei. Lukács arbeitet zwar – auch im Hinblick auf Chamberlain als Kantianer – dessen »arischen« Respiritualisierungs-Ansatz treffend heraus, jedoch noch ohne ausreichenden Bezug zu Technik und Modernisierung als Standbein des Faschismus oder gar zur »neueren Physik«, um die Lukács einen Bogen macht. Dabei hätte er mindestens die Beziehungen des Futurismus zum italienischen Faschismus kennen können, die neueren Forschungen zum Nationalsozialismus als Ideologie des Modernisierungsschubs kannte er noch nicht.[324]

Die heutige »Neue Rechte« ist ebenso wie die Konservative Revolution der zwanziger Jahre fasziniert davon, das Naturmystisch-Göttliche mit der Technik zu verbinden, um so das Erdenmenschliche hin zum Übermenschen zu verlassen, vom Faustischen also. Wir finden dies auch als zentralen Punkt im Denken von Oswald Spengler, von Martin Heidegger oder Ernst Jünger. Der im New Age wie im Neofaschismus gleichermaßen rezipierte Heidegger sah noch nach 1945 im frühen Nationalsozialismus ein politisches System, das mit der Technisierung der Welt hätte klar kommen können, im Gegensatz zur Demokratie. Von mehr oder weniger deutlich neuheidnisch-völkischen Positionen aus versuchten sie, den Heroischen Realismus (ein Begriff Jüngers) als spirituelle Schicksalseinheit von Subjekt und Objekt im Übermenschen zu begründen, der fähig und willig die Interessen der Herrschenden verfolgt.[325]

Armin Mohler, Nestor der Konservativen Revolution im Nachkriegsdeutschland, der als Leiter der Carl-Friedrich-von-Siemens-Stiftung frühzeitig die Bedeutung der neuheidnischen »Neuen Rechten« für das deutsch geführte EG-Kapital begriff, schwärmte 1991 in der »neurechten« Zeitschrift »Criticon« von der technizistischen Modernisierung Deutschlands durch die »zweite Generation des Nationalsozialismus: kühle Technokraten, welche die Aufgaben zu meistern suchten, die dieses Reich sich gestellt hatte«. Ideologische und praktische Nachkommen des Doktor Faustus waren hier auf den Schultern der völkischen Bewegung und der Konservativen Revolution zur Macht gekommen. Sie setzten den neuheidnischen Organizismus in den führerstaatlichen Umstrukturierungen, der Sozialpolitik des Todes, den Materialschlachten des Zweiten Weltkriegs, den KZ-Außenlagern für die Großkonzerne, der Sklavenarbeit verschleppter »Fremdarbeiter« und selbstverständlich auch in den technischen Entwicklungen der – freiwillig und gezwungen – autarken Metall-, Elektro- und Chemieindustrie ein. »Und es waren dann nach dem Krieg die Überlebenden aus dieser Schicht«, meint Mohler elitär und die Arbeit von Trümmerfrauen wie Fabrikarbeitern geringschätzend, »welche das deutsche Wirtschaftswunder schufen«. Mohler findet es sehr wichtig, zu untersuchen, »wie es den Nationalsozialisten über sehr weite Strecken hinweg gelungen ist, bewahrende Tendenzen und modernisierende Tendenzen miteinander zu versöhnen« – er meint sicher die ideologische Versöhnung in den Köpfen der Eliten, denn die Loyalität der Massen wurde ja durch Terror erzwungen.[326]

Dies genau ist die Frage nach der Möglichkeit des Heroischen Realismus als handlungsleitende Konsequenz aus dem modernen, pantheistischen Organizismus. Mohler hat sie bereits 1950 in seinem Buch »Die Konservative Revolution in Deutschland« aufgeworfen und in dem Kapitel »Spaltung und Spannung« mit seinem »Bild von der Welt als Ganzem« beantwortet. »Das Bild der Welt, das die Grundrichtung der ›Konservativen Revolution‹ mitbestimmt, wird durch die bereits genannten Worte ›Einheit‹, ›Ganzheit‹ bezeichnet. Diese Worte wenden sich gegen die Aufspaltung der Welt in zwei Teile, wobei der eine gegenüber dem anderen geringer gewertet wird. Darin, daß sowohl das Christentum wie das Fortschrittsdenken (der materialistischen Weltanschauungen des Liberalismus und Sozialismus, P.K.) eine solche Aufspaltung vornehmen, zeigt sich wiederum ihre Verwandtschaft. Das katholische Christentum errichtet zwar mit dem Bau der Kirche als dem Leib Christi eine Art Verstrebung zwischen beiden Teilen. Im Grundsätzlichen ändert das aber nichts an der Zweiteilung und daran, daß im Christentum das ›Diesseits‹ zugunsten des ›Jenseits‹, welches erst der Ort der Erfüllung ist, entwertet wird. Das Fortschrittsdenken hingegen legt, als ungebärdiges Kind des Christentums, allen Wert auf das ›Diesseits‹. ... Mit ihrer ›Einheit‹, ihrer ›Ganzheit‹ tritt nun die ›Konservative Revolution‹ mit dem Anspruch auf, außerhalb einer solchen Spaltung zu stehen. Wo jene ›mystischen‹ Einwirkungen auftreten, scheidet sie sie nicht aus (wie Christentum, Liberalismus und Sozialismus, P.K.), sondern bezieht sie als neu entdeckten Bestandteil der eigenen Welt ein. Oder, um es in den volkstümlichen räumlichen Bildern auszudrücken, die sich wegen ihrer Anschaulichkeit in fast allen Aussagen über die Welt als Ganzes finden: hört für den Fortschrittsgedanken in jener Höhe, wo für den Christen der ›überweltliche‹ Raum beginnt, die Welt auf, so geht sie dort für die ›Konservative Revolution‹ weiter (und für den Hightech-Konzern Siemens auch, P.K.). Aber es besteht für sie nirgends eine entscheidende Grenze und jeder Ort steht ihr unter dem gleichen Gesetz. Die einzige mögliche Scheidung ist für sie die in das Ganze und seine Teile. Eine solche Scheidung kann jedoch niemals eine Spaltung sein. ... Die ›Einheit‹, die ›Ganzheit‹ schließt jedoch die Gegensätze nicht aus, sie umfaßt sie nur in sich und läßt es nicht zur Spaltung kommen. Sie ist nicht spannungslos, sondern spaltungslos. Die oft verwischte Unterscheidung von Spannung (Polarität) und Spaltung (Dualismus) ist einer der Schlüssel zum Verständnis der ›Konservativen Revolution‹.«[327]

Mohlers Text von 1950 könnte in jedem New Age-Buch der achtziger Jahre stehen: Er beschreibt das »Yin und Yang«, der Einheit in der – auch gegensätzlichen – Vielheit, die an Hunkes und Schleyers organizistische Gesellschaftskonzeption denken läßt. Hunke und Mohler sind beide Galionsfiguren des »Thule-Seminars«. In seinem »Criticon«-Artikel von 1991 nimmt Mohler die organizistische Gesellschaft, in der der »Zwiespalt« (Hunke) des Klassenkampfs »Yin/Yang«-zwangsvereinigt wird, wieder auf: Hier lobt er Hitler für die »Sozialisierung der Herzen« in der »Volksgemeinschaft«.

Mohler geht aber hierüber hinaus, indem er unmittelbar an die Einheit der Gegensätze in der Konservativen Revolution das Kapitel »Der ›heroische Realismus‹« als Relativierung von Ethik anschließt. Er erklärt diesen Begriff Ernst Jüngers, dessen Privatsekretär Mohler eine Zeitlang war, für »verpflichtend« als Bezeichnung des organizistischen »Yin und Yang«. »Dem Christentum und dem Fortschrittsdenken ist ... gemeinsam, daß sie den Menschen sittlich radikal, sittlich absolut bewerten. ... Die ›Konservative Revolution‹ steht hier dadurch außerhalb, daß sie einer solchen radikalen Bewertung des Menschen nach ›gut‹ und ›böse‹ nicht zugänglich ist. Ihre Einstellung ist von vorne herein eine andere: es ist keine sittlich richtende, sondern eine alles Geschehen als sinnvoll hinnehmende Haltung.« Diese Affirmation alles Seienden, das dem Menschen nur noch das sich sieghafte Bewähren in seinem Schicksal ermöglicht, wird in der religiösen Anbetung dieses ganzheitlichen Seienden noch gesteigert. Diese Anbetung finden wir in der Konservativen Revolution, vor allem aber im New Age und in den völkischen Sekten. Mohler, der breit auf die völkischen Sekten der zwanziger Jahre als Grundlage und Teil der Konservativen Revolution eingeht, will sich aber offenbar nicht selbst derart deutlich zum spirituellen Verständnis der Ganzheit bekennen. Statt dessen zitiert er Nietzsches »tragische Weltanschauung« des »Amor fati« (Liebe zum Schicksal) »als Liebe zur Welt wie sie ist, mit ihrem ewigen Wechsel von Geburt und Vernichtung«.[328]

Dieser Begriff der »Liebe« kann jedoch ohne weiteres als ein neues Synonym des All-Göttlichen betrachtet werden, das genau in dieser Weise bereits von Eduard Spranger am Ende seines Artikels über »Goethes Weltanschauung« von 1932 verwendet wurde. »Liebe« steht bei Spranger für sein Verständnis der pantheistischen Gottesvorstellung. Die Beziehung des Ganzen zu sich selbst und seinen Teilen ist die selbstbejahende »Liebe«. Mohler: »Warum eine solche Haltung für den heroischen Realismus mehr ist als bloßes dumpfes Sich-Abfinden mit dem Schicksal, warum sie die Tat nicht lähmt, wird deutlich, wenn Ernst Jünger von einem Menschenschlag als Träger dieser Haltung spricht, ›der sich mit Lust in die Luft zu sprengen vermag, und der in diesem Akte noch eine Bestätigung der Ordnung erblickt‹.« Dem entspricht z. B. der »Held« Erich Fromms, ob Fromm sich dessen bewußt war oder nicht. Es ist der faustische Mensch, der mit den Worten des Technikfanatikers Jünger »nicht nur Material sondern zugleich Träger des Schicksals« ist, zugleich Subjekt und Objekt im Sinne Weizsäckers, und dabei zur *Tat* willig. (Bezeichnenderweise hieß eine führende Zeitschrift der Konservativen Revolution »Die Tat«, ihr Chef Hans Zehrer wurde später Herausgeber der Tageszeitung »Die Welt«, die die konservativ-revolutionäre Tradition vielfältig weiterpflegte.)[329]

Mohler führt eine ganze Reihe von völkischen Sektenstiftern als Ideologen der Konservativen Revolution an, z. B. den Gründer der Deutschgläubigen Gemeinschaft und Direktor eines Elektrizitätswerkes (!) Sigfrid Otto Reuter, Hermann Wirth, den Hunke-Doktorvater Ludwig Ferdinand Clauß, Erich und Mathilde Ludendorff sowie mehrere Ideologen, die bei den »Deutschen Unitariern« zentral sind: Hans F. K. Günther, Gustav Frenssen, Ludwig Fahrenkrog, Hermann Mandel (den Schöpfer des Begriffs »Wirklichkeitsreligion« für die Vergöttlichung des Kosmos), Bernhard Kummer, Herbert Grabert, Friedrich Schöll und Wilhelm Hauer. Auch die Ideologen des »inneren Reiches« wie Lagarde und Langbehn fehlen nicht in Mohlers Aufzählung.

Einer der herausragenden völkisch-religiösen Ideologen der damaligen Zeit ist Wilhelm Hauer, der ursprünglich von der Anthroposophie Steiners herkam, in den zwanziger Jahren zur Jugendbewegung zählte und auf einer Indienreise dilettantische Sanskrit-Forschungen betrieb. Er wird heute im New Age als »Indologe« verehrt. Hauer spricht von einem »Schaffens- und Gestaltdrang ... im Geheiß strenger Gesetze und Ordnungen«, von einer Orientierung zur Tat also, die aus »arischer« Religiosität wachse. Deutlich wird dies bereits im Titel eines seiner Bücher: »Eine indoarische Metaphysik des Kampfes und der Tat – Die Bhagavadgita in neuer Sicht«.[330]

Der ehemalige Siemens-Stiftung-Chef Mohler, der 1989 eine erweiterte Fassung seiner »Konservativen Revolution in Deutschland« herausbrachte, hat längst die Bedeutung der angeblich technikfeindlichen völkischen Religiosität für die damaligen und heutigen Ziele des Kapitals erkannt. Darin ist er sich einig mit dem langjährigen Präsidenten der »Deutschen Unitarier« und MBB/DASA-Topmanager Horst Prem. Dagegen hat die faschismuskritische Forschung und Publizistik jahrzehntelang an der verkürzenden und daher irreführenden Sicht von der völkischen Bewegung als Fluchtströmung aus der krisenhaften Wirklichkeit heraus festgehalten, weil sie die Bedeutung des Heroischen Realismus als Konsequenz des Organizismus nicht wahrnahm. Diese Kritik muß vor allem auch an Georg Lukács geübt werden, ohne seine Verdienste um die Irrationalismuskritik schmälern zu wollen. Ebenso verdienstvolle und einflußreiche Arbeiten wie die von Fritz Stern oder George Mosse über völkische Bewegung und Konservative Revolution als Vorläufer des Faschismus haben ebenso wie Lukács – jedoch aus bürgerlicher Sicht – Antimodernität und Kulturpessimismus in den Vordergrund gestellt.

Noch heute wird diese Fehleinschätzung auch im Antifaschismus gepflegt, wo z. B. ein Religionswissenschaftler mit dem Pseudonym Herbert Wilhelm-Rotenburg in der antifaschistischen Zeitschrift »Der Rechte Rand« von »deutsche(n) Sehnsüchte(n) nach diesseitiger Erlösung aus der Gegenwart« und – wie wir gesehen haben, gänzlich falsch – von der »Diesseitsreligion« als »Enttranszendierung (!) zeitgenössischer Erlösungshoffnungen« der zwanziger Jahre schreibt. Wie auch bei den Überlegungen von Wölflingseder zum Zusammenhang zwischen Capras Ideologie und dem Faschismus, wird hier die wesentliche Komponente des pantheistischen Organizismus, *das Faustische*, ausgeblendet. Deshalb werden die völkisch-naturmystische Religiosität und die sie mit vertretende erste Öko- und »New Age«-Bewegung der zehner und zwanziger Jahre, die deutsche Jugend- und Lebensreformbewegung, wegen der sie begleitenden romantizistischen Zivilisationskritik einseitig und fälschlich als den Kapitalinteressen entgegenstehend beurteilt. Erst neuerdings hat die Diskussion um die Modernisierungstendenzen des Nationalsozialismus eingesetzt. Erst neuerdings auch zwingen die lange totgeschwiegenen Arbeiten von Reinhard Opitz und aus der »Bonner Initiative Gemeinsam gegen Neofaschismus« und ihrem Umfeld zur »Neuen Rechten« und Konservativen Revolution etablierte Rechtsextremismusforscher zu Reaktionen. Nun endlich ist mit einer Änderung im linken Spektrum zu rechnen.[331]

Totale Mobilmachung der Technik

Während das New Age sich aus verständlichen Gründen nicht offen auf faschistische Vordenker beziehen kann, obwohl heutige New Ager mit den Werken Chamberlains bereits gut bedient wären, haben Neofaschismus und New Age einen herausragenden Ideologen des zwanzigsten Jahrhunderts gemeinsam, auf den beide nicht verzichten wollen: Pierre Teilhard de Chardin (1881–1955), gegen den der ebenfalls gemeinsam ausgeschlachtete Antoine de Saint-Exupéry weit abfällt. Capra findet, daß Teilhard »derjenige« sei, »dessen Gedanken denen der neuen Systembiologie am nächsten kommen. ... Sieht man Gott als universale Dynamik der Selbstorganisation, dann könnte Teilhards Gottesvorstellung, wenn man sie von ihren patriarchalen Begriffsinhalten befreit, unter den vielen Bildern, mit denen Mystiker das Göttliche beschrieben haben, den Vorstellungen der Modernen Naturwissenschaft am nächsten kommen.«

Hunke – die gegenwärtig herausragendste religiöse Ideologin des Neofaschismus, von der Alain de Benoist einen Großteil seiner Vorstellungen des »Heide Seins« übernimmt – widmet dem französischen Jesuiten Teilhard zig Seiten Lobeshymnen, mehr als manchem altbekannten deutschen Ahnen. Dabei hebt sie vor allem den Aspekt der *Tat* in Teilhards Arbeiten hervor, weil dies die Zielperspektive des faustischen Menschen, des Heroischen Realismus ist. Seine Einheit in der Vielheit sei vor allem ein »prozeßhaftes ›Vereinigen‹« als Tat des Gottmenschen, Teilhard selbst sei »Vollzieher der Einheit«, gehe daran, »das heillos Gespaltene wieder zu heilen, die Materie zu heiligen«. Hunke zitiert Teilhards Forderung, sich als Christ vom »überholten Orientalismus« abzuwenden und die »christliche Mystik nach einem ›Pantheismus der Einigung‹ hin (zu) entwickeln«. Es ist nicht abstrakt zu verstehen, sondern mit Sicht auf die Technik, auf die *angewandte* Naturwissenschaft, wenn Hunke Teilhard mit den Sätzen zitiert: »›Bade dich in der Materie, Menschensohn! Tauche in sie ein, dort wo sie am gewaltigsten und am tiefsten ist! Ringe in ihrem Strom und trinke ihre Flut! Sie hat ehedem dein Unbewußtes gewiegt. Sie wird dich bis zu Gott hintragen!‹« Und weiter Hunke, dann Teilhard zitierend: »Denn tiefer als durch jede andere Art von Hingabe vereinigen wir uns mit Gott durch unser Tätigsein. ›Im Handeln schließe ich mich der Schöpferkraft Gottes an; ich falle mit ihr zusammen; ich werde nicht bloß ihr Instrument, sondern ihre lebendige Verlängerung. Und da es in einem Wesen nichts Innerlicheres gibt als seinen Willen, so werde ich auf gewisse Weise durch mein Herz mit dem Herzen Gottes eins.‹« Mehr noch: »›Er (Gott, P.K.) erwartet uns vielmehr jederzeit im Handeln, im Werk des Augenblicks. Er ist gewissermaßen an der Spitze meiner Feder, meiner Hacke, meines Pinsels, meiner Nadel‹« – das Gewehr, den Totschläger, die Gaskammer erwähnt Teilhard hier klugerweise nicht, das wäre zu auffällig, auch Hunke verschweigt dies lieber.

Es ist, als läse man Chamberlain, der die Göttlichkeit des »Ariers« in dessen Willen und die Ethik in dessen Pflicht zur Tat aus diesem Willen heraus sah. Der Bezug auf das »Herz« findet sich schon beim mittelalterlichen »deutschen Mystiker« Eckhart. Hunke, die später in ihrem Buch das »Dunkel« und das »Zerstörerische« »heiligen« will, fährt fort, Teilhard interpretierend: »Indem ich mich in meinem Tun – in der niedrigsten Arbeit und um wieviel mehr in der großen schöpferischen Leistung – mit Gott verbinde, werde ich Mitwirker, Mitschöpfer Gottes. ... Denn alle (!) Betätigungen dieser Welt sind Dienst an der fortschreitenden Evolution und Vollendung des Kosmos nach vorn in Richtung auf Gott zu, vorerst auf den Endpunkt, den ›Punkt Omega‹.« Der »Punkt Omega« ist ein Ausdruck Teilhards, auf den er den »kosmischen Christus« projiziert, »der mit dem Jesus Christus des Christentums«, so höhnt Hunke nun, »der vor 2000 Jahren in Palästina als Gottes Sohn wandelte und durch seinen Opfertod am Kreuz die sündige Menschheit erlöste, ebensowenig zu tun hat wie der in allem durchschimmernde Gott mit Jahwe«.[332]

Günther Schiwy, der Biograph Teilhards, gibt in seinem Buch »Der kosmische Christus. Spuren Gottes ins neue Zeitalter« eine Erklärung von Teilhards »Kosmischem Christus« und »Punkt Omega«. Es ist ein Allüberall-Christus, der dem Äther-Konzept bei Chamberlain entspricht, eine Religion des »Panchristismus statt Pantheismus«, wie Schiwy es nennt. Schiwy sieht nicht nur das ethische Problem, er spricht es auch aus, als Frage nach der Möglichkeit des Kosmischen Christus in den Tätern von Auschwitz: »So wehrt sich auch Christus in uns nicht gegen den Mißbrauch, den wir mit ihm treiben.« Wie praktisch, daß diese Weltanschauung den Komplex Auschwitz ihrem »Christus« in die Schuhe schieben kann, und die Gentechnik und die Atombombe noch hinterher. Man kann sich vorstellen, was dieses anti-biblische »Christus«-Konzept anrichten kann, das in keiner Weise mehr Barmherzigkeit als notwendig *einfordert*, aber jeden »Mißbrauch« mit angeblicher Göttlichkeit *entschuldigt*. Beim New Age-faschistischen Erzheiligen Teilhard soll das Göttliche nicht mehr soziale Verbesserungen initiieren, sondern die menschliche Tat *als solche* mobilisieren. So werden ethische Skrupel zurückgedrängt, die den Menschen von der *bestimmten* verwerflichen Tat abhalten könnten. Teilhard ist im heutigen »christlichen« Organizismus mit seiner Begeisterung für Technik und Fortschritt und für den Heroischen Realismus als *religiöse* Haltung das, was Ernst Jünger für die Konservative Revolution ist.[333]

»Alles Handeln ist Gottesdienst«, schließt Hunke nun direkt an Teilhards »Kosmischen Christus« an und spricht noch von der »Heiligung der Arbeit«. Ausdruck dieser Euphorie zum Handeln an Gottes Statt war der Kult der »Heiligung der Arbeit« im Nationalsozialismus. Die »Gotteinigung«, schreibt Hunke, strebe nach »Selbstfindung und Seinsfindung. Sie will nicht Selbsterlösung, sondern Selbstverwirklichung durch Tätigkeit mit voller Hingabe aus dem eigenen Grund (Meister Eckharts Gottesverständnis als »mein Grund«, P. K.), aus innerer Gottwesenheit und göttlicher Vollmächtigkeit. ... Der Mensch – sagt Eckhart – soll seine Innerlichkeit ausbrechen lassen in die Wirksamkeit und lernen, ›Gott inne zu haben in all seiner Arbeit‹.« Das ist die New Age-faschistische Alternative zur Aufhebung der Entfremdung und zur Selbstverwirklichung des Menschen, wie wir sie von Karl Marx her kennen. Damit hat Hunke tatsächlich ein »nach-kommunistisches Manifest« geschrieben, wie ein späteres Buch der Neofaschistin heißt. Hier wird menschliche Arbeit auch dann als »Selbstverwirklichung« ausgegeben, wenn ihr Ergebnis »dunkel« und »zerstörerisch« ist, wenn sie nicht schafft – erst recht keinen Wohlstand und kein besseres Leben für die Mehrheit –, sondern wenn sie Elend bringt, von dem nur einige wenige Herrschende und ihre ideologischen Agenten profitieren. Wenn Josef Goebbels vom »totalen Krieg« sprach und davon, Wehrmacht und SS würden in die Schlacht ziehen »wie in einen Gottesdienst«, dann war genau dies gemeint, was uns Hunke und Schiwy dankenswerterweise in großer Offenheit präsentieren: der Heroische Realismus als religiöse Haltung, um den Preis des Lebens konkreter Menschen und des Zerstörens konkreter natürlicher Zusammenhänge, zugunsten eines nur noch abstrakt bestehenden »Lebens«, mit dem der gesamte Kosmos gemeint ist, aber kein einziges seiner Teile.[334]

Dafür steht auch Pierre Teilhard de Chardin. Er verbindet Naturwissenschaft und Spiritualität im ganzheitlichen »Glauben an die Einheit«.[335] Er will nicht Faust, sondern Prometeus sein, allerdings mit demselben Ergebnis. Schiwy schreibt in seiner Teilhard-Biographie von 1981, als er wohl dem »Kosmischen Christus« gegenüber noch skeptischer war, über Teilhards Ansicht: »Der Mensch müsse erkennen, daß es seine Aufgabe ist, ›sich selbst biologisch zu vergrößern und zu verändern‹.« Diese Position verficht auch Mynarek, der den »ökoreligiösen Menschen« als einen auf der Stufenleiter der Evolution bereits über allen anderen Menschen stehenden neuen Herrenmenschen proklamiert. Teilhard schwärmte in den dreißiger Jahren von der Züchtung des Übermenschen, für die die Wissenschaft bis zu ihren denkbaren Grenzen fortgetrieben werden solle. Religiöse und moralische Bedenken hiergegen hielt dieser Säulenheilige des New Age für unsinnig und reaktionär. In dieser Zeit hielt er sich auf Kosten des US-amerikanischen Viking-Fund in Südafrika auf und suchte in Höhlen nach dem prähistorischen Übermenschen, den es wiederherzustellen gelte. Schiwy wendet ein: »Teilhard begibt sich im Hinblick darauf, was die Nationalsozialisten in Deutschland bereits zu praktizieren beginnen, auf ein gefährliches Terrain.« Für den »faustischen« Menschen aber wäre ein solcher Einwand absurd, denn »gefährliches Terrain« ist ja gerade sein Metier, ethisch und technisch. 1937 macht Teilhard sich Gedanken über eine etwaige Energiekrise und über die Schaffung des neuen »Über-Menschen«. Schiwy zitiert ihn: »›Was kommt nach der Kohle, dem Wasser, dem Erdöl? ... In diesem Punkt können wir der Physik vertrauen.‹« Und Schiwy fragt nachträglich besorgt: »Atom?«

Tatsächlich hielt der trotz seines christlichen Bekenntnisses tief im europäischen Heidentum verwurzelte Teilhard das Freisetzen der Atomenergie für »sittlich berechtigt«, da die Menschen in ihrer Self-made-Höherentwicklung »bis an die äußerste Grenze« gehen müßten, wie Schiwy ihn zitiert. Doch Teilhard fordert noch Weitergehenderes, für seine Zeit auf der Höhe der Naturwissenschaft: »Modellieren des menschlichen

Organismus mittels der Hormone. Kontrolle der Vererbung und der Geschlechtsbestimmung.« Der faustische Teilhard, der »Vernunft und Mystik« verbinden will, hat auch sogleich die *passende* gesellschaftspolitische Perspektive, wenn er – diesmal bei Bahro zitiert, der ihm zustimmt – in seinem Hauptwerk »Der Mensch im Kosmos« von 1959 »angesichts von Nationalsozialismus und Kommunismus die politische Frage so zuspitzt: ... ›Wenn eine Energie toll wird, stellt der Ingenieur keineswegs ihre Kraft in Frage. Nimmt er nicht einfach seine Rechnung nochmals vor, um herauszufinden, wie man sie besser lenken könnte? Ist das moderne Totalitätsprinzip nicht eben deshalb so ungeheuerlich, weil es vermutlich das Zerrbild eines wundervollen Gedankens ist und der Wahrheit ganz nahe kommt?‹« Der Wahrheit ganz nahe: Führer befiehl... Teilhard sah den Krieg als Bestandteil der natürlichen Evolution an, »der Abwurf der ersten Atombombe über Hiroshima erfüllte ihn mit Bewunderung für den technischen Fortschritt als Ergebnis des menschlichen Superhirns«, wie Ruppert kommentiert.[336]

Rainer Langhans, der nachspüren möchte, was Hitler wirklich wollte, bringt es in seinem oben zitierten »taz«-Interview vom 12. April 1989 auf den Punkt: »Nichts wegnehmen, keine Projekte der Askese, des Verzichts – die Menschen wollen Gott sein, na dann sollen sie.« Und vorher: »Wir müssen uns die Mühe machen, uns nirgends schrecken zu lassen, um noch in den fürchterlichsten Verzerrungen das Schöne zu entdecken, das eigentlich intendiert ist. Was will die *Gentechnik*? Sie will – auf das Materialistische reduziert – weil man das andere nicht kennt – auf der grobstofflichen Ebene einen ›neuen Menschen‹ realisieren, so schön wie irgend möglich. Das ist sehr verdienstvoll. ... Wenn du weiter oben sitzt, siehst du den größeren Zusammenhang und du siehst: ES IST GUT.« Hitler selbst hatte in den »Tischgesprächen« schon seine Interpretation des Übermenschen nach Nietzsche zum besten gegeben: »Der Mensch wird Gott, das ist der Sinn!« Solche Zitate, die in der Tradition Teilhards auf die Gentechnik verweisen – auf den »Arier«, der als Subjekt und Objekt seiner Selbst auftritt – lassen sich auch bei Hunke leicht finden: »Weil Gott mit uns wächst, ist es an uns, immer mehr an uns selbst zu arbeiten und uns selbst zu überholen und selber seelisch und geistig zu wachsen und uns, unser Tun und unser Leben zur Vollkommenheit zu leben.« Man wäre sogar verpflichtet dazu, denn »der Mensch ist für Gott verantwortlich. ... Erst hier erhebt sich der Mensch über sein kreatürliches Sein.«[337]

Kein Wunder, daß die Weltanschauung des New Age, die die religiöse Rechtfertigung für *jedes* Handeln parat hat, besonders bei *Naturwissenschaftlern* beliebt ist. Nicht allen New Agern ist dabei wohl. Roman Schweidlenka, ein Anhänger der archaischen indianischen Naturmystik, kritisiert in seinem Buch »Altes blüht aus den Ruinen« die zunehmende

Technikgläubigkeit in den eigenen Reihen. Die Versöhnung von »High Spirit« mit »High Tech« in Verbindung mit dem »organischen Bewußtsein« erinnert ihn an den Faschismus. Allerdings erkennt Schweidlenka nicht den unlösbaren Zusammenhang zwischen Organizismus und faustischer Tat, der das New Age fürs Kapital so attraktiv macht. Deshalb bleibt die Attraktivität für ihn erstaunlich und unverständlich. Schweidlenka kann sich nur moralisch darüber entrüsten, daß ein New Age-Ideologe wie David Spangler aus der Findhorn-Kommune seine Hoffnung auf die Atomkraft setzt, statt zu erkennen, daß dies die *Konsequenz* der Naturmystik und des ganzheitlichen »Neuen Denkens« ist. Roger Niedenführ stellt den Technik-Fanatismus von New Age-Größen dar und nennt George Trevelyan (Weltraumfahrt und Mikrochips), Timothy Leary (Atomenergie und Computer) und David Spangler (der das New Age eine »technologische Vision« nenne). Dies allerdings dürfte nach Teilhard de Chardins Ausführungen schon nicht mehr erstaunen, die Niedenführ freilich nicht kennt. Der wahre, hinterstehende Sinn des New Age wird deutlich, das eigentliche Ziel der pantheistisch-naturreligiösen Selbstvergöttlichung, die so ökotümlich daherkommt: *die totale Mobilmachung der Technik.*[338]

Gerd Gerken ist einer der führenden New Ager für die Manager der europäischen Großkonzerne. Sein neues Buch »Manager... Die Helden des Chaos. Die neue Elite der Wirtschaft ist da« mit dem Untertitel »Das Tao Projekt« wird von der Zeitschrift »Wirtschafts-Woche« 1993 auf der »Wirtschafts-Bestseller«-Liste geführt. In aller Offenheit stellt Gerken seit Jahren die faustischen Konsequenzen des »Neuen Denkens« als erstrebenswerte Zukunft dar und ist deshalb zum Prügelknaben der New Ager um Schweidlenka geworden, die sich entweder selbst nicht dieser Konsequenzen ihrer eigenen Ideologie bewußt sind oder ihr Bekanntwerden verschleiern möchten. In seinem Buch »Die Geburt einer neuen Kultur. Vom Industrialismus zum Light Age« hat Gerken zahlreiche Ideen zusammengefaßt, die vorher bereits in seiner Manager-Zeitschrift »Trend-Radar« bzw. »Radar für Trends« veröffentlicht worden waren. Bei ihm läuft alles auf die Verbindung von »Esoterik und Elektronik« hinaus, er scheut sich auch nicht, »Menschenzüchtung« mit dem Ziel der »Bewußtseinsprogrammierung« – dem »Bio-Chip« – zu propagieren. Das allerdings ist die Tradition Teilhards. Solche allzu offenen Worte brachten dem erfolgreichen Unternehmensberater Gerken die Kritik *aufgeklärter* Interessenvertreter des Kapitals ein. Der Chefredakteur der Zeitschrift »Management Wissen«, Peter Derschka, kämpft gegen den New Age-Boom in den oberen Konzernetagen an: »Sorglose Übertragung naturwissenschaftlicher Erkenntnisse auf das Zusammenleben der Menschen«, meint Derschka, »ist sogar gefährlich.«

Zu breiter Bekanntheit brachte es Gerkens »Streitschrift für eine zukünftige Ökologie«, die er im November 1989 in der Zeitgeist-Zeitschrift »Wiener« veröffentlichte: Alle sogenannten Zukunftstechnologien im biologischen und elektronischen Bereich sollen seiner Meinung nach, spirituell unterstützt, massiv gefördert werden. Denn über diese Technologien führe nicht nur der Zugang zum All-Göttlichen, sie öffneten auch den Weg, dieses mitzugestalten. »Die kosmische Absicht ist völlig offenes Werden. Es ist egal, was dabei herauskommt, denn es ist immer gut. Wichtig ist nur, in diesem offenen Werden unseren eigenen Egoismus als Menschen einzufügen«, meinte Gerken im »Wiener«. Er predigt unmißverständlich die Ethik der faustischen Tat, wie es ihm die Ideologen des historischen Faschismus vormachten: Die Natur dürfe ruhig zerstört werden, wenn es nur zum Nutzen der Menschen sei – wobei die Menschen, die seine Schriften lesen, die Manager der Konzerne sind. »Wagnis, Zerstörung und Transformationen«, notfalls auch »genetische Eingriffe«, sollten den Geist mobilisieren, der ja im New Age als das eigentlich Göttliche gilt. Die genetische Höherentwicklung des Menschen ist damit eine von diesem betriebene Höherentwicklung des Göttlichen.[339]

Hier wird die tiefere Bedeutung des Schlagwortes »Religio statt Liberatio« (Bindung an Göttliches statt Befreiung des Menschen) deutlich, die Jost Hermand bereits im Spiritualismus der völkischen Bewegung entdeckt: Kein Mensch, der frei und verantwortlich handelt, wird am menschlichen Genpool herumexperimentieren. Gerken fordert dagegen, mit »mehr Bio Tech, mehr Gen Tech und High Tech ... in die nächste Etappe der Kultur einzudringen, in die Co-Evolution«. Hier treibt der Mensch im Bewußtsein, die Verwirklichung des All-Göttlichen zu sein, dieses Bewußtsein mit sich und der Natur »höher«. Bei Mynarek ist es der »ökoreligiöse Mensch«, der den »Sinn der Erde, der Evolution der Natur« darstelle. Hier liegt die extremste denkbare Versubjektivierung der Eliten im Interesse der Herrschenden vor. Es ist eben falsch – aber symptomatisch für die bisherige New Age-Kritik – wenn Niedenführ einseitig die zivilisationskritische Seite des New Age heraushebt und dessen Haltung kritisch zusammenfaßt: »Die Verhältnisse sind selbst Ausdruck des Göttlichen und werden, so wie sie sind, ethisiert, während die die herrschende Ordnung permanent bedrohende Subjektivität des Menschen disqualifiziert wird.« In Wahrheit wird jedoch im New Age die den Herrschenden dienliche Subjektivität keineswegs disqualifiziert, sondern ins Göttliche, ja ins Über-Göttliche gehoben, um solche faustischen Taten zu ermöglichen, die eben weit über die Verhältnisse, »so wie sie sind«, hinausführen sollen – allerdings nicht im Interesse der Mehrheit der Menschen.[340]

Mephisto mutiert zu Faschisto: Die »Neue Rechte« setzt Mythos, aus dem »indogermanischen« Heidentum abgeleitetes Gottmenschentum und Technik planmäßig ein. Guillaume Faye, in der französischen »Nouvelle

Droite« der bekannteste Ideologe nach Alain de Benoist, hält die Technik für einen wesentlichen Teil der »eigenen« ureuropäischen (»arischen«) Identität. Das kennen wir schon von Chamberlain und Hunke. Er spannt den Bogen von der Respiritualisierung durch den Rückgriff auf die Naturmystik des Meister Eckhart zur modernen Technik als der »zweiten Magie«, hierbei Goethes Faust aufnehmend. Mit der Technik könne der Europäer endlich zum Herrn der Welt werden, alle anderen Menschen beherrschend. Faye schreibt voller Begeisterung: »Der stets riskierende europäische Mensch fand in *seiner* Technik die kulturellste aller Kulturen. ... Der faustisch gewordene europäische Mensch überschreitet durch die Wissenschaft und die Technik, was alle Zivilisationen – das Judao-Christentum inbegriffen – nicht zu verletzen wagten, nämlich die offenbare Ordnung der Natur.«

Das Ende von Fayes Überlegungen und die Spitze seiner Argumentation muß etwas länger zitiert werden: »Da virtuell nicht die ›Geschichte‹, sondern die Techno-Wissenschaft die Verlängerung der natürlichen Evolution ist, wäre es dann denkbar, daß die Europäer, sich hierbei von den anderen Völkern unterscheidend, die göttliche Kühnheit zeigen, die Technik – ihre Technik – zu benutzen, um eine steigende Selbstmodifizierung zu vollziehen, was Nietzsche metaphorisch als den Marsch zum Übermenschen bezeichnete?« Und er gibt selbst die Antwort: Es gehe um nichts anders als »um die Tatsache, daß die Völker, die die künftige Techno-Wissenschaft fest in die Hand nehmen, sich vor allem durch die Beherrschung der Genetik und der zugehörigen Wissenschaften die Möglichkeit zu einer Selbstmutation geben werden mit allen Gefahren, aber auch mit allen Möglichkeiten, die diese Wette bzw. Wagnis beinhaltet. (Gemeint ist die Wette des Faust, P.K.) Anstatt vereinheitlichend und einebnend zu sein, wird die Techno-Wissenschaft den Völkern, die sich ihr hinzugeben wagen, als das wichtigste Mittel erscheinen, ihre Verschiedenheit gegenüber den anderen zu behaupten und zu gestalten – wird gewissermaßen die differenzierende Logik der natürlichen Evolution ablösen.« Der »Übermensch« war bereits das Ziel des britischen Genetikers J. B. S. Haldane, eines Sohnes des neben Smuts bedeutendsten holistischen Ideologen der ersten Hälfte des zwanzigsten Jahrunderts, John Scott Haldane.[341]

Ein anderer Fanatiker des Übermenschentums, Pierre Teilhard de Chardin, sicherte in seinem Buch »Mensch und Kosmos« solch faustische Taten ideologisch ab: »Religion und Wissenschaft: die Verbindung der beiden Seiten oder Phasen eines einzigen vollständigen Erkenntnisaktes – des einzigen, der Vergangenheit und Zukunft zugleich umfaßt, um sie zu betrachten, zu messen und zu vollenden.« Pierre Krebs zitiert Nietzsche: »›Der Mensch ist etwas, das überwunden werden soll‹, er ist ›ein Seil, geknüpft zwischen Tier und Übermensch‹.« Pantheistisch spirituell fundierte Science Fiction, wie wir sie in New Age oder Neofaschismus finden, ist nichts neues. Jost Hermand berichtet davon, daß schon zur Zeit vor dem Faschismus Science Fiction-Romane, deren Handlungen im Weltraum spielten, »im Dienste der deutschen ›Weltmission‹« gestanden und ideologisch gegen die USA, die Sowjet-Union und Japan als die kommenden Weltmacht-Konkurrenten gekämpft hätten. Ein kosmischer Imperialismus, in dem die Deutschen schließlich sogar andere Planeten unterwarfen, sei hier propagiert worden, »die Grundlage einer solchen Machtergreifung und Machtbehauptung konnte ... in letzter Instanz nur die Überlegenheit der deutschen Technik sein.« Die Position der Macht durch Technik für die »nordischen Völker« hatte bereits Oswald Spengler in seinem Buch »Der Mensch und die Technik« vertreten: Der »größte Schatz« der Arier und »Geheimnis unserer Kraft« sei das »technische Wissen«.[342]

Ein nicht-biologischer Weg, um zum »Übermenschen« zu gelangen, wird in der Forschung zur künstlichen Intelligenz (KI) beschritten, die in eigenen KI-Laboratorien der EDV-Multis und – gesponsert im Rahmen des SDI-Programms für den »Krieg der Sterne« – von der Rüstungsindustrie betrieben wird. Im New Age widmet man der EDV-High Tech größte Aufmerksamkeit. Allerlei Hilfsmittel sind schon auf dem Markt, die dem Esoteriker vorgaukeln, er könne sich mit Elektronik in vermeintlich höhere Sphären des Bewußtseins katapultieren und damit Überlegenheit über die Normalmenschen erlangen. Was mit Bio-Feedback-Geräten und »Mind-Machines« begann – elektronischen Drogen zur vermeintlichen Bewußtseinserweiterung –, hat inzwischen das Niveau hoch hierarchisierter Computernetze erreicht. Man schließt sich an in der Hoffnung auf den direkten Draht zum kosmischen Geist. Kein Wunder, daß sich an größeren New Age-Kongressen immer mal wieder Wissenschaftler und Manager z. B. von IBM beteiligen, die neben der Jagd nach den neuesten Trends der Computer-Meditation sicher auch an den Psi-Erfahrungen, Gehirntrainings und Bewußtseinserweiterungen mancher New Ager ein ökonomisches Interesse haben.

Viele Führer des New Age sind die treibenden Kräfte bei der Spiritualisierung der zweiten industriellen Revolution. Peter Russel, der den New Age-Kongreß »Geist und Natur« 1988 in Hannover als Meilenstein für die Bewegung feierte, sagt: »Die Entwicklung zielt darauf ab, mit Kleinstcomputern, die jeder in die Tasche stecken kann, zahlreiche Menschen mit Datenbanken rund um den Globus in Verbindung zu bringen. ... Unser nächster evolutionärer Schritt wird deshalb die Co-Evolution der Menschen mit ihren Erzeugnissen vorsehen. ... Wir werden uns nicht länger als isolierte Individuen erleben, sondern als Teil eines rasch sich integrierenden globalen Netzwerkes, als Nervenzellen eines erwachenden globalen Gehirns.« Und Timothy Leary, der in den USA eine ähnliche New Age-

Karriere machte wie Rainer Langhans in Deutschland, ergänzt in derselben Weise, aber auf seinem Felde: »Menschen, die Computer-Signale benutzen, um ihre gegenseitigen sexuellen Wünsche zu befriedigen, sind auf die nächste evolutionäre Stufe menschlichen Interagierens gestoßen, auf elektronisches Kopulieren.«

An der bekanntesten Denkfabrik des US-amerikanischen Kapitals, dem Massachusetts Institute of Technology, vertrat der früher weltweit führende KI-Forscher Marvin Minsky die Position, der althergebrachte Mensch sei beschränkt, denke zu langsam und zu fehleranfällig. Er sei chancenlos gegen die neuen Rechner-Entwicklungen. Die Super-Computer der Zukunft sollen die Subjekt-Objekt-Trennung auflösen. Ihre Regelkreise simulieren die Ganzheit von Natur und Kosmos. Was diese Rechner ausspucken, erhebt den Anspruch auf Unfehlbarkeit. Computer konstruieren Computer: Es sieht so aus, als herrsche der abstrakte Geist, selbstgöttlich, vom Menschen unabhängig. So soll – exakt durchgerechnet – eine Neuschöpfung der Welt entstehen. Die schöne neue Computer-Welt wird »sanft« angepriesen: Mit KI-Systemen verbundene Roboter würden den Menschen von der Arbeit befreien, er könnte sich wieder dem vermeintlich »eigentlich Menschlichen« zuwenden. In Wahrheit jedoch – die Linke weiß es spätestens seit Karl Marx und Friedrich Engels – ist die bewußte Arbeit an der Welt doch das »eigentlich Menschliche«, das uns vom Tier unterscheidet. Die Entsubjektivierung der Massen geschieht hier mit Hilfe der Rechner-Elektronik.

Doch nicht ein abstrakter Geist, sondern die EDV-Konzerne herrschen. Sie gaukeln der Mehrheit der Bevölkerung vor, ihre Maschinen hätten sich sogar von der menschlichen Arbeitskraft emanzipiert. Auch dies ist eine Art, Herrschaft unhinterfragbar zu machen. Doch an IBM, Siemens oder Mitsubishi können dieselben Fragen gestellt werden, die Bertolt Brecht seinem lesenden Arbeiter in den Mund legte. Braucht nicht der angeblich übermenschliche Computer eine Steckdose? Ersticken seine Schaltkreise nicht im Staub, ohne Putzfrau? Muß der abstrakte Geist nicht aufgeben, wenn die Stadtwerke den Strom sperren, weil der EDV-Konzern in der weltweiten Konkurrenz Pleite ging und die Stromrechnung nicht bezahlen kann?

Hans-Peter Michels konnte 1991 in seiner Dissertation »Informationsverarbeitung und Künstliche Intelligenz« – orientiert an der »Kritischen Psychologie« der Schule Klaus Holzkamps – zeigen, daß die Versprechungen Minskys und der KI-Forscher hohl sind. Die Computer-Systeme abstrahieren von der gesellschaftlichen Bedingtheit der Welt und des Menschen, seine Interessen und Motive werden ausgeklammert. Die Simulationsmodelle beanspruchen eine unhistorische Allgemeingültigkeit, deren Ziel offensichtlich ist: Eine errechnete Gesellschaft, die im Interesse der

High Tech-Konzerne funktioniert, soll nicht im Interesse der Mehrheit der Menschen veränderbar sein. Michels bestreitet den Anspruch der KI, mit der bisherigen Arbeitsweise »lebensnahe« Modelle der Wirklichkeit bereitstellen zu können – und damit implizit die Möglichkeit eines Computer-Gaia –, weil sie die gesellschaftlich-historische Bedingtheit ihres Gegenstands, des menschlichen Denkens und im Extrem des Kosmos, negiert. Der Anspruch der KI, eine vom Menschen unangreifbare »Hyperrealität« zu schaffen, beruhe lediglich auf der »Verkehrung« der wirklichen Zusammenhänge: Die Computerprogramme und ihr Input würden doch erst von den EDV-Ingenieuren – beschränkt in den Grenzen der Computer-Hardware – hergestellt; deshalb könnten sie nicht als Gesetzmäßigkeiten gelten, die den Gegenständen – Mensch, Gesellschaft, Natur, Kosmos – inhärent seien. Die »Verkehrung« folgt den Interessen der Konzerne, die ihre »Welt am Draht« in derselben Weise als Gesellschaftsmodell verstehen, wie anderweitig die Gesetze der Natur modellhaft präsentiert oder »mystisch erfahren« werden. Für die religiöse Überhöhung der vermeintlichen Computer-Gaia sorgen dann New Age-Ideologen.[343]

Wie die neofaschistische »Neue Rechte«, so sieht auch der New Age-Philosoph Walter Zimmerli – neben Hans-Peter Dürr Mitausrichter des Kongresses »Geist und Natur« von 1988 – die »Technik als Natur des westlichen Geistes«, wie er seinen Kongreß-Vortrag damals betitelte. In einer undurchsichtigen Darstellung, die aufzuhellen sich lohnt, reserviert hier ein ideologischer Weggefährte konservativer Politik den Wohlstand – der aus der Technik entsteht – implizit für die Region, die im Faschismus die des nordischen oder arischen Menschen genannt wird. Nachdem Zimmerli unter Bezug auf Capra, Weizsäcker und andere die Natur als »das auf höherer Strukturebene sich erneut selbstorganisierende System aus selbstorganisierenden und fremdorganisierten Teilsystemen« definiert hat, gibt er – unter explizitem Hinweis auf die Ahnengalerie der anderswo »Europas eigene Religion« genannten Weltanschauung – es als ein »Charakteristikum der so neu gedachten Natur« aus, daß sie auf eine »Konvergenz mit dem Numinosen« zulaufe. Er sieht den Zusammenfall der Natur mit dem Heiligen, Göttlichen, bei dem »Natur selbst zum Wert avanciert und daher aus dem Status eines Begriffs der Beschreibung in den der Vorschrift übergeführt werden kann«. »Wert« und »Vorschrift« sind Begriffe aus der menschlichen Gesellschaft. In der Natur sind Gleichheit und Solidarität unbekannt. Solidarität tritt bestenfalls »in biologistischer Absicht« zum Schutz der Nachkommen auf, man denke an das Sozialverhalten der Delphine. Dagegen ist hier das Recht des Stärkeren Gesetz. Die Auswirkungen der »Vorschrift Natur« stellen sich in der menschlichen Gesellschaft als Barbarei ein.[344]

Zimmerli betont den Tat-Aspekts menschlichen Verhaltens als Teil der

Natur und – »Yin und Yang« – gleichzeitig *gegenüber* der Natur. Indem er das Göttliche als die Natur einführt, bekommt die »Tat« ihre spezifisch heroisch-realistische Ausprägung. Diese hat nichts mehr gemein mit dem marxistischen Konzept der Arbeit, das ja ebenfalls ein Handeln gegenüber der Natur beinhaltet. Bei Zimmerli kann in der Konsequenz nichts anderes herauskommen als die nur religiös und mystisch begründbare Tat, also – wiederum – die in jeder Hinsicht aus der *menschlichen* Kritik und Hinterfragbarkeit – erst recht der Verfügbarkeit von Mehrheiten – herausgehobene Tat. Sie steht im Gegensatz zum materialistischen »Arbeits«-Konzept des Sozialismus, weil sie als letzte Beurteilungsinstanz das Transzendente vorsieht, dessen wahrer Charakter seit Feuerbach und Marx erkannt ist: als die Willkür der Herrschenden, mindestens aber als das Opium zur Betäubung der Vernunft der Beherrschten.

Zimmerli knüpft an Spinozas und Schellings Pantheismus an und beschwört »das Charakteristikum der Konvergenz von Wissenschaft und Religion/Mystik« als Folge des Zusammenfallens von Natur und Gott. Naturwissenschaft und Technik seien es, die erst das Bedürfnis nach dieser Sicht einer Konvergenz *schüfen*: »Erst dadurch, daß ich Natur technisch ergreife und durchwalte, und zwar erst von einem gewissen Technisierungsgrad an, drängt sich das Gedankensyndrom, das ich als das ›Neue Denken der Natur‹ bezeichnet hatte, geradezu auf.« Das heißt letztlich nichts anderes, als daß die Spiritualisierung der Natur die adäquat sinnstiftende Weltanschauung des technischen Zeitalters sei, welches via Mindesttechnisierungsgrad wiederum letztlich ein mittel-nordeuropäisches (US-amerikanisches, japanisches) Zeitalter sein soll. Diese Ansicht findet sich bereits in den Schriften der Konservativen Revolution verbreitet. Zimmerli will die technischen Eingriffe des Menschen in die Natur aus der Idee der Einheit der göttlichen Natur heraus ethisch rechtfertigen, nicht von den Bedürfnissen der Menschen her. Die Natur selbst trage technologischen Charakter, der technische Mensch sei im Rahmen der Einheit der Natur ihr Teil. Er steigt hier in den pantheistischen Zirkel ein, in dem die Natur gleich Gott, der Mensch Teil des Naturganzen, sein Handeln daher Ausdruck des Göttlichen und somit ethisch gerechtfertigt ist. Aus dem Zirkel dieser Art des Einheitsdenkens kommt er nicht heraus und endet, wie die Ideologen des New Age und des Faschismus, beim Heroischen Realismus als der göttlichen, schicksalshaften Handlungsorientierung. Allerdings versteckt Zimmerli diesen Zirkel und seine faustische Konsequenz recht gut.

»Die Ethik nun, die uns heute not tut« (hier greift Zimmerli sogar den in der faschistischen und New Age-Literatur verbreiteten germanentümlichen Begriff der spirituell begründeten »Not-Wende« auf, womit vollends klar wird, in welchen Denkzusammenhängen er sich bewegt, P.K.), »hat der Tatsache Rechnung zu tragen, daß es die Technik ist, die als die Natur des westlichen Geistes erkannt wird.« Diese Ethik wird nun – gegen das Konzept Kants von der Vernunft-Ethik – ent-rationalisiert und an Irrationales, Spirituelles gebunden, an die Gott-Natur eben, die als »Vorschrift« daherkommt und deren Teil die Technik ist. Denn der normale Eliten-Mensch ist Zimmerli zu klein, die ethischen Maßstäbe müssen ihm, wie vorher bereits die Technik, aus der Hand genommen und vergöttlicht werden: »Die Ethik des technologischen Zeitalters muß zwar eine Ethik sein, die die Folgen mitbedenkt (Verantwortungsethik), aber sie muß zugleich eine Ethik sein, die in Rechnung stellt, daß unsere Vernunftkapazität zu diesem Zweck zu eng, zu begrenzt, an vielen Stellen sogar irreführend ist und möglicherweise in fatalem Maße selbstverstärkend wirkt. ... Das moralische Gefühl aber, heute in der Gestalt des Verantwortungsgefühls, ist hiervon (von der Verantwortung für die Folgen menschlichen Einwirkens, P.K.) scheinbar restlos überfordert.«

Nun endlich sind *beide* – die Technik selbst und ihre Bewertung – an die zuvor vergöttlichte Natur gebunden. Hier ist der faustische Mensch entstanden, dessen Handeln sich dem Schicksal fügt: Seine Subjektivität, sein Handeln erwächst aus der göttlichen Natur, die gleichzeitig »Vorschrift« für die Bewertung seiner Taten ist. Hier werden nicht mehr die Mißachtung der Verantwortlichen gegenüber ökologischen Zusammenhängen und die meist hinter der Mißachtung stehenden ökonomischen Gesetzmäßigkeiten mit dem Ziel der Veränderung kritisiert, hier wird vielmehr eine angebliche Überforderung konstatiert, um als Mittel gegen sie eine prinzipiell unbegründbare, natur-göttliche »Vorschrift« festschreiben zu können. Diese »Vorschrift« aber steht – nach Lage der Dinge in der Wirklichkeit – im Interesse der Herrschenden. Zimmerli fordert: »In die Verantwortung der gesellschaftlichen Ausbildungsinstitutionen gehört es, gesellschaftlich Handelnde, Ingenieure ebenso wie Nichttechniker, durch eine sozialwissenschaftlich-geisteswissenschaftliche Integration der natur- und technikwissenschaftlichen Ausbildung in die Lage zu versetzen, technisch und gesellschaftlich tendenziell chaotische Lösungen von anderen zu unterscheiden« und die »chaotischen« zu meiden.

Eine alte linke Forderung, so mag es auf den ersten Blick erscheinen. Doch Zimmerlis Verständnis dieser »Integration« ist nicht dasjenige der Arbeiterbewegung oder der marxistischen »68er«-Studenten, die gesellschaftliches Handeln an die Interessen der Mehrheit binden wollten, statt es der Anarchie der Produktion unter kapitalistischen Verhältnissen zu überlassen. Es fragt sich schon, was denn mit »chaotisch« gemeint sein soll, etwa ein sogenanntes atomistisches Chaos der Gleichheit in der sonst so ordentlich hierarchisch gefügten Struktur der Gestalt? Zimmerli füllt die Floskel von der Natur als »Vorschrift« nirgends mit Konkretem, aber das Schlimmste muß befürchtet werden. Die alte Forderung der Linken wird hier nämlich in der Rollback-Phase der »geistig-moralischen Wende« auf einem CDU-unterstützten New Age-Kongreß erhoben, offenbar also gegen die Linke gewendet. Sie meint jetzt eine »sozialwissenschaftlich-geisteswissenschaftliche Integration« gesellschaftlichen Handelns in die Werte der Gott-Natur, des pantheistischen Organizismus statt des Sozialismus.

Zimmerlis Vortrag über »Technik als Natur des westlichen Geistes« war der Abschluß des New Age-Kongresses »Geist und Natur«, zumindest steht er in dem Buch mit den Kongreß-Vorträgen am Ende. Hier wird als Quintessenz dieses New Age-Kongresses die Botschaft ausgegeben: Die zukünftigen Eliten brauchen ein spirituelles Rüstzeug zum faustischen Handeln. Gegen eine »religiöse Kultur«, die dies vermittelt, hat Zimmerli nichts einzuwenden: »Nur dort, wo sie die Menschen von diesen Aufgaben abzieht (der Befähigung zur Integration von gesellschaftlichem Handeln und Naturspiritualität z. B., P.K.), indem sie ihnen eine visionäre heile Zukunft vorgaukelt, verstößt sie gegen ihre eigene Verantwortung in der technologischen Zivilisation.« Was hiermit konkret gemeint ist, bleibt wieder offen. Doch geht man wohl nach seinem Bezug auf die Ahnengalerie des pantheistischen Organizismus bis hin zu Capra und auf die »Konvergenz der Natur mit dem Numinosen« nicht fehl in der Annahme, daß er einzig eine *Wirklichkeitsreligion* als die legitime »religiöse Kultur« ansieht, die das Gegebene mit der Konsequenz des Heroischen Realismus – also das unbegrenzt Schöpferische – affirmativ vergöttlicht. Diese »religiöse Kultur« präsentiert als Alternative zum Vorgaukeln einer heilen Welt die Sinnstiftung für das Faustische.

Zusammenfassend betrachtet hat Zimmerli hier den Elite-Menschen zu demselben Übermenschen oder Großmenschen gemacht, den wir oben bei anderen pantheistisch-organizistischen Autoren fanden. Auf Umwegen zwar, aber zum Ziel kommend, geht es hier offenbar um eine Technik und eine sie bewertende Un-Ethik, die der intersubjektiven Vernunft als dem Kontrollinstrument der Massen entzogen ist und sich statt dessen auf Religion stützt. Diese Religion darf aber keine Eschatologie von der zukünftigen Harmonie beinhalten, sondern als *Inhalt* des Naturmystischen nur die Wirklichkeit der technologischen Zivilisation lehren. Carl Friedrich von Weizsäcker kommt von einem fast pantheistischen Christentum her auf plattestem Wege zur Vergöttlichung der Technik, wenn er fragt, »ob nicht die Wunder der Technik ... ein Teil jener Werke sind, von denen Christus gesprochen hat, als er sagte, wir würden seine Werke auch tun und größere als er«. Auch in diesem Sinne war Weizsäcker auf dem von Zimmerli mit ausgerichteten Kongreß »Geist und Natur« zu recht eingeladen.[345]

Wir sehen in all diesen Ansätzen, wie unterschiedlich sie sich auch im Detail geben mögen, die totale Dienstbarmachung der Technik und der Menschen für die Interessen der Herrschenden auf der Basis der naturreligiösen Gaia-Hypothese. Die wirkliche Natur und eine Menge Menschen gehen dabei zugrunde, denn die naturalistische Rhetorik dient hier keineswegs dem Schutz der Natur, sondern der naturmystischen Vergöttlichung und damit »ethischen« Entlastung des faustischen Täters. Diese Ansätze sind der ideologische Überbau, die *geistige* Mobilmachung für gesellschaftliches Handeln, das direkt gegen die Interessen der Mehrheit der Menschen gerichtet ist. Eingriffe in die Natur, die die Lebensbedingungen zerstören, rechnen wir durchaus diesem Handeln zu. Damit die Eliten und die nachgeordnet Herrschaft ausführenden Mittelschichten zu diesem Handeln bereit sind – das ja auch ihre eigenen Lebensbedingungen zerstören wird –, tritt diese Ideologie als Sinnstifterin an: Handlungen, die im Einklang mit dem Kosmos stehen sollen, können eben niemals falsch sein. Wenn dabei Individuen Schaden erleiden, so widerspricht dies keineswegs den Gesetzen des Kosmos, in deren Mittelpunkt ja gerade die »Yin und Yang«-Einheit von »Werden und Vergehen« steht. Zudem wird die Konkretheit individuellen Lebens von den abstrakten Begriffen »Kosmos« oder »All-Leben« usw. nicht mehr erfaßt. Der Teil dient dem Ganzen, so auch das Absterben des Teils. Diese Ideologie bindet die handelnden Eliten, die in der Illusion des Mitherrschens handelnden Mittelschichten und die entsubjektivierten Massen an den Willen der Herrschenden. Sie ist nichts weiter als die alte – jetzt auf freiwilliges Mittun statt auf Repression gerichtete – faschistische Herrschaftsstrategie. »Der Mensch wird ganzheitlich, der Sprung vom Homo sapiens zum Homo superior wird möglich«, dieser Satz stammt von dem Neonazi Michael Kühnen aus seinem Interview mit der Zeitschrift »Wiener«.

Vielleicht liegt der schwerste und durchschlagendste Angriff auf die Linke in dieser naturmystischen Vergöttlichung des spezifisch Menschlichen: der Arbeit, Tätigkeit, der Aneignung und Widerspiegelung der Welt. Sie werden dem Menschen wieder abgenommen und nun, der Gott-Natur zugeschlagen, gegen ihn gerichtet. Die emanzipatorische Idee der »Selbstverwirklichung durch Arbeit« wird für alle – Eliten wie Massen – abgebrochen, indem sie ihrer Verfügbarkeit entzogen und ans Schicksal gebunden wird. Der Angriff richtet sich gegen die Souveränität des Menschen, gegen seine Emanzipation; aber er wird ausgeführt gegen die stärkste Waffe der Linken: den Kampf um die Befreiung der Arbeit als Vorstufe zur freien Gestaltung der Welt. Soll heißen: zur rationalen Gestaltung der konkreten Lebensbedingungen des menschlichen Individuums, die die Interessen der anderen Individuen und der Natur als Bedingungen der eigenen Möglichkeit einbezieht.

Fünfte These: Mit dem faustischen Übermenschen fürs Kapital

Die Bereitschaft der Eliten, die »offenbare Ordnung der Natur« (Faye) skrupellos zu überschreiten, muß geschaffen werden, da sich mit den *Produkten des faustischen Handelns* eine Menge Geld verdienen läßt. Die chemische Industrie verdient an der Gentechnik, die Elektroindustrie an der Atomtechnik und den Basisprodukten der EDV-Technik, die Rüstungs-, Luft- und Raumfahrtindustrie an der Überwindung der Schwerkraft – der Verkehrstechnik – oder einfach nur an den Konflikten aus den Konkurrenzverhältnissen des Weltmarktes. Schon das faschistische Modernisierungsprogramm lief *nicht gegen* die völkisch-neuheidnische Ideologie mit ihrem Rückgriff auf »indoarische« Mythologie ab, wie es nach dem verbreiteten Mißverständnis über den Charakter dieser naturmystischen Ideologie erscheint, *sondern wegen* ihr, weil sie den Weg zur Selbstvergöttlichung und zum organizistisch verfaßten Staat erst frei machte. Mit dem Gottmenschentum faschistischer Herren beiderlei Geschlechts wurden die ökonomisch verwertbaren Taten der Nazi-Wissenschaftler gerechtfertigt, mit dem »arischen« kosmischen Weltbild wurde eine antidemokratische Organisation der Gesellschaft zugunsten der ökonomischen Verwerter legitimiert. Wie wenig dabei die Feinheiten der Weltanschauung eine Rolle spielten, zeigen die medizinischen Menschenversuche der Nazis, die zwar an angeblich rassisch minderwertigen »Untermenschen« vorgenommen wurden, deren vermarktbare Ergebnisse aber ausschließlich mit Blick auf die potentielle »arische« Kundschaft interessant waren. Der rein ideologische Charakter der faustischen Weltanschauung könnte kaum klarer zu Tage treten.

High Spirit und High Tech sind nicht nur in der Theorie, wie bei Teilhard de Chardin, sondern *in der Praxis* seit der ersten »New Age«-Bewegung der Jahrhundertwende Brüder. Das zeigen nicht nur Menschenversuche und Menschenzüchtung. Rudolf Steiner wurde durch den Elektroindustriellen Robert Bosch unterstützt, der Gründer »deutschgläubiger« Sekten Sigfrid Otto Reuter war Direktor eines *Elektrizitätswerkes*. Die Familie der Schrenck-Notzings könnte als Paradebeispiel herhalten. Der BASF-Großaktionär und »Criticon«-Herausgeber Caspar von Schrenck-Notzing ist heute ein führender Kopf der »Neuen Rechten« in Deutschland und ein enger Weggefährte Armin Mohlers. Sein Großvater Albert von Schrenck-Notzing war ein Okkultist und »Parapsychologe«, der sich in der faschistisch-okkultistischen Münchner Szene der frühen zwanziger Jahre engagierte, der auch der spätere Hitler-Stellvertreter Rudolf Heß angehörte. Albert war mit der Tochter des BASF-Gründers Gustav von Siegle verheiratet. Leopold von Schrenck-Notzing war bis 1967 Aufsichtsratsmitglied dieses Chemie-Multis und IG-Farben-Nachfolgers BASF, der sich – wie alle Chemie-Konzerne – heute in der Genforschung engagiert. Albert diente seine Untersuchungen der damals noch wenig bekannten Infrarot-Strahlen seinem engen Freund, dem Elektro-Industriellen Graetz, an – zur ökonomischen Ausbeutung bei »Kontroll- und Registrierzwecken«, wie er in seinem »Parapsychologie«-Buch von 1929 schrieb. So handfest kann Okkultismus sein. Zum Kreis der »Münchner psychologischen Gesellschaft«, die Albert mitgegründet hatte, gehörten auch die »Lebensphilosophen« Ludwig Klages und Max Scheler. Über Scheler promovierte nun wieder der heutige New Ager Hubertus Mynarek – die Kreise sind klein. Die spätere Sektengründerin und Ehefrau Erich Ludendorffs, Mathilde von Kemnitz, stand damals in München mit Albert von Schrenck-Notzing in kritischem Kontakt.[346]

Daß sich heute eine ministrable Industrieberaterin wie Gertrud Höhler auf dem New Age-Trip befindet und *gerade deshalb* in den Chefetagen des deutschen Kapitals gern gesehen ist, hat seinen Grund. Man braucht gar nicht lange zu suchen. Platt und offen schreibt Guillaume Faye: »Es ist daher wichtig, zumal sich unsere Götter nun im Kosmos befinden, diese europäische techno-wissenschaftliche Kultur mit der *Eroberung des Weltraums* fortzusetzen, die für die Europäer ferner den Schlüssel zu ihrer strategischen und militärischen Unabhängigkeit bildet.« »Ja, hineinwachsen soll der Mensch in das ihn umgebende Weltall«, meinte bereits Chamberlain, »er soll den bestirnten Himmel über ihm als seine Heimat erkennen, voll Vertrauen, daß er ihre Geheimnisse wird enträtseln können – gehört er doch organisch zu ihr und ist ihren gigantischen Verhältnissen gewachsen.« Zum Wohle der deutsch geführten europäischen Weltraumtechnologie wurde die Daimler-Benz-MBB-Fusion vorgenommen, heute heißt die Firma DASA. In ganzseitigen Anzeigen wirbt 1992 der Mutterkonzern Daimler-Benz mit einem Ausspruch des Kosmos-Mystikers Antoine de Saint-Exupéry für die Luft- und Raumfahrt-Produkte der DASA: »Es ist der Geist, der die Welt bewegt«. Der damalige Programm-Manager der NASA, Jesco von Puttkamer, sprach sich 1987 auf dem Kölner Kongreß »Weltraum als Markt – Die zivile Nutzung des Weltalls« dafür aus, »eine neue Welt zu schaffen« und dies mit einer neuen universellen Ethik abzuschützen, »die gekennzeichnet ist durch eine ganzheitlich orientierte Denkweise, durch Integrationsstreben und Einmütigkeit«.[347]

In der Debatte des Deutschen Bundestages über die Zukunft der *Großforschung* in Deutschland im Februar 1992 konnte man erkennen, wohin die Reise im nächsten Jahrtausend gehen soll. Die Sprecher aller Parteien waren sich im wesentlichen darin einig, Forschungsgelder für *Weltraum-, Bio- und High Tech-Chip-Forschung* auszugeben und Finanzmittel hierfür aus der Erforschung der *Kernspaltung* umzuverlagern, die für ihre faustische Funktionstüchtigkeit bereits ausreichend untersucht ist. Von einer Forschung, um den wachsenden zivilen Atommüll zu beseitigen, war nur am Rande die Rede, Großforschungsprojekte z. B. zu AIDS oder zur Humanisierung des Arbeitslebens brachte kein einziger Redner im Bundestag zur Sprache. Die SPD-Vertreter allerdings kritisierten das Fehlen von »Visionen« in der Forschungspolitik der CDU/CSU-FDP-Koalition und forderten zur »Entwicklung von wirtschaftlich wichtigen Schlüsseltechnologien« für die Wissenschaftler ausgerechnet »mehr Freiraum für eine Zusammenarbeit mit der Industrie« und »einen anderen Freiraum für die Mitfinanzierung durch die Industrie«, so der SPD-Sprecher Wolf-Michael Catenhusen. Es stünde der Linken besser an, *konkrete Utopien* statt Visionen einzufordern. Zudem ging dieser Vorwurf gegen den damaligen Bundesforschungsminister Heinz Riesenhuber ohnehin an die falsche Adresse. Raumfahrt sei »eine Sache, die hat Faszination«, ließ er sich schon früher vernehmen, sie verschaffe der Nation »Selbstbewußtsein, Motivation, Glanz«. Das deutsche bemannte Weltraumprogramm heißt mit kosmisch-religiösem Unterton »D-Mission«, »D« wie »Deutschland«.

Es ist wohl kein Zufall, daß der Präsident der Sekte »Deutsche Unitarier Religionsgemeinschaft e. V.«, deren Ehrenpräsidentin Sigrid Hunke bis Ende 1988 war und die sich genau auf dem Schnittpunkt von New Age, Faschismus und bundesdeutschem Establishment eingerichtet hat, der Leiter der Forschungsabteilung von MBB/DASA in Ottobrunn ist. Die Firma ist führend in der Weltraumtechnologie engagiert, eine Milliarde Mark an Steuergeldern hätte sie verbrauchen sollen, um den Raumgleiter »Sänger« zu entwickeln. High Tech als die Zukunft Europas: Dies ist die allgemein akzeptierte Perspektive angesichts der Weltmarktlage, in der heute bereits die trikontinentalen Schwellenländer die Produkte kostengünstiger herstellen, von denen Europa vor zwanzig Jahren selbst noch lebte. Für die Möglichkeit, Reinstchemikalien herzustellen, die in der Computertechnologie und damit indirekt in einem wachsenden Bereich der Produkte unverzichtbar sind, wird der Weltraum als Produktionsort angepeilt. Es ist wohl auch kein Zufall, daß ein High Tech-Konzern wie die Siemens AG, die in der Weltraum-, Atom- und Computertechnologie in Europa führend ist, mit der von ihr finanzierten Carl-Friedrich-von-Siemens-Stiftung die Ideologie des pantheistischen Organizismus in zahlreichen Kolloquien mitentwickelte und auf ihre Brauchbarkeit als Legitimationsmittel abklopfte. Dies geschah unter der Geschäftsführung von Armin Mohler, der die Stiftung bis 1985 leitete. »Im übrigen bleibe ich dabei, daß an der Kernenergie kein Weg vorbeiführt«, befand kürzlich der stellvertretende Vorstandsvorsitzende der Siemens AG, Heinrich von Pierer.[348]

Daß die *Biotechnologie* die Zukunft Europas sein soll- vielleicht mehr als die Atomtechnologie – ist von den ökonomischen und politischen EU-

Eliten inzwischen breit akzeptiert. Gehandelt wird heute erst noch überwiegend im Agrarbereich, wo sich Wissenschaftler und Kapital Sympathien der Bevölkerung für das Faustische erhoffen: Die lachsfarbenen Petunien sollten der Einstieg in die »Überschreitung der offenbaren Ordnung der Natur« werden, synthetische Hormone für die Rinderzucht weisen aufs ökonomische Kalkül. Die Genomanalyse als letzter unbezweifelbarer Beweis für die Identität und die Herkunft der Gene eines Menschen ist unter dem Begriff »genetischer Fingerabdruck« bekannt. Sie ist bereits für den britischen Pharma- und Chemiegiganten ICI ein lohnendes Geschäft, wie die Zeitschrift »Konkret« berichtete. Auch hier muß nicht alles streng logisch sein: »Immigrantinnen und Immigranten versuchten durch den genetischen ›Fingerabdruck‹ den unanfechtbaren Nachweis von Verwandtschaftsbeziehungen zu erbringen, die ihren Angehörigen den legalen Zuzug nach Großbritannien ermöglichen sollte. Doch schon bald verweigerten die rassistischen Ausländerbehörden in England die Anerkennung der DNA-Analyse als Beweismittel. Gleichzeitig aber hielt der genetische ›Fingerabdruck‹ triumphalen Einzug in englische Gerichtssäle.« Die Genomanalyse als Kriterium bei der Einstellung von Arbeitnehmern wurde bereits von den Gewerkschaften heftig kritisiert: Statt Geld zur Humanisierung des Arbeitslebens auszugeben, wollen Unternehmer lieber nur solche Personen an gefährliche Arbeitsplätze stellen, die aufgrund ihrer genetischen Anlagen z. B. für bestimmte Chemikalien weniger empfindlich sind.

Die »Brave New World« als Ergebnis der Ideologie derer, die diese doch zu kritisieren vorgeben, ist bereits Wirklichkeit. Der »stern« berichtete im Frühjahr 1992 von der Aussichtslosigkeit der Jobsuche nach erfolgtem Gentest, weil auch irrelevante genetische Besonderheiten, die nach dem Test auf den Personal-Fragebögen der Unternehmen bei der Bewerbung angegeben werden müßten, bereits zur Ablehnung führten. Götter in Weiß wie der Werksarzt der Hoechst AG, Fritz Schuckmann, träumen schon wieder, hier zugunsten eines IG Farben-Nachfolgers, den biologistischen Alptraum: Diesmal geht es darum, »Fähigkeiten und Charaktereigenschaften eines Bewerbers durch eine psycho-genetische Analyse objektiv zu ermitteln.« Dies mag wissenschaftlich so haltlos sein wie die bis heute noch verwendete Graphologie, dennoch werden sich ideologische Wissenschaftler finden, die dem Kapital derart zur Hand gehen werden. Eine ganzheitliche »Ethik« des Schicksals legitimiert es, nach den Genen auszusortieren, was wesentlich billiger kommt, als die Umwelt und die Arbeitsplätze gesundheitsschonend zu gestalten.

Wie weit dieses »Neue Denken« bereits vorgedrungen ist, zeigt das genetische EU-Projekt »Prädikative Medizin«. Seine Wissenschaftler fordern billige genetische Tests und Reihenuntersuchungen, »da das Kosten-

Nutzen-Verhältnis unseres Gesundheitssystems immer schlechter werde. Krankheitsanfällige sollten frühzeitig ermittelt und gentherapeutisch behandelt werden, damit sie ihre Anlagen nicht weitervererben können«, so berichtete der »stern«. Hier wird nicht mehr nach gesellschaftlichen Ursachen für die wachsenden Kosten des Gesundheitssystems gefragt, wie etwa überhöhte Konzerngewinne und Arzthonorare, eine krank machende Organisation von Gesellschaft oder die wachsende Aufnahme von Giften. Hier wird vielmehr nach dem faustischen Muster, das Faye aussprach, auf den genetisch zu schaffenden Übermenschen gesetzt, den solche Verhältnisse nicht mehr krank machen. Das Recht des Stärkeren, der *Kampf ums Dasein* – auch international, denn das Wissen der Gentechnologie als die Zukunft Europa wird nicht an Konkurrenten, erst recht nicht an die »Dritte Welt«, weitergegeben werden – folgt direkt und auf platteste biologistische Art aus der Genforschung. Dies ist der *rationale* Kern einer irrational erscheinenden Ideologie wie z. B. der »Ökologischen Religion« Mynareks, die den genetisch über dem »Irrläufer der Evolution« stehenden »ökoreligiösen« Menschen propagiert. »Unmerklich, in kleinen Schritten, sinkt mit dem Fortschritt der Gentechnik das moralische Niveau, und plötzlich befinden wir uns im genetischen Schlachthaus«, so zitiert der »stern« den Biochemiker Erwin Chargaff, der offenbar noch nicht von der »ganzheitlichen Ethik« infiziert ist.

Dagegen macht die »Frankfurter Allgemeine Zeitung« am 27. Dezember 1991 konkret, was Walther Zimmerli offenbar einer neuen religiösen Kultur abverlangt: Sinnstiftung *innerhalb* der Wirklichkeit der technologischen Zivilisation. Für die »FAZ« hat »die strikte deutsche Gesetzgebung« bezüglich der Gentechnik »dazu geführt, daß diese Technik praktisch nur im Ausland Gewinne bringt. Fachleute sprechen von einer ›katastrophalen Fehlentwicklung‹. Deutschland sei auf diesem Gebiet bereits aus dem Rennen.« Hier sind nicht etwa genetische Katastrophen als Folge der Gentechnik gemeint, sondern ökonomische Katastrophen mangelnder Konkurrenzfähigkeit in dieser faustischen Technik. Von einer heroisch-realistischen »Ethik« aus wurde diese Gesetzgebung zugunsten der Chemie-Konzerne inzwischen abgeschwächt. Und wieder einmal sind es die IG Farben-Nachfolger, die – wie in Auschwitz auf dem damals wissenschaftlich höchsten Niveau der Genmanipulation, der Zucht über die »Ausmerze« – von dieser »Ethik« profitieren. »Gewiß wählt jeder Staat die Risiken, die er für sozial adäquat hält«, befand die »FAZ«, aber die Adäquanz ist eben letztlich eine ethische Frage.

Nicht nur bei den faustischen Produkten bewährt sich der pantheistische Organizismus fürs Kapital, auch in der *gesellschaftlichen Organisation*, die die Rahmenbedingungen für die Herstellung und Vermarktung dieser Produkte darstellt. »Wenn das atomistische Verfahren Natur und Kosmos, Mensch und Gesellschaft, Geist und Persönlichkeit verfehlt und verfälscht, kann es nicht plötzlich in der Wirtschaft Anspruch auf Wahrheit und Geltung erheben«, resümiert der ehemalige CSU-Bundestagsabgeordnete Walter Becher die wirtschaftspolitischen Pläne des Konservativen Revolutionärs Othmar Spann. Er führt auch schon wieder den Begriff der »Großraumwirtschaft« an, den die Nazis zur Neuordnung Europas und der Welt nutzten. Organisch soll sie sein, nach innen wie nach außen: Jedem das Seine, nach seinem zugedachten Platz im Ganzen, im Gefüge. »Großraum- und Volkswirtschaften differenzieren sich durch den Menschenschlag und *arteigene Zielwelt*, die in Europa anders ist als in Südostasien, in Deutschland anders als in Indien, aber auch anders als in Italien, in der Türkei oder in Portugal«, meint Becher. Die Techno-Wissenschaft und der materielle Wohlstand als ihr Ergebnis sind hier europäisch »arteigenen« reserviert. Und auch die »indogermanische« Solidarität hört am Geldbeutel auf, wie man sieht. »Bleiben one-world-Kultur und one-world-Wirtschaft ein unausweichliches, ja sogar anstrebbares Ziel für den Eintritt in das dritte Jahrtausend?«, fragt Becher. »Eines steht nach dem bisher Geschriebenen fest: den Prinzipien einer ganzheitlichen Wirtschafts-, Gesellschafts- und Weltordnung entsprechen sie nicht. Wenn Dezentralisation, Subsidiarität, wenn traditionsbewußte Gliederung in große und kleine und kleinste Einheiten allgemeingültig sind, läßt sich das Glück der Erdenkinder nicht auf dem Wege weiterer Gleichmacherei, Zentralisierung, Lassez-faire-Politik oder fremdgelenkter Planüberwachung erreichen.«[349]

Hier scheint die Perspektive einer »organisch-kosmischen« Europäischen Union als autarkem »Großraum« in Konkurrenz zu den ostasiatischen und amerikanischen »Großräumen« auf. Die Idee einer organischen europäischen Wirtschaftsgemeinschaft war bereits das Kriegsziel des deutschen Kapitals im Ersten Weltkrieg. Der Außenmitarbeiter der »Pressestelle Auslandsdienst« der »Militärischen Stelle im Auswärtigen Amt« des deutschen Kaiserreiches, Ernst Jäckh, schrieb im Juni 1916 über »Mitteleuropa als Organismus« und den »Sinn für das Organische«: »Deutschland ist eine Art Mikrokosmos von Mitteleuropa«. So wie seine »einzelnen Organe« erst »zur Einheit des Organismus zusammenwachsen« mußten, so müsse es auch das deutsch geführte Europa nach dem deutschen Sieg im Weltkrieg. Von der »organischen Notwendigkeit dieses Zusammenhanges« Mitteleuropas und »der naturgemäßen Bedingtheit der einzelnen Organe« war hier die Rede. Es war die Hohe Zeit Chamberlainschen Denkens, in der der kriegführende Kaiser einen Chamberlain-Lesekreis eingerichtet hatte und eifrig mit dem Autor korrespondierte. Schon der völkisch-religiöse Lagarde hatte die Kolonisierung Südosteuropas durch das deutsche Kapital für nötig erachtet, die im August 1914 in Angriff genommen wurde. Derartige »organische« Kriegszielschriften finden sich für den Ersten und den Zweiten Weltkrieg zahlreich in dem Dokumentenband »Europastrategien des deutschen Kapitals« von Reinhard Opitz. Der Herausgeber weist darauf hin, daß Jäckhs Schriften zum großen Teil von dem Elekto-Industriellen Robert Bosch finanziert worden waren. Lukács hatte bereits die »Zerstörung der Vernunft« durch den Irrationalismus der Jahrhundertwende mit der damaligen Phase des ökonomischen und militärischen Imperialismus in Zusammenhang gebracht, das erste Phänomen als den geistigen Überbau des zweiten analysiert.[350]

Der Vizepräsident der Kommission der Europäischen Union, Martin Bangemann, versteht etwas von Organizismus. Immerhin steht er an der Spitze der größten antidemokratischen Organisation der Welt. Die EU ist nicht nur ein ganzheitliches Gefüge von Ungleichen, das nach außen hin mehr und mehr die Disparatheit und Autonomie betont – womit die Bestimmungselement des Begriffs der Gestalt genannt wären. Sie wehrt sich auch vehement gegen eine demokratische Kontrolle ihrer Exekutive. So macht es Sinn, den pantheistischen Organizismus als »Europas eigene Religion« zu bezeichnen. Bangemann fand am 22. September 1989 in der Tageszeitung »Die Welt« organizistische Argumente für sein letztes Werk als bundesdeutscher Wirtschaftsminister, die Daimler-Benz/MBB-Fusion: »Das Weltbild atomistischer Konkurrenz ist nicht mehr zeitgemäß, denn auch Großunternehmen stehen unter starkem Wettbewerbsdruck.« Also muß in der Hierarchie des ganzheitlichen Gefüges eine höhere Stufe herbeigeführt werden, damit die Gestalt »Europäische Union« – bzw. ihre Untergestalten der Konzerne – gegenüber anderen disparaten Gestalten wie dem US-amerikanischen oder dem japanischen Kapital konkurrenzfähig bleibt.

Allerdings ist man sich im Organizismus nicht einig, welche konkreten Folgerungen für den Wirtschaftsaufbau aus der Ideologie gezogen werden sollen, es kommt wohl auch hier immer auf das an, was gerade legitimiert werden soll. So vertritt z. B. der Inhaber des Lehrstuhls für Philosophie der Naturwissenschaft an der Universität Gießen, Bernulf Kanitscheider, 1991 auf der Basis des New Age und der neueren Physik einen extremen Wirtschaftsliberalismus. Die Selbstorganisationskraft des Universums wirkt sich bei Kanitscheider folgendermaßen aus: »Die freie Markwirtschaft ist somit eine spontan entstandene komplexe Ordnung, die zwar auf den zielgerichteten Handlungen der Elemente dieser Ordnung beruht, jedoch selbst nicht zielgerichtet ist und deshalb auch gar nicht planmäßig verändert werden kann. Der Markt verknüpft die Handlungen und Ziele zu einem geordneten Ganzen«, das »ganz klare normative Handlungsperspektiven« gebe. »Der Markt« ist hier die quasi-göttliche Instanz. »Weil die komplexe Ordnung alles übertrifft, was bewußte Organisation hätte hervorbringen können, ist es verfehlt zu behaupten, daß wir die moderne Gesellschaft bewußt planen müssen, weil sie so komplex geworden ist.« Es sei im Gegenteil eine Handlungsnorm, »diese Ordnung nicht durch ›social engineering‹ (zu) destabilisieren«. Die soziale Ordnung wird als scheinbar naturwüchsig mit den Konzepten des »Neuen Denkens« gerechtfertigt: »Die neuen Theorien der Selbstorganisation bauen ... Brücken, die den gesamten Bereich des Lebendigen mit Einschluß seiner sozialen Aktivitäten umspannen.«[351]

In der »Frankfurter Allgemeinen Zeitung« vom 4. Januar 1992 schließt sich der persönlich haftende Gesellschafter der Düsseldorfer Privatbank Trinkaus und Burkhardt, Sieghardt Rometsch, in einem langen Artikel unter dem Titel »Gerechtigkeit ist eine Hülse. Die Ordnung der Wirtschaft« der naturalistischen Selbstorganisations-Ideologie an. Er spiritualisiert die Marktwirtschaft sogar explizit, wenn er meint: »Es grenzt an ein der Marktwirtschaft ›immanentes‹ Wunder«, daß in ihr »eine spontane Ordnung entsteht, die für eine dynamische, fortwährende Verbesserung der Lebensumstände aller Beteiligten kraftvoll Sorge trägt.« Als diese »Verbesserung« versteht Rometsch hier offenbar das freiwillige, vielleicht durch kosmisch-spirituelle Einsicht begründete Sicheinfügen in die Gestalt, denn er beschließt seinen Artikel mit der Warnung: »Verteilungsgerechtigkeit ... ignoriert die unzähligen, nicht änderbaren, natürlichen Unterschiede zwischen den Menschen ..., teilweise vielleicht sogar als banal empfundene Unterschiede ... wie groß und klein, Mann und Frau, kräftig und schwach und so weiter und so weiter ..., die von Person zu Person zu scheinbar unvermeidbaren Einkommensunterschieden führen.« Es gebe daher ein »Dilemma der ungleichen Verteilung« aufgrund der angeblichen Tatsache, »daß die Hauptursachen, die zur ungleichen Vermögens- und Einkommensverteilung führen, sich dem Einfluß des Staates weitgehend entziehen«. Sie unterliegen offenbar nur dem Einfluß des göttlichen Ganzen. Wer Frau ist und dabei auch noch klein, schwach oder krank, vielleicht schwanger, hat eben Pech gehabt – Schicksal, Naturgesetz.

Kapital und New Age ergänzen sich. Das »erste Magazin für ganzheitliches Denken« namens »Das Neue Zeitalter« – ständige Mitarbeit laut Impressum: Hubertus Mynarek – schreibt: »Die Intelligenz ist eine Gabe Gottes, die man nicht mit Gelehrtheit verwechseln sollte.« Für den Kapitalisten Rometsch ist es ein »immanentes Wunder«, wenn die Reichen immer reicher werden. Doch das Ganze soll seine eigene Gerechtigkeit haben, es sorgt angeblich – allerdings nur relativ und abgestuft – für alle seine (abstrakten) Teile, auch für die ganz unten: Es sei ein »Tatbestand, daß, wie inzwischen überzeugend nachgewiesen, ein marktwirtschaftliches System zwar Ungleichheiten toleriert, weil ihre Hauptursachen nicht eliminierbar sind, ihm auf der anderen Seite aber eine Dynamik innewohnt, die den wirtschaftlichen Kuchen ständig vergrößert. Das Wachstum dieses Kuchens kommt den Armen ebenfalls zugute«, meint Rometsch. Zwar sieht man zur Zeit gerade in der Rezession Nordwesteuropas und der ökonomischen Katastrophe Osteuropas das Gegenteil, aber ideologischer Kleister soll nun mal kleben, nicht erhellen.

Konzepte der freien Konkurrenz bilden die Grundlage der Wirtschaftskonzeptionen auch bei den New Age-Ideologen Ferguson und Capra. Während Ferguson die »unternehmerische Haltung, Risikofreudigkeit« und das »Gefühl des Wechsels, Werdens« in ihrem »neuen Wirtschaftsparadigma« beschwört, läßt sich Capra von seiner »Wirtschaftsberaterin« Hazel Henderson erzählen, daß »man es einzelnen Unternehmen einfach erlauben muß unterzugehen«, als Teil des Werdens und Vergehens in der »dynamischen Ordnung des Kosmos«. Was mit den Beschäftigten solcher Unternehmen geschieht, die als Teile des Ganzen keinen Wert als Einzelne besitzen, interessiert diese Ideologen des Neuen Zeitalters nicht. »Bombay, so ging es mir durch den Sinn, ist keine Großstadt. Es ist ein menschliches Ökosystem, in dem die Vielfalt des Lebens unglaublich reich ist«, empfand Capra bei einem touristischen Aufenthalt in der Stadt der Prostitution und des öffentlichen (weil auf den Straßen stattfindenden) Geborenwerdens, Lebens und Sterbens. Kampf gegen die Armut bedeutet nach Capra also: Zerstörung der Vielfalt des Lebens. »Reichtum« bezieht sich hier nicht auf konkretes Leben, denn die auf den Straßen der indischen Großstädte vegetierenden Individuen haben in keiner Weise ein irgendwie »reiches« Leben. Vielmehr ist hier abstraktes, kosmisches Leben gemeint; zu seinem abstrakten »Reichtum« gehört die konkrete Armut konkreter Individuen als Einheit in der Vielfalt.

In dieser Weise sieht Capra auch Krankheit und Gesundheit bzw. Heilung als »integrale Teile der Selbstorganisation eines Organismus«. Capra wurde vor allem auch durch seine Aussagen über den ganzheitlichen Umgang mit psychosomatischen Krankheiten bekannt. Wo der Organismus seine Krankheit angeblich selbst organisiert, da ist die auch vom Kapital und seinen politischen Vertretern seit langem geforderte »Gesundheitssteuer« naheliegend, die auch Capra für angeblich selbst verschuldete Gesundheitsrisiken einführen will. Die sollen vor allem wieder die Armen bezahlen, denn Capra will »Gesundheitssteuern ... für geringwertige Dosennahrung«. Mit den Erträgen aus diesen Steuern läßt sich dann sicher die Genforschung im Agrarbereich finanzieren.[352]

Diese Weltsicht, die auf den pantheistisch-organizistischen Grundpositionen des ganzheitlichen Denkens fußt, legitimiert optimal den im vollen Gange befindlichen *Sozialabbau* zugunsten von High Tech-Subventionen. Die wachsende Verelendung auch in den hochindustrialisierten Ländern, die in den USA und Großbritannien mit Erscheinungen wie extremer

Obdachlosigkeit, zurückgehender Lebenserwartung für die männliche schwarze Bevölkerung, mit Apartheid-ähnlichen Off-Limits-Zonen für Obdachlose in einigen Städten usw. am fortgeschrittensten ist, erscheint als Schicksal. Die gesellschaftliche Ausgrenzung der Verelendeten entspricht den Gesetzen des Gestalt-Aufbaus, die ins Elend Gestoßenen werden mit antidemokratischen Konzepten zur Billigarbeit im Interesse eines abstrakten Ganzen gezwungen. So berichtete die »Frankfurter Allgemeine Zeitung« am 27. Dezember 1991 über »Armut in Amerika«, dort breite sich unter Wissenschaftlern und Politikern – unterstützt vom Ku-Klux-Klan – die Meinung aus: »Chancen, Arbeitsplätze gebe es genug. Vielmehr gelte es, die Armen paternalistisch zu erziehen, sich ins Arbeitsleben einzugliedern«, indem man ihnen die Sozialunterstützung streicht. Während die New Age-faschistischen Herren vom Züchten des Übermenschen träumen, bringt die Wirklichkeit der sozialen Verelendung in der »Dritten Welt« körperlich und geistig verkrüppelte Menschen hervor, die in Brasilien »Rattenmenschen« genannt werden. Sie leben auf den Müllhalden von Rio, Kairo oder Bombay. Die Mangelernährung aus dem Abfall und das Eindringen von Schadstoffen in ihre Körper hat nach medizinischen Untersuchungen bereits die Gensubstanz dieser Menschen angegriffen. Ihr Zwergwuchs und ihre organischen Schäden vererben sich auf ihre Nachkommen, die auf Müllhalden gezeugt und dort geboren werden. Die Objekte eines »Rechtes auf Ungleichheit« – wie es die ideologischen Agenten des Kapitals aus der »Neuen Rechten« fordern – werden durch die Welthandelspolitik und die Verelendungspolitik der regionalen Eliten erst geschaffen.

Die Forderung nach unterschiedlichen Tarifverträgen für West- und für Ostdeutschland läßt sich – auf ökonomisch höherer Ebene – nach demselben Muster vermitteln: Deutschland als »Yin und Yang«, Einheit in der Vielheit. Das Regionalismus-Konzept der »Neuen Rechten« schlägt in der bundesdeutschen Politik bereits voll ein. Dagegen soll nach dem Modell der Disparatheit der Gestalten für die Ganzheit der Europäischen Union ein einheitliches Asylrecht geschaffen werden, damit die Gestaltfremden nicht länger die Geschlossenheit des Ganzen stören können.

Die Gelder, die in den hochindustrialisierten Gesellschaften an den Sozialleistungen eingespart werden, fließen seit Jahren als staatliche Subventionen in die Entwicklung faustischer High Tech. So ergibt beides zusammen eine Einheit: Die mehr oder weniger verelendeten Massen werden auf das Schicksal verwiesen, heroisch-realistisch – vor allem aber teuer – wird in die »offenbare Ordnung der Natur« eingegriffen.

Nur ein fiktives Ganzes ist hier angesprochen, das *selbst* Ideologie ist und für *niemanden* Wirklichkeit. Der konkrete Mensch kommt nicht vor, erst recht nicht die Fließband*arbeiterin* X, die für ihr zweites Kind dringend auch ein zweites Kinderzimmer braucht, ein Partikularinteresse, zugegeben. Die Industrie*beraterin* Gertrud Höhler spricht in ihrem Artikel über »Bäume – Sinnbilder des Lebens: Indianerbäume«, den sie in der Zeitschrift »MUT« veröffentlichte, von der freudigen und freiwilligen »Unterwerfung« der Indianer unter »die Gesetze der Natur«, von der Bereitschaft, »sich selbst in die Kreisläufe des natürlichen und kosmischen Geschehens einzuordnen«. Sie kritisiert den »selbstverständliche(n) Komfort des Zusammenlebens, an den wir uns unter dem Schlagwort des ›Sozialen‹ gewöhnt haben« und findet, das Soziale Netz tue »ein übriges, unser Wissen über die Unerbittlichkeit und Großartigkeit der Natur in gleicher Weise zu verwischen«. »Nicht um Rückwege« geht es ihr beim Rückgriff auf die Weisheiten naturmystischer Indianerhäuptlinge, sondern um diesen faustischen Fortschritt aus Tradition, der für die Massen Rückschritt ist: »um den Versuch der Integration von Eroberergesinnung und Bewunderung« gegenüber der Natur. Einerseits ist dies ein Ausdruck für die heroisch-realistische Haltung. Andererseits ist es gesamtgesellschaftlich organizistisch: Das Erobern ist die Sache derer, die von Höhler beraten werden, das Bewundern die Sache derer, die sich wegen der quasi natürlichen »Unerbittlichkeit« der Verhältnisse mit nur einem Kinderzimmer für mehrere Kinder zufrieden geben müssen. Höhlers neuestes Buch, 1993 ganz oben auf der »Wirtschafts-Bestseller«-Liste der Zeitschrift »Wirtschafts-Woche«, heißt bezeichnenderweise »Spielregeln für Sieger«.

In dem Buch »Verspielen wir die Zukunft? Gespräche über Technik und Glück« von 1982 läßt Höhler die Katze Kapitalinteresse aus dem Sack New Age: »Die Zustimmungsfähigkeit zum Sinn der wissenschaftlich-technischen Welt muß erhalten bleiben oder wiederhergestellt werden in großen *Teilen der Bevölkerung*«, nicht bei den von Höhler Beratenen, denn: »Es gibt keine Selbstverständlichkeit mehr bei den Wirkungen moralischer Ansprüche, die sich an Gruppen richten.« »*Wir* müssen offenbar eine Zustimmungswilligkeit erzeugen«, über Mythos und Respiritualisierung, jedenfalls über Irrationales, das »indianische Bewußtsein«, wie es auch in der Linken oft und unbegriffen heißt. Die Parallele zu den New Age-Ideen Zimmerlis, wie wir sie oben dargestellt haben, ist offensichtlich.

Jakob von Uexküll, der Erfinder der ständestaatlichen »Organbäume«, kritisierte in seiner »Staatsbiologie« von 1920 die angebliche Unverschämtheit des sozialen Anspruchdenkens der atomistischen Massen: »Solange der Betrieb des Staates geregelt weiterging«, hatte dieser »die Möglichkeit, den einzelnen Arbeitsfeindlichen durch einen Arbeitswilligen zu ersetzen, der wohl stets vorhanden war. Sobald aber eine größere Zahl Arbeiter aus der Arbeitskette zurücktrat und streikte, stand das betroffene Staatsorgan vor dem Untergang.« »Parasiten«, und zwar insbesondere »Fremdrassige«, die 1920 zahlreich in der deutschen Linken aktiv waren, »gedeihen besser in einem kranken Staate, der nur noch schwach auf ihre Eingriffe reagiert.« »Die Versuche des (bereits »geschwächten«, P.K.) Staates, ein Streikverbot zu erlassen, wurden ... vereitelt«, statt dessen wird atomistisch ein »contrat social« geschlossen.[353]

Ist es ein Zufall, daß die *Deutsche Bundesbank* in ihren Informationstexten für die neuen Geldscheine organizistisch argumentierte? Die Naturforscherin Maria Sibylla Merian, die im absolutistischen Barock mit seinem noch althergebrachten Organizismus als Staatsideologie wirkte und heute auf dem Fünfhundertmarkschein abgebildet ist, behielt »trotz aller Liebe zum Detail« den Blick für »das übergeordnete Ganze«, meint die Bundesbank 1990 in einer Zeitungsanzeige: »Ein vielschichtiger Organismus ist immer nur dann zu verstehen, wenn es gelingt, sich auf das Wesentliche zu konzentrieren. Das gilt sowohl für die botanische Forschung der Merian wie auch für die Analyse gesamtwirtschaftlicher Zusammenhänge durch die Bundesbank.« Für unwesentliche Teile, z. B. einzelne, für die Funktion des Ganzen austauschbare menschliche Individuen, ist hier kein Platz. »Im Hintergrund ordnen sich die Details zu einem überzeugenden Ganzen«, lautet das Zitat der Dame, das die Bundesbank zum Leitspruch ihrer Anzeige machte. So eingestimmt, legte man uns die völkisch-romantischen Gebrüder Grimm vom Tausendmarkschein mit »Yin und Yang« ans Herz: »Was heute oft als Gegensatz erscheint, war für Jacob und Wilhelm Grimm selbstverständliche Einheit: Tradition und Fortschritt.« Das Zitat der beiden, das die Anzeige überschreibt, könnte ein Motto der Konservativen Revolution, der »Neuen Rechten« oder von »Europas eigener Religion« sein, sicher auch des New Age: »Tradition ist die Wurzel, aus der unser Fortschritt entspringt.« Bei den kleinen Scheinen verhält es sich nicht besser, auch Carl Friedrich Gauß, der nur für zehn Mark gut war, wird New Age-ideologisiert. »Ein eigentümlicher Zauber umgibt das Erkennen von Maß und Harmonie«, so ist hier die Zeitungsanzeige mit einem Gauß-Ausspruch betitelt, als wollte man den großen Mathematiker, Astronomen und Physiker auf einen okkultistischen Zahlenmystiker reduzieren. »Seine Fähigkeit, Ordnung und damit Stabilität zu schaffen, ehrt die Bundesbank mit seinem Abbild auf dem neuen Zehnmarkschein.« Die neuen Geldscheine liegen nicht nur im New Age-Trend, sie passen auch zu den ökonomischen Zielen des deutschen Kapitals in Europa.

»Fortschritt aus Tradition«, das meint einen Fort-Schritt weg von der Linken und ihrer Politik. Die Zeitschrift »Criticon« von Caspar von Schrenck-Notzing, in der Armin Mohler mitarbeitet, berichtete 1977 über einen Europa-Plan der keltogermanisch tümelnden »Nouvelle Droite« um Alain de Benoist. Der Plan hieß in Frankreich »Les racines du Futur. Demain la France«, meinte aber die gesamte Europäische Union: »In ihren (der Nouvelle Droite, P.K.) Augen«, so schrieb »Criticon«, »wurzelt das soziale Modell Europas vorgeschichtlich ... in den Mythologien der indoeuropäischen Völker.« Die primären Ziele des Plans waren: die »Verstärkung der eigentlichen politischen Autorität« im Staate, die »Wiederherstellung einer militärischen Elite« sowie »eine präzise Zuweisung von Aufgaben an die Wirtschaft« durch die Staatsorgane. Das Ziel ist die ökonomische Weltherrschaft Europas mit Hilfe der faschistischen Planwirtschaft. Es wird gegründet auf »indoeuropäischen« Naturreligionen, die heute – weltanschaulich inzwischen wesentlich weiterentwickelt – »Europas eigene Religion« heißen. 1979 antwortet Alain de Benoist in einem Interview des »Spiegel« auf die Frage »Warum sollen die vorchristlichen Kulturen der Griechen, Römer, Kelten und Germanen humaner gewesen sein und darum der menschlichen Natur eher entsprechen als die Neuzeit?«: »Weil dort der alte Grundsatz naturgegebener Ungleichheit Gültigkeit hatte und die hierarchische Gesellschaft mit ihrer elitären Ordnung eine natürliche Rechtfertigung besaß.«[354]

Diese »vorgeschichtlich mythisch wurzelnden« Konzepte wurden in Europa in diesem Jahrhundert bereits mehrfach *Wirklichkeit*. Pläne zu einem »organischen«, ständischen, aber staatsdirigistischen Kapitalismus wurden in der Konservativen Revolution ausgearbeitet, aber auch in den Spitzen des Nazi-Staates, der die konservativ-revolutionären Ideologen praktisch beerbte. Der »Blut und Boden«-Ideologe und Chef des SS-Rasse- und Siedlungsamtes Walter Darré wäre hier ebenso zu nennen wie das spätere prominente Mitglied der »Deutschen Unitarier Religionsgemeinschaft e. V.«, der Nazi-Minister, Wirtschaftsexperte und Kriegsverbrecher Dietrich Klagges. Auch Othmar Spann, der anfangs wegen seiner ökonomischen Konzepte in enger Verbindung zur NSDAP stand, ordnete in seinem Ständestaat die Wirtschaft den staatlichen Zielsetzungen unter. Eines der ersten Vorbilder dieser faschistischen »ganzheitlichen« Wirtschaftspläne stellt das Buch »Der geschlossene Handelsstaat« des ganzheitlichen Organizisten Johann Gottlieb Fichte dar, auf das sich die extreme Rechte bis heute hin bezieht.[355]

Nicht nur im historischen Faschismus bezog sich das deutsche Kapital auf Mythen: In einem Interview mit dem »Spiegel« im Jahre 1989 sagt der High-Tech-Berater aller Bundesregierungen seit 1969, Ingolf Ruge, über den Konkurrenzkampf Europa-USA-Japan auf dem High-Tech-Weltmarkt: »Die Deutschen – und dann die Europäer – müssen sich mehr um einen Konsens bemühen. Das Wirtschaftssystem des Jahres 2000 muß anders strukturiert sein als unser heutiges System. Jetzt heißt es nur: Die Wirtschaft soll in den Zukunftsindustrien alles selbst machen, der Staat hält sich da mit seinen Subventionen raus. Der Erfolg der Japaner liegt einmal in ihrem Fleiß, in ihrer Sorgfalt, in ihrem Nationalbewußtsein, zum anderen aber in ihrem System der Kooperation zwischen Staat und Wirtschaft.« Wo man sich zugunsten des Sozialabbaus, organizistisch gestützt, gegen staatsinterventionistische Sozialleistungen wandte, weil bei eingesparten Sozialleistungen Geld frei wird, da verlangt man zur europäischen Formierung des Kapitals, organizistisch gestützt, Staatsinterventionen, wenn diese den Konzernen Subventionsgelder bringen. Es werden also staatliche Eingriffe abgelehnt, wenn von oben nach unten verteilt werden soll, dagegen werden sie gefordert, wenn die Verteilung von unten nach oben verläuft. Die Ideologie muß nicht logisch sein, der Kleister muß nur kleben.

Die geistig-moralische Wende aufgrund veränderter ökonomischer Bedingungen ist leicht zu erkennen. Beim Benoist-Interview 1979 bezog »Der Spiegel« noch eindeutig gegen die Position Stellung, heutige Politik wurzele in den vorzeitlichen keltogermanischen Mythen: Es gebe »keine Belege für eine humane Ur-Zivilisation in Europa. Die von der Neuen Rechten propagierte ›Wiederverwurzelung‹ der Menschen scheint eher mit dem Mythos von Volk, Blut und Boden begründbar zu sein«, kommentierte das Blatt damals. Seit einigen Jahren aber wird in demselben Blatt auf eine Art gegen die angebliche »japanische Gefahr« vom Leder gezogen, die sehr wohl an die Inhalte dessen anknüpft, was pantheistisch-organizistische »Neurechte« aus »indoarischen« Mythen ableiten wollen: das angeblich kosmische Gesetz des Lebens, das Recht des Stärkeren im Kampf ums Dasein. »Kulturelle Unterschiede in der Art, Handel und Wirtschaft zu betreiben«, sind für den »Spiegel« heute der Grund für den Erfolg des japanischen Kapitals: »Für Japaner ist die Wirtschaft ein Kampf, in dem es darum geht, zu siegen und der Beste zu sein.«

»Mit herkömmlichen Methoden ist Japans unbändiger Drang an die Spitze längst nicht mehr zu stoppen«, und als »herkömmlich« nennt »Der Spiegel«: höhere Zölle, Dumpingstrafen und Einfuhrbarrieren. Es müßten vielmehr »visionäre, globale Strategien« her, zitiert das Blatt den Bundesaußenminister. Zu den »Inhalten« der »fernöstlichen Überlegenheit« – die es endlich zu verstehen gelte, um dagegen kämpfen zu können – gehöre auch der betriebliche »Morgenappell« der japanischen Arbeiter. Neidisch wird auf den organizistischen Ameisenstaat geschaut, den schon Capra oder Mynarek explizit als Modell nannten, damit niemand ihre Pläne für die zukünftige Gesellschaft des New Age mißverstehe. »Ein größerer Beitrag des Staates« wird gefordert, »strategisch plazierte öffentliche Aufträge, um neue Technologien und Märkte zu erschließen« und derart »die Schlagkraft der Europäer« zu erhöhen. Gleichzeitig sollen »sterbende Industriezweige wie der Kohlebergbau, die Werften und die Stahlindustrie« nicht länger am Leben erhalten werden, schließlich ist der Kosmos ein dynamisches Ganzes von Vergehen und Entstehen. Die sozialen Konsequenzen deutet »Der Spiegel« bereits an: »Aus der Sicht der Japaner ist der Ausgang des Technologie-Marathons deshalb schon klar: ›Ihr baut Straßen und Häuser‹, bekam der SPD-Politiker Klaus von Dohnanyi kürzlich von einem Japaner zu hören, ›und wir investieren in Hochtechnologie – im Jahre 2000 sehen wir uns wieder.‹« »Fortschritt aus Tradition« heißt demnach: Umverteilung der Subventionen, High Tech statt sozialer Wohnungsbau.[356]

Auf der alten keltogermanischen Schiene, die von Chamberlain bis Eichberg reicht und in der »Wurzelsuche« des New Age ihre vorerst letzten Blüten treibt, forderte die Nouvelle Droite in »Criticon« 1977 »eine neue europäische Einheit ..., die vom Kampf gegen einen gemeinsamen Feind (die Sowjetunion) ausgehend auf einer deutsch-französischen Achse ruht«. Die Feinderklärung innerhalb Europas hat sich inzwischen – seit der Respiritualisierung Polens als dem Startschuß für das Ende des realsozialistischen Ostblocks – weitgehend erübrigt. Nachdem das Gestaltfremde entfernt wurde, konnte die innere Aufgabenverteilung nach der Organismus-Methapher beginnen: High Spirit und High Tech für das Zentralnervensystem in Mitteleuropa, viel Handarbeit für die Peripherie, vor allem im Osten. Mehr noch: Im neuen Europa gilt das deutsche Handelsrecht nicht nur bis zum Ural, wie es Lagarde vor hundert Jahren forderte, sondern faktisch bis zur chinesischen Grenze, wie es der damalige Bundesjustizminister Klaus Kinkel von den neuen osteuropäischen Staaten forderte und durchsetze. Die neue Ganzheit des deutsch geführten Europa formiert sich disparat und autonom gegen die Konkurrenz-Gestalten USA und Japan. Wo »Europas eigene Religion« eine abgrenzende national-chauvinistische Identität höherer Ebene schafft, wo einer der führenden US-amerikanischen New Ager, Fritjof Capra, ein Österreicher ist, wo inzwischen allenthalben archaische Naturreligiosität als die einzig wahre und dem »bunten, amerikanischen Supermarkt-New Age« entgegengesetzte »europäische« Spiritualität ausgegeben wird, da ist das ideologische Rüstzeug für den Kampf zwischen den Kapitalien aus EU, USA und Japan gegeben.

Im März 1993 veröffentlicht die »Alfred Herrhausen Gesellschaft für internationalen Dialog mbH« – Gesellschafter: Deutsche Bank AG – die kleine Schrift »Schicksal und Technik – Gedanken zur westöstlichen Kommunikation«, die man über die »Deutsche Bank AG« beziehen kann. Die Assoziation zu Goethes »West-östlichem Diwan« erscheint als gewollt, einer literarischen Grundlage des organizistischen Pantheismus, mit der Goethe dem persisch-»arischen« Mystiker Hafez nacheiferte und die von Chamberlain über Hunke bis Capra als Referenz für das ganzheitliche Denken dient. Der ungarische Schriftsteller Péter Nádas bekennt in »Schicksal und Technik«, von der westlichen Demokratie enttäuscht zu sein und sich von ihren geistigen Grundlagen abgewandt zu haben. Er fordert, nur solche »menschlichen Übereinkünfte« – gesellschaftliche Regeln, zu denen auch die Demokratie gehört – dürften Geltung erlangen, die den »Primat der Natur sicherstellen«. Der Geschäftsführer der »Alfred Herrhausen Gesellschaft«, Bernhard Rohe, beklagt anschließend den Siegeszug »intellektueller Kritikasterei«, der den europäischen »Schriftstellern, Intellektuellen und auch den Medien« anzurechnen sei. Wie der »Primat der Natur« praktisch aussieht, das sagt dann Hilmar Kopper von der »Deutschen Bank AG«: »Wir versuchen, alles vernunftmäßig zu begründen. ... Das heißt, uns fehlt die Emotionalität.« »Die heiße Phase des Golfkriegs« sei dafür ein Beispiel gewesen, als die Deutschen sich mit rationalen Argumenten geweigert hätten, in den Krieg einzutreten. Zum Kuratorium der »Alfred Herrhausen Gesellschaft« gehört auch der Biologe Hubert Markl, bis 1991 Präsident der »Deutschen Forschungsgemeinschaft«, der bei der »Siemens-Stiftung« unter Armin Mohlers Führung als biologistischer Denker auftrat und mit einer Zweigorganisationen der »Deutschen Unitarier« zusammenarbeitete.

Nicht einmal mehr der Weltkrieg von EU, USA und Japan gegeneinander wird heute noch ausgeschlossen, wie das Strategiepapier der US-Militärs »Anleitung zur Verteidigungsplanung« vom Frühjahr 1992 zeigt. Das ist der eigentliche Sinn, wenn Hunke von der »innerste(n) Notwendigkeit dieser Religiosität für den heutigen Europäer« spricht und ihr Hauptwerk »Europas andere Religion« mit den Sätzen schließt: »Zweifellos ist die Stunde gekommen, da der dualistische Orientalismus an seiner Sündigkeitserklärung des Menschen, an seiner Verelendung der Wirklichkeit und seiner Zerspaltung der Welt zugrunde gehen und die trotz seiner am Leben gebliebene andere Religion Europas – die ›europäische Religion‹ – in Wiederheiligung der Wirklichkeit und des Menschen und Heilung einer kranken und gespaltenen Welt Europa endlich besitzen und es zu seiner erst jetzt beginnenden ›europäischen‹ Zukunft bevollmächtigen (!) wird.« Diese Stunde wurde allerdings erst zwanzig Jahre später, am 9. November 1989, endgültig eingeläutet. »Das deutsche Volk ist selber jener gelehrte Doktor Faustus«, schrieb Heinrich Heine hundertfünfzig Jahre vorher in der »Romantischen Schule«.[357]

Vom dritten Reich zum New Age

So ist das kosmische Weltbild, über »Ökoreligiosität« oder Naturreligion in die Köpfe der Menschen gebracht, also im Innern nützlich, um eine autoritären Gesellschaft zu formieren, und nach außen dienstbar, um sich vom angeblich »Fremden« abzugrenzen, das aber dennoch erobert werden soll. In seinem Mittelpunkt stehen die faustischen Produkte, um deren Verkauf sich alles dreht. Die wahre Perspektive des »Neuen Zeitalters« ist die eines materiellen, sehr irdischen neuen Reiches, das mehr gemein hat mit dem spirituellen Mythos des »dritten Reiches« der völkischen Bewegung in Deutschland als mit dem Freiheitstraum kalifornischer Hippies. Das »dritte Reich« und das »New Age« sind zwei Mythen, die sich gleichen, wie ein Ei dem anderen. Ihr identischer Inhalt ist die organisch-ganzheitliche »Gemeinschaft« des »jede/r an seinem/ihrem Platz«, die gegen die atomistische »Gesellschaft« der Gleichen gestellt wird, die als »Un-Reich« gilt. Sie werden beide als eine spirituelle Vision ausgegeben, nicht als »konkrete Utopie«. Nicht die tatsächliche Umwälzung der materiellen Verhältnisse soll zu ihnen hinführen, das unterscheidet sie auch vom »Reich der Freiheit« des Kommunistischen Manifestes von Marx und Engels. Beide sollen auf spirituellem Wege erreichbar sein. Beide wollen das endliche Stadium des Glücks sein, der »vollkommenen Harmonie des Ganzen«, wie Mynarek schreibt, »die Sinfonie aller Teile im System des Ganzen am Ende der kosmischen Geschichte«. Die real stattfindende Umwälzung, in der die Gesellschaft radikal *gegen* die Interessen der Mehrheit verändert wird, gerät derart aus dem Blick.

Vereint sind Faschismus und New Age im Mythos von *Atlantis*, der in beiden Ideologien in gleicher Weise anzutreffen ist: als Ort des wiedergefundenen neuen Reiches. Alfred Rosenberg widmet dem sagenhaften Eiland ein paar Seiten in seinem Buch »Mythus des zwanzigsten Jahrhunderts«. Atlantis sei »ein nordisches vorgeschichtliches Kulturzentrum«, von dem die »uralt arisch-atlantischen Erinnerungen« herrührten. Rosenberg verbindet den Atlantis-Mythos mit dem der Pyramide, die als Sinnbild des New Age heute ebenso benutzt wird wie das »Yin und Yang«-Zeichen. Neben der Cheopspyramide, so der Nazi-Chefideologe Rosenberg, sei 1927 die Abbildung einer Prinzessin mit blonden Haaren ausgegraben worden, die wohl von der vorzeitlichen Insel gestammt habe.

Hermann Wirth, ein als »Schamane« im New Age verehrter Nazi und Mitbegründer des SS-Organisation »Stiftung Ahnenerbe«, die germanische Mythen erforschte, will in Helgoland das versunkene Atlantis gefunden haben. Ein »Magazin für neues Denken und ganzheitliches Leben« nennt sich sogar »Das Atlantis Lichtnetz« und zeigt in seinem Logo einen in der Pyramide eingesperrten Menschen. Und schon gibt es Streit ums »Reich«. »Nach Redaktionsschluß« erklärt der »Lichtnetz«-Herausgeber, Dr. med. Klaus Grochocki aus Wiesbaden: »Vor dem Start unseres Magazins haben wir den Zeitschriftenmarkt intensiv auf verwechselbare Titel hin überprüft: ohne Ergebnis. Nun hat sich eine Verlagsgruppe gemeldet, die unmißverständlich den Namen dieses sechsten (!) Kontinents für sich als Eigentum beansprucht. Haben wir nichts mehr zum Träumen? Sind auch im fernen Atlantis die letzten verfügbaren Grundstücke verkauft?«

Wie man im Zweifelsfall ein Reich erobert, das sagt dann wieder Rosenberg.[358]

Paul de Lagarde sprach 1875 bereits ebenso vom spirituellen »inneren Reich« als Grundlage eines deutsch beherrschten »Mittel-Europa«, so wie Pierre Krebs 1988. Der Verleger Eugen Diederichs, der zahlreiche Autoren der völkischen Bewegung und des »New Age« der zwanziger Jahre herausbrachte – und dessen Nachfolger im Verlag Eugen Diederichs heute wieder mit New Age ihr Geld verdienen –, sah 1918 in seiner Zeitschrift »Die Tat« bereits »Das Kommen des Dritten Reiches«. Im deutschen Faschismus erschien eine Zeitschrift »Das innere Reich«, in der 1937 auch der ursprünglich vom Deutschkatholizismus zum Neuheidentum bekehrte Martin Heidegger über Friedrich Hölderlin publizierte, den neben Goethe zweiten Lieblingsdichter des gesamten pantheistischen Organizismus. »Reichsbeseelung« war ein zentraler Begriff der völkischen Bewegung im so rational erscheinenden Kaiserreich der Hohenzollern, der Krupp und Borsig, der im Jahre 1913 zweitstärksten Industrienation der Welt, die Expansion und eine »organische« Neuordnung Europas anstrebte. Der Begriff des »dritten Reiches« als dem kommenden Reich des Heiligen Geistes, den die völkische Bewegung übernahm und den heute wieder Bahro explizit aufnimmt, stammt von dem gotischen Mystiker Joachim von Fiore, der zur Zeit Eckharts wirkte, der Zeit der deutschen Herrschaft über fast die gesamte bekannte Welt. Der Mythos der »Wiedergeburt« des Reiches wird heute auch vom »Thule-Seminar« gepflegt. Mit den Worten Hunkes heißt dies »Aufgangs Europas«, gerichtet gegen die angeblich jüdisch-christliche Überfremdung, gegen die Fremdherrschaft eines falschen Reiches. Dieser Mythos findet sich durchgehend schon in den »deutschgläubig«-neuheidnischen Sekten seit der letzten Jahrhundertwende, wo das Reich selbst Heilscharakter bekommt und zum Heilsgut wird: »Es ist vom All gepflanzter Lebensbaum«, so schreibt ein Reichstümler der zwanziger Jahre.[359]

Kurt Sontheimer analysierte »die Vision des Reiches« im antidemokratischen Denken der Weimarer Republik als eine religiöse. Nachdem diese Vision in der bürgerlichen Literatur weit verbreitet worden war, sah das Bürgertum im »Dritten Reich« der Nazis eine Erfüllung seiner Hoffnungen. Sontheimer führt unter der Überschrift »Gottes-Reich der Deutschen« den völkisch-protestantischen Ideologen Wilhelm Stapel an, der den Unterschied zwischen weltlicher und geistlicher Herrschaft in der Person eines christlichen Kaisers aufgelöst sah – das erinnert doch sehr an den spirituell gestützten »Fürsten der ökologischen Wende« bei Bahro, den Sontheimer noch nicht kennen konnte. Stapel mache die Rechnung zwischen »französisch« und »deutsch« auf – der alte Mythos des Kampfes zwischen »Lutetia« und »Germania«, zwischen den »Ideen von 1789« und den »Ideen von 1914«, letztlich zwischen Liberalismus/Sozialismus und dem organisch-ganzheitlichen Weltbild/Gesellschaftsaufbau, den wir so anschaulich auf der Berliner Siegessäule dargestellt sehen.

Sontheimer betont den imperialistischen Aspekt des vermeintlich rein geistigen »Reiches«: »Dieser Kampf gehe um die Herrschaft in Europa. Europa müsse übernational werden, aber eine solche Ordnung müsse auf der natürlichen Rangordnung der Nationen beruhen.« (Derartiges hört man heute aus der CSU mit Bezug auf die Europäische Union.) Das »Reich« war hier, ganz im Sinne des heutigen »New Age«, universell, kosmisch geplant, nicht etwa »kleindeutsch«. »Das Reich ist die endgültige Ordnung der Welt«, zitiert Sontheimer einen weiteren »Reichs«-Ideologen, Franz Schauwecker, der von der »Identität von Deutschem Reich und Gottesreich« ausging. Dieses Zitat könnte das »Neue Zeitalter« bei Capra oder Mynarek beschreiben. Sontheimer kommentiert die spirituelle Reichs-Idee: »Dieses Reich ist nicht von Menschenhand erklügelt, es kommt von Gott selber her und empfängt von ihm den Glanz seiner Majestät. ... Diese Reichsschwärmerei korrespondiert, wie bei vielen anderen Reichsideologen, einer militanten Aggressivität gegen das demokratische System von Weimar.« Sie entspricht auch – noch ohne Militanz – dem »New Age«, wie es sich Mynarek in seiner »Ökologischen Religion« explizit vorstellt: als der *politischen* Durchsetzung der göttlichen Naturprinzipien im Gottesstaat der »ökoreligiösen Menschen«.

Der New Age-faschistische Gottmensch ist in Friedrich Hielschers Buch »Das Reich« gemeint, aus dem Sontheimer zitiert: »Auf das Reich, als den Täter und Wissenden Gottes, ist die Geschichte aller anderen Seelentümer angelegt.« Sontheimer kommentiert: »Das Reich lebt also von innen heraus; die es in sich tragen, sind Berufene, die unabhängig voneinander zu wirken beginnen, bis sie sich erkennen. ... Die Hielschersche Reichsidee ist esoterisch, ganz vom Schleier des Geheimnisses umwoben. ... Hielschers ›Reich‹ ist das Buch eines politischen Gläubigen, verfaßt für Gläubige, ein Buch großer Worte, geschrieben mit der Gebärde des Tiefwissenden.« – Charakterisierungen, wie sie auf Capras »Wendezeit«, Fergusons »Sanfte Verschwörung«, Bahros »Rettung« und »Rückkehr« oder Mynareks »Ökologische Religion« ebensogut paßten.[360]

Die Vorstellungen des konservativ-revolutionären Juni-Clubs der frühen zwanziger Jahre über das Reich und Mitteleuropa lassen sich durchaus mit Sigrid Hunkes Ideen verbinden, die sie 1965 in dem provokativen Buch zusammenfaßte: »Das Reich ist tot – es lebe Europa«. Hier wird das veraltete Heilige Römische Reich Deutscher Nation zeitgemäß zu einem deutsch geführten, in indogermanischen Mythen wurzelnden »Europa« weiterentwickelt. Zur historischen Niederlage des Germanischen – so sehen es die Faschisten – gegen das Römisch-Jüdische in

Canossa im Jahre 1077, wo der Kaiser sich dem Papst unterwarf, schreibt Hunke: »Sünde war, was vordem Grundlage des Seienden gewesen: das Vertrauen auf den weltlich-geistlichen Zusammenhang der Dinge, der Glaube an das Einssein von Welt und Gott, von Mensch und Gott, die Einheit königlich-priesterlicher Kräfte im Träger des Reiches. Sünde und schlimmste Ketzerei war der germanische ›Zusammenfall der Gegensätze‹.« Das germanische »all-eine, göttliche Wirken in allem Naturgeschehen« sei damals vom imperialen Geltungsanspruch der römisch-jüdischen Priesterhierarchie weggefegt worden und müsse jetzt in einem ganzheitlich-religiös gestützten, aber nach Stämmen regionalistisch gegliederten Europa wiedererstehen, als Gestalt mit Untergestalten, fußend auf dem »inneren Reich« des pantheistischen Organizismus, so Hunke.[361]

Dieses neue Reich ist für die Konservative Revolution mit Europa identisch, das zeigt bereits Jost Hermand an der völkischen Literatur der damaligen Zeit. Der Rückgriff der »Neuen Rechten« und der historischen Faschisten auf das »Erste Reich«, das dann im imperialistischen Staufer-Kaiser Friedrich II. seinen Höhepunkt fand, gibt in doppelter Hinsicht Sinn: Es war die Zeit der deutschen Hegemonie über die bekannte Welt vom Baltikum bis zum ägyptischen Alexandria; es war die Zeit der wiedergewonnenen Macht des exkommunizierten Kaisers gegen den Papst, der den ökonomisch lukrativen Kreuzzug Friedrichs II. verbieten wollte, sich aber trotz der Exkommunikation gegen die weltlichen Herrschaftspläne des Kaisers nicht durchsetzen konnte; es war die Zeit der »Deutschen Mystik«, die gegen die römische Kirche das »arische« Gottmenschentum vertrat. Die größte Macht Europas war das gotische Reich Friedrich II., Europa war die Welt und dieses Europa war deutsch dominiert. Sigrid Hunke – und mit ihr zahlreiche Alt- und Neofaschisten – benutzt siebenhundert Jahre später genau dieses Reich Friedrichs II. als Unterbau für ihre keltogermanische Europa-Vision.

Schweidlenka verweist auf die Bemühungen, das New Age zur Weltanschauung der Europäischen Union zu machen, was kaum noch überraschen kann. Clevere Ideologen würden allerdings an den pantheistischen Brücken zwischen New Age und »Deutscher Mystik« ansetzen, damit die Idee des »christlichen Abendlandes«, die ohne Zweifel immer noch tiefer im europäischen Bewußtsein verankert ist als die einer nichtchristlichen »europäisch eigenen Religion«, eingebunden werden kann. Der vielfältige Bezug auf die schließlich wieder katholisch gewordenen Romantiker ist hilfreich, um diesen ideologischen Brei anzurühren. Die Zeitschrift »MUT« bringt für dieses Vorgehen immer wieder Beispiele, einige haben wir angeführt.

Über Moeller van den Brucks Schrift »Das dritte Reich« von 1923, die »die ungeheure mythische Kraft dieser Formel für die antidemokratische

Massenbewegung« ausgedrückt habe, urteilt Sontheimer: »Es ist sowohl das Reich (gemeint), das der deutsche Nationalismus in nächster Zukunft errichten wird, wie jene besondere, nie voll einlösbare Verheißung für das deutsche Volk, das *Endreich*. Den Gedanken des Dritten Reiches als ›höchster und letzter Weltanschauungsgedanke‹, von dem er nicht lassen könne, empfindet Moeller selbst als problematisch: er sei ›seltsam wolkig‹ und ganz und gar jenseits. Er führe über die Wirklichkeit hinaus, doch müsse er gerade zu einem Wirklichkeitsgedanken gemacht werden.« Dies entspricht der Idee einer *Wirklichkeitsreligion*, die – auch historisch-politisch – das Transzendente im Realen sieht. Sontheimer zitiert den ganzheitlichen »New Ager« Moeller van den Bruck, der den politischen Charakter dieser ganzheitlichen Weltanschauung begriffen hat und einsetzt: »Das Dritte Reich wird ein Reich der Zusammenfassung sein, die in den europäischen Erschütterungen und politisch gelingen muß.«[362]

Wer nun einwenden möchte, der Dezentralisierungsgedanke im New Age stünde all dem entgegen, wird enttäuscht sein, denn auch die geistigen Wegbereiter des Faschismus waren Dezentralisten in der Theorie: Chamberlain z. B., mit seiner Kritik am römisch-antiken Imperiums-Gedanken, der seiner Meinung nach vom religiös fundierten Weltherrschaftsanspruch des Judentums nach Rom gedrungen sei, und den die Päpste – urbi et orbi – beerbt hätten. Oder wieder Moeller, über den Hans-Joachim Schwierskott schreibt: »Sich gegen den Zentralismus im Reichsvolk und den Imperialismus des Reiches abgrenzend, setzte Moeller als Motto über das Kapitel vom Reich die Forderung: ›Wir müssen die Kraft haben, in Gegensätzen zu leben‹. Das bedeutet ein unzweideutiges Bekenntnis zum Föderalismus, der im Reiche nicht in uniformer Gleichmacherei erstickt werden, sondern im Gegenteil, den schöpferischen Reichtum dieses Reiches ausmachen soll.« Hunke bringt Reich und Regionalismus zusammen: »Wenn im Inneren Einordnung in das Ganze verlangt ist und verlangt sein muß und, ohne in das Stammesleben und Stammesrecht einzugreifen, Aufgabe des Eigen- und Einzelwillens der Stämme zugunsten der geschlossenen Kraft des Reiches, so wahrt das Reich dem ihn in verschiedener Festigkeit angegliederten Räumen – ihren jeweiligen natürlichen Gegebenheiten entsprechend und nach Maßgabe ihrer Stellung und Aufgabe im Gesamtorganismus – die innere Selbständigkeit und die Freiheit ihres völkischen und staatlichen Eigenwuchses.« Hier wird Gestalt-Theorie auf das Konzept des Reichs angewandt. Neben der Anerkennung der Hierarchie, der Führung durch ein Reichsvolk, tritt bei Hunke wie vorher bei Moeller van den Bruck die »coincidentia oppositorum« des spätmittelalterlichen »New Agers« Nikolaus Cusanus, das »Yin und Yang« Capras, die Zusammenfassung heterogener Kräfte durch diese Hierarchie. Damit beansprucht das Reich als Überstaat und Ordnungsprinzip einen nur ideell zu umreißenden

Raum. »Die Gültigkeit seiner Idee schafft den Raum des Reiches«, so lautet ein Moeller-Zitat bei Schwierskott, das genuin New Age-Ideologie beinhaltet.[363]

Auf die spirituelle Seite des Reichsgedankens der Nazis verweist Josef Ackermann in seinem Buch »Heinrich Himmler als Ideologe«. »Dieses Reich wird geradezu ein heiliger Mythos sein«, zitiert er Himmler. Walther Wüst, beim SS-»Ahnenerbe« aktiv, Autor von »Das Reich. Gedanke und Wirklichkeit bei den alten Ariern«, befand das Nazi-Reich laut Ackermann als »heilig, weil es in fugenloser Übereinstimmung eine Schöpfung der göttlichen Welt- und Zeitordnung sei, weil Gott es selber eingerichtet habe«. So leitet auch Mynarek den »ökoreligiösen« Gottesstaat her, der Heil, Heilen und göttliche Natur politisch werden läßt. Auch bei Alfred Rosenberg erscheint das Reich als göttlicher Auftrag: In seinem »Mythus des zwanzigsten Jahrhunderts« leitet er nach viel Brimborium mit der »Deutschen Mystik« im dritten Teil unter dem Titel »Das kommende Reich« dieses als ein organisches von Lagarde und Meister Eckhart her. Gerd-Klaus Kaltenbrunner hatte im März 1989 in »MUT« Eckhart »eine geistesgeschichtliche Großmacht« genannt, das paßt ja nun gut.[364]

Es gibt allerdings einen wesentlichen Unterschied zwischen dem Mythos des »Reiches« damals und dem des »Neuen Zeitalters« heute: Der imperiale Anspruch des »Reiches«, der trotz aller gegenstehenden Rhetorik dann doch real existierte, bezog sich zuerst nur auf Europa, zuletzt – als Vision Alfred Rosenbergs – in der »Kolonisation der neuen Zeit« auf den gesamten Erdball. Der imperiale Anspruch des Aquarius richtet sich dagegen auf den Kosmos.

Die Rückkehr der Indogermanen

Naturreligionen sind »in«, auch auf der Linken. Die »Einheit des Menschen mit der Natur« wird nicht mehr als eine Einheit in der »Industrie« und im »Kampf mit der Natur« verstanden, sondern wieder naturreligiös mit faustischer Konsequenz. Vergessen ist die Kritik von Karl Marx und Friedrich Engels aus der »Deutschen Ideologie« hieran.[365] Auch demokratische Sozialisten finden immer wieder gute Worte für das »indianische Bewußtsein« oder den angeblich nicht herrschaftlichen Umgang der Naturreligiösen mit der Natur, im angeblichen Gegensatz zum biblischen »Machet euch die Erde untertan«. Teile der verwirrten Linken, erst recht in Ostdeutschland, greifen romantisch zur Naturreligion, ohne sie zu kennen, ohne sie reflektiert zu haben. Oft sind es sogar nur opportunistische Floskeln, um sich den »neuen sozialen Bewegungen« anzubiedern. Von der Indianer-Rezeption der Nazis, die die nordamerikanischen Ureinwohner als Brüder im Geiste und manchmal sogar in der Rasse ansahen – die mittel- und südamerikanischen Indianer waren diesen Nazi-Ideologen dagegen nicht heldisch genug – wissen sie nichts, über den Grund faschistischer Ideologen, so zu handeln, machen sie sich allenfalls den dürftigen »Mißbrauch«-Gedanken.[366]

Gertrud Höhler und ihre kapitalfreundliche Interpretation indianischer Weltanschauung lesen sie nicht. Wenn Henning Eichberg den Crow-Häupling Curley von 1912 als Kronzeugen für die naturspirituell begründete Rechtmäßigkeit deutscher Ansprüche auf Hinterpommern und Schlesien (mindestens!) verwendet, mißverstehen sie dies möglicherweise gar noch – wie viele der ideologischen Winkelzüge Eichbergs – als antiimperialistisch.[367] Daß der verstorbene Häuptling Seattle – ungefragt – inzwischen bei so ziemlich jeder politischen Richtung seine Rede hat halten müssen, haben sie nicht bemerkt, weil sie nur ihre eigene Richtung kennen. Es ist schier unbegreiflich, wie Linke in vorzivilisatorischen Weltanschauungen eine Perspektive für ein sozialistisches Morgen erkennen können: in der irrationalen Herrschaft von Medizinmännern, die in Wahrheit kein einziges Mal Regen herbeigetanzt haben; in den patriarchalen Verhältnissen archaischer Gesellschaften (wieviele weibliche Häuptlinge gab es denn?); in ihrer brutalsten Barbarei anderen Menschen gegenüber, bis hin zu den nächsten Verwandten, die in manch indianischem Stamm bei Eintreten der Altersschwäche – und selbstverständlich naturreligiös legitimiert – erschlagen wurden, damit sie nicht als »unnütze Esser« zur Last fielen; auch in ihrer Praxis der Sklaverei usw. Solche »Vorbilder« braucht eine Bourgeoisie, die schon wieder ihre eigenen Fahnen verbrennt – die Linke braucht sie nicht.

Ein paar Zehntausende nordamerikanischer Ureinwohner benötigten einen ganzen Kontinent zu ihrer Ernährung, heute ernährt ein Bruchteil ihres Landes andere Kontinente mit. Agrarische Gesellschaften, teilweise auf dem Jäger- und Sammler-Niveau der Steinzeit – mit extrem hoher Sterblichkeit, Kindersterblichkeit und geringster Lebenserwartung, mit psychischen Verkrüppelungen aus Angst vor Dämonen –, hätten aufgrund gänzlich zurückgebliebener Nahrungsmittelproduktion auch nicht mehr Menschen ernähren können als die wenigen überlebenden Starken. Das Recht des Stärkeren bedeutete für sie konkret: mangels Überflüssen den Schwachen keine Fürsorge angedeihen lassen zu können, sondern sie viehischen Verhältnissen, dem Kampf ums Dasein nämlich, anheim fallen lassen zu müssen. Trotz all der Mühsal und – aus heutigem Blick – Entbehrungen, die die Menschen in den vorzivilisatorischen Gesellschaften erleiden mußten, konnten sie nicht einmal in Frieden leben. Ob ihre Kriege um Jagdgründe und Sammelgebiete, um Wasserstellen, Höhlen und Rohstoffe zur Werkzeugherstellung, deshalb für die von Speeren Durchbohrten und von Steinächsten Zertrümmerten angenehmer waren, weil sie mit anderen Waffen geführt wurden als heute, ist kaum anzunehmen. Im New Age wird dieser Eindruck bisweilen erweckt, so z. B. bei Mynarek oder Fromm, die den Krieg zurückführen möchten auf den »tapferen Held« und »Abenteurer«, der von ihnen heroisiert wird. Jedenfalls dürfte klar sein, daß nicht ein Zurück zu den unzulänglichen Produktionsweisen der Vorzeit Verteilungskriege verhindern wird – weil sie damals eben auch und erst recht stattfanden –, sondern nur eine ausreichende industrielle Produktion, die für die Überlebensmöglichkeiten z. B. von schwach geborenen Kindern, Behinderten oder Alten usw. einen genügend großen Überfluß erwirtschaftet, der solidarisch verteilt wird. Auch ist es sicher nicht jedermanns und -fraus Sache, im Winter zu frieren und bei schwacher Konstitution an Lungenentzündung zu sterben, selbst wenn dies innerhalb des »kosmischen Reigens« eines Fritjof Capra geschehen mag.

Schließlich hätten die naturmystischen New Ager die Frage zu beantworten, wie eine sechs oder acht Milliarden-Bevölkerung mit den Mitteln vorzivilisatorischer Gesellschaften überhaupt nur zu ernähren wäre, von Lebensqualität ganz zu schweigen. Offenbar muß doch dann die Bevölkerungszahl auf archaisches Niveau zurückgestutzt werden: Mit Hilfe einer Neuauflage des Komplexes Auschwitz? Indem Seuchen frei wüten dürfen? Durch die atomare Katastrophe? Und immer naturreligiös legitimiert? Und das soll friedlich ablaufen, ohne daß sich die Mehrheit der Menschen wehrt?

Fortschritt in der Menschheitsentwicklung kam überall und auf jeder Kulturstufe vor allem durch den praktischen Kampf gegen das massenhafte Sterben zustande. Keine Kultur, auch keine naturreligiöse, hat sich in Wahrheit mit dem Massensterben ihrer Träger als angeblichen Ausdrucks der Harmonie von Natur und Kosmos zufrieden gegeben. Allenfalls wurde *den Massen* das Sterben anheim gelegt. Medizinmänner und Schamanen, auch die »Hexen«, wurden – wie Päpste, Patriarchen – meistens sehr alt. Ihr medizinisches Wissen war Herrschaftswissen, ihr Reichtum ermöglichte ein längeres Leben gegenüber denen, die auf dem Feld, in den Bergwerken, Werkstätten und Manufakturen diesen Reichtum erwirtschafteten. Das ist heute nicht anders, wenn auch durch soziale Revolutionen und Reformen entschärft: Die Eliten leisten sich Frischzellenkuren und machen auch im Alter von siebzig Jahren noch Politik, den Massen wird die Gesundheitsversorgung gekürzt, sie gehen in die Frühinvalidität. Diese Mißverhältnisse wieder zu verschärfen, statt sie weiter abzubauen, ist eine Vergangenheits-, aber keine Zukunftsperspektive für die Mehrheit der Menschen. Die Rückkehr zu einer naturreligiösen Todeskultur wäre nur diktatorisch durchsetzbar, weil sie – das bedarf keiner weiteren Erklärung – gegen die Interessen der Menschen gerichtet ist.

New Ager mögen das Spirituelle so sehr als primär und grundlegend ausgeben wie sie wollen, gerade die Revolutionen in Osteuropa haben wieder einmal den Wahrheitsgehalt des Satzes von Bertolt Brecht bewiesen: »Erst kommt das Fressen und dann die Moral.« Ganz offensichtlich ist der Hinweis auf indianische, indische oder keltogermanische Naturreligionen als Lösungsanbieter unserer heutigen Probleme nichts weiter als ein blanker Unsinn, wenn er an der Öko-Basis ernst gemeint ist, nichts weiter als ideologischer Kleister zum Schutz der Privilegien der Herrschenden, wenn er von den Intellektuellen des New Age und des (Neo-) Faschismus vorgebracht wird.

Die New Age-Naturmystiker landen allenthalben auf ihrer Wurzelsuche bei den alten Germanen und ihren nazistischen Apologeten der Zeitgeschichte und Gegenwart. Gugenberger und Schweidlenka haben dies mit zahlreichen selbst erlebten Beispielen dargestellt. Es ist erstaunlich, daß Schweidlenka dennoch an völkischen Naturreligionen festhalten und sie als die Alternative zum »amerikanisierten« New Age aufbauen will. Offenbar sieht er die strukturellen Identitäten nicht. Er ist damit – wohl ungewollt – auf der neuen Linie der »Neuen Rechten«, die das Feindbild USA aus euro-ökonomischen statt aus euro-religiösen Gründen nicht aufgeben kann. Die weltanschaulichen Inhalte von »Europas eigener Religion« hat es allerdings ungeachtet des ökonomisch begründeten Ideologie-Chauvinismus als geistigen Überbau archaischer Gesellschaftsorganisation überall auf der Erde gegeben.

Sigrid Hunke glaubt – wie übrigens auch Erich Fromm –, für ihr »arisches« Projekt des »Aufgangs Europas« den »bunt schillernden Supermarkt des New Age« nicht zu brauchen. Die inzwischen achtzigjährige Hunke wirft 1989 auf nur einer Seite alles über Bord, was in der von ihr bisher propagierten »indogermanischen« Geschichte der Spiritualität von außerhalb des eng begrenzen »Deutschland« gesammelt wurde, insbesondere jeden Anklang an »östliche Spiritualität«. Und dies nur, weil das »Indoarische« als New Age *neuerdings* aus dem Land der verhaßten Sieger über den Faschismus zu uns kam, gewissermaßen als eine »Reeducation verkehrt«, die Hunke aber nicht mehr aufnehmen kann. Sie sieht darin lediglich einen »Gemischtwarenmarkt, zu weitläufig, zu kommerziell und für Europäer grundfalsch assortiert«, etwas Fremdes also, »neue Entfremdungen«, die deshalb den Keim eines neuen Unterganges des Abendlandes bereits in sich trügen. Da waren die faschistischen und vorfaschistischen Ideologen früher klüger, auch Hunke selbst, da ist die »Neue Rechte« insgesamt heute immer noch klüger. Denn es liegt ja auf der Hand, auch und gerade im »ganzheitlichen« Denken: Nicht *jede(r)* ist mit *Einem* zu ködern, Vielfalt muß her.[368]

Die politische Rechte könnte eigentlich doch gerade mit den »Buntschillernden« recht zufrieden sein, wie die Beispiele zeigen. »Oneness«,

Ganzheit, heißt ein im übrigen deutschsprachiges Informationsblatt des Sri Chinmoy aus Indien, eines der bedeutenderen und (einfluß-) reicheren Gurus. Die Ausgabe dieser Zeitschrift vom November/Dezember 1989 mit dem Untertitel »Peace-News – Spiritualität: die Quelle des Weltfriedens« trägt auf dem Titel die Schlagzeile »Mit aktuellem Sonderteil über die neuesten Ereignisse in Deutschland«. Innen ist eine »Seelenkarte Deutschlands seit dem 9. November 1989« abgedruckt: Ganzheitlich vorweggenommen werden die erst noch kommenden neuen deutschen Grenzen. Die prophetische Karte – in Wirklichkeit eine Land(nahme)-Karte statt »Seelen«-Karte des neuen »Deutschland als Ganzem [369] – will Sri Chinmoy durch »eine Beobachtung, die er in der inneren Welt gemacht hatte«, bereits vor dem November 1989 *erschaut* haben. Seine Anhänger belehren uns: »Er betonte jedoch, daß er von einem rein spirituellen Standpunkt aus gesprochen habe und sich jeder politischen Stellungnahme enthalte. Es freut uns, diese Neuigkeit veröffentlichen zu dürfen; es ist eine wirkliche Oneness-Peace-News, und wir hoffen, daß sie mit Reife und Weisheit aufgenommen wird.«

9. November 1989, die Trümmer des verbrannten Judentums sind weggeräumt. Jetzt, endlich frei von vorderasiatisch-semitischer Überfremdung und jüdischer Streitsucht, spricht der »indoarische« Mystiker Sri Chinmoy zu den Deutschen: »Die Seele Deutschlands feiert einen großen Sieg über die dunkelste Nacht der Unwissenheit. Dieser göttliche Sieg Deutschlands ist ein echter Sieg der ganzen friedliebenden Einsseins-Weltfamilie.« Nein, es wundert nicht mehr, daß sich schließlich Sri Chinmoy und Gorbatschow im Mai 1990 trafen, das mußte ja so kommen. Berichtet hat hierüber das UFO-»Magazin 2000«, dessen »ständige Mitarbeiter« laut Impressum sind: Rudolf Bahro und Roman Schweidlenka. »Zum Tag der deutschen Wiedervereinigung, 3. Oktober 1990« bringt das »Magazin 2000« einen langen Bericht über Sri Chinmoys Bemühungen um die deutsche Einheit: »Gott singt niemals das Lied der Spaltung.« Der deutschfreundliche Guru hatte aus Anlaß der Wiedervereinigung eigens »Deutsche Einsseins-Heimat-Lieder« komponiert, die er nun als »Höhepunkt« seiner Konzerte darbietet. Bereits 1986 hatte er sich in Berlin für Deutschlands Einheit stark gemacht, Originalzitat des »Meisters«: »Es wird eine Zeit kommen, in der es nicht zwei Berlin geben wird, sondern nur noch eines, eins, eins. Zu dieser Zeit werden die innere Kraft und die äußere Stärke Deutschlands unbegrenzt zunehmen.« Anfang 1990 bereits verlieh das »Magazin 2000« an Sri Chinmoy aus Dankbarkeit »für das, was er für die spirituelle Neugeburt« Deutschlands getan habe, eine »Trophäe« des Berliner Bären, der auf einer Weltkugel (!) triumphiert, und als Beigabe erhielt der Guru »auch noch ein Stückchen Berliner Mauer«. Die Zeitschrift will »im nächsten Heft noch einmal auf die Vision des Meisters von

der spirituellen Zukunft Deutschlands zurückkommen«, das ist 1990 ein Dauerbrenner.

Sri Chinmoys »indoarische« Konkurrenten von der »Internationalen Gesellschaft für Krishna-Bewußtsein« – die sogenannte *Hare Krishna-Sekte* – hatten bereits 1981 in deutscher Sprache das »Varnasrama-Manifest der sozialen Vernunft« veröffentlicht, das seine Erkenntnisse aus den altindischen Veden haben will. Diese Epen dienten schon der völkischen Bewegung als Quelle »indoarischer« Weltanschauung. Das »Manifest« enthält das bekannte Konzept: »Die Brahmanas: Der Kopf des sozialen Körpers«, das ist die Priesterkaste des Neuen Zeitalters, Mynareks biologisch angeblich höherstehenden »ökoreligiösen Menschen« vergleichbar; »die Ksatriyas: Die Arme des sozialen Körpers«, hier werden die Beamten, die Polizei und die Streitkräfte genannt; »die Vaisyas: Der Magen des sozialen Körpers«, damit sind Uexkülls »Organbäume« der (Ernährungs-) Wirtschaft gemeint. Schließlich kommen »die Sudras: Die Beine des sozialen Körpers«: Dieses Kapitel des »Manifestes der sozialen Vernunft« ist ganz kurz und steht unter der Überschrift »Wirkliches Glück für die Arbeiterklasse«. Im Text heißt es dann: »In jeder Gesellschaft bildet die Sudra-Klasse den größten und die Brahmana-Klasse den kleinsten Teil der Bevölkerung. ... Hochqualifizierte Menschen sind selten, unqualifizierte Menschen gibt es viele. ... Der beruflichen Neigung der Sudras entspricht es, körperlich zu arbeiten und zu dienen. ... Weil der Sudra nicht über die vier Tätigkeiten von Essen, Schlafen, Sexualität und Verteidigung hinaussehen will, sind seine Gedankengänge dieselben wie die der Tiere. ... Das Varnasrama-System läßt die Sudras hart arbeiten, damit sie ihre groben Verlangen austoben können. ... Wenn der Sudra seine Pflicht, den höheren Schichten der Gesellschaft treu zu dienen, ausführt, macht er trotz seiner tief verwurzelten materiellen Anhaftungen allmählich spirituellen Fortschritt. Dies ist das Geheimnis des Varnasrama-Systems. Wenn die Menschen einfach ihrer Natur folgen und sich an die Varnasrama-Richtlinien halten, werden sie allmählich gereinigt werden.«

Die angebliche »Jugendsekte« der siebziger Jahre zeigt sich hier als Propagandaorganisation für antidemokratische Ideologie, deren Gesellschaftsperspektive die der sozialen Unterdrückung ist. Wenn im New Age unkritisch auf Veden und Krishna Bezug genommen wird, wie in Capras »Tao der Physik«, so wird dem Vorschub geleistet. Nemitz weist in seiner Kritik an Capra bereits darauf hin, daß das kosmische Gesetz des chinesischen Tao die Herrschaftsverhältnisse des feudalen China legitimieren sollte: »Die patriarchalisch strukturierten ländlichen Gemeinschaften werden überformt durch den Staat, der sie zu tributpflichtigen Untertanen macht.«[370]

»Die Naturgesetz Partei« macht indische Philosophie zu deutscher

Politik. Dieser in Bremen ansässige Ableger der »Transzendentalen Meditation« »strebt eine Gesellschaft an, die ihre Entwicklung an dem für alle Menschen als Individuen und soziale Wesen geltenden Naturgesetz orientiert«, so heißt es im Parteiprogramm. »Grundlegend für unseren wissenschaftlichen Ansatz ist die bahnbrechende Erkenntnis, daß das Feld des Naturgesetzes der Quantenphysik auch subjektiv von jedem Menschen erfahren werden kann. Diese Möglichkeit der subjektiven Erfahrung des Feldes des Naturgesetzes ist dokumentiert in der uralten Vedischen Wissenschaft (Veda: Sanskrit, bedeutet Wissen), wie sie von dem Philosophen Maharishi Mahesh Yogi wieder ans Licht gebracht wurde.« Erstaunlich einfach sind die »wirtschaftspolitischen Ziele« des Parteiprogramms: »Wachstum und Wohlstand für Alle auf der Grundlage von Kreativität im Rahmen der freien/sozialen Marktwirtschaft. ... Die Naturgesetz-Partei unterstützt die Ideale der freien/sozialen Marktwirtschaft.« Zum Merksatz »Gesunde Wirtschaft in einem freien Markt« heißt es weiter: Das erstrebte schrankenlose Wirtschaftswachstum »können wir durch die wissenschaftliche Anwendung der Prinzipien des natürlichen Evolutionsprozesses erreichen, auf denen der Haushalt der Natur basiert«. Die konkurrierenden Krishna-Jünger hatten aus denselben Veden doch gerade erst die agrarische Autarkie herausgelesen. »Gleichzeitig wollen wir das kollektive nationale Bewußtsein verbessern«, schreibt die »Naturgesetz-Partei«. Auch hier kennt man also das »kollektive Unbewußte« Carl Gustav Jungs, der zum deutschen Psycho-Guru aufgestiegen ist.

Es ist wahr: Alles hängt mit allem zusammen, aber anders, als das New Age glauben machen will. Marcus Bauer ist Autor in der Zeitung »Junge Freiheit« und in dem Henning-Eichberg-Blatt »wir selbst«, war Funktionär der REPs und Leiter der neonazistischen Gruppe »Politische Offensive«, die in den achtziger Jahren mit dem »Initiativkreis Linke Deutschland-Diskussion« (LDD) des »MUT«-Autors Rolf Stolz in Lahnstein am Rhein ein gemeinsames Postfach hatte. Der Gründungsaufruf der LDD wurde auch von Hubertus Mynarek unterschrieben. In dem Buch »Gedanken zu Großdeutschland« des »Junge Freiheit«-Redakteurs Stefan Ulbrich schrieb – neben Alain de Benoist und dem LDD-Unterstützer Theodor Schweisfurth – Marcus Bauer: »Ökologischer Fundamentalismus, Erhalt der kulturellen Eigenart, Schaffung einer nationalen Identität, ein ›organischer‹ Staat und ›Patriotismus‹ als selbstüberwindende, auf das ›Ganze‹, den Staat, die Nation als Endzweck bezogene Haltung, bilden ... die Inhalte eines Nationalismus für die Zeit nach der ›Wiedervereinigung‹.«

In dem rassistischen »Heidelberger Manifest« – das auch von Werner Georg Haverbeck unterzeichnet worden war, auf dessen Schriften wiederum Hubertus Mynarek seine »Ökologische Religion« stützt – hieß es in Anlehnung an die »Gestalt«-Prinzipien: »Völker sind (biologisch und kybernetisch) lebende Systeme höherer Ordnung mit voneinander verschiedenen Systemeigenschaften, die genetisch und durch Traditionen weitergegeben werden. Die Integration großer Massen nicht-deutscher Ausländer ist dabei bei gleichzeitiger Erhaltung unseres Volkes nicht möglich und führt zu den bekannten ethnischen Katastrophen multikultureller Gesellschaften.«[371]

Das »Sri Lanka Foundation Institute« beschäftigte sich im August 1993 in Zusammenarbeit mit der Friedrich-Ebert-Stiftung mit dem »hinduistischen Fundamentalismus«. Robert E. Frykenberg kam zu dem Schluß, daß der »hinduistische Fundamentalismus« eine nationalistisch-religiöse Bewegung sei, die totalitär und aggressiv die indische Demokratie und imperialistisch die gesamte indoasiatische Region bedrohe. Die sanskritischen Normen reflektierten die kosmischen Prinzipien der Vedischen Gesetze. Nach Frykenbergs Erläuterung entsprechen diese »Gesetze« den »Gestalt«-Prinzipien von Chamberlain bis Capra. Frykenberg findet den Ausgangspunkt des »hinduistischen Fundamentalismus« bei Mahatma Gandhi, der in Europa und den USA nur als Friedenskämpfer bekannt sei, in Wahrheit aber ein völkisch-religiöser Nationalist gewesen sei. Gandhi sei kein Freund der Demokratie und der politischen und sozialen Gleichheit gewesen, sondern habe die Unterprivilegierten auf ihren vermeintlich göttlich zugedachten Platz am unteren Rand der Gesellschaft verwiesen. In seinem »geschlossenen Hindu-Weltbild« habe er niemals die Hegemonie der obersten Klasse im religiösen, sozialen und politischen Bereich in Frage gestellt.[372]

Die Krishna-Zeitschrift »Back to Godhead«, die sich selbst in den Dienst der »Respiritualisierung der menschlichen Gesellschaft« gestellt hat, brachte im Januar 1991 eine Zeichnung auf ihrem Titelblatt, die mehr zeigt als nur den Traum von einer angeblich heilen Welt. Da kommt unter der Parole »Getting free« ein Arbeiter aus der Welt der qualmenden Fabrikschlote, Tanklastzüge, Öltonnen und Kriegsschiffe, die im Strudel alles in die schwarze Tiefe reißt. Der Arbeiter zieht den Blaumann aus, wirft Schutzhelm und Schraubenschlüssel weg und wendet sich der vermeintlichen agrarischen Idylle zu, in der ein Ochse den Pflug zieht, ein Bauer mit der Sense das Korn schneidet und im Hintergrund Fähnchen auf einem indischen Hare Krishna-Tempel flattern. Kahlköpfige Krishna-Jünger mit der Trommel begrüßen ihn freudig. Dies ist das Sinnbild der naturreligiös gestützten *Subsistenzwirtschaft*, das auch in der Ökologiebewegung durch die Köpfe vieler geistert. Daß diese Gesellschaftsvorstellung nirgendwo, erst recht nicht in Indien, jemals zum Nutzen der Mehrheit funktioniert hat, spielt für ihre ideologische Funktion keine Rolle, denn es geht darum, die Grundprinzipen des Organizismus in den Köpfen der Menschen zu verankern. Naturspirituelle Ökofreaks sind hier die »nützlichen Idioten« der Herrschenden. Wenn sie an ihren naturromantischen Ideen festhalten und sie tatsächlich realisieren wollen – statt zu begreifen, daß der pantheistische Organizismus die autoritäre Verfassung einer *faustischen Industriegesellschaft* legitimieren soll – werden sie, wie in den dreißiger Jahren die völkischen Ideologen, in die Wüste geschickt bzw. direkt politisch verfolgt.

Daß die Bevölkerung in einer solchen Gesellschaft zur mühseligen Handarbeit zurückkehren müßte, wird oft sogar als erstrebenswertes Ziel ausgegeben. So steht z. B. im »ÖkoKalender '92«, der von der Umweltorganisation »Robin Wood e. V.« herausgegeben wird, in einem Text über »Frauen und Ökologie«: »Die Übertragung aller ›lästigen‹ Arbeiten an Maschinen schafft Kälte und Einsamkeit statt menschliche, gesellschaftliche Beziehungen in der Gesellschaft – dies kann kein Ziel sein. ... Wenn Arbeit wieder als Freude erlebt wird, kann Arbeitszeitverkürzung kein Ziel sein.« Es wird »der vermehrte Einsatz menschlicher und tierischer Energien« gefordert und schließlich sogar indirekt die Ideologie des Mutterkreuzes wiederbelebt: »Durch die Bewertung der Arbeit nach ihrem Beitrag zum Leben-schaffen und -erhalten entfällt das breite Feld der Ideologisierung und Verachtung der Frauen als Mütter.« Fragt man die Arbeitnehmer und Arbeitnehmerinnen in Industrie, Handwerk und Landwirtschaft, so sind sie allerdings kaum bereit, zur alten Handarbeit zurückzukehren und diese Mühen – auch noch bei verlängerter Arbeitszeit – wieder auf sich zu nehmen und dabei *gleichzeitig* auch noch Mütter und Väter zu sein. Zur Frage nach der Möglichkeit, eine Milliardenbevölkerung mit dem Ochsenpflug zu ernähren, äußert sich die Autorin im Robin-Wood-»ÖkoKalender« nur indirekt: Es müßten »neue soziale Formen der Regelung der Fortpflanzung entstehen«. Sie läßt auch offen, wie denn nun die acht Milliarden Menschen auf ein paar Millionen reduziert werden sollen. Entgegen allen Tatsachen über eine längere Lebenserwartung der Menschen durch bessere Ernährung, Gesundheitsvorsorge, Hygiene und Schutz vor Naturgewalten – durch Zivilisation also – wird hier behauptet: »Bevölkerungswachstum nicht als Ursache, sondern infolge von Kolonisierung, Missionierung, Patriarchat und Naturausbeutung können das Ökosystem der Erde gefährden.«[373]

Entbehrungen jeder Art – vor allem auch, um Krieg führen zu können – mutet Erich Fromm überall in seinem Buch »Haben oder Sein« den Menschen zu, ergänzt um Haßtiraden auf die Gewerkschaften, die ein Zurück zur Handarbeit und eine längere Arbeitszeit wohl kaum auf ihre Fahnen schreiben werden. In ähnlicher Weise äußert sich Rudolf Bahro in seiner hektographierten Schrift »Über kommunitäre Subsistenzwirtschaft und ihre Startbedingungen in den neuen Bundesländern«, die ein gänzlich wirklichkeitsfremdes und autoritäres Gesellschaftskonzept mit der Konsequenz des materiellen und psychischen Massenelends beinhaltet. Ihm schwebt vor, daß auserwählte Elitemenschen, »von einer spirituellen Motivation zusammengehalten«, Kommunen von weniger als fünfzig Mitgliedern bilden, in denen auf vorzivilisatorische Art gewirtschaftet werden soll. Dabei stelle sich »tendenziell von selbst das (in der bisherigen Zivilisation so grundlegend gestörte) Gleichgewicht zwischen den Geschlechtern wieder her«, offenbar naturwüchsig, denn das »Gemeinwesen« soll neben »der spirituellen Praxis« vom »Naturverhältnis« getragen sein. Das heißt dann für die Frauen wohl wieder: Kinder, Küche, Kirche statt Kinderkrippen und der Möglichkeit zur selbstbestimmten statt Mutter-Natur-bestimmten Lebensführung.

»Bei dieser Lebensweise liegt die Priorität auf den ursprünglichen Zyklen und Rhythmen des Lebens«, so Bahro, »die Differenzierung der Bedürfnisse und Fähigkeiten« sei »rückgebunden an die kosmische Einordnung und besondere Bestimmung der menschlichen Existenz«. Die Menschen erneut an »ursprüngliche Lebensrhythmen« zu binden – die allerdings niemand mehr kennt: Was heißt denn »ursprünglich«? –, das schwebte auch Jakob von Uexküll in seiner »Staatsbiologie« vor, in der die ständischen »Organbäume« des Staatsaufbaus dies organisatorisch leisten sollten: etwa der »Nährstand« vom Bauern über den Müller, Bäcker, usw. zum Endverbraucher. Was in der menschlichen Geschichte »ursprünglich« heißt, geben die spirituellen Seher im Auftrag der Herrschenden kund. Und »das, worauf es ankommt« im Leben, gibt Bahro den Menschen vor, die sich damit abzufinden haben: »Schönheit und Ordnung eines Milieus, Weisheit und Kultur im Umgang mit Konflikten.« Menschliche Freiheit und Emanzipation von Mühsal, Krankheit, Unterdrückung und Dämonen sind hier keine Werte mehr, ebensowenig Demokratie und gleiche Teilhabe an gesellschaftlichen Entscheidungen; statt dessen wird gefordert, sich den naturreligiös legitimierten Vorgaben unterzuordnen. Schon Gerd-Klaus Kaltenbrunner fragte 1984 in »MUT«: »Müssen Demokratien häßlich sein?« und befand, daß vor allem der Adel »Anmut, Pracht, Festlichkeit« aufzuweisen habe. Er nennt die Pharaonen und römischen Kaiser, Ludwig XIV. von Frankreich (Versailles) und Ludwig II. von Bayern (Neuschwanstein !) und befindet, sie »waren zwar keine Demokraten. Doch sie haben ihren Völkern immerhin bewiesen, daß Macht und Schönheit, Politik und Kultur einander nicht ausschließen müssen«, vor allem, wenn es Sklaven und Bauern sind, die diese Schönheit in Handarbeit schaffen, ohne an ihr teilhaben zu dürfen.

Bahro lehnt in seiner Schrift zur Subsistenzwirtschaft ausdrücklich die Demokratie ab und fordert – ohne dies so zu benennen – den spirituellen Guru-Psycho-Terror gegen Andersdenkende, die innerhalb der Kommune solange mit angeblichen kosmischen Notwendigkeiten traktiert werden sollen, bis sie von selbst aufgeben: »Das Wohin, die allgemeinen Angelegenheiten und die Regeln des Zusammenlebens können nur in einem konsensualen, nicht auf Köpfe zählende Abstimmung gegründeten Prozeß entschieden werden.« Wie der »Konsens« in spirituellen Gemeinschaften – Sekten – hergestellt wird, ist ja allgemein bekannt. Bei diesem Verfahren der konsensualen Einheitsstiftung mit dem Kosmos wird den unterlegenen Minderheiten nicht einmal mehr die Möglichkeit des Bewußtseins der Niederlage gelassen, aus dem heraus sie die Kraft zu Protest, zu neuem Kampf für neue Mehrheiten gewinnen könnten. In Bahros *Ideologie* garantiert das Prinzip des spirituell begründeten Konsenses die angestrebte gesellschaftliche Stagnation auf vorzivilisatorischem Niveau. *Tatsächlich* aber entmündigt es die Massen zugunsten der Herrschenden und Eliten. Diese Weltanschauung kann nur totalitär sein, weil sie auf der *einen* Totalität der Welt aufbaut, von den Planetenbahnen bis zur Entscheidung über einen Kanaldeckel in der Straße, ungeachtet der realen qualitativen Unterschiede.

Der rechtsextreme ehemalige Bankdirektor und Unternehmensberater Arthur Korsenz entwirft in dem Buch »Mut zur Identität« des »Thule-Seminars« einen Autarkie- und Dezentralisierungsplan für Nordwesteuropa, den er ausdrücklich als Ausarbeitung entsprechender Ideen der Ökologiebewegung verstanden wissen will. Er beruht u. a. auf Arbeiten Henning Eichbergs und steht in der langen Tradition der Autarkie-Bestrebungen des Faschismus. Der Plan soll – im Sinne des inneren »Yin und Yang« von Autarkie und Imperialismus – »Europa wieder die Machtstellung in der Welt zurückgeben, die ihm gebührt«, sein Ziel ist die »Herstellung eines solchen *handlungsfähigen* Europa«. Er führt als scheinbar antiimperialistisches Argument für die Autarkie den schädlichen Einfluß Europas in der »Dritten Welt« an, der zur Überbevölkerung geführt habe, weil »unter europäischer Herrschaft bzw. durch sonstigen europäischen Einfluß die natürlichen Bevölkerungsregulative in diesen Ländern – Hunger, Seuchen, Krieg – weitgehend ausgeschaltet wurden«. Welche Perspektive also für die »Dritte Welt« bleibt, wenn die Politik wieder aus den Naturmythen schöpft, läßt sich leicht ersehen. Im Gegensatz zu vielen New Agern spricht Korsenz es aus: »Man soll, von gewissen, nicht (!) humanitär begründeten Ausnahmen abgesehen (hier ist wohl die Ausbeutung der Rohstoffe gemeint, P. K.), die Entwicklungsländer sich selbst überlassen und in Kauf nehmen, daß sie sich auf die Menschenzahlen, die sich selbst ernähren können, zurückhungern.«[374]

An den konkreten Folgen von Naturreligiosität ist zu erkennen, daß sie niemals eine Grundlage oder auch nur ein Teil linker Weltanschauung sein kann, weil sie niemals den Bedürfnissen der Mehrheit gerecht werden wird, weil sie im Gegenteil zur Rechtfertigung der Privilegien der vorzivilisatorischen Herrschenden erdacht wurde und – reformiert und den veränderten Bedingungen des zwanzigsten und einundzwanzigsten Jahrhunderts angepaßt – von den Ideologen der heute Herrschenden propagiert wird. Das Bestreben nach Subsistenzwirtschaft, nach Autarkie, nach Selbstversorgung und Abgeschlossenheit gegen andere, ist dic logische Folge des Gestalt-Konzeptes. Schon Johann Gottlieb Fichte predigte im Jahre 1800 die Autarkie als Konsequenz seines pantheistisch-ganzheitlichen Denkens in seinem Buch »Der geschlossene Handelsstaat«. Die neuheidnischen Nazi-Organizisten, allen voran der Ernährungsminister und Reichsbauernführer Walter Darré, scheiterten mit ihren Versuchen kläglich, auch nur kurzfristige Selbstversorgungspläne durchzusetzen. Entbehrungen für die Massen sind die durchgreifendste Folge der Autarkie und das eigentliche Ziel des organizistischen Staatsdirigismus – bis hin zur Massenverelendung –, das wird nicht nur bei New Agern und im historischen Faschismus, sondern auch z. B. bei dem »Neurechten« Guillaume Faye deutlich, der »von der Konsumgesellschaft zur organischen Wirtschaft« will. Wirtschaftliche Autarkie ist so borniert wie der Nationalismus und ist, wie dieser, nur die Kehrseite des Imperialismus. Subsistenzwirtschaft war bereits das Ziel der völkischen Bewegung; gleichzeitig forderte sie direkte territoriale Expansion und deutsche Dominanz in einem der Reichsidee folgenden organizistischen Europa, weil auch Autarkie Land, Märkte und Rohstoffe braucht. Ihr Konzept der Eroberung von »Lebensraum« war innerlich verbunden mit der Autarkie-Forderung und -Politik: Nur »Großwirtschaftsräume« können sich der Autarkie annähern, die freilich dann ihren Sinn verloren hat, wenn der Wirtschaftsraum die Größe des Weltmarkts erreicht.

Das zeigt auch der Othmar Spann-Organizist Walter Becher mit seinem »ganzheitlichen« Autarkie-Konzept der »Großraumwirtschaft«. Er beginnt mit dem Satz, den wohl viele New Ager und Öko-Bewegte mittragen würden: »Adam Smiths Behauptung, der sei ein schlechter Hauswirt, der selber herstelle, was er anderswo billiger kaufen könne, kann nicht der Leitspruch einer organisch-ökologisch fundierten Strukturpolitik sein.« Becher endet mit der organizistischen Europäischen Union als der Gestalt, die mit anderen Wirtschafts-Gestalten konkurriert: »Weltwirtschaft und Weltwirtschaftspolitik werden umso erfolgreicher sein, je mehr sie sich auf Großraumwirtschaften stützen, welche Wirtschaftsstufen mit eigener Wirtschaftsorganisation und Wirtschaftspflege bilden. Die Europäische Gemeinschaft erfährt, was auch anderen Kontinenten und Großräumen dienlich wäre: Der größere Markt bringt allen Teilhabern größere ökonomische Fruchtbarkeit. ... (Er holt) ein, was die USA und in gewissem Sinne auch die UdSSR voraushaben: die Möglichkeit optimaler Integrationen, die mit entsprechenden Absatzmärkten auch eine bessere Kostengestaltung gestatten.« Die Sätze lesen sich, als hätte Becher sie in seiner Nazi-

Zeit geschrieben, »Großraumwirtschaft« war das deutsche Ziel des Zweiten Weltkriegs. Doch Bechers Anti-Capra erschien 1987.

Dies also ist das wahre Ziel der ganzheitlich-ökologischen Autarkie, des pantheistich-organizistisch gegründeten Wirtschaftens, der »Gliederung, Dezentralisierung, Auflockerung in allen Lebensbereichen«, wie es in einer Rezension des Becher-Buches heißt: »Wir brauchen eine moderne ganzheitliche Selbststeuerung, die auf dynamisch vernetzten, nämlich dezentralen Denkstrukturen aufbaut, die selbststeuerungsfähige Einzelelemente sind. ... Ohne Rivalität kann ja auch die Natur nicht auskommen.«[375]

Immer wieder haben sich Teile der Linken mit organizistischen Vorstellung zu Komplizen der Herrschenden gemacht, weil sie nicht erkannten, daß der Organizismus ihr Gegner ist. In der heutigen Zeit sind zu den altbekannten Konzepten des Nationalismus und Rassismus noch New Age und Naturreligion hinzugetreten. Die beiden sind nicht etwa besser, nur weil sie bisher weniger aggressiv auftreten. Sie sind gefährlicher, weil sie die Freiwilligkeit der Unterordnung betonen, weil sie auf Terror und Gewalt gerade zu verzichten vorgeben. Die Linke ist sich einig im Kampf gegen den Faschismus als terroristische Herrschaftsform, weil ihre Besten diesem Terror zum Opfer fielen. Doch in der Täuschung, eine »sanfte Verschwörung« müsse ja wohl etwas Gutes sein, fallen bisher noch etliche Linke auf das dem Faschismus wesensverwandte New Age herein.

4.

Tote soll man ruhen lassen?

Faschistische Friedhöfe, New Age-Beerdigungen, »Praktische Ethik«

Nein, das Grauen beim Betreten eines germanischen Heiligen Hains, von dem der römische Geschichtsschreiber Tacitus berichtete, überkommt einen zivilisierten Menschen heute nicht, wenn er Friedhöfe neugermanischer Sekten besucht. Die naturnahe Gestaltung der »Ahnenstätten« macht sie eher zu Idyllen. Heidekraut blüht, Maiglöckchen, Waldmeister, Gräser lassen den Ort als Teil der Natur Nordmitteleuropas erscheinen. Die Anlage ist Symbol für das »Glaubensgut«: Die Toten sollen wieder in den Naturkreislauf der Region eingehen, die für die Lebenden Heimat war und dies für ihre Nachkommen bleiben soll, das natürliche »Eigene«. Moderne Schnitt- und Gartenblumen aus Treibhauszucht sind hier verpönt, bisweilen verboten, Zwergsträucher werden vom »Stättenwart« empfohlen. Wären in den ungleichen Findlingen, die einzig als Grabsteine zugelassen sind, nicht Namen, Daten und Zeichen eingehauen und leiteten die immer frisch geharkten Wege nicht durch das Wäldchen, das den Ahnen Schatten spenden soll, dann sähe man der Anlage kaum die Menschenhand an, die sie geschaffen hat.

Besucher sind hier selten. Die Ahnenstätten liegen meist verborgen, fernab von Ortschaften. Über Feldwege und durch Schlaglöcher muß sich vorquälen, wer dem Hinweisschild »Ahnenstätte 500 Meter« an der Landstraße neugierig gefolgt ist. Das Christenwort »Friedhof« findet man nirgends, denn in der Vorstellungswelt der All-Einheit des kreislaufenden Lebens gibt es keine »ewige Ruhe«. Und auf dem Grabstein der »Sippe B.« sind nicht etwa Stern und Kreuz vor dem Geburts- und Todesdatum eingehauen, diese christliche Symbolik ist sogar ausdrücklich verboten. Die altgermanische »Man«-Rune, die im Runenalphabet einen einfachen Lautwert hat – wie lateinische Buchstaben – und erst von faschistischen Ideologen als »Lebensrune« interpretiert wurde, kündigt den Geburtstag an. Den Sterbetag versinnbildlicht dasselbe Zeichen kopfgestellt: die

»Yr«-Rune, in den historischen »Runenalphabeten« wesentlich jüngeren Datums und in der Bedeutung als »Todesrune« ebenfalls erst von der völkischen Bewegung erfunden. Die beiden Zeichen gehören zu den fünf Symbolen, die die Nazis am meisten verwendeten.

Ein frisches Grab ist zu sehen, daran liegen noch Kranzschleifen: »Schützenverein«, »Familie X«, »Soldaten-Kameradschaft«. Die *Ahnenstätte Hilligenloh* im Oldenburgischen ist als Teil der »Brauchtumspflege« ins Bewußtsein der dortigen Bevölkerung eingegangen, die fast ausschließlich protestantisch ist. Im Frühjahr 1990 wurde hier Fritz B. beerdigt, stellvertretender Bürgermeister der Gemeinde Langenberg, stellvertretender Vorsitzender des FDP-Ortsverbandes Hude-Wüsting. »In einem Nachruf bescheinigt die Gemeinde dem Verstorbenen, daß er sein Ehrenamt gewissenhaft und menschlich ausgeübt und sich damit das Ansehen von Rat, Verwaltung und Bürgern erworben hat«, schrieb die Lokalpresse und gab Ort und Zeit der Beisetzung bekannt. Der Verstorbene war Ehrenvorsitzender und »beliebter Vereinswirt« des Schützenvereins, einer ursprünglich christlichen Institution also; er unterhielt auch eine Schießsportanlage. Fritz B. hatte seine Gaststätte nach dem Germanen-Held vom Teutoburger Wald benannt: »Zum Alten Hermann«.

Tote soll man ruhen lassen?

Viele Menschen werden hier nicht beerdigt und ohnehin sind es nur Deutsche. »Artfremde« in deutscher Erde, das ginge nun wirklich nicht! Auch der Zusammenfall von »Yin und Yang« hat offenbar Grenzen, und die sind national und rassisch bestimmt. Die Ahnenstätte Hilligenloh ist der 1932 gegründete nordwestdeutsche Zentralfriedhof der völkisch-rassistischen Ludendorffer-Sekte. Allerdings können hier auch Nichtmitglieder beerdigt werden, sofern sie »keiner anderen Religionsgemeinschaft« angehören, wie es in der Satzung des »Ahnenstätte Hilligenloh e. V.« heißt. »Wuppertal« steht auf einem Findling, diese »Sippe« lebt also sehr weit entfernt von ihren Vorfahren.

Der »Bund für Gotterkenntnis (L) e. V.«, wie sich die von Mathilde und Erich Ludendorff gegründete Religionsgemeinschaft nennt, wurde am 25. Mai 1961 von insgesamt 23 Instanzen (Innenminister der Länder und Regierungspräsidenten) in allen Bundesländern und West-Berlin verboten – als »Keimgebiet antisemitischer Gruppengesinnung«, wie im Verfassungsschutzbericht für das Jahr 1963 steht. Die jährlichen Berichte werden erst seit dem Ende der fünfziger, Anfang der sechziger Jahre veröffentlicht, als erstmals nach Kriegsende wieder jüdische Friedhöfe von Neonazis geschändet wurden. Die Juden wurden ermordet, um ihre Grabstätten kümmert sich nur ab und zu mal eine Gemeindeverwaltung. Auf der Ludendorffer-Ahnenstätte wurde noch niemals ein Grabstein umgeworfen oder beschmiert. Die Anlage ist gepflegt, in den letzten Jahren ließ man ein ziemlich großes Backsteinhaus für die Gärtnergeräte bauen. Die Nachkommen *dieser* »Ahnen« *leben*, sie können sich kümmern um diese Stätte.

1976 wurde die Ludendorffer-Bewegung wieder legalisiert. Am Eingang der Ahnenstätte Hilligenloh stehen die beiden größten Findlinge der Anlage, der eine fast mannshoch. »Dem großen Freiheitskämpfer General Erich Ludendorff in dankbarem Gedenken« und »Mathilde und Erich Ludendorff – Schöpferin und Wegbereiter der Gotterkenntnis« lauten die Inschriften. Dazwischen die halb unterirdische Totenhalle, als Türgriff ein Hakenkreuz. Jetzt überkommt manchen doch das Grauen. Aber nein, nur ein altes heidnisches Zeichen, »Volksbrauchtum« im »hohen Norden« eben!

Wirklich? In dieser Erdhöhle, die wie ein Unterstand aus dem Weltkrieg anmutet, sollen die Verstorbenen eigentlich ein paar Tage den Naturgeistern, nein: dem All-Göttlichen überlassen bleiben, bevor man sie beerdigt. Bei Fritz B. hat man diese Zeit eingespart. Während der kurzen Totenfeier war sein Leichnam vor der geschlossenen Tür aufgebahrt, das Hakenkreuz war für die Schützenbrüder, die Soldaten-Kameraden und die Mitglieder des Gemeinderates nicht sichtbar. Keine zehn Meter von der letzten Ruhestätte des FDP-Vizebürgermeisters entfernt prangt ein weiteres Hakenkreuz auf einem Grabstein, die Haken nach unten gerichtet, sonst wäre es ja verboten.

Tote soll man ruhen lassen?

Die Wolfsangel ist ebenfalls ein Zeichen nazistischer Organisationen. Wir kennen sie auch von der Uniform, die das Waffen-SS-Mitglied Franz Schönhuber auf dem historischen Foto trägt, das er selbst und Antifaschisten so gerne veröffentlichen. »Das Reich« hieß seine erste SS-Truppe, später war es die »Leibstandarte Adolf Hitler«. Auf der Ahnenstätte Hilligenloh ist die Wolfsangel in einen Grabstein-Findling eingemeißelt. Nur ein altgermanisches Symbol, wie das »indoarische« Sonnenrad? Weltanschauliche Kontinuität über die Generationen der »Sippe« bahnt sich an, wenn das Enkelkind am Grabe der Oma auf ein Hakenkreuz blickt. Gleich neben dem Wäldchen der Ahnenstätte öffnet sich breit ein umzäuntes Feld. Nicht ganz in der Mitte liegt ein weiterer Findling, dem man seine heimatliche Herkunft vom Grunde des Meeres ansieht, das einst die norddeutsche Tiefebene ausfüllte. In den Stein ist eine Inschrift gemeißelt, ein religiös-politisches Programm: »Machet des Volkes Seele stark.« Das Feld gehört den Ludendorffern, hier finden die Sonnwendfeiern statt. Holz ist bereits gesammelt worden im Mai für die Sommersonnenwende, in der – wie in den Jahren vorher – wieder die Odalsrunen auf den Ärmeln zu sehen sein werden, die auch die Wiking-Jugend als ihr Zeichen trägt. Auf diesem Feld wird Politik gemacht, symbolisch.

Politik ist das Ziel der Ludendorff-Bewegung seit dem Ersten Weltkrieg, in dem General Erich Ludendorff die Armeen des deutschen Kaisers und Kapitals befehligte. Seit dem Ende des Krieges bis in die frühen zwanziger Jahren, als Ludendorff vom Baltikum bis Ungarn die erste faschistische Internationale gegen die sozialistischen Revolutionen zu schmieden versuchte, betätigte sich der General als Organisator der faschistischen »Bewegung«. Der spätere Mitbegründer der nazistischen »Deutschen Glaubensbewegung« Ernst Graf zu Reventlow, ein völkischer Neuheide und Mitstreiter des späteren »Papstes« der »Deutschen Unitarier« Wilhelm Hauer, drängte Ludendorff bereits 1922 zur Zusammenarbeit mit Hitler. Beim Hitler-Putsch an der Münchner Feldherrnhalle 1923 war er laut dem Gerichtsurteil im Hochverratsprozeß der Weimarer Republik gegen die Nazi-Putschisten »zufällig vorbeigekommen«. Während Hitlers Haft wurde er zum unbestrittenen Führer der völkischen Bewegung. 1926 heiratete er Mathilde von Kemnitz, eine völkische Okkultistin, die ihrem Erich eine feste religiöse Orientierung abseits des engeren Nationalsozialismus gab. Auf ihre rassistischen, antisemitischen Bücher der zwanziger Jahre bezog sich der im New Age heute beliebte Hermann Keyserling positiv und veröffentlichte bisweilen sogar Artikel der Mathilde Ludendorff in seinen eigenen Büchern. Die beiden Ur-Ludendorffer standen politisch rechts von Hitler, den sie als »Legalisten« ablehnten, weil er über Wahlen zur Macht wollte. Hitler rächte sich mit dem Verbot des »Tannenbergbundes«, der ersten Ludendorffer-Organisation.

Trotz des Verbots durch die Nazis, das der Sekte heute als Persilschein dient, konnte Mathilde 1933, 1935, 1943 und selbst noch im papierknappen Jahr 1945 ihre Bücher veröffentlichen. Ein siebenjähriges Schreibverbot erhielt sie erst 1952, nach dem endlich rechtskräftigen Urteil der Entnazifizierungs-Spruchkammer, das sie als »Aktivistin« einstufte. Adolf Hitler, der Gefreite, versöhnte sich wieder mit Erich Ludendorff, dem General, als der Zweite Weltkrieg anstand und die historische Kontinuität, »das Erbe«, aufgezeigt werden sollte. Ludendorff fühlte sich geschmeichelt, doch er starb schon 1937 und konnte dem »größten Feldherrn aller Zeiten« zu seinen Blitzkrieg-Erfolgen nicht mehr gratulieren. Mathilde behalf sich in den 50er Jahren über das Publikationsverbot hinweg mit dem Schreiben von Briefen, die ihre Anhänger dann druckten und veröffentlichten. Die UNO sei ein Werk der »jüdischen Hochfinanz«, schrieb sie 1952 schon wieder; es sei nötig, »daß die ›Vereinten Nationen‹ ganz öffentlich als die der jüdischen Weltherrschaft untergebenen Völker des Erdballs kenntlich gemacht werden«. Organisationen wie der »Ahnenstätte Hilligenloh e. V.« dienten in der Verbotszeit als Auffangbecken für die Sektenmitglieder. Hier konnte das Vereinsleben unter dem Etikett des angeblich unpolitischen Totengedenkens fortgeführt werden.

1976, als die Sekte wieder legalisiert war, schrieb der Ludendorffer

Gunther Duda in einem Propagandaheftchen, durch die Gedanken der Gründerin erfahre »die Gemeinschaft, das Volk, den göttlichen Sinn seines Seins, und die ›Geschichte der Gegenwart‹, die Politik, gewinnt ebenso wie die Erziehung und die Kultur gültige Grundlagen«. Von der »Verschmelzung von ›Religion‹ und Politik« ist die Rede: »Geistig, ›religiös‹ und politisch sind eine Einheit, sind einheitliches Denken, Wirken und Gestalten der menschlichen Seele in und für die Gemeinschaft, den großen unersetzlichen Lebensorganismus Volk.« Mathilde Ludendorff hatte dies im Jahre 1924 in ihrem Vortrag »Der göttliche Sinn der völkischen Bewegung« bereits ausgeführt. Kein Volk sei so wie das andere, läßt sie uns wissen, darum gebe es auch keine universell geltenden, allgemein menschlichen Regeln und Gesetze. Wer alle Völker über einen Kamm schere, über seien eigenen Kamm, wie es die Juden mit ihrem angeblich »arteigenen« Anspruch allgemein gültiger Gesetze täten, der wolle nur die Weltherrschaft seiner Regeln über alle Völker. Völkische Politik heißt dagegen: »Eigenes« gegen »Fremdes«, »Germania« gegen »Juda«. »Jedem das Seine« stand auf dem Eingangstor des Nazi-KZ Buchenwald, dem KZ für »die Politischen«, wo den Linken, die an der Gleichheit der Menschen festhalten wollten, völkisches Denken eingeprügelt werden sollte.

Die Ahnenstätte Hilligenloh ist mehr als ein beschaulicher Begräbnisort einer heidnischen Sekte. Hier liegen nicht nur Tote, und ruhen tun sie schon gar nicht, weder im naturreligiösen noch im politischen Sinn. Das Recycling des Lebens im ewigen »Werden und Vergehen« des Kosmos gilt auch politisch. »Machet des Volkes Seele stark« gegen den »undeutschen Geist« der Einen Welt, gegen die Menschenrechte, gegen die Gleichheitsforderungen: Das ist die wahre Botschaft dieses naturnahen Friedhofs in einem so friedlich erscheinenden Wäldchen. Ein Großteil dieser Ideologie wird heute im New Age wiederverwendet, ob es den naturmystischen Esoterikern bewußt ist oder nicht.

Alain de Benoist schrieb 1988 in dem Buch »Mut zur Identität. Alternativen zum Prinzip der Gleichheit« über die Menschenrechte. Das Buch erschien im »Thule-Seminar«, dessen ideologische Produkte der Bundesinnenminister 1987 als »völkisch-elitär« einstufte. »Thule-Gesellschaft« hieß der religiöse Geheimorden, aus dem am Ende der zehner, Anfang der zwanziger Jahre die NSDAP entstand. Zahlreiche ideologische Führer der Nazis von Heß bis Himmler waren Mitglied der »Thule-Gesellschaft« gewesen, die in der faschistisch-okkultistischen Szene Münchens beheimatet war, wo Alexander von Schrenck-Notzing und Mathilde von Kemnitz wirkten und Erich Ludendorff »zufällig« beim Feldherrnhallen-Putsch vorbeikam. Die Menschenrechtscharta der Vereinten Nationen, so Benoist siebzig Jahre später im »Thule-Seminar«, sei der bisher letzte Versuch des Judentums, mit der Deklaration allgemeinverbindlicher Gesetze die Weltherrschaft über die Völker der Erde zu erlangen. Sie seien ebenso wie die mosaischen Gesetzestafeln abzulehnen. Denn Völker seien in Wahrheit verschieden, unterschiedslos gleiche Rechte und Gesetze seien ihr Tod, der Tod ihrer je verschiedenen »nationalen Identitäten«. Mit der Verbreitung der Moses-Geschichte und der Überlieferung vom Berg Sinai habe dieses »Völkersterben« nach dem Willen der Juden begonnen, denn nur geistig-moralisch, »innerlich« geschwächte, ihrem »Eigenen« entfremdete Völker seien durch die Juden beherrschbar. Das Buch »Mut zur Identität« erschien im »Verlag für ganzheitliche Forschung und Kultur« des Ludendorffers Roland Bohlinger, der in seiner Zeitschrift »Nation« 1992 für das indizierte Buch »Die verlorene Legion« des belgischen SS-Führers Léon Degrelle warb. In dem Blatt scheiben neben Degrelle auch zwei enge Mitarbeiter des Nazi-Propagandaministers Josef Goebbels: Wilfried von Oven und Fritz Hippler. Benoist war in den siebziger Jahren Chefredakteur des »Figaro Magazine«, der Wochenendbeilage der großen konservativen Zeitung Frankreichs, »Le Figaro«. Kein isolierter Sekten-Spinner also.

In »Mut zur Identität« schreibt auch die gelegentliche Kolumnistin der Springer-Tageszeitung »Die Welt«, Sigrid Hunke, bei Erscheinen des Buches noch Ehrenpräsidentin der »Deutschen Unitarier Religionsgemeinschaft e. V.«. Diese Sekte pflegte vor allem in der Zeit des Ludendorffer-Verbotes zur Konkurrenz intensive Kontakte: Nach dem Tode Mathildes in den sechziger Jahren druckte die Zeitschrift der »Deutschen Unitarier« namens »glaube und tat« einen Nachruf und einen Text der Dame mit Schreibverbot. Noch in den achtziger Jahren beschäftigte sich das Nachfolgeblatt »unitarische blätter« positiv mit Mathilde Ludendorff und warb für deren Buch »Triumph des Unsterblichkeitswillens«. Die Werbung stand auf derselben Seite, auf der auch das im »Verlag Deutsche Unitarier« erschienene Buch »Orientierung im Dasein« von Hubertus Mynarek angepriesen wurde. Man steht sich eben nahe.

Der Tod als Leben

»Der Mythos offenbart die Geschichte, und der Mensch wächst über seine Götter hinaus durch die Verbundenheit mit seinen Ahnen, seinem Boden, dem Wind und den Steinen, weil nur die Nachkommen und deren Taten zur Ewigkeit zu führen vermögen«, so lauten die ersten Sätze aus dem Programm des »Thule-Seminars« von 1980.[376] Die politische Seite der Naturreligiosität, deren Ziel die von Ethik freie selbstgöttliche *Tat* ist, bemüht alles das, was auf einer »Ahnenstätte« sinnlich und angeblich mystisch erfahrbar ist. In der Weise, wie der Unterschied zwischen Gut und Böse verwischt wurde, um frei zu sein für die Tat, so wird auch der Unterschied zwischen Leben und Tod verwischt. Wo alles Eins ist, da gibt es diesen Unterschied nicht mehr. Beides, Tod und Leben, Dunkel und Hell, Leid und Glück, sind gleichermaßen Teil des All-Göttlichen, das eine als »Yin«, das andere als »Yang«, keines der bciden ist ein Zuvermeidendes. Es ist nicht mehr der höchste Wert der menschlichen Tat, konkretes menschliches Leben zu erhalten, wenn dieses Leben nur als Teil des Ganzen erscheint, das Ganze als »Werden und Vergehen« gesehen wird, und das konkrete Leben nur einen relativen Wert innerhalb des Ganzen hat. In der Ideologie der »Neuen Rechten« wird zwar viel vom »Leben« gesprochen, Albert Schweitzers Formel von der »Ehrfurcht vor dem Leben« wird immerfort leergedroschen, aber es ist niemals das konkrete Leben konkreter Individuen gemeint – wie bei dem Urwaldarzt Schweitzer, der hier holistisch verfälscht wird –, sondern das abstrakte »Leben« des Kosmos als Ganzheit. Der Kosmos ist nicht als Realität im Sinne des Materialismus und der Naturwissenschaft gemeint, sondern irrational: als Instanz. Seine *Regeln*, seine *Gesetze* sind das, worauf es ankommt; sie sollen in die menschliche Gesellschaft getragen werden, um hier Ungleichheit zu rechtfertigen, Leid zu legitimieren und Opfer abverlangen – bis zum Opfer des konkreten Lebens des Individuums für das abstrakte Ganze.

Doch trotz aller »Einssein«-Duselei gibt es das »Tote«. Es wird »judaisiert«: als das Rationale, Mechanische, Utilitaristische usw., als das, was als »westlich«, »zivilisiert«, »krank« gilt. In der faschistischen Ideologie – teilweise auch im New Age – rührt dieses »Tote« vom »toten« Gott des Juden- und Christentums her, den Gott außerhalb der »lebendigen« Welt. Dieses ganzheitliche Verständnis von Leben und Tod als »All-Leben« ist die faustische, »Sünden«-freie Alternative zum alt- und neutestamentlichen Tötungsverbot und seinen säkularen Nachfolgern in den Gesetzen als zwischenmenschlich vereinbarten Verträgen, die auf der Basis der Vernunft den gegenseitigen Respekt vor der körperlichen Unversehrtheit garantieren. Die Idee vom »All-Leben« gestattet, ja fordert bisweilen sogar das Töten oder Sterbenlassen, wenn dieses – mystisch »erfahrbar« – als Sinn des Ganzen ausgegeben werden kann. Und es erleichtert diese Taten mit der Vorstellung, der Tote gehe materiell in der kosmischen Ganzheit auf, sowohl als ein neues Werden aus seiner chemischen Substanz als auch in seinen Nachkommen als der genetischen Kontinuität.

Auch dieser Teil des ganzheitlichen Denkens ist wiederum nicht in sich konsistent, denn die Ahnen-Nachkommen-Kontinuität müßte ja zum Erhalt z. B. auch behinderten Lebens verpflichten, tatsächlich wird aber hieraus nach dem Bild der Natur und des Gesetzes vom Recht des Stärkeren im Kampf ums Dasein die Euthanasie hergeleitet. In Wahrheit geht es bei dieser Kontinuität auch nur wieder um ein Abstraktum, nicht um die

Fortpflanzung konkreten Lebens. Dieses Abstraktum ist idealisiert, es verträgt keine Behinderung. Wir haben bereits oben aufgezeigt, wie die Vorstellung Rudolf Bahros von dem Überleben der Gattung Mensch »im großen und ganzen« auf das Abstraktum abhebt und nicht auf das Überleben einzelner, bestimmter Individuen. Dieses Konzept der Einheit von Leben und Tod hat selbstverständlich als »ethische« Basis des Komplexes Auschwitz inklusive des Nazi-Euthanasie-Programms seine Vorläufer, die noch vor Ernst Kriecks ganzheitliches Denken oder die faschistischen »deutschgläubigen« Sekten zurückreicht.

Krieck spricht in dem schon zitierten »New Age«-Jahrgang seiner Zeitschrift »Volk im Werden« von der »Auflösung des Gegensatzes von lebender und lebloser Natur«. Er verlangt, »die Grenze zwischen tot und lebend ... zu überwinden«. »Ich bestreite die Existenz der Grenze, der metaphysischen Kluft zwischen Lebendigem und dem angeblich Toten. Sie ist auch empirisch nicht auffindbar: alles ist kontinuierlicher Wandel des Lebendigen, wie er zum Beispiel im Stoffwechsel, in Ernährung und Wachstum vorliegt.« Trotz aller Demagogie von »Dialektik« in der »Neuen Rechten« und ihren direkten Vorläufern wird hier der Umschlag von Quantität in Qualität nicht als empirisches Phänomen anerkannt. Es sei klar, »daß es ›Totes‹ an und für sich gar nicht gibt, daß ›Totes‹ allemal nur zeitweilige Absonderung und Isolierung aus Lebendigem ist«, so hatte Krieck in seinem Buch »Leben« aus dem Leipziger Armanen-Verlag geschrieben. Solche Ansichten entsprechen dem breiten Strom des Faschismus, nicht etwa randständigen und ständig befehdeten Einzelgängern. Adolf Hitler hatte laut Hermann Rauschning in seinen »Tischgesprächen« gesagt: »Der christlichen Lehre von der unendlichen Bedeutung der menschlichen Einzelseele und der persönlichen Verantwortung setze ich mit eiskalter Klarheit die erlösende Lehre von der Nichtigkeit und Unbedeutendheit des einzelnen Menschen und seines Fortlebens in der sichtbaren Unsterblichkeit der Nation gegenüber.« Dies ist nur eine andere Formulierung der Sätze aus dem »Thule-Seminar«-Programm von 1980.

Sigrid Hunke schrieb 1969 in »Europas andere Religion«: »Zeugung und Zerstörung, Werden und Vergehen, Geburt und Tod, beides hat sein Recht und seinen göttlichen Sinn für das Ganze. ... Und darum geht nichts völlig zugrunde. Darum ist Tod kein gänzliches Aufhören, kein Ende und Untergang.« »Überall werden endgültig die einst scharf gezogenen Scheidegrenzen zwischen Belebtem und Unbelebtem niedergelegt, wie es am augenfälligsten die Molekular-Biologie bei der Enträtselung des genetischen Codes getan hat«, verkündet die promovierte Philosophin scheinwissend, »ebenso wie zwischen atomaren und kosmischen Strukturen. ... Es ist das uralte europäische Prinzip der coincidentia oppositorum, das allenthalben in der modernen Physik als das von dem Dänen Bohr so genannte ›Komplementaritätsprinzip‹ wiederkehrt.« »Jeder«, schreibt Hunke weiter (meint aber nur Nordeuropäer und auch Frauen), »der sich seiner Verwurzelung im göttlichen Weltgrund bewußt wird und sich ihm öffnet, dem leuchtet Gott aus allem und in allem. Dem wird die Welt in Schönheit und Schrecken, Geburt und Tod, Seligkeit und Gefahr, Schuld und Scheitern transparent für das Göttliche. Dem wird jede Begegnung, die ihn liebkost, ihn anspornt, stößt oder bricht, eine Berührung mit der ›Hand Gottes‹.« Der christliche Gott »bricht« den Gläubigen nicht, sondern liebt ihn; die Linke kämpft politisch gegen das »Brechen« von Menschen durch die Gesellschaftsstruktur; »ganzheitliche« Religiosität dagegen heiligt das Brechen und Gebrochensein, das Leiden des Menschen, statt es zu bekämpfen.[377]

Nach der gänzlichen Niederlage vom 8. Mai 1945 erscheint diese fatalistische Weltsicht für eine faschistische rechtsextreme »Religionswissenschaftlerin« verständlich und angemessen, die 1940/41 unter Bezug auf die SS-Zeitschrift »Das Schwarze Korps« promovierte. »Das Schwarze Korps« ist berüchtigt dafür, daß es den Komplex Auschwitz für das »Gewissen« der KZ-Täter ideologisch vorbereitete und legitimierte und schon im März 1937 vehement für ein mörderisches Euthanasie-Gesetz eintrat, »das der Natur zu ihrem Recht verhilft«, wie es hieß. Doch Hunke macht etwas Zukunftsweisendes für den faustischen »Arier«, den sie Europäer nennt. Den nazi-hofierten Dichter Rainer Maria Rilke zitierend, schreibt sie: »›Lebens- und Todesbereitschaft (!) erweist sich als *eines* in den Elegien‹, so deutet Rilke selber seinem Übersetzer ihren Sinn. ... Rilke unternimmt das Ungeheure: er legt die Grenzpfähle nieder zwischen Leben und Tod, er reißt die Mauern ein zwischen Lebenden und Toten, er besiegt die Schranken zwischen Gegenwart und Vergangenheit, zwischen Gegenwart und Zukunft!« Hunke gibt hier mit Rilkes Worten nicht nur eine Darstellung des Heroischen Realismus Ernst Jüngers von der »Lust«, sich im angeblichen Einklang mit dem Ganzen »in die Luft zu sprengen«. (Jünger selbst war allerdings zu feige dazu, Hunke ebenfalls; das ist die jämmerliche Realität der heroisch-realistischen Helden, die immer nur anderen das Sterben abverlangen.) Sie zieht auch die Linie der Kraft zur faustischen Tat *von den Ahnen her*.

Selbst Mord mag nun als Gottestat erscheinen: »Erst indem er (d. i. der »in sich selbst zerspaltene moderne Mensch, der sich aus der tiefsten Verlorenheit in einer chaotischen Welt nach einem das Nur-Hiesige Übersteigenden, nach den göttlichen Ordnungen sehnt«, so Hunke, P. K.) die Gegensätzlichkeiten des Lebens, auch sein Furchtbares, auch den Tod bejaht, aushält, es in seiner ganzen Tiefe durchleidet, gewinnt er, sich verwandelnd, die Kraft, das Irdische zu übersteigen und seine Göttlichkeit zu erfahren. Und erst diese Hinordnung auf das alles umfassende Seinsganze heilt den Menschen, weist ihm Sinn und Ort im Ganzen an, aus dem er nun nicht mehr herausfallen kann.« »Sich sieghaft im Schicksal zu bewähren«, diese Forderung des Nazi-Sekten-Stifters und Hunke-Vorbilds Wilhelm Hauer aus seinem Buch »Deutsche Gottschau« von 1934 kommt in neuer Sprache bei Hunke zum Ausdruck. Es wurde von Heinrich Himmler in seiner bekannten Geheimrede an die SS-Schergen über das innere »Sauberbleiben« als tausendfacher KZ-Mörder variiert. »Aber ist Gott auch in jedem Tod und durch jeden Tod zu finden? fragt Teilhard«, so Hunke über den New Age-faschistischen Pierre Teilhard de Chardin, »und Teilhard antwortet: ›Übersteigen wir den Tod, indem wir in ihm Gott entdecken! Und das Göttliche wird sich auf einen Schlag in unseren Herzen selbst finden, in der hintersten Falte, die Ihm entgehen zu können schien.‹« Mit der »hintersten Falte« kann in diesem Umfeld des Faschismus nichts anderes gemeint sein als das KZ, der Krieg, die Euthanasie, die Gentechnik. Hunke führt kurz vorher für die Nordeuropäer aus: »In jedem Wachstum lassen wir Gott in uns größer werden. Für uns, die wir ihn in allen Elementen des Weltalls berühren, sind das Übel und das Böse, Leid, Einsamkeit und Angst Stufen unseres Wachsen ebenso wie alle Unvollkommenheiten, Krankheiten und Fehlentwicklungen im Universum notwendige Tastversuche sind und die Stufen des Sich-Ordnenden und des ewigen Werdens. Alles Negative bewirkt im Ganzen ein Großes und Neues.« Der Komplex Auschwitz wird in diesem »Neuen Denken« zur »Fehlentwicklung« verharmlost, der sogar eine Notwendigkeit für das Ganze zugesprochen werden kann.[378]

In ihrem Buch »Tod was ist dein Sinn?« von 1986 arbeitet die fast achtzigjährige Hunke die Vorstellung vom Tod als Leben als Haupt- und Zielpunkt der »eigenen« Religion aus, die im vermeintlich arischen Europa bereits Jahrtausende alt sein soll. Das Buch gipfelt in Sätzen wie »Im Tod wird der Mensch erst er selbst«, in Zitaten des älteren Jakob von Uexküll wie »So kehre jeder im Tode aus dem Werden in das Sein zurück«, in der mit Teilhard aufgestellten Forderung nach dem »Vertrauen in den Tod« und danach, den Tod »zu entdecken als ungeheure Verwesentlichung« des Nordeuropäers. Dies alles hat *ein* Ziel: den Tod des Individuums für das Ganze zu legitimieren, insbesondere die Forderung nach dem angeblichen Opfertod des angeblichen Helden im Krieg oder in sonstigen Kämpfen.[379]

Die extremste Affirmation alles Seienden ist die Affirmation des Todes – und im politischen Zusammenhang Hunkes und der faschistischen Sekten zu erkennen: des Tötens –, geheiligt und damit aus der menschlichen Verantwortung genommen durch die pantheistische »All-Einheit«. Im Glaubensbekenntnis der 1913 gegründeten Sekte »Germanische Glaubensgemeinschaft« (GGG) lautet der zehnte und letzte Punkt: »Über das Grab hinaus aber schauen wir mit ganzem Vertrauen in die Unendlichkeit, daher wir gekommen sind. Unsere Aufgabe ist, dieses Dasein zu erfüllen – sie zu bestimmen ist das Recht und die Kraft des Geistes, der das All durchdringt und uns, in Zeit und Ewigkeit.« Der Gründer der GGG, der »deutschgläubige« Ludwig Fahrenkrog, wird auch von den »Deutschen Unitariern« geschätzt. Sein Wahlspruch lautete: »Gott in uns, das sittliche Gesetz in uns und die Selbsterlösung.« »Was ist deutscher Glaube?«, heißt es 1935 in einem Flugblatt der »Deutscher Glaubensbewegung« (DG), der unmittelbaren Vorgängerin der »Deutschen Unitarier«, die von Wilhelm Hauer gegründet wurde. Die Antwort: »Glaube an das All-Wirkende, an das ewige Stirb und Werde, an den religiösen Urwillen unseres Volkes. Glaube an das Starke und Tapfere, das Edelmütige und Heldische unseres Volkes.« In den »Grundgedanken« der »Deutschen Unitarier Religionsgemeinschaft e. V.« (DUR) liest sich dasselbe – zeitgemäß abgemildert – heute so: »Vom Leben: Wir sehen das Leben als einen nicht endenden Ablauf von Entstehen, Sichentwickeln und Vergehen. Wir bejahen es in seiner Gesamtheit und stellen uns auch seinen Widersprüchen und Härten. Im Tod des Einzelwesens erkennen wir eine unausweichliche Voraussetzung für die Vielfalt des Lebens. ... Über den Tod hinaus vermag der Mensch besonders durch sein Denken und Handeln sowie durch seine Nachkommen fortzuwirken.«

»Nur aufgrund seiner Verwurzelung in seinen Ursprüngen«, so führt uns Hunke zu den ideologischen Hintergründen der »Ahnenstätten« faschistischer Sekten zurück, die sie allerdings nicht direkt nennt, »in seiner Heimat, seinen Vorfahren, in seinem Volk und seinen Toten, aufgrund seiner Bindung an Vaterland, Nation und Geschichte und seines Gründens im religiösen Bereich verfügt der Mensch über die Freiheit, im Bewahren des Bewährten und in der Kontinuität des in allem Wandel bestehenden Zusammenhangs des historisch Gewordenen aktiv in die Geschichte einzugreifen, selber Zwecke und Ziele zu setzen und die Entwicklung mitzubestimmen, zu planen und zu gestalten.« Die faschistische Tat wurzelt in den naturreligiösen Mythen der Vorfahren.[380]

Tote soll man ruhen lassen? Die »Ahnenstätten«, als eingetragene Vereine organisiert, sind fest in die regionale »Heimatpflege« und die freigeistige Religiosität integriert, obwohl sie oftmals von Faschisten beherrscht werden. Sie bieten fernab der politischen Auseinandersetzungen und der Beobachtung durch den Verfassungsschutz Refugien für eine menschenverachtende Ideologie, deren Schlußfolgerungen – würden sie denn öffentlich ausgesprochen – wegen ihres Gewaltpotentials möglicherweise sogar zu einem Verbot führten. Grabsteine aber kann man nicht verbieten. Gibt es etwas friedlicheres als einen Friedhof? »Ahnenstätten«-Vereine in Norddeutschland stehen in intensiver Verbindung mit den »Freien Humanisten Niedersachsen«, einer Untergliederung des »Bundes der Freireligiösen Gemeinden Deutschlands«. Querverbindungen zum ökofaschistischen »Weltbund zum Schutz des Lebens« wurden ebenso nachgewiesen wie zu örtlichen *Heimatvereinen* oder bekannten Rechtsextremisten wie dem Bassumer Alfred Manke, in dessen »ALMA«-Verlag auch Sigrid Hunke publizierte. Verbindungen gibt es auch zu Jürgen Riegers rassistischer Zeitschrift »Neue Anthropologie«, in deren »wissenschaftlichen Beirat« Alain de Benoist sitzt. Einem prominenten Ludendorffer des »Ahnenstättenvereins Conneforde« aus dem Landkreis Ammerland im Ostfriesischen wurde 1988 – just in der Zeit des »Geist und Natur«-Kongresses – vom damaligen niedersächsischen CDU-Ministerpräsidenten Ernst Albrecht sogar der niedersächsische Verdienstorden am Bande für seine ehrenamtliche Arbeit zur Heimatpflege verliehen.[381]

»Ahnenstätten« sind offenbar ideologische Drehscheiben nicht nur zu Zeiten der Sonnwendfeiern. Die Idylle des natürlichen Bewuchses, die Verschiedenheit der naturbelassenen Findlinge, der Glaube an das Eintauchen der Verstorbenen in den ewigen Naturkreislauf der Heimat verweisen auf plattesten Biologismus. Eine »naturgewollte Lebensgestaltung« wollen uns die Ludendorffer lehren. Wie kein Findling dem anderen gleicht, so seien auch die Völker verschieden, mit verschiedenen Plätzen und Aufgaben im Ganzen. Es ist die alte rechtsextreme Propaganda von den Naturphänomenen als Vorbild einer menschlichen Gesellschaft, in der dem einzelnen Individuum eine Bedeutung nur in seiner dienenden Funktion als Teil des Ganzen, niemals für sich selbst, zukommt. Die neofaschistische intellektuelle Elite der »Neuen Rechten« hat das »Recht auf Ungleichheit« (Benoist) als politisches Mittel im Kampf gegen Demokratie und Menschenrechte, für den Fortbestand der Privilegien weniger entdeckt. Das Hakenkreuz auf Omas Grabstein sagt dem Enkelkind fünfzig Jahre nach dem Beginn des Zweiten Weltkriegs: Die »naturgewollte« Gestaltung Europas setzt die deutschen Herrenmenschen an die Spitze ungleicher Völker.

Wer hinter der Naturidylle der Ahnenstätten die alte Ideologie erblickt, den überkommt wieder das Grauen. Da dürfen keine Lebenden mehr ruhen.

Mit »Begleitung« ins New Age-Grab

Der Tod ist »in«. Während der letzten Jahre rückten Sterben und Tod wieder in die Mitte der Gesellschaft. Doch es ist nicht der Kampf gegen Krebs, Aids und Tschernobyl gemeint, auch nicht eine Friedenspolitik gegen die Bürgerkriege in Europa gemeint. Der Tod als Phänomen erregt Interesse, auch im New Age. Personifiziert als »Gevatter« gewinnt er wieder eine gesellschaftliche Akzeptanz, wie er sie im Mittelalter hatte, Erlebnisqualität inbegriffen. »Nahtod-Erlebnisse« bzw. »Out of body«-Erlebnisse heißen die Berichte, in denen immer wieder der fließende Übergang vom Leben zu angeblichen Todeszuständen von solchen Personen geschildert werden, die behaupten, dann wieder ins Leben zurückgekommen zu sein. »Wenn der Tod seinen Schrecken verliert«, »Besser mit dem Leiden leben. Behinderte Frauen und Esoterik« oder »Lebendiger leben lernen durch den Tod?« heißen die Überschriften in New Age-Magazinen, in denen das Geschäft mit Leid und Tod boomt. Die New Age-Stars Elisabeth Kübler-Ross und Shirley MacLaine verdienen kräftig am »Leben danach«, das als irdisches gemeint ist. »Wissenschaftliche Beweise für das Fortleben der Seelen nach dem Tode« wollen PSI-Fanatiker aus »paranormalen Tonbandstimmen« herauslesen. Verstorbene, die etwas mehr auf Zack sind, hinterlassen in Rußland Botschaften auf Computerbildschirmen, so berichtete jedenfalls »esotera« im Dezember 1991.

Hier wird auf der Erscheinungsebene die ideologische Auflösung des Unterschieds zwischen Leben und Tod ergänzt. Wenn Menschen, die schon »drüben« waren und dann auf geheimnisvolle Weise »wiedergekommen« sind, ihre angeblichen Erlebnisse erzählen, bekommt die abstrakte Rede von der »coincidentia oppositorum« einen scheinbar alltäglichen, faßbaren Charakter, ist nicht länger nur abgehobene Philosophie. Die indische Inkarnationslehre – der Glaube an Seelenwanderung und Wiedergeburt – ist hier ebenso zu nennen wie Fritjof Capras Ansicht vom zyklischen Charakter der Welt: »Das Begreifen des Zyklus von Werden und Vergehen ist außerordentlich notwendig für das Verstehen der ›dynamischen Ordnung des Kosmos‹«, so Capra. Man solle sich nicht ans Leben klammern, empfiehlt Erich Fromm, statt dessen lieber das Leiden teilen oder als »Held« in die Welt hinausziehen und etwas riskieren. Von einer tätigen Barmherzigkeit oder Solidarität, die Leiden lindert oder gar die Bedingungen des Leidens politisch verhindert, ist hier keine Rede. Konkretes Leben von Individuen wird geringgeschätzt.[382]

»Hoffnung und Inspiration im Tod finden« verspricht eine New Agerin auf Flugblättern, mit denen sie in esoterischen Buchläden für ihre Kurse zur Sterbebegleitung wirbt. Während sich die Ärzte noch um den Erhalt des Lebens von Kranken bemühen, gehen die Verwandten bereits heimlich in die Sterbebegleitungs-Seminare, die inzwischen überall in Deutschland von privaten »Instituten« angeboten werden. Eine besondere Einrichtung dieser Art ist die Genossenschaft »Begleitung«, die der Kirchenreferent beim Parteivorstand der SPD, Rüdiger Reitz, initiierte und zeitweise aus den Räumen der Bonner Parteizentrale heraus führte. Reitz, der sich als Trauerredner etwas nebenher verdient und an den Gräbern freireligiöser und freidenkerischer Verstorbener spricht, versuchte immer wieder, die

Tatsache herunterzuspielen, daß »Begleitung« auf lebhaftes Interesse auch bei rechtsextremen Sekten stieß. Die Kontakte liefen vor allem über den damaligen Präsidenten des »Deutschen Volksbundes für Geistesfreiheit« (DVfG), Fritz Bode, und den damaligen Präsidenten des »Bundes der freireligiösen Gemeinden Deutschlands« (BFGD), Armin Rieser, dessen Frau, Else Rieser, in der SPD aktiv ist und in den achtziger Jahren Funktionsträgerin der Partei war. Beide Riesers verbreiteten innerhalb der SPD Schriften der »Deutschen Unitarier«. Der BFGD ist seinerseits ein Dachverband überwiegend pantheistisch-naturreligiös Eingestellter und hat traditionell Verbindungen in die SPD und die FDP, weil seine Mitglieder weniger einer Partei beitreten wollen, die das Christentum im Namen führt. In ihren Reihen haben diese Freireligiösen aber auch stramme Nazis. Ein Teil des BFGD versuchte in den Jahren 1933/34, die Freireligiösen mit den nazistischen »Deutschgläubigen« zusammenzuschließen. Wilhelm Hauer war damals in Personalunion Chef des BFGD und der »Deutschen Glaubensbewegung«.[383]

Der langjährige Bundessekretär des BFGD Dietrich Bronder war vorher NSDAP- und SA-Mitglied, dann Offizier in Hermann Görings Luftwaffe. 1990 äußerte er sich als »Auschwitz-Lügner«: »Ich bin von Auschwitz nicht überzeugt worden«, schrieb er und befand kurz und bündig, Hitlers Stellvertreter Rudolf Heß habe als einziger Deutscher den Friedensnobelpreis verdient. Dreißig Jahre war Bronder führender Funktionär der »Freireligiösen Landesgemeinschaft Niedersachsen«, die heute »Freie Humanisten Niedersachsen« heißt. In Bodes Verein DVfG – überwiegend eine Nachkriegs-Nazi-Gründung – hatten sich die »Deutschen Unitarier« und ihre Zweigorganisation »Eekboom-Gesellschaft« mit dem BFGD zusammengeschlossen – man ist sich also aus gemeinsamer nazistischer Tradition vielfach verbunden. Rieser und Bode veröffentlichten unter diesem Dach Schutzschriften für die »Deutschen Unitarier«, die wegen ihrer Nazi-Traditionen angegriffen wurden. Heute ist Bode Chef des neu gegründeten »Dachverbandes freier Weltanschauungsgemeinschaften«, dessen heterogene Mitgliedsgruppen durch die Gegnerschaft gegen die christlichen Großkirchen geeint werden: Neben dem »Deutschen Freidenker-Verband«, der seine linke Tradition mehr und mehr aufgibt, gehören dem neuen Dachverband die »Freigeistige Aktion/Deutscher Monistenbund« an – das sind die Anhänger des Sozialdarwinisten Ernst Haeckel –, und auch wiederum die »Eekboom-Gesellschaft«, der BFGD und die nazistischen »Deutschen Unitarier«. Der weiterhin linke Landesverband Nordrhein-Westfalen der Freidenker schloß sich wegen dieser Nähe zu (Neo-)Faschisten dem »Dachverband Freier Weltanschauuungsgemeinschaften« nicht an.

Die Beerdigungs-Genossenschaft »Begleitung – Lebenshilfe, Bestattung, Trauerkultur« bestätigt den Ausspruch von Karl Marx aus dem »Achtzehnten Brumaire«, wonach sich die Geschichte immer zweimal vollziehe, einmal als Tragödie, das andere Mal als Farce, und beim zweiten Aufguß lasteten die Traditionen aller toten Geschlechter, die Geister der Vergangenheit, auf den Gehirnen der Lebenden wie ein Alp. Als abgeschmackte Posse auf rechte Sozialpolitik bis ins Grab erscheint »Begleitung«, ist aber ernst gemeint. Die Unternehmensform der Genossenschaft zielt auf die »neuen sozialen Bewegungen«, in denen Kapital und Problembewußtsein vermutet wird. Das Unternehmen bietet passend zur Aids-Zeit und zum Finanzstopp für die Aids-Modellprojekte ein Kompakt-Paket von Sterbebegleitung, Beerdigung, Grabpflege und Nachlaßverwaltung, das vor allem für Singles ohne Anhang attraktiv erscheint. Solche Allround-Institute des Todes bilden sich zur Zeit überall in großen Städten. Besonders HIV-positiv getestete Menschen schließen hier vermehrt »Versorgungsverträge« ab, wie die Berliner Schwulenzeitschrift »Siegessäule« im April 1993 berichtete. Der Markt ist in der »Risikogesellschaft« auch darüber hinaus vorhanden: Krebserkrankungen, Unfälle bei Macho-Sportarten, Gewalt auf dem Schulhof oder im Bürgerkrieg – die Liste potentieller »Versorgungs«-Kunden könnte in Zukunft sicher noch verlängert werden.

Hierüber sollen offenbar auch die laufenden Einnahmen für das Projekt »Begleitung« erwirtschaftet werden. Die anfallenden Arbeiten, insbesondere die Betreuung der Sterbenden und Trauernden, werden dagegen real – so läßt sich aus den Prospekten von »Begleitung« schließen – überwiegend als unbezahlte Frauenarbeit geleistet. Das heißt dann »ehrenamtlich« und ist gesellschaftsspezifisch eine typisch weibliche Tätigkeit. Eins zu drei sei das Geschlechterverhältnis »zugunsten der Frauen« in den Betreuungsgruppen, so Reitz. Beim Personal ist man auf Personen mit Helfersyndrom angewiesen: »nichtprofessionelle Helfer, die in dieser Arbeit einen Gewinn für sich selber sehen«. Das ist vom psychologisch-therapeutischen Standpunkt aus sehr problematisch: Therapeutinnen mit psychischen Eigeninteressen sind in der Fachwelt nicht gut angesehen.

Das Unternehmen wurde nach einer vorherige »Marktanalyse« generalstabsmäßig geplant. Mit reißerischen Flugschriften sammelte die »Genossenschaft in Gründung« ab 1989 das Startkapital: »Investieren Sie bei uns gegen das Geschäft mit dem Tod«, hieß es da in einem Prospekt, und: »Hier ist der ›Gründungsfahrplan‹: 1. Sie füllen den Coupon aus. ... 2. Der Mitglieds-(oder besser Geschäfts-) anteil beträgt DM 150,-. ... 3. Was wir jetzt dringend brauchen, ist eine hohe Eigenkapitaldecke. ... 4. Die Zinsen aus Ihrem Treugeldanteil werden für die Öffentlichkeitsarbeit verwendet. ... 5. Ziel unserer Treugeldkampagne sind wenigstens DM

150.000,-. Unabhängig von dem künftigen Standort von *Begleitung* in der Region Köln/Bonn: Auch wenn Sie weiter weg wohnen – *Begleitung* könnte für Sie eine erste Adresse werden. Wir erarbeiten gegenwärtig ein Leistungsangebot für andere Regionen und Richtlinien für den Aufbau von regionalen Trägerkreisen. Machen Sie deshalb *Begleitung* durch Ihren Treugeldanteil ›grenzenlos‹ stark.« Das also ist New Age-Trauerkultur.

Nach Hinweisen in der Öffentlichkeit auf das Interesse rechtsextremer Sekten an der Firma gab »Begleitung« zeitweise keinerlei Informationen mehr nach außen. Jegliche öffentliche Erklärung namens der Genossenschaft behielt sich Rüdiger Reitz persönlich vor. Bekannt ist jedoch, daß die Werbeprospekte breit in den Bode- und Rieser-Vereinen verteilt wurden und auch aus den nazistischen »Deutschen Unitariern« Interesse angemeldet wurde. Es ist kaum anzunehmen, daß Geld-Angebote zurückgewiesen worden wären. Inzwischen hat sich die Genossenschaft gegründet und in mehreren deutschen Großstädten Ableger gebildet.

Bewußt zielt »Begleitung« in den Werbeprospekten auf Naturmystik und dieselbe »Trauerkultur«, die auch »Ahnenstätten« faschistischer Sekten auszeichnen. Das Unternehmen will »in einer bedrohten Welt eine geistige Orientierung sein. Nur wenn wir die ganzheitliche Sicht des Seins zurückgewinnen, können wir in der Verantwortung vor der Schöpfung überleben. Ganzheitlichkeit haben Generationen vor uns in der bewußten Beschäftigung mit Leben und Tod bereits zu Lebzeiten erfahren. Für eine Wiederbelebung dieser Erfahrung möchte *Begleitung* dasein.« Statt sich z. B. auf der Basis der Befreiungstheologie für ein besseres Diesseits einzusetzen, sucht der SPD-Kirchenreferent die Ganzheit von Leben und Tod. Das pantheistische Gottes- und Todesverständnis Rilkes muß auch hier wieder herhalten. Aus einem »Begleitung«-Text: »Wenn wir uns mitten im Leben meinen, wagt er zu weinen mitten in uns. In diesem Satz von Rainer Maria Rilke ist die Rede von Sterben, Tod und Trauern. ... Die großen menschlichen Herausforderungen, Leiden und Schmerz, Krankheit und Tod verstehen immer weniger von uns anzunehmen. ... In der Begegnung mit der eigenen Sterblichkeit liegt eine Chance, die Einheit des Lebens wieder zu erfahren.« Das hatte Sigrid Hunke ein paar Jahre früher ähnlich ausgedrückt.

Leid und Tod erscheinen als Naturnotwendigkeiten, »er« weint hier in uns; das angeblich Unumgängliche kann man nur »begleiten«. Keine Rede davon, daß Krebs gesellschaftliche Ursachen im Profitstreben hat, vom gesundheitsgefährdenden Arbeitsplatz über Asbest- und Mineraldämmstoffe oder die vagabundierenden Seveso-Giftfässer bis zum »gespritzten« Apfel. Dafür ist von der »Einheit des Lebens« die Rede, Schweitzers »Ehrfurcht vor dem Leben« wird auch hier – holistisch verfälscht – bemüht. Die Entsubjektivierung der Mehrheit der Menschen kommt im thanatologischen Gewand einher: Bei der Sterbebegleitung gehe es um »neue Wege im Umgang mit Ohnmachtserfahrungen«.

Als Echo der Bücher Hunkes erscheinen die folgenden Sätze aus einem »Begleitung«-Werbeprospekt: »Und doch hängt das ›gute Leben‹ eines jeden Einzelnen von uns ganz entscheidend davon ab, ob wir Leben und Tod in ihrer Untrennbarkeit begreifen. Die zerrissene Beziehung zu uns selbst und zur Natur heilt erst dann wieder, wenn wir die Gesellschaft und die Welt von ganzheitlichen Lebenserfahrungen her deuten lernen.« Das »gute Leben« kommt hier nicht aus der Sozialpolitik und den sozialen Verteilungskämpfen, von denen die Massen offenbar sogar abgehalten werden sollen, sondern aus der »Deutung« der Welt, die nur »ganzheitlich« zu werden braucht, schon geht es uns gut. »Begleitung« empfiehlt – wie Hunke – den Sinn des Lebens im Tod. Ganz bewußt wird auf Erich Fromm angespielt: »Ein Ansatz, um die ›Kunst des Lebens‹ zu erlernen. ... Die Menschen werden die Todesfrage mehr an sich heranlassen, weil sie spüren: Das bereichert mein Leben. ... Unser Verhältnis zur Natur ist kaputt. ... Wer die Einheit der Natur aufkündigt, kann auch nicht mehr den Zyklus von Leben und Sterben in seiner Ganzheit erkennen.«

Ein »freundschaftliches Verhältnis zum Tod« sollen die Lebenden entwickeln, wohl, damit sie nicht immerfort an soziale Verbesserungen denken. »Vergeudete Zeit! Fruchtlose Jahre!«, so fängt eine »Begleitung«-Broschüre an, »Hatten Sie schon einmal das Gefühlt, das Leben versäumt zu haben? Sich seines eigentlichen Sinnes gar nicht bewußt gewesen zu sein? ... Sie haben die Möglichkeit, etwas zu korrigieren. Falls Sie Ihr Leben sinnvoller als bisher ausschöpfen und intensiver leben wollen.« Der Tod als Sinn des Lebens, das ist die Botschaft faschistischer Sekten: Er verschafft das Einssein-Erlebnis mit dem Kosmos. So erstaunt es auch nicht, daß die »Begleitung«-Werbemittel mit Wald-Fotos illustriert sind, die auch optisch die Verbindung zu den »Ahnenstätten« schaffen.

Mag es überraschen, daß all dies von einem Beschäftigten des SPD-Parteivorstands betrieben wird, so zeigt doch auch das Buch »Christen und Sozialdemokratie« von Rüdiger Reitz eine bemerkenswerte Parallele. Ähnlich wie der »neurechte« Henning Eichberg versucht Reitz hier, aus ein paar Randerscheinungen der Arbeiterbewegung eine Nähe zwischen dieser und freireligiösen bzw. völkisch-religiösen Gruppen zu konstruieren. Dabei stützt er sich schließlich sogar auf den flämischen Faschistenführer Hendrik de Man, der von Belgien als Kriegsverbrecher verurteilt wurde, nachdem er schnurstracks vom völkisch-religiösen »Sozialisten« der zwanziger Jahre zu einem führenden Kollaborateur mit den nazistischen Besatzern Belgiens geworden war. Reitz meint überschwenglich, de Man habe »einen so einzigartigen Beitrag geleistet« zur »Freilegung unterschiedlicher Spurenelemente in der organisierten Arbeiterbewegung«. Das

Ziel von Reitz ist identisch mit dem der »Neuen Rechten«. Er will völkische Religiosität an die Stelle liberaler und demokratisch-sozialistischer Positionen setzen – eine geistig-moralische Wende in der SPD: »Der Pfahl des Liberalismus wurde so über die Religionskritik ins Fleisch der Sozialdemokratie eingetrieben«, meint der Parteivorstands-Referent, die Arbeiterbewegung sei »aus einer soziologisch fremden Schicht« beeinflußt worden, nämlich der, die die Gleichheit der Menschen auf Erden als erste politisch durchsetzte.

Zum New Ager wird Reitz, wenn er »statt eines Schlußkapitels« über das »unselige kausal-mechanistische Weltbild« und den »Klassenkampf«-Begriff im Görlitzer Parteiprogramm der SPD von 1921 als »dogmatische Vergangenheit« der Partei herzieht. »Wie läßt es sich sonst erklären, daß beispielsweise ein so einschneidendes Ereignis wie die Veröffentlichung der Quantentheorie durch Max Planck im Jahre 1925 spurlos an der Sozialdemokratie vorübergehen konnte?« Sodann fordert er die SPD auf, ihr freiheitlich-sozialistisches Erbe zugunsten völkischer Religiosität über Bord zu werfen: »Der religiöse Sozialismus stellt die Sozialdemokratie vor die Aufgabe, den aufgeklärten Religionsbegriff des Bürgertums zugunsten einer positiveren Sicht von Religion aufzugeben.« Diese Sicht findet er ausgerechnet in de Mans konservativ-revolutionärer Forderung, »das sozialistische Wollen« nicht mehr auf die Kritik des Kapitalismus zu stützen, sondern auf »volkstümliche Ethik«, die Ethik eines Kriegsverbrechers. Daß Hendrik de Man ebenso wie Henning Eichberg oder Wilhelm Hauer in der Zeitschrift der »Deutschen Unitarier«, »unitarische blätter«, als positiver Bezug genannt wurden, rundet das Bild ab. Man kennt sich und man macht Politik in dieselbe Richtung.[384]

Die sanfte Rückkehr der Sozialpolitik des Todes

Auf mehrfache Nachfragen weigerte sich Reitz, eine eindeutige Stellungnahme zum Thema »Sterbehilfe« abzugeben: Es sei nicht Aufgabe der Genossenschaft, hier Empfehlungen auszusprechen. In einer ergänzenden schriftlichen Erklärung hierzu führte er aus: »›Begleitung‹ lehnt eine aktive Sterbehilfe als eine die Mitgliedschaft verpflichtende Grundausrichtung entschieden ab.« Anlaß zu diesen Fragen an Reitz waren Äußerungen von »Begleitung« über ein »Todesverständnis ... des mitdenkenden und deshalb mitwirkenden Menschen«.

Die »Deutsche Gesellschaft für humanes Sterben« (DGHS) hatte immer wieder Verbindungen zu rechten Sekten. Der langjährige Chef der DGHS, Hans Henning Atrott aus Augsburg, war nach einem Bericht der BFGD-Zeitschrift »Humanist« von 1980 sogar eine Zeitlang Vorsitzender der Landesgemeinschaft Bayern des »Bundes freireligiöser Gemeinden

Deutschlands«. Fragt man bei Mitgliedsverbänden des BFGD nach Informationen zur Haltung gegenüber der Sterbehilfe, so bekommt man die Adresse der DGHS mitgeteilt, wie es uns 1991 geschah. Bei der Landesgemeinschaft Bayern des BFGD wollte noch im Oktober 1991 die Vorsitzende der bayrischen »Arbeitsgemeinschaft sozialdemokratischer Frauen« (ASF), Ursula Pusch-Gruber, sprechen; die »Deutschen Unitarier« warben kräftig für diese Veranstaltung in den »unitarischen blättern«. Im Frühjahr 1990 veranstaltete die Jugendorganisation der »Deutschen Unitarier«, der »Bund deutsch-unitarischer Jugendlicher«, in der Jugendherberge Kassel ein »Training zur Eigenständigkeit« mit dem Titel »Ist mit dem Tod alles zu Ende?« Auf der Einladung war »ein Vertreter der ›Gesellschaft für humanes Sterben‹« angekündigt.

Im freireligiös-pantheistischen Bereich gehörte die Bereitschaft zum Freitod immer schon zur weltanschaulichen Grundausstattung, ebenso in der Konservativen Revolution und ihren Nachfolgern, wo Arthur Moeller van den Bruck ein historisches und Bernard Willms ein aktuelles Beispiel sind. Bei einem Josef Goebbels erstaunt auch die selbstgöttliche Tat des Mordes an seinen Kindern in den letzten Tagen des »Dritten Reiches« nicht, Faschisten sehen hierin sogar die väterliche Fürsorge wirken. Trifft dies in der Regel nur diejenigen, die »Hand an sich legen« (Jean Améry), so geht die Todes-Diskussion, die in den achtziger Jahren um Peter Singer und seine »Praktische Ethik« aufkam, alle an: In den Zeiten drastischen Sozialabbaus kommen alle als potentielle Opfer dieser neuerlichen »Ethik« des Todes in Frage.

Die »Ethik-Debatte« verläuft um gesellschaftspolitische Strategien, nicht um die persönliche Freiheit des/der Einzelnen. Dies gilt erst recht in den »ganzheitlichen« Weltanschauungen, in denen die Individuen als Teile ohnehin nur im Bezug auf das primäre Ganze und dessen Bestandserhalt handeln dürfen. Jedenfalls innerhalb der Ideologie ist der Freitod hier keine Frage persönlicher, »bürgerlicher« Freiheit, sondern eine des kosmischen Zusammenhangs. Wenn aus diesem Zusammenhang entsprechende »Notwendigkeiten« herausgelesen werden, so kann hier auch – wie im historischen Faschismus geschehen – der Tod anderer gewissermaßen von den Erleuchteten verfügt werden. Der »Gnadentod« der »unnützen Esser« im Nazi-Euthanasie-Programm ergab sich unmittelbar aus dem Sozialdarwinismus, wenn man das Recht des Stärkeren als unhinterfragbares Gesetz der göttlichen Natur erst einmal auf die menschliche Gesellschaft anwendet. Aber auch das unauffällige Sterbenlassen durch *Sozialabbau* profitiert von dieser Ideologie. Der Bedarf an weltanschaulicher Legitimation des Sterbenlassens oder Tötens fängt bei den finanziellen Einsparungen für den Notfall-Rettungsdienst an, der heute mancherorts in Deutschland kaum noch in der nötigen fachlichen Qualifikation gewährleistet werden kann. Das geht weiter bei der üblich gewordenen Praxis, behinderten Neugeborenen die ärztliche Hilfe zu verweigern, damit sie sterben, statt später dem Staat »zur Last zu fallen«. Es endet schließlich damit, gegenüber alten Menschen eine »Pflicht zu sterben« zu postulieren, wie sie in den USA bereits offen, in Europa (noch) verdeckt von Politikern gefordert wird.

Der Pflegenotstand in den Krankenhäusern und Altenheimen dient der DGHS auf Werbeveranstaltungen als Argument, sich den Zugriff auf Zyankali-Kapseln durch einen Beitritt in die Organisation zu sichern. »Ist es nicht verständlich, daß mancher alte und kranke Mensch lieber tot sein will, als seine eigenen Kinder zum Sozialhilfeempfänger zu machen«, schrieb Atrott in einem DGHS-Blatt. Auch nach Atrotts Ausscheiden paßt in der DGHS-Zeitschrift »Humanes Leben – Humanes Sterben« noch alles zusammen: »Euthanasie: Wahrheit und Mythos« und »Ärztliche Ethik für Euthanasie« heißen im Dezember 1993 hier Artikelüberschriften, eine Veranstaltungsreihe der DGHS mit »Lesungen aus der Lyrik von Rainer Maria Rilke« wird angekündigt. Unter dem Foto aus einem überfüllten Krankenhaus – Bildunterschrift: »Kein Platz für Kranke« – steht die Liste der DGHS-Adressen. So findet die Ideologie des Zusammenfalls von Leben und Tod, von Leid und Glück, ihre praktische Aufgabe in Zeiten der »Deregulierung«. Im »sanften« Gewand des New Age kehrt eine Sozial- und Wirtschaftspolitik des Todes zurück, die im Faschismus zu den selbstverständlichen Grundlagen gesellschaftlicher Planungen zählte.[385]

Die »Praktische Ethik« Peter Singers, die für die Herrschenden so praktisch ist, weil sie das Töten aus ökonomischen Nützlichkeitserwägungen erlaubt, ist explizit eine New Age-»Ethik«, die ihr Erfinder von einer Kritik der »jüdisch-christlichen Tradition« her begründet. Singer versteht sich als Angehöriger der moralphilosophischen Richtung des »Präferenz-Utilitarismus«, die individuelles menschliches Leben nach dem mystisch-»intuitiv« zu erlangenden Maßstab eines kosmischen »Gesamtglücks« *wertet.* Er nimmt den »Standpunkt des Universums« ein, wie er schreibt, und benutzt dabei den abstrakten »Lebens«-Begriff. Diesen ergänzt er um einen ebensolchen Begriff des »Glücks«, der es ihm ermöglichen soll, eine absurde »Gesamtsumme des Glücks« im Universum zu bestimmen. Die Idee scheint vom »Gesetz der Erhaltung der Gesamtgestalt des Lebens« abgeschrieben zu sein, das Houston Steward Chamberlain in seinem Buch »Natur und Leben« erfand. Auch Mynarek erfindet eine solche Kategorie in der »vollkommenen Harmonie des Ganzen«, zu der sich Glück und Leid am Ende der Geschichte aufsummieren.[386]

Um diese »Gesamtsumme des Glücks« zu erhalten, darf man nach Singer Behinderte töten, die dem »Ganzen« zu teuer werden, denn die Kosten müssen ja Nichtbehinderte aufbringen, deren Glücksbilanz dadurch geschmälert würde. »Der Vorwurf, wir würden uns als Schöpfer aufspielen, wird uns nicht kümmern«, befindet er kurz und selbstgöttlich. Das, was im New Age angeblich bekämpft wird – Kosten-Nutzen-Denken –, wird extrem verstärkt. Der ökonomische Utilitarismus im Interesse eines fiktiven »Ganzen« *gewinnt* seine Rationalität erst aus der *Koppelung* an den irrational aufgefaßten Begriff des ganzheitlichen »Kosmos«, »Lebens«, »Universums«, der »All-Einheit« usw., aus dem mystisch-unhinterfragbar die Legitimation der Geld-Vernunft abgeleitet wird. Singer spricht sich indirekt für das Akzeptieren der Verteilung von Wohlstand nach »ererbten Fähigkeiten« aus. Singer zeigt auch auf praktische Weise, daß er mitten im Netz des New Age-faschistischen »Neuen Denkens« steht: Er verteidigt die vom Neofaschismus hofierten Vererbungsideologen Arthur Jensen und Hans-Jürgen Eysenck, die wissenschaftlich diskreditiert sind, weil der erste sich auf Datenfälschungen stützte und der zweite bei faschistischen Organisationen auftrat. Auch hier kennt man sich: Eysenck schrieb in dem »Thule-Seminar«-Buch »Das unvergängliche Erbe« von 1981. Jensen ist – gemeinsam mit Benoist – Mitglied im »Wissenschaftlichen Beirat« der rassistischen Zeitschrift »Neue Anthropologie«, deren Chef Jürgen Rieger auch die rechtsextreme Sekte »Artgemeinschaft« führt. Die »Neue Anthropologie« bezieht sich positiv auf den obersten Nazi-Rassisten Hans F. K. Günther, den das »Thule-Seminar« 1990 nachdruckt und der auch bei den »Deutschen Unitariern« beliebt ist.[387]

Eine Opposition gegen Singers »Praktische Ethik«, wie sie Wolfgang Jantzen auf der Basis von New Age-Positionen versucht, endet jedoch ebenfalls nur in der Inhumanität und ist somit selbst Teil der »Schwarzen Debatte«, wenn auch abgemildert. So vertritt Jantzen ausgerechnet in der »Zeitschrift für Heilpädagogik« des »Verbandes Deutscher Sonderschulen« eine pantheistisch-naturreligiös begründete Affirmation des Leidens als Mißverständnis der praktisch gemeinten christlichen »Nächstenliebe«, die hier in passivem Mitleid sich verzehren soll, statt tätige Barmherzigkeit hervorzubringen. Die »Überwindung« des Leidens »durch Liebe« ist seine Botschaft, die den Behinderten allerdings nichts bringt: »Teilhabe am sinnvollen Sein erfordert subjektiv gesehen nicht Entsorgung von Leiden, sondern Teilnahme am Leiden, damit in dieser Teilnahme (und nicht etwa in der Wirklichkeit behinderten Lebens, P. K.) die Wünsche und Träume der Leidenden auf humanes Sein nicht in der menschlichen Vernunft verlorengehen.« Von diesem Leiden haben nur die am Helfersyndrom leidenden Mitleider etwas.

Jantzens Satz läßt sich auch so lesen, daß ein passives Mitleid – vielleicht in der Form des Betens an ein pantheistisches All-Leben – an die Stelle vernünftiger menschlicher Technik und Therapie treten soll, die die »Wünsche und Träume« von Behinderten vielleicht tatsächlich zu einem Teil befriedigen könnten. Statt dessen rät Jantzen zur »humane(n) Annahme des Leidens« als der »Voraussetzung der Überwindung des Unglücks«. So wird die Diskriminierung Behinderter, die aus den gesellschaftlichen Strukturen entsteht und den Großteil ihres Unglücks erst hervorruft, nicht etwa bekämpft, sondern unter dem Mantel einer abstrakten »Liebe« verborgen: Wer brav leidet und sich widerspruchslos diskriminieren läßt, statt die optimale Einrichtung der Lebensumstände einzufordern, kann sich des Mitleids der weniger Behinderten gewiß sein. Das ist schon alles, was Behinderte dem Leben in einer High Tech-Gesellschaft abverlangen dürfen. Ob Singers faustische Schwarze Ethik oder Jantzens pantheistisches Glück im Leiden: mit beiden Ansätzen sparen die Herrschenden jedenfalls eine Menge Geld ein.[388]

Der Zusammenhang von völkischem Rassismus und Behindertenpolitik zeigt sich auch an einer Episode, über die »Der Spiegel« im Mai 1993 berichtete: Der Behindertenbeauftragte des Deutschen Bundestages, der CSU-Abgeordnete Otto Regenspurger, habe bei einem Empfang den Körper eine deutschstämmige Frau in Kiew ausgiebig gemustert und dann geäußert: »Solche Mädel wie Sie hätte man früher zur Nachzucht verwendet.« Behinderte beschweren sich immer wieder, daß sie von Regenspurger kaum Hilfe erhielten, wenn sie sich mit Petitionen an den Abgeordneten wendeten.

Das Bemerkenswerte an den Arbeiten von Götz Aly und Susanne Heim zur gesamtgesellschaftlichen, ökonomischen Rationalität des *Komplexes Auschwitz* ist ihre implizite, auf die Zukunft gerichtete Warnung: Die massenhafte Vernichtung von Menschenleben, die damals vor allem dazu diente, vermeintliche Überbevölkerung zu reduzieren, kann sich jederzeit wiederholen, wenn es hierfür wieder einen rationalen Grund gibt und die Mordtat »ethisch« eingebettet werden kann, wenn sich also auf allen gesellschaftlichen Ebenen Täter finden. Die kapitalistisch-ökonomische Rationalität definiert das Zuviel an Bevölkerung. Heim und Aly richten ihr Augenmerk auf den *Modernisierungsschub* durch den Nationalsozialismus, der mit der nazistischen Sozial- und Wirtschaftspolitik des Todes verwirklicht werden sollte. Die heroisch-realistische *Legitimierung* dieser Politik im pantheistischen Organizismus ist dabei nicht ihr Thema. Die Frage der Motivation der individuellen Täter, die doch alle irgendwie im hegemonialen Geist der christlichen Pflicht zur Nächstenliebe aufgewachsen waren (die nazistische Nachwuchs-Elite wurde gerade erst erzogen), stellen sie ebenso wenig wie die Frage nach dem inneren Verarbeiten dieser Taten, die die Täter selbst – dies ist bis hin zu Heinrich Himmler bezeugt – eben letztlich doch als Verbrechen erkannten.

Erst die neuheidnische Selbstvergöttlichung und der Heroische Realismus, so behaupten wir, ermöglichten das *individuelle Tun* des kapitalistisch-ökonomisch scheinbar Notwendigen. Das verbrecherische Tun wird so zur unausweichlichen »Tragik«, in der der SS-Mann nur dann »sauber« blieb, wenn er seine Taten im mystisch erfahrenen angeblichen Einklang mit dem Ganzen sah. Die Ideologie des »Selbst-Schöpfer-Seins«, die göttliche Rechtfertigung für menschliches Handeln erst war es, die Menschen unter dem Stichwort »Überbevölkerung« zu einer Verfügungsmasse machen konnte, zu »Material«, das man wegen mangelnder Rentabilität reduzieren durfte und das noch mehr reduziert werden sollte.

Von hierher löst sich auch das Problem der »Betonung des Unterschieds zwischen Rationalität und Irrationalität« im Antifaschismus, das Susanne Heim als lange gepflegte »Sackgasse« bezeichnet. Dieses Problem löst sich, wenn die ökonomische und technische Rationalität aus der Irrationalität naturreligiöser Mystik heraus begründet wird: *Die faustische Rationalität ist die Praxis des pantheistischen Organizismus.* Wie der Komplex Auschwitz erst als rationaler Akt der gesellschaftlichen Modernisierung vollständig verstanden werden kann – einer Modernisierung, die *als solche* irrational-naturmystisch verankert und ermöglicht war –, so muß heute in der parallelen Ideologie des New Age zumindest die Möglichkeit gesehen werden, nicht eine Wiederholung, sondern eine Potenzierung dieses komplexhaften Gesamtverbrechens zu legitimieren. Dieses Verständnis erscheint nötig, um die Wiederkehr des Verbrechens zu verhindern. Beides, diese ökonomische Rationalität und diese sie stützende Religiosität des pantheistischen Organizismus zusammen, machten erst das größte Verbrechen möglich, das die Menschheitsgeschichte bisher kennt. Es muß ja nicht das größte bleiben.[389]

Heute werden die allerschwersten Fälle von Behinderung und spektakuläre Einzelfälle individuellen Todeswunsches propagandistisch benutzt, um eine allgemeine sozialpolitische Strategie durchzuziehen. Der Angriff auf die Behinderten zielt über diese hinaus auf die sozialen Errungenschaften und Forderungen aller. Er trifft die mehr Behinderten ebenso wie die weniger Behinderten, die sich als Nichtbehinderte fühlen, bis sie die Folgen dieser Gesellschaft in Kriegs- und Schwerbeschädigung, arbeitsplatzbedingter Frühinvalidität, Krebs oder Unfallfolgen ebenso zu spüren bekommen wie in streßbedingten psychosomatischen Erkrankungen bis hin zu schweren Neurosen. Heute bereits erreicht nur ein Drittel der Rentenversicherten das Altersruhegeld. Ein Drittel ist bereits vorher tot, ein weiteres als Invalide frühverrentet, wobei psychische Schäden fast nur als Suchtkrankheiten zu Buche schlagen.

Die Verlängerung der Lebensarbeitszeit, die sich mit diesen Invalidenquoten nicht vereinbaren läßt, ist nach einer jahrelangen Kampagne gesellschaftlich akzeptiert. Im August 1989 berichtete die »Frankfurter Allgemeine Zeitung« ganzseitig unter der Überschrift »Sind unsere Alten noch finanzierbar?« über Sterbehilfe und die Finanzprobleme der Rentenversicherung. Deutlicher kann man den eigentlichen Sinn der »Schwarzen Debatte« nicht bloßlegen. Arbeiten bis zum Umfallen und dann der Giftbecher – das ist eine Perspektive für die Massen, die in den Eliten der hochentwickelten Staaten bereits seit Jahren diskutiert wird. »Ganzheitliches Denken« liegt ihr zugrunde: Zum Beispiel die barbarische Tradition indianischer Völker, ihre Alten zu töten, wenn diese unproduktiv wurden – alles naturreligiös legitimiert selbstverständlich. Knappe Ressourcen und steinzeitliche Produktionsverhältnisse waren die materielle Basis für die indianische Naturreligion, die heute in den »neuen sozialen Bewegungen« wieder Konjunktur hat. So drastisch kann die Wirklichkeit des scheinbar realitätsfernen, »sanften« New Age werden.

Ein anderes Beispiel ist der »ganzheitliche« Neurologe Viktor von Weizsäcker, der als einer der Begründer der psychosomatischen Medizin in Deutschland gilt. Vor allem seine bekanntesten Bücher »Der Gestaltkreis« von 1940 und »Gestalt und Zeit« von 1942 zeigen ihn als Ideologen des »Neuen Denkens«, das zu dieser Zeit von seinem Neffen Carl Friedrich von Weizsäcker im Nationalsozialismus vertreten wurde. Viktors Buch »Natur und Geist« von 1944 gab den Titel des New Age-Kongresses »Geist und Natur« 1988 in Hannover ab, auf dem Carl Friedrich einen der Hauptvorträge hielt. Letzterer hat sich vielfach geistig zu seinem Onkel bekannt und sich in ideologischer Hinsicht »fast als Sohn« Viktors bezeichnet.[390]

Der Mediziner Viktor von Weizsäcker übersetzte das »Werden und Vergehen« aus dem ganzheitlich-kosmischen Denken in eine »Heilungs-« und »Vernichtungsordnung« des Arztes, der sich ehrlicherweise eingestehen müsse, bei seiner Tätigkeit beides zu tun: Heilen und Vernichten. Weizsäcker wollte beides für die ärztliche Praxis gewissermaßen kodifizieren. Er war ein Anhänger des Heroischen Realismus, der den Arzt befähige, Schuld auf sich zu laden »bis zum Risiko des persönlichen Untergangs«. Die »Kette der Erhaltungs- und Vernichtungsmaßnahmen«, in der ein Arzt stehe, sei »unentrinnbar«: »Helfen heißt zugleich: wählen, wem man hilft und was man rettet.« In der wirtschaftlichen Krisenzeit am Ende der Weimarer Republik entwickelte er mit anderen »ganzheitlichen« Medizinern das Konzept der »Rentenneurose«, das gegen die Opfer der Weltwirtschaftskrise gerichtet war.[391] »Faulheit«, aber auch aus anhaltender wirtschaftlicher Not folgende Apathie gegenüber der Erwerbsarbeit, führen danach bei »querulatorischen Rentenkämpfern« zu eingebildeten Krankheiten wie »Magen-« oder »Herzneurosen«, um »neurotische Begehrensvorstellungen« gegen die Sozialversicherung durchzusetzen. Die Wortwahl Viktor von Weizsäckers macht deutlich, wie der Freiherr über das einfache Volk denkt. Der Kranke könne nur geheilt werden, indem er zum »Opfer« an sich selbst und an das soziale Ganze gezwungen werde.

Dazu sei eine Veränderung der Sozialpolitik nötig, die den Kranken nicht etwa verrente, sondern zwangsweise zum Arbeitsdienst heranziehe und ihm bei fortgesetzter Weigerung jegliche soziale Unterstützung entziehe. Solche Ideen machten Weizsäcker zu einem angesehenen und offiziell wie öffentlich belobigten Mediziner im Deutschland der Nazis. Er lehnte es 1945 in seiner Autobiographie »Begegnungen und Entscheidungen« ausdrücklich ab, diesem Staat gegenüber »eine lediglich negative Haltung einzunehmen«: Als ganzheitlicher Denker arbeitet man da doch mit!

Seine »Yin und Yang«-Vorstellung von »Heilen und Vernichten« fortsetzend, war Viktor von Weizsäcker direkt in die Euthanasie-Aktionen der Nazis verwickelt, wie Karl Heinz Roth in seiner Studie »Der Fall Viktor von Weizsäcker« darlegt. Vor allem ging es hier um die Tötung sozial unangepaßter Kinder, die auf barbarische Weise vorgenommen wurde. Die nach der Autopsie erstellten Hirnbefunde lagen in den Fällen, über die Roth berichtet, fast immer im Bereich des Normalen. Die Befunde und Hirn- und Rückenmark-Präparate der ermordeten Kinder wurden an Weizsäcker gesandt, der vorher genaue Anweisungen zur Behandlung der Kindesleichen gab, damit die als Präparate vorgesehenen Körperteile nicht zerstört würden. Das Ziel solcher Aktionen war es offenbar, sozialen Frieden durch die Ermordung derer herzustellen, die soziale Ansprüche stellten, hier ausprobiert an schwer erziehbaren Kindern. Das »Gestaltfremde« – ein Begriff des nazistischen Ganzheitspsychologen Friedrich Sander – mußte »ausgemerzt« werden. Wenn es – nach den Schätzungen von Wohlfahrtsverbänden – 1993 in Deutschland circa 40000 obdachlose Straßenkinder gab, so ist jedenfalls das polizeilich auffällige »Gestaltfremde«, gegen das sich damals die »Ausmerze« richtete, heute bereits wieder vorhanden.

Viktors Bruder Ernst von Weizsäcker, SS-Mitglied ehrenhalber und Staatssekretär im Auswärtigen Amt der Hitler-Regierung, hatte sein eigenes »Werden und Vergehen«-»Yin und Yang«. Er wurde als Kriegsverbrecher gemeinsam mit dem Ideologen des »Neuen Denkens« der SS, Walter Darré, in Nürnberg vor Gericht gestellt und im »Wilhelmstraßen-Prozeß« als Hauptangeklagter verurteilt. In einer Stellungnahme, die er am 27. März 1942 gegenüber Adolf Eichmann abgegeben hatte, hieß es: »Seitens des Auswärtigen Amtes wird gegen die Abschiebung von insgesamt 6000 polizeilich (!) näher charakterisierter Juden französischer Staatsangehörigkeit bzw. staatenloser Juden nach dem Konzentrationslager Auschwitz (Oberschlesien) kein Einspruch erhoben.« Im Prozeßurteil wurde ihm vorgeworfen, unmittelbar nach der »Wannsee-Konferenz« vom 20. Januar 1942 von einem Teilnehmer über die Pläne zum fabrikmäßigen Mord an den europäischen Juden informiert worden zu sein und danach die osteuropäischen Satellitenstaaten des Nazi-Reiches gezwungen zu haben, Juden auszuliefern.[392]

Der unbelehrbare Viktor wurde niemals angeklagt, er schrieb 1947 unter dem Eindruck eines Euthanasie-Prozesses *gegen andere*, der als Nürnberger Ärzte-Prozeß in die Geschichte einging: »Es gibt jetzt eine soziale Krankheit. ... Ein Kollektiv kann als solches auf eigene, neue Art krank sein. ... So wie die Amputation eines brandigen Fußes den ganzen Organismus rettet, so die Ausmerzung der kranken Volksteile das ganze Volk. Als Opfer betrachtet wären beide Fälle berechtigt und beide als ärztliche Handlung sinnvoll und nötig.« Wenn sich der New Ager Carl Friedrich von Weizsäcker selbst in diese Tradition stellt, dann wird ersichtlich, was er unter der Formel Albert Schweitzers von der »Ehrfurcht vor dem Leben« wirklich versteht, mit der er 1957 im »Deutschen Allgemeinen Sonntagsblatt« einen Artikel überschrieb.

»Der Tod ist ein Meister aus Deutschland«

Deutschland als Heimat des Todes bloßgestellt zu haben, war eine literarische Leistung von Paul Celan, die ihre ganze Bedeutung erst vor dem Hintergrund des pantheistischen Organizismus seit Meister Eckhart und der faustischen Taten seit der Gründerzeit gewinnt. Das erste gentechnisch hergestellte Lebewesen wurde beim Europäischen Patentamt in München zum Patent angemeldet: Die sogenannte Krebsmaus. Dem Tier wurde eine besondere Anfälligkeit, an Krebs zu erkranken, und die Fähigkeit, dies zu vererben, ins Genprogramm hineinmanipuliert. Die Pharma-Konzerne wollen sich den künstlichen Tod patentieren lassen.

Im deutschen Faschismus wurden die Massenmordpläne, die in verschiedenen Stufen zig Millionen Europäer betreffen sollten, mit dem Euthanasie-Programm getestet. Bisher noch weitgehend unbekannt sind die engen Verbindungen und personellen Identitäten zwischen der aktuellen »Schwarzen Debatte«, rechten Sekten und ihrem Umfeld und dem Euthanasie-Programm der Nazis. Beispiele hierfür sind der »Bund freireligiöser Gemeinden Deutschlands« (BFGD) und die »Deutsche Unitarier Religionsgemeinschaft e. V.« (DUR).

Bereits 1968 wurde unter dem Deckmantel eines »Europäischen Humanisten Kongresses« der Freireligiösen in Hannover diese Debatte geführt. Die BFGD-Zeitschrift »Der Freireligiöse«, Vorläufer des BFGD-Blattes »Humanist«, dokumentierte in der Ausgabe September 1968 die Referate des Kongresses, der unter dem Titel »Der Schutz des Lebens und seine menschliche Erfüllung« lief. Präsident des Kongresses war Gerhard von Frankenberg, damals Chef der DUR-Zweigorganisation »Eekboom-Gesellschaft«, wie die DUR selbst eine überwiegende Nazi-Gründung, die personell und ideologisch in das »Amt Rosenberg« der NSDAP und die Spitze der SS zurückreichte. In seiner Eröffnungsrede 1968 beschwor er unter Bezug auf Goethe das Streben nach dem Übermenschen und meinte zugleich: »Die Erde ist überbevölkert.« In einem weiteren Diskussionsbeitrag erinnerte er an seine Schrift »Vom Opium der Bevölkerungsdichte« aus den zwanziger Jahren, die als Teil der ideologischen Vorbereitung der Nazi-Massenmorde gelten kann.

Frankenberg hielt es in seinem Redebeitrag 1968 für falsch, sich bei der Reduktion der Überbevölkerung »auf die *Einsicht* der in Frage kommenden Personen zu verlassen. Das würde vielmehr zu einer ›Gegenauslese‹ der Gleichgültigen, Törichten und Verantwortungslosen führen; denn die würden fortfahren, sich fortzupflanzen, während die wertvollen Individuen ihre Kinderzahl beschränkten. Ganz ohne Begrenzung der persönlichen Freiheit geht es in solchen Fällen nicht. Wir sind ja auch genötigt, Seuchenverdächtige unter Quarantäne zu halten, Unmündigen und Narren eine Waffe aus der Hand zu winden ... Ähnliches gilt für die *Eugenik*, die erfreulicherweise ebenfalls in unserer Diskussion eine Rolle gespielt hat«, meinte er mit Bezug auf den Kongreß. »Organismengruppen, die sich im Zustand der ›Nichtauslese‹ befinden, wie etwa domestizierte Tiere – soweit nicht der Züchter die sonst durch den ›struggle for life‹ bewirkte Auslese übernimmt – « würden »entarten«. »Gerade der Mensch, der sich sozusagen aus dem Daseinskampf davongestohlen hat und sein eigenes Haustier wurde, ist der Gefahr der Entartung besonders stark ausgesetzt ... Da wir nun einmal gezwungen sind, die Bevölkerungsziffern zu begrenzen, sollten wir zu erreichen suchen, daß möglichst viel gesundes Erbgut erhalten bliebe, schwer Erbkranke dagegen sich und der Menschheit die Weitergabe ihrer unglücklichen Anlage ersparten. ... *Die Drohung der Masse*, der gute Denkgewohnheiten fehlen, stellt uns vor eine gewaltige Erziehungsaufgabe.«

Was dieser Top-Funktionär der Freireligiösen hier an Viehzüchter-Weisheiten verbrät, ist vordergründig eine widerliche Behindertenpolitik des Kampfes ums Dasein. Der Argumentationsbogen von den »verantwortungslosen Kinderreichen« über die »schwer Erbkranken« zurück zu den »schlecht denkenden Massen« zeigt jedoch, daß in Wahrheit die kinderreiche Unterschicht bzw. die »Dritte Welt« gemeint sind, daß es in Wahrheit zu einer *sozial* motivierten Menschenreduktion kommen soll, wie schon im Umfeld Viktor von Weizsäckers. Der Verweis auf die »Erbkranken« dient lediglich dazu, eine Akzeptanz der tabuisierten Vorhaben herzustellen. Auf dem Kongreß beschäftigten sich zahlreiche Redner mit den »Bevölkerungsziffern«, den »psychologischen Wirkungen des Bevölkerungsdrucks«, der auch »die Vielfalt und Schönheit unserer natürlichen Umwelt mit ihren tierischen und pflanzlichen Bewohnern ... ständig vermindert«. Der »Auschwitz-Zweifler« Dietrich Bronder, damals SPD-Mitglied, forderte die »Kontrolle der Reichen über die Armen«, das Verweigern von Entwicklungshilfe »ohne radikale Geburtenbeschränkungen ... und Verzicht auf großindustrielle Projekte« im Süden, um die Vorherrschaft des Norden zu sichern. Er beendete seinen Vortrag mit den Sätzen: »Eugenik in Grenzen der Verantwortung aller für alle ist nötig und wird von humanistischer Seite durch Bertram in Cambridge ebenso vertreten, wie von katholischer Seite durch Theilhard de Chardin. Die Grundlage unseres neuen Weges muß eine neue Moral sein. Sie beruht auf den Prinzipien einer humanistischen Sittlichkeit, die noch zu erarbeiten ist.« Der freireligiöse Funktionär Wilhelm Bonneß, zu den Zeiten der Präsidentschaft Armin Riesers über den BFGD hier Ehrenpräsident (1987), beschwor auf dem Kongreß die Ahnengalerie der Hunkeschen »eigenen Religion Europas« – ein Jahr vor dem Erscheinen des grundlegenden Hunke-Buches »Europas andere Religion«. Von den »Indo-Ariern« über »die deutsche Mystik« Meister Eckharts, Giordano Bruno bis Max Planck und Albert Einstein als den angeblichen Schöpfern der Ideologie des »All-Einen« wurde die Stammeslinie genannt.

Wer glaubt, dies wären isolierte Sektenspinner, deren Pläne man nicht ernst zu nehmen bräuchte, irrt. Die »Festrede« dieses Kongresses hielt der Sozialdemokrat Sicco Mansholt, damals Vizepräsident der EWG-Kommission und zeitweiliger Lebensgefährte der EG-Verwaltungsrätin und späteren Bundestagsabgeordneten der Partei Die Grünen, Petra Kelly, die selbst ebenfalls eine Anhängerin der Naturreligion war und neben Robert Jungk im »Berater-Netzwerk« von Fritjof Capras Esalen-Institut saß. Mansholt warnte damals – es war die Zeit der Studentenbewegung und des Prager Frühlings sozialistischer Reformen – vor der Linken »von Dutschke bis Dubček« und vor dem »Mamama-Ismus (Marx-Mao-Marcuse)«. Er machte sich für eine neokolonialistische Politik des vereinten Europa gegen die »Bevölkerungsexplosion« in der »Dritten Welt« stark und befand, »daß dieser jetzt weltweite Klassenkampf, wenn wir ihn nicht überwinden«, eines Tages zum Untergang der gesamten Welt führen könnte. Hilft das organizistische »Yin und Yang«-Konzept nicht, den Klassenkampf »sanft«, freiwillig zu überwinden, dann muß eben wieder das Konstrukt der »Erbkrankheit« und der »Rentenneurose« ran.

Der »Ethiker« und Philosoph Hans Jonas bemitleidete 1989 in der Wochenzeitung »Die Zeit« Peter Singer, weil der kritische Teil der Öffentlichkeit ihn offensiv bekämpfte: »In der angelsächsischen Welt, in der ich nun seit Jahrzehnten lebe, kennt man diese Form der Diskussion nicht, die vergiftet ist von Unterstellungen und Beschimpfungen, von Verdächtigungen der Motive des anderen – bis hin zum Anwurf des Faschismus.« Doch es geht nicht um »Unterstellungen« und »Verdächtigungen«, sondern schlicht um Identitäten. Die Blindheit von Jonas für die *faktischen* Beziehungen zum (Neo-) Faschismus dankt ihm die »Neue Rechte«. Die auch für das Neuheidentum der »Neuen Rechten« agitierende Zeitung »Junge Freiheit« schrieb im März 1991: »Darüber hinaus hat jede Suche nach einer ökologischen Ethik per se konservative Implikationen. Zwar würden sich Hans Jonas und Erwin Chargaff kaum selbst dem konservativen Lager zurechnen, aber ihre Einsicht in das ›Prinzip Verantwortung‹ (ein Buchtitel von Jonas, P. K.) ... wirkt in ähnlicher Weise wie das, was Konrad Lorenz oder Irenäus Eibl-Eibesfeld schon früher bezüglich der Gefahren von Umweltzerstörung und Manipulation der natürlichen Lebensbedingungen des Menschen erkannt haben.« Lorenz hatte, wie oben zitiert, 1988 in der Zeitschrift »natur« seine alte These von der Überbevölkerung als der eigentlichen Gefahr für den Organismus Erde wiederholt und seine Hoffnung in Massenseuchen wie Aids gesetzt, damit die Menschheit reduziert werde. Eibl-Eibesfeld vertritt – auch innerhalb der extremen Rechten – ähnliche Positionen.

Es sind Fachleute der Zwangssterilisation und Euthanasie, die für die rechte Praxis des pantheistischen Organizismus bürgen. Die »Deutschen Unitarier« sind ein weiteres Beispiel für die Kontinuität der »Schwarzen Debatte« von den Nazi-Verbrechen her. Nach vielfachen Angriffen von Antifaschisten versteckt die Sekte ihre Euthanasie-Politik heute hinter dem Wiederabdruck von Jonas-Zitaten zur passiven Sterbehilfe und von Zeitungsausschnitten aus der Zeitung »Die Zeit«, die der Euthanasie-Kritiker Oliver Tolmein als »›Euthanasie‹-Fachblatt« bezeichnet. In früheren Jahren war die DUR direkter. Am 23. und 24. Oktober 1965 veranstaltete das »Amt für praktische religiöse Arbeit« der DUR – das zeitweise unter der Leitung eines der engsten Mitarbeiter Alfred Rosenbergs, Eberhard Achterberg, stand – eine Wochenendtagung zum Thema »Humanismus und Euthanasie«. Sprecher war der frühere Nazi-Euthanasie-Gutachter Prof. Werner Catel, der 1939 mit dafür verantwortlich war, daß die Kinder-Euthanansie in Gang kam. Er war bis 1944 Gutachter des »Reichsausschusses zur Erfassung schwerer erb- und anlagebedingter Leiden«. Ob er auch mit den Kindern befaßt war, die in den letzten Monaten des deutschen Faschismus ermordet und als Präparate auf Viktor von Weizsäckers Tisch landeten, ließ sich nach den Quellen nicht klären.[393] Als Koreferent über »Ethische Gegenwartsfragen« trat Thomas Leutkart auf, der bereits 1930 unter dem Einfluß des völkischen »Indologen« und Begründers der nazistischen »Deutschen Glaubensgemeinschaft«, Wilhelm Hauer, gestanden hatte. Der Rosenberg-Anhänger Hauer überzeugte damals den soeben aus einem katholischen Missionskloster ausgetretenen Leutkart nach dessen eigener Aussage von 1990 davon, zum faschistischen Neuheidentum überzutreten: »Die Begegnung mit Hauer bedeutete für mich im damaligen Moment eine tiefgehende Klärung und Fundierung meiner religiösen Gesamteinstellung.« Leutkarts pantheistisch-organizistisches Buch »Weg und Ziel bist Du selbst« gehört heute zu den wenigen Schriften, die der »Verlag der Deutschen Unitarier« herausbringt; es ist neben Hunkes »Europas andere Religion« eines der Hauptbücher der DUR. Auf dieser Pro-Euthanasie-Tagung wurde auch über »Verantwortung vor der Umwelt« gesprochen. All dies blieb kein Einzelfall bei der DUR.

Das lag an Albert Hartl, der damals – neben dem soeben verstorbenen Wilhelm Hauer und vor Sigrid Hunke – der herausragende Ideologe der DUR war. Auch lange nach seinem Tod (1982) und noch in der zweiten Hälfte der achtziger Jahre war Hartl für die Sekte von zentraler Bedeutung. Noch 1989/90 verteidigte die DUR ihn öffentlich.

Hartl war mehr noch als Catel in den Jahren 1938 und 1939 am Zustandekommen des Nazi-Euthanasie-Programms direkt beteiligt gewesen. Er und seine Frau Maria hatten in den sechziger Jahren zahlreiche Schriften zur New Age-faschistischen Ideologie herausgebracht, darunter 1963 das dreißig Seiten starke Bändchen »Das nichtchristliche Europa und seine religiöse Tradition«, in dem Hartl Hunkes »Europas andere Religion« von 1969 thesenhaft vorwegnahm. Der eifrige pantheistische Organizist verfaßte auch ein Theaterstück über Giordano Bruno. Zeit genug hatte er, denn als ehemaliger hochrangiger SS-Offizier in Himmlers Berliner Terrorzentrale konnte er nach dem 8. Mai 1945 nichts mehr werden. Hartl war 1929 zum katholischen Priester geweiht worden, sympathisierte aber mit dem Nationalsozialismus. Der NSDAP trat er am 1. Mai 1933 bei. Weil er sich sofort als Spitzel gegen die eigene Kirche wandte und seinen NS-feindlichen kirchlichen Vorgesetzten bei den Nazis denunzierte, wurde er exkommuniziert. Er kam in Kontakt mit den beiden obersten SS-Terroristen. Heinrich Himmler, dessen Vater mit Hartl seit längerem bekannt war, und der mit Hartl gleichaltrige Reinhard Heydrich – ein zum fanatischen Neuheiden und Rom-Hasser konvertierter früherer Katholik – suchten Albert Hartl im Jahre 1933 persönlich auf, warben ihn als Spitzel gegen seine Kirche und übertrugen ihm ab 1934 den Aufbau der Abteilung für die Verfolgung antifaschistischer Christen im *Sicherheitsdienst der SS*, der sich dann im Prinz-Albrecht-Palais an der Wilhelmstraße einquartierte. Hartls Amtssitz war später in der Meinekestraße 10 in der Nähe der Kaiser-Wilhelm-Gedächtnis-Kirche.

Der Himmler-Heydrich-Protegé unterhielt weiterhin gute Verbindungen in die nazifreundliche Fraktion des deutschen Katholizismus. Ende 1938 wurde er von einem Mitarbeiter aus der direkten Umgebung Hitlers beauftragt, bei katholischen Theologen Gutachten darüber einzuholen, wie sich die katholische Kirche im Falle eines Euthanasie-Programms verhalten würde. Hartl besorgte daraufhin bei katholischen Theologen Expertisen, nach denen die Kirche den Mord an Behinderten wohl tolerieren werde, was ja auch schließlich einige Zeit geschah. In Nachkriegs-Prozessen gegen NS-Verbrecher trat Hartl als Entlastungszeuge auf und behauptete, diese Gutachten hätten den Ausschlag für Hitlers Entscheidung gegeben, das Euthanasie-Programm zu starten.

1940 predigte Hartl »nordische Gottgläubigkeit« als innere Voraussetzung eines jeden SS-Führers, 1941 war er als SS-Sturmbannführer zum Leiter der Gruppe IV B in Himmlers *Reichsicherheitshauptamt* aufgestiegen und somit unmittelbarer Vorgesetzter Adolf Eichmanns, der die Abteilung IV B 4 »Judenangelegenheiten, Räumungsangelegenheiten« leitete. Zu dieser Zeit arbeitete Eichmann nicht nur seit längerem an dem mörderischen »Madagaskar-Plan«, nach dem die Nazis die europäischen Juden auf der afrikanischen Insel verhungern und an Seuchen sterben lassen wollten. Es wütete auch bereits seit fast zwei Jahren in Polen die SS vor allem gegen Juden und gegen die polnische Intelligenz, die in Massenerschießungen starben oder bei Deportationen, die Heydrich bereits im Oktober 1939 angeordnet hatte. Ab Dezember 1939 war es Adolf Eichmann, der auf Befehl Heydrichs an dieser »Evakuierung des Ostraumes« arbeitete. Wie man heute weiß, wurden zu Hartls Zeiten in Eichmanns Unterabteilung auch bereits die planerischen Vorarbeiten für die fabrikmäßige Ermordung von Millionen Menschen geleistet, die schließlich am 20. Januar 1942 bei der von Heydrich geleiteten »Wannsee-Konferenz« lediglich abschließend koordiiert wurden. Es ist kaum anzunehmen, daß Hartl als unmittelbarer Vorgesetzter Eichmanns von alledem nichts wußte. Hartl verließ die Abteilung IV B Ende 1941, also nach dem Überfall Nazi-Deutschlands auf die Sowjetunion und nach dem Beginn der sofort im Sommer 1941 einsetzenden Massenerschießungen durch die SS-Einsatzgruppen hinter der Front. Allerdings wurde er – der in etlichen NS-Prozessen als Entlastungszeuge für seine SS-Komplizen auftrat – niemals selbst angeklagt. Der typische Schreibtischtäter war wohl überall dabei gewesen, man konnte ihm aber keine individuelle eigene Bluttat nachweisen. Statt dessen füllte er indirekt mit seine Kirchenbespitzelungen das »Geistlichen-KZ« Dachau und hatte offenbar derart viel Einfluß innerhalb der SS, daß sich frühere Bekannte aus der katholischen Kirche an ihn wandten, wenn sie Erleichterungen für ihre inhaftierten Verwandten erbitten wollten; ob sie bei dem inzwischen fanatischen Neuheiden zum Erfolg kamen, ist nicht bekannt.

Kurzzeitig bekam Hartl wegen einer Frauengeschichte disziplinarische Schwierigkeiten und war dann ab 1942 in der Ukraine bei der *SS-Einsatzgruppe C*, wo er Inspekteursaufgaben wahrnahm. Die Einsatzgruppe C hatte bei Hartls Eintreffen bereits mehr als 100000 Ukrainer ermordet, meist durch Erschießungskommandos. Bald schon wurde er ins katholische Slowenien geschickt, daß Nazi-Deutschland nach der Zerschlagung Jugoslawiens teilweise annektierte. 1943 knüpfte er dann im Vatikan Kontakte zu dem nazifreundlichen Bischof Alois Hudal, der nach Kriegsende die sichere Flucht von Nazi-Größen über Rom und Kairo nach Südamerika organisierte. 1944 war Hartl in der Slowakei, die von dem faschistischen katholischen Priester Josef Tiso als Satellitenstaat Nazi-Deutschlands geführt wurde. Bei diesen Einsätzen außerhalb Berlins übte Hartl nach eigenen Angaben vor allem »Agententätigkeiten« in der Nachrichtenbeschaffung aus, sein Spezialgebiet seit den ersten, noch als Priester vorgenommenen Denunziationen 1933. Nach dem 8. Mai 1945 befand sich Hartl – wie etliche andere spätere Funktionäre der DUR auch – in speziellen Internierungslagern, die die Alliierten für hohe NSDAP- und SS-Funktionäre eingerichtet hatten. Dort warb er für Neuheidentum und religiöse »Toleranz«, die alte, bis heute aktuelle Waffe der völkischen Sekten. Er mag hier zu den DUR-Gründern gestoßen sein.[394]

1965 veröffentlichte Hartl im Helmut Soltsien Verlag Hameln – dem Stamm-Verlag der DUR – seine Schrift »Euthanasie in religiöser Sicht« und reiste mit diesem Thema auf Vortragsveranstaltungen durch die DUR-Gemeinden. Der Begriff »Euthanasie« »umfaßt letzte Vollendung des Menschseins«, befand er, er »drückt also zunächst das Glück, die Fähigkeit, die Kraft aus, gut, anständig zu sterben«. Ob er die Kinder meint, die für die Weizsäcker-Präparate elendig an den Folgen der Luminal-Spritzen erstickten? Es gebe eine »Pflicht zur Sterbehilfe«, weil »unsere Lebensgesetze eingewirkt sind in die Gesetze des Alls«. »Erst aus diesem religiösen Grunde, aus dem Verwobensein mit dem All, dem einen All, erhellt sich unsere Wirklichkeit.« »Lebenshilfe erhält ihre Krönung in der Sterbehilfe.« Hartl kommt sofort zur Sache, der Euthanasie als Mittel zur faschistischen Sozial- und Bevölkerungspolitik nämlich, wie sie bereits bei Weizsäcker und seinen »medizinischen« Kumpanen die letzte Konsequenz der »Rentenneurose« war: Der Wert des konkreten Lebens sei relativ, »das Leben der berühmtem schöpferischen, liebenden, denkenden Menschen ist etwas ganz anderes als das Leben bequemer, körperlich und seelisch ranzig gewordener, vergifteter und verkniffener, erkalteter und verbitterter Personen«. »Die rein biologische Existenz stellt nicht den höchsten Wert des menschlichen Daseins dar«, es gebe eben doch »lebensunwertes Leben«.

Dies ist ein umfassender Katalog zu ermordender Menschen. »Das Leben vollzieht sich in stetem Wandel«, tröstet Hartl die zukünftigen Opfer, »zum Werden gesellt sich immer wieder das Vergehen.« Der selbstgöttliche – und immer überlebende! – Euthanasie-Arzt »erfüllt in tiefer Menschlichkeit und Ehrfurcht die Gesetze des Lebens«. Gelassen soll man in den Tod gehen, heroisch-realistisch sich ins angeblich Unvermeidbare schicken, notfalls etwas nachhelfen im »Recht zu sterben«, wie Hartl schrieb. »Gelassenheit ist das Zusammenklingen von ganz persönlicher menschlicher Eigenart mit den großen Zusammenhängen des Alls. ... Gelassenheit oder Harmonie bedeutet deshalb die tiefste und zugleich weiteste Entfaltung menschlichen Seins.« Das ist original New Age.

Nicht mehr »gelassen« sind dagegen diejenigen, die für gesellschaftliche Veränderungen kämpfen, damit sie nicht »vergiftet« werden, von ihren Arbeitsbedingungen nicht »körperlich ranzig«, von der knappen Sozialhilfe nicht »verbittert«. Die »Überwindung, Beseitigung, Ausschaltung der Unwerte, der negativen Seiten des Daseins« soll beim Todes-Ideologen Hartl nicht über gesellschaftliche Veränderungen geschehen, sondern über Mord der angeblich Unwertigen und Negativen. Statt Schwerkranke medizinisch zu versorgen, sollten nach seiner Meinung mit Hilfe der Euthanasie »wertvollste ärztliche und pflegerische Kräfte sowie kostbare technische und wissenschaftliche Hilfsmittel dem Dienst an jenen Menschen« zur Verfügung gestellt werden, »bei denen noch berechtigte Aussicht auf Heilung besteht«. Diese fast dreißig Jahre alten Sätze sind aktuell in der heutigen Zeit der Kostenexplosion im Gesundheitswesen und des Pflegenotstands, ihre Intention ist völlig identisch mit der Argumentation von Funktionären der »Deutschen Gesellschaft für humanes Sterben«, die heute – z. B. bei einer Veranstaltung in Bonn im Herbst 1991 – den Pflegenotstand als Argument für den Beitritt zu ihrer Organisation anführen.

Hartl ist auf der Linie von Peter Singer 1984, wenn er 1965 schreibt: »Die Gesamtheit des menschlichen Seins, das Wohl der Angehörigen und wirtschaftliche Gesichtspunkte zusammen wiegen mehr als das bloße Vegetieren unter maßlosen Schmerzen.« Als ob es nicht gelte, hierzu eine Lebens-Alternative zu schaffen! Wiederum wird der grenzenlose ökonomische Utilitarismus deutlich. Wenn in den siebziger Jahren der ehemalige katholische Priester Hubertus Mynarek zum Ideologen der DUR aufsteigt, der in seinen Schriften gegen den »technisch-utilitaristischen«, Natur »vernutzenden« Menschen angeht, so zeigt dies in aller Deutlichkeit die ganze Heuchelei im pantheistischen Organizismus: Gibt es eine größere »Vernutzung« in einer hochzivilisierten, extrem reichen Gesellschaft als die, kranke Menschen aus ökonomischen Gründen zu töten oder sterben zu lassen? In absurdester Perversion der Ethik schreibt Hartl: »Gerade in solcher Sterbehilfe könnte sich die wahre religiöse *Ehrfurcht vor dem Leben* zeigen, die viel tiefer und weiter greift als die bloße Ehrfurcht vor dem Bestand rein biologischer Funktionen des Lebens.« Offenbar möchte er auch seine eigene Tätigkeit als SS-Mann entsorgen: »Massenvernichtungen« seien Frucht »der fortschreitenden Vermehrung der Menschheit« – das Problem der Überbevölkerung also –, die ersten Vernichter seien »die Israeliten« gewesen, die dem »Ausrottungsbefehl« ihres jüdischen Gottes gefolgt wären. Jetzt wissen wir endlich, wer am Komplex Auschwitz schuld ist, zumindest nach Meinung des unmittelbaren Vorgesetzten von Adolf Eichmann: das Judentum! Hartl beschwört am Schluß seiner Schrift noch einmal die New Age-faschistische »Einheit des Alls, die wir das Göttliche nennen. Nur in dieser religiösen Welt lösen sich uns die Probleme der Euthanasie.« Das alles ist streng religiös abgesichert. Hartl bezieht sich in diesem Text von 1965 sogar noch einmal zusätzlich auf die theologischen Gutachten, die er selbst 1938/39 für Hitler besorgte.[394a]

Die Beschäftigung der »Deutschen Unitarier« mit dem Tod bekommt vor diesem Hintergrund eine besondere Bedeutung. »Mauern abbauen« wollte ihre Zeitschrift »unitarische blätter« im Januar 1993: »Im Grenzland zwischen Leben und Tod.« Drei Monate später hielt der »Fachverband für weltliche Bestattungs- und Trauerkultur« in der »Jugendbildungsstätte Klingberg« der »Deutschen Unitarier« ein Wochenendseminar ab: »Trauer um Kinder und Jugendliche – Kinder und Jugendliche in der Trauer«. Da waren wohl Fachleute des Todes unter sich.

Hartls Schriften dienten dem evangelischen Pfarrer Wolfgang Seibert aus Biebertal in Hessen in seinem unkritischen, durchweg positiven Buch »Deutsche Unitarier Religionsgemeinschaft« von 1989 als Quelle, um die DUR in der europäischen Kultur – *nicht etwa Unkultur* – verwurzelt darzustellen. Das Buch wurde von der Evangelischen Zentralstelle für Weltanschauungsfragen EZW, einer offiziellen Institution der EKD, herausgegeben. Die »Euthanasie«-Broschüre allerdings verschwieg Seibert, ebenso Hartls Tätigkeit in der SS. Offenbar war Ex-Katholik Hartl im evangelischen Bereich nicht unbekannt: Im Januar 1961 sprach er auf Einladung der Evangelischen Akademie Schleswig-Holstein in Ratzeburg. Es ist vor diesem Hintergrund völlig unverständlich, wie sich der Publizist Ernst Klee, der sich um die Aufklärung der Nazi-Euthanasie-Hintergründe verdient macht, bei einer Zeitschrift wie »Publik-Forum« engagieren kann, die den DUR-Ideologen Hubertus Mynarek vehement gegen antifaschistische Kritik in Schutz nimmt und die den »Justitiar« der DUR, Ralf Abel, als Kronzeugen gegen die konkurrierende rechte Sekte Scientology-Church anführt.

Albert Hartl macht am Ende seiner »Euthanasie«-Schrift noch einmal den Bezug zwischen Ideologie und Natur deutlich, der die Gestaltung der »Ahnenstätten« faschistischer Sekten prägt und ihre politisch-weltanschauliche Botschaft ist. Es sei »eine natürliche Erfahrung«, daß neben den »Gesetzen des Lebens«, die »neues Reifen und Blühen und Lieben, neue Früchte und neue Ernten« bewirkten, »auch ein Gesetz des Welkens und Verderbens, des Verlöschens und Sterbens besteht. Wir erfahren es und wissen es, daß Tausende von einzelnen Naturgesetzen sich zu einem weiten und tiefen Gesamtgefüge eines einheitlichen ewigen Gesetzes verbinden.«[395]

Die Botschaft »naturnaher« Todesäcker ist der Sozialdarwinismus des Werdens und Vergehens im Kampf ums Dasein, bis hin zu den Mordfabriken des Komplexes Auschwitz. Die Opfer dieser millionenfachen Morde verpflichten dazu, keine Toten und keine Lebenden »ruhen« zu lassen, wenn sich diese totgeglaubte Ideologie und Politik im sanften Gewand des New Age wieder regt. Es war die Blut-, Boden- und Rassereligion der völkischen Bewegung, die die moralischen Schranken vor dem Mord an den Schwachen niederriß. Es ist ihre Nachfolgerin, die New Age-Bewegung, die diese Schranken heute erneut überwindet. Die Opfer sind beide Male identisch.

5.

Die braunen Götter der »Deutschen Unitarier«

Enttarnung völkischer Rassisten

Die »Deutsche Unitarier Religionsgemeinschaft e. V.« (DUR) sowie ihre Zweigorganisationen und Abspaltungen zählen zu den Gruppierungen, die bis Mitte der achtziger Jahre vom Antifaschismus weitgehend unbeachtet gelassenen wurden. Dabei ist die DUR in Wahrheit seit ihrer Gründung eine Drehscheibe für Ideologie und Personen des (Neo-) Faschismus, denn sie ist die direkte Nachfolgerin der »Deutschen Glaubensbewegung« (DG), die das Hauptinstrument des Kirchenkampfs der Nazis war. Während z. B. die eher randständige Sekte der Ludendorffer immer im Blickfeld antifaschistischer und verfassungsschützender Beobachtungen und Aktivitäten stand, genießen die »Deutschen Unitarier« das Privileg, Teil der Bewegung der Freireligiösen und damit vermeintlich unverdächtig zu sein.

Die DUR konnte sich im Gegensatz zu den geächteten Ludendorffern in der Mitte der Gesellschaft fest verankern, wurde und wird aus Steuer- und Wohlfahrtsgeldern finanziert und erfreut sich einer breiten Unterstützung prominenter Mitglieder der bundesdeutschen Gesellschaft. Intensive Recherchen, die die »Bonner Initiative Gemeinsam gegen Neofaschismus« und das »Antifaschistische Forum Kiel« seit einigen Jahren über die DUR und ihr Umfeld anstellten, brachten dagegen die Wahrheit dieser Sekte zutage: Sie ist in Ideologie und Personal auf Führungs- und Mitgliederebene im wesentlichen nationalsozialistisch bzw. neonazistisch bestimmt. Dabei ist insbesondere die rassistische Richtung des »nordischen Mythos«, die die Basis des NS-Rassismus abgab, ausschlaggebend. Führende Personen der völkischen Bewegung, der SA, SS und Gestapo, Mitkämpfer und enge Mitarbeiter des NSDAP-Chefideologen und »Beauftragten des Führers für die gesamte geistige und weltanschauliche Schulung und Erziehung der NSDAP«, Alfred Rosenberg, und des Chefs des »Rasse- und Siedlungsamtes« der SS, Reichsbauernführers und NS-

Ernährungsministers, Walter Darré, haben die DUR zum eigenen Unterschlupf nach 1945 aufgebaut und inhaltlich geprägt. Dabei schreckten sie auch nicht vor der Zusammenarbeit in dem nationalsozialistischen und neofaschistischen *kriminellen* Bereich zurück. Ohne Zweifel werden sich in der DUR und ihrem Umfeld auch nicht-nazistische Mitglieder finden lassen, die jedoch vor allem als »weiße Westen« oder »lebende Persilscheine« eine Rolle spielen, kaum jedoch in der Ideologieentwicklung und der Organisation der Sekte. Diese Personen müssen sich fragen lassen, warum sie trotz des jetzt bekannten Wesens der »Deutschen Unitarier« dieser Sekte weiterhin angehören bzw. sie unterstützen wollen.

In der DUR finden sich ebenso Ideologen wie Täter des Faschismus, es zeigen sich Verbindungen in die Spitzen der Nazi-Ideologiezentren ebenso wie in die Spitzen der Nazi-Terrorzentralen. Linien lassen sich zeichnen nach Südamerika, wo die SS-Mörder-Szene im Asyl lebte, und zu den Fluchtmöglichkeiten, die den NS-Verbrechern via Vatikan eröffnet wurden. Gerade das Zusammentreffen von Theorie und Praxis der faschistischen Weltanschauung und ihre aktuelle Verankerung in der Mitte der Gesellschaft macht diese Sekte zu einem interessanten Studienobjekt. Die Funktion des pantheistischen Organizismus als der Ideologie, die schlimmste Verbrechen religiös legitimiert und damit für die verbrecherisch agierenden Individuen erst jeweils subjektiv ermöglicht, läßt sich an keinem Beispiel so gut darstellen wie an der DUR.

Raul Hilberg schreibt in seinem Buch »Die Vernichtung der europäischen Juden«: »Der deutschen Vernichtungsmaschinerie wurden keinerlei Hindernisse in den Weg gelegt. Kein moralisches Problem erwies sich als unüberwindlich. Auf den Prüfstand gestellt, gab es unter den Beteiligten nur wenige Zögernde und so gut wie gar keinen Deserteur. Das sittliche Erbe gelangte nirgendwo zum Durchbruch. Dies ist ein Phänomen von allergrößter Bedeutung.« Wir meinen, daß das »sittliche Erbe« bereits im selbstvergöttlichenden, faustischen pantheistischen Organizismus der »deutschgläubigen« »New Age«-Bewegung der zehner, zwanziger und dreißiger Jahre vernichtet worden war, bevor deren Gläubige ohne moralische Skrupel zu Tätern der Maschinerie der physischen Vernichtung wurden. Daß sich nach 1945 sehr viele aus dieser Nazi-Ideologen- und -Täter-Szene in der Sekte der »Deutschen Unitarier« als einer – wenn nicht *der* – Hauptvertreterin des pantheistischen Organizismus in Deutschland bis zum Aufkommen des New Age zusammenfanden, sehen wir als ein Hauptbeleg unserer These.[396]

Die Kontinuität ist *praktisch*: Etliche Funktionäre und Prominente der DUR kandidierten für neofaschistische Parteien, so z. B. für die NPD, die »Kieler Liste für Ausländerbegrenzung« (KLA) oder die »Republikaner« (REP); es gab Verbindungen von DUR-Prominenten zu fast allen wichtigen neofaschistischen Organisationen, in den rechtsextremistischen Verlagen »Grabert« und »Arndt« veröffentlichen wichtige Ideologen der DUR. Seit dem Ende der achtziger Jahre dominiert in der Sekte die Fraktion der »Neuen Rechten«, die vom Lebensalter her keinen eigenen Bezug mehr zum historischen Nationalsozialismus hat, jedoch überwiegend innerhalb der DUR von »Alten Nazis« geschult wurde bzw. diese zu ihren leiblichen Eltern hat – es konnten zahlreiche Familien- oder »Sippen«-Traditionen innerhalb der Sekte aufgezeigt werden, bei der die biologische Herkunft im Zentrum des »Glaubensgutes« steht. Durch innere Zersetzungen und Spaltungen, die in den letzten Jahren aufgrund massiver antifaschistischer Angriffe gegen die DUR stattfanden, scheint sie zur Zeit einen Teil ihrer Drehscheibenfunktion eingebüßt zu haben. Zum Ausgleich versucht sie heute, im breiten Strom des New Age und der Ökologiebewegung unerkannt mitzuschwimmen und hier rechtsextremen politischen Einfluß zu nehmen. Auch hilft es der Sekte, daß prominente Sozialdemokraten sie unterstützen. In der Auseinandersetzung mit Antifaschisten haben sich die heute führenden Funktionäre der DUR jedoch immer wieder demonstrativ vor Personen gestellt, die die nazistische und verbrecherische Tradition verkörpern.

In etlichen Gerichtsprozessen hat die DUR vergeblich versucht, Bezeichnungen wie »völkisch-rassistische Sekte«, »nazistische Tarnorganisation« oder »Nazi-Sekte« verbieten lassen. Auch die Aussage von Antifaschisten, die DUR führe sich auf eine entliehene Geschichte rheinhessischer Freiprotestanten zurück, um ihre wahre nazistische Herkunft zu vertuschen, blieb aufgrund mannigfacher Beweise gerichtlich erlaubt. Die Gerichte in Berlin, Hamburg, Kiel, Bonn und Köln gaben zwischen 1989 und 1992 den Antifaschisten recht: Durch die Masse des vorgelegten Beweismaterials aus den Archiven und den aktuellen Publikationen der DUR überzeugten sich die Gerichte, daß »bis in die jüngste Vergangenheit beim Kläger (der DUR, P. K.) in maßgeblichen Positionen solche Personen tätig waren, die eben nationalsozialistisches Gedankengut vertreten haben« – so formulierte es das Landgericht Berlin in einer vom Kammergericht bestätigten Entscheidung. Das Landgericht Hamburg, dem sich das Hanseatische Oberlandesgericht im Berufungsverfahren anschloß, urteilte, die Bezeichnung »Nazi-Sekte« habe »den erforderlichen Sachbezug« zur DUR-Wirklichkeit und sei daher zulässig. Die DUR konterte schließlich die rechtskräftigen Gerichtsurteile mit einem hilflosen Angriff auf das Grundgesetz: Es werde die Meinungsfreiheit »mißbraucht«, so der Hamburger DUR-Landesgemeindeleiter Helmut Kramer, seit den fünfziger Jahren Funktionär der Sekte. In einem von Kramer unter dem DUR-Briefkopf 1991 veröffentlichten »Kommentar zur gerichtlichen Auseinandersetzung« lügt er dann sogar, den Antifaschisten seinen von den Gerichten

»hohe Strafen« angedroht worden – nichts davon wahr, aber wer sein eigener Gott ist, darf wohl auch lügen.[397]

Die vorliegende zusammenfassende Darstellung über die DUR bringt neue, bisher nicht veröffentlichte Ergebnisse der antifaschistischen Recherche und einen Ausblick auf die weiter zu erwartende Entwicklung der Sekte und ihrer Zweigorganisationen im Zusammenhang mit dem New Age.[398]

Die DUR gibt ihre Mitgliederzahl mit circa 3000 an, widersprach jedoch bisher nicht der Angabe, sie bestehe heute aus weniger als 200 Aktiven. Die jetzt tonangebende mittlere Generation der ehrenamtlichen Funktionäre gehört fast ausschließlich der gehobenen Mittelschicht an und verfügt über gesellschaftlich einflußreiche berufliche Positionen in der Wirtschaft und im Schul- und Hochschulbereich. Sie setzt damit die Tradition ihrer Vorgänger fort, die trotz ihres oft nachweisbaren ungebrochenen ideologischen Engagements für den Faschismus bis in leitende Funktionen der bundesdeutschen Justiz, der Ministerialverwaltungen und Gemeindeämter vordrangen. Lediglich einige wenige waren als schwer belastete ehemalige Top-Nazis in Spitzenpositionen untragbar. Seit Anfang der achtziger Jahre – also kurz vor dem Einsetzen der antifaschistischen Aktionen – sitzen Sektenmitglieder jetzt auch in linken Organisationen wie DGB-Gewerkschaften, SPD oder »grünen« Parteien. Dies ist der Sekte äußerst nützlich, um Geld zu beschaffen und sich gegen antifaschistische Angriffe zu verteidigen.

In den öffentlich zugänglichen Schriften der DUR, die ausgewertet werden konnten,[399] finden sich über die letzten vier Dekaden die im vorliegenden Buch behandelten Inhalte des pantheistischen Organizismus wieder. Dies erstaunt nicht, denn eine führende Exponentin, Sigrid Hunke, ist nach wie vor die eigentliche Chefideologin und bis Ende 1988 die Ehrenpräsidentin der DUR. Bis zur Mitte der achtziger Jahre wird der Organizismus offensiv um die rassistische Komponente des »Nordisch-Arischen« ergänzt, die sich in der Konservativen Revolution bisweilen nicht oder im New Age fast gar nicht offen findet. Der Rassismus in DUR-Schriften mündet in den achtziger Jahren in explizite Ausländerfeindlichkeit bis hin zur Militanz. In der DUR herrscht die Tendenz vor, unterschiedlich erscheinende ideologische Ansätze des Organizismus – z. B. von Mathilde Ludendorff, Rudolf Steiner, Wilhelm Hauer, Pierre Teilhard de Chardin, Hoimar von Ditfurth – zusammenzuführen, um am Ende zu einer einheitlichen »Dritten Konfession« oder »europäischen Religion« zu gelangen. Die Absicht, sich selbst als die organizistische Sammlungsbewegung zu sehen – mindestens jedoch als das Diskussionsforum für die verschiedenen Strömungen –, ist in den DUR-Texten immer wieder spürbar. Auch hierbei setzt man auf Kontinuität: Die Titel-Themen der meist monatlich erscheinenden offiziellen DUR-Zeitschriften »glaube und tat« (g+t; bis 1977) und »unitarische blätter« (ub; ab 1978) wiederholen sich oft fast im Zehnjahresrhythmus; das ist nicht erstaunlich, denn seit 1950 sind beide Zeitschriften von einer bemerkenswert durchgehenden redaktionellen Mitarbeit immer derselben Personen gekennzeichnet.

Das letzte Ziel der weltanschaulich-religiösen Bemühungen der DUR ist die pantheistische Legitimierung selbstgöttlicher faustischer Taten und faustischer Technik als deren Hilfsmittel. Hier ist allein schon der Zeitschriftentitel »glaube und tat« als Programm zu sehen. Dies zeigt sich in der Debatte um Eugenik und Euthanasie, die in der DUR von den alten Nazi-Eugeniker und -Euthanasisten betrieben wurde, über den langjährigen DUR-Präsidenten Horst Prem, der als Leiter der Forschungs- und Entwicklungsabteilung von MBB/DASA Ottobrunn einer der Top-Manager im Bereich der NATO und der Weltraum- und Rüstungsforschung ist, bis zu dem Physiker Wolfgang Deppert von der Universität Kiel, der als langjähriger »theologischer« Chef der Sekte die Nutzung der Atomkraft befürwortet. Handfestes fällt zusammen mit Mystischem: DUR-Einrichtungen verfügen über »Feierhöfe« und »Thingplätze«, es wird in den DUR-Schriften von den nordischen Deutschen als dem »Volk des Lichts« fabuliert, dessen Kultort die Externsteine seien. Ein ehemaliger Mitarbeiter der SS-Organisation »Ahnenerbe« fordert in »g+t« die Wiederaufnahme der unwissenschaftlichen »Ahnenerbe«-Ausgrabungen an den Externsteinen. Mit dem selbst ernannten »Schüler« des »Ahnenerbe«-Gründers Hermann Wirth, Werner Georg Haverbeck, und dessen »Collegium Humanum« arbeitet man zeitweilig zusammen, auf sein faustisches Technik-Verständnis bezieht man sich. Die Gotik, Meister Eckhart und die kolonialistischen Staufer-Kaiser, besonders Friedrich II., müssen bei der DUR ebenso herhalten zur Konstruktion der »arischen« Religion (mit dem Ziel des handfesten »arischen« Reiches) wie die indische Philosophie, Krishna und das Zen. Die Ureinwohner Nordamerikas werden in der Manier der Indianer-Euphorie des historischen Faschismus vereinnahmt: »Von Indianern lernen« heißt 1989 ein DUR-Seminar; der Auftritt eines federgeschmückten angeblichen Schwarzfuß-Indianer-Häuptlings auf dem »Unitariertag« 1985 gerät allerdings eher zum Kostümfest.

Positive Bezüge auf Pierre Teilhard de Chardin und Antoine de Saint-Exupéry finden sich durchgehend, zu Wagner, Darwin und Goethe erscheinen teilweise mehrfach Titelgeschichten der Zeitschriften. Feuerbach, Sorel, beide Uexküll, Dürckheim, Spranger, Guardini, Schrödinger, Heisenberg, Viktor und Carl Friedrich von Weizsäcker, Capra, Dürr, Fromm, Kirchhoff, Benoist, auch Rohrmoser – sie alle sind wiederkehrende ideologische Ecksteine, aus denen in den DUR-Zeitschriften eine einheitliche Weltanschauung für (Nord-) Europäer gebastelt wird. Auch der

Ernst Krieck-Mitstreiter Wolfgang Metzger wird von der DUR zu einem Vortrag eingeladen. Der von 1977 bis 1990 amtierende DUR-Präsident Horst Prem bietet als Alternative zur Demokratie die Prinzipien der Evolution an. Die »Ökologische Religion« von Hubertus Mynarek wird von dem Altnazi und langjährige DUR-Präsidenten Friedrich Ehrlicher 1987 in den »ub« gepriesen: »Mynarek verdient unseren Dank für dieses Buch.« Wiederum wird Albert Schweitzers »Ehrfurcht vor dem Leben« verfälscht, die Forderungen der »Dritten Welt« nach gleichberechtigter Teilhabe am Wohlstand werden mit fadenscheinigen »ökologischen« Gründen zurückgewiesen und die Verteidigung der angeblichen nationalen und religiösen Identitäten eingefordert – dort im Süden und hier im Nordwesten als je verschiedene: Das hinterstehende Ziel ist, die soziale Ungleichheit zu zementieren. Der explizite Bezug auf Ernst Jünger rundet schließlich den Heroischen Realismus ab, der als geistig-religiöse »Orientierung im Dasein« – so der Titel des Buches, das Mynarek für die Jugendarbeit der DUR verfaßte – den Eliten zur faustischen Tat verhelfen soll.

Der neue Weg des New Age ist nur das Fortschreiten in die alte Richtung. »Lebe im Ganzen« überschreibt Friedrich Ehrlicher 1967 seinen Vortrag zum »Unitariertag«, die Rede wird sodann als offizielle Schrift der Sekte herausgebracht. Ehrlicher war bereits als HJ-Mitglied im Kirchenkampf der Nazis engagiert. »Lebe im Ganzen der Gemeinschaft«, »Lebe im Universum« lauten 1967 die Kapitelüberschriften, dann könne man zum heroisch-realistischen »Mitschöpfer« des Kosmos werden. 1977 beginnt Horst Prem seine DUR-Präsidentschaft als Nachfolger Ehrlichers mit dem Vortrag »Krise des Fortschritts – Überleben durch Religion«, in dem er Carl Friedrich von Weizsäcker für seine Anliegen ausschlachtet. Die DUR-Zeitschrift »glaube und tat« wird jetzt in »unitarische blätter für ganzheitliche Religion und Kultur« umbenannt. Auch das verhinderte Karnevalskostüm des angeblichen Indianerhäuptlings wird 1985 »ganzheitlich« interpretiert: »Die drei Zöpfe haben symbolische Bedeutung. Sie stehen für die Einheit von Körper, Geist und Seele, d. h. für die Ganzheit des Menschen. Auf unitarisch gesagt heißt das schlicht: Lebe im Ganzen!«, so die frühere Nazi-Journalistin Kriemhild Klie-Riedel, die heute überall im freireligiösen Bereich das Wort ergreift. Mit Blick auf den Schwarzfußindianer interpretiert DUR-Präsident Prem diese »Ganzheit« dann ganz offen als »Volksgemeinschaft«. Nebenbei: Die drei philosophischen Kategorien Körper, Geist und Seele sind ja nun sehr europäisch-kulturell verwurzelte Unterscheidungen; merkwürdig, daß sie sich im Putz eines Indianerhäuptlings wiederfinden sollen! Im Sommer 1988 erscheinen die »unitarischen blätter« mit einem Interview, das der »theologische« Chef der DUR, Hans-Dietrich Kahl, mit dem New Ager Hans-Peter Dürr gemacht hat. »Als Unitarier auf dem Kongreß ›Geist und Natur‹« heißt Kahls zugehöriger Artikel. Ehemalige Nazi-Funktionäre wie Eberhard Achterberg und Lothar Stengel-von Rutkowski ergänzen dies um Artikel über »Mittsommernacht – Sommersonnenwende« und »Moderne Kritik am Christentum«.[400]

Der Sinn exotischer Kostüm-Aufzüge bei Kongressen der »Deutschen Unitarier« – 1991 mußten Asterix und Obelix auf dem »Unitariertag« herhalten – ist vor allem das Ködern von Jugendlichen, die gerade der Karl May-Zeit entwachsen sind. Klie-Riedel weiter: »Auf die Frage, wer von den verschiedenen Religionsdarstellern beim unitarischen Publikum am besten angekommen sei, lautete die einhellige Meinung: Rufus, der Indianer. Ein Jugendlicher drückte das wie folgt aus: ›Die haben eine Naturreligion, die ebenso glaubwürdig wie nachvollziehbar ist. Da steckt eine Menge unitarisches Gedankengut drin.‹« Wie das wohl beim Indianerdarsteller hineingekommen sein mag! 1987 erscheint »ub« mit der Titelgeschichte »Mit Spannungen leben« über die »Einheit der Gegensätze«, das »Yin und Yang« bzw. die »coincidentia oppositorum«, über die sich der frühere SS-Offizier Lothar Stengel-von Rutkowski hermacht. Und 1989 lautet das Motto des »Unitariertages«: »Ganzheitlich denken – sinnvoll leben«. Der »Leiter des Geistigen Rates« der Sekte, Wolfgang Deppert, bietet in seinem Grundsatzreferat im wesentlichen die Thesen Fritjof Capras dar.

Mit der »Einheit der Gegensätze« ist allerdings keineswegs an so etwas wie eine »multikulturelle Gesellschaft« gedacht, die allen die *gleichen politischen Bürgerrechte* zugesteht, auch wenn sie sich in kulturelle Fraktionen teilen mag. Denn gleichzeitig betont Depperts Nachfolger im Amt, Hans-Dietrich Kahl, Professor Emeritus für mittelalterliche Geschichte aus Gießen und schon 1947 Gründungsmitglied der DUR, auf demselben »Unitariertag« das »sehr bewußte Deutschsein« der »Deutschen Unitarier«. »Volk« könne ohne Zweifel als ein »religiöser Wert« angesehen werden. Nationale Identität, das Losungswort der »Neuen Rechten«, ist Teil der religiösen Identität dieser Sekte, die sich mit ihrem National-Adjektiv von anderen Unitariern auf dieser Welt abzugrenzen versucht. »Jede Nation bete auf ihre eigene Weise«, dieses Wort Herders, das unter dem NS-Regime so schlimme Folgen zeitigte und das Franz Schönhuber heute gegen Moslems in Deutschland schleudert, druckt »ub« 1986 als Sinnspruch. »Völker sind der Menschheit göttliche Lebensordnung«, zitiert dasselbe Blatt 1990 einen der DUR-Vordenker, Friedrich Schöll. Im selben Jahr – dem Jahr der deutschen Wiedervereinigung, für die die DUR aus angeblich religiösen Gründen vierzig Jahre lang gekämpft hat – plädiert Kahl »für eine Neubesinnung der Deutschen auf ihre Rolle als Volk unter Völkern«. Gemeint ist das Konzept der hierarchisch strukturierten »Gestalt« oder »Ganzheit«, in der die Teile verschieden sind und verschiedene vorgegebene Funktionen zu erfüllen haben: die einen oben, die andern unten. Schon 1966 schreibt »g+t«, das demokratische Wahlprinzip »Ein Mensch, eine Stimme« sei der nationalen Identität der Afrikaner entgegengesetzt und zerstöre sie; dieses Prinzip für Südafrika zu fordern, sei »Betrug am Neger«.[401]

Die Forderungen der angeblich »Betrogenen« nach gleichen politischen Rechten, wie sie die weißen »nordischen« Rassisten haben, werden zurückgewiesen mit dem Argument eines angeblichen Gottesgesetz, das die nationalen Identitäten erhalten will. Hier wird deutlich, was man in der DUR unter »Ganzheit« versteht. 1988 variiert der »ub«-Redakteur Walter Moshammer das Thema in einer zustimmenden Rezension über »ein neues Buch des unseren Lesern seit vielen Jahren gut bekannten und geschätzten Mitarbeiters Dr. Hans Burkhardt«. Sein Buch »Gleichheitswahn, Parteienwahn, Massenpsychosen der Gegenwart« erscheint im rechtsextremen Tübinger »Hohenrain Verlag« und will grundgesetzwidrig »das Geschlecht, die Konstitution und die Rasse« erneut als politische Kategorien einführen. »Burkhardt hält den Gedanken der Gleichheit aller Menschen für eine nahezu unausrottbare Heuchelei«, meint Moshammer, »eine Folgeerscheinung des Gleichheitswahns sei auch der heutige Randgruppenrummel. Es sei schamlos, wenn die Schwulen sich theatralisch der Öffentlichkeit präsentieren. ... Es ist unmöglich, in einer relativ kurzen Buchbesprechung den Wert und die Bedeutung dieser aufschlußreichen Schrift Hans Burkhardts voll zu würdigen«, heißt es da, »sie ist für den vom ›Zeitgeist‹ nicht total ideologisierten, sondern unabhängig denkenden Leser und der Leserin eine fast unerschöpfliche Fundgrube anregender Gedanken und Erkenntnisse.«[402]

»Zum Leitwort« des »Unitariertages« von 1989 heißt es im Programmheft: »Ein besonders einleuchtendes Beispiel für eine solche Ganzheit gegenseitiger Abhängigkeit ist ein Organismus. So müssen etwa Herz, Lunge, Magen, Darm, Niere, usw. in ihren Funktionen richtig ineinander greifen, damit der ganze Organismus gesund ist. Die gegenseitige Abhängigkeit erkennt man daran, daß alle anderen Organe zugrunde gehen, wenn nur eines vollständig ausfällt.« Und wann hätten sich die Beine schon mal einen neuen Magen *gewählt*! »Wir dürfen für uns beanspruchen, mit unserem unitarischen, religiösen Grundgefühl diesem für die zukünftige Entwicklung so wichtigen Einheits- und Ganzheitsgedanken zum Durchbruch verholfen zu haben«, meint hier etwas übertrieben Präsident Prem. Es ist ein Gedanke im Dienste von MBB/DASA, Daimler-Benz, Siemens und der Deutschen Bank. Und er bleibt nicht Gedanke, nicht Religion, er wird täglich neu zur Tat auf dem Rücken der Mehrheit der Bevölkerung.

Entstehung der DUR aus dem Nazi-Kirchenkampf

Am 8. Mai 1945 ist der Traum der »arischen Herrenmenschen«, selbst Gott und über andere Menschen erhaben zu sein, erst einmal ausgeträumt. Diejenigen, die man als »Untermenschen« versklaven wollte, haben gewonnen und sich befreit, die selbstgöttlichen Herrenmenschen dagegen werden seitdem wegen ihrer einzigartigen Verbrechen, mit denen sie sich zu Göttern über Leben und Tod aufschwingen wollten, als der Abschaum der Menschheit betrachtet. Tausende leitende SS- und NSDAP-Funktionäre werden von den Alliierten gefangen genommen und in spezielle Internierungslager gesteckt – ein schwerer Fehler mit historischen Folgen, denn hier verabreden die Nazis nun, wie sie ihre verbrecherische Weltanschauung weiter pflegen und in das antifaschistisch geprägte Nachkriegsdeutschland hinüber retten können, wenn sie entlassen werden. Der Keim zum Neofaschismus ist gelegt. Die fanatischen Nazis, die nicht nur Mitläufer gewesen waren, sondern den Faschismus als weltanschaulich-religiöse Basis für ihre Verbrechen *mitentwickelt* hatten, wissen: Der linke Widerstand hatte schon in den dreißiger Jahren die religiösen Hintergründe des Faschismus nicht begriffen, und die Kirchen haben selbst genug braunen Dreck am Stecken, sie werden sich im eigenen Interesse zurückhalten. Die Nazi-Verbrechen sind für die Welt derart schockierend, daß Jahrzehnte benötigt werden, um sie geistig und emotional zu verarbeiten; deshalb wird kaum jemand Zeit und Kraft haben, hinter die letzten, verschroben erscheinenden, religiösen Begründungen für diese Verbrechen zu blicken.

Die Zeiten sind ab 1946 günstig für die Eliten des Faschismus: Eine Restaurations- und Wiederaufbauzeit wird kommen, bei der man auf qualifizierte Fachkräfte nicht verzichten kann; die aber hatten schon in den zwanziger Jahren großenteils mit der völkischen Bewegung und ihrer religiösen Basis – mal naturreligiös-pantheistisch, mal deutsch-christlich – sympathisiert. Unter dem Deckmantel einer freien Religionsgemeinschaft also kann man sich sammeln, bruchlos die alte Ideologie bewahren und dabei auch noch auf die verfassungsrechtlich garantierte Freiheit der Religionsausübung pochen. Eine geniale Idee.

Ein amerikanisches Nazi-Internierungslager bei Stuttgart wird zur Keimzelle der DUR. Spitzenleute des deutschen Faschismus, die hier einsitzen, bilden bereits im Lager eine »religiöse« Gruppe. Spätere leitende DUR-Funktionäre wie Herbert Böhme und Manfred Schneider besprechen hier mit dem völkischen freireligiösen Pfarrer Rudolf Walbaum aus Rheinhessen den Anschluß an eine kleine christliche Sekte, die in der Gegend von Alzey und Worms ansässig ist. Walbaum ist zwar der Führer dieser Sekte, doch seine völkischen Ambitionen bei der Gründung der nazistischen »Deutschen Glaubensbewegung« haben ihn seit den dreißiger Jahren von den Mitgliedern mehr und mehr entfremdet. Er sucht dringend Beistand gegen die eigenen Christen und findet ihn bei den neuheidnischen Nazis, die ihm aus dem Kirchenkampf der dreißiger Jahre und der DG bekannt sind. Vor allem aber: Walbaum ist zu dieser Zeit auf freiem Fuß und kann die Internierungslager abfahren, zu denen er als Geistlicher freien Eintritt hat. Überall kann er hier beitrittswillige Nazi-Größen sammeln, denen er einen organisatorischen Unterschlupf bietet.

Im September 1947, nachdem die meisten Lager aufgelöst sind, treffen sich die Interessenten auf dem Berg Klüt bei Hameln an drei Soldatengräbern in einem kleinen Holzhäuschen. Sie beschließen den Beitritt zur »Religionsgemeinschaft freie Protestanten in Rheinhessen e. V.«, gegründet 1902 überwiegend von Landwirten und Großgrundbesitzern, einer Hauptzielgruppe der nazistischen »Blut und Boden«-Ideologen.[403] Das Treffen auf dem Klüt ist die eigentliche Gründungsstunde der DUR, der vorherige Goebbels-Mitarbeiter Böhme wird ihr erster »theologischer« Chef. Der Ort mitten im Wald auf einem Berg hat absichtlich etwas Konspiratives, denn die, die sich hier gut zwei Jahre nach dem Sieg über den Faschismus treffen, sind schwer belastete Nazis, und sie verabreden einen der gelungensten Coups der Nachkriegszeit: die Unterwanderung und Übernahme einer bereits bestehenden Organisation, gegen den Willen der meisten Mitglieder, aber mit dem Segen ihres Führers Walbaum. Drei Jahre später gründet Böhme auf demselben Berg das »Deutsche Kulturwerk Europäischen Geistes« (DKEG), lange Zeit eine Art Schwesterorganisation der DUR, in der nazistische »Kultur« gepflegt wird.

Die Konspirateure vom Berg Klüt kennen sich bereits aus dem Nazi-Kirchenkampf, zum Teil schon aus der »Kampfzeit« vor 1933: Georg Stammler, Herbert Böhme, Rudolf Walbaum, Eberhard Achterberg, Manfred Schneider, Herbert Grabert, Marie-Adelheid Reuß-zur Lippe, Friedrich Schöll, Bernhard Kummer und andere. Bis 1950 haben sie so viele alte Nazi-Mitstreiter von der genialen »Religionsgemeinschafts«-Idee überzeugen und sammeln können, daß innerhalb des Vereins nun die neuheidnischen, antichristlichen Nazis gegenüber den christlichen rheinhessischen Freiprotestanten die Mehrheit stellen. Die Sekte wird alsdann kurzerhand in »Deutsche Unitarier Religionsgemeinschaft« umbenannt, die Vereinssatzung wird von den Altnazis gänzlich umgekrempelt und ihre Zeitschrift erscheint ab sofort unter dem neuen Titel »glaube und tat. Deutsch-unitarische Blätter«. Drei Jahre später treten die sogenannten »Urgemeinden« – die eigentlichen und christlichen Freiprotestanten – unter Protest gegen die neue Vorherrschaft der Nazis aus ihrer eigenen Organisation aus. Die früheren Kirchenkampf-Leute haben sich endgültig einen bleibenden formalen Rahmen erobert, den sie von nun an als Tarnkappe benutzen. Der Name »Unitarier« ist Teil der Tarnung: Bei den

Besatzungsmächten Großbritannien und USA gibt es starke christlich-unitarische Organisationen, der Name ist also von denen, die nach dem 8. Mai 1945 Legitimationsbescheinigungen ausstellen, positiv besetzt. Man will als »deutschgläubige« Neuheiden mit den christlichen Unitariern, die die Dreifaltigkeitslehre ablehnen und ihren christlichen Gott als Einheit sehen, zwar nichts zu tun haben, das Wort »unitas« (Einheit) entspricht jedoch der nazistisch-religiösen Idee von der Einheit des »Ariers« mit Gott.

1989 gibt der »Leiter des Geistigen Rates« der DUR, Hans-Dietrich Kahl – ein Gründungsmitglied der Sekte von 1947 – die Unterwanderung der rheinhessischen Freiprotestanten offen zu: »Nicht zuletzt waren die Urgemeinden Hüter eines kostbaren Rechtszustandes, den sie in die Nachkriegszeit herübergerettet hatten«, während die Nazi-Organisationen, darunter auch »deutschgläubige« Sekten und ihr Dachverband »Deutsche Glaubensbewegung«, von den Alliierten verboten worden waren. Den Rechtszustand »durften sie im eigenen Interesse nicht aufs Spiel setzen. Wie gesagt, ihre Tradition reichte weit vor das kritische Jahr 1933 zurück; anders als freigläubige Organisationen, die erst nach diesem Stichtag entstanden, waren sie schon dadurch von der Auflösung durch die Besatzungsmächte verschont geblieben. ... Wie leicht konnte jener kostbare Besitz noch gefährdet werden! Im Grunde hatten diese Rheinhessen durch die Öffnung zu uns herüber (mit »uns« sind hier anscheinend die Kirchenkampf-Nazis gemeint, P. K.), die womöglich weitgehend durch einen Alleingang Walbaums zustande gekommen war, ungleich mehr zu verlieren als zu gewinnen – dann nämlich, wenn sie in einer Weise mißlang, die bei der Militärregierung Verdacht erwecken konnte.« Welchen Verdacht? Wohl den der nazistischen Tarnorganisation, die sich nur »unitarisch« nennt, ohne es zu sein! »Wir brauchten die Urgemeinden als Träger der wegweisenden, ausbaufähigen Tradition«, meinte Kahl, weil man selbst vor allem die Tradition des Nazismus hatte. »Wir brauchten sie, um nicht allein auf die soziale Schicht unserer eigenen Herkunft angewiesen zu sein; wir brauchten sie nicht zuletzt wegen ihres zahlenmäßigen Potentials, von dem ja, neben anderem, auch unsere Finanzkraft als Religionsgemeinschaft mitbestimmt wurde.« Das Unitarische »war jedenfalls den angelsächsischen Besatzungsmächten eine vertraute und vertrauenswürdige Größe. ... In dieser Gemeinschaft witterten wir eine Chance. Wir schlossen uns ihr an.«[404]

Man handelt nach einem Modell: Wilhelm Hauer hatte bereits 1932/33 versucht, sich die Körperschaftsrechte des »Bundes der Freireligiösen Gemeinden Deutschlands« (BFGD) anzueignen, um eine »Deutsche Glaubensgemeinschaft« ins Leben zu rufen. Er wollte die staatlich anerkannte juristische Konstruktion und die vergleichsweise große Mitgliederzahl der Freireligiösen als organisatorische Basis für die »Deutschgläubigen« nutzen. Inhaltlich war man sich ohnehin weitgehend einig. Daher konnte Hauer 1933 den Vorsitz des BFGD übernehmen, den er erst niederlegte, nachdem er das faschistische Potential der Freireligiösen zu sich herübergezogen hatte und die formale Übernahme der Rechte des BFGD als einer Körperschaft des öffentlichen Rechts durch die DG am Widerstand einiger Freireligiöser gescheitert war. Dieser »unbelehrbare« Rest des BFGD wurde dann Ende 1934 verboten. Ab 1946 gehen die Hauer-Anhänger bei der Übernahme der rheinhessischen Freiprotestanten nach diesem Modell, aber klüger vor.

Die »Deutschen Glaubensbewegung« der dreißiger Jahre bietet einen Schlüssel zum Verständnis der DUR. Ihr Zeichen war das abgerundete Hakenkreuz, das wir für den Titel des vorliegenden Buches benutzten. Die DG wollte dem Nazi-Staat den spirituellen Unterbau bereitstellen, der für die späteren Verbrechen nötig sein würde. Zahlreiche Treffen der »Deutschgläubigen« und Freireligiösen in den Jahren 1930 bis 1934 bereiteten die gemeinsame Organisation vor, die schließlich von Hauer und dem Anhänger des Strasser-Flügels der NSDAP Ernst Graf von Reventlow geführt wurde, der 1927 der Nazi-Partei beigetreten war und für sie im Reichstag saß. Hauer und Reventlow zielten auf die Respiritualisierung der Arbeiterbewegung, die sie zur Zeit der Wirtschaftskrisen in einen autoritären, völkisch-nationalistischen Staat reintegrieren wollten. Dem Proletariat fehle die religiöse Orientierung, weshalb es in der Sowjetunion oder im Demokratischen Sozialismus seine Zukunft sehe, so meinten Hauer und Reventlow übereinstimmend. Dabei verkannten sie gänzlich, daß sich die Arbeiter und Arbeiterinnen der Weimarer Republik für nichts weniger interessierten als für Religion. Tatsächlich war die damalige »New Age«-Bewegung – wie heute – fast nur auf die Mittel- und Oberschicht beschränkt, eine »Professoren-Religion«, wie es damals hieß.

Die meist von Hauer organisierten Treffen dienten dem weltanschaulichen Meinungsaustausch, unter anderem mit Ernst Krieck, Karl Otto Paetel – ein zeitweiliger Weggefährte Ernst Niekischs –, Friedrich Hielscher und dem *Strasser-Flügel der NSDAP*, zu dem Hauer intensive Kontakte pflegte. Sie fanden ihren Höhepunkt in einer Konferenz auf der Wartburg über Eisenach im Juli 1933, bei dem sich fast die gesamte völkisch-religiöse Szene und die Freireligiösen trafen. Es fehlten lediglich die Ludendorffer, die Monisten und der germanentümelnde Externsteinforscher Wilhelm Teudt. Hier wurde die »Arbeitsgemeinschaft Deutsche Glaubensbewegung« gegründet, die sich 1934 in DG umbenannte. An der Gründung beteiligt waren fast alle späteren Führer und ideologischen Vorbilder der DUR: Wilhelm Hauer, der in den fünfziger und sechziger Jahren als »Papst« der DUR gilt, ohne Mitglied zu sein; der DUR-Begründer Rudolf Walbaum; Herbert Grabert, der nach 1945 den rechtsextremistischen Grabert-Verlag in Tübingen gründet und für die DUR auf Vortragsreisen geht; der Führer der »Deutschkirche« Hermann Mandel aus Kiel, bei dem die in Kiel gebürtige Sigrid Hunke studierte; der völkische »Pädagoge« Friedrich Schöll, in dessen Internat »Vogelhof« die Eisenacher Tagung mit vorbereitet worden war und der später zum »Leiter des Geistigen Rates« der DUR wird – sein Sohn Frieder Schöll bestimmt bis heute die Ideologie der DUR maßgeblich mit; Georg Stammler, dessen Ideen die Himmler-Organisation »Artamanen« dominierten und der – wie Hauer – nach 1945 mit seinen Schriften zu einem Hauptideologen der DUR wird; Hermann Wirth, der später gemeinsam mit Walter Darré die SS-Organisation »Ahnenerbe« gründete und heute im New Age als germanischer Schamane verehrt wird; der SS-«Rassepsychologe« Ludwig Ferdinand Clauß, bei dem Hunke 1940/41 promovierte und in dessen privaten Ideologieseminaren während der sechziger Jahre DUR-Führer der achtziger und neunziger Jahre wie Günter Pahl ihr Rüstzeug bekommen; der »nordische« Ideologe Bernhard Kummer, ein erklärter Anhänger des »Gottmenschentums«, dessen Schriften die DUR später publiziert; der SS-Offizier Lothar Stengel-von Rutkowski, dessen Texte heute von der DUR ebenso verbreitet werden wie von der »Artgemeinschaft« Jürgen Riegers; der spätere »Artgemeinschaft«-Gründer Walter Kusserow – wie Hunke ein Schüler des Organizisten Eduard Spranger –, bei dem Hunke in den siebziger Jahren auf »Artgemeinschaft«-Seminaren spricht (Hunke wird bis heute von Riegers »Artgemeinschaft« und ihrer Zeitschrift »Nordische Zeitung« hofiert); Fritz Castagne, ein enger Mitstreiter Hauers, der in den siebziger Jahren »Schriftleiter« des DUR-Blattes »glaube und tat« ist und in den achtziger Jahren Redaktionsmitglied der »unitarischen blätter« sowie Gründungsmitglied der rechtsextremistischen »Kieler Liste für Ausländerbegrenzung«; Ludwig Fahrenkrog, der »den Gott im Menschen« verkündete und deshalb über die Jahrzehnte immer wieder ein positiver Bezugspunkt der DUR ist; seine »Germanische Glaubens-Gemeinschaft«, damals Mitglied der DG, wird heute von dem Führer der Berliner »Heidnischen Gemeinschaft« Géza von Neményi geleitet.

Der BFGD war die größte Organisation in der DG. Seine Konkurrenz »Verband der freireligiösen Gemeinden« (VfG) widerrief den Eintritt in die DG, den der VfG-Chef, Georg Pick aus Mainz, in Eisenach vollzogen hatte. Pick war schon vorher immer wieder auf Hauer zugegangen, um eine solche Dachorganisation zu gründen, und versuchte es auch nach dem Austritt des VfG erneut. 1966 bringt Pick – immer noch »freireligiöser« Pfarrer in Mainz – das Buch »Werkstatt der Schöpfung. Vom Atom zum Weltstaat« heraus, in dem er den pantheistischen Organizismus, wie wir ihn kennenlernten, bis ins letzte faustische Detail darstellt. Er knüpft hier an die Herrenmenschen-Ideologie des Faschismus an, bezieht sich positiv auf Hauer, Uexküll, den Rassismus des Gerhard von Frankenberg, auf Friedrich Schöll, Teilhard de Chardin und verhöhnt schließlich sogar die Opfer des Faschismus als Folge eines angeblich göttlichen Schicksals, dem sich die Nazi-Verbrecher eben hätten hingeben müssen. Daß die »Deutschen Unitarier in der Bundesrepublik« schlecht angesehen seien, bedauert Pick in diesem Buch. Den Grund hierfür erkennt er nicht.

Der spätere Kriegsverbrecher Dietrich Klagges – er schließt sich der DUR an, nachdem er aus der Haft entlassen ist –, Walter Darré und Alfred Rosenberg waren ebenfalls nach Eisenach eingeladen, jedoch nicht erschienen. Dem »Führerrat« der DG gehörten neben anderen Hauer, Mandel, Wirth, Stengel-von Rutkowski, Hans F. K. Günther und der Führer der »Deutschgläubigen Gemeinschaft« Otto Sigfrid Reuter an. Hauer stimmte die Gründung der DG in Verhandlungen mit dem Hitler-Stellvertreter Rudolf Heß und den beiden SS-Führern Heinrich Himmler und Reinhard Heydrich ab. Himmler erlaubte den Fortbestand des BFGD, bis Hauer – inzwischen selbst SS-Mitglied – die Organisation ausgesogen hatte. Hauer trat Mitte 1936 von der Leitung der DG zurück, die sich Ende 1938 spaltete: Der »Reichsring der gottgläubigen Deutschen« vertrat die moderatere Linie, der »Kampfring Deutscher Glaube« die militante. Der Leiter des österreichischen Ablegers des »Kampfringes«, Karlheinz Küthe, wird der erste Präsident der DUR.

Walbaums christliche rheinhessische Freiprotestanten weigerten sich 1933 jedoch, ihrem Führer in die DG zu folgen, in deren Flugblättern es hieß: »Wir stehen bewußt und vorbehaltlos zu den Grundsätzen und Forderungen des nationalsozialistischen Staates, ja, wir sehen in der erfolgten nationalsozialistischen Revolution die Vorbedingung zu einem erfolgreichen Kampf für unseren freien deutschen Glauben.« Oder, etwas verschrobener: »1. Die Deutsche Glaubensbewegung will die religiöse Erneuerung des Volkes aus dem Erbgrund der deutschen Art. 2. Die deutsche Art ist in ihrem göttlichen Urgrund Auftrag aus dem Ewigen, dem wir gehorsam sind. 3. In diesem Auftrag allein sind Wort und Brauchtum gebunden. Ihm gehorchen heißt sein Leben deutsch führen.« Mit dem Schlachtruf »Soldaten! Kameraden! Wollen wir die neue Welt erobern als Soldaten! Wir erheben Professor Hauer zu unserem Führer mit einem dreifachen Sieg Heil!« hatte man Hauer inthronisiert und ihn vorher sogar mit Martin Luther und mit dem »arischen Christus« selbst verglichen – das war diesen freiprotestantischen Christen dann doch zu viel.[405]

Während Walbaum, um sein Pastorenamt zu retten, nun erst einmal für ein paar Jahre auf organisatorische Distanz ging, entwickelte sich die DG rasch zur hauptsächlichen Religionsgemeinschaft der HJ- und SA-Kader. Die Christen mutmaßten, Rudolf Heß und der »Hitler-Jugend«-Führer Baldur von Schirach unterstützten die DG. Letzterer jedoch sah die Rekrutierung der Hitler-Jugend im christlichen Deutschland durch die neuheidnische DG eher gefährdet, konnte aber der begeisterten »deutschgläubigen« Basis nicht Einhalt gebieten. Auf den Veranstaltungen Hauers gegen Christen- und Judentum wurden christliche Zwischenrufer von SA und SS brutal zusammengeschlagen, im Rheinland wurden christliche Jugendlichen nach Denunziationen durch die DG von der Gestapo verhaftet. Noch im November 1944 betrieb Hauer bei der NSDAP die Entlassung einer christlichen Lehrerin aus dem Staatsdienst, die er wegen angeblicher »Friedenspropaganda« denunzierte. Der Vorwurf hätte vor dem Volksgerichtshof den Tod der Betroffenen bedeuten können. Hauer schloß einen diesbezüglichen Brief mit den Satz: »Ich kann meinen Glauben nicht trennen vom Schicksal meines Volkes und ich hoffe, ... daß im Willen Adolf Hitlers in der Tat der Wille Gottes zum Ausdruck kommt. Heil Hitler!« Das »Heil!« verstand Hauer – im Gegensatz zu den vielen tumben Mitläufern des Faschismus – *religiös*.[406]

Hauer war einer der theoretischen Köpfe des Kirchenkampfes der Nazis, der bis in die sechziger Jahre unbeirrt an seinen Positionen festhält. Sein Hauptwerk »Deutsche Gottschau« von 1934 war eine militant antisemitische Hetzschrift, die er vor allem auf Alfred Rosenbergs »Mythus des zwanzigsten Jahrhunderts« stützte, wie er in der ersten Fußnote des Buches selbst schrieb. Religion ist nach Hauer rassisch gebunden, die religiöse Erkenntnis der eigenen Göttlichkeit sei dem »Arier« vorbehalten – und damit die Göttlichkeit selbst. »Der Drang nach einem Deutschen Glauben hat das neue Deutschland, vornehmlich das junge Geschlecht, mit Macht ergriffen. ... Er allein kann die innere Gründung des Dritten Reiches schaffen. Darum ist Deutscher Glaube mit ihm organisch verbunden. Mit dem Dritten Reiche stehen und fallen wir«, schrieb er am Ende seines Vorwortes. Eckhart, Bruno, Hölderlin, Schlegel und Goethe sind auch in diesem Buch die geistesgeschichtlichen Eckpunkte, die um antisemitischen Rassismus ergänzt werden. »Der Kampf zwischen der vorderasiatisch-semitischen und der indogermanischen Glaubenswelt« habe eine »geo-biologische Grundlage des Gegensatzes dieser beiden Welten« in der »Verschiedenheit der Rasse und des Raumes«, das Christentum sei »Fremdreligion« eines »Fremdvolkes«, die »Gottunmittelbarkeit« des Ariers sei dagegen das typisch indo-germanische Gottesverständnis, »Rasse und Volk« seien die »Grundwerte Deutschen Glaubens«. Gegen den »israelisch-jüdisch-christlichen Absolutheitsanspruch als eine vergeistigte Form des vorderasiatisch-semitischen Gewaltmenschentums« gebe es für die Arier »nur eine Lösung: Kampf bis zum Sieg«, weil ansonsten »von außen her Teile des deutschen Volkes religiös-politisch regiert« würden.

Abgesehen von dem militanten Rassismus, der sich im Komplex Auschwitz durch die Taten der »deutschgläubigen« SS-Mörder feige gegen hilflose und nicht etwa gewalttätige Menschen richtete, entspricht dieses Buch durchaus den Inhalten des New Age, in dem Hauer ja auch heute als »Indologe« angepriesen wird. »Gott in der Natur, die Natur im innersten Kern wesender Gott« sei die religiöse Haltung des »Ariers«. Hauers Gott ist in derselben Art politisch wie Mynareks Gott: »Was als soziologische Ordnung erscheint, ist tief gesehen, göttliches Wirken, die Ordnungsmächte des Lebens sind ewige Mächte«, so Hauer in der »Deutschen Gottschau«. Hier war bereits alles das vorweggenommen, was Hunke 1969 in »Europas andere Religion« mit neuen, scheinbar unverfänglichen Worten wiederholt. Auch der Kern des pantheistischen Organizismus, die Tat, fehlte bei Hauer nicht: Der Bezug auf Ernst Jünger und den Heroischen Realismus wurde gebracht und es hieß, »Deutscher Glaube« sei »Seins- und Tatglaube«, der sich »in der Lebensgestaltung, in der Meisterung des Schicksals ... als schaffend erweist«, insbesondere mit Blick auf die »mit unerbittlicher Entschiedenheit« zu betreibende Menschheitsgeschichte, die ja sodann mit dem Komplex Auschwitz und dem Zweiten Weltkrieg von den NS-Kadern praktisch angegangen wurde.[407]

Hauer brachte 1938 gemeinsam mit Hermann Mandel – einem Anhänger des »Deutschen Physikers« Philipp Lenard und Alfred Rosenbergs – sowie mit dem obersten NS-Rassisten Hans F. K. Günther das Buch »Glaube und Blut« heraus. 1941 erschien als Publikation der »Wissenschaftlichen Akademie Tübingen des NSD-Dozentenbundes« Hauers Schrift »Religion und Rasse«, auf dessen Titelblatt das Hoheitszeichen des »Dritten Reiches«, Adler und Hakenkreuz, eingeprägt waren. Das Buch wurde 1942 in der Zeitschrift »Archiv für Rassen- und Gesellschaftsbiologie« aus dem NSDAP-Verlag des Julius Friedrich Lehmann positiv rezensiert: »Hauer kann im Kreise der Rassenhygieniker und Biologen begeisterter Zustimmung und Unterstützung gewiß sein.« Die Zeitschrift wurde herausgegeben von dem bekannten NS-Rassisten Ernst Fischer, von dem Leiter des Rassepolitischen Amtes der NSDAP Walther Groß und von dem Nachfolger Hermann Wirths in der SS-Organisation »Ahnenerbe«, Walther Wüst, der sich »Professor für arische Kultur und Sprachwissenschaft« nannte.

Alles Vergangenheit? Weit gefehlt, die DUR stellt sich selbst in diese Kontinuität. Anfang der fünfziger Jahre – Hauer ist nicht mehr interniert, hat jedoch Lehrverbot – erscheint in Herbert Böhmes »Türmer-Verlag« das Buch »Der deutsche Born« von Wilhelm und Anni Hauer, in dem Besinnungssprüche überwiegend von NS-Dichtern gesammelt sind, die in der DUR-Zeitschrift »glaube und tat« nachgedruckt werden und im DKEG als Redner auftreten. Die DUR macht durch Beschluß ihrer höchsten Gremien das Buch sofort zu ihrem »Hausbuch«, eine Art Gebetbuch der Sekte. 1964 erscheint posthum Hauers letztes Werk »Der abendländische

Mensch«, in dem der rassistische Ansatz erneut in aller Breite enthalten ist, der »Indo-Arier« nun aber weniger verfänglich als »der abendländische Mensch« bezeichnet wird. Es enthält wieder den gesamten nazistischen Unsinn von den »Langkopf«- und »Rundkopf-Rassen«, deren anatomische Merkmale seit Houston Steward Chamberlain die Kultur, die Religion und die Gesellschaft der Völker bestimmen sollen. Das Buch wird auch über die DUR verkauft.

In den dreißiger und vierziger Jahren erschien Hauers Zeitschrift »Deutscher Glaube«, zuerst als Organ der DG. Mitherausgeber waren Hans F. K. Günther, Georg Stammler, Hermann Mandel, Lothar Stengel-von Rutkowski und andere. Hier schrieben Gustav Frenssen – ein völkischer Schriftsteller, der später in der DUR hoch gelobt wird – und der spätere DUR-Funktionär Erich Keller, ein Anhänger von Hans F. K. Günther, den die Nazis wohlmeinend »Rasse-Günther« nannten. Verantwortlicher Schriftleiter war ab 1934 Herbert Grabert. Auch Fritz Castagne arbeitete 1934 hier bereits mit. Der NS-Theoretiker Hans Grunsky, auf den sich die DUR bis weit in die achtziger Jahre hinein immer wieder positiv bezieht und den Stengel-von Rutkowski zu den »Freunden« der DUR zählt, wurde 1937 den Lesern der Zeitschrift mit einem antisemitischen Buch empfohlen. Im selben Jahr war Grunsky in der »Forschungsabteilung Judenfrage des Reichsinstituts für Geschichte des neuen Deutschlands« tätig, nach 1945 erhält er – wie so viele spätere DUR-Größen – Lehrverbot. Ab 1939 tauchte in »Deutscher Glaube« auch immer wieder Wilhelm Bonneß mit Artikeln auf, in denen er »die Tat« beschwor, und zwar besonders »an der Front!«, wozu er auch die mittelalterliche Mystikerin Hildegard von Bingen und ihre »Gott-Natur des Alls« aktivierte. Bonneß ist in den achtziger Jahren unter dem Präsidenten Armin Rieser »Ehrenpräsident« des BFGD – es ist über Jahrzehnte hin tatsächlich immer wieder dieselbe Szene.[408]

Die DG Hauers, der mit seinen Mitstreitern von Armin Mohler zur Konservativen Revolution gerechnet wird, ist in den achtziger Jahren ein Bezugspunkt für die deutschen Nationalrevolutionäre. Die Zeitschrift »Aufbruch« der Gruppe »Politische Offensive« des späteren REP-Funktionärs und »Junge Freiheit«-Autors Marcus Bauer bringt 1988 einen Bericht über die DG: »Lockendes Licht, heiliges Feuer, lebendige Gotik«. Eine Art Vorläuferblatt der »Jungen Freiheit«, die Zeitschrift »student« des »Ring freiheitlicher Studenten« – der sich später zum Großteil den REPs anschließt –, bringt im Februar 1987 einen langen Bericht über Hauer; Anlaß ist dessen 25jähriger Todestag. Es wundert nicht mehr, daß sich auf der Abonnentenliste der »Jungen Freiheit« von 1990, die von Antifaschisten veröffentlicht wurde, ein Teil der DUR-Prominenz findet: Peter Bahn, Freya Bednarski-Stelling, Bernhard Bühler, Wolfgang Deppert, Hans-Dietrich Kahl, Ernst Lutterbeck, Lothar Stengel-von Rutkowski.

Herbert Grabert brachte 1935 die dritte Auflage von Hauers Schrift »Was will die deutsche Glaubensbewegung?« heraus. Darin zeigte Hauer in aller Offenheit, wie sehr auch die damalige »New Age«-Bewegung ein Angriff auf die Linke war. Er wollte »die Arbeitermassen« aus dem »Bannkreis des Marxismus« ziehen und meinte: »Die meisten, die im Marxismus ihre Heimat suchten, suchten einen lebensnahen Gegenwartsglauben.« Hunke variiert dies lediglich, als sie 1974 ihr »nach-kommunistisches Manifest« veröffentlicht, das die DUR – deren Vizepräsidentin sie bereits ist – begierig aufgreift. Hauer bekräftigte in seiner Berliner Sportpalast-Rede vom Frühjahr 1935, die Grabert hier abdruckte, noch einmal die Göttlichkeit der Geschichte: »Wir glauben an das Gottsein in der Welt und damit auch an die Gottgegenwärtigkeit in der Geschichte.« Er beschwor die Zuhörer, den »Platz, an den uns das Schicksal gestellt hat«, anzunehmen. »Wir glauben an das Gesetztsein der Tragik in der Welt, die den Sinn hat, daß wir gerade auch am Schwersten zu Helden werden.« In seinen Nachkriegsbüchern – nach Auschwitz – greift Hauer vor allem dieses »sieghafte Bewähren« der Nazi-Verbrecher »im Schicksal« immer wieder auf, allerdings ohne die Verbrechen beim Namen zu nennen. Georg Pick lobt ihn 1966 besonders, weil er auch dem schwersten Schicksal – den SS-Tätern die Ideologie zu liefern – nicht ausgewichen sei. Hauer zeigte damit tatsächlich die weltanschauliche Alternative zum Marxismus auf: die Entsubjektivierung der Massen, die im »Deutschen Glauben« nicht mehr das geschichtliche Subjekt sein sollten. Dies war den nazistischen Eliten in ihrer selbstgöttlichen, heroisch-realistische Versubjektivierung vorbehalten, die in ihren verbrecherischen Taten und ihrer Herrschaft über die Massen die »deutschgläubige« Religion praktisch werden ließen.[409]

Herbert Grabert veröffentlichte 1936 sein eigenes Hauptwerk »Der protestantische Auftrag des deutschen Volkes. Grundzüge der deutschen Glaubensgeschichte von Luther bis Hauer«, das mit einer Apologie auf Rosenberg und Hauer endete und schließlich das Konzept des »Kosmischen Christus« von Pierre Teilhard de Chardin vorwegnahm. Das Buch, das heute vom »Thule-Seminar« empfohlen wird, hatte wiederum den Zweck, die Tat zu heiligen: »Mit der Tat, durch sein Leben, durch die Art, wie er sich tapfer durchschlägt, legt er sein Glaubensbekenntnis ab. ... So erkennt man an seinen Leistungen den Glauben des deutschen Menschen.« Dessen »innere Stimme ist unfehlbar«, weil »im Menschen Gott sich bekundet«. Als Hauers Ahnen führte Grabert dieselben an, die Hunke mehr als dreißig Jahre später ebenfalls nennt: Eckehart, Jakob Böhme, Nikolaus von Kues usw. Und er stellte bereits das Zusammengehen von Vernunft und Mythos dar, an das Jahrzehnte später der »Leiter des Geistigen Rates« der DUR, Wolfgang Deppert, inhaltlich nahtlos anknüpft: Der

Mythos muß die Vernunft ergänzen – »Yin und Yang«, nachdem die Naturwissenschaft die biblische Religion entmachtet hat. Beide führten als Pole zur Ganzheit.[410]

Grabert schrieb dieses Buch deutlich mit Blick auf die nazistische »Glaubensbewegung Deutsche Christen« (DC) im Protestantismus, die er zum Neuheidentum Hauers und Rosenbergs herüberziehen wollte. Was vorerst mißlang, geschieht dann nach 1945: Zahlreiche »Deutsche Christen« schließen sich nun der DUR an. Die DC war bereits vor 1933 besonders in Mitteldeutschland stark im Protestantismus vertreten und unterstützte hier massiv den seit 1927 amtierenden Gauleiter von Thüringen, Fritz Sauckel, der sich bereits 1923 dem Nationalsozialismus anschloß und später immer wieder schützend seine Hand über die DC hielt. Sein Vorgänger, Arthur Dinter, war ein Hauptvertreter des »Deutschen Glaubens« der zwanziger Jahre, der mit Hitler in Konflikt geriet; Dinter war 1933 bei der DG-Gründung in Eisenach anwesend. Sauckel wurde nach dem Wahlsieg der NSDAP in Thüringen 1932, der vor allem durch den Einsatz der DC im Wahlkampf zustande kam, Ministerpräsident und Innenminister des Landes Thüringen, später Reichsstatthalter und 1942 schließlich Generalbevollmächtigter für den Arbeitseinsatz und damit oberster Sklavenhalter des NS-Regimes. Wegen seines Verbrechen, Millionen Europäer brutal zur Zwangsarbeit für das deutsche Kapital versklavt zu haben, wurde Sauckel vom Nürnberger Tribunal 1946 als Kriegsverbrecher zum Tode verurteilt und hingerichtet. Der spätere DUR-Aktivist Lothar Stengel-von Rutkowski widmete 1940 sein Buch »Was ist ein Volk? Der biologische Volksbegriff. Eine kulturbiologische Untersuchung seiner Definition und seiner Bedeutung für Wissenschaft, Weltanschauung und Politik« dem »Gauleiter und Reichsstatthalter Fritz Sauckel, dem Treuhänder lebensgesetzlicher Politik, Wissenschaft und Weltanschauung in Thüringen«.[411]

Grabert reist in der Anfangsphase der DUR wie andere Nazi-Größen auch für die neue Sekte auf Vortragsreisen durch die Bundesrepublik, um versprengte DG- und DC-Anghänger zu sammeln und DUR-Ortsgemeinden zu gründen. Bücher und Schriften prominenter »Deutscher Unitarier« wie Richard W. Eichler, Sigrid Hunke oder Dieter Vollmer erscheinen bis heute in seinem Verlag, den sein Sohn Wigbert Grabert weiterführt und den der Verfassungsschutzbericht bis heute regelmäßig als rechtsextremistisch aufführt. 1960 wird Herbert Grabert wegen der Verbreitung staatsgefährdender Nazi-Propaganda zu einer Gefängnisstrafe von neun Monaten auf Bewährung verurteilt. Die DUR bekennt sich noch 1986 in den »unitarischen blättern« zu dieser nazistischen Tradition, die sie als ihre eigene Quelle ansieht und nennt Hauer und die »Deutschen Glaubensbewegung« dabei ausdrücklich.

Die »Nordische Bewegung« als ideologische und personelle Quelle der DUR

Der Mediziner Lothar Stengel-von Rutkowski ist noch in den neunziger Jahren in der DUR aktiv. Zu Beginn des Faschismus betrieb er gemeinsam mit Grabert in Marburg die örtliche Gemeinde der »Deutschen Glaubensbewegung«. Auf Stengels Arbeiten stützten sich die Nazis bei den rassistischen »Nürnberger Gesetzen«, die die jüdischen Deutschen entrechteten. Er verfaßte das Buch »Grundzüge der Erbkunde und Rassenpflege«, das als »Standardwerk« bis 1944 fünf Auflagen erfuhr. Stengel arbeitete als Medizinalrat beim Thüringischen Landesamt für Rassewesen in Jena als Abteilungsleiter, hatte Dienststellung beim Stab des Rasse- und Siedlungsamtes der SS unter Walter Darré und war 1944 bei der Waffen-SS. In der Bundesrepublik wird er dann Leiter des Gießener Gesundheitsamtes – eine typische Karriere bei DUR-Prominenten. Stengel wird zwar nicht Mitglied der DUR selbst, sondern nur einer Zweigorganisation, bestimmt jedoch über Jahrzehnte die Ideologie der Sekte durch Artikel in ihren Zeitschriften und Vorträge auf ihren Versammlungen mit. Noch 1990 tritt er in der DUR-Gemeinde Kassel als Redner auf und spricht – ausgerechnet – über Gentechnik. Der eifrige Nazi – NSDAP-Mitgliedsnummer 223103, SS-Nummer 3683, Ernennung zum Untersturmführer am 24. März 1934, zum Obersturmführer am 9. November 1934, zum Hauptsturmführer am 12. September 1937 – steht zeit seines Lebens mitten in der »Nordischen Bewegung«, der rassistischen Gruppierung etlicher Organisationen und Kreise, die eine wesentliche ideologische und personelle Basis des NS-Rassismus darstellt. Er publizierte in der Zeitschrift »Volk und Rasse«, die von Heinrich Himmler und Walter Darré herausgegeben wurde, und war 1936 sogar mit Bild in der Zeitschrift »Der Norden. Monatsschrift der Nordischen Gesellschaft« aufgeführt. Stengel machte sich vor allem als Biograph Hans F. K. Günthers einen Namen, der mit Ludwig Ferdinand Clauß und Walter Darré den personellen Kern der »Nordischen« ausmachte.[412]

Die rassistischen Arbeiten Günthers fanden schon Anfang der zwanziger Jahre die Anerkennung auch Erich Ludendorffs. Günther reiste ab 1933 als Redner für die DG umher, sprach auch für die »Nordische Gesellschaft« – deren »Schirmherr« Rosenberg war – und den »Nordischen Ring«, zwei rassistische Organisationen, die vor allem in der SS verankert waren. Durch Darré veranlaßt, kam in den dreißiger Jahren einer der größten wissenschaftlichen Gegner Günthers ins KZ.[413] Alfred Rosenberg verlieh Günther als erstem Preisträger überhaupt auf dem Reichsparteitag 1935 den »Preis der NSDAP für Wissenschaft«. Aus diesem Anlaß veröffentlicht Stengel-von Rutkowski 1935 in den von Rosenberg herausgegebenen »Nationalsozialistischen Monatsheften« in mehreren Folgen

Günthers kurzgefaßte Lebens- und »Wissenschafts«-Geschichte. Nach 1945 erhält Günther wie Hauer nach mehrjähriger Internierung Lehrverbot. Bis zum Jahr 1970 werden seine rassistischen Bücher »Bauernglaube« und »Frömmigkeit nordischer Artung« immer wieder in der DUR-Zeitschrift »glaube und tat« den Sektenmitgliedern zur Lektüre empfohlen. Die Bücher erscheinen jetzt im Ludendorffer-Verlag Franz von Bebenburgs, einem Verwandten der Mathilde Ludendorff. Günther bleibt bis zu seinem Tod 1968 überzeugter Nationalsozialist, publiziert in der Zeitschrift »Nation Europa« und versucht in den fünfziger und sechziger Jahren, den modernisierten »nordischen Mythos« gegen »Amerikanismus« und »Bolschewismus« nutzbar zu machen. Heute ist er ein Lieblingsautor des »Nordischen Rings« von Jürgen Rieger, der »Artgemeinschaft« von Kosserow/Rieger und der Zeitschriften »Neue Anthropologie« und »elemente«, die von Rieger, Benoist, Krebs und Hunke bestimmt werden. In dieser Szene bezieht man sich heute wieder ungeniert auf Chamberlain, Günther, Mandel und Kummer.

Der Günther-Freund Ludwig Ferdinand Clauß – ein fanatischer Nazi, der 1936 seine Antrittsvorlesung als Honorarprofessor für Völkerpsychologie in der NSDAP-Uniform gehalten haben soll –[414] wurde in den dreißiger Jahren vor allem von dem »Thule-Gesellschaft«-Mitglied Rudolf Heß unterstützt, für dessen Freilassung aus dem Spandauer Kriegsverbrecher-Gefängnis sich die DUR-Führung in den sechziger Jahren durch immer neue Aufrufe in »glaube und tat« stark macht. Clauß, der wegen seines NS-Rassismus wie Hauer und Günther nach 1945 Lehrverbot erhält, war 1940/41 der Doktorvater Sigrid Hunkes und damit der eigentliche Lehrer der späteren DUR-Chefideologin. Seine Arbeiten über Arabien setzt Hunke dann fort, in ihrem Buch »Allahs Sonne über dem Abendland« von 1960 bezieht sie sich auf Clauß. Die Neuausgabe des Buches unter dem Titel »Allah ist ganz anders« erscheint 1990 anläßlich des Golfkrieges und wird zu einem Bestseller auch in linken Buchläden. Die guten Verbindungen von Clauß zur SS schlugen sich in Hunkes Promotionsschrift über »Herkunft und Wirkung fremder Vorbilder auf den deutschen Menschen« nieder, eine ethnopluralistische Arbeit zum »germanischen« und »nationalsozialistischen Ideal« als »arteigenes Vorbild« des »nordischen Menschen«, in der sich die Autorin permanent auf das berüchtigte SS-Organ »Das Schwarze Korps« bezog. Diese »Zeitung der Schutzstaffeln der NSDAP – Organ der Reichsführung SS«, wie sie im Untertitel hieß, stellte sich bereits in der Ausgabe vom 23. April 1936 mit der Titelgeschichte »Wie steht es um den ›Deutschen Glauben‹?« in den internen Streitereien der »Deutschen Glaubensbewegung« auf die Seite des SS-Mitglieds Wilhelm Hauer.

Clauß tritt in den fünfziger und sechziger Jahren selbst bei Gesprächskreisen der »Deutschen Unitarier« auf. Der langjährige »Schriftleiter« der DUR-Zeitschriften »glaube und tat« und »unitarische blätter« in den siebziger und achtziger Jahren, Günter Pahl, rühmt sich damit, Clauß mehrfach bei seinen weltanschaulich-geselligen »Gesprächsabenden« zugegen gehabt zu haben. Pahl – ein Grundschullehrer aus Pinneberg, der die ihm anvertrauten Schulkinder zu DUR-Veranstaltungen holt und sie dort als singende Statisten in die »Feiergestaltung« der Sekte einbaut – hat sein sozial-kulturelles Engagement inzwischen professionalisiert: Er führt in Pinneberg ein Tagungshaus (»Gartenhaus Pinneberg«), in dem bis heute sowohl die »Deutschen Unitarier« mit ihrer »Unitarischen Akademie« als auch der »Bund Heimattreuer Jugend« oder die offen rassistische »Arbeitsgemeinschaft naturreligiöser Stammesverbände Europas« (ANSE) der Armanin Sigrun Schleipfer – die sich Freifrau von Schlichting nennt – tagen. Die Eltern Schleipfers haben DUR-Verbindung: Barbara Hammerbacher, geb. Freifrau von Schlichting, und Dr. Hans Wilhelm Hammerbacher annoncierten 1956 in »glaube und tat« die Geburt ihres siebten Kindes; unter den »fröhlichen Geschwistern« in der Anzeige ist auch Sigrun. Die rassistische Szene ist eben »versippt«! Ob hierin ein Grund dafür liegt, daß der »Unitariertag« 1991 in Wolfrathshausen bei München abgehalten wird, wo Schleipfer bei der Volksbank das ANSE-Konto führt, wissen wir nicht. Pahl ist 1993 ein Hauptredner auf dem »Unitariertag« 1993, der Jahreshauptversammlung der Sekte. Stengel-von Rutkowski bezieht sich 1987 in den »unitarischen blättern« noch einmal nachdrücklich auf seinen alten Bekannten Clauß.[415]

Vor allem durch seine Partei- und Regierungsämter war Walter Darré der mächtigste der drei Nordischen, die Ahnherren der DUR sind. Darré prägte mit seinem Buch »Neuadel aus Blut und Boden« 1930 den passenden Begriff. Der Diplom-Landwirt, Anhänger einer »organischen«, ständestaatlichen Landwirtschaft und Autarkie-Theoretiker wurde von Hitler zum »Reichsbauernführer« und zum Chef des SS-Rasse- und Siedlungsamtes ernannt und war von 1933 bis 1942 Reichsernährungsminister. Als oberster SS-Rassist sollte der gelernte Viehzüchter nun auf Himmlers Bitte hin den »neuen deutschen Adel« in der SS heranzüchten. Darré hatte eine einzigartige Position als Günstling Hitlers und Himmlers und gehörte zu den wenigen Duzfreunden Himmlers. 1949 sitzt er im Wilhelmstraßenprozeß neben Ernst von Weizsäcker auf der Anklagebank und wird zu sieben Jahren Haft verurteilt, weil er polnische Bauern im Rahmen der »Germanisierung« polnischen Landes durch die SS brutal ausplündern und vertreiben ließ. Darré gehörte mit Himmler und Rosenberg dem »Großen Rat« der »Nordischen Gesellschaft« an, für die in den dreißiger Jahren neben Günther auch Stengel-von Rutkowski und Clauß auf Vortragsreisen gingen. Die »Nordische Gesellschaft« schluckte 1936 den bereits zehn Jahre vorher gegründeten »Nordischen Ring«, dessen gleichnamige Nachfolge-Organisation heute von Jürgen Rieger geleitet wird, der immer wieder auch »Deutsche Unitarier« als Referenten zu Gast hat.

Die Gründer dieses alten »Nordischen Rings« waren der wenig »nordische« Ministerialrat Hanno Konopacki-Konopath – er war ebenfalls bei der Gründungsversammlung der DG 1933 in Eisenach anwesend – und seine Frau Marie-Adelheid Prinzessin Reuß-zur Lippe, die sich mit den Hohenzollern verwandt glaubt: »So werdet ihr verstehen, daß ich darüber glücklich bin, Friedrichs des Großen Blut in mir zu tragen – als strenge Verpflichtung«, schreibt sie 1986 in der neonazistischen Zeitschrift »Die Bauernschaft«. Der letzte Hofarchitekt der Hohenzollern, Paul Schulze-Naumburg, baute nicht nur ab 1912 in Potsdam für die Familie Kaiser Wilhelms II. – des begeisterten Anhängers von Houston Steward Chamberlain – das Schloß Cecilienhof, in das Stalin 1945 zur Potsdamer Konferenz einlädt. Schulze-Naumburg, der ebenfalls bei der DG-Gründung anwesend war, gehörte auch als persönlicher Freund von Hans F. K. Günther zum engeren Kreis der Nordischen und mag hierüber wohl auch mit Reuß-zur Lippe bekannt gewesen sein. In der Zeitschrift »Rasse« des »Nordischen Rings« – 1936 ebenfalls von der »Nordischen Gesellschaft« geschluckt – publizierten auch Günther und Clauß.

Reuß-zur Lippe unterstützte damals den chronisch verschuldeten Germanen-Mythologen Hermann Wirth finanziell und war die engste politisch-weltanschauliche Weggefährtin Darrés, der sie seine »kleine Schwester« nannte und der Pate ihrer Kinder wurde. Der Kontakt zu Darré ging damals von Reuß aus, die den völkischen Bauernideologen schon in den zwanziger Jahren für die »Nordische Bewegung« warb. Sie brachte später zahlreiche Schriften Darrés heraus, schrieb in einem Vorwort hierzu von der »Rassen- und Zuchtfrage« beim Menschen als dem Kern des »Nordischen Gedankens« und arbeitete schließlich als Abteilungsleiterin für Frauenkultur im Stabsamt des Reichsbauernführers, wie sie 1991 in der »Bauernschaft« stolz bekennt.

Die braune Prinzessin wird 1947 ein Gründungsmitglied der DUR und baut die Sekte in den fünfziger und sechziger Jahren durch zahlreiche Vortragsreisen durch Westdeutschland auf. Ohne sie und ihre Reiseaktivitäten gäbe es die DUR heute wohl nicht, sie ist jahrzehntelang eine der treibenden Kräfte. Als »Leiterin des Geistigen Rates« ist sie zeitweilig auch die oberste »theologische« Chefin der Sekte. In den fünfziger Jahren schreibt sie in »glaube und tat« Sätze wie: »Deutsches Kind in katholischer Hand – mehr als tausend Jahre; wie lange noch?« Noch 1991 bekennen sich etliche DUR-Mitglieder zu Reuß: Auf einer öffentlichen antifaschistischen Veranstaltung der VVN Hagen über die DUR, die sie zu stören versuchen, rufen die »Deutschen Unitarier« in den Saal, Reuß habe ihnen »den Glauben gepredigt«, mit Politik hätte dies nichts zu tun. Reuß-zur Lippe wird bis in die neunziger Jahre von der DUR auch ganz offiziell hofiert. Die Zeitschrift der DUR-Gemeinde Kiel/Schleswig-Holstein namens »Blick«, die unter der Verantwortung des amtierenden »Leiters des Geistigen Rates« der Sekte, Wolfgang Deppert, erscheint, der gleichzeitig DUR-Gemeindeleiter von Kiel ist, druckt 1990 einen Reuß-Text ab.

Gerade an diesem Beispiel wird die andauernde enge Verbundenheit der DUR und ihrer Spitzenfunktionäre selbst zum verbrecherischen Nazismus deutlich: Die Kieler Antifa-Zeitschrift »ATZE« hat zwei Monate vor dem Abdruck des Reuß-Textes durch die DUR enthüllt, daß die feine Adelige eng mit dem Aufseher aus dem KZ Auschwitz und »Auschwitz-Lügner« Thies Christophersen befreundet ist und noch 1986 Chefredakteurin der Christophersen-Zeitschrift »Die Bauernschaft« ist. Im selben Jahr 1986 ehrt das offizielle DUR-Blatt »Ruf und Widerhall« aus Schleswig-Holstein »unsere Prinzessin« zum 90. Geburtstag. 1991 wird sie in der »Bauernschaft« gelobt: »Mit 93 Jahren kam die Prinzessin Reuß zur Lippe nach Kollund, um Thies im Sonderburger Prozeß zu unterstützen (wo es 1988 um Christophersens Auslieferung an die Bundesrepublik geht, P. K.). ›Der Bauer und die Prinzessin‹, das klingt wie ein Märchen, und es ist auch eins. Denn all' die Jahre hindurch hat diese Prinzessin zu ihm gehalten.« Christophersen, der als SS-Mann in Auschwitz Arbeitskräfte aussuchte und von Polen schwerer Verbrechen beschuldigt wird, lebt seit Jahren im Ausland, weil er eine Gefängnisstrafe wegen der Verbreitung von Nazi-Propaganda und Volksverhetzung nicht absitzen will. Gegen ihn liegen zwei Haftbefehle der bundesdeutschen Justiz vor, sein Rechtsanwalt ist Jürgen Rieger, der mit Reuß im dänischen Kollund anwesend war.

Wie es sich für eine echte Nazi-Sekte gehört – in Kiel bestand bereits 1933 eine »Großgemeinde« der DG –, gibt die DUR im Dezember 1990 mit dem Abdruck des Reuß-Textes die passende Antwort auf die Veröffentlichung der Kieler Antifaschisten. Dies kann nur noch als nachdrückliches Bekenntnis der »Deutschen Unitarier« zum kriminellen Neonazismus gewertet werden. Daß Deppert dies verantwortet, zeigt die enge Verbindung auch der nachfolgenden »neurechten« DUR-Funktionäre zum (Neo-) Nazismus. Hier zeigt sich auch ein weiteres Mal der Wahrheitsgehalt unserer These, daß der pantheistische Organizismus dazu dient, den Komplex Auschwitz zu rechtfertigen. Wie einige andere DUR-Prominente auch, hat Reuß-zur Lippe immer wieder in Christophersens Verlag publiziert. Wie kurz die Wege zwischen der DUR-Prominenz und der »Auschwitz-Lügner«-Szene sind, zeigt auch die Tagung »Deutsche an einen Tisch«, die Christophersen 1975 organisiert, nachdem 1973 seine Schrift »Die Auschwitz-Lüge« veröffentlicht und sogleich im Verfassungsschutzbericht des Bundesinnenministers erwähnt wird. Sigrid Hunke, die zu dieser Zeit DUR-Vizepräsidentin ist, schreibt nach einer Mitteilung der »Bauernschaft« an Christophersen, daß sie ihre Teilnahme an der Tagung absagt. Wie die Absage begründet ist, erfährt man nicht, doch ist es bemerkenswert, daß Hunke demnach von Christophersen eingeladen wurde und ihm anschließend auch noch schreibt, statt diesen unverbesserlichen Auschwitz-Nazi sitzen zu lassen. Damit noch nicht genug: Baldur Springmann, jahrelang Gemeindeleiter der DUR und in den achtziger Jahren vom DUR-Präsidenten Horst Prem hoch gepriesen, sagt 1977: »Thies Christophersen aber schätze ich als aufrechten Menschen.«[416]

Springmanns Buch »Partner Erde. Einsichten eines Öko-Bauern« erscheint 1982 im Kieler »Arndt-Verlag«, der dem »Bund Heimattreuer Jugend« nahesteht, der wiederum zu dieser Zeit noch als rechtsextremistisch im Verfassungsschutzbericht aufgeführt ist. Und noch in der Ausgabe Dezember 1991/Januar 1992 der Kieler DUR-Zeitschrift »Blick«, deren Erscheinen wiederum Wolfgang Deppert politisch verantwortet, findet sich neben dem Geburtstagsgruß für seinen 89-jährigen Verwandten Karl Deppert auch einer für den ebenfalls 89-jährigen Gerd von Kamptz, einem ehemaligen Kandidaten der rechtsextremistischen »Deutschen Reichspartei« (DRP). Kamptz schreibt in den siebziger und achtziger Jahren auch häufiger in Christophersens »Bauernschaft« – man kennt sich eben in diesen Kreisen. Reuß-zur Lippe arbeitet im neu gegründeten »Nordischen Ring« von Jürgen Rieger mit. Sie ist seit 1985 »Ehrenmitglied« der DUR-Gemeinde Bremen, 1979 Erstaufruferin der »Volksbewegung für Generalamnestie« des Gerhard Frey und später Gründungsmitglied der antisemitischen »Arbeitsgemeinschaft Schönes Sörup«.[417]

Zum Kreis der Nordischen um Reuß-zur Lippe, Christophersen und Rieger gehört auch Dieter Vollmer, vor dem 8. Mai 1945 bei der »Nordischen Gesellschaft« tätig, nach dem 8. Mai einige Jahre im Ausland verschwunden, Ende der achtziger Jahre bei Riegers »Nordischem Ring«. Vollmer ist eine zentrale Figur für die rechtsextreme Szene in Norddeutschland. In den fünfziger Jahren publiziert er in »Nation Europa« und in »glaube und tat«, heute in Graberts Zeitschrift »Deutschland in Geschichte und Gegenwart«. Innerhalb der DUR, zu der er sich nach seiner Rückkehr aus dem Ausland hingezogen fühlt und sogleich einer ihrer Hauptideologen wird, regt er an, einen Jugendverband zu gründen. 1956 leitet er den »Arbeitskreis Jugendarbeit« der DUR in Wuppertal. 1957 tritt er vehement beim »Unitariertag« auf, 1971 druckt das DUR-Blatt »Ruf und Widerhall« einen Vollmer-Text aus der NPD-Parteizeitung »Deutsche Nachrichten« nach, gleichzeitig schreibt Vollmer in dem Blatt »Konservativ heute« von Armin Mohler, das später mit Caspar von Schrenck-Notzings »Criticon« fusioniert. In den siebziger und achtziger Jahren ist Vollmer in gleicher Weise bei Thies Christophersens Publikationen wie in der offiziellen DUR-Zeitschrift »unitarische blätter« als Autor vertreten. Er ist ebenso wie Baldur Springmann im »Weltbund zum Schutz des Lebens« (WSL), Landesverband Schleswig-Holstein, auf Vorstandsebene tätig. 1989 preist Rieger in der »Neuen Anthropologie« Vollmers Buch »Sonnenspiegel« an, das die »unitarischen blätter« bereits 1983 empfehlen. 1991 ist Vollmer auch beim norddeutschen ANSE-Treffen dabei. Der Multifunktionär ist Träger eines »Schlesischen Kulturpreises der Jugend« des »Studentenbund Schlesien« (SBS), den der Göttinger Neofaschist Hans-Michael Fiedler betreibt. Fiedler ist ebenfalls seit Jahrzehnten eine Zentralfigur der Szene und war lange die Haupttriebkraft des »Gesamtdeutschen Studentenverbandes« (GDS), der offiziellen Studentengruppe des »Bundes der Vertriebenen«. Im Bundesvorstand des GDS sitzen in der achtziger Jahren mit Peter Boßdorf ein nationalrevolutionärer Mitstreiter von Marcus Bauer und heutiger Autor der »Jungen Freiheit« und mit Yvonne Olivier ein Mitglied der geheimen Führungsgruppe des »Thule-Seminars« (Mitgliedsnummer: 84*OM*D*02.25). Boßdorf und seine zeitweilige Lebensgefährtin Olivier gehören auch der weiteren Szene um den »Ring freiheitlicher Studenten« und dessen Zeitschrift »student« an.

Darré gründete 1935 mit Himmler und Wirth die SS-Organisation »Das Ahnenerbe«, die bereits eine gleichnamigen Vorgängerin in der »Nordischen Bewegung« hatte. Sie sollte dem pantheistischen Organizismus in seinen Verästelungen nachgehen und ihn als »germanische Mythologie« dem NS-Staat nutzbar machen. Die »Erforschung« der Externsteine gehörte zu den zentralen Aufgaben des »Ahnenerbes«, das Darré als Chef des Rasse- und Siedlungsamtes der SS in den ersten Jahren ebenso unterstand wie der Aufbau der benachbarten Wewelsburg als zentraler SS-Kultstätte. Ende 1943, als Darré und Wirth beim »Ahnenerbe« längst ausgeschieden waren, sollte Clauß im Auftrag des »Ahnenerbe« an die Front geschickt werden, um dort die angeblich verschiedene Kriegstauglichkeit der Rassen zu untersuchen. Im Gefolge der deutschen Besetzung Belgiens und der einheimischen Kollaboration dehnte sich das »Ahnenerbe« auch dorthin aus. 1943 wurde der SS-Untersturmführer Alarich Augustin, ein ehemaliger Schüler Hermann Wirths, in Brüssel der Repräsentant dieser SS-Organisation. In den siebziger und achtziger Jahren wird Augustin neben Prem, Kramer, Deppert, Leutkart und anderen als »ständiger Mitarbeiter« der »unitarischen blätter« im Impressum aufgeführt. Augustin ist Mitglied des obersten »theologischen« Gremiums der Sekte, des »Geistigen Rates«, und beklagt sich 1981 in den »unitarischen blättern«, aufgrund des »Zustroms von Gastarbeitern« seien die Deutschen »nicht mehr Herr im eigenen Haus«.

Die Verbundenheit der »neuen Generation« der DUR mit den alten Nazis zeigt ein weiteres Beispiel: Der heute als eine Art Justitiar der DUR fungierende Schleswiger Rechtsanwalt und Notar Ralf Bernd Abel, der die zahlreichen Prozesse der Sekte gegen Antifaschisten steuert, engagiert sich in Schleswig in der CDU und bundesweit als Chef des »Hilfswerks der Deutschen Unitarier e. V.«, der Wohlfahrtsorganisation der Sekte. Seit den sechziger Jahren publiziert er in »glaube und tat« und ist Anfang der achtziger Jahre neben Günter Pahl »Schriftleiter« der »unitarischen blätter«. Abel bezeichnet Augustin als seinen religiösen »Lehrer«, von dem er in Wuppertal in einem faschistisch-religiösen »Schüler-Gesprächskreis Freies Forum« die Grundlagen des pantheistischen Organizismus gelernt habe. Abel ist heute neben seiner CDU- und »Hilfswerk«-Tätigkeit vor allem gegen die »Scientology-Church« aktiv, wird ständig zu öffentlichen Diskussionen gegen die »Scientologen« eingeladen – es weiß wohl niemand etwas über sein Nazi-Sekten-Engagement – und hat auf diesem Felde bereits zahlreiche Scientology-Opfer vor Gericht gegen die Konkurrenz vertreten. 1992 ist er neben einem ehemaligen Bundesverfassungsrichter, neben amtierenden Landesarbeitsgerichtspräsidenten, zahlreichen Professoren und leitenden Ministerialbeamten des Bundesinnenministeriums – fast an der Quelle des Verfassungsschutzes sozusagen – sowie neben einem unzweifelhaften Linken wie Spiros Simitis Mitherausgeber der Zeitschrift »RDV – Recht der Datenverarbeitung«.[418]

Bis in die siebziger Jahre hinein ist der 1962 verstorbene »altnordische« Publizist Bernhard Kummer ein weiterer zentraler Bezugspunkt der DUR, der in ihren Schriften immer wieder genannt wird. Sein zweifelhafter Ruhm gründet sich auf sein Buch »Midgards Untergang. Germanischer Kult und Glaube in den letzten heidnischen Jahrhunderten« aus den zwanziger Jahren. Er gilt neben Günther, Clauß und Darré als ein weiterer herausragender Ideologe der »Nordischen Bewegung« und trat in den dreißiger Jahren neben Stengel, Clauß und Günther ebenfalls als Redner der »Nordischen Gesellschaft« auf. Als einziger stellte er sich vor Hermann Wirth, als dieser schließlich bei der SS in Ungnade fiel. Er wird von Kater als »Alfred Rosenberg nahestehend« bezeichnet und geriet wohl von hierher – auch mit seiner Zeitschrift »Nordische Stimmen« – in eine gewisse Konkurrenz zu den Nordischen bei SS und »Ahnenerbe«. Kummer verfaßte die Schrift »Der Kampf der nordischen Rassenseele gegen Süden und Osten«, in der es hieß: »Unter dem Hakenkreuzzeichen, das arische Völker in die Weite der Welt getragen haben, rief er (der Nationalsozialismus, P. K.) auf zum Rassenkampf in der Politik, zur Abwehr artfremder Kultur und Händlerherrschaft. Das Volk verstand ihn und besann sich ... auf sein Blut, das nicht von Osten und nicht von Süden, sondern aus Norden stammt. Es besann sich auf ein Erbe, an dem wir alle im Volk teilhaben, ob wir nun blaue oder braune Augen haben: das Erbe der nordischen Heimat, der nordischen Tatkraft und der nordischen Sittlichkeit.«

Es ist bemerkenswert, daß all diese bzw. ihre engsten Mitstreiter nach 1945 in der DUR zentrale ideologische Positionen einnehmen und sich zum Teil auch noch im äußersten Norddeutschland niederlassen, wo sie untereinander Kontakte pflegen. Hier schuf Ernst Graf von Reventlow schon in den zwanziger Jahren den Boden für den »nordischen Glauben«. Schulze-Naumburg, Wirth, Günther, Clauß und Kummer, auch Reuter, Frenssen, Fahrenkrog, Dinter, Ludendorff, Hauer, Mandel, Grabert und andere, die noch zu nennen sein werden, führt Armin Mohler in einem Atemzug mit Chamberlain, dem Externsteine-»Forscher« Teudt oder dem Armanen-Vorbild Jörg Lanz von Liebenfels als Urväter der Konservativen Revolution auf.[419]

Die engere Rosenberg-Szene als Quelle der DUR

Eine weiteres nationalsozialistisches Ideologiezentrum, in dem sich spätere DUR-Top-Funktionäre kennenlernten, war die von Alfred Rosenberg herausgegebene NS-Intellektuellen- und »Wissenschaftliche Zeitschrift der NSDAP« – so ihr Untertitel – namens »Nationalsozialistische Monatshefte«.[420] Sie war neben Hauers »Deutscher Glaube« ein Hauptblatt des Nazi-Kirchenkampfes, vor allem, seit dieser unter Rosenbergs und Martin Bormanns Regie ab 1938 innerhalb der NS-Organisationen wieder verstärkt aufgenommen wurde. Hier publizierten die späteren DUR-Gründer Herbert Böhme und Eberhard Achterberg bereits seit Mitte der dreißiger Jahre, auch Achterbergs Frau Elisabeth Achterberg-von Pusch. Achterberg wurde schließlich Chefredakteur des Blattes. Bücher des späteren DUR-Gründers Georg Stammler wurden von der Redaktion angepriesen. Hier schrieben Ernst Graf von Reventlow, die spätere DUR-Größe Bernhard Kummer (z. B. einen Nachruf auf den von Hitler geförderten Externsteine-»Forscher« Wilhelm Teudt), der später im DUR-Blatt »glaube und tat« wieder abgedruckte Thilo Scheller (über germanische Kult-Phänomene) sowie die NS-Dichter Erwin Kolbenheyer und Gerhard Schumann, deren Texte später in DUR-Zeitschriften wieder abgedruckt werden. Scheller saß im »Amt Rosenberg« der NSDAP, Schumann war »Präsidialrat der Reichsschrifttumskammer« unter Josef Goebbels, der auch Böhme als »Fachschaftsleiter für Lyrik« angehörte.

Auch Lothar Stengel-von Rutkowski (er vor allem und häufig über »rassenpolitische« Themen, über Hans F. K. Günther und Walther Groß) und Walter Darré wirkten in den »NS-Monatsheften« als Autoren. 1942, als Darré in Ungnade fiel, unterstützte Achterberg ihn hier. Kurz vorher würdigte Achterberg Herbert Graberts Buch »Der Glaube des deutschen Bauerntums«. Grabert arbeitete später in Rosenbergs »Ministerium für die besetzten Ostgebiete«. Rosenbergs »Befehlsleiter« Helmut Stellrecht, der noch in den achtziger Jahren in den »unitarischen blättern« positiv gewürdigt wird, veröffentlichte in den »NS-Monatsheften« ebenso wie Julius Evola, damals ein Vertreter der »Nordischen Bewegung«, heute gleichermaßen im New Age wie in der »Neuen Rechten« als ein Ahnherr akzeptiert.

Selbstverständlich behandelten die »NS-Monatshefte« das gesamte Themenfeld des pantheistischen Organizismus, den Meister Eckhart und die Zeit der Staufer als der Hohen Zeit gotischer Mystik, auch Paracelsus, Jakob Böhme, Goethe und Hölderlin. Gerade zur Zeit, als der Überfall auf die Sowjetunion und der Einsatz des deutschen »Afrika-Korps« in Libyen und Ägypten vorbereitet und durchgeführt wurden, hoben Achterberg und Kummer hier das staufische Reich und insbesondere die Rolle Kaiser Friedrich II. hervor, der zur Zeit der Kreuzzüge ein deutsches Kolonialreich vom Baltikum bis nach Ägypten schuf. Bereits seit 1940 unterstützte die deutsche Luftwaffe vom ehemals staufischen Sizilien aus den Krieg des faschistischen Verbündeten Italien in Nordafrika. Der Kaisermantel des arabienfreundlichen Friedrich II., auf dem Kamele eingestickt sind, wurde 1941 von den »NS-Monatsheften« für den Kampf gegen Großbritannien im arabischen Raum instrumentalisiert. Sigrid Hunke macht 1976 den Mantel zu einem ihrer Buchtitel: In »Kamele auf dem Kaisermantel« knüpft sie an den »deutschen« Imperialismus des Hochmittelalters an. Eine Neuauflage des Buches erscheint 1993 unter dem Titel »Die Orientierung. Sternstunden deutsch-arabischer Begegnung« ausgerechnet im »Horizonte-Verlag«, »Nation und Europa« druckt im Mai 1993 eine positive Rezension. 1962 druckt das DUR-Blatt »glaube und tat« dasselbe Bild des Kamele-Kaisermantels wieder ab, das auch die »NS-Monatshefte« 1941 enthielten.

Als der Krieg trotz aller ideologischen Propaganda verloren ging, schrieb Achterberg 1944 »von germanischer Schicksalshaltung in unserer Zeit« und erinnerte daran, wie das Baltikum durch den Deutschen Ritterorden zur Zeit Friedrichs II. kolonisiert worden war, ein Bezug, den er im Januar 1941 – als der deutsche Überfall vorbereitet wurde – bereits einmal brachte. Stengel-von Rutkowski schrieb hier 1944 – »z. Z. Hauptsturmführer b. d. Waffen-SS« – eine Rezension über das angeblich auf Heidegger fußende Buch von Siegfried Blaas »Der Rassegedanke, seine biologische und philosophische Grundlegung«: Es sei »das für die Rassenidee und Rassenphilosophie wichtigste Buch seit Rosenbergs ›Mythus‹ und Kolbenheyers ›Bauhütte‹. Die deutsche Philosophie wird sich mit diesem Buch beschäftigen müssen«, wozu sie dann allerdings glücklicherweise doch keine Zeit mehr hatte.[421]

Eberhard Achterberg wurde Ende 1940 stellvertretender »Schriftleiter« der »NS-Monatshefte«, ab Juli 1941 ihr »Hauptschriftleiter«, also Chefredakteur. Über ihm stand fortan nur noch der Herausgeber Alfred Rosenberg, der aus dem baltischen Riga stammte und nach dem Überfall auf die Sowjetunion kurze Zeit später von Hitler zum »Reichsminister für die besetzten Ostgebiete« ernannt wurde. In seinem NSDAP-»Amt Rosenberg«, der »Dienststelle des Beauftragten des Führers für die Überwachung der gesamten geistigen und weltanschaulichen Schulung und Erziehung der NSDAP«, hatte Achterberg schließlich die Funktion des Leiters der Abteilung für »Juden- und Freimaurerfragen« inne.[422]

Die »NS-Monatshefte« waren ein wichtiges Scharnier zwischen ideologischer Propaganda und verbrecherischer Tat des deutschen Faschismus. Hier hieß es bereits 1930, das »Judentum« benutze den Marxismus dazu, »um mit Hilfe der Ausgebeuteten und Niederrassigen die auf den Schultern der Weißen ruhende Welt aus den Angeln zu heben«. Unter Achterbergs Verantwortung stand 1942 in einem Artikel mit der Überschrift »Das Weltjudentum will England bolschewisieren«: »So wurde der gegenwärtige Krieg inszeniert, um das antijüdische nationalsozialistische Deutschland zu vernichten und den in allen Ländern immer stärker um sich greifenden Antijudaismus, der für das parasitäre Dasein des Judentums zu einer tödlichen Gefahr zu werden droht, ein für allemal abzuwürgen.« In primitiver Weise hetzte das Blatt gegen ein britisches Kabinettsmitglied als »Judenstämmling« und klagte entgegen den historischen Tatsachen »Roosevelt und die hinter ihm stehende Judenclique« und »Stalin und die hinter diesem stehende Judenclique« der Kriegstreiberei an.

1989 schreibt der »Leiter des Geistigen Rates« der DUR, Hans-Dietrich Kahl, in einer offiziellen DUR-Geschichte, die »NS-Monatshefte« seien eine Zeitschrift gewesen, »die im ›Dritten Reich‹ unbestritten (was etwas heißen wollte!) als ›lesbar‹ galt, weil sie Niveau bot und nicht bloß billige Parteipropaganda«. So erfährt man nebenbei, was für den obersten »theologischen« Chef der DUR »Niveau« ist: Ausdrücke wie »Judenstämmling«, »Judenclique« und die Klage über das angebliche »parasitäre Dasein« der Juden![423]

Eberhard Achterberg gehört 1947 zu den DUR-Begründern auf dem Berg Klüt, er wird – arbeitslos und als bekannter Top-Nazi und enger Mitarbeiter des gerade hingerichteten Rosenberg in der neuen Demokratie für nichts verwendbar – der eigentliche Organisator der DUR und »Schriftleiter« der neuen Zeitschrift »glaube und tat«. Hier setzt er seine 1944 kriegsbedingt abgebrochene publizistische Arbeit – es gab kein Papier mehr – fort und läßt in dem DUR-Blatt einen Großteil derer zu Wort kommen, die bereits in den »NS-Monatsheften« schrieben. In den sechziger Jahren veröffentlicht er zahlreiche Ideologie-Schriften der DUR, insbesondere auch eines für Jugendliche über »Jüdische Frömmigkeit«. Jetzt erscheint auch im DUR-»Verlag Soltsien« seine Schrift »Der Mensch als Ganzheit und

Einheit«, in der er unter Bezug auf Erich Fromm, Pierre Teilhard de Chardin und Carl Friedrich von Weizsäcker die alte Ideologie im neuen Kleid präsentiert. Achterberg wird noch 1983 kurz vor seinem Tod zum »Leiter des Geistigen Rates« gewählt. Sein Buch »Die Kraft, die uns trägt. Suche nach Sinn in einer bedrohten Welt« erscheint 1985 posthum im »Verlag Deutsche Unitarier«, herausgegeben von seinem Sohn Bernhard. Die Textsammlung beginnt mit einem Zitat über Achterbergs Gottesverständnis von 1943 – deutlicher kann man die nazistische Kontinuität nicht mehr herausstellen – und ist bis heute eines der wichtigsten Ideologiebücher der DUR.

Die engere Rosenberg-Szene bildet neben der »Nordischen Bewegung« und der »Deutschen Glaubensbewegung« und »Glaubensbewegung Deutsche Christen« den personellen und ideologischen Hauptstamm der DUR. Baumgärtner rechnet in seinem Buch »Weltanschauungskampf im Dritten Reich« von 1977 auch den Himmler-Heydrich-Protegé Albert Hartl zum Kirchenkampf-Kreis um Rosenberg. Er sei aus seinem Spitzelamt im Sicherheitsdienst der SS und im Reichssicherheitshauptamt heraus auch ein Zuträger für Matthes Ziegler gewesen, der von Darré mit dem Aufbau einer Ideologie-Abteilung über nordisches Bauerntum beim Rasse- und Siedlungsamt der SS beauftragt gewesen sei und im »Amt Rosenberg« den »weltanschaulich-fachlichen Kernbereich« (Baumgärtner) der Ideologie-Überwachung repräsentiert habe. Ziegler – wie Rosenberg ein Baltendeutscher – war der Vorgänger Achterbergs als »verantwortlicher Schriftleiter« der »NS-Monatshefte« und – es erstaunt keineswegs – ebenfalls bei der Gründung der DG 1933 in Eisenach anwesend; er gehörte dann auch dem »Führerrat« der DG an. Hartl arbeitete maßgeblich an dem antikirchlichen »Handbuch der Romfrage« mit, das Ziegler erstellte und Rosenberg ab 1940 herausgab.[424]

Andere »Deutschgläubige« als DUR-Quellen

Anfang der fünfziger Jahre schließen sich der DUR zwei »deutschgläubige« Sekten an, die weitere alten Nazis mitbringen. Sie sind vorher von den Alliierten verboten worden und müssen sich bis zum Zusammengehen mit den »Glaubenskameraden« der DUR – so redet man sich hier untereinander an – einige Jahre gedulden. In Hessen ist dies die »Gemeinschaft der Gottgläubigen/Universal-Unitarier« aus dem Raum Kassel; ihr Führer wird sehr bald der Kasseler Heinz Ludwig, der bis heute eine zentrale Rolle in der DUR spielt und seit den fünfziger Jahren den völkisch-rassistischen Kurs als Funktionär und Ideologe mitträgt. In Schleswig-Holstein ist es die »Gemeinschaft der Gottgläubigen in Dithmarschen«, die bereits aus den frühen zwanziger Jahren ihre eigene Nazi-Tradition hat. Besonders in

Schleswig-Holstein – der heutigen Hochburg der DUR, wo die Sekte als »Körperschaft des Öffentlichen Rechts« Sonderrechte genießt – existieren starke neuheidnisch-»deutschgläubige« Traditionen.

Ernst Graf von Reventlow feierte bereits 1924 mit dem »Völkisch-Sozialen Block« (VSB) in Schleswig-Holstein Wahlerfolge mit Ergebnissen von teilweise mehr als zwanzig Prozent der abgegebenen Stimmen. Reventlow war es, der Ludendorff 1922 zur Zusammenarbeit mit Hitler drängte. Ein weiterer Führer des VSB und der »Deutschgläubigen« in Norddeutschland war Dietrich Klagges, der aus der »Deutschnationalen Volkspartei« (DNVP) kam, die 1933 unter dem Reichskanzler Hitler in die Koalitionsregierung eintrat. Klagges und Reventlow schlossen sich selbst Mitte der zwanziger Jahre dem Nationalsozialismus an. Als NSDAP-Vertreter gehörten sie bis 1945 (Klagges) bzw. 1943 (Reventlows Tod) dem Reichstag an.

Klagges stieg zum Spitzenfunktionär der NSDAP auf und veranlaßte 1932 persönlich in seiner Funktion als »Innen- und Volksbildungsminister« des Landes Braunschweig – in dem seit 1931 die NSDAP in der Regierung saß –, daß dem Österreicher Adolf Hitler die deutsche Staatsbürgerschaft verliehen wurde, damit dieser 1932 zur Reichspräsidentenwahl kandidieren konnte. Klagges vereinigte die theoretischen und die praktischen Seiten des heroisch-realistischen Organizisten. 1933 wurde er Ministerpräsident des Landes Braunschweig. Als SS-Gruppenführer machte er sich einen Namen als brutaler SS-Verbrecher gegen politische Gegner. In der »Wirtschaftspolitischen Abteilung« der NSDAP, wo er ab 1932 die »wirtschafts*wissenschaftliche* Abteilung« leitete, trat er als organizistischer Theoretiker auf. Vor allem »die wissenschaftliche Grundlage für die organische Wirtschaftsauffassung des Nationalsozialismus und den ständischen Aufbau der Wirtschaft« wollte er hier legen. Der Allround-Nazi betätigte sich auch als Theoretiker des Geschichtsunterrichts, in dessen Mitte er die »Rassenfrage« und das »Schicksal des deutschen Volkes« gestellt wissen wollte und der zur »totalen Unterordnung unter den Führerwillen« erziehen sollte.

Nach 1945 wird Klagges wegen seiner Verbrechen zuerst zu lebenslänglichem Zuchthaus verurteilt. In seinem Schlußwort als Angeklagter vor Gericht sagt er: »Ich weiß, wir haben Großes gewollt, und es ist uns vergönnt gewesen, Großes zu tun.« Das Urteil wird in der Berufung auf fünfzehn Jahre Haft beschränkt, doch er kommt schon nach fünf Jahren frei und greift sein »deutschgläubiges« Engagement aus den zwanziger Jahren wieder auf: Er schließt sich der DUR an. In den sechziger und siebziger Jahren wird er unter dem Pseudonym »Godwin« zu einem maßgeblichen DUR-Ideologen und einem unermüdlichen Autor in »glaube und tat«. In einem intellektuellen Disput zwischen ihm und Friedrich Schöll wird die Weltanschauung der »Deutschen Unitarier« geklärt, bevor Sigrid Hunke sie in dem Buch »Europas andere Religion« zusammenfaßt.[425]

Der Klagges-Kreis der zwanziger Jahre in der Nähe von Dithmarschen war *nationalrevolutionär-antikapitalistisch* ausgerichtet und wollte vor allem an die sozialistische Arbeiterschaft heran, die von Kiel aus mit Arbeiter- und Soldatenräten die Revolution im November 1918 begann. Er lehnte sich daher an die Strasser-Fraktion der NSDAP an. Wie bei Hauer, so war auch bei Klagges und Reventlow der pantheistische Organizismus in erster Linie als eine ideologische Alternative zum Sozialismus gedacht. Klagges stützte sich dabei ausdrücklich auch auf Lagarde, der diese Alterative in der »Gründerzeit« des deutschen Hochkapitalismus mit entwickelt hatte. Später mußten die verquasten Deutschgläubigen jedoch eingestehen, in dieser Hinsicht gänzlich versagt zu haben. Hauer schrieb 1937 in der Zeitschrift »Deutscher Glaube«: Was Hitler gelungen sei, »die Arbeitermassen einzubeziehen in die große Einheit des deutschen Volkes durch rücksichtsloses Zerschlagen der marxistischen Organisationen, gelang hier, wo uns nur die Macht der Seele zu Gebote stand, nicht«.

Anfang der fünfziger Jahre stoßen besonders auch die Anhänger des Antisemiten Gustav Frenssen zur DUR, der protestantischer Landpfarrer in Dithmarschen war. Er hatte in seinem Roman »Die drei Getreuen« von 1898 als erster das Schlagwort vom »Volk ohne Raum« geprägt, das durch den gleichnamigen Roman von Hans Grimm bekannt wurde, der auch in der DUR rezipiert wird. Frenssen verfaßte 1935 das hunderttausendfach verkaufte religiöse Buch »Der Glaube der Nordmark«, das Hans-Dietrich Kahl 1989 als das Buch nennt, das »über alle Unterschiede hinweg gewisse gemeinsame Grundzüge« der »Deutschgläubigen« oder »Gottgläubigen« enthalte. Kahl benutzt den Ausdruck »Gottgläubige«, der bis 1945 der NS-offizielle Begriff war. Das Buch Frenssens wurde noch in den sechziger Jahren eifrig im »Bund Deutsch-Unitarischer Jugendlicher« studiert.

Ebenfalls als DUR-Quelle zu nennen sind die Anhänger des holsteinischen völkisch-rassistischen Autors Hans Friedrich Blunck, der ab November 1933 Präsident der Josef Goebbels unterstehenden NS-Zensurbehörde »Reichsschrifttumskammer« war. Der DUR-Gründer Herbert Böhme gehörte ebenfalls dieser Nazi-Propaganda-Einrichtung an. Blunck war Träger des »Ehrensiegels« der »Nordischen Gesellschaft«. Mitglied der »Gesellschaft zur Förderung des Werkes von Hans Friedrich Blunck« war auch der schleswig-holsteinische CDU-Ministerpräsident und spätere Bundesverteidigungsminister Kai-Uwe von Hassel.

Die DUR als Drehscheibe faschistischer Kontinuität

Die heimatlosen Nazis sammeln sich in den Nachkriegsjahren in der DUR. »Die Welt – unsere Welt – war aus den Fugen«, beschreibt Kahl 1989 die Situation. Oskar Hegels, ehemals »Leiter des Geistigen Rates« der DUR und damit Vorgänger von Kahl, drückt es in den »unitarischen blättern« 1981 im Stile neofaschistischer Agitation so aus: »Da die Ausschaltung der alten Führungsschicht ein späteres Wiedererstarken des deutschen Volkes nicht ausschloß, war es das Bestreben der damals noch einigen Siegermächte, aus dem deutschen Volk eine Bevölkerung der vier Besatzungszonen zu machen, das heißt, den deutschen Menschen das Bewußtsein gemeinsamer Abstammung, Kultur und Geschichte zu nehmen, kurz, das Bewußtsein nationaler Identität auszulöschen. Es wurde versucht, Menschen, die nächste Angehörige, Heimat und Beruf, materielles und ideelles (!) Eigentum verloren hatten, nun auch das Bewußtsein des eigenen Werts zu nehmen, ihr Selbstbewußtsein und ihr Selbstwertgefühl zu vernichten.« Dieser leider dann doch unerfüllten Vision der Entnazifizierung wollen etliche Nazis unter dem Namen »Deutsche Unitarier« vereint entgegentreten.[426]

Vergleicht man die Wahl-Hochburgen der NSDAP bei den Reichstagswahlen 1932, die NPD-Hochburgen der sechziger Jahre und die REP- bzw. DVU-Hochburgen der achtziger und neunziger Jahre mit den Mitglieder-Schwerpunkten der DUR, so fällt auf, daß sie weitgehend übereinstimmen. Wo auf dem späteren Gebiet der Bundesrepublik Deutschland schon die NSDAP stark war – die Räume Alzey-Worms und Nürnberg, Nordhessen/Kassel, die Küstenregion –, da erzielen bis heute hin rechtsextreme Parteien Wahlerfolge, und da sind bis heute auch starke »deutschgläubige« Gemeinden vorhanden. Die konfessionelle Bindung, die im Bezug auf die Großkirchen beim Wahlverhalten nicht mehr die frühere Kraft hat, ist bei »Sippen«-gebundenen Neofaschisten offenbar immer noch zentral für die Stimmabgabe, auch wenn eine Organisation wie die DUR vergleichsweise wenig Mitglieder hat. Man mag dieses Phänomen nicht überbewerten, doch scheinen faschistisch-religiös gebundene Multiplikatoren auch heute einen regionalen Einfluß auf das politische Klima zu haben.

Nachdem das Idol der »Deutschgläubigen«, Alfred Rosenberg, in Nürnberg am Galgen baumelt, übernehmen nun die Personen aus den oben beschriebenen Gruppen bei den rheinhessischen Freiprotestanten die Macht und setzen 1950 Achterberg, Böhme und Küthe auf die zentralen Positionen der Organisation. Ihre Zeitschrift »glaube und tat« zitiert den Grafen Gobineau, der den modernen Rassismus begründete, und schreibt von der »Gemeinschaft des Blutes«. Hauers »Deutsche Gottschau« von

1934 wird als »unitarisches Schrifttum« angepriesen und über alles gießt der wieder zum »Schriftleiter« gewordene Achterberg »Albert Schweitzer als religiös wegweisende Persönlichkeit«. Man versteht sich als »Gemeinschaft Gleichgesinnter«, wie es in einem Flugblatt der DUR noch in den siebziger Jahren heißt, und will unter dem Deckmantel der Religionsausübung nichts weiter als die Nazi-Gesinnung weiterpflegen. Die Tarn-Taktik geht auf, wie der Verfassungsschutzbericht 1965 zeigt. Hier heißt es: »Ein großer Teil der rechtsextremen Aktivisten ist antichristlich eingestellt oder vertritt antiklerikale Auffassungen. Er rekrutiert sich aus deutschgläubigen Sekten und den Resten solcher Weltanschauungsgemeinschaften, die im vorpolitischen Raum ihr Art- und Rassedenken pflegen. ... Soweit derartige Weltanschauungsgemeinschaften keine nachweisbar politischen Bestrebungen verfolgen, entzieht sich ihr Wirken aus verfassungsrechtlichen Gründen der Beobachtung. Doch läßt sich nicht bestreiten, daß gerade sie zu den Quellen rassistischer und antisemitischer Gefühle und des entsprechenden politischen Sektierertums zählen.« Seitdem herrscht in den Verfassungsschutzberichten zu faschistischen Sekten nur noch Schweigen.[427]

1986, auf dem Höhepunkt der gesellschaftlichen Akzeptanz der Sekte, veröffentlichen die »unitarischen blätter« eine Selbstdarstellung der »Unitarischen Gemeinschaft in Deutschland. Wurzeln und Entwicklung unitarischen Glaubens.« Das Heft ist durchgehend ein Bekenntnis zum Faschismus. Nachdem man sich selbst bereits auf Hauer, Walbaum, Stammler und die DG zurückgeführt und die braune Prinzessin Reuß-zur Lippe gewürdigt hat, führt Oskar Hegels eine Liste der Personen auf, die die DUR bestimmt haben sollen. Es ist eine Ahnengalerie von Faschisten, vor der die verzweifelten Versuche der DUR in den Gerichtsprozessen 1989-1991, ihre nazistische Wirklichkeit zu verleugnen, nur noch lächerlich wirken. Hegels schreibt: »In der Nachfolge Walbaums und Schölls haben aus der Generation der vor dem ersten Weltkrieg Geborenen neben anderen Eberhard Achterberg, Herbert Böhme, Fritz Castagne, Friedrich Ehrlicher, Georg Geyer, Albert Hartl, Erich Keller, Martin Krüer, Karlheinz Küthe, Carl Kuhlmann, Thomas Leutkart, Heinrich Schäfer-Hansen, Manfred Schneider und Bodo Schütz wertvolle Beiträge zur Bereicherung unseres Gedankengutes geleistet.« Er nennt dann noch Sigrid Hunke, die »das eigentliche des Unitarismus wesentlich vertieft, neue Dimensionen erschlossen und die geschichtliche Bedeutung unitarischer Religion klargestellt« habe, womit das Herausstellen der geschichtlichen Tat als Ziel des pantheistischen Organizismus gemeint ist. Andere aktuelle Namen nennt Hegels nicht als bedeutsam für die DUR, an dieser Liste kann man sich also orientieren. Das werden wir nachfolgend tun.[428]

Manfred Schneider ist bei den Kontakten zwischen Walbaum und

Böhme im US-amerikanischen Internierungslager zugegen. Er muß wohl hier Insasse gewesen sein, denn nur Walbaum hat als Geistlicher ins Lager freien Zugang von außen. 1970 empfiehlt er in »glaube und tat« Hans F. K. Günthers Buch »Bauernglaube«. Heinrich Schäfer-Hansen trat 1930 in die NSDAP ein, 1931 in die Motor-SA, wo er zum Standartenführer, Gruppenstaffelführer, Obergruppenführer des »Nationalsozialistischen Kraftfahrer-Korps« und schließlich zum Führer der Motorbrigade Schlesien aufstieg. Er war zwischen 1936 und 1945 Mitglied des Reichstages, dem nur noch NSDAP-Mitglieder angehörten, und ab 1939 Mitglied des Volksgerichtshofes. »Wir werden sein Andenken in Ehren halten«, meint Horst Prem 1977 als »Leiter des Geistigen Rates« und kurz vor seiner Wahl zum DUR-Präsidenten in einem Nachruf auf Schäfer-Hansen.[429]

Fritz Castagne studierte nach der DG-Gründung in den dreißiger Jahren – wie Hunke – in Kiel bei Hermann Mandel, promovierte unter Bezug auf Hauer und Günther zum Thema »Der Schicksalsgedanke im altisländischen Schrifttum als Kennzeichen nordischer Rassenseele«, gehörte zum Kreis um Hauers Zeitschrift »Deutscher Glaube«, und geht als Mitarbeiter und Chefredakteur von »glaube und tat« immer wieder auf die Ludendorffer-Sekte zu, mit der er den 1933 gescheiterten Zusammenschluß immer noch will. 1981 gehört er zu den Erstunterzeichnern des rassistischen Aufrufs »Ausländerstopp jetzt«. Mitunterzeichner sind der Arzt Max Otto Bruker, der – wie Werner Georg Haverbeck – ein ehemaliger Präsident des »Weltbundes zum Schutz des Lebens« (WSL) ist, der braungrünen nationalrevolutionären Szene im Raum Koblenz nahesteht und 1973 gemeinsam mit Benoist im »Wissenschaftlichen Beirat« von Jürgen Riegers Zeitschrift »Neue Anthropologie« sitzt, Jürgen Rieger selber und etliche NPD-Funktionäre. 1982 kandidiert Castagne mit seiner Frau Else und weiteren DUR-Mitgliedern zur Kommunalwahl für die »Kieler Liste für Ausländerbegrenzung«. Er gehört auch mit dem herausragenden »Deutschen Unitarier« Rolf Hoffmann – auf dessen »Öko-Hof« in Großenaspe sich die DUR-Gemeinde Schleswig-Holsteins heute öfter trifft – und mit dem kriminellen Nazi-Terroristen Manfred Roeder sowie mit Jürgen Rieger, Dieter Vollmer, Baldur Springmann und dem »Thule-Seminar«-Verleger Rolf Bohlinger von den Ludendorffern zu den Unterzeichnern einer Anti-AKW-Klage des »Hartmut-Gründler-Klägerverbandes für Volksgesundheit und biologische Sicherheit«, der von dem damaligen Ludendorffer Walter Soyka dominiert wird. Else Castagne wird noch 1990 in eine führende Funktion der DUR-Gemeinde Kiel gewählt. 1983 schreibt Präsident Prem im Nachruf auf Fritz Castagne: »Wir verlieren in ihm nicht nur einen tüchtigen, stets einsatzbereiten Mitarbeiter, sondern auch einen aufrechten Kameraden und liebenswerten Freund. Mit Trauer über sein plötzliches Hinscheiden verbindet sich unser Dank für sein unermüdliches Wirken.«[430]

Friedrich Ehrlicher trat 1930 in die NSDAP ein, wurde bis 1933 Mitglied der SS, 1933 HJ-Bannführer für Schwaben in Augsburg, 1937 HJ-Hauptbannführer, 1938 Direktor des Stadtjugendamtes München. 1938 arbeitete er an dem Buch »Der nichtseßhafte Mensch. Ein Beitrag zur Neugestaltung der Raum- und Menschenordnung im Großdeutschen Reich« mit, daß Vorarbeiten zur Erfassung der Nichtseßhaften, ihrer Zwangssterilisierung bzw. Ermordung im KZ Dachau enthielt – Arbeiten also, die später Viktor von Weizsäcker zugute gekommen sein mögen. Ehrlicher trug damit – wie der Himmler-Heydrich-Protegé Albert Hartl – zu den verbrecherischen bevölkerungspolitischen Maßnahmen der Nazis bei. Ehrlicher kämpfte ab dem 28. April 1945 – wahrscheinlich als »Werwolf«-Mann – gegen Antifaschisten der »Freiheitsaktion Bayern« und sitzt deshalb bis Ende 1948 in Haft. 1955 wird er Landesgemeindeleiter der DUR in Bayern, später mehrfach »Leiter des Geistigen Rates« und in den siebziger Jahren Präsident der DUR.[431]

Es muß angesichts der heutigen Quellen- und Forschungslage angenommen werden, daß der damalige SS- und Gestapo-Funktionär Albert Hartl, der das KZ Dachau mit katholischen Geistlichen zu füllen half und vor allem auch bis Ende 1941 als der unmittelbare Vorgesetzte Adolf Eichmanns im Reichssicherheitshauptamt (RSHA) fungierte, hier bereits Kenntnis von den »Endlösungs«-Plänen der Nazis gegen die europäischen Juden hatte. Die Pläne wurden jedenfalls 1941 auf den höchsten SS-Ebenen bereits diskutiert. Die Massenerschießungen von Juden in Osteuropa begannen bereits im Juli 1941, gleich nach dem deutschen Überfall auf die Sowjetunion. Eichmann selbst sagte in seinem Prozeß in Jerusalem aus, spätestens im Spätsommer 1941 habe der RSHA-Chef Heydrich zu ihm gesagt: »Der Führer hat die physische Vernichtung der Juden befohlen.« Es ist von Hartl in seiner Aussage vor dem Nürnberger Kriegsverbrecher-Tribunal, wo er als Zeuge auftritt, selbst überliefert, daß er die Massenexekutionen durch SS-Einsatzkommandos in Osteuropa als Inspekteur des RSHA überwacht und ihnen sogar beigewohnt hat. Er hat dabei auch die Massengräber bei Kiew besichtigt, wo in wenigen Tagen 34000 Juden erschossen worden waren. Bereits in der Zeit vor dem Beginn der »Endlösung« war Eichmann unter Hartl damit befaßt, den Apartheid-Plan der Aussiedlung der Juden nach Madagaskar auszuarbeiten. Während die DUR Hartls Tätigkeit bei den Einsatzgruppen der SS immer wieder als angebliche Strafversetzung darzustellen versucht, erklärt Raul Hilberg die Tatsache, daß zahlreiche Funktionäre aus dem Berliner RSHA auch zu den Einsatzgruppen »vor Ort« der Verbrechen abkommandiert wurden, mit dem Konzept der »Blut-Sippschaft«: Niemand aus der SS-Terrorzentrale sollte später als Ankläger auftreten können, weil er selbst an den unmittelbaren Taten etwa nicht beteiligt gewesen wäre.

Hartl, der selbst niemals wegen Verbrechen angeklagt wird, aber anscheinend viele SS-Verbrecher kennt, da er oft als Entlastungszeuge in Gerichtsverfahren auftritt, hatte am Ende des Krieges Kontakte zu dem Nazi-freundlichen Bischof Alois Hudal im Vatikan, der zahlreichen NS-Verbrechern die Flucht nach Südamerika und in den Nahen Osten ermöglichte. Hartl taucht erst ab 1960 bei der DUR auf, dann aber sogleich als ihr wichtigster Ideologe der sechziger Jahre. Wo er sich zwischen seiner Aussage vor dem Nürnberger Kriegsverbrecher-Tribunal und seinem Erscheinen bei der DUR aufhält, ist nicht bekannt. Hartl wird von Horst Prem in einem Nachruf als »Wegweiser« der DUR bezeichnet, der der Sekte fehlen werde.[432]

Erich Keller kommt von den »Deutschen Christen« her und publizierte schon in Hauers Zeitschrift »Deutscher Glaube«. Er hielt Ende der dreißiger/Anfang der vierziger Jahre an der Hochschule für Lehrerbildung in Esslingen Vorlesungen über »nationalsozialistische Weltanschauungslehre« und arbeitete 1938 an einem »Entwurf eines Stoffplanes für den weltanschaulichen Unterricht« mit, dessen Themenkreise aus Rosenbergs »Mythus des zwanzigsten Jahrhunderts« entlehnt waren und Überschriften trugen wie »Vom Erahnen Gottes in der Natur«, »Vom Erleben der Blutsgemeinschaft«, »Göttermythen und Heldensagen« usw. In »glaube und tat« empfiehlt Keller in den sechziger Jahren mehrfach Bücher Hans F. K. Günthers und unternimmt zahlreiche Vortragsreisen durch DUR-Gemeinden. Nach seinem Tod schreibt DUR-Präsident Prem im Nachruf, Keller habe sich »als Sprecher (eine Art DUR-Prediger, P. K.), als Mitglied des Geistigen Rates und durch schriftstellerische Tätigkeit um die Religionsgemeinschaft verdient gemacht. Wir danken ihm dafür.«[433]

Martin Krüer kommt aus den »Deutschen Christen« und verkörpert in der DUR-Spitze jahrelang den Einigungsversuch, der 1933 noch scheiterte. Karlheinz Küthe kam von Hauer und den Ludendorffern her und schloß sich 1937 der »Deutschen Glaubensbewegung« an. Ab 1939 baute er in Salzburg die Ortsgruppe des »Kampfringes deutscher Glaube« auf. Er wird 1950 der erste Präsident der DUR und bis ans Ende der achtziger Jahre einer der bedeutendsten Organisatoren der Sekte als Landesgemeindeleiter in Hessen. Thomas Leutkart wurde bereits 1930 von Hauer für die »Deutschgläubigen« geworben und gehört bis heute zu den wichtigsten Ideologen der DUR. Sein Buch »Weg und Ziel bist du selbst« ist heute neben dem Buch Achterbergs und den Werken Hunkes die von der DUR am meisten genannte Schrift zu ihrer Ideologie.

Herbert Böhme wird der erste »theologische« Chef der Sekte. Er bringt als früherer »Fachschaftsleiter für Lyrik der Reichsschrifttumskammer« des Josef Goebbels, als Mitglied der obersten SA-Führung in der Funktion des Referenten im Erziehungshauptamt mit dem Rang des Hauptsturmführers und als Lektor des Zentralverlags der NSDAP die nötige ideologische Festigkeit und Propaganda-Erfahrung mit. Sein peinliches Führer-Geburtstags-Dichter-»Talent« wurde von Hans Blunck entdeckt, der Böhme in die Goebbels-Behörde holte. »Dieser Mann vermochte mitzureißen, und immer wieder gelangen ihm Bilder, die Wesentliches einfingen«, schreibt Kahl noch 1989 begeistert über Böhme. Kahl meint damit Böhmes Erklärung der Selbstvergöttlichung des »Ariers«, als er den Ausruf tat: Zwischen den ausgestreckten Armen, die zur Tat riefen, stehe immer der, »den wir den Mut haben, ›Gott‹ zu nennen« (Böhme). »Das sind Augenblicke, die man nicht vergißt!«, so Kahl als amtierender »Leiter des Geistigen Rates« der DUR 1989 ehrfurchtsvoll. Böhme schrieb z. B. über Adolf Hitler: »Du schreitest in das Volk als ein Erlöser.« »Wir glauben an unseren Führer als an eine Offenbarung dieses Gesetzes für uns, sein Volk.« Diese Sätze jedoch bringen Böhme den Unwillen der Hauer-Hunke-Fraktion ein, die »Erlösung«, »Offenbarung« und »Gesetz« als jüdische Konzepte des Alten Testaments für die »Arier« verworfen hat.[434]

In den Gerichtsverfahren gegen Antifaschisten 1989-1991 behauptet die DUR unter der Regie von Rechtsanwalt Ralf Abel wissentlich falsch, Böhme habe sich in der DUR mit seinem Nazismus nicht durchsetzen können und habe sich 1954 resigniert zurückgezogen. In Wahrheit zeigt jedoch die DUR-Zeitschrift »glaube und tat«, daß Böhme auf Vortragsreisen durch die Bundesrepublik in den fünfziger und sechziger Jahren zahlreiche Vorträge hält, um DUR-Gemeinden aufzubauen und »Feierstunden« in Ortsgemeinden der Sekte abzuhalten, seine Schriften werden in dieser Zeit von der DUR verkauft bzw. als Buchprämien an Abonnentenwerber für DUR-Zeitschriften verschenkt. 1967 wird er von dem bis heute verehrten Eberhard Achterberg zu seinem 60. Geburtstag in »glaube und tat« als »Sänger des Vaterlands« und als der eigentliche Gründer der DUR, dem zu danken sei, gepriesen. Mit Böhme wird im selben Jahr auf dem »Unitariertag« der zwanzigsten Wiederkehr der DUR-Gründung auf dem Klüt gedacht. Böhme habe die DUR »ganz entscheidend geprägt und bestimmt«, schreibt Achterberg 1971 in einem flammenden Nachruf auf Böhme in »glaube und tat«: »Herbert Böhme: Der Name weckt bei vielen ein helles Klingen in ihren Herzen.« Von angeblicher Distanz zu dieser Zentralperson des bundesdeutschen Neofaschismus ist hier nichts zu merken.[435]

In Böhmes anderweitigen politischen Aktivitäten seit seiner Entlassung aus dem alliierten Internierungslager, die ihm diese zentrale Rolle verschaffen und ihn noch zehn Jahre nach seinem Tod in den Verfassungsschutzbericht 1980 bringen, finden sich immer wieder auch DUR-Prominente. So werden die früheren Nazi-Dichter, die sich seinem »Deutschen Kulturwerk Europäischen Geistes« (DKEG) angeschlossen haben, auch von den DUR-Blättern bis weit in die achtziger Jahre immer wieder gedruckt: Will Vesper, Hans Grimm, Erwin Guido Kolbenheyer – der als führender NS-Dichter Dramen bzw. Romane über Meister Eckhart, Giordano Bruno, Jakob Böhme und Paracelsus verfaßte und von den Alliierten ein fünfjähriges Schreibverbot erhält –, Hans Blunck, Hans Venatier, Hermann Noelle, Gerhard Schumann, der Himmler-Schützling Werner Jansen und vor allem Erich Limpach und der NS-Literaturpreisträger Wilhelm Pleyer, zwei Lieblinge des DKEG und der DUR gleichermaßen. Bücher aus Böhmes »Türmer-Verlag« von dem DKEG-Autor Hans W. Hagen – der mit Otto Ernst Remer den Putsch vom 20. Juli 1944 gegen Hitler niederschlug – werden 1967 in »glaube und tat« in der Rubrik »Unsere Mitarbeiter empfehlen Ihnen« angepriesen.

Gemeinsam mit dem Hunke-Verleger Alfred Manke – der »Jugendreferent«, später »Vizepräsident« des DKEG ist, für die NPD zum Bundestag kandidiert und 1989 als »Feuerredner« bei Sonnwendfeiern mit Mitgliedern der »Freien Humanisten Niedersachsen« auftritt – gründet Böhme 1965 den »Arbeitskreis Volkstreuer Verbände« (AVV), eine neofaschistische Sammlungsbewegung, und 1970 die »Aktion Widerstand« gegen die sozialliberale Ostpolitik. Die »Aktion Widerstand« wird zu einem Durchlauferhitzer der Nationalrevolutionäre um Henning Eichberg, die schließlich in den achtziger Jahren die neofaschistische Szene bestimmen und sich auch in der DUR wiederfinden, wo Eichberg auf dem »Unitariertag« spricht. 1989 behauptet Hans-Dietrich Kahl voller Stolz, der Erfinder des Namens »Klüter Blätter« gewesen zu sein, den die DEKG-Zeitschrift bis 1980 trug.[436]

Zu gemeinsamen Auftritten mit AVV und »Aktion Widerstand« finden sich auch Aktivisten der »Wiking-Jugend« (WJ) – die nach eigener Aussage 1952 von der deutsch-unitarischen Jugend mitbegründet wird – und des »Bund Heimattreuer Jugend« (BHJ) ein, der 1960 als Ableger des international arbeitenden, kriminellen österreichischen Neonazi Konrad Windisch gegründet und ideologisch vom kürzlich verstorbenen stellvertretenden DKEG-Präsidenten Reinhard Pozorny mit betreut wird. »Ehrenmitglied« des BHJ, der vom Bundesinnenminister Anfang der sechziger Jahre mit Uniformverbot belegt wird, ist DKEG-Präsident Böhme. Der BHJ gilt dem Verfassungsschutz lange Zeit als inoffizielle Jugendorganisation der DKEG.[437]

Manke und Windisch sprechen noch am 18. Juni 1977 gemeinsam mit dem ehemaligen Goebbels-Adjutanten Wilfried von Oven auf einer Sonnwendfeier. Hunke veröffentlicht eine Zeitlang ihr Buch »Am Anfang waren Mann und Frau« im Verlag des kriminellen Neonazi Peter Wegener, der wie Windisch wegen neonazistischer Straftaten im Knast saß. Das auf dem Werbeprospekt des Hunke-Buches verzeichnete Postfach des

»Verlag Peter Wegener« ist identisch mit dem Postfach aus dem Impressum des »La Plata-Ruf«, einer Zeitschrift für alte Nazis, die Wilfried von Oven in seinem argentinischen »Exil« Buenos Aires am Rio de La Plata herausgibt. Der »La Plata-Ruf« dient anscheinend auch dem internationalen Kontakt der »legal« lebenden alten Nazis mit den in Südamerika untergetauchten SS-Mördern. Im Rahmen der DUR-Hartl-Hudal-Verbindung ist diese Hunke-La Plata-Linie ein weiterer Mosaikstein, der die Frage nach der Rolle der DUR und ihrer Zugehörigkeit zur internationalen freireligiösen Bewegung bei der Flucht von Nazi-Verbechern aufwirft. Oven veröffentlicht übrigens auch im Grabert-Verlag und dessen Zeitschrift »Deutschland in Geschichte und Gegenwart«.

Windisch bildet bereits in den fünfziger Jahren den »Kameradschaftsring nationaler Jugendverbände« (KNJ), dem auch die WJ angehört und der feste Verbindungen zum DKEG hat. Gemeinsam mit Bernhard C. Wintzek, dem Herausgeber des damals WJ-nahen Blattes »MUT«, dessen Österreich-Redakteur Windisch ist, veröffentlicht er 1967 das Buch »Protest«. Wintzek gehört mit Böhme und Manke 1970 zu den Gründern der »Aktion Widerstand«. 1983 schreibt in »MUT« dann der neue DUR-Chefideologe Hubertus Mynarek. Texte von Windisch drucken die DUR-Zeitschriften »glaube und tat« und »unitarische blätter« vielfach, die »ub« noch 1987 unter der Verantwortung der heutigen DUR-Top-Funktionäre. Für Bücher des BHJ-nahen Kieler »Arndt-Verlages« werben die »ub« in den achtziger Jahren, zur selben Zeit schreibt der frühere BHJ-Aktivist Karl Höffkes als Autor und »aktiver Unitarier« in den »ub«. 1983 sitzt Höffkes auf dem Podium des »Unitariertages«, heute ist er beim »Verlag Heitz und Höffkes«, der nazistische und »esoterische« Literatur vertreibt, darunter Schriften zu Hermann Wirth und dem Armanen Lanz von Liebenfels. Höffkes ist Autor in »Nation Europa« und gründet die Henning-Eichberg-Zeitschrift »wir selbst« mit. Der »wir selbst«-Verleger Siegfried Bublies taucht dann wieder im Umkreis von Max Otto Bruker auf, Höffkes ist anfänglich Teilhaber an seinem Verlag. Die »Bundesmädelführerin« des BHJ und REP-Kommunalwahl-Kandidatin in Kiel *wohnt* sogar 1990 im Kieler Haus der DUR.

Ein Böhme-Vertrauter ist auch Gerhard Bednarski, der den Klüt-Treff von 1947 organisiert und sofort zu einer Art Sekretär der DUR wird. Er ist in den fünfziger Jahren im rechtsneutralistischen Bereich aktiv, wird Pressereferent des Landesverbandes Niedersachsen des »Bundes der Vertriebenen Deutschlands« (BdV), wie er damals heißt, und beteiligt sich am »Reichsruf«, dem Blatt der rechtsextremistischen »Deutschen Reichspartei« (DRP). Er geht dann zur »Deutschen Friedens-Union« und zu »Aktionsgemeinschaft Unabhängiger Deutscher« des Konservativen Revolutionärs August Haußleiter. Seine Tochter Freya Bednarksi-Stelling ist heute in den »unitarischen blättern« und bei der Hamburger ÖDP aktiv, sein Sohn Wolfram Bednarski gehört zu den Nationalrevolutionären um die frühere Partei »Die Weißen«, die »Unabhängigen Ökologen Deutschlands« und die Zeitung »Junge Freiheit«.[438]

Auch Richard W. Eichler gehört der Böhme-Richtung an. Seit Jahrzehnten ist er ein gern gesehener Referent bei der DUR, zeitweise »Fachreferent für Kunst« beim »Geistigen Rat« der Sekte. Seine peinlichen Kunstbücher und Artikel, die teilweise im Grabert-Verlag und dessen Zeitschrift »Deutschland in Geschichte und Gegenwart« erscheinen, werden 1985 in den »unitarischen blättern« als »Fundgrube unitarischen Denkens und Fühlens« bezeichnet. Eichler ist der überall anzutreffende Kunstspezialist des Neofaschismus. Er betreibt Kunstkritik nach Art der Nazis. Seine Artikel aus »Nation Europa« oder dem »Ostpreußenblatt« der Ostpreußischen Landsmannschaft des BdV stehen dem Katalog von Hitlers Ausstellung »Entartete Kunst« in nichts nach. Die schlimmsten Eichler-Bücher werden immer wieder in »glaube und tat« und in den »unitarischen blättern« positiv besprochen und empfohlen. Die Vorliebe der DUR für ihn erstaunt nicht, waren doch bereits 1930 Rosenberg, Goebbels, Darré, Sauckel und der HJ-Jugendführer Baldur von Schirach im »Kampfbund für deutsche Kultur« aktiv, dem anfänglich auch Othmar Spann angehörte und den neben Kolbenheyer auch Philipp Lenard und Felix Krueger unterstützten. Die »1. Wanderausstellung rein deutscher Kunst« wurde im April 1933 vom Braunschweiger NSDAP-Ministerpräsidenten Dietrich Klagges eröffnet. 1981 schreibt Eichler in dem »Thule-Seminar«-Buch »Das unvergängliche Erbe«, im Juni 1989 spricht er mit Dieter Vollmer und dem langjährigen Landesgemeindeleiter der DUR Bremen, Hermann Thiele, bei Riegers »Nordischem Ring«. Im November 1989 ist er zu einer Tagung der »Unitarischen Akademie« der DUR eingeladen. Eichler ist Generalsekretär der Sudetendeutschen Akademie der Wissenschaften und Künste der Sudetendeutschen Landsmannschaft und – wie Sigrid Hunke – Träger des »Schillerpreises« des DEKG.[439]

Von Böhmes »Aktion Widerstand« her, aber auch über das Studium faschistischer Autoren aus der Konservativen Revolution angezogen, treten ab den siebziger Jahren mehr und mehr *Nationalrevolutionäre* in der DUR auf. Die rechtsextreme Antwort auf die Studentenbewegung hat Jugendliche und Burschenschaftler zu den Büchern der Konservativen Revolution geführt. Mohlers Sammelwerk von 1950, das die meisten der DUR-Ahnen aufführt, mag Interesse an der Sekte geweckt haben. Ihre jungen Mitglieder mögen über Organisationen des nun vehement anwachsenden Neofaschismus – von der »Wiking-Jugend« und den auf Strasser-Linie einschwenkenden »Jungen Nationaldemokraten« der NPD bis zu nationalrevolutionären Burschenschaften – am Lagerfeuer und in der Universität die Hitler-oppositionelle Linie des Faschismus als scheinbar unbelastete Alternative kennengelernt haben. Als Kinder der alten Generation der »Deutschen Unitarier« können sie damit im persönlichen Generationskonflikt nun etwas scheinbar Neues als ihr Eigenes und Junges in die Sekte einbringen, ohne wirklich die gemeinsamen Positionen zu verlassen. Sie zerstreiten sich nicht mit den Alten, sondern gewinnen ihre Sympathie. Ein Beispiel dafür ist der langjährige Landesgemeindeleiter der DUR in Nordrhein-Westfalen, Otto Wetzel. Er war NSDAP-Mitglied der ersten Stunde (1922) und später Nazi-Reichstagsabgeordneter. Er kandidiert dann für die NPD und kümmert sich in den siebziger Jahren immer wieder darum, daß die Jugendlichen der »Deutschen Unitarier« die rechte Schulung bekommen.

Umgekehrt beginnen auch viele der Alten Nazis der DUR ab dem Ende der siebziger Jahre, sich mit der entstehenden »Neuen Rechten« zu befassen und ihre Bücher zu diskutieren. Dies geschieht sicher auch im Gefolge Hunkes, die den Neofaschismus theoretisch zu fundieren vermag, ohne die bekannten Faschisten explizit zu nennen. Etliche Artikel in »ub« zeigen die neue Entwicklung. Die Bücher von Alain de Benoist werden in der DUR heiß diskutiert, sobald sie – im Grabert-Verlag – auf deutsch erschienen sind, man entdeckt hier richtigerweise die eigene alte Weltanschauung wieder. Henning Eichberg wird mehrfach zu DUR-Veranstaltungen eingeladen, auch in »ub«-Artikeln bezieht man sich jetzt auf ihn. Eichberg, der in den sechzigern als Neonazi anfing, trifft den Ton der veränderten, neuen Zeit. Er ist jung, sanft, scheinbar grün-alternativ und zeigt den Altvorderen, wie man mit den seit Jahrzehnten eigenen Themen – nun modern verpackt – die Jugend anspricht. Er und seine Nationalrevolutionäre sind auch für die DUR am Anfang der achtziger Jahre Hoffnungsträger auf eine Zukunft. Bei allem New Look gibt Eichberg jedoch kein Jota der faschistischen Grundpositionen preis.

Diese neue Generation von »Deutschen Unitariern«, als Jugendliche von den alten Nazis geschult, dann nationalrevolutionär belehrt, kommt unter der Präsidentschaft von Horst Prem ab 1977 in die Führungspositionen der Sekte. Sie soll die DUR-Zukunft zur Jahrtausendwende hin als ideologisches U-Boot im breiten Strom des New Age aufbauen. Doch der anwachsende Neofaschismus in der bundesdeutschen Gesellschaft lenkt die Aufmerksamkeit der Antifaschisten nun auch auf die DUR und ihr Umfeld. Zu viele auch der jungen Generation der DUR sind bereits wegen eigener neofaschistischer Tätigkeit bekannt und können dingfest gemacht werden: Thomas Darsow (NPD-Umfeld), Karl Höffkes (BHJ, »Nation Europa«, »wir selbst«), Peter Bahn (Ex-NPD), Holger Schleip (»Nation Europa«), um nur einige zu nennen. Schleip, seit den sechziger Jahren in der DUR aktiv, versucht 1986 mit seinem Buch »Zurück zur Natur-Religion?« alte Bande neu zu knüpfen: Barbara Seitz-Weinzierl verfaßt das Vorwort zu dem Buch, in dem Bahn, Eichberg, Haverbeck und Mynarek schreiben und Schleip selbst sich mehrmals offen auf die »Deutschen Unitarier« und besonders auf Eberhard Achterberg stützt. Ein Artikel des Ehemannes von Barbara Seitz-Weinzierl, Hubert Weinzierl, damals noch nicht Chef des »Bund für Umwelt- und Naturschutz« (BUND), stand bereits 1966 – neben Artikeln von Mathilde Ludendorff und über Hans F. K. Günther – in »glaube und tat«. Nachdem Schleip und seine Mitautoren enttarnt sind, distanziert sich prompt ein türkischer Autor des »Naturreligion«-Bändchen, auch Seitz-Weinzierl wird mulmig.

Die ÖDP-, »Weltbund zum Schutz des Lebens«- und »Collegium Humanum«-Grüppchen in der DUR, die auf der Grünen-Schiene zu fahren versuchen, haben ebenfalls auf Pferde gesetzt, die weithin als braun gefärbt gehandelt werden. Das Thema »Nationale Identität« ist bereits als der Weg des Neofaschismus zur geistigen Hegemonie enttarnt – man denke an die Position von Jürgen Habermas im »Historikerstreit«. Da kann die DUR mit dem Stichwort »religiöse Identität« kaum noch täuschen. Weil der Übergang zum New Look eben noch nicht geschafft ist, weil zu viele alte Härte-Nazis nach wie vor in der Sekte unangefochten ihre Rollen spielen, scheitert das Projekt, die DUR mit Hilfe der »neuen sozialen Bewegungen« zu verjüngen: Die richtige und gelungene Denunziation der DUR als Nazi-Sekte bringt Prem und seine Schützlinge nun auch gesellschaftlich zu Fall, ihre Verteidigung gegen den Nazi-Vorwurf treibt zudem einen Großteil alter Nazis aus der DUR hinaus, denn sie wollen keinen Grund sehen, sich verteidigen zu müssen. Am Ende bleibt ein Scherbenhaufen, den überraschenderweise ausgerechnet prominente Sozialdemokraten flicken. Die »Deutschen Unitarier« selbst sind zu Beginn der neunziger Jahre auf den eigenen Stamm einiger ehemaliger deutsch-unitarischer Jugendlicher angewiesen und haben kaum Nachwuchs außer dem eigenen biologischen, der nun in der zweiten Generation der Kahl, Prem, Schöll, Achterberg, Ehrlicher, Witzel, Kaufmann den Laden als Familienerbe weiterführt. Die Personalnot führt in einer DUR-Schwerpunktgemeinde wie in Kiel sogar dazu, daß mangels Kandidaten zeitweise die satzungsmäßigen Selbstverwaltungsfunktionen der Gemeinde nicht voll besetzt werden können. Mit den bisher genannten Namen ist die Personaldecke der DUR-Funktionäre und -Prominenz im wesentlichen abgedeckt.

An *Geld* scheint es der DUR immer noch nicht zu fehlen. Ob es aus Industriespenden kommt, wie bei Böhmes DKEG, oder aus nun zahlreich anfallenden Nachlässen der ehemaligen Nazi-Top-Funktionäre, die ja als Teil der NS-Staatselite kaum als Hungerleider aus ihrem »Dritten Reich« hervorgegangen sein werden, konnte bisher nicht recherchiert werden. Geld ist Geheimsache. Wer hier etwa an die ökonomische Ausplünderung der europäischen Juden vor und nach ihrer Ermordung oder an die großen

Kunstraub-Aktionen der Goebbels-Leute, der SS und des »Einsatzstabes Reichsleiter Rosenberg« denken möchte, wird bisher keine konkrete empirische Evidenz vorzuweisen haben. Man kann zwar annehmen, daß die genannten DUR-Top-Nazis aufgrund ihrer Funktionen im NS-Staat von den Plünderungen ihrer »Kollegen« wußten, doch wurde bisher in keinem Fall bekannt, daß die DUR hiervon ökonomisch profitiert hätte. Es kann aber als sicher angenommen werden, daß die Sekte von den Pensionen der ehemaligen Top-Nazis, die ja nach 1945 kräftig flossen, auf die ganz normale Weise der Mitgliedsbeiträge und Spenden profitiert hat, über deren Höhe selbstverständlich ebenfalls nichts bekannt ist. Die DUR und ihrer Zweigorganisationen besitzen heute in bundesdeutschen Großstädten zahlreiche Häuser und Grundstücke, deren Herkunft und Vorbesitzer erst noch aufzuklären wären, bevor hier Aussagen gemacht werden können. Bisher ist klar, daß die Sekte aktuell sowohl aus Steuergeldern als auch aus Wohlfahrtsgeldern des »Deutschen Paritätischen Wohlfahrtsverbandes« unterstützt wird.

Auch die interessante Sekten-Institution eines »Auslandsamtes« der DUR, von dem in den öffentlich zugänglichen Publikationen lediglich die Existenz, kaum aber etwas über die tatsächliche Aufgabe bekannt wird, scheint streng geheim zu sein. Daß Alfred Rosenberg auch Chef des »Außenpolitischen Amtes der NSDAP« war und in dieser Funktion weltweit seine Leute umherschickte, daß die »Auslandsorganisation« der NSDAP Rudolf Heß unterstand, dessen Schicksal der DUR so sehr am Herzen lag, wird bei der Frage nach der Funktion des DUR-»Auslandsamtes« sicher bedeutsam sein. Die Linien, die wir von Hartl und Hunke in die Exil-Regionen der Nazi-Verbrecher zeichnen konnten, werfen Fragen auf. Ist es tatsächlich denkbar, daß der unmittelbare Vorgesetzte Eichmanns, Albert Hartl, der eigene Verbindungen zu Bischof Hudal hatte – welcher wiederum der »Organisation der ehemaligen SS-Angehörigen« (ODESSA) als Fluchthelfer diente und Adolf Eichmann nach Südamerika schleuste –, nach 1945 nur ein einfacher Schriftsteller ist? Die Frage, ob Hartl von Eichmanns und anderer Nazi-Größen Aufenthalt in Südamerika zumindest wußte, drängt sich förmlich auf. Ist es bei den zahlreichen Spitzen-Nazis in der DUR tatsächlich denkbar, daß die Sekte und ihre Prominenten keine Verbindungen zu den exilierten Verbrechern im Ausland pflegten, obwohl diese doch bis zum 8. Mai 1945 oft genug ihre direkten Kollegen und Freunde waren und andere neofaschistische Organisationen zu ihnen kontinuierlich Kontakt hielten?

Wenn die Position der DUR aufgrund der antifaschistischen Recherchen heute inmitten eines neofaschistischen Netzes darstellbar ist, dann erscheint es sogar eher als abenteuerlich, die Knotenpunkte des Netzes als *un*verbunden anzusehen. Die Beziehungen der Nazi-Organisation »Stille

Hilfe für Kriegsgefangene und Internierte e. V.«, die weltweit die NS-Verbrecher in den Gefängnissen betreut, zu Thies Christophersen sind seit langem bekannt. Der von DUR-Prominenten geschätzte Christophersen arbeitet selbst international, in den siebziger Jahren organisiert er in Deutschland auch Veranstaltungen der NSDAP-AO des weltweit tätigen US-Nazi Garry Rex Lauck. Die Geschäftsführerin der »Stillen Hilfe«, Adelheid Klug, sagt selbst: »Ich kenne Thies Christophersen sehr, sehr gut.« Ihre Organisation hat nach ihrer Aussage auch Kontakte zur »Wiking Jugend« und zu den »Unabhängigen Freundeskreisen« und ihrer Zeitschrift »Unabhängige Nachrichten«, die wiederum mit dem DUR-Prominenten Thomas Darsow in Verbindung standen. Wenn Sigrid Hunke bei einem Verlag veröffentlicht, über den man den in Südamerika erscheinenden »La Plata-Ruf« erhält, so wirft auch dies Fragen nach der Qualität der internationalen Kontakte der »Deutschen Unitarier« auf, die sich wohl kaum so einfach mit dem Hinweis auf den religiösen Charakter des »Weltbundes für religiöse Freiheit« (International Association for Religious Freedom, iarf) beantworten lassen, dem die DUR – wie andere, *christliche* Unitarier auch – angehört. Die »iarf« bietet ihren unverdächtigen und scheinbar unverdächtigen Funktionären seit Jahrzehnten die Möglichkeit zu unverdächtigen Auslandsreisen.[440]

Der Fall Thomas Darsow

Thomas Darsow, Jahrgang 1953 und zeitweise einer der Hoffnungsträger der DUR, ist bis 1984 gemeinsam mit Günter Pahl »Schriftleiter« der »unitarischen blätter«. Sein Vorgänger im Amt ist der Schleswiger CDU-Funktionär Ralf Abel. Darsow arbeitet bisweilen als Seminarleiter in der »Unitarischen Akademie«. Ab 1985 macht er im Innenministerium von Schleswig-Holstein Karriere, wo er zuerst *Pressesprecher* des letzten CDU-Innenministers Carl Eduard Claussen wird und ab 1986 eineinhalb Jahre lang ausgerechnet im Verfassungsschutzbereich arbeitet. 1991 wird er im Innenministerium des neuen Bundeslandes Mecklenburg-Vorpommern *Ministerialdirigent*, hier Abteilungsleiter der Kommunalabteilung und damit auch dafür zuständig, wie ausländische Flüchtlinge in Mecklenburg-Vorpommern untergebracht und betreut werden. Seine anstehende Berufung auf diesen Posten wird dank antifaschistischer Proteste der »Bonner Initiative Gemeinsam gegen Neofaschismus« zu einem öffentlichen Skandal. Zahlreiche norddeutsche Zeitschriften berichten, »Der Spiegel« bringt Darsow im Bild und spricht von Barschel-Seilschaften, der Sender Schwerin des im Aufbau befindlichen Rundfunks in dem neuen Bundesland strahlt ein Interview mit der »Bonner Initiative« aus. In den Landtagen von Schleswig-Holstein und Mecklenburg-Vorpommern stellt die SPD im Frühjahr 1991 parlamentarische Anfragen zu Darsows rechtsextremen Bezügen, der Kieler SPD-Fraktionschef Gerd Börnsen spricht von »Patronage«, die Parlamentarische Kontrollkommission für den Verfassungsschutz im Kieler Landtag befaßt sich auf einer Sondersitzung mit dem Fall. Der damalige Schweriner Ministerpräsident Alfred Gomolka und sein damaliger Innenminister Georg Diederich, beide CDU und inzwischen wegen ständiger Querelen von der eigenen Partei fallengelassen, stellen sich öffentlich vor Darsow: Er sei kein Rassist.

Sein früherer Chef Claussen aus Kiel aber distanziert sich energisch: Darsow hätte zwischen 1986 und 1988 nicht im Landesamt für Verfassungsschutz arbeiten dürfen, ihn dort zu beschäftigen, sei ein »Fehler« gewesen, äußert er in den »Kieler Nachrichten« vom 24. April 1991. Claussen entschuldigt sich aber selbst damit, Darsows rechtsextreme Aktivitäten nicht gekannt zu haben. In diesen Auseinandersetzungen werden die Aktivitäten Darsows in aller Breite und überregional öffentlich, nachdem er erst im September 1990 wegen ausländerfeindlicher Äußerungen über Asylbewerber, die er als Bürgermeister des Ortes Kronshagen bei Kiel tat, bereits Proteste in den »Kieler Nachrichten« hervorgerufen hat. Den Posten in Schwerin bekommt er trotzdem.

In den siebziger Jahren ist Darsow Redakteur der norddeutschen Jugendzeitschrift »Tendenz«, die nach Verfassungsschutzauskünften als Ableger der NPD-Jugendorganisation »Junge Nationaldemokraten« (JN) gilt, bereits im Verfassungsschutzbericht des Bundes 1973 als rechtsextremistisch aufgeführt wird und auch Beobachtungsobjekt des schleswig-holsteinischen Verfassungsschutzes ist. Darsows Privatadresse ist auch Redaktionsadresse der Zeitschrift.

In »Tendenz« finden sich zahlreiche Autoren, die auf die nationalrevolutionäre Linie der JN eingeschwenkt sind. Hier schreib Jürgen Rieger auch schon mal einen zustimmenden Leserbrief, ebenso der spätere GDS-Vorsitzende Hans-Ulrich Höfs und der aus Verfassungsschutzberichten bekannte Neonazi-Aktivist Hans-Michael Fiedler. Für den von Fiedler dominierten »Unabhängigen Schülerbund« Göttingen wirbt »Tendenz«, gegen das Grundgesetz hetzt die Zeitschrift ungeniert. Hier wird die »Auschwitz-Lüge« verbreitet – neben einem Text von Antoine de Saint-Exupéry –, rassistische Solidarität mit den Weißen Südafrikas wird gepflegt. Darsow selbst referiert bei einer Veranstaltung des neofaschistischen »Hilfskomitees Südliches Afrika« des »Nation Europa«-Herausgebers Dehoust. Hitlers Bildhauer Arno Breker – mit dem der langjährige DUR-Funktionär Rudolf Beinhauer aus Düsseldorf bis zu seinem Tod befreundet ist – wird in »Tendenz« interviewt, Dieter Vollmer schreibt hier über »Lebensschutz«. Anzeigen für »Nation Europa«, die im Verfassungsschutzbericht damals als »neonazistisch« bezeichneten »Unabhängigen Nachrichten« – ein Informationsdienst der »Unabhängigen Freundeskreise« führender Funktionäre neonazistischer Gruppen – und für Riegers rassistische »Neue Anthropologie« werden gedruckt. Bücher von Sigrid Hunke, Armin Mohler, Henning Eichberg, Wilhelm Pleyer, Hans Grimm, Konrad Windisch, Rolf Kosiek und dem früheren Sekretär Alfred Rosenbergs, Heinrich Härtle, sowie Bücher aus den rechtsextremen Verlagen Grabert, Vowinckel, Arndt werden angepriesen und auch Veranstaltungen der »Deutschen Unitarier« angekündigt. Hier schreibt bereits 1978 der heutige »Öko-Hof«-Besitzer Rolf Hoffmann, der 1991 zu den Autoren der Kieler DUR-Zeitschrift »Blick« zählt. Im Dezember 1979 lädt »Tendenz« zu einer »Reichsgründungsfeier« für den Januar 1980 ein, auf der Bernhard Wintzek von »MUT«, Dietmar Munier vom BHJ und »Arndt-Verlag« und als Krönung der Wehrsportgruppenführer »Kamerad Hoffmann« sprechen sollen, wie es auf der »Tendenz«-Einladung heißt. Wegen des Verbots der »Wehrsportgruppe Hoffmann« durch den Bundesinnenminister kommt es nicht mehr zu dieser »Reichsgründungsfeier«, auch das Dasein von »Tendenz« ist nun beendet.

Unter Pahls und Darsows Regie nehmen die »unitarischen blätter« einen neuen rassistischen Aufschwung, der besonders gegen die Ausländer zielt. Neben eigenen rassistischen Artikeln und Darsows fortwährendem Bezug auf Henning Eichberg bildet das erste Heft der »ub« aus 1982 mit dem Titel »Die Ausländer – Belastung oder Bereicherung« einen Höhepunkt rassistischer Hetze unter Darsows politischer Mitverantwortung. Auch der KLA-Gründer Fritz Castagne arbeitet an diesem Heft mit. Holger Schleips Artikel darüber, daß die Afrikaner doch im warmen Süden bleiben sollen, statt in Mitteleuropa ökologisch schädlich die Atmosphäre aufzuheizen, erscheint hier, Horst Prem schreibt ein Grußwort. Schleips Artikel wird später von »Nation Europa« nachgedruckt.

Darsow selbst spricht hier davon, die »Erbanlagengemeinschaft« und »volklichen Homogenität« der Deutschen sei durch einen drohenden »Umvolkungsprozeß« gefährdet. Unter dem Titel »Ein deutscher Standpunkt« wettert ein Autor gegen die »fremdvölkische soziale Unterschicht« und die »Andersartigkeit« der »Südeuropäer, Türken, Afrikaner und Asiaten«, die in hundert Jahren als »lauter Mustafas, Mohammeds und Ali Babas hier herumlaufen. ... Die Orientalisierung und Afrikanisierung unseres Landes macht mich zusehends trauriger und aggressiver.« Eine Liste von »Ausländer raus!«-Forderungen – mit großzügigen Ausnahmen für nordeuropäische Ausländer – wird abgedruckt und findet hier eine religiöse Begründung: »Teil meines Glaubens an das Leben über den individuellen Tod hinaus ist – neben der Einbettung im All-Leben – auch die Hoffnung, in den Kindern und Enkeln weiterleben zu können. Darin ist eingeschlossen, daß ich mich in meiner Enkelgeneration sowohl im Aussehen als auch im Wesen, im Charakter wie im Empfinden noch wiedererkennen möchte. Ich beharre auf dem Recht auf eigene Identität, sowohl biologisch als auch kulturell ... Ich gebe daher – ohne Ressentiment – zu, daß ich die Ausländer in ihrer Masse hier nicht will.«

Darsow hat schon 1980 in den »ub« – in denen er nun auch den früheren presserechtlichen Verantwortlichen von »Tendenz«, Harry Addicks, öfter schreiben läßt – fast wortgleich gemeint, es bedeute »für die nordeuropäischen Menschen bei anhaltender Zuwanderung von Millionen Südeuropäern, Afrikanern und Asiaten aufgrund der Rezessivität ihrer artspezifischen Erbanlagen gegenüber jenen Menschen langfristig eine nicht mehr rückgängig zu machende Umwandlung«. Offene Grenzen seien eine »biologische Waffe gegen die Völker Nordeuropas. ... Völkermord muß nicht unbedingt immer in Vernichtungslagern stattfinden.« Multifunktionär Darsow ist 1989 schließlich auch stellvertretender Vorsitzender des »Vereins für das Deutschtum im Ausland e. V.«, dessen Vorläufer von den Alliierten verboten wurde, und Präsidiumsmitglied des »Schleswig-Holsteinischen Heimatbundes«, für den er ein Seminar mit den Nationalrevolutionären Wolfgang Venohr und Harald Rüddenklau veranstaltet.[441]

Nachdem all dies 1991 Presse, Rundfunk und Landesparlamente Norddeutschlands wochenlang beschäftigt, verteidigt Darsow sich zuerst mit indirekten Stasi-Verdächtigungen gegen seine Kritiker und zieht dann gegen die »Bonner Initiative Gemeinsam gegen Neofaschismus« vor Gericht, wo er *vergeblich* das Verbot der Äußerung verlangt: »Herr Dr. Darsow hat bei einer Zeitschrift mit Namen ›Tendenz‹ als Redakteur mitgearbeitet, die als rechtsextremistisch bekannt ist und die in der Zeit, wo Herr Darsow noch in der Redaktion dieser Zeitschrift war, z. B. den Chef der Wehrsportgruppe Hoffmann, Karl-Heinz Hoffmann, zu einer Diskussionsveranstaltung eingeladen hat, die unter dem Thema ›Reichsgründungsfeier‹ gelaufen ist. Das war im Jahre 1979.« Die Äußerung stammt aus dem Schweriner Rundfunkinterview mit der »Bonner Initiative«. Die letzte Ausgabe von »Tendenz« mit Darsow als Redakteur erscheint im Mai 1979, die Hoffmann-Einladung von »Tendenz« trägt das Datum des 28. Dezember 1979. Darsow, seine Frau Mareike und Mitstreiter Addicks – letzterer inzwischen Verwaltungsrichter – geben in dem Gerichtsverfahren zahlreiche falsche eidesstattliche Versicherungen darüber ab, daß die letzte »Tendenz«-Ausgabe bereits 1978 erschienen sei. Weil sie die Falschaussagen alsbald wieder korrigieren, bleiben die drei schließlich straffrei. Es wird ein Vergleich zwischen den Antifaschisten und Darsow geschlossen, in dem es lediglich heißt: Wenn die Äußerung aus dem Radio-Interview so verstanden worden sei, daß Darsow noch am 28. Dezember 1979 Mitglied der Redaktion gewesen sei – die nach Darsows eigener Aussage da schon nicht mehr bestanden haben soll –, dann sei dies nicht gemeint gewesen und werde auch in Zukunft nicht behauptet. Das gewünschte Äußerungsverbot bekommt Darsow jedoch von den Richtern nicht.

Der Fall Helmut Lölhöffel

Helmut Lölhöffel ist Redakteur der »Frankfurter Rundschau« in deren Bonner Büro und bis 1991 Vorsitzender des Bonner Ortsvereins der IG Medien. In Wahrheit heißt er Helmut Lölhöffel von Löwensprung und ist der älteste Sproß eines ostpreußischen Junker-Geschlechts, das südlich von Königsberg seit der Romantik auf dem mütterlichen Gut Tharau saß, einem Privat-Dorf mit eigener Kirche, eigenem Pfarrer bzw. Kantor, eigener Schule und circa zwanzig Gebäuden. Die militaristischen und nazistischen preußischen Junker von Tharau werden 1945 von den Sowjets enteignet, nachdem Vater Erich Lölhöffel von Löwensprung als Offizier für Kaiser und Führer in zwei Weltkriegen vergeblich gegen die Russen kämpfte und Mutter Hedwig – eine geborene von Olfers aus westfälisch-baltischer »Blutsmischung«, wie ihre Nazi-Freunde sagen – noch in den dreißiger Jahren über mehr als 150 Menschen ihr Regiment führte. In Tharau wußte man vor dem 8. Mai 1945 noch, was der Deutsche Ritterorden der Stauferzeit bedeutete: Als glückliche »Herrenjahre« bezeichnet Hedwig von Lölhöffel – so nennt sie sich nun – 1987 ihre ostpreußische Zeit in ihrem Buch »Tharau liegt woanders«. Auf den Gütern östlich der Elbe hielten sich vielfach die feudalen Zustände trotz der nach-napoleonischen Reformen. Auch die Patrimonialgerichtsbarkeit der Gutsherren, die über ihre Landarbeiter Geldstrafen in Form von Lohnentzug verhängen konnten, bestand bis zur Novemberrevolution 1918, als der sozialistische Rat der Volksbeauftragten die preußische Gesindeordnung von 1810 endgültig außer Kraft setzte. »Ohne straffe, selbst strenge Hand, kommt das Volk außer Rand und Band«, hieß die alte Junker-Devise auf den preußischen Gütern.[442]

Die Junker, die 1933 die »Machtübernahme« der Nazis als Sieg über die »Novemberverbrecher« der Weimarer Republik bejubelten, fliehen 1945 vor der Roten Armee aus Ostpreußen. Der reale Sozialismus richtet auf Gut Tharau die Sowchose Vladimirow ein. Die Lölhöffel von Löwensprungs lassen sich in München nieder, wo Erich und seine Frau Hedwig – eine fanatische Neuheidin – sowie ihre Kinder in der DUR-Gemeinde verkehren, die von Herbert Böhme und später von Friedrich Ehrlicher geleitet wird.[443]

In den achtziger Jahren bietet die Bonner Linke dem vom Sozialismus verhinderten Gutsherrn Helmut Lölhöffel – wie er sich nun nennt – Unterschlupf, ohne die Wahrheit seiner Verbindungen zu den »Deutschen Unitariern« zu kennen: Er war in den sechziger Jahren ein führender Neonazi des »Bund Deutsch-Unitarischer Jugendlicher« (BDUJ), kennt aus dieser Zeit die meisten Personen der heutigen DUR-Spitze, gibt auch 1990 zu, »zu einzelnen Freunden aus jener Zeit bis heute Kontakte zu halten«. Vor allem aber unterstützt Lölhöffel noch im Mai 1990 unter Hinweis auf sein Gewerkschaftsamt und seine Redakteurstätigkeit für die »Frankfurter Rundschau« die DUR in einem ihrer Prozesse gegen Antifaschisten, den die DUR dann aber trotzdem verliert. Lölhöffel ist anscheinend ungeachtet seines Redakteurspostens bei der linksliberalen »Frankfurter Rundschau« eine besondere Vertrauensperson für die DUR, denn er erhält von der Sekte Teile der Akten des Berliner Prozesses, den die DUR gegen die Bezeichnung als »völkisch-rassistische Sekte« führt, aber gerade *verloren* hat. Es muß wohl niemand befürchten, daß der Journalist in der »FR« daraus einen Artikel macht. Lölhöffel revanchiert sich mit einem Brief an den DUR-»Justitiar« Ralf Abel, in dem er die Bezeichnung »völkisch-rassistisch« für seine alte geistige Heimat scharf zurückweist und über die »Bonner Initiative Gemeinsam gegen Neofaschismus« nach Art religiöser Fanatiker und in beleidigender Weise herzieht. Die »Bonner Initiative« macht dies im Oktober 1990 öffentlich und löst einen Sturm im linken Bonner Wasserglas aus, denn niemand will ihr glauben.[444]

Doch da begeht Lölhöffel den Fehler, Klage zu erheben gegen einen Antifaschisten. Zu tief sitzt die patrimoniale Herrlichkeit längst vergangener Zeiten im eigenen Bewußtsein, als daß der Journalist und IG Medien-Funktionär der Pressefreiheit in seinem eigenen Falle den Grundrechtsstatus zugestehen möchte. Er will einen Maulkorb für Antifaschisten, niemand soll mehr öffentlich über ihn als rechten Sekten-Mann reden dürfen. Lölhöffel läßt seine Gewerkschaft über die wahren Ausmaße seiner Nazi-Aktivitäten bei den »Deutschen Unitariern« im Unklaren und bekommt von der IG Medien daraufhin Rechtsschutz, obwohl die Satzung der Gewerkschaft das in diesem Fall gar nicht zuläßt. Dies ist ein noch größerer politischer Skandal als die Maulkorb-Forderung eines »FR«-Redakteurs. Im Verlauf der gerichtlichen Auseinandersetzungen werden Lölhöffels Sekten-Aktivitäten in aller Breite publik. Vor dem Oberlandesgericht Köln verliert er seine eigene Klage gegen den Antifaschisten. Zur Wiederwahl für sein Gewerkschaftsamt tritt er erst gar nicht mehr an. Für die IG Medien endet der Prozeß in einem Fiasko: Die Gewerkschaftsmitglieder müssen aus den Mitgliedsbeiträgen, die wohl zur Finanzierung antifaschistischer Arbeit besser angelegt gewesen wären, die hohen Prozeßkosten für zwei Instanzen aufbringen. Die ansonsten als links bekannte Mediengewerkschaft steht nun auch in dem Ruch, einen Maulkorb- und Zensurprozeß mit verfassungswidrigen Forderungen nach Einschränkung der Meinungsfreiheit gegen einen Antifaschisten und zugunsten der Vertuschung der früheren Neonazi-Aktivitäten eines ihrer Funktionäre geführt und verloren zu haben.

Bevor der BDUJ gegründet wird, bestehen einzelne Gruppen von deutsch-unitarischen Jugendlichen, die zumindest teilweise Verbindungen zum Neonazismus haben. Die »Wiking-Jugend« schreibt in ihrer Bundessatzung, sie sei von der »deutschen-unitarischen Jugend« her mitbegründet worden. Der WJ-Gründer Walter Matthaei war bis 1945 Referent in Rosenbergs »Ministerium für die besetzten Ostgebiete«. Dieter Vollmer ist 1956 »Bundesführer der Jungunitarier«. Die DUR-Zeitschrift »glaube und tat« verfügt jetzt über Jugendseiten unter dem Titel »Der Sturmvogel«, auf denen auch schon mal ein Sinnspruch von Julius Langbehn präsentiert wird. In den siebziger Jahren schicken DUR-Eltern ihre Jugendlichen auf ein Zeltlager der WJ, weil ein solches des BDUJ nicht zustande kommt. Der BDUJ als eingetragener Verein der »Deutschen Unitarier«-Jugendlichen wird 1956 auf Anregung von Dieter Vollmer gegründet. Das geben die »glaube und tat«-Jugendseiten, die unter dem neuen Namen »Weggefährte« weiterhin als unselbständiger Teil der DUR-Zeitschrift erscheinen, 1960 zu: »Seien wir dankbar, daß durch die Initiative Dieter Vollmers dieses erste Lager stattfand«, heißt es dort.

Der Jugendverband ist formalrechtlich unabhängig, aber als Jugendorganisation der DUR und damit als Teil der Gesamtsekte gedacht. Immer wieder betonen die BDUJler ihre prinzipielle Übereinstimmung mit der DUR. Der Verband wird in der Öffentlichkeit sofort als rechtsextreme Jugendorganisation erkannt und behandelt, der Bundesjugendring distanziert sich von dieser Szene. 1959 schreibt Helmut Kramer – heute Landesgemeindeleiter der DUR in Hamburg – im »Weggefährten«, daß man all diesen »gleichgesinnten Jugendlichen« öffentlich vorwerfe, in der Tradition Alfred Rosenbergs zu stehen, und weist den Vorwurf zurück. 1960 beklagt sich »glaube und tat« über »politische Diffamierungen unseres unit. Jugendbundes«. 1963 beschwert sich ein Mitglied, in der Öffentlichkeit würde es heißen: »Der BDUJ ist rechtsradikal.« Nach seiner Satzung dürfen nur Deutsche Mitglieder des BDUJ werden, zu den »Leitworten«, die »wichtiger Bestandteil unserer Satzung« sind, gehören die Sprüche »Geschlossene Gemeinschaft«, »Ehrfurcht vor dem Göttlichen um mich und in mir«, »Echtes und natürliches Leben nach eigener Bestimmung« und »Deutsches Volk«; sie werden in Gebetform auf dem Titel des »Weggefährten« im August 1963 abgedruckt.

In den sechziger Jahren ist Helmut Lölhöffel – der sich jetzt mal »Otto«, mal »Helmut von Lölhöffel« nennt – Mitglied der »Bundesleitung« des BDUJ, einer Art Bundesvorstand. Der Begriff »Leitung« ist noch aus der NSDAP und ihren Untergliederungen übernommen. Lölhöffel ist verantwortlich für den »Weggefährten« und schreibt darüber hinaus auch im sonstigen redaktionellen Teil von »glaube und tat«. Als Mitglied der »Bundesleitung« arbeitet er eng mit dem ehemaligen »Hitler-Jugend«-Gauführer Heinz Müller zusammen. Müller ist immer noch in der Jugendarbeit tätig, nun praktischerweise als »Referent für Jugendfragen« der DUR und wie Lölhöffel wohnhaft in München und Mitglied der Böhme/Ehrlicher-Gemeinde der Sekte. Mit Müllers Witwe Anneliese Müller, die auf dem »Unitariertag« 1991 einen Festvortrag hält und eine ehemalige »Bund Deutscher Mädel«-Gauführerin ist, will Lölhöffel bis heute Kontakt haben.

Der BDUJ leitet teilweise die ihm anvertrauten Jugendlichen mit dem bekannten Trick der Lagerfeuer-Romantik zum Rechtsextremismus hin, oft durchaus im Sinne der Eltern, die selbst alte Nazis sind: zum Beispiel die Tochter der Müllers, der Sohn der Grunskys, die Tochter der Neugebohrns sind wieder Funktionsträger im BDUJ. Arnold Neugebohrn ist ab 1970 Chefredakteur der DUR-Zeitschrift »Ruf und Widerhall«, hierin gibt er sich als Anhänger des völkischen Schriftstellers Hans Grimm – »Volk ohne Raum« – zu erkennen und kandidiert 1988 für die REP. Diese »Sippen«-Kontinuität bei »Deutschen Unitariern« ist heute nicht anders, wie die Aktivitäten von Hans-Dietrich Kahls Tochter Andrea Kahl zeigen oder die von Horst Prems Sohn Rüdiger Prem, den die BDUJler »Rübe« nennen. Die BDUJ-Zeltlager heißen »Thing« bzw. »Bundesthing«, der Verband hat zu Lölhöffels Zeiten ähnlich der Hitler-Jugend »Jungenführer« und »Mädelführerinnen«, die »Führer« treffen sich beim »Führerthing«, sogar »Nichtführer« gibt es hier, man veranstaltet den »Fackelzug zum Thingfeuer« und trägt dabei ausgerechnet »das braune Fahrtenhemd«. Einzelne Ortsgruppen des Verbandes tragen Namen, die an Divisionen der Waffen-SS erinnern: »Condor«, »Beowulf«, »Wikinger«, »Florian Geyer« usw. »glaube und tat« veröffentlicht all dies.

Lölhöffel, Jahrgang 1944, ist in den sechziger Jahren nicht nur als Mitglied der »Bulei« (Bundesleitung) mit der Organisation all dessen befaßt, er schreibt auch offen neonazistische Artikel unter dem Pseudonym »Otto«, das er allerdings eitel selbst aufdeckt, indem er einmal die gerade aktuelle Version seines richtigen Namens (»Helmut v. Lölhöffel«) in Klammern hinter »Otto« setzt. Während manch ein BDUJ-Mitglied sich mit Besorgnis über den Rechtsextremismus-Vorwurf äußert, langt »Otto« kräftig zu, wenn es darum geht, die demokratische Presse von der katholischen »Christ und Welt« über den »Münchner Merkur« und Springers »Welt« bis zum »Spiegel« oder »pardon« zu kritisieren. Allesamt hätten sie schlecht über den »Meißnertag« berichtet, wo sich der BDUJ als rechtsextremer Rand der bündischen Jugend präsentierte, so klagt »Otto« 1963: »Lediglich die ›Deutsche Wochenzeitung‹ läßt einige gute Haare an uns.« Die »Deutsche Wochenzeitung« ist damals überwiegend im Besitz des Bundesvorstands der »Deutschen Reichspartei« (DRP), der Vorläufer-Partei der NPD; ihr Chefredakteur ist Adolf von Thadden, späterer NPD-Vorsitzender, ihr Verleger und Herausgeber ist Waldemar Schütz, Ordensjunker der NSDAP, Waffen-SS, SS-Hauptsturmführer, Verleger der »letzten Aufzeichnungen« Alfred Rosenbergs, die dieser im Nürnberger Kriegsverbrechergefängnis kurz vor der Hinrichtung geschrieben hatte – es ist tatsächlich eben immer dieselbe Szene von Härte-Nazis.

Während Lölhöffels Altersgenossen beginnen, Bob Dylan zu hören, philosophiert »Otto« über den *Hitler-Jugend-Marsch*. Unter der Überschrift »Unser Wimpel« schreibt er: »›Die Fahne ist mehr als der Tod‹ hat einmal der Wahlspruch eines bedeutenden Mannes gelautet. Doch darin sind wir uns wohl einig, daß uns ein Menschenleben mehr bedeutet als ein Stück Tuch – auch, wenn dieses ein Symbol darstellt. Aber ist unser Wimpel nicht doch *mehr als ein Stück Tuch*? ... Auf der einen Seite des Wimpels sind die beiden sich überdeckenden Runen aufgenäht, das Symbol unseres Bundes. ... Und darum wird unser Wimpel zum sichtbaren Ausdruck unseres gemeinsamen Strebens. Überall, wo sich Mädel und Jungen zu unserer Sache bekennen, wird der Wimpel mit unserer Rune auf seiner einen Seite wehen. ... Darum ist er uns mehr als ein Stück Tuch. ... Er wird immer Sinnbild unserer Gesinnung sein – ein Symbol unseres Strebens zur Gemeinschaft! Otto.« »Die Fahne ist mehr als der Tod« ist der letzte Satz des Refrains des »Hitler-Jugend-Marsches«, der »bedeutende Mann« muß demnach der »Reichsjugendführer« der Nazis sein: der Kriegsverbrecher Baldur von Schirach, der das Lied eigens für den NS-Propagandafilm »Hitler-Junge Quex« dichtete, mit Rosenberg, Sauckel und Heß in Nürnberg verurteilt wurde und später mit Heß im Spandauer Gefängnis saß. In den sechziger Jahren hätte man in einer für Jugendliche frei zugänglichen Publikation kaum ein deutlicheres Bekenntnis zum Nationalsozialismus abgeben können, ohne mit dem Strafrecht in Konflikt zu geraten. 1967 sitzt Lölhöffel dann auf dem Podium des »Unitariertages« neben der DUR-Prominenz Achterberg, Ludwig und Hegels, im Publikum lauscht ihm Horst Prem. So zeigt es eine Fotofolge in »glaube und tat«.[445]

Daß es bisher – mit Ausnahme des Falles Darsow – nicht gelang, die DUR-Geschichte in die Presse zu bringen, ist eine interessante Tatsache, deren Hintergrund noch unaufgehellt ist. Frühere »Deutsche Unitarier« haben heute im bundesdeutschen Pressewesen wichtige Funktionen inne, ohne daß daraus sogleich Rückschlüsse auf eine organisierte Nachrichtensperre gezogen werden könnten. Der heutige »Frankfurter Rundschau«-Redakteur Lölhöffel arbeitete vorher beim »Kölner Stadt-Anzeiger« (Verlag Neven DuMont, Boulevard-Zeitung »Expreß«) und bei der »Süddeutschen Zeitung« und ist als ehemaliger Bonner IG Medien-Vorsitzender mit seinen Kollegen aus dem Bonner Pressehaus, wo die bundesdeutsche und internationale Presse zusammensitzt, bestens bekannt. Mit ihm im BDUJ waren weitere Personen aktiv, die heute wichtige Redaktionsstellen haben: Ulrich Rosenbaum, damals Autor in »glaube und tat«, später bei den sozialdemokratischen Zeitungen »Vorwärts« und »Berliner Stimme«, beim »stern« und der »Bild-Zeitung«, ist heute stellvertretender Leiter des Bonner Büros der Springer-Zeitung »Die Welt«, die in den vergangenen Jahren immer wieder Kolumnen der DUR-»Ehrenpräsidentin« Sigrid Hunke druckte, die seit Jahrzehnten in Bonn wohnt. Einen ausländerfeindlichen Leserbrief des früheren DUR-Gemeindeleiters in Detmold, Dr. F. W. Stapperfenne, druckt »Die Welt« am 19. Juli 1993. Stapperfenne fungiert in der Vergangenheit als Erste-Hilfe-Arzt bei BDUJ-Lagern und schreibt 1973 in »glaube und tat« zum Thema »Ausländer«, es sei »vor lauter ... Durchmischungseuphorie der gesunde Menschenverstand wieder einmal auf der Strecke geblieben«.[446]

Claus Lutterbeck, ebenfalls ein früheres Mitglied der BDUJ-»Bundesleitung« und Nachfolger Lölhöffels als Chef des »Weggefährten«, sitzt heute als Redakteur im Büro des »stern« in Paris; er ist momentan einer der begehrtesten Autoren der Illustrierten. Sein Vater Ernst Lutterbeck war nicht nur ebenfalls in der DUR aktiv, sondern auch leitender Ministerialbeamter ausgerechnet im Bonner Bundesinnenministerium. Ob solche Netze tatsächlich bis heute funktionieren, mag man annehmen oder nicht; Antifaschisten sitzen nicht in den Telefonleitungen. Das Bonner Landgericht allerdings hielt es in seinem Urteil im Lölhöffel-Prozeß keineswegs für ungewöhnlich, daß »Freundschaften, zumal wenn sie in jugendlichem Alter gegründet worden sind, ... auch dann fortbestehen, wenn sich die Beteiligten politisch extrem auseinanderentwickeln«.

Der BDUJ besteht heute nur noch aus wenigen Mitgliedern. Sein Antrag an den Sozialminister des Landes Nordrhein-Westfalen im Jahre 1991, als förderungswürdig im Sinne des Jugendwohlfahrtgesetzes anerkannt zu werden, scheiterte nicht am Neofaschismus, sondern an der zu geringen Mitgliederzahl des Verbandes. Er ist eine Untergliederung des »Ringes junger Bünde«, der als Nachfolgeorganisation der Bündischen Jugend 1963 auf dem »Meißner-Treffen« entstand, das Lölhöffel im obigen Zitat ansprach. Als solche unterzeichnete der BDUJ im Januar 1993 einen Aufruf gegen die ausländerfeindlichen Pogrome, was jedoch angesichts der völkischen Wirklichkeit des BDUJ als Teil der breit angelegten Verschleierungsoffensive der »Deutschen Unitarier« gewertet wurde.

Der Fall Horst Prem

Horst Prem, Jahrgang 1940, kommt wie die meisten der jüngeren DUR-Leute über die ältere Verwandtschaft zu der Sekte und schreibt bereits in den sechziger Jahren in »glaube und tat«. Er heiratet Anke Porsche, die Tochter des langjährigen Bremer DUR-Landesgemeindeleiters Martin Porsche, betätigt sich als eifriger Ideologe der Sekte, steigt in den siebziger Jahren zum »Leiter des Geistigen Rates« auf und wird 1977 zum Präsidenten der DUR gewählt. Für die rechtsextremen Vorkommnisse in der DUR ist er seitdem politisch verantwortlich. Ende 1990 legt er das Präsidenten-Amt auf Druck seines Arbeitgebers nieder, des Rüstungs- und Weltraum-Konzerns Messerschmitt-Bölkow-Blohm (MBB, heute Deutsche Aerospace Aktiengesellschaft – DASA), der überwiegend im Besitz der Daimler-Benz AG ist. Prem ist Leiter der geheimen Forschungs- und Entwicklungsabteilung von MBB/DASA in Ottobrunn (genau: Leiter des Bereichs Entwicklung im Zentralbereich Technik) und damit einer der führenden Rüstungs- und Weltraummanager in der Nato. Für die Prozesse der DUR nutzt er die Büro-Infrastruktur von MBB und tritt auch schon mal öffentlich in seiner Doppelfunktion als DUR-Präsident und MBB-Manager auf, als ob dies zusammengehöre: Die »Kieler Nachrichten« berichten am 16. April 1985 über eine Veranstaltung der Kieler DUR-Gemeinde zum Thema »Religiöse Begründungen für den Leistungswillen«, auf der Prem das Eingangsreferat hält: Er wird als »Präsident der Deutschen Unitarier und Vorstandsmitglied von MBB« vorgestellt. Prem meint hier, um der japanischen Konkurrenz Herr zu werden, brauche Europa eine neue religiöse Fundierung.

Wochen später verleiht er die Ehrenpräsidentschaft der DUR an die Neuschöpferin der »europäisch eigenen Religion«, Sigrid Hunke, die von 1971 bis 1983 Vizepräsidentin er DUR ist. Prem meint in seiner Laudatio auf die neofaschistische Ideologin: »Mit dem von Ihnen geprägten Begriff ›Europas andere Religion‹, der zu einem Buchtitel wurde, aber auch mit dem Begriff ›Europas *eigene Religion*‹, wie Sie ihn später nannten, haben Sie auf einen selbständigen, religiösen Daseinsentwurf hingewiesen, der in Europa immer virulent war. ... Sie gehen in Ihrer Vision so weit und machen die Zukunft Europas davon abhängig, ob es gelingt, zu diesen Quellen europäischer Eigenständigkeit zurückzufinden. ... Liebe Frau Dr. Hunke, Sie haben diese geistigen Strömungen, die für uns so wichtig sind, in systematischer Arbeit aufbereitet.« Hunke hat kurz vorher auch den »Schiller-Preis« des rechtsextremistischen DKEG verliehen bekommen, was Prem erwähnt, als sei dies tatsächlich ein ehrenvoller Preis. Schon auf dem vorhergehenden »Unitariertag« 1983 nennt Prem in einer Ehrung Hunke die »Richtschnur« der DUR.[447]

Prems Bekenntnis zum Faschismus, als das man seine Hunke-Laudatio und seine dreizehnjährige Präsidentschaft über eine Nazi-Sekte verstehen kann, überrascht nicht angesichts der Vergangenheit seines Arbeitgebers. Eher überrascht es, daß MBB Prem zwingt, die DUR-Präsidentschaft aufzugeben, nachdem die »Bonner Initiative Gemeinsam gegen Neofaschismus« im Herbst 1990 in einer Information an die Mitglieder des Verteidigungsausschusses des Deutschen Bundestages die Frage aufgeworfen hat, ob bei den Beziehungen von DUR-Prominenten zum internationalen Nazismus nicht die Sicherheitsinteressen der Bundesrepublik Deutschland betroffen seien, wenn Prem etwa Zugang zu den geheimen Entwicklungsprojekten des Verteidigungsministeriums habe. Wegen Waffenlieferungen vor allem in die Krisengebiete des Nahen und Mittleren Ostens bereits in der Schußlinie – es findet gerade der Aufmarsch zum Zweiten Golfkrieg statt, MBB hat an dem Irak auch Raketentechnik geliefert –, will die teilweise im Staatsbesitz befindliche Firma MBB wohl nicht noch ein weiteres Feld der Auseinandersetzung eröffnet sehen, erst recht nicht auf dem Terrain des Komplexes Auschwitz.

Dabei war Firmengründer Willy Messerschmitt einer der kräftigsten Unterstützer Hitlers, der Zweite Weltkrieg wäre ohne Messerschmitts Flugzeuge sicher nicht möglich gewesen. Seine Flugzeuge wurden zum Teil von KZ-Zwangsarbeitern gebaut – Sinti und Roma insbesondere – und von den Nazis nicht nur gegen die Sowjetunion, sondern dann auch im Nahen und Mittleren Osten eingesetzt, um nationalistische Araber gegen die Briten und ihre Pläne zur Errichtung eines jüdischen Staates zu unterstützen. Die treibende Kraft der Nazis war hier einmal mehr Alfred Rosenberg. Mit Messerschmitt-Maschinen wurde vor allem das antibritische Regime in Bagdad unterstützt, wo bereits Anfang der dreißiger Jahre eine arabische Schwesterpartei der NSDAP gegründet worden war. Eine ähnliche in Kairo folgte wenig später.[448]

Messerschmitt durfte das »Führerflugzeug« bauen, ein Langstreckenflieger mit Daimler-Benz-Motoren, der Hitler als ersten Menschen im Nonstopflug von Berlin nach Tokio zur Olympiade 1940 bringen sollte – die Olympiade fiel dann aus. Er konstruierte schließlich noch kurz vor Kriegsende den ersten Düsenjäger, die »Me 262«, Hitlers »Wunderwaffe«, mit der der Zweite Weltkrieg nach dem Scheitern von Heisenbergs Atombomben-Programm und dem Raketenprojekt des späteren NASA-Technikers Wernher von Braun doch noch für Nazi-Deutschland gewonnen werden sollte. In den fünfziger Jahren ist es Willy Messerschmitt, der ehemalige Nazi-Leute in der Nähe von Kairo seine Militärflugzeuge bauen läßt und damit das Ägypten des Nationalrevolutionärs Gamal Abd-el Nasser gegen Israel aufrüstet. In Kairo war einmal – nach Buenos Aires – die zweitgrößte Auslandsgruppe der NSDAP, die von dem Rudolf Heß-Bruder Alfred geleitet wurde, hierhin flüchten sich nach dem 8. Mai 1945 etliche Nazi-Größen mit Hilfe des Bischofs Alois Hudal, zu dem wiederum der DUR-Funktionär Albert Hartl beste Kontakte hatte.[449]

Der Rücktritt Prems bei der DUR kommt schnell und überraschend angesichts der Tatsache, daß doch die DUR-Chefideologin Sigrid Hunke als einzige Frau und als einziges europäisches Mitglied wegen ihrer Arbeiten über den arabischen Einfluß auf das mittelalterliche Heilige Römische Reich Deutscher Nation in einem obskuren »Obersten Rat für Islamische Angelegenheiten« sitzt. Den Rat richtet Nasser 1960 in Kairo als Institution zur Unterstützung der »ägyptischen Kampfziele« ein, an seiner Spitze steht ein Militär, nicht etwa ein Geistlicher; als erster ist dies Nassers späterer Nachfolger Anwar al-Sadat.[450]

Läßt man sich solche Verbindungen so einfach entgehen, wenn man Waffen verkaufen will? Die DUR unter Prem pocht in dem Berliner Prozeß gegen Antifaschisten immer wieder auf Hunkes Nahost-Kontakte als einer Art Leumundszeugnis für ihre vormalige »Ehrenpräsidentin« und für die Sekte selbst. Prem ist im Gerichtstermin selbst anwesend, man ist sich der großen Bedeutung der Kairo-Connection wohl sehr bewußt. Andererseits: MBB ist nicht nur der legitime Nazi-Rüstungs-Erbe in der Luftfahrt – auch die alten Junkers-Werke gehören dazu – und dem Raketenbau. Der Neonazi-Terrorist Udo Albrecht wird in Presseberichten mit Nahost-Verkaufsverhandlungen für eine unverkäufliche MBB-Panzerfaust-(Fehl-) Entwicklung in Verbindung gebracht. Die Frage, ob er im offiziellen MBB-Auftrag handelte, bleibt letztlich ungeklärt. Albrecht gehört zum Umfeld der »Wehrsportgruppe Hoffmann«, deren Mitglieder teilweise von nationalrevolutionären Arabern im Libanon ausgebildet werden, ist selbst Leiter des »Freikorps Adolf Hitler« und 1970 mit der palästinensischen Terrororganisation »Schwarzer September« in Jordanien aktiv. Für den von MBB mit dem Segen der Bundesrepublik Deutschland aufgerüsteten Saddam Hussein machen sich 1990/91 gerade die Nationalrevolutionäre um Marcus Bauer und Hans Rustemeyer stark. Rustemeyer repräsentiert die Linie zur ÖDP und der Partei »Die Weißen«, bei denen wiederum Verbindungsleute der »Deutschen Unitarier« sitzen: Wolfram Bednarski zum Beispiel. Während Michael Kühnen »Kriegsfreiwillige« für den Irak sammelt – man erinnert sich an seine Verbindungen zum »Collegium Humanum« des Werner Georg Haverbeck, wo nicht nur Sigrid Hunke spricht, sondern auch Kühnens »Komitee zur Vorbereitung der Feierlichkeiten zum hundertsten Geburtstag Adolf Hitlers« unter dem Deckmantel eines Seminars über Naturreligionen tagt –, während die »Unabhängigen Nachrichten« 1991 eine angebliche jüdische Weltverschwörung und eine Prophezeiung des Alten Testamentes für den Zweiten Golfkrieg verantwortlich machen – für die »Unabhängigen Nachrichten« wirbt Jahre vorher die

Zeitschrift »Tendenz« des Prem-Schützlings Darsow –, läßt Saddam die politische Elite der europäischen »Neuen Rechten« in Bagdad aufmarschieren. In der rechtsextremen Zeitschrift »Europa Vorn«, die 1993 beim Düsseldorfer DUR-Chef Kurt Winter Unterschlupf findet, schreibt Manfred Rouhs im März 1991 einen Aufruf »Für deutsch-arabische Solidarität!«, der Nationalrevolutionär Marcus Bauer unterstützt hier ebenfalls Saddam Hussein. Schon in den sechziger Jahren bildet der BHJ Windischs ein »Hilfskorps Arabien«, das gegen Israel kämpfen soll, aber wie Kühnens Truppe dann doch nicht zum Einsatz kommt.[451]

Bei all dem mag es für MBB unerträglich sein, wenn der Forschungs- und Entwicklungs-Chef des Konzerns, auf den man auch in Zukunft nicht verzichten will, nun auch noch öffentlich und gegenüber dem Verteidigungsausschuß als Präsident der Nazi-Sekte »Deutschen Unitarier Religionsgemeinschaft e. V.« verhackstückt wird. Zumal, wo doch der MBB-Mehrheitseigentümer Daimler-Benz heute mit Edzard Reuter von einem Neffen des »deutschgläubigen« Hauer-Mitstreiters Otto Sigfrid Reuter geführt wird und damals Insassen des KZ Dachau als Zwangsarbeiter beschäftigte, das nun wiederum der spätere DUR-Funktionär Albert Hartl mit Häftlingen zu füllen half.[452]

Der belastete Prem muß also die Präsidentschaft der DUR niederlegen, nicht etwa seinen Job bei MBB/DASA. Und in der DUR bleibt er weiterhin eine zentrale Person, wenn auch ohne nominelle Ämter. Er vertritt die DUR nun eben »informell« – und gemeinsam mit Helmut Kramer und dessen Frau Christa, Vizepräsidentin der DUR – im »Dachverband freier Weltanschauungsgemeinschaften« (DFW). Im Februar 1993 leitet Prem in einem DUR-Haus bei Kiel das DFW-Seminar »Arbeitsethos und Wertvorstellungen in Deutschland« – es bleibt hinter den Kulissen alles so, wie es zu Prems Präsidentschaft war.

Ist der Rücktritt nur eine Finte, um den Waffenkonzern aus der antifaschistischen Schußlinie zu holen? Besteht etwa eine »Kairo-Ottobrunn-Connection für den Waffenhandel in den Nahen Osten, in der die DUR-Prominenz eine Rolle spielt?«, fragen Bonner Antifaschisten. Horst Prem will allein schon diese Frage verboten haben und zieht ein weiteres Mal mit einem Unterlassungsbegehren vor Gericht, wo er wiederum verliert. Das Oberlandesgericht Köln gibt letztinstanzlich der »Bonner Initiative Gemeinsam gegen Neofaschismus« recht und meint sogar, daß dies eine »die Öffentlichkeit wesentlich berührende Frage« sei. Eine Antwort von MBB/DASA auf diese Frage steht allerdings bis heute aus.

Man weiß inzwischen, daß die Nazi-Fluchthelfer-Organisation »ODESSA« zur Tarnung zahlreiche Import-Export-Firmen im Mittelmeerraum unterhielt, die auch Waffenhandel betrieben. Der ehemalige Gruppenführer im Reichssicherheitshauptamt Walther Rauff – ein Günstling Heydrichs wie sein Kollege Gruppenführer Albert Hartl, aber im Unterschied zu letzterem als Erfinder der Vergasungswagen wegen 97000fachen Mordes gesucht – kann mit Hilfe von ODESSA und Bischof Hudal in den Nahen Osten fliehen und soll auch Kontaktperson der »Stillen Hilfe« gewesen sein. 1960 besucht er als »Maschinenimporteur« ungehindert die Hannover-Messe, ab 1973 baut er den Geheimdienst DINA des faschistischen Chile unter Pinochet auf, das kräftig mit deutschen Waffen aufgerüstet wird. Wenn auch bis heute eine Mittlerposition der DUR bei der NS-Fluchthilfe und im Waffenhandel nicht als Tatsache bewiesen werden kann, so ist doch sicher: Hartl und Rauff waren vom Reichssicherheitshauptamt her gute Bekannte.[453]

In seinem Konzern ist Prem als Diplomingenieur für Raumfahrttechnik tätig und in den siebziger Jahren für das Programm der »Helios«-Sonde zuständig, bei dem MBB mit der US-amerikanischen NASA zusammenarbeitet – wie praktisch für einen Ideologen »kosmischer Religion«. Heute gehört zu den herausragenden Entwicklungspojekten des Konzerns der wiederverwendbare europäische Raumtransporter »Sänger«, bezahlt von den deutschen und europäischen Steuerzahlern und benannt nach dem deutschen Raketenkonstrukteur Eugen Sänger, der Anfang der sechziger Jahre für Ägypten Raketen baut. Deshalb wird er damals von der Bundesregierung gemaßregelt und um seinen Job als Leiter des Forschungsinstituts für Physik der Strahlenantriebe in Stuttgart gebracht.

Prem und seine Nazi-Getreuen wissen um den ideologischen Nutzen »kosmischer« Weltanschauung zum Verkauf der MBB-Technik. Dieter Vollmer und der von Prem gern zitierte Baldur Springmann, der im BHJ-nahen Arndt-Verlag veröffentlicht, sind Anhänger germanischer Sonnen-Gläubigkeit. In »glaube und tat« schreibt Prem 1974 über »die Sonnensonde Helios« und übernimmt den naturwissenschaftlich-technischen Teil. Direkt anschließend sorgt Fritz Castagne fürs Ideologische: »Mensch und Sonne in 4000 Jahren« heißt sein Artikel über die antiken Sonnenreligionen des Nahen und Mittleren Ostens und der Germanen. Das alte Gottesbild der Bibel paßt nicht zur Weltraumtechnologie, wohl aber das pantheistische einer abstrakten Göttlichkeit des Kosmos und seiner Gesetze, die durch den Menschen und insbesondere den Techniker wirken sollen. Die religiös legitimierte Vision der Mitherrschaft Europas im Kosmos kommt dem deutsch geführten europäischen Kapital in seiner Konkurrenz zum US-amerikanischen und japanischen Kapital gerade recht. Auch hier kann man auf Tradition zurückgreifen: Der kosmische Imperialismus auf der Basis einer mythisch-naturreligiösen »deutschen« Technik war schon in der völkischen Science-Fiction-Literatur der NS-Zeit vielfach Romanthema.

1992 tritt der DASA-Manager Karl Dersch aus dem Vorstand des Unternehmens zurück, weil er in seinem Garten das Symbol der alten Freikorps und des neuen Nazismus, die Reichskriegsflagge, gehißt hatte. 1992 verschickt die DASA an alle Bundestagsabgeordneten die Zeitschrift »new-tech news. Das Magazin über neue Technik«, »Herausgeber: Deutsche Aerospace AG, Beirat: Horst Prem« heißt es im Impressum. Rolf Engel, »Raumfahrtpionier der ersten Stunde«, wird darin interviewt. Engel baute in Peenemünde Raketen für Hitler und in Ägypten Raketen für Nasser. In dem Interview erzählt er, wie er dem Kriegsverbrecher und Nazi-Rüstungsminister Albert Speer klarmachte, »wie man Raketen baut und wo diese eingesetzt werden können«. Und Engel hat eine ökonomische Perspektive, die auf der New Age-Vision basiert: »Man muß den Menschen an den Gedanken gewöhnen, eines schönen Tages nicht nur den Mond, sondern auch den Mars zu betreten. Allein was die Rohstoffe angeht: Auf dem Mond stolpert man nur so über Titan! ... Zur Zeit dauert eine Reise zum Mars noch ein ganzes Jahr, aber später wird man Triebwerke haben, die das schneller können – wir werden eines Tages ganz sicher Raketen mit Atomantrieb haben.« Faust läßt grüßen.[454]

Arbeit an der »Neuen Rechten« der neunziger Jahre

Auch nach seinem Rücktritt bleibt Prem einer der DUR-Vorderen. In einer Erklärung vom Sommer 1991, die DUR-Zeitschriften aus den nichtöffentlichen »Mitteilungen des Präsidenten« nachdrucken, kündigt er an, sich in Zukunft um die Schulungsarbeit der Sekte zu kümmern. Hier sagt er auch, von der Unwahrheit wissend: »Ich bin meinen Vorgängern im Präsidentenamt der Unitarier dankbar dafür, daß sie sich bereits in den fünfziger Jahren von Böhme getrennt haben.« Die Jubiläumsfeier mit Böhme auf dem »Unitariertag« 1967, auf dem Prem selbst in der ersten Reihe saß, hat er wohl schon vergessen. Prem ist auch Unterzeichner einer durch die antifaschistischen Aktionen provozierten »Erklärung des Vorstandes der Deutschen Unitarier Religionsgemeinschaft zum unitarischen Demokratieverständnis« – seine letzte Amtshandlung –, in der es heißt: »Kein einziges Vorstandsmitglied hat zu irgendeiner Zeit extremistische Gedankengänge geäußert oder publiziert.« Hier mag man wohl gleich alle oben Genannten vergessen haben.

»Aus alten Wurzeln zu neuen Kräften. Eine Standortbestimmung der Deutschen Unitarier« nennt Helmut Kramer 1991 eine Schrift. Darin legt er ein nachdrückliches Bekenntnis zum Völkischen ab, wie es die »Neue Rechte« unter dem Begriff des Ethnopluralismus faßt. »Eine bunte Wiese«, »ein bunter Blumenstrauß« seien die Menschen, keiner dem anderen gleich, aber in einer »Gemeinschaft« verbunden. »Für die kritische Durchsicht meines Manuskriptes danke ich Christa Kramer und Dr. Rudolf Beinhauer«, heißt es da. Der inzwischen verstorbene Beinhauer, zeitweise

DUR-Gemeindeleiter in Düsseldorf mit Kontakten auch in andere faschistisch-religiöse Zirkel und ein Freund des Hitler-Bildhauers Arno Breker, vermacht seinen Nachlaß dem rechtsextremen Bochumer Professor Bernard Willms, der inzwischen von selbstgöttlichen Gnaden ebenfalls nicht mehr am Leben ist.[455]

1990 veranstaltet die »Jugend- und Bildungsstätte Klingberg der Deutschen Unitarier« eine »Geschichtswerkstatt«, in der »Deutschland als nationalkulturelles Eigengebilde« beschworen wird: man müsse nach der deutschen Wiedervereinigung »zum aufrechten Gang durch unsere nationalen Kulturgefilde« zurückfinden. Die Dichter und Denker der Richter und Henker sind gemeint, und Hans-Dietrich Kahl schreibt 1989 treffend gegen die westlichen Sieger des Zweiten Weltkriegs: »Diese ›reeducation‹ wollten wir nicht.« Trotz aller Lippenbekenntnisse hapert es mit dem Demokratie-Verständnis. Während Wolfgang Deppert als schnelle Antwort auf die »Demokratie-Erklärung« des DUR-Vorstands noch 1990 in der Kieler DUR-Zeitschrift »Blick« einen Text der braunen Prinzessin Reuß-zur Lippe drucken läßt, legt er im Januar 1992 in »Blick« nochmal ein Extra-Bekenntnis ab: »Leider haben wir durch häßliche Anfeindungen in der letzten Zeit erleben müssen, daß es trotz des großen weltweiten Freiheitswillens in unserem Lande noch erklärte Feinde der religiösen Freiheit gibt. *Dennoch* sollten wir auch im Neuen Jahr unbeirrt an unserem unitarischen Glauben festhalten, der auf dem Vertrauen auf die Selbstbestimmungskräfte im Menschen beruht.« Die alte faustische Selbstvergöttlichung ist ungebrochen, und auch der neue Ideologie-Stern im DUR-Kosmos, Bernd Friesmann, bringt in seinem Buch »Weg ohne Kreuz« nur wieder einen neuen Aufguß der Ideen Rosenbergs und Hauers. Das Buch, vom »Verlag Deutsche Unitarier« herausgebracht, ist heute zu einem Hauptbuch der Sekte geworden.

Thomas Leutkart – mit dessen Leumundszeugnis die DUR 1989-1991 vergeblich versucht, ihre Prozesse gegen Antifaschisten zu gewinnen, und dessen Buch »Weg und Ziel bist du selbst« die DUR heute als ein weiteres ihrer neuen Hauptbücher verkauft – schreibt 1974 in »glaube und tat« – neben Prems »Helios-Sonde«-Artikel – über Friedrich Schöll: »Im Zustand der Ergriffenheit, der beherrschten Begeisterung« habe Schöll auf einem Treffen der bayrischen DUR-Landesgemeinde ausgerufen: »Ich bin Gott!« Was normale Menschen zum Prusten gebracht hätte, findet Leutkart »logisch und berechtigt«, denn deutsch-unitarisch betrachtet sei der Mensch, mit einem Wort Schölls, »Wirkort des Göttlichen«, es trete »der Mensch handelnd ganz an die Stelle des Göttlich-Allheitlichen«. Auch das Böse und selbst das Verbrecherische seien göttlichen Ursprungs. Sigrid Hunke hebt in ihrem Buch »Europas andere Religion« die Tat-Gebundenheit des Selbstgott-Verständnisses von Schöll heraus. Das »Schöpferisch-

Göttliche im lebendigen Vollzug« (Schöll) ist danach das Entscheidende am deutsch-unitarischen Glauben.[456]

Während Prem 1985 mit »Europas anderer Religion« Hunkes »Ehrenpräsidentschaft« begründet, sagt er in seiner Rücktrittserklärung 1990: »Eine völkische oder gar eine deutsche Religiosität zu fordern, ist ein Widerspruch in sich und nicht mit Unitariertum zu vereinbaren.« Der Mann ist nun nicht etwa klug geworden, auch sind seine ideologischen Unterschiede zu Hunke weiterhin kaum auszumachen. Man fährt jetzt nur eine neue Taktik: Nicht mehr die Kritik des Faschismus am Christentum soll nach außen hin das »Unitariertum« begründen, sondern die der Aufklärung, wohl wissend, daß bereits die Nazis eine »deutsche« (faustische) von einer »französischen« (demokratischen) Aufklärung unterschieden und erstere für sich einzuvernehmen verstanden. Auch gab es deutsche Anhänger der Französischen Revolution, die deren Ziele mit denen des Germanen Hermann verknüpften – Hauptsache, gegen »Rom« ! – und bürgerliche Freiheitsforderungen mit Germanentümelei verwechselten. In der Tradition solcher ideologischer Purzelbäume versuchen heute »Deutsche Unitarier«, den Anschluß an die fortschrittlichste Entwicklung der »Neuen Rechten« zu finden, die wir bereits am Beispiel des Mohler-Nachfolgers bei der »Siemens-Stiftung«, Heinrich Meier, andernorts darstellten. Es ist nicht mehr das Ziel, die demokratische Geistestradition frontal zu bekämpfen, sondern sie neu zu interpretieren und für den Faschismus nutzbar zu machen. Eine Art von »Arisierung« der Menschenrechte wird hier betrieben.[457]

1989 erscheint das Heft »Macht und Gewalt in der Französischen Revolution« der »unitarischen blätter«. Es ist ein solcher Versuch, die freiheitliche und egalitäre Weltanschauung der Aufklärung und der bürgerlichen Revolutionen antiegalitär zu wenden. Der Aufklärung ging es weitestgehend um die Entgöttlichung, Rationalisierung und Vermenschlichung irdischer Herrschaft, die bisher klerikal gebunden und transzendent gerechtfertigt war. Dazu diente ihr Antiklerikalismus. Herrschaft sollte begriffen werden als von Menschen über Menschen ausgeübt und deshalb nur von Gleichen nach Mehrheitsbeschlüssen praktiziert werden. Wie oben gezeigt, ließ die Gefahr unliebsamer Mehrheitsbeschlüsse und damit die Möglichkeit des Verlustes von Privilegien die klassischen faschistischen Ideologen und ihre Nachfolger in der »Neuen Rechten« gegen das Gleichheitsprinzip auftreten. In Verbindung mit dem vulgären Antisemitismus als Katalysator entstand ein intellektueller Antijudaismus, der das Prinzip der politischen Gleichheit der Menschen, wie es in den bürgerlichen Revolutionen gefordert und in Ansätzen verwirklicht wurde, sowie das Prinzip der ökonomischen Gleichheit, wie es die sozialistischen Revolutionen forderten, kurzerhand aus dem jüdisch-christlichen Prinzip der potentiellen Gleichheit der Menschen vor Gott ableitete. Die gesamte demokratische und linke Geschichte wurde als Produkt der angeblichen Überfremdung mit einer »vorderasiatisch-semitischen« statt nordeuropäisch-»arischen« Weltanschauung dargestellt, als undeutsch oder uneuropäisch und damit für politische Systeme der Europäer unbrauchbar.

Einen anderen, zukunftsweisenderen Weg geht der neue Hoffnungsträger der DUR, Jörg Witzel, in seinem »ub«-Beitrag zum zweihundertsten Jahrestag der Französischen Revolution. Offenen Antijudaismus sucht man hier vergebens. Witzel macht sich sowohl das Grundprinzip faschistischer und DUR-Weltanschauung – die nordische Selbstvergöttlichung als Alternative zum personalen außerweltlichen Gott des Juden- und Christentums – als auch die Kirchenkritik der Aufklärung zunutze und verbindet beide. Allerdings muß bemerkt werden, daß der faschistische Ahnherr Chamberlain diese Idee bereits ansatzweise verfolgte. Während jedoch die Aufklärung zu einer *Ent*göttlichung von irdischer Herrschaft kommen wollte, führt Witzel das Göttliche – und damit die Nichtverfügung der jeweiligen Menschen-Mehrheiten über Herrschaft – wieder in die Idee der Menschenrechte ein. Er benutzt den Antiklerikalismus der demokratischen Bewegung, der vor allem gegen die weltliche Macht der römischen Amtskirche gerichtet war, um deren Errungenschaften ins Gegenteil verkehren zu können. Das hat den Vorteil, die demokratische Bewegung nicht mehr frontal angreifen zu müssen – für sich zu reservieren und erst recht nicht mit diskreditierten antijüdischen Argumenten. Das fällt dann weniger auf.

Witzel kommentiert die »Erklärung der Rechte des Menschen und des Bürgers« vom 26. August 1789: »Institutionalisierte Macht, Herrschaft, ist nicht mehr von der Willkür des von Gott eingesetzten Herrschers und in letzter Instanz von göttlichem Recht abhängig. Vielmehr ist sie an Rechte gebunden, über die jeder Mensch seit seiner Geburt verfügt: Freiheit, Eigentum, Sicherheit und Widerstand gegen Bedrückung. Christliche Offenbarungsreligion und der Glaube an eine personifizierte Gottheit spielen bei der Begründung dieser Rechte keine Rolle mehr. Vielmehr steckt ein Begründungszusammenhang dahinter, der im Menschen selbst göttliche Kraft wirksam sieht. ... Die Menschenrechte sind folglich das Ergebnis einer religiös begründeten Einschätzung des menschlichen Wesens. Sie fußen auf einem letztlich unbeweisbaren Glauben. Der den Menschenrechten vorausgehende Begründungszusammenhang, in dem der Mensch nicht mehr als sündiges und erlösungsbedürftiges Wesen gilt, steht unitarischem Denken nicht fern.« Die faschistisch-religiöse Selbstvergöttlichung wird zur vermeintlichen Quelle der demokratischen Menschenrechte.[458]

Der »vorausgehende Begründungszusammenhang« wird im Beitrag Prems in demselben »ub«-Heft näher erläutert: Gemeint sind damit die unabänderlichen Hierarchie-Gesetze des Kosmos, die als göttliches Prinzip, als vergötterte religiöse Kategorie »Natur« auch die Gesellschaft des Menschen bestimmen sollen. Der tiefe antidemokratische Sinn dieses Witzel-Zitates erschließt sich, wenn man die ausschließlich völkische Herangehensweise an den »letztlich unbeweisbaren Glauben«, an Religiosität schlechthin, betrachtet, wie sie alle Ahnherrn und gegenwärtigen Ideologen der DUR von Herder über Hauer bis hin zu Hunke und Mynarek vertreten – letzterer durch sein überschwengliches Bekenntnis zu den Ideen Hauers und Hunkes. Der Glaube ist für sie nur spezifisch pro Volk, jedes Volk habe seinen eigenen und solle auf Missionierung anderer Völker verzichten, weil dies Überfremdung heiße. Es ist das Konzept der Einheit von religiöser und nationaler Identität. Die Bindung der Selbstvergöttlichung an Nation und Volk hat weitreichende Konsequenzen. Wenn ausschließlich der den »Ariern« eigene und bisweilen rassisch gebunden postulierte Glaube zu den Menschenrechten führt, nicht jedoch zum Beispiel auch der der »christlichen Offenbarungsreligion« – so sagt es Witzel, ohne die »Arier« zu nennen –, wenn der pantheistisch-naturreligiöse, letztlich biologistische »Begründungszusammenhang« mit der Konsequenz der Selbstvergöttlichung des Menschen einzig zu den Menschenrechten führen soll – auch dies sagt Witzel –, dann sind folglich diese Menschenrechte selbst nur den »Ariern« erfahrbar und zugänglich. Andere Menschen, andere Völker, denen angeblich ein anderer Glaube zukommt, sind von diesen Rechten ausgeschlossen. Dieser Stoß geht – Prem macht es später deutlich – vor allem gegen die Dritte Welt. Menschenrechte für Afrikaner, so heißt es früher bei der DUR, sei »Betrug am Neger«, weil der eine andere nationale Identität habe. Witzel und Prem sind intelligenter. Der Faschismus muß nur noch diejenigen definitorisch eingrenzen, die berechtigterweise »deutsch« oder »europäisch« glauben dürfen, um die Menschenrechte – ohne sie offen angegriffen zu haben und sich dadurch Blößen gegeben zu haben – für sich zu reservieren und damit für die eigenen Elite-Interessen nutzbar zu machen.

Witzel verfälscht den anti-völkischen Nation-Begriff der Französischen Revolution und den Begriff des »Gemeinwillens« Rousseaus in die Richtung des völkischen und letztlich rassistischen Nation-Verständnisses der deutschen bürgerlichen Revolution und ihrer legitimen Nachfolgerin, der völkischen Bewegung. Volks- und Nation-Bildungen sind im Kontext faschistischer Religiosität des »Allgott-Glaubens« (Hauer), die auf dem postulierten »vorausgehenden Begründungszusammenhang« der angeblich kosmosweiten Herrschaft natürlich-göttlicher Gesetzlichkeiten bis in die menschliche Gesellschaft hinein basiert, natur-göttliche Geschehnisse. Völker und Nationen sind – so kennen wir es von Herder über Hauer bis Hunke, Evertz und Schönhuber – dem freien menschlichen Zugriff entzogene göttliche Phänomene, von Menschenhand nicht antastbare Teile des göttlichen »Kosmos«. Türken in Deutschland sind demnach anti-göttlich. Witzels Satz »Nur die gesamte Nation ist im Besitz der vollen Souveränität« hat nun nicht mehr einen bürgerlich-freiheitlichen Inhalt, wie er noch 1789 gemeint war, sondern ist nach der deutsch-unitarischen Vereinnahmung ebenso völkisch-rassistisch ausgrenzend wie totalitär. Witzels Anführen des Volksbegriffes des Grundgesetzes, dessen letztlich rassistischer – weil auf der biologischen Herkunft basierender – Kern erst kürzlich wieder im Urteil des Bundesverfassungsgerichtes gegen das Ausländerwahlrecht deutlich wurde, verstärkt diese Tendenz noch; er steht im Gegensatz zum anti-völkischen Nation-Begriff der Amerikanischen und der Französischen Revolution.

Witzel verzichtet schließlich auch nicht auf den Anspruch der »arischen« Gottmenschen, den Staat nach ihren Vorstellungen zu gestalten, die als Gotteswille ausgegeben werden: »Entscheidend für unser heutiges Staatsverständnis ist die Bindung staatlicher Macht an letztlich religiös begründete Grund- und Menschenrechte.« Das von Witzel beschworene »Recht auf Widerstand« bekommt vor dem Hintergrund des Selbstgöttlichkeitsanspruchs dieser Ideologen einen für Demokraten beängstigenden, weil bedrohlichen Zug. Die letztliche Praxis dieses Rechts wird mit dem grundgesetzlich garantierten Widerstandsrecht gegen neue faschistische Diktatoren so wenig zu tun haben wie der gleichfalls immer wieder aus der Richtung faschistischer Religiosität erschallende Ruf nach Toleranz und Minderheitenschutz, den Hauer und Rosenberg bereits gegen die christlichen Großkirchen schleuderten: Minderheitenschutz für die Propaganda faschistischer Sekten.

Einen auf faschistischer Religiosität fußenden Staat – wie ihn Witzel mit der Bindung des Staates an deutsch-unitarisch begründete Grundrechte letztlich fordert – konnte die NSDAP-Minderheit der Kirchenkampf-Ideologen um Alfred Rosenberg im lang ersehnten und religiös verstandenen »Dritten Reich« noch nicht verwirklichen, ihre Praxis war auch offenbar falsch und revisionsbedürftig. Das Ziel bleibt utopisch, besser: visionär. Aufgrund der herausragenden und sektenintern unbestrittenen Bedeutung der Ideen Hauers und Hunkes für die Weltanschauung der DUR kann sich Witzel auf ein paar Andeutungen über den »vorausgehenden Begründungszusammenhang« beschränken. Die wissenden »Arier« verstehen sie ohnehin, unwissende Demokraten, jüdisch-christlich überfremdet, verstehen sie besser nicht, so erspart man sich politische Diskussionen.

In seinem »ub«-Beitrag »Wege in eine Welt mit weniger Gewalt« wird Horst Prem deutlicher als Witzel. Er bestreitet hier die alleinige und uneingeschränkte Gültigkeit der Grundrechte, setzt ihnen »Grundwerte« faschistischer Religiosität an die Seite und will beide miteinander in einen »Wettstreit« treten lassen. Dabei läßt er auch deutlich die biologistisch-rassistische Basis dieses Vorgehens erkennen, das bereits als der Versuch der »Umwertung aller Werte« wesentlicher Bestandteil des historischen Faschismus war. Bei der Betrachtung verschiedener Grundwerte beginnt Prem mit der Forderung: »Nicht menschliche Denk- und Lehrgebäude können Richtschnur für unser Handeln sein, sondern ein Hineinhören in unseren Lebenshintergrund.« Am Ende seines Beitrags macht er sein biologistisches und rassistisches Verständnis seiner Grundlage aller Politik und Gesellschaft deutlich, die Witzel »vorausgehender Begründungszusammenhang« nannte: »Ich meine, daß wir aufgrund des Hineinhörens in unseren *entwicklungsgeschichtlichen* Hintergrund die Gelassenheit und Größe aufbringen können, im Bereich der Mitgestaltung zur Freiheit und Offenheit erziehen zu können.«

Als den Kern des »entwicklungsgeschichtlichen« – also biologisch-evolutionären – Hintergrundes hat der neue DUR-Chefideologe Hubertus Mynarek in seinem Buch »Ökologische Religion« die angebliche biologische Überlegenheit seines »ökoreligiösen Menschen« postuliert, der auf der Evolutionsleiter bereits die nächste Stufe erklommen habe, ganz im Gegensatz zum letztlich jüdisch-christlich fußenden Normalmenschen, den Mynarek als »Irrläufer der Evolution« bezeichnet. Es ist nicht erstaunlich, daß Mynarek nun in diesem »ub«-Heft zur – besser: gegen – die Französische Revolution ebenfalls breit angeführt wird. Vor dem Hintergrund, sich als gottförmiger neuer Herrenmensch einzuschätzen, kann sich Prem in der Tat »Gelassenheit« leisten. Die angeblich auf jüdisch-christlichen »Funktionen wie Hirte und Herde« aufbauenden Systeme – und hierzu zählt die faschistische Ideologie, wie oben dargestellt, eben auch Demokratie und Sozialismus – beinhalteten nach Meinung Prems »unnatürliche Hierarchien«.

Also sollen anscheinend nicht etwa menschliche, im »Gesellschaftsvertrag« zwischen Gleichen frei beschlossene Richtlinien die Grundlage menschlichen Handelns sein, auch nicht als außerweltlich entstanden und vom personalen Gott des Juden- und Christentums in Form der Zehn Gebote gegeben geglaubte und daran anschließende säkulare Gesetzlichkeiten. Vielmehr sollen biologische Gesetzlichkeiten »Richtschnur« sein, die zu angeblich *göttlich-natürlichen* Hierarchien führen, dem Zugriff menschlicher Mehrheitsentscheidungen entzogen. Prem läßt keinen Zweifel an der Richtigkeit dieser Interpretation seines Artikels, wenn er gleich anschließend das biologistisch-rassistische Konzept des »Erdengewissens« des ehemaligen DUR-Gemeindeleiters Baldur Springmann anführt. Springmann veröffentlicht dies 1982 – er ist nun im Vorstand der ÖDP – in seinem Buch »Partner Erde. Einsichten eines Öko-Bauern«, das im »Arndt-Verlag« erscheint. Am Ende des Buches wirbt der Verlag für eine Schrift des Neofaschisten Karl Höffkes über die bündische Jugend. In der

Bundestagsdrucksache 12/6081 stuft die Bundesregierung den »Arndt-Verlag« als »rechtsextremistisch« ein; in dem Verlag seien »zahlreiche Bücher rechtsextremistischer Autoren erschienen«, heißt es in einer Antwort des Bundesinnenministers auf eine parlamentarische Anfrage. Das »Erdengewissen« Springmanns soll die als göttlich angesehenen kosmischen Gesetzlichkeiten und Evolutionsprinzipien achten und religiös verehren. Prem nutzt das »Erdengewissen«, um sogleich »Grenzen dieser Freiheit« des Menschen – der durch die Grundrechte garantierten Freiheit – zu postulieren. Richtig verstanden, sollen demnach die biologischen Gesetze der Evolution die politische Freiheit der Menschen in der Gesellschaft begrenzen. Das ist Biologismus in Reinkultur und in der Funktion, für die er geschaffen wurde: Freiheit beschränkend.

Im folgenden zitiert Prem den Schandspruch vom Dach des KZ Dachau, mit dem die Nazis die dort Eingekerkerten, Gefolterten und Ermordeten tagtäglich verhöhnten, und präsentiert diesen Spruch allen Ernstes als »Katalog der Tugenden« und als Ansatz zu »Grundwerte(n), nach denen sich freiheitliches Leben ausrichtet«. Zu einer deutlichen Kritik an den Verbrechen im KZ kann er sich nicht hinreißen lassen, zu schweigen von einer Äußerung des Ekels und Abscheus. Diese ungeheuerliche Passage in seinem Artikel, die durch die Tatsache, daß DUR-Hartl als Gestapo-Mann das KZ Dachau mit Häftlingen zu füllen half, noch ungeheuerlicher wird, ist jedoch fast schon nebensächlich angesichts des Folgenden. Prem hält nämlich den Nazi-Schandspruch für den »zweite(n) Schritt vor dem ersten«, der erste Schritt aber, der nötig sei, damit dieser »Katalog der Tugenden« auch wirklich zu einem der »Grundwerte« werde, sei von den Nazis im KZ »vergessen« (!) worden.

Er baut sodann zwei Gruppen von »Grundwerten« auf: Einerseits die »Freiheitswerte für den Bereich der verantwortlichen Mitgestaltung«, d. h. die Menschenrechte bzw. Grundwerte des Grundgesetzes, die er teilweise aufzählt (freie Entfaltung der Persönlichkeit, körperliche Unversehrtheit, Freiheit des Glaubens, freie Meinungsäußerung usw.). Andererseits nennt er den »Bereich der Teilhabe« mit seinen Grundprinzipien faschistischer Religiosität, die er wenig später im Gegensatz zu den »Freiheitswerten« »Bindungswerte« nennt: »Das Betroffensein vom Geheimnischarakter der Natur; die staunende Bewunderung alles dessen, was besteht; Ehrfurcht vor dem Leben, so wie es Albert Schweitzer beschrieben hat.« Die »Teilhabe« ist also einerseits der Tat-Aspekt der faustisch-selbstvergöttlichten Elite, andererseits die entsubjektivierende Hinnahme und Anbetung des Seienden, kurz: der alte »Heroische Realismus«. Schweitzers »Ehrfurcht vor dem Leben« – von ihm ganz anders gemeint – wird auch von Prem wieder uminterpretiert in eine Ehrfurcht vor den Evolutionsgesetzen, deren grausame Durchschlagskraft auf den Menschen die Menschheit in ihrer gesellschaftlich-historischen Entwicklung doch gerade zu überwinden versuchte. Kein Wunder, daß in demselben »ub«-Heft unter der Frage »Läßt sich Euthanasie ethisch begründen?« schließlich auf Peter Singers »Praktische Ethik« eingegangen wird.

Rufen wir uns in Erinnerung, daß es Prem in seinem Artikel um Gewalt in der menschlichen Gesellschaft und um die Grundwerte dieser Gesellschaft geht. Als »Bindungswerte«, sozusagen das »Erdengewissen«, die die gesellschaftlichen »Freiheitswerte« beschränken, führt er nach diesem Verständnis die Evolutionsgesetze und ihre religiöse Verehrung an. Alsdann fällt sein Wort vom »Wettstreit in diesen Grundwertedisziplinen«, der der von den Nazis »vergessene« »erste Schritt« sein soll. Er wendet sich gegen einen »Absolutheitsanspruch« der Grundwerte und damit eigentlich gegen die Menschenrechte überhaupt. Nur eine einzige Interpretation ist möglich: Um in der antifaschistisch bestimmten Diskussion um Menschenrechte und gesellschaftliche Grundwerte doch noch ein Plätzchen für die Grundwerte faschistischer Religiosität, für Biologismus und Evolutionismus zu schaffen, predigt er den »Wettstreit« zwischen den beiden »Grundwertedisziplinen« und eifert gegen den »Absolutheitsanspruch« der Menschenrechte: »Wir müssen in unserem Wertegefüge die herausragende Bedeutung der Freiheitswerte für den Bereich der Mitgestaltung und die herausragende Bedeutung der Bindungswerte (Ehrfurcht vor dem Leben) für den Bereich der Teilhabe anerkennen. Die Betonung des einen oder des anderen Wertebereichs alleine führt uns nicht weiter.« So ist Raum geschaffen für die »Werte« faschistischer Religiosität.

Wie sehr die Menschenrechte und Werte des Grundgesetzes durch den abverlangten »Wettstreit«, in den sie mit den faschistisch-religiösen »Bindungswerten« treten sollen, relativiert werden, wird im folgenden noch einmal deutlich: »Wenn wir aber heute einen langfristig wirksamen Beitrag zur Absicherung unserer Grundwerte leisten wollen, und damit auch einen Beitrag zu Wegen in eine Welt mit weniger Gewalt«, so heuchelt der Ingenieur eines Rüstungskonzerns, »dann dadurch, daß wir im moralisch-ethischen Raum *Platz schaffen für ein gemeinsames Ringen um die mühsam erkämpften Grundwerte.*« Demokraten dagegen wollen um die »mühsam erkämpften Grundwerte« nicht noch einmal »ringen«, erst recht nicht mit Vertretern faschistisch-religiöser Grundwerte. Demokraten wollen vielmehr ihre erkämpften Menschenrechte bewahren und verteidigen, und zwar gegen die Faschisten. Sie wollen auch keinen Platz für das Ringen um die Grundwerte, sondern Platz für die Grundwerte selbst. Prem will aber auch nicht eigentlich um die Grundwerte selbst ringen, sondern um die Interpretation der Grundwerte, etwa der Art, wie wir es oben bei Witzel sahen. Das ist ein viel geschickteres Vorgehen, als Grundrechte frontal anzugreifen.

Daß die »Neue Rechte« und die hinter ihr stehenden ökonomischen Interessenten eine Relativierung der universell geltenden Menschenrechte braucht, wird am letzten Zitat aus dem Artikel des leitenden MBB-Ingenieurs deutlich, das hier angeführt werden soll: »In schwieriger werdenden Zeiten sind wir alle in Versuchung, den zweiten Schritt vor dem ersten tun zu wollen, einfach deshalb, weil wir es leid sind, langatmigen Diskussionen um Grundsatzpositionen zuzuhören. Gerade weil aber die nächsten Jahre nicht leichter werden, weil der Aufstieg der dritten Welt in ein anderes Lebensstandardniveau, die Krise der Weltwirtschaft, die Energie- und Beschäftigungskrise existieren, weil wir das Zeitalter der weltweiten Kommunikation, die Tendenz zu einer Weltgesellschaft bei gleichzeitiger Verschärfung der Verteilungskämpfe noch nicht verstanden haben, ist es um so wichtiger, sich der herausragenden Bedeutung der Grundwerte *bei Berücksichtigung der vorgegebenen Grenzen zu erinnern.*« Die angeblich »vorgegebenen Grenzen« sind vom Biologismus, dem »Erdengewissen«, bestimmt; die Gesetze der Evolution sollen dafür sorgen, daß die Verteilungskämpfe mit der »Dritten Welt«, die diese auf der Basis universell gültiger Menschenrechte legitim verschärfen könnte, den Privilegien der reichen nördlichen Herrenmenschen nicht allzu gefährlich werden. Es geht – wie immer – um die Privilegien der weißen Rasse und ihrer herrschenden Schicht.[459]

Ziel dieses neuerlichen, nun »neurechten« Versuchs der »Umwertung aller Werte« (Rosenberg) ist es, die Geltung der Menschenrechte auf Faschisten zu beschränken und dies religiös zu legitimieren. Das ermöglicht nicht nur die Vernichtung des emanzipatorischen Gehaltes der Menschenrechte und die Beherrschung der übrigen Menschheit statt deren Befreiung durch sie, sondern gleichzeitig auch die scheinheilige Berufung auf sie und die Tradition menschlicher Emanzipation – ein genialer Trick zur Neutralisierung der Linken, an dem sich Generationen faschistischer Ideologen bisher vergeblich versuchten. Ob all das auch noch mit »weniger Gewalt« erreicht werden kann, durch innerlich verpflichtenden religiösen Glauben nämlich statt durch äußere Repression, muß trotz aller ideologischen Purzelbäume bezweifelt werden. Schon einmal reichte die faschistische Ideologie als Bindemittel allein nicht aus, um der Emanzipationsforderungen Herr zu werden. Doch auch im offenen Terror hatten die hohen NSDAP-, SS- und Gestapo-Funktionäre, die nach 1945 zu hohen DUR-Funktionären mutierten, ja ihre Erfahrungen.

Diese Kontinuität beweist nicht zuletzt auch das *Zeichen der DUR*, die *Hagalsrune*, eine der fünf von den Nazis am meisten benutzten Runen, die in Himmlers SS-«Ehrenring« eingraviert war und auch die Festsäle seiner Wewelsburg schmückte. Himmlers Kultobjekt »Jul-Leuchter«, das in den SS-Familien an die Stelle des Kreuzes treten sollte und zur Wintersonnenwende in Aktion gebracht wurde, trägt das DUR-Zeichen eingraviert: die Hagalsrune in einem Kreis. Das Bundesarchiv in Koblenz besitzt noch einen solchen Leuchter, und auch der Altnazi Otto Ernst Remer, der den Aufstand vom 20. Juli 1944 niederschlug und danach Sicherheitsberater des ägyptischen Staatspräsidenten Gamar Abd-el Nasser wurde, besitzt ein Exemplar. Zu ihrer Wintersonnwendfeier erinnert die Kieler DUR-Zeitschrift »Blick« an »Jul und Neujahr« und besteht trotzig darauf: »Das Weihnachtsfest heißt noch immer Jul, Julfest, Radfest.« Genau ein Jahr vorher hatte »Blick« Himmlers Rune gemeinsam mit einer New Age-Pyramide auf dem Titel, beide als Mandala dargestellt. So verbindet man alte und neue Traditionen. In den fünfziger und sechziger Jahren war das gemeinsame Zeichen der faschistischen Neuheiden, die Irminsul, auch das Zeichen der DUR.[460]

Wenn sich die DUR heute verbal auf die Geistestradition der Aufklärung beruft, sich selbst als deren Erbin darstellt, mehr noch: als der eigentliche Ursprung der Demokratie, und dabei immer wieder auch den Verfasser der US-amerikanischen Unabhängigkeitserklärung, Thomas Jefferson, anführt, weil dieser ein »Unitarier« gewesen sei – freilich ein christlicher, kein pantheistisch-organizistisch-»deutschgläubiger« –, so ist dies nicht ausschließlich Etikettenschwindel. Zwar verkehrt Wolfgang Deppert Immanuel Kant ins Gegenteil, wenn er dessen Zitat vom »Ausgang des Menschen aus seiner selbstverschuldeten Unmündigkeit« – das gegen die katholisch-religiösen Fesseln menschlichen Handelns gemünzt war – nun als Eingang in eine erneute Versklavung des Menschen interpretiert, diesmal an die kosmische All-Göttlichkeit. Das gleiche tat auch schon Chamberlain. Auch wird die aufgeklärte Weltsicht ohne Zweifel verfälscht, wenn die New Age-Zeitschrift »PSI-Journal« ihrem Inhaltsverzeichnis die berühmte Grafik unterlegt, in der der Mensch nach der kopernikanischen Wende das Gesichtsfeld des geozentrischen Weltbildes verläßt und hinter den vermeintlichen Sphärenschalen die Wirklichkeit des Kosmos entdeckt. Solche Verfälschungen sind heute verbreitet, um leichtgläubige Menschen einzufangen. Tatsache ist jedoch, daß auch Thomas Jefferson, dessen Landbesiedelungskonzept für die Weiten Nordamerikas ein Vorbild für Walter Darrés Phantasien zur Kolonialisierung Osteuropas abgab, durchaus seine Übergänge zu »Blut und Boden« hatte.[461]

Die DUR macht auch in den neunziger Jahren *in ihrer Praxis* deutlich, wo sie tatsächlich steht. Zwar gehen 1993 ganze vier »Deutsche Unitarier« – ein gutes *Promill* der selbst angegebenen Mitgliedschaft – mit der DUR-Fahne – Himmlers Hagal-Rune – auf die Weizsäcker-Demonstration gegen Ausländerfeindlichkeit in Berlin. Zwar steht 1993 auch das »Hilfswerk der Deutschen Unitarier e. V.« unter dem Aufruf des »Deutschen Paritätischen Wohlfahrtsverbandes« (DPWV) zur Einführung einer doppelten Staatsbürgerschaft, weil es im DPWV Mitglied ist. Zwar unterhält die Sekte 1992 in Hamburg ein »Psychosoziales Zentrum für ausländische Flüchtlinge«, das von der Bundesregierung gefördert wird. Doch sein Leiter Jean Masumbuku, ein gebürtiger Afrikaner mit deutscher Staatsangehörigkeit, trennt sich von den »Deutschen Unitariern« im Streit, weil er sich als Aushängeschild mißbraucht sieht und die Führung der Sekte nach seinem Urteil aus »Rechtsextremen« bestehe.

Im August 1993 spricht auf dem »Rudolf-Heß-Gedenkmarsch« der Neonazis in Fulda der Rechtsextremist Wolfgang Juchem; in Fulda treffen sich Vertreter des nationalen und internationalen, legalen und kriminellen Neonazismus und ziehen mit Runen-Fahnen durch die Stadt. Außer Juchem sprechen hier unter anderen der Kühnen-Nachfolger Christian Worch und der FAP-Vorsitzende Friedhelm Busse. Im Frühjahr lädt Juchem bereits in das Unitarierheim in Bremen ein, wo eine Veranstaltung seiner »Aktion Freies Deutschland« angekündigt ist. Im Oktober 1993 spricht er dann auf einer Veranstaltung der rechtsextremistischen »Gesellschaft für freie Publizistik«, die der Verfassungsschutzbericht aufführt. Die Veranstaltung findet im DUR-eigenen »Haus der Deutschen Unitarier« in Hamburg statt. In dem Haus ist auch die »Unitarische Akademie e. V.« untergebracht, eine Zweigorganisation der DUR, die sich aus Steuer- und Wohlfahrtsgeldern finanziert. Die DUR-Top-Funktionäre Christa und Helmut Kramer und Freya Bednarski-Stelling sind auch die DUR-Führer in Hamburg. »Deutsche Politiker erniedrigen sich als Erfüllngsgehilfen der Siegermächte von 1945, weil mit der jahrzehntelangen einseitigen ›Vergangenheitsbewältigung‹ niemand mehr wagt, wirklich deutsche Interessen zu vertreten. ... Eine hemmungslose Ausländerflut zerstört das soziale Netz in Deutschland«, heißt es auf dem Einladungsblatt zu Juchems Veranstaltung in Hamburg. Immerhin ist Christa Kramer die Vizepräsidentin der DUR – offenbar eine würdige Nachfolgerin von Sigrid Hunke – und Bednarski-Stelling eine ständige Mitarbeiterin der »unitarischen blätter«. Hamburger Antifaschisten wollen Juchem fotografiert haben, wie er am 23. Oktober 1993 kurz vor sechzehn Uhr das »Haus der Deutschen Unitarier« betritt, und veröffentlichen die Fotos. Juchem ist einige Monate vorher zu den »Nordischen Dichtertagen« eingeladen, zu denen auch Dieter Vollmer und die »rechte Hand« des Thies Christophersen, Claudia Brüning aus dem DKEG des DUR-Mitbegründers Herbert Böhme, angekündigt sind. 1984 bereits ist Juchem von der »Kieler Liste für Ausländerbegrenzung« des DUR-Funktionärs Fritz Castagne zu einem Vortrag eingeladen.

Auch andere Neofaschisten nutzen die Gastfreundschaft der DUR. Im April 1991 ist Henning Eichberg – gemeinsam mit Jakob von Uexküll junior – in der »Jugend- und Bildungsstätte Klingberg der Deutschen Unitarier« angekündigt. Das Seminar 1991 leitet Lutz Hüttel, ein Autor der nationalrevolutionären Eichberg-Zeitschrift »wir selbst«. Uexküll ist im April 1993 gemeinsam mit Horst Prem wiederum bei einem Klingberg-Seminar als Referent. Im September 1992 sind der Thies Christophersen-Freund Baldur Springmann, die Hauer-Biographin Margarete Dierks und der Konservative Revolutionär Karl-Heinz Weißmann – Autor in »MUT« und »Criticon« – auf dem Klingberg-Seminar »Die völkische Idee und Deutsche Glaubensbewegung« als Referenten eingeladen. Lutz Hüttel leitet das Seminar. Springmann spricht schon wieder im November 1992 in Klingberg auf einem »religionsphilosophischen Seminar« – wie es in der Einladung heißt – über »Schuld, Verantwortung, Sühne« gemeinsam mit Lutz Hüttel. Das Berliner »Antifaschistische Infoblatt« berichtet im Januar 1994, das frühere Mitglied der REP-Programmkommission General a. D. Reinhard Uhle-Wettler habe in Hamburg im »Haus der Deutschen Unitarier« auf einer Veranstaltung der rechtsextremen Burschenschaft »Askania« gesprochen. Danach zu urteilen, ist das Hamburger DUR-Haus in den neunziger Jahren ein Taubenschlag für Neofaschisten.

1993 macht der »Vorsteher der Kreisgemeinschaft Düsseldorf der Deutschen Unitarier Religionsgemeinschaft«, Kurt Winter, Schlagzeilen. Er ist Chef eines Nazi-Zentrums in der Düsseldorfer Jägerstraße, dem auf Druck des sozialdemokratischen Bezirksvorstehers der Mietvertrag gekündigt wird. Winter betreibt hier einen esoterischen Verlag und vertreibt Bücher über die Waffen-SS und von Autoren wie dem Goebbels-»Reichsfilmintendanten« Fritz Hippler, dem völkischen Schriftsteller Hans Grimm, dem NPD-Gründer Adolf von Thadden, dem Wehrsportgruppenführer Karl-Heinz Hoffmann oder dem Autor in Thies Christophersens »Bauernschaft« Rolf Carsjens. Aus Winters Zentrum heraus betreibt der frühere Manager der kriminellen Nazi-Skinhead-Band »Störkraft«, Torsten Lemmer, einen Skin-Musik- und -Zeitschriftenversand. Der Bundestags-Drucksache 12/5586 kann man entnehmen, daß die Mutter des mutmaßlichen Attentäters vom Solinger Mordanschlag am 29. Mai 1993, Christian Reher, »intensive Kontakte« zu Lemmer habe. Winter selbst ist der presserechtlich Verantwortliche des Lemmer-Skin-Fanzines »Moderne Zeiten« und beherbergt auch einige Monate die Zeitschrift »Europa Vorn«, die der rechtsextremistischen »Deutschen Liga für Volk und Heimat« (DL) nahesteht. Über »Europa Vorn«-Chef Manfred Rouhs berichtet die »Düsseldorfer Stattzeitung Terz«, er habe zeitweise in Winters Zentrum gewohnt. Die DL-nahe Zeitung »Deutsche Rundschau« würdigt im März 1993 in dem Artikel »Lesenswertes über Ketzer, Hexen, Mystiker« Sigrid Hunkes Buch »Europas eigene Religion« positiv, das hier bereits zwölf Jahre alt ist.

Im November 1991 wird Kurt Winter zum Vorsitzenden der rechtsextremistischen »Freien Wählergemeinschaft Düsseldorf« (FWG) gewählt, die aus den REP hervorgeht und deren Fraktionsgeschäftsführer im Düsseldorfer Stadtrat, stellvertretender Vorsitzender und Pressesprecher Torsten Lemmer ist. In der FWG finden sich ehemalige Mitglieder der inzwischen verbotenen »Nationalistischen Front«, der REP und der FAP sowie Doppelmitglieder bei DL und NPD mit Fascho-Skins zusammen. Die FWG beteiligt sich an der Steckbrief-Jagd der Kölner DL gegen eine nach Deutschland geflohene Roma. Der Verfassungsschutzbericht des Landes Nordrhein-Westfalen 1992 schreibt, die FWG werde »seit Ende Oktober 1992 planmäßig beobachtet. ... Die Anhaltspunkte für den Verdacht, daß die FWG rechtsextremistische Bestrebungen verfolgt, zeigen sich u. a. in der personellen Zusammensetzung, in ausländerfeindlichen Aktivitäten, den Kontakten zu rechtsextremistischen Parteien sowie zu Personen aus der Skinheadszene und neonazistischen Organisationen.« Kurz vor dem Erscheinen dieses Verfassungsschutzberichtes tritt Kurt Winter von allen FWG-Funktionen zurück und untersagt der FWG, sein Zentrum in der Jägerstraße weiterhin als Geschäftsstelle zu benutzen. Haase und Igel. Aus Antifa-Kreisen wird eine frühzeitige Warnung an den »Deutschen Unitarier« Winter von sozialdemokratischer Seite aus vermutet: Die DUR solle geschützt werden. Auch über Torsten Lemmer schreibt der Verfassungsschutzbericht NRW, jedoch ohne ihn namentlich zu nennen. Lemmer ist auch nach Winters FWG-Rücktritt weiterhin in dessen Zentrum in der Jägerstraße aktiv.

Zweigorganisationen der DUR

Die wichtigste Zweigorganisation ist das 1967 als Wohlfahrtsorganisation der Sekte gegründete »Hilfswerk der Deutschen Unitarier e. V.«, das seit 1969 Mitglied des »Deutschen Paritätischen Wohlfahrtsverbandes« (DPWV) ist und vom Hamburger SPD-Senat trotz öffentlicher Proteste 1990 die unbefristete und bundesweit wirksame Anerkennung als Träger der freien Jugendhilfe gemäß § 9 des Jugendwohlfahrtsgesetzes zuerkannt bekommen hat. Das »Hilfswerk« ist – vergleichbar mit den Stiftungen der Parteien – eine Institution, um Geld zu beschaffen, mit dem dann Veranstaltungen finanziert werden können, die die politische Richtung der DUR propagieren. Es wurde lange Zeit geführt von Gertrud Mohnike, die ebenfalls die Anti-AKW-Klage des rechtsextremen, Ludendorffer-dominierten »Hartmut-Gründler-Klägerverbandes für Volksgesundheit und biologische Sicherheit« unterzeichnete. An ihre Stelle tritt in den achtziger Jahren Ralf Abel, Gertruds Sohn Ernst Mohnike – der sich bester Verbindungen zur Hamburger FDP rühmt, den Gerichten bei den Berliner DUR-Prozessen als eifriger Zwischenrufer auffiel und für diese Prozesse die Büro-Infrastruktur einer FDP-Geschäftsstelle nutzen konnte – ist zweiter Vorsitzender. In den wenigen Ortsgruppen des »Hilfswerks« arbeiten auch offen rechtsextreme Personen wie der spätere REP-Kandidat Arnold Neugeborn – als »Landesgruppenleiter« des »Hilfswerks« Schleswig-Holstein – oder der Rassist Hilger Brüning mit, der 1982 in »glaube und tat« schreibt: »Wer unserer Art ist, der wird ein artgerechtes Leben auch immer als Freiheit empfinden. Freiheit bedeutet somit nicht Bindungslosigkeit, sondern Bindung an das naturgegebene innere Gesetz unseres arteigenen Wesens.«

Das »Hilfswerk« bekommt Geld aus zahlreichen Wohlfahrtsquellen, durch seine Mitgliedschaft im DPWV insbesondere auch aus den Zuschlägen der Wohlfahrts-Briefmarken der Deutschen Bundespost und aus Mitteln der Fernsehlotterie »Glücksspirale«. Die Anerkennung nach dem Jugendwohlfahrtsgesetz verschafft weitere Zugänge zu Geldquellen. An Einrichtungen der »Deutschen Unitarier« werden in den achtziger Jahren auch Fördermittel aus einem Sonderfond des DPWV sowie Bundeskreditmittel gezahlt. Der Achterberg-Sohn Gernot Achterberg vertritt heute das »Hilfswerk« in Schleswig-Holstein.

Hauptprojekt der Zweigorganisation ist die von Ernst Mohnike geführte »Jugend- und Bildungsstätte Klingberg« in Schabeutz an der Ostsee, wo die Reichen ihre Villen haben. Die Bildungsstätte wurde in den siebziger Jahren mit Zuschüssen aus dem Zuschlags-Aufkommen der Jugend-Briefmarken der Deutschen Bundespost (Stiftung Deutsche Jugendmarke) und des Hamburger Senates gebaut. Hier finden zahlreiche neofaschistische Theorieseminare statt, aber auch »Rüstzeiten« für Zivildienstleistende in Zusammenarbeit mit dem DPWV. Die Zivildienstleistenden allerdings wissen nichts von den politischen Hintergründen. Klingberg soll nach dem Willen der DUR zu einem Altersruhesitz für »Deutsche Unitarier« werden, wenn die Zweckbindung, die durch die Finanzierung aus Mitteln der Jugendwohlfahrtspflege bedingt ist, ausläuft. So kommen alte Nazis an ein staatlich gefördertes Altenheim. Die gänzlich überalterte Mitgliederstruktur der DUR macht sich auch in den Aktivitäten des »Hilfswerks« bemerkbar, das bereits heute zu einem Teil Altenarbeit betreibt.

Die DUR als eingetragener Verein selbst ist seit 1971 Mitglied des »Paritätischen Bildungswerkes« (PBW), in dessen Landesverband Nordrhein-Westfalen auch Werner Georg Haverbecks »Collegium Humanum« Mitglied ist. Die DUR-Zweigorganisation »Unitarische Akademie e. V.« (UA) mit Sitz in Hamburg ist ebenfalls Mitglied des PBW und des DPWV. Die UA – zeitweise unter der Regie Eberhard Achterbergs und der Kuratel von Wolfgang Deppert und Oskar Hegels – tritt mit Vortragsveranstaltungen und Schriftenreihen an die Öffentlichkeit, in denen die führenden »Deutschen Unitarier« ihre Ideologie verbreiten. Die politische Ausrichtung der UA zeigen Vorträge des SS-Funktionärs Alarich Augustin ebenso wie eine Einladung an den Chef des Kasseler »Thule-Seminars«, Pierre Krebs, zu einer UA-Tagung. Krebs führt in den achtziger Jahren auch bei der später verbotenen »Nationalistischen Front« (NF) Schulungen durch und läßt sich in einem NF-Hemd fotografieren. Auch Günter Pahl gehört zu den wiederkehrenden Referenten der UA. Die Klingberger »Jugend- und Familienbildungsstätte« und die DUR-Zweigorganisation »Freie Akademie« sind ebenfalls Mitglied im PBW. Ernst Mohnike sitzt im Bundesvorstand des PBW und im Beirat des Bundes-DPWV. Der BDUJ hat beim »Paritätischen Jugendwerk« (PJW) 1991 einen Aufnahmeantrag gestellt.

Von der »Landesweiten Konferenz der antifaschistischen Initiativen und Organisationen Nordrhein-Westfalens« wird die Forderung nach einem Ausschluß der »Deutsche Unitarier«-Organisationen aus dem DPWV und dem PBW gefordert. Ein Beispiel hierfür bietet der Ausschluß des »Schlesischen Sozialwerkes« aus dem DPWV-Landesverband Bayern wegen ausländerfeindlicher Äußerungen 1991. In den DPWV-Landesverbänden Nordrhein-Westfalen und Schleswig-Holstein haben sich DPWV-Arbeitsgruppen gebildet, die die »Deutschen Unitarier« überprüfen, jedoch bisher nicht zu einem Ergebnis gekommen sind. Insbesondere in Schleswig-Holstein bestehen starke Tendenzen, die DUR-Zweigorganisationen wegen ihres Neofaschismus auszuschließen. Dagegen macht sich vor allen der DPWV-Bundesvorsitzende Dieter Sengling stark, ehemals Leiter des Jugendamtes der Stadt Münster und heute an der Universität Münster Professor für Erziehungswissenschaft. Ihm zur Seite steht der DPWV-Hauptgeschäftsführer Klaus Dörrie, der 1988 in einem Brief an Ernst Mohnike meinte, man könne die Ausschlußforderungen »nicht einfach unter den Teppich kehren«, deshalb werde – gewissermaßen, um die Form zu wahren – eine »Prüfgruppe« eingesetzt, die einen »Prüfbericht« über die »Deutschen Unitarier« erarbeiten ließ. Der Bericht, der unter Ausschluß der Öffentlichkeit von DPWV-Funktionären und »Deutschen Unitariern« erarbeitet wurde, gibt ausschließlich und einseitig die Ansichten und Legenden der DUR-Funktionäre wieder und kursiert in mehreren Versionen, die der DPWV je nach Anfrage auch unterschiedlich verschickt. Eine Version stützt sich sogar auf die Inhalte eines »ub«-Artikels des ehemaligen NPD- und DUR-Aktivisten Peter Bahn, ohne diesen allerdings zu nennen.

In dem »Prüfbericht« und in weiteren öffentlichen Erklärungen lehnt der DPWV den Ausschluß der DUR und ihrer Zweigorganisationen ab. Da sich etliche DPWV-Mitgliedsorganisationen jedoch damit nicht zufrieden geben und in ihren Reihen neofaschistische Organisationen nicht dulden wollen, bestehen sie auf weitergehenden Prüfungen unter Einschluß der Antifaschisten. Um dies zu verhindern, versendet Sengling im September 1991 in autoritärer Weise einen Brief an die Vorsitzenden der DPWV-

Landesverbände, in dem er diese fast nötigt, sich in allen Auseinandersetzungen um die »Deutschen Unitarier« ausschließlich auf den »Prüfbericht« des Bundesvorstandes zu beziehen. Kritik daran läßt er nicht gelten, will sie gemeinsam »mit dem Präsidium der Religionsgemeinschaft der Unitarier« ausräumen – ein Verfahren, daß die DPWV-Basis mehr beunruhigt statt befriedet hat. »Ich empfehle Ihnen also dringend«, so Sengling in seinem Brief, »anstelle weiterer Debatten den Kritikern den Bericht zur Verfügung zu stellen und selbstverständlich auch den Mitgliedsorganisationen, deren Zweifel durch fragwürdige Praktiken immer wieder neu geschürt werden. Das Studium dieses Berichtes sollte eigentlich Klarheit geben können.« Gemeinsam mit Sengling und Dörrie ist es vor allem die stellvertretende nordrhein-westfälische DPWV-Landesvorsitzende Else Rieser, Ehefrau des langjährigen Präsidenten des DUR-nahen »Bund Freireligiöser Gemeinden Deutschlands« (BFGD) Armin Rieser, die die »Deutschen Unitarier« abschützt. So verschickt auch Else Rieser Briefe an Mitgliedsorganisationen, in denen sie diese auf den »Prüfbericht« des DPWV zu verpflichten versucht. Das Ehepaar ist persönlich befreundet mit dem DUR-Ideologen Hubertus Mynarek.

Als zweite bedeutende Organisation neben dem BFGD ist die DUR Gründungsmitglied des »Deutschen Volksbundes für Geistesfreiheit« (DVfG), einer überwiegenden Nazi-Gründung, die 1949 als Dachverband rechtsextrem beeinflußter oder nazistischer religiöser Gruppen gegründet wird. Ausgangspunkt ist wiederum ein Treffen auf dem Berg Klüt bei Hameln, wo im Mai 1949 Herbert Böhme, der Rassist Gerhard von Frankenberg – der erster Präsident des DVfG wird – und der Begründer der später als NSDAP-Nachfolgeorganisation verbotenen »Sozialistischen Reichspartei« (SRP), Gerhard Krüger, die Gründung des DVfG verabreden. Die Organisation wird dann im Oktober 1949 in Wiesbaden aus der Taufe gehoben.[462]

Die DVfG-Gründung ermöglicht es, die NS-Propaganda unter dem Deckmantel der verfassungsmäßig gesicherten Freiheit der Religionsausübung insbesondere durch die Einbeziehung des mitgliederstarken BFGD breiter abzusichern. Hier wird wiederum nach dem Modell verfahren, das Wilhelm Hauer 1933 erprobte. Auch zwei von Ludendorffern dominierte Organisationen schließen sich dem DVfG an, dessen Mitgliedsverbände allerdings bis auf die DUR, den BFGD und die »Eekboom-Gesellschaft« ständig wechseln. 1991 schließen sich zu diesen dreien noch die »Freigeistige Aktion/Deutscher Monistenbund« und der »Deutsche Freidenkerverband« dem DVfG an, der sich nun »Dachverband freier Weltanschauungsgemeinschaften« (DFW) nennt. Die DUR-Vizepräsidentin Christa Kramer, vormals Pressesprecherin den DVfG, gehört nun dem DFW-Vorstand an.

Einer der ersten Akte des DVfG 1949/1950 sind Protesttelegramme gegen die Verurteilung der Mathilde Ludendorff in der bayrischen Entnazifizierungs-Spruchkammer.[463]

Präsident von DVfG war zuletzt Fritz Bode, jetzt Präsident des DFW. Durch seine Kontakte zum SPD-Kirchenreferenten Rüdiger Reitz erreicht Bode es, die SPD-Abgeordnete und ehemalige Juso-Bundesvorsitzende Heidemarie Wiezcorek-Zeul als Festrednerin zum vierzigjährigen Bestehen des DVfG zu gewinnen. Vorgänger Bodes als DVfG-Chef ist Joachim Firgau, ein Rassist und Anhänger des NS-nahen Organizisten Willy Hellpach, dessen pantheistische Ideen auch in der DUR rezipiert werden. Firgau publiziert über Hellpach in DUR-Zeitschriften. Die »braune Prinzessin« Marie-Adelheid Reuß-zur Lippe bekennt sich 1977 in »glaube und tat« zur Freundschaft mit Firgau, der aus dem militanten Teil der völkischen Bewegung stammt. Seine frühere Organisation »Freischar Schill« diente in den zwanziger Jahren als Auffangbecken für verbotene antirepublikanische Freikorps um den Putschisten Kapitän Hermann Ehrhardt und bestand überwiegend aus NSDAP-Mitgliedern. Ehrhardt selbst hatte ab Januar 1919 dem putschistischen Kapp-Ludendorff-Kreis in Berlin angehört, in dem auch Ernst Graf von Reventlow saß. Der Kapp-Ludendorff-Kreis hatte damals intensive Kontakte zur Münchner »Thule-Gesellschaft« und ihrem »Kampfbund Thule«, aus dem das berüchtigte »Freikorps Oberland« des Thule-Hauptmanns Beppo Römer entstand. Jahrzehnte später, in den achtziger Jahren, beziehen sich die »Deutschen Unitarier« positiv auf den Nationalrevolutionär Ernst Niekisch, der am Ende der zwanziger Jahre mit dem »Freikorps Oberland« politisch zusammengearbeitet hatte. Auf Niekisch beziehen sich die »unitarischen blätter« in den achtziger Jahren, auch der DUR-Referent Henning Eichberg ist ein Anhänger Niekischs. Firgau arbeitete bereits in der DG mit Hauer zusammen.[464]

Die 1947 gegründete »Eekboom-Gesellschaft e. V.« (EG) heißt bis 1956 »Vereinigung für freigläubige Feiergestaltung« und erinnert damit an die Abteilung »Volkskunde und Feiergestaltung« des NSDAP-»Amtes Rosenberg«, in dem der »glaube und tat«- und »NS-Monatshefte«-Autor Thilo Scheller Mitarbeiter war. Das Zeichen der EG ist ein Eichenbaum, dessen Wurzeln der stilisierten Irminsul entsprechen. Die EG-Aktivisten sind überwiegend auch in der DUR aktiv, die DUR-Prominente Lotte Huwe – die dann auch in Böhmes »Klüter Blätter« des DKEG schreibt – gehört dem Gründungsvorstand der EG an, sie selbst, Gerhard von Frankenberg und Lothar Stengel-von Rutkowski sind »Ehrenmitglieder«. Bei der EG erscheinen Bücher von Fritz Castagne, Huwe und Stengel sowie der »Freie Akademie«-Aktivistin und Hauer-Biographin Margarete Dierks. Bücher von Hauer, Hunke und Mynarek werden über den EG-Bücherdienst vertrieben, die DUR unterstützt die EG durch Anzeigen und Veranstaltungshinweise in ihren Zeitschriften. Der EG-eigene »Eekboom-

Verlag« wirbt aber auch 1957 in »Nation Europa«. Die EG-Schriftenreihe »homo humanus aktuell« bzw. »homo humanus Jahrbuch« lebt nur von den Beiträgen der DUR-Prominenz: Eberhard Achterberg, Ralf Abel, Wolfgang Deppert, Kriemhild Klie-Riedel, Helmut Kramer, Hubertus Mynarek oder Ernst Mohnike sind in den achtziger Jahren hier ständig wiederkehrende Autoren. Auch der spätere »Auschwitz-Zweifler« Dietrich Bronder, hier noch beim BFGD, kommt darin zu Wort, ausgerechnet zum Thema »Sterbehilfe«. Teilweise werden hier dieselben Themen behandelt, die auch die »unitarischen blätter« bringen. Eine von der EG 1966 herausgebrachte Schrift »homo humanus. Beiträge zum Bild des Menschen und der Welt«, die unter Mitwirkung von Fritz Castagne, Sigrid Hunke, Erich Keller, Gerhard von Frankenberg, Margarete Dierks und Lotte Huwe erscheint, bringt einen Beitrag von Werner Georg Haverbeck über »Das Ziel der Technik – Die Menschwerdung der Erde«. Jahrelang ist Fritz Bode in Personalunion Chef der EG und »Schriftleiter« von »homo humanus«.[465]

Die »Freie Akademie e. V.« (FA) mit Sitz in Wiesbaden wurde 1956 von Wilhelm Hauer gegründet, den Lothar Stengel-von Rutkowski als Präsidenten später ablöste. Es ist eine fast reine Nazi-Organisation, die sich besonders an Naturwissenschaftler wendet und in der Öffentlichkeit als seriöse wissenschaftliche Denkfabrik mißverstanden wird. Der heutige Präsident der FA ist Jörg Albertz, 1975 Professor für Fernerkundung und Photointerpretation an der Technischen Hochschule Darmstadt – einer Militär- und Weltraum-Wissenschaft also –, seit 1979 Professor für Photogrammetrie und Kartographie an der Technischen Universität Berlin. Albertz ist in den achtziger Jahren in Personalunion Vizepräsident der DUR und bereits in den sechziger Jahren in der DUR aktiv. »glaube und tat« zeigt ihn 1965 mit Photo im freundschaftlichen Gespräch mit der Nazi-Prinzessin Reuß-zur Lippe, 1967 ist er »stellvertretender Redakteur« von »g+t«.

Im Präsidium der FA sitzt lange der NS-Philosoph Hans Grunsky, »Sektionen« der FA leiten der EG-Vorsitzende Fritz Hermann, Castagne, Stengel und Ehrlicher. Die FA-Zeitschrift »Wirklichkeit und Wahrheit« bezieht sich in den sechziger Jahren auf Erwin Guido Kolbenheyer, hier schreibt Eberhard Achterberg über Bernhard Kummer, Gedichte des Nazi-Autors Erich Limpach werden abgedruckt und es wird für Bücher Herbert Böhmes und Gerhard Schumanns geworben. In der FA trifft sich dieselbe Nazi-Rosenberg-und SS-Szene wie in der DUR, diese Kontinuität ist bis heute ungebrochen. Castagne betreut in Kiel die Studentengruppe der FA, deren Postadresse 1963 Wolfgang Depperts Privatwohnung ist. Bei solchen Netzen ist es nicht erstaunlich, daß die Zeitschriften der DUR, aber auch der »Humanist« des BFGD, immer wieder für Veranstaltungen und

Veröffentlichungen der FA werben. Bei der FA treten in den achtziger Jahren Mynarek, Deppert, Dierks, Haverbeck, Kahl oder der Stengel-Sohn Witigo Stengel-Rutkowski – wie er sich nennt – auf. Kahl und Mynarek gehören neben Ossip Flechtheim und dem Mannheimer Philosophen Helmut Spinner dem »Wissenschaftlichen Beirat« der Organisation an.

1990 kommt es im Vorfeld einer FA-Tagung mit integrierter Mitgliederversammlung, die in den Räumen der Bonner Akademie der »Deutschen Landjugend« des »Deutschen Bauernverbandes« stattfindet, zu Protesten der »Bonner Initiative Gemeinsam gegen Neofaschismus«. Die Räume waren der FA von Armin Rieser vermittelt worden, der mit seiner Frau Else in der Nähe der Landjugend-Akademie wohnt. Es kommt zu einem öffentlichen Eklat, in den sich der Bauernverbands-Präsident Constantin Freiherr von Heeremann einschaltet: Er mißbilligt die Veranstaltung, weil er seine Organisation nicht im Zusammenhang mit dem Reichbauernführer Darré und dem »Blut und Boden«-Umfeld sehen möchte. Hier will sich nun das DUR-Umfeld in recht luxuriöser Umgebung und unerkannt zu den Themen »Volk und Nation«, »Volkstumsbewußtsein« und »Nationale Identität« unter der »wissenschaftlichen Tagungsleitung« von Hans-Dietrich Kahl Vorträge von Wolfgang Deppert und Margarete Dierks anhören.

Dierks ist eine der Hauptorganisatorinnen der FA. Als enge Freundin Hauers hat sie eine affirmative Biographie dieses nazistischen Religionswissenschaftlers verfaßt. Die auch in der DUR aktive »Lehrbeauftragte für historische Kinderbuchforschung« publiziert in den fünfziger Jahren in »Nation Europa« und tritt bei den neofaschistischen »Lippoldsberger Dichtertagen« des DKEG-Umfeldes auf, die von dem Dichter Hans Grimm veranstaltet werden. So gerät Dierks in die Beobachtung des Verfassungsschutzes. 1938/39 verfaßte sie die antisemitische Dissertation »Die preußischen Altkonservativen und die Judenfrage 1810/1847«, in der sie gegen die Judenemanzipation des neunzehnten Jahrhunderts Stellung bezog.[466]

Eine herausragende Tagung der FA findet zum Thema »Evolution und Evolutionsstrategien in Biologie, Technik und Gesellschaft« 1988 in der Berliner »Villa Borsig« statt und wird von der »Deutschen Stiftung für internationale Entwicklung« unterstützt. Die FA veröffentlicht 1989 die Beiträge der Tagung in Buchform. Sie lassen einen extremen Sozialdarwinismus und Biologismus erkennen, wie er in der »Neuen Rechten« allgemein verbreitet ist. Bemerkenswert ist weniger, daß Jörg Albertz sich in seinem Einführungsvortrag sogleich auf Pierre Teilhard de Chardin und Hubertus Mynarek bezieht. Vor allem hervorzuheben ist der Beitrag des Biologen Hubert Markl – bis 1991 Präsident der Deutschen Forschungsgemeinschaft –, der zwar nicht auf der FA-Tagung anwesend ist, der Albertz aber den Abdruck seines Festvortrages zur Gründungsfeier der Berliner Akademie der Wissenschaften in dem Buch über die FA-Tagung genehmigt, weil er inhaltlich so gut hineinpasse.

Markl ist bereits als biologistischer Denker bei der »Siemens-Stiftung« Armin Mohlers hervorgetreten. Auch in diesem FA-Beitrag fehlt es an einer wirklichen Abgrenzung nach rechts. Statt dessen führt er einen »Grenzgang« vor, wie er es nennt, der in ähnlicher Weise wie der »Kampf der Grundwerte« bei Horst Prem zwischen Biologie und Demokratie hin und her schaukelt. Er spielt mit Begriffen wie »Bienenvolk«, »Nationalgefühl«, »Eigenes und Fremdes«, »Volksglaube«, »Volkskörper«, »Volkskrankheiten« usw., die er zwar selbst als »Minen« bezeichnet, sie jedoch nicht etwa zu entschärfen versucht. Im Umfeld der nazistischen FA gibt es für all dies nur eine einzige Interpretationsmöglichkeit. Am 9. Mai 1992 schreibt Markl in der Zeitung »Bonner General-Anzeiger« anläßlich der UNO-Konferenz über Umwelt und Entwicklung in Rio de Janeiro einen Beitrag über die prinzipielle Unmöglichkeit, Ökonomie und Ökologie auszusöhnen, und über die Notwendigkeit, die Menschheit drastisch zu reduzieren. Nach seinen wiederholten Auftritten im konservativ-revolutionären Umfeld der »Neuen Rechten« kann dies nur noch als Bekenntnis zum Faustischen, zum »Heroischen Realismus« gelesen werden und paßt in der Weise auch zu seinem FA-Beitrag. Man sieht hieran deutlich, wie die Ideologie des pantheistischen Organizismus insbesondere Naturwissenschaftler anzieht, die ihre Eingriffe in die Evolution im Interesse des herrschenden Kapitals philosophisch-weltanschaulich legitimieren müssen.[467]

Eine Zweigorganisation der DUR ist auch die »Sigrid Hunke Gesellschaft e. V.« (SHG), die 1973 in Bonn zur Pflege und Verbreitung des Werkes von Sigrid Hunke gegründet wird. Etliche Landes- und Ortsgemeinden der DUR sowie »eine arabische Botschaft« sind laut Vereinsregister beim Amtsgericht Bonn Mitglieder der SHG, die vom Bonner Finanzamt als gemeinnützig anerkannt ist. Ihr erster Vorsitzender wird Otto Wetzel, langjähriger DUR-Landesgemeindeleiter in Nordrhein-Westfalen, seit 1922 als »Arbeiter des Führers« in der NSDAP tätig, seit 1932 für die NSDAP im Reichstag, dann Bürgermeister von Heidelberg. Nach 1945 sitzt Wetzel gemeinsam mit Herbert Böhme im Internierungslager, wo er die DUR-Gründung mitbetreibt, und taucht nach seiner Entlassung in der FDP unter, für die er im Stadtrat des damals selbständigen Bad Godesberg sitzt. Er ruft bei der HIAG zur Wahl der FDP auf, muß die Partei jedoch Mitte der sechziger Jahre nach Bekanntwerden seiner früheren Identität verlassen und schließt sich der NPD an, für die er auch kandidiert. Geschäftsführer der SHG ist Peter Schulze, Hunkes Ehemann, der in den sechziger Jahren im Bundespresseamt arbeitet. Bei der SHG-Gründung verzeichnet ihn das Vereinsregister als »Unterabteilungsleiter, ausgewiesen durch Ministerpaß Reg.-Nr. M 6274«. »glaube und tat« bezeichnet Schulze 1967 als »Chef des Planungsamtes im Bundespresseamt«. Der Historiker Hagen Schulze (»Die Wiederkehr Europas«) ist ihr gemeinsamer Sohn. Die Satzung der SHG verzeichnet zuerst eine Vermögensübergabe bei Auflösung des Vereins an das »Hilfswerk der Deutschen Unitarier e. V.«, der Passus wird nach dem angeblichen Ausscheiden Hunkes aus der DUR 1988 gestrichen.[468]

Etliche Hunke-Anhänger, insbesondere ältere Funktionäre, bilden seit 1986 innerhalb der DUR die »Arbeitsgemeinschaft Europas eigene Religion«, die inhaltliche Forderungen an die nun von der »Neuen Rechten« beherrschte DUR stellt. Eine bereits länger bestehende Konkurrenz um die inoffizielle Funktion als Chefideologe zwischen der »Ehrenpräsidentin« Hunke und dem »Leiter des Geistigen Rates« Deppert wird nun hochgeschaukelt, weil der engere Hunke-Kreis nicht versteht, daß sich die mittlere DUR-Generation zum vermeintlich »amerikanischen« New Age hinwendet. Die DUR-Spitze – insbesondere Horst Prem – bemüht sich intensiv, den Hunke-Kreis in der DUR zu halten. Doch kommt es 1989 durch den ehemaligen DUR-Präsidenten Karlheinz Küthe und ehemalige Mitglieder des »Geistigen Rates«, frühere Landesgemeindeleiter und »ub«-Mitarbeiter zur Gründung des »Bundes Deutscher Unitarier« (BDU), in dem nun auch Hunke aktiv ist. Man trifft sich bisweilen in Haverbecks »Collegium Humanum«. Über das Verhältnis von BDU und DUR schweigt sich letztere aus. Es wird vermutet, daß es sich lediglich um eine taktisch begründete Abspaltung im Rahmen der Verschleierungsoffensive der Sekte handelt: Die DUR kann nun darauf verweisen, daß sie sich von der Nazi-Fraktion getrennt habe. Der Vorwurf des Nazismus ginge ins Leere. Derart ließe sich der Zugang zu den öffentlichen Geldquellen für die gemeinsame weltanschauliche Bewegung der »Deutschen Unitarier« weiterhin sichern.

Nach den Publikationen des BDU zu urteilen, gibt es keine gravierenden inhaltlichen Differenzen zur DUR, und letztere führt zweieinhalb Jahre nach Hunkes angeblichem Ausscheiden diese in den »ub« immer noch positiv an. Der »Leiter des Geistigen Rates« der DUR, Hans-Dietrich Kahl, meint 1989, Hunkes Arbeitsgemeinschaft »Europas eigene Religion« weise die DUR »auf einen Nachholbedarf hin« – das klingt gar nicht nach Abgrenzung. Im Juni 1991 veranstaltet der BDU in der Nähe von Bad Hersfeld eine Sonnwendfeier mit sechzig bis achtzig Teilnehmern, die er keinesfalls aus eigenem Personalbestand zusammenbekommt. Auf einer Protestveranstaltung des Bad Hersfelder DGB wird eine inoffizielle Beteiligung von »Deutschen Unitariern« vermutet, die weiterhin der in Nordhessen vergleichsweise mitgliederstarken DUR angehören.[469]

Der »Verlag Deutsche Unitarier« ist ein kommerzielles Unternehmen der DUR, das von dem Verlagsleiter des Ravensburger Spiele- und Kinderbücher-Verlages Otto Meyer (»Ravensburger«), Micha Ramm, nebenberuflich betrieben wird. In dem Verlag erscheinen die Hauptbücher der Sekte von Eberhard Achterberg, Thomas Leutkart, Hubertus Mynarek und Bernd Friesmann sowie die »unitarischen blätter«. Zusätzlich verkauft der Verlag als Versandbuchhandlung auch Bücher anderer Verlage, die der DUR thematisch nahestehen, so auch das Buch Wolfgang Seiberts aus der »Evangelischen Zentralstelle für Weltanschauungsfragen« über die DUR, das die nazistischen Bezüge der Sekte fast gänzlich verschweigt. Auf der Frankfurter Buchmesse präsentiert sich der DUR-Verlag auf einem gemeinsamen Stand mit der FA und dem BFGD. 1991 werden hier Interessenten mit speziellen Fragen gleich an den Stand des Ravensburger Verlages Otto Meyer GmbH verwiesen, wo Micha Ramm auch in Sachen DUR mal nebenbei gerne Auskunft erteilt.

In der Mitte der Gesellschaft: Prominente für die DUR

Es wurde bereits deutlich, daß die DUR und ihre Zweigorganisationen Verbindungen in alle großen Parteien haben. So ist es keiner Partei möglich, gegen die nazistische Tarnorganisation vorzugehen, ohne sich dann auch den eigenen Verwicklungen stellen zu müssen. Am besten sind die Kontakte zur SPD und zur FDP. Jürgen Möllemann wird als Gast nach Klingberg eingeladen, der SPD-Oberbürgermeister von Wiesbaden Achim Exner, der bereits bei der Vierzig-Jahr-Feier des DVfG die Schirmherrschaft innehat, spricht ebenso Grußworte bei der »Freien Akademie« wie die stellvertretende hessische Landtagspräsidentin Ruth Wagner von der FDP.

Solche Grußworte sind bereits 1955 üblich, als der SPD-Oberbürgermeister von Kassel, Lauritz Lauritzen – der bereits zur NS-Zeit eine Juristen-Karriere machte und unter Bundeskanzler Willy Brandt Bundeswohnungsbauminister wird – den »Unitariertag« der Alten Nazis »herzlich Willkommen« heißt. Dem Top-Nazi-Kirchenkämpfer und langjährigen DUR-Präsidenten Karlheinz Küthe wird sogar 1986 vom Gießener SPD-Oberbürgermeister Mutz das Verdienstkreuz am Bande der Bundesrepublik Deutschland überreicht, »für seine ehrenamtlichen Tätigkeiten bei den Deutschen Unitariern‹, dem Volksbund für Geistesfreiheit und der ›Unitarischen Akademie‹«, wie die »ub« stolz schreiben. Im selben Jahr erscheint das »ub«-Sonderheft zur DUR-Geschichte mit Küthes Bekenntnis zum »Kampfbund Deutscher Glaube«.

Auf dem »Unitariertag« 1991 sitzen Vertreter des »Bundes für Umwelt- und Naturschutz Deutschland« (BUND), von Amnesty International und Greenpeace auf den Podien. Schon 1986 veranstaltet Ernst

Mohnike gemeinsam mit Greenpeace und der DUR ein Seminar in Klingberg. Die frühere Greenpeace-Aktivistin und heutige SPD-Umweltministerin von Niedersachsen, Monika Griefahn, ist eine Duzfreundin von Ernst Mohnike, bei dessen Seminar »Ursachen und Folgen der Fortschrittskrise« sie 1989 erneut in Klingberg auftritt, nachdem sie bereits 1986 hier sprach. In Kiel und Saarbrücken legen sich in den achtziger Jahren die Jusos für die DUR-Leute Deppert und Mynarek aus dem Fenster und greifen Antifaschisten an. Im Sommer 1990 spricht der katholische Theologie Hans Küng trotz öffentlicher Proteste beim Weltkongreß der »International Association for Religious Freedom« (iarf), deren Mitglied die DUR ist. Die Hamburger DUR-Gemeinde unter Helmut Kramer bereitet den Kongreß maßgeblich vor, der Hamburger SPD-Wirtschaftssenator Hans-Jürgen Krupp spricht das Grußwort. Sein Sohn Gotthard Krupp ist bereits Mitte der achtziger Jahre bei den Nationalrevolutionären um Rolf Stolz aktiv, wo man auch den »Deutschen Unitarier« Peter Bahn antrifft. In der »iarf« vertreten Elke Schlick-Lazarraga und Heinz-Dieter Schlingelhof die DUR. Schlick-Lazarraga ist eine Sektenaktivistin bereits aus den fünfziger Jahren, die jahrelang auch das obskure »Auslandsamt« der DUR betreut. Der stellvertretende Vorsitzende der deutschen Sektion der »iarf« Schlingelhof, der 1990 Stengel-von Rutkowski in die Kasseler DUR-Gemeinde zum Thema »Gentechnik« einlädt, ist ein Anhänger Hunkes und erklärt zum Thema »Antisemitismus«: »War denn alles, was Martin Luther dereinst zu Papier gebracht hatte, deshalb reine Dummheit oder Verwerflichkeit, nur weil er sich auch einmal sehr negativ über Juden äußerte? ›Nobody is perfect‹ – oder ›Irren ist menschlich‹.« Auschwitz: »Nobody is perfect«? Mord an mehr als sechs Millionen Menschen: Da hat man sich eben mal »geirrt«?[470]

In Hamburg, wo die DUR in der U-Bahn mit Plakaten wirbt und das »Hilfswerk« die Unterstützung des SPD-Sozialsenators genießt, läßt sich die SPD-Bürgerschaftsabgeordnete Ursula Caberta – heute »Sektenbeauftragte« des Hamburger Senats – bei ihren Aktivitäten gegen die konkurrierende »Scientology«-Sekte ausgerechnet vom DUR-»Justitiar« Ralf Abel beraten und beauftragt ihn 1991 mit der Bearbeitung ihrer Strafanzeige wegen Volksverhetzung gegen die »Scientology Church«. In Kiel vertritt der prominente CDU-Rechtsanwalt Trutz Graf Kerssenbrock Deppert in einem Prozeß gegen einen Antifaschisten und verliert. In Bonn vertritt der prominente CDU-Anwalt Ludger Westrick junior den DUR-Präsidenten Prem gegen Antifaschisten und verliert. Westricks Vater war Staatssekretär von Ludwig Erhard, Nachfolger des schwer NS-belasteten Hans-Maria Globke im Bundeskanzleramt und unter Kanzler Erhard Kanzleramtsminister, als Hunkes Ehemann hier arbeitete. Westricks Onkel war »Wehrwirtschaftsführer« der Nazis. Lokale Parteigrößen treten vor allem in Schleswig-Holstein immer wieder bei DUR-Veranstaltungen auf, z. B. vor Wahlen 1990 unter dem Motto »Unitarier fragen – Politiker antworten«.

Die guten Verbindungen des früheren BDUJ-Funktionärs Helmut Löhöffel zur Spitze der SPD-Bundestagsfraktion sind in Bonn bereits sprichwörtlich. Die DUR-Propagandistin und stellvertretende nordrhein-westfälische DPWV-Landesvorsitzende Else Rieser arbeitet im Büro der Fraktionsgeschäftsführerin der SPD-Bundestagsfraktion, Gerlinde Hämmerle, Bundestagsabgeordnete von Karlsruhe. Der Sohn von Georg Pick, Eckhart Pick, ist Unterbezirksvorsitzender der SPD Mainz und Bundestagsabgeordneter von Mainz. Voller Stolz weist er 1993 in dem biographischen Werk »Wer ist Wer? Das deutsche Who's Who« auf seinen Vater als »Pfarrer« der Freireligiösen in Mainz hin; Georg Picks Rolle bei der Gründung der nazistischen DG wird selbstverständlich nicht erwähnt. Eckhart Pick versteht sich selbst als parlamentarischer Arm der Freireligiösen, wenn er als einziger der 662 Abgeordneten im Bundestagshandbuch auf sein Bekenntnis als »Freireligiöser« hinweist.

Die gute Beziehung gerade zu SPD-Prominenten hat Tradition. Otto Heinrich Greve, SPD-MdB aus Hannover von 1949 bis 1961 und von 1958 bis 1960 Vorsitzender des Bundestags-Ausschusses für die Wiedergutmachung nationalsozialistischen Unrechts, vorher Mitglied des Parlamentarischen Rates zur Erarbeitung des Grundgesetzes, tritt im Oktober 1955 beim Bundeskongreß des DVfG vor lauter alten Nazis als antiklerikaler Redner auf. Sein Nachfolger im Vorsitz des Wiedergutmachungs-Ausschusses, Gerhard Jahn, Bundestagsabgeordneter von Marburg, später Bundesjustizminister und dann Parlamentarischer Geschäftsführer der SPD-Bundestagsfraktion, entschuldigt sich in letzterer Funktion im April 1990 bei der DUR-Vizepräsidentin Christa Kramer für eine parlamentarische Anfrage eines SPD-Abgeordneten über die nazistischen Hintergründe der DUR und der »Freien Akademie«. Den Brief Jahns legt Rechtsanwalt Ludger Westrick junior am 21. August 1990 dem Bonner Landgericht im Prozeß gegen einen Antifaschisten als Leumundszeugnis für seinen Mandanten Horst Prem vor.[471]

Der langjährige Vorsitzende des SPD-Landesverbandes Bayern und Bundestagsabgeordnete Rudolf Schöfberger stellt sich direkt vor die DUR. In einem Brief vom April 1990 an den DUR-Landesgemeindeleiter in Bayern, Volker Dietrichkeit, schreibt Schöfberger mit dem Bundesadler-Briefkopf als MdB an den »lieben Volker«: »Deine mir übergebenen Unterlagen habe ich gelesen. Ich mußte feststellen, daß jeglicher Vorwurf der Rechtslastigkeit gegen Eure Glaubensgemeinschaft absurd wäre.« Den Brief legt die Sekte in dem Berliner Prozeß gegen Antifaschisten als Beweismittel und Leumundszeugnis vor. Kurz vor der Landtagswahl 1990 fürchtet Schöfberger dann doch wohl einen öffentlichen Eklat und schreibt

– nun mit dem Briefkopf der SPD Bayern als Landesvorsitzender – einen neuen Brief an Dietrichkeit, in dem er den Eindruck erweckt, von der DUR getäuscht worden zu sein, und meint, er hätte »sicherlich schon damals ein anderes Urteil abgegeben«, wenn ihm die Nazi-Verbindungen der DUR bekannt gewesen wären. Im Berufungsverfahren des zweiten Prem-Prozesses gegen Antifaschisten vor dem Oberlandesgericht Köln, das wiederum die Antifaschisten gewinnen, legt der inzwischen zurückgetretene ehemaligen DUR-Präsident dann ein neues Schreiben des inzwischen nicht mehr zu Wahl angetretenen ehemaligen SPD-Landesvorsitzenden Schöfberger an den »lieben Volker« vor – diesmal wieder mit Bundesadler-MdB-Briefkopf, Datum 26. Februar 1991 –, in dem der Mann mit den zwei (Brief-) Köpfen nun noch einmal seine Meinung ändert: »Ich habe mich weder mündlich noch schriftlich jemals von den Deutschen Unitariern distanziert.«[472]

Holger Börner, SPD-MdB von Kassel, dann Bundesgeschäftsführer seiner Partei, Ministerpräsident von Hessen und heute Vorsitzender der Friedrich-Ebert-Stiftung, tritt 1974 bei einem DUR-Seminar als Redner auf. Sein Text wird auszugsweise in »glaube und tat« abgedruckt. Einige Seiten vorher ist die Rede Stengel-von Rutkowskis vom »Unitariertag« 1973 in Detmold abgedruckt, ein Aufruf »Rudolf Heß jetzt 80 Jahre alt und immer noch im Kerker! Wo bleibt die Amnesty International?« steht hier ebenfalls, und es wird über den »Befehlsleiter« im NSDAP-»Amt Rosenberg«, Helmut Stellrecht, geschrieben. Was dort nicht steht, weil die »Deutschen Unitarier« es ohnehin wissen: Stellrecht hatte schon 1923 Kontakte zur NSDAP, war 1932 hauptamtlicher Funktionär in der Reichsleitung der NSDAP, 1933 bis 1939 Obergebietsführer der Reichsjugendführung als Leiter des »Amtes Wehrerziehung«, ab 1941 Stabsleiter des NSDAP-»Amtes Rosenberg« und damit zweiter Mann hinter dem Nazi-Chefideologen. 1974 erscheint im Grabert-Verlag Stellrechts apologetische Biographie über Adolf Hitler.

Im selben Jahrgang, in dem »glaube und tat« Stellrecht den Lesern anpreist, erscheint Leutkarts »Ich bin Gott«-Artikel über Schöll, aber Holger Börner merkt nichts oder will nichts merken. Er gibt den »unitarischen blättern« 1988 bereitwillig ein Interview, in dem er seine Unterstützung für die DUR-Umweltpolitik erklärt. Von der »Bonner Initiative Gemeinsam gegen Neofaschismus« auf die nazistischen Hintergründe der DUR hingewiesen, antwortet er in barschem Ton und nimmt die Sekten-Mitglieder in Schutz: »Ich gehöre den Unitariern selbst nicht an, weiß aber, daß viele mir bekannte SPD- und FDP-Mitglieder in der Kasseler Gemeinde der Unitarier mitwirken. So ist mir beispielsweise Herr Heinz Ludwig, der sich bei den Unitariern engagiert, seit über dreißig Jahren als Kasseler Stadtverordneter und als aktiver und integrer Demokrat bekannt.« Ludwig ist in Wahrheit seit den fünfziger Jahren ein herausragender Funktionär der DUR, seit sich die nazistische »Gemeinschaft der Göttgläubigen« in Kassel der DUR angeschlossen hat. Er trägt seit dieser Zeit den Nazismus der DUR mit und ist als langjähriger Mitarbeiter der »unitarischen blätter« in den achtziger Jahren auch für den Abdruck von positiven Artikeln über die antisemitische Fanatikerin Mathilde Ludendorff oder für das rassistische Anti-Ausländer-Heft der »ub« politisch mitverantwortlich. Noch Ende 1987 schreibt Ludwig in den »ub«: »Die Frauen und Männer, die 1946/47 mutig begannen und die, dabei oft persönliche Nachteile bewußt in Kauf nehmend, nicht bereit waren, zu ›Kreuze zu kriechen‹, schufen die Grundlagen unserer Gemeinschaft.«[473]

Hans Eichel, SPD-Ministerpräsident von Hessen, vorher Oberbürgermeister von Kassel, schreibt im Mai 1993 – kurze Zeit, bevor Wolfgang Juchem auf dem Neonazi-Marsch in Fulda und im DUR-Haus in Hamburg spricht – das »Grußwort zum Unitariertag 1993«. Mit hessischem Staatswappen, Eichel-Foto und -Unterschrift erscheint es im Programmheft des Kongresses, vor den Ankündigungen der Feierstunden des Günter Pahl und der Vorträge von Anneliese Müller, Kriemhild Klie-Riedel, Bernhard Achterberg, Helmut Kramer, Christa Kramer, Hans-Dietrich Kahl, Heinz-Dieter Schlingelhof, Jörg Witzel, des »Nation Europa«-Autors Holger Schleip und der Vertreter der DUR-Erbgeneration, Rudolf Beinhauer junior und Hartmut Hegels, um nur einige zu nennen.

»Meine guten Wünsche«, schreibt Eichel, »gelten der Bewältigung der Aufgabe, die Sie sich als Religionsgemeinschaft der Deutschen Unitarier gestellt haben. ... Angebote religiöser Lebensgestaltung sind für die Gesellschaft von herausragender Bedeutung. Weil der Staat der religiös-weltanschaulichen Neutralität verpflichtet ist, kann er nur auf das Ethos zurückgreifen, das von den gesellschaftlichen Gruppen, insbesondere den Kirchen und Religionsgemeinschaften, getragen ist. So lebt er – um ein berühmt gewordenes Wort aufzugreifen – von Voraussetzungen, die er selbst nicht schaffen kann. In diesem Sinne begrüße ich alle Teilnehmer des Deutschen Unitariertages 1993 mit Herzlichkeit.« Wenn Eichel recht behält, dann steht dem demokratischen Gemeinwesen der Bundesrepublik Deutschland ja noch einiges bevor. Das »Bonner Institut für Faschismus-Forschung und Antifaschistische Aktion« (BIFFF) schickt Eichel daraufhin ein Kilo Informationen über die DUR. Der Pressesprecher der hessischen Landesregierung, Erich Stather, antwortet im Juli 1993 dem BIFFF: »Nach meinen Informationen haben selbst die Nachforschungen des Landes Nordrhein-Westfalen ergeben, daß Ihr Vorwurf, die Unitarier seien eine ›Nazi-Sekte‹, nicht berechtigt ist.«

Im Februar 1991 schreibt der nordrhein-westfälische Minister für Arbeit, Gesundheit und Soziales, Hermann Heinemann, im Rahmen der

Prüfung der Anerkennung des BDUJ als Träger der freien Wohlfahrtspflege an eine SPD-Landtagsabgeordnete: »Der Innenminister NW hat mir zwischenzeitlich mitgeteilt, daß ihm ... über die Deutsche Unitarier Religionsgemeinschaft Hinweise zugegangen seien, die als Anhaltspunkte für den Verdacht verfassungsfeindlicher Bestrebungen im Sinne des § 4 VSG NW anzusehen seien. Er sei daher in eine nähere Prüfung eingetreten.« Im November 1993 – nach dem Auftritt Juchems im DUR-Haus und nach dem Rücktritt Winters von den FWG-Funktionen – schreibt dann Innenminister Herbert Schnoor: »Ich bin nach sorgfältiger Abwägung zu dem Ergebnis gekommen, daß von den ›Unitariern‹ keine Bestrebungen oder Tätigkeiten ausgehen, die darauf gerichtet sind, einen zur freiheitlichen demokratischen Grundordnung gehörenden Verfassungsgrundsatz im Sinne des § 3 des Gesetzes über den Verfassungsschutz in Nordrhein-Westfalen (VSG NW) zu beseitigen. ... In die Bewertung einzubeziehen war das Gutachten einer Prüfgruppe ›Unitarier‹ im Auftrage des Paritätischen Wohlfahrtsverbandes vom Herbst 1990. ... Der Paritätische Wohlfahrtsverband wie auch das Ministerium für Arbeit, Gesundheit und Soziales wurden dementsprechend unterrichtet.«[474]

Angesichts solcher Verbindungen ist es nur folgerichtig, daß die DUR im Rahmen der Sendezeit für freireligiöse Sekten ab den fünfziger Jahren ihre Propaganda auch im öffentlich-rechtlichen Rundfunk verbreiten darf. So funktionieren spirituell-politische Seilschaften im »Neuen Zeitalter«.

Anmerkungen

1 Wenn »Der Spiegel« öfter als Quelle zitiert wird, so soll dies nicht darüber hinwegtäuschen, daß diese Zeitschrift in den letzten Jahren aus der Position der Kritikerin der »Neuen Rechten« und des New Age in eine gegenteilige, konservativ-revolutionäre Position umgeschwenkt ist. Für uns ist »Der Spiegel« heute keine linke oder liberale Zeitschrift.

2 »Der Spiegel«, Nr. 3/1992, S. 52–66; Nr. 4/1992, S. 41–50. »Süddeutsche Zeitung Magazin«, 4. 1. 1991, S. 12.

3 Der Begriff »Massen« wird hier unpathetisch als Gegensatz zu »Eliten« benutzt, um den antiegalitären Charakter des Organizismus zu betonen. Der Begriff lehnt sich an das Konzept der »Massengesellschaft« an, ohne jedoch damit deren Klassencharakter verwischen zu wollen, wie dies in der früheren bürgerlichen Soziologie mit seiner Hilfe geschah. Der marxistische »Klassen«-Begriff als soziologische Deskription ist nach vielfacher Exhaustion inzwischen mindestens so unscharf wie der von »Elite« und »Masse«. Seinen Vorteil gegenüber diesen, die Eigentumsverhältnisse zu umfassen, sehen wir durchaus. Die individualisierende Betrachtung der Gesellschaft, wie sich sich im New Age ebenso wie in der neuen bürgerlichen Soziologie findet, wird ausdrücklich abgelehnt. – Verf. war niemals »Maoist« und hat daher auch keine Probleme, nach dem Niedergang des europäischen und nordamerikanischen »Maoismus« den Begriff der »Massen« zu benutzen.

4 Z. B. G. Küenzlen: Das New-Age-Syndrom. Zur Kultursoziologie vagabundierender Religiosität, in: Ztschft. f. Politik, Jg. 35, 1988, 3, S. 237–248. – »Der Spiegel«, Nr. 25/1992, Titelgeschichte »Abschied von Gott«; Nr. 10/1993, S. 78 f. »Weltbild« vom 2. 4. 1993, Nr. 8/1993; S. 10.

5 Zur Umfrage »Jugend und Religion«: »Inter/esse. Wirtschaft und Politik in Daten und Zusammenhängen«, hrsg. vom Bundesverband Deutscher Banken, Nr. 8/1993, S. 1. – Zum Buchhandelsumsatz: R. Schweidlenka: Altes blüht aus den Ruinen. New Age und Neues Bewußtsein, Wien 1989, S. 82. R. Niedenführ gibt den Anteil mit 10 Prozent an, in: ders.: Irrationale Geistesströmungen in der Neuen Rechten – New Age: Religiöse Grundlage für neue Rechtstendenzen, Diplomarbeit Universität Oldenburg, unv. Mskpt., Oldenburg 1990, S. 164. H. Knoblauch nennt für 1986 unter Berufung auf Angaben des »Handelsblatt« 8 Prozent, in: ders.: Das unsichtbare neue Zeitalter. »New Age«, privatisierte Religion und kultisches Milieu, in: Kölner Ztschft. f. Soziologie u. Sozialpsychologie, 41 (1989), 3, S. 506.

6 Vgl. Niedenführ 1990, S. 130 ff; »Criticon« Nr. 98, November 1986, S. 259.

7 Vgl. z. B. die religionswissenschftl. Ztschft. »Spirita«, Nr. 2/1991, S. 28–35; »Materialdienst der Evangelischen Zentralstelle für Weltanschauungsfragen«, 54 (1991), Themenschwerpunkt Heft 4; »Der Rechte Rand. Informationen für AntifaschistInnen«, Nr. 14, Oktober/November 1991: Themenschwerpunkt; die größte deutsche New Age-Zeitschrift »esotera«, Nr. 12/1991: Titelgeschichte.

8 Richard Wagner – fanatischer Antisemit, Germanentümler und Vorbild Hitlers – nannte sein Haus in Bayreuth »Wahnfried«. Im Keller des heute hier untergebrachten Richard-Wagner-Museums kann man in lehrreichen kleinen Bühnenbild-Modellen die Entwicklung des Walkürefelsens aus dem »Ring des Nibelungen« von der deutsch-völkischen Interpretation des letzten Jahrhunderts (dunkler germanischer Wald) bis zur »New Age«-Interpretation unserer Tage (die im freien Kosmos schwebende »Weltenscheibe« des politisch weit rechts stehenden Wagner-Enkels und Regisseurs Wolfgang Wagner) besichtigen.

9 Z. B.: K. Hartung: »Aufklärer in der Postmoderne ratlos«, in: »taz« 17. 12. 1987, S. 9; G. Zehm: Mythenversessene Aufklärer, in: »MUT« Nr. 246, Feb. 1988, S. 8; »Vom Bewußt Sein durchdrungen«, in: »taz« 30. 4. 1988, S. 3; »Dem Gedächtnis der Natur auf der Spur«, in: »taz« 31. 5. 1988; P. Gäng: Geist und Natur, in: »taz« 8. 6. 1988, S. 13; »Auch das Universum hat ein Bewußtsein«, in: »Der Spiegel«, Nr. 22/1988, S. 216; G. Rohrmoser: Zur Lage der Christenheit in der »Postmoderne«, in: »Criticon«, Nr. 122, November 1990, S. 277.

10 Rohrmoser spricht vom »berühmt-berüchtigten Kongreß über ›Natur und Geist‹ in Hannover« (1990, S. 277) und mißversteht rundum das Anliegen »ganzheitlichen Denkens« als »Anarchisierung der Kultur« (S. 278).
11 Schweidlenka 1989, S. 145.
12 Ebd., S. 148. Die Referate des Kongresses sind publiziert in: H.-P. Dürr und W. Ch. Zimmerli (Hrsg.): Geist und Natur. Über den Widerspruch zwischen naturwissenschaftlicher Erkenntnis und philosophischer Welterfahrung, Bern München Wien 1989. Zit. n. der Sonderausgabe von 1991.
13 Vgl. »taz« 30. 4. 1988, S. 3.
14 Zit. n. »Der Spiegel« Nr. 22/1988, S. 219.
15 »taz« 31. 5. 1988, S. 3.
16 Das penetrante Auftreten von plötzlich bekannt werdenden Hallenser und Leipziger Psychotherapeuten, die die Befindlichkeit der ehemaligen DDR-Bürger angesichts des wirtschaftlichen Niederganges psychologisieren, ist auffällig. Das geschieht auch schon mal auf Veranlassung des Deutschen Industrie- und Handelstages zur Warnung vor einem »zweiten 1968«, also einer Renaissance marxistischen Denkens, das sich in den »neuen Ländern« entwickeln könnte, vgl. »Bonner Rundschau«, 24. 12. 1991.
17 Th. Nipperdey (1988a): Religion im Umbruch. Deutschland 1870–1918, München 1988; ders. (1988b): Religion und Gesellschaft. Deutschland um 1900, in: Historische Zeitschrift, 1988, S. 591–615.
18 Ders., 1988b, S. 596; vgl. auch 1988a: S. 152.
19 Ders., 1988a, S.119–124.
20 Ebd., S. 127.
21 Ebd., S. 146.
22 In »taz« 17. 12. 1987, S. 9.
23 Vgl. S. Hunke: Vom Untergang des Abendlandes zum Aufgang Europas. Bewußtseinswandel und Zukunftsperspektiven, Rosenheim 1989. Auch Schweidlenka (1989, S. 60, S. 79 ff, S. 109) knüpft in seiner Ablehnung des New Age-Begriffs mehrfach an den völkisch motivierten Antiamerikanismus an.
24 Zit. n. W. Pieck, G. Dimitroff und P. Togliatti: Die Offensive des Faschismus und die Aufgaben der Kommunistischen Internationale im Kampf für die Einheit der Arbeiterklasse gegen den Faschismus, Berlin 1960, S. 87.
25 So erfolgreich geschehen im »Historikerstreit«, vgl. P. Kratz: Die Grundlagen der gesitig-moralischen Wende: Sozialabbau, Geschichtsrevision und Museumsstifterei, in: politisch-parlamentarischer pressedienst ppp, Bonn, Hintergrunddienst vom 9., 11., 18. und 20. 2. 1987.
26 Vgl. A. Mohler: Die Konservative Revolution in Deutschland 1918 – 1932. Grundriß ihrer Weltanschauungen, Stuttgart 1950, S. 17. Vgl. P. Kratz (1991b): Siemens zum Beispiel... Kapitalinteressen an der »Neuen Rechten«, in: R. Hethey und P. Kratz (Hrsg.): In bester Gesellschaft. Antifa-Recherche zwischen Konservativismus und Neo-Faschismus, Göttingen 1991, S. 33–82. H.-J. Lutzhöft: Der Nordische Gedanke in Deutschland 1920–1940, Stuttgart 1971, S. 18.
27 Vgl. z. B. Schweidlenka 1989, S. 13 f. Vgl. H.-J. Ruppert: New Age. Endzeit oder Wendezeit?, Wiesbaden 1985; G. Geisler (Hrsg.): New Age – Zeugnisse der Zeitenwende, Freiburg 1984; H. Hemminger: Was hat es mit dem New Age auf sich?, in: ders. (Hrsg.): Die Rückkehr der Zauberer. New Age – eine Kritik, Reinbek 1987; Knoblauch, S. 505 f.
28 Die Rückführung des New Age auf die Gnosis, eine frühchristliche mystische Heilig-Geist-Bewegung am Rande zum Pantheismus mit hellenistischen, jüdischen und spätägyptischen Einflüssen, ist vor allem in der christlichen und amtskirchlichen Literatur zum New Age verbreitet. So aus protestantischer Sicht z. B. Ruppert 1985, S. 21; aus katholischer Sicht z. B. der Jesuit M. Kehl: New Age oder Neuer Bund? Christen im Gespräch mit Wendezeit, Esoterik und Okkultismus, Mainz 1988, besonders S. 86–105. Vgl. G. M. Martin: Werdet Vorübergehende. Das Thomas-Evangelium zwischen Alter Kirche und New Age, Stuttgart 1988. Das nicht kirchenoffizielle »Thomas-Evangelium« gilt als eine Urschrift gnostischer Theologie.

29 Mutter Erde e. V.: Zentrum der Einheit, Veranstaltungsplan 2. Halbjahr 1991.

30 Vgl. Schweidlenka 1989, passim; F. Capra in »esotera«, Nr. 4/1988, S. 20–25.

31 Vgl. Chr. Schorsch: Die New Age-Bewegung. Utopie und Mythos der Neuen Zeit. Eine kritische Auseinandersetzung, Gütersloh 1988; »Aus Politik und Zeitgeschichte. Beilage zur Wochenzeitung Das Parlament«, Nr. B 40/89 vom 29. 9. 1989, New Age-Schwerpunktheft; Nr. B 41–42/93 vom 8. 10. 1993, New Age-Schwerpunktheft.

32 Ruppert 1985, S. 22; Schweidlenka 1989, S. 109–122; vgl. Schorsch 1988, S. 156 ff.

33 So z. B. R. Welt: Fundamentalismus – Fluchtbewegung aus der Moderne?, in: »liberal«, 33 (1991), 3, S. 22–34. Vgl. D. Mendlewitsch: Volk und Heil. Vordenker des Nationalsozialismus im neunzehnten Jahrhundert, Rheda-Wiedenbrück 1988, z. B. S. 59, S. 111 und Kap. VII. Die Arbeit von Mendlewitsch, die mit Mitteln der Friedrich-Naumann-Stiftung gefördert wurde, bezieht den Begriff des Fundamentalismus auf die völkische Bewegung im neunzehnten Jahrhundert. Vgl. zur antifreiheitlichen Rolle Friedrich Naumanns am Beginn des Nationalsozialismus z. B. J. Hermand: Der alte Traum vom neuen Reich, Frankfurt a. M. 1988, S. 86; S. 351: »Daß Himmler Friedrich Naumanns National-Sozialen Verein als den Beginn der nationalsozialistischen Bewegung empfand, geht aus seinen Randbemerkungen zu Haushofers ›Planetenfeuer‹ hervor« (eine Art frühem New Age-Roman, vgl. ebd., S. 57 f). – Aus sozialdemokratischer Sicht: Th. Meyer: Fundamentalismus in der modernen Welt, Frankfurt 1989; A. Klönne: Aufstand der Modernisierungsopfer, in: Blätter für deutsche und internationale Politik, Nr. 5/1989, S. 545–548, wo Klönne den Neofaschismus als »rechten Fundamentalismus« verharmlost und schließlich in größter Verwirrung sogar von »Rechtsfundamentalismus« spricht, als ginge es um die Fundamente von Recht und Rechtsstaatlichkeit; B. Tibi: Europäische Moderne und islamischer Fundamentalismus, in: »Die Neue Gesellschaft/Frankfurter Hefte«, Nr. 12/1991, S. 1073–1078. – Aus protestantischer Sicht z. B.: H. Hemminger (Hrsg.): Fundamentalismus in der verweltlichten Kultur, Stuttgart 1991 (hier schreibt die ganze Riege der EZW). – Aus katholischer Sicht z. B.: St. Pfürtner: Fundamentalismus. Die Flucht ins Radikale, Freiburg 1991; W. Beinert (Hrsg.): »Katholischer« Fundamentalismus. Häretische Gruppen in der Kirche?, Regensburg 1991; H. Kochanek (Hrsg.): Die verdrängte Freiheit. Fundamentalismus in den Kirchen, Freiburg 1991. – Vgl. »Aus Politik und Zeitgeschichte. Beilage zur Wochenzeitung Das Parlament«, Nr. B 33/92 vom 7. 8. 1992, Schwerpunktheft Fundamentalismus.

34 Vgl. z. B. J. Weiß: Wiederverzauberung der Welt? Bemerkungen zur Wiederkehr der Romantik in der gegenwärtigen Kulturkritik, in: Kölner Ztschft. f. Soziologie u. Sozialpsychologie, Sonderheft 27, 1986, S. 286–301; E. Gugenberger und R. Schweidlenka: Mutter Erde, Magie und Politik. Zwischen Faschismus und neuer Gesellschaft, Wien 1987, S. 22 f, 42 ff, 64 f; H. Sebald: New-Age-Spiritualität, in: »Kursbuch«, Nr. 93: »Glauben«, Berlin 1988, S. 105–122, bes. S. 108–113; R. Bäurle: Das goldene Zeitalter, in: »Connection«, Nr. 6/1990, S. 13–15; Chr. Schorsch: Die Krise der Moderne. Entstehungsbedingungen der New Age-Bewegung, in: »Aus Politik und Zeitgeschichte«, B 40/89, 29. 8. 1989, S. 8; protestantisch: G. Küenzlen: Das Unbehagen an der Moderne: Der kulturelle und gesellschaftliche Hintergrund der New Age-Bewegung, in: Hemminger 1987, S. 196; katholisch: H. Bürkle (Hrsg.): New Age. Kritische Anfragen an eine verlockende Bewegung, Düsseldorf 1988.

35 H. Mynarek: Ökologische Religion, München 1986. Der in der religionswissenschaftlichen Literatur nicht mehr ernst genommene ehemalige Dekan der Katholischen Fakultät der Universität Wien Mynarek, der 1972 aus der Kirche austrat, erfreut sich in den Medien und auf Vortragsreisen der Popularität. »Der Spiegel«, Nr. 33/1991, S. 161, führte ihn sogar mit abwegigen Theorien als einen angeblichen Experten für archäologische Funde aus einem Jungsteinzeit-Tempel der Türkei vor, obwohl Mynarek hierzu jedes Fachwissen fehlt.

36 Auch in Nordamerika gab es eine Romantik, vgl. z. B. die romantische US-amerikanische Malerei der ersten Hälfte des neunzehnten Jahrhunderts.

37 Vgl. G. Klaus und M. Buhr: Philosophisches Wörterbuch, Leipzig 1969, S. 957–964 f.

38 Der Indologe und vergleichende Religionswissenschaftler H. v. Stietencron veröffentlich-

te am 13. 3. 1991 in der »Frankfurter Rundschau«, S. 14, einen Artikel »Versuche der Orientierung und Selbstbestimmung«, in dem er darlegte, daß sogar die inner-indische Interpretation der Texte indischer Philosophie und Religion sich seit der europäischen Romantik nach der europäischen Lesart richtete. »Daß dabei Gedankengut der europäischen Aufklärung und der Romantik, europäische Geschichtsbilder und Denkstrukturen, eben das ganze aus europäischen Traditionen erwachsene Vorverständnis samt Wunschbildern und Vorurteilen westlicher Gelehrter des 18., 19. und 20. Jahrhunderts in die Rekonstruktion indischer Geschichte, Religion und Literatur eingingen, steht heute außer Zweifel.« – In ähnlicher Weise argumentiert Martin Bernal: Schwarze Athene. Die afroasiatischen Wurzeln der griechischen Antike. Wie das klassische Griechenland erfunden wurde, München 1992.

39 Werke, IV. Bd., S. 67, S. 60. Heines Schrift »Die Romantische Schule«, die als Information seiner französischen Leser über die geistige Situation in Deutschland gedacht war, geriet zu einer schonungslosen Abrechnung mit der Romantik und gilt als (vorläufiger) Schluß dieser Geistesrichtung.

40 G.-K. Kaltenbrunner: Friedrich Schlegel und die Kunst des vollkommenen Verstehens: »Einer der Erstlinge des neuen Zeitalters«, in: »MUT«, Nr. 264, August 1989, S. 41–50. – Kaltenbrunner versucht immer wieder, in »MUT« an mystische Traditionen anzuknüpfen und sie für die Gegenwart rechtsextremer Politik nutzbar zu machen, von den mittelalterlichen Mönchsklöstern (in Nr. 278, Juli 1991) bis zu pantheistischen Ansätzen, z. B. G. T. Fechners Naturmystik (in Nr. 216, August 1985).

41 G.-K. Kaltenbrunner in »MUT«, Nr. 216, August 1985, Titelgeschichte: »Gustav T. Fechners Lehre von der All-Beseelung: Der grüne Weg zu Gott«. Vgl. Michael Heidelberger: »Die innere Seite der Natur«. Gustav Theodor Fechners wissenschaftlich-philosophische Weltauffassung, Frankfurt am. M. 1993; die »FAZ« widmete dem Buch am 7. 10. 1993 eine Rezension.

42 Mynarek 1986, S. 206; H. St. Chamberlain: Immanuel Kant, 4. Aufl. München 1921, S. 297.

43 Vgl. J. Ritter und K. Gründer: Historisches Wörterbuch der Philosophie, Bd. 6, Darmstadt 1984, S. 1330–1363; K. von See: Die Ideen von 1789 und die Ideen von 1914. Völkisches Denken in Deutschland zwischen Französischer revolution und Erstem Weltkrieg, Frankfurt 1975; E. Scheerer: Organische Weltanschauung und Ganzheitspsychologie, in: C. F. Graumann (Hrsg.): Psychologie im Nationalsozialismus, Berlin Heidelberg 1985, S. 15–53; U. Geuter: Das Ganze und die Gemeinschaft – Wissenschaftliches und politisches Denken in der Ganzheitspsychologie Felix Kruegers, in: ebd., S. 55–87; W. Prinz: Ganzheits- und Gestaltpsychologie und Nationalsozialismus, in: ebd., S. 89–111. Zum gegenwärtigen Bedürfnis nach »organischer« Weltanschauung: E. v. Kardorff: Zum Biologismus und Organizismus in den Sozialwissenschaften, in: Gen-Ideologie, Biologie und Biologismus in der Sozialwissenschaften, Hamburg Berlin 1991, S. 53–79.

44 Die Begriffe »Organisation« und seine Ableitungen zeigen, wie sehr ein letztlich biologistisch herrührender Sprachgebrauch sich etablierte, ohne daß jedesmal ein organizistischer Inhalt gemeint ist: Auch lauter Gleiche organisieren sich, ohne ihre Gleichheit aufzugeben.

45 Vgl. Klaus u. Buhr, Stichworte Einheit und »Kampf« der Gegensätze, Ganzes, Ganzheit, Negation, Teil, Teil und Ganzes. – Der organizistische Prozeß ist nicht ein Fließen des Wassers im Sinne der antiken Dialektik, sondern allenfalls ein Sieden im Topf, wenn nicht ein Modern im Sumpf.

46 Telos = immanentes Ziel. Hier ist die Einheit von Weg und Ziel, von Prozeß zur Harmonie und Prozeß als Harmonie, angesprochen, die keine Kriterien für die Richtung des Weges kennen kann. Zum marxistischen Ziel-Begriff vgl. Klaus u. Buhr, S. 1176–1178.

47 »Jedem das Seine« lautet der aus schmiedeeisernen Buchstaben gefertigte Spruch im Eingangstor zum KZ Buchenwald.

48 Vgl. dagegen Schweidlenkas an die Thesen der Mathilde Ludendorff erinnernde Meinung, die UNO sei ein Hort des – von ihm als »plastic« und »amerikanisch« abgelehnten – New Age: Schweidlenka 1989, S. 163–170. Der Dissens zwischen uns und Schweidlenka kommt zustande, weil Schweidlenka das New Age als Negativbild gegen die von ihm

favorisierten Naturreligionen setzen will und dabei nur einen sehr kleinen Ausschnitt dieser Weltanschauung, der sich seiner Meinung nach als Schreckbild eignet, mit dem New Age-Begriff belegt, den wir breiter fassen.

49 Vgl. S. Hunke: Das nach-kommunistische Manifest. Der dialektische Unitarismus als Alternative, Stuttgart 1974.

50 Zu J. G. Fichtes Beitrag zum »arisch«-pantheistischen, ganzheitlichen Denken und der besonderen spirituellen Sendung der Deutschen vgl. die Analyse des Fichteschen Denkens durch Mendlewitsch, S. 156–224, bes. S. 169, 182–198. Fichte erscheint hier als direkter Vorläufer einer »neuen Rechten« wie Sigrid Hunke oder eines rechtsextremen New Agers wie Hubertus Mynarek, ohne daß Mendlewitsch die beiden nennt. Vgl. Ritter u. Gründer, S. 1339, die die Zentralität des Organismus-Begriffs für die anti-aufklärerische Staats- und Gesellschaftsphilosophie Fichtes hervorheben und diesen zitieren: »In dem organischen Körper erhält jeder Teil immerfort das Ganze, und wird indem er es erhält, dadurch selbst erhalten: ebenso verhält sich der Bürger zum Staat«.

51 Zit. n. Klaus u. Buhr, S. 960 ff.

52 Werke, IV. Band, S. 183–349. Folgende Zit. S. 260 ff, S. 322, S. 346.

53 E. Spranger: Goethes Weltanschauung. Vortrag, gehalten am 28. Juni des Goethe-Festjahres (hundertster Todestag am 22. März 1932) in der Neuen Aula der Friedrich-Wilhelms-Universität Berlin, in: ders.: Goethes Weltanschauung, Leipzig 1933, hier zit. n. d. Wiederabdruck in: ders.: Goethe. Seine geistige Welt, Tübingen 1967, S. 275–317. Vgl. K. Himmelstein: »Wäre ich jung, wäre ich Nationalsozialist ...« Anmerkungen zu Erduard Sprangers Verhältnis zum deutschen Faschismus, in: W. Keim (Hrsg.): Erziehungswissenschaft und Nationalsozialismus, Marburg 1990.

54 Chr. Schorsch: Die Ökologie des Seins. Zur Wahrnehmung von »Natur« in der mystischen Erfahrung, in: H. Schleip (Hrsg.): Zurück zur Natur-Religion? Wege zur Ehrfurcht vor allem Leben, Freiburg 1986. – Die von New Agern und Neofaschisten so gern angeführten Beispiele des angeblichen »Erscheinens« der noch unentdeckten Struktur des Benzolringes im Traum bzw. der »mystischen« Annäherung Einsteins an die Relativitätstheorie sind allein schon deshalb keine Beweise für die Richtigkeit der Behauptungen Schorschs über die Mystik als Erkenntnismittel, weil sich beide naturwissenschaftlichen Modelle ja in der materiellen Wirklichkeit praktisch bewähren mußten. Das Kriterium der Erkenntnis war nicht die Mystik, sondern die Praxis.

55 Schorsch 1988, S. 231.

56 Die Praxis, die Möglichkeit zur »Erleuchtung« einzuschränken auf eine solch ausgedehnte Meditationserfahrung, daß die Menschen, die ihre Arbeitskraft verkaufen müssen, hierfür keine Zeit haben, oder auf teure New Age-Kurse zur Einübung »erleuchtender« Mystik-Techniken, für die ebensolche Menschen kein Geld haben, ist die heute gängige Methode, »geheimes Wissen« vor den Massen geheim zu halten, auch wenn New Ager den Anspruch haben mögen, daß Meditation zur Massenbewegung wird. Daher ist Knoblauch, S. 509 f, nicht zu folgen, der meint, die »magische Qualifikation« habe sich im New Age »demokratisiert«.

57 »Das Subjekt ist der Mensch als Ensemble gesellschaftlicher Verhältnisse bzw. die vergesellschaftete Menschheit auf der jeweiligen historischen Entwicklungsstufe, mit ihren produktiven, intellektuellen und sonstigen Kräften und Fähigkeiten. Dieses Subjekt entwickelt sich in der praktischen gesellschaftlichen Tätigkeit, indem es immer neue Bereiche der Welt zum Objekt seiner Tätigkeit und seiner Erkenntnis macht, indem es seine Kräfte und Fähigkeiten vergegenständlicht, objektiviert und auf diese Weise eine sich geschichtlich entwickelnde objektive gesellschaftliche Welt schafft.« Klaus u. Buhr, S. 1050.

58 F. Ursarski : Religion in verdrängter Geschichte und politisch anrüchigem Kontext, in: »Spirita«, Nr. 2/1991, S. 34.

59 E. Hieronimus: Zur Religiosität der völkischen Bewegung, in: Cancik (Hrsg.): Religions- und Geistesgeschichte der Weimarer Republik, Düsseldorf 1982, S. 175.

60 Vgl. Mendlewitsch, S. 9 f; Geuter 1985, S. 56.

61 M. Ferguson: Die sanfte Verschwörung, Basel 1982, S. 25.

62 Vgl. z. B. aus protestantischer Sicht: K. Scholder: Die Kirchen und das Dritte Reich, Bd. 1: Vorgeschichte und Zeit der Illusionen 1918 – 1934, Frankfurt a. M. 1977, Bd. 2: Das Jahr der Ernüchterung 1934 Barmen und Rom, Berlin 1985; E. Röhm und J. Thierfelder: Evangelische Kirche zwischen Kreuz und Hakenkreuz, Stuttgart 1981; H. Prolingheuer: Wir sind in die Irre gegangen. Die Schuld der Kirche unterm Hakenkreuz, Köln 1987; E. Röhm und. J. Thierfelder: Juden – Christen – Deutsche 1933–1945, Stuttgart 1990; als bedeutsame Quelle von Zeugnissen der innerkirchlichen Auseinandersetzung bereits vor Hitlers Kanzlerschaft: L. Klotz (Hrsg.): Die Kirche und das dritte Reich. Fragen und Forderungen deutscher Theologen, Gotha 1932. Aus katholischer Sicht: C. Amery und H. Lutz: Katholizismus und Faschismus. Analyse einer Nachbarschaft, Düsseldorf 1970; beschönigend: Kirche im Nationalsozialismus, hrsgg. vom Geschichtsverein der Diözese Rottenburg-Stuttgart, Sigmaringen 1984. Nicht kirchlich gebunden: Cancik, a. a. O.; A. Läpple: Kirche und Nationalsozialismus in Deutschland und Österreich, Aschaffenburg 1980; J. S. Conway: The Nazi Persecution of the Churches 1933–1945, London 1968 (deutsch: Die nationalsozialistische Kirchenpolitik 1933–1945. Ihre Ziele, Widersprüche und Fehlschläge, München 1969); G. Lewy: Mit festem Schritt ins Neue Reich, »Spiegel«-Serie Nr. 8 – Nr. 15/1965. Die »Spiegel«-Serie Lewys löste in der katholischen Presse 1965 eine antisemitische Kampagne gegen den Autor aus. – Die Ausrichtung am Heroischen Realismus ist im Nationalsozialismus als »deutscher« Fraktion des Faschismus sicher am stärksten, aber auch im italienischen oder französischen Faschismus keineswegs nur randständig.

63 Über die Besetzung wichtiger Selbstverwaltungsgremien konnten die Deutschen Christen zugunsten des Faschismus in die Kirchenpolitik eingreifen. Die Gefahr, daß sich eine solche kircheninterne »Machtübernahme« – von wem auch immer – heute wiederholt, besteht u. a. wegen der verschwindend geringen Wahlbeteiligung der Gläubigen an den Wahlen zu den kirchlichen Selbstverwaltungsgremien, wie sich in jüngster Zeit immer wieder gezeigt hat.

64 Vgl. zur Kritik des »Neurechten« Heinrich Meier am Katholizismus Schmitts: P. Kratz (1991b): Siemens zum Beispiel..., in: Hethey u. Kratz, S. 61 f. Meier hält Schmitt implizit das Festhalten am Dualismus von Gut und Böse in dessen Freund-Feind-Schema vor, kritisiert also eigentlich das Fehlen des Durchbruchs zum pantheistischen Organizismus bei Schmitt, der erst die eigentlich rechte Haltung im zwanzigsten Jahrhundert ausmacht.

65 Vgl. Ritter u. Gründer, S. 1339. Daß (neo-) faschistische Ideologen Paulus als »Juden« und Augustinus als »Afrikaner« und damit die römische Kirche als »nicht-arisch« angreifen (so z. B. bei Chamberlain und Hunke), gehört zu den interfraktionellen Streitigkeien der Organizisten, die die Linke zur Kenntnis nimmt, ohne sich daraus zu falschen Schlüssen verleiten zu lassen.

66 Vgl. Nipperdey 1988a, z. B. S. 55 f; S. 81, 92 ff; Scholder 1977, 7. Kapitel.

67 Vgl. S. Kracauer: Von Caligari zu Hitler. Eine psychologische Geschichte des deutschen Films, Frankfurt a. M. 1979, S. 158 f, 172 f; zur Rolle des spirituellen Films vgl. Kracauers Kapitel 9.

68 »PSI-Journal. Die aktuelle Zeitschrift für übersinnliches (sic!) und Grenzwissenschaften«, Nr. 3, Mai/Juni 1990, S. 16.

69 Der kroatische Präsident Tudjman, von dem Helmut Kohl sagt, er sei sein Freund, schreibt in der neofaschistischen Zeitschrift »MUT«.

70 Vgl. die britische antifaschistische Zeitschrift »Searchlight. The International Anti-Fascist Monthly«, Nr. 200, Februar 1992, S. 20.

71 Charismatische Gruppen sind meist Abspaltungen von katholischer Seite. Doch gib es sie als heftig anwachsende Randerscheinung auch innerhalb des römischen Katholizismus, vgl. z. B. F. Kunter, J. Stimpfle, O. Wüst: Erneuerung aus dem Geist Gottes. Ermutigung und Weisung, Mainz 1987. Dagegen will Birnstein die Charismatiker vor allem im Protestantismus sehen, vgl. U. Birnstein: Neuer Geist in alter Kirche? Die charismatische Bewegung in der Offensive, Stuttgart 1987.

72 H.-D. Reimer: Neue Frömmigkeit in den Kirchen und ihr Verhältnis zur New Age-Bewegung, in: Hemminger 1987, S. 240.

73 Zit. n. »Der Spiegel«, Nr. 45/1991, S. 329 f.

74 Als die deutschen Bischöfe die unbequem und angeblich zu »links« gewordene Wochenzeitung »Publik« 1971 einstellten, gründete eine »Publik-Leserinitiative« das Nachfolgeblatt in eigener Regie, das ab 1972, heute meist vierzehntägig und in einer Auflage von ca. 30000 bis 40000 Exemplaren, als Heft erscheint.

75 A. Mechtersheimer: Ami, Ami über alles? Wider die »amerikanische Krankheit«, in: »Publik-Forum«, Nr. 12/13 1991, S. 5 f; ders. ohne Autorennennung: Antiamerikanisch – weshalb eigentlich nicht?. Von der Pflicht, dem weltweiten verheerenden Einfluß der USA zu widerstehen, in: »Sieg«, Nr. 10/11 1991, S. 4–10.

76 Vgl. Kölnische Gesellschaft für christlich-jüdische Zusammenarbeit: 100 Jahre deutscher Rassismus. Katalog und Arbeitsbuch zur Ausstellung »100 Jahre deutscher Rassismus«, Köln 1988, S. 197–200. Vgl. »Publik-Forum«, Nr. 3/1991.

77 Zu Abel: »Publik-Forum«, Nr. 11/1991, S. 14. Zu Mynarek: Nr. 23/1988 und Nr. 3/1989.

78 Vgl. M. Brumlik: Der Anti-Alt. Wider die furchtbare Friedfertigkeit, Frankfurt a. M. 1991. Offener Brief von F. Alt an M. Brumlik, in: »Allgemeine jüdische Wochenzeitung« 1. 12. 1989, in dem sich Alt nach etlichen Ausfällen gegen das Judentum einer pantheistischen Christus-Vorstellung anschließt. Vgl. H. Gess: Alter Wein in neuen Schläuchen – über die Wiederkehr des Antisemitismus bei Franz Alt, in: »Utopie kreativ«, Ausg. Mai/Juni 1993, S. 112–121.

79 Vgl. U. Döhmann: »Liga für das deutsche Kind«. Ein Beispiel für feministische Antifa-Arbeit, in: Hethey u. Kratz, S. 253–274.

80 A. Evertz: Kirche und Volk. Ein Ja zum Vaterland, Asendorf 1985 (»MUT«-Verlag). – Während die »Neue Rechte« um Benoist und Hunke die Gleichheit der Menschen als »uneuropäisch«, weil dem Alten Testament und der jüdisch-christlichen Tradition der Gleichheit der Menschen vor Gott entsprungen ablehnt, führen Evangelikale, die dennoch in Zeitschriften wie »Criticon« gemeinsam mit Vertretern der »Neuen Rechten« publizieren, ihre Ablehnung der Gleichheit der Menschen auf einige Bibelstellen zurück. Auch hier ist die politische Gemeinsamkeit stärker als der ideologische Unterschied.

81 Vgl. Scholder 1977, S. 127 ff.

82 Vgl. W. Borowski: Christus und die Welt des Antichristen, Aglasterhausen 1986. Borowski war Vorstandsmitglied der »Evangelischen Sammlung in Württemberg« und Mitglied der »Bürgerinitiative zur Rettung des Deutschen Volkes« und der »Hilfsgemeinschaft Freiheit für Rudolf Heß«. Er organisierte den schließlich ausgefallenen nationalrevolutionären »Deutschen Nationalkongreß« der Zeitschriften »wir selbst«, »Junge Freiheit« und »Europa« mit, der 1991 hätte stattfinden sollen. Antifaschistischer Protest konnte ihn verhindern. Die »Junge Freiheit« arbeitet eng mit dem Arun-Verlag zusammen, der auch neuheidnisch-esoterische Literatur herausbringt. »wir selbst« gilt als Hausblatt Henning Eichbergs; vgl. Gugenberger u. Schweidlenka, S. 168 ff; H. Eichberg: Kommen die alten Götter wieder? Germanisches Heidentum im 18./19. Jahrhundert – Zur Genese alternativer Mythen, in: H. P. Duerr (Hrsg.): Unter dem Pflaster liegt der Strand, Berlin 1984. – Zu den Beziehungen zwischen dem New Ager und Anhänger der »Deutschen Unitarier« Hubertus Mynarek und nationalrevolutionären Gruppen, besonders um Rolf Stolz, Henning Eichberg und Alfred Mechtersheimer, vgl. Kratz 1990.

83 Für den protestantischen Bereich vgl. z. B. das an den Info-Ständen in Kirchen ausliegende Heft von E. Haberer: Herausforderung New Age. Zur christlichen Auseinandersetzung mit neuem Denken, München 1989; R. Hummel (1989): New Age: Das »neue Zeitalter« als Herausforderung für die alten Kirchen, in: »Aus Politik und Zeitgeschichte«, S. 30; H.-J. Ruppert (1987): Neues Denken auf alten Wegen: New Age und Esoterik, in: Hemminger 1987, S. 98–100; H.-D. Reimer. Für den katholischen Bereich z. B. der Jesuit J. Sudbrack: New Age und Neue Religiosität, der den Rückgriff auf das »organische Denken« als legitimes Anliegen sieht, in: »Aus Politik und Zeitgeschichte«, S. 23; die Äußerungen des Benediktiner-Paters Steindl-Rast, auf die wir später eingehen. Zur »Neuen Rechten« vgl. Rohrmoser 1990, S. 278.

84 Schriftliche Mitteilung von G. Küenzlen an Verf. vom 7. 12. 1989.

85 Vgl. Karlheinz Weißmann zum 90. Geburtstag Künneths in »Criticon«, Nr. 125, Mai/Juni 1991, S. 114.

86 K. Weißmann: Erwachen im Untergrund. Neuheiden unter uns, in: Materialdienst der EZW, S. 99–112. Weißmanns Buch aus dem »MUT«-Verlag »Die Zeichen des Reiches. Symbole der Deutschen« (Asendorf 1989) wird inzwischen überall im Neofaschismus als Standardwerk angepriesen: »Dieses Buch bringt die nationalen Symbole der Deutschen zum Sprechen«, schreibt der »MUT-Buchdienst« in einem Prospekt.

87 Künneth in Klotz, S. 68–72. Vgl. a. Scholder 1977, S. 177, S. 683, der andere, inhaltlich gleiche Stellen bei Künneth zitiert.

88 W. Künneth: Antwort auf den Mythus. Die Entscheidung zwischen dem nordischen Mythus und dem biblischen Christus, Berlin 1935. A. Rosenberg: Der Mythus des 20. Jahrhunderts. Eine Wertung der seelisch-geistigen Gestaltenkämpfe unserer Zeit, München 1930, zit. n. der 27. Auflage von 1934. – EZW-Vorbild Künneth wurde in den Nürnberger Kriegsverbrecherprozessen vom Verteidiger Alfred Rosenbergs als Entlastungszeuge für Rosenberg benannt, vgl. H. Prolingheuer 1987, S. 274. Die Entlassung Künneths gleich nach Inkrafttreten des NS-Kirchengesetzes sollte nicht als Zeichen für eine grundsätzliche Oppositionshaltung des Betroffenen gegen den Nationalsozialismus mißverstanden werden, vgl. Scholder 1985, S. 276.

89 Künneth 1935, S. 184.

90 Vgl. Scholder 1977, S. 348, der zu Künneths Rechtfertigung der NS-Ausnahmegesetze gegen Juden ausführt: »Das wichtigste Argument in diesem Zusammenhang war das vielzitierte ›prozentuale Mißverhältnis zwischen der Besetzung öffentlicher Ämter durch Juden und ihrem Anteil an der Bevölkerungszahl‹. Dieses Mißverhältnis stelle, so erklärte Künneth, ›eine Ungerechtigkeit für die deutschen Beamten, Ärzte usw. dar‹, so daß die Neuregelung (der nazi-gesetzlichen Entfernung von Juden aus Staatsdienst und Ärzteschaft usw., P. K.) prinzipiell den Charakter einer Schutzmaßnahme zur Sicherung des deutschen Volkes‹ trage.«

91 Paulus in Gal. 3, 28: »Hier ist kein Jude noch Grieche, hier ist kein Knecht noch Freier, hier ist kein Mann noch Weib; denn ihr seid allzumal einer in Christo Jesu«; vgl. Künneth 1935, S. 100–101.

92 Künneth 1935, S. 188 ff. Ähnliche Passagen in moderner Sprache finden sich heute bei Evertz.

93 Künneth 1935, S. 68 f; S. 198–200.

94 Ebd., S. 110 f.

95 Hierüber berichtet H. Prolingheuer: Kleine politische Kirchengeschichte. Fünfzig Jahre Evangelischer Kirchenkampf von 1919 bis 1969, Köln 1984, mit Zitaten aus Künneth.

96 Vgl. hierzu z. B. H. Kremers (Hrsg.): Die Juden und Martin Luther – Martin Luther und die Juden, Neukirchen-Vluyn 1985; H. A. Strauss und N. Kampe (Hrsg.): Antisemitismus. Von der Judenfeindschaft zum Holocaust, Frankfurt a. M., New York 1985.

97 R. Hummel: Die Auseinandersetzung zwischen Kirche und Judentum im Matthäusevangelium, München 1963.

98 Ders.: Indische Mission und neue Frömmigkeit im Westen, Stuttgart 1980, S. 231, 285. Hummel verschweigt den Bezug auf Hunke im Namensregister des Buches, obwohl er sie im Text namentlich nennt. Auch: ders. (1987): Zwischen den Zeiten und Kulturen: Die New Age-Bewegung, in: Hemminger 1987, S. 51, S. 54.

99 W. Seibert: Deutsche Unitarier Religionsgemeinschaft. Entwicklung, Praxis und Organisation. Mit einem Vorwort von Prof. Dr. Hans-Jürgen Greschat. Eine Publikation der Evangelischen Zentralstelle für Weltanschauungsfragen, Stuttgart 1989. – Nach einem Beschluß des Landgerichts Gießen (AZ.: 3 O 663/89) darf gesagt werden, bei dem Buch handele es sich »um eine unkritische und wissenschaftlich nicht abgesicherte Darstellung«, sein Autor erwähne »an keiner einzigen Stelle die faschistischen Bezüge der Sekte« und habe »weder die Quellen noch die einschlägige Sekundärliteratur zu diesem Problem ausreichend studiert.«

100 Hummel in einem Brief an Verf. vom 13. 7. 1990: »Gegenwärtig sehe ich nicht, daß Seiberts Buch als Rechtfertigung einer völkisch-rassistischen Haltung benutzt wird. Ich vermag auch nicht zu erkennen, daß es sich dafür eignet. Darum besteht für mich zur Zeit kein Anlaß, in dieser Sache Schritte zu unternehmen.«

101 R. Niedenführ: Das Neue Bewußtsein – Modell für einen mittelständischen Faschismus, in: »Der Rechte Rand«, Nr. 14, S. 11.

102 Ausdruck des »Neuen Zeitalters«: Die rheinland-pfälzische Landesvertretung in Bonn hat die Säle ihres Neubaus nach berühmten Rheinland-Pfälzern benannt. Einen Karl-Marx-Saal sucht man vergeblich, ein Hildegard-von-Bingen-Saal ist dagegen vorhanden.

103 Vgl. z. B. den häufigen katholischen Bezug auf beide in den Sonderheften »New Age und Christentum« der katholischen Zeitschrift »Lebendige Seelsorge«, Nr. 5 u. 6, 1988, in denen man auf die Arbeiten der EZW zum New Age ebenfalls nicht verzichten zu können glaubt.

104 Vgl. J. Höfer und K. Rahner (Hrsg.): Lexikon für Theologie und Kirche, 3. Bd., Freiburg 1959, S. 483–491.

105 I. Dalichow: Freundschaft mit der Schöpfung. Interview mit Matthew Fox, in: »esotera«, Nr. 12/1991, S. 24–28.

106 F. Capra und D. Steindl-Rast: Wendezeit im Christentum. Perspektiven für eine aufgeklärte Theologie, Bern Wien München 1991, S. 13 ff.

107 D. Steindl-Rast: Arbeit und Schweigen – Handeln und Kontemplation, in: Dürr u. Zimmerli, S. 300, S. 298.

108 Vgl. z. B. G. Fuchs: Holistisch oder katholisch?, in: Lebendige Seelsorge 1988, S. 264–271, hier S. 266 ff; auch J. Sudbrack: Die vergessene Mystik und die Herausforderung des Christentums durch New Age, Würzburg 1988.

109 Vgl. z. B. Kunter, Stimpfle u. Wüst, wo katholisch-amtskirchlich und aus charismatischer Sicht die Pneumatologie wiederbelebt wird. Der katholische Mystizist G. Fuchs schreibt in einer Rezension verräterisch über den politischen Sinn dieser neuen Pneumatologie: »Jene, die einäugig nur auf die geistlichen Bewegungen im Umkreis der Theologie und Praxis der Befreiung schauen (die in diesem Band nicht wahrgenommen scheinen), sollten diese spirituellen Initiativen mit ihren hier vorgelegten Konzept studieren und einüben«, in: »Lebendige Seelsorge« 1988, S. 391.

110 »MUT«, Nr. 292, Dezember 1991, bringt den Artikel »Die Engel fliegen wieder« des Studiendirektors Uwe Wolff, der unter Bezug auf den »Liturgiker« Romano Guardini und die Selbstvergöttlichungstendenzen der UFOlogie (Engel/Götter in UFOs kehren zur Erde zurück) über die Neuauflage des Heiligen Geistes schreibt. Aus katholischer Sicht: H. Vorgrimler: Wiederkehr der Engel? Ein altes Thema neu durchdacht, Kevelaer 1991.

111 Der heute im New Age hoch angesehene Graf Dürckheim veröffentlichte bereits 1935 politisch-organizistische Ganzheits-Positionen zur Unterstützung des Nationalsozialismus, vgl. z. B. K. Graf v. Dürckheim-Montmartin: Gemeinschaft, in: Neue psychologische Studien (Ztschft.) 1935, 12, S. 195–214. 1933 war Dürchkeim in die SA eingetreten und arbeitete später als »deutscher Kulturdiplomat« für das Nazi-Außenministrium des Kriegsverbrechers Ribbentrop. Dürckheim wird auch von der rechtsextremen Humboldt-Gesellschaft verehrt, vgl. »Mitteilungen der Humboldt-Gesellschaft«, Nr. 24 vom Dezember 1988, S. 727 f; Nr. 25 vom Februar 1989, S. 802 f; vgl. J. Lloyd, K. Heiler, I. Pinn: Akademischer Faschismus. Mitteilungen über die Humboldt-Gesellschaft, in: Hethey und Kratz – Vgl. U. Geuter 1985, S. 63 f. Vgl. Schiwys Ansicht vom Wassermann-Zeitalter als Äon des Heiligen Geistes, in: G. Schiwy: Der Geist des neuen Zeitalters. New Age-Spiritualität und Christentum, München 1987.

112 Vgl. z. B. G. Fuchs: »Die Arbeit der Nacht« und der Mystik-Boom, in: »Lebendige Seelsorge«, 1988, S. 341–349, hier S. 341 f.

113 Ebd., S. 268.

114 Ebd., S. 267. – Zum Neofaschismus vgl. z. B. G.-K. Kaltenbrunner: Europa. Seine geistigen Quellen in Porträts aus zwei Jahrtausenden, Bd. II, Stein o. J. (1982), zu Meister Eckhart S. 91–94: »Der vollkommene Mensch müsse noch über Christus, ja auch über Gott hinaus sich schwingen« (S. 92). Vgl. Hunke (1989): »So wird der mit göttlichen Kräften wirkende Mensch zum hochverantwortlichen Mitschöpfer Gottes. Der verantwortlich ist ›für Gott‹.« (S. 311) Mehr dazu im Kapitel 3.

115 H. Eichberg: Produktivistische Mythen. Etwas über die Religion in der Industriekultur, in: Schleip, S. 259.

116 Vgl. Knoblauch, S. 512, 519. Vgl. a. R. Otto: Das Heilige. Über das Irrationale in der Idee des Göttlichen und sein Verhältnis zum Rationalen, München 1963 (1. Aufl. 1917); ders.: Das Gefühl des Überweltlichen, München 1932. Für A. Holl (Das Heilige. Nachruf auf eine Kopfgeburt, in: Kursbuch Glauben) beschrieb Otto »den Führerkult im nationalsozialistischen Deutschland ausgezeichnet« (S. 18), obwohl es nicht Ottos Anliegen war. Spranger, S. 285.

117 Höfer u. Rahner, 6. Bd., 1961, S. 659, S. 666.

118 Die Regel der Amtskirche war das Schreiben der katholischen Fuldaer Bischofskonferenz an den Papst vom 31. Mai 1933, in dem es heißt: »Der gegenwärtigen deutschen Regierung sind wir ›guten Gewissens und in ungeheuchelter Treue‹ ergeben, eingedenk der Mahnung des hl. Apostels Paulus: ›Jedermann ist den obrigkeitlichen Gewalten untertan.‹ Daher ist es unser Vorsatz, das, was von der Regierung gegen die gottlosen bolschewistischen Machenschaften und die weit um sich greifende Unsittlichkeit lobenswerterweise unternommen wird, mit aller Kraft und Anstrengung zu unterstützen und zu fördern«. (Zit. n. Läpple, S. 78.) Was hier so katholisch belobigt wird, war in der Praxis die Ermordung von Juden, Kommunisten und Sozialdemokraten durch SA-Horden und die Errichtung der ersten KZ. Das katholische Zentrum stimmte dem Nazi-Ermächtigungsgesetz zu und gab damit den Weg frei zur staatlichen Legitimierung des Terrors. Den Gläubigen wurde dann in einem Hirtenbrief aller deutschen Bischöfe vom 3. Juni 1933 der feudalistische Organizismus von der Kanzel herunter erklärt: »Es fällt uns Katholiken auch keineswegs schwer, die neue starke Betonung der Autorität im deutschen Staatswesen zu würdigen und uns mit jener Bereitschaft ihr zu unterwerfen, die sich nicht nur als eine natürliche Tugend, sondern wiederum als eine übernatürliche kennzeichnet, weil wir in jeder menschlichen Obrigkeit einen Abglanz der göttlichen Herrschaft und eine Teilnahme an der ewigen Autorität Gottes erblicken.« (Zit. n. ebd., S. 61.) Die Haltung der katholischen Amtskirche änderte sich auch keineswegs, nachdem im Nazi-Kirchenkampf etliche Gläubige der Basis von der Gestapo verfolgt worden waren und Geistliche bereits im KZ saßen. Am 18. März 1938 erklärten die österreichischen Bischöfe zum Einmarsch der Nazi-Wehrmacht in Österreich: »Wir erkennen freudig an, daß die nationalsozialistische Bewegung auf dem Gebiet des völkischen und wirtschaftlichen Aufbaues sowie der Sozialpolitik für das Deutsche Reich und Volk und namentlich für die ärmsten Schichten des Volkes Hervorragendes geleistet hat und leistet. Wir sind auch der Überzeugung, daß durch das Wirken der nationalsozialistischen Bewegung die Gefahr des alles zerstörenden gottlosen Bolschewismus abgewehrt wurde.« (zit. n. ebd., S. 183) Zur Zeit der Abgabe dieser »Feierlichen Erklärung« war die Nazi-Sozial- und Wirtschaftspolitik des Todes gegen Juden bereits in vollem Gange, gegen Behinderte in Vorbereitung, mit Hilfe katholischer Theologen.

119 R. Faber: Politischer Katholizismus. Die Bewegung von Maria Laach, in: Cancik, S. 136–158.

120 Sigrid Hunke, die unter ihrem Mädchennamen publiziert, brachte in den sechziger Jahren zwei Bücher mit »Lieblingsgedichten« Adenauers heraus; damals war ihr Ehemann Peter Schulze ein hoher Ministerialbeamter im Bonner Kanzleramt. So verlaufen die einschlägigen Verbindungen quer zu allen Vermutungen.

121 Vgl. W. Mogge: Religiöse Vorstellungen in der deutschen Jugendbewegung, in: Cancik, S. 90–103. Mogge hebt als zentralen Übergang zwischen den verschiedenen Fraktionen naturreligiöse, zum Pantheismus hin durchaus offene, vor allem mystische Komponenten hervor, bei Guardini wie bei George. Er zitiert eine Quelle der damaligen Jugendbewegung, die mit Ideen des katholischen Bundes Quickborn – der unter Guardinis geistiger Führung gewissermaßen der Jugendbund der »Liturgischen Bewegung« war – ebenso vereinbar ist wie mit dem völkischen Pantheismus, und die ebensogut aus einem heutigen New Age-Text stammen könnte: »Glaube ist das Wirklichkeitserlebnis des Unendlichen. Im Wandervogel wurde uns dieser Glaube geboren. Der große schwingende Klang des hellen Tages und der hohen Nacht, die schweren, lebenstragenden Kräfte des Meeres und der Erde haben unser Wissen um eigene Unendlichkeit geweckt, dunkel, ahnend, stumm, froh. Sie gaben uns in dem Gefühl des Unendlichen einen stolzen und doch demütigen

Willen zur Freiheit, die jenes unendliche Wesen in uns besitzesfroh und staunend in die Sonne hielt« (S. 96).

122 Das entspricht der paulinischen Einheit in der Vielheit beim Protestanten Künneth.

123 I. Herwegen bei R. Guardini: Vom Geist der Liturgie, zit. n. Faber, S. 153 f.

124 Zit. n. Faber, S. 154.

125 Liest man diesen ersten »Wert« in unserem Verständnis der Begriffe, so ergibt sich ein ganz besonderes Bonmot des Organizismus!

126 Beide Zit. n. Faber, S. 140.

127 Zit. n. Schweidlenka 1989, S. 117.

128 München 1984, S. 101 f.

129 Frankfurt a. M. 1978, S 98.

130 Vgl. R. Stoert: Tu, was du willst, sei das ganze Gesetz! Ein Gespräch mit dem Abt des Ordens »Thelema« Michael Eschner, in: Taz 26. 10. 1988, S. 11–13.

131 Vgl. z. B. H.-J. Noack: »Luzifer, Herr der Finsternis, höre uns!«, in: »Der Spiegel«, Nr. 31/1988, S. 50–55.

132 »Der Spiegel«, Nr. 42/1989, S. 63, 65.

133 Sung Hun Lee: Die Theorie des Urbildes, in: Uni-Impulse. Magazin für Universität und Gesellschaft, herausgegeben von der Mun-Zweigorganisation CARP, Nr. 5/1988, S. 21 f; S. 20.

134 In »CAUSA. Magazin für gesellschaftspolitische Bildung«, Nr. 2/1987 und Nr. 3/1987.

135 Vgl. »Die Wahrheit« 27. 5. 1988.

136 »stern«, Nr. 24/1984, S. 94. Mun-Zit. n. F.-W. Haack: Europas neue Religion. Sekten, Gurus, Satanskult, Zürich Wiesbaden 1991, S. 129.

137 Der Vortrag wurde abgedruckt in »CAUSA. Magazin für gesellschaftspolitische Bildung«, Nr. 3/1987 und Nr. 1/1988.

138 Zit. n. Haack 1991, S. 120.

139 Vgl. Schweidlenka 1989, S. 98. »Der Spiegel«, Nr. 45/1991, S. 143 f.

140 Zit. n. »Raus in Köln«, Nr. 11/1991, S. 1 (Zeitung des schwul-lesbischen Kölner Emanzipation e. V.)

141 Der ehemalige Bundeskanzler Helmut Schmidt erklärte im Herbst 1991 in der Zeitung »Die Zeit«: »Inzwischen hat Michail Gorbatschow durch seine fabelhafte Perestrojka alles zerstört, was noch funktioniert hat«.

142 E. Hickel: Autoritäre Ökologie und mythisches Naturverhältnis, in: Blätter für deutsche und internationale Politik, Nr. 5/1989, S. 592-596.

143 Vgl. P. Kratz: Gerontologie und Kapitalinteresse, in: Psychologie und Gesellschaftskritik, 7 (1983), Heft 1, S. 37–64.

144 Vgl. A. N. Leontjew: Probleme der Entwicklung des Psychischen, Frankfurt 1973.

145 Vgl. W. Jantzen: Behindertenpädagogik, Persönlichkeitstheorie, Therapie. Vorbereitende Arbeiten zu einer materialistischen Behindertenpädagogik, Köln 1978: ders.: Grundriß einer allgemeinen Psychopathologie und Psychotherapie, Köln 1979. – Die sechste der »Thesen über Feuerbach« von Karl Marx lautet: »Feuerbach löst das religiöse Wesen in das menschliche Wesen auf. Aber das menschliche Wesen ist kein dem einzelnen Individuum innewohnendes Abstraktum. In seiner Wirklichkeit ist es das Ensemble der gesellschaftlichen Verhältnisse. Feuerbach, der auf die Kritik dieses wirklichen Wesens nicht eingeht, ist daher gezwungen: 1. von dem geschichtlichen Verlauf zu abstrahieren und das religiöse Gemüt für sich zu fixieren und ein abstrakt – isoliert – menschliches Individuum vorauszusetzen; 2. kann bei ihm daher das menschliche Wesen nur als ›Gattung‹, als innere, stumme, die vielen Individuen bloß natürlich verbindende Allgemeinheit gefaßt werden.« (Zit. n. MEW, Bd. 3, Berlin 1959, S. 534.) – Feuerbach gehört wegen seiner Kritik des Dualismus von Gott und Welt im Christentum und seiner zur Affirmation gesellschaftlicher Zustände und zur Selbstvergöttlichung des Menschen führenden Naturverherrlichung, trotz seines materialistischen Ansatzes, heute zu den positiven Bezugspunkten des New Age und zählte früher und heute in gleicher Weise zu denen völkischer Religiosität. Es ist nicht erstaunlich, sondern zu erwarten, daß Jantzen bei seiner Abkehr vom Marxismus wieder bei Feuerbach landet. – Vgl. a. die Bemerkungen von Friedrich Engels

über Feuerbach in: ebd., S. 541–543, und: K. Marx und F. Engels: Die deutsche Ideologie, MEW Bd. 3.

146 Vgl. W. Jantzen (1991a): Behinderung, psychische Krankheit und Biologismus – Eine Ideologiekritik auf neurowissenschaftlicher Basis, in: Gen-Ideologie, Biologie und Biologismus in den Sozialwissenschaften, Argument-Sonderband 175, Hamburg 1991, S. 81–111. – Ders. (1991b): Glück – Leiden – Humanität. Eine Kritik der »Praktischen Ethik« Peter Singers, in: Ztschft. f. Heilpädagogik, 42 (1991) 4, S. 230–244, hier zit. n. d. Wiederabdruck in: »Hintergrund. Marxistische Zeitschrift für Gesellschaftstheorie und Politik«, Nr. II/1991, S. 45–59.

147 Bei Marx war der gesellschaftliche Prozeß nicht göttlich, sondern menschlich bestimmt, »als menschlich sinnliche Tätigkeit, Praxis« (erste Feuerbach-These). »Das gesellschaftliche Leben ist wesentlich praktisch. Alle Mysterien, welche die Theorie zum Mystizismus verleiten, finden ihre rationelle Lösung in der menschlichen Praxis und im Begreifen dieser Praxis« (achte Feuerbach-These), mit der die Welt – real – verändert werden sollte, in: MEW Bd. 3, S. 533 u. 535.

148 In Jantzens Praxis der Behindertentherapie allerdings ist von diesen ideologischen Verrenkungen so wenig zu spüren, wie früher in der Praxis der »Kritischen Psychologen« vom marxistischen Hintergrund ihrer Theorie, vgl. etwa: 1991a, S. 103–108. Das vermag im vorliegenden Fall nur wenig zu beruhigen, weil Jantzen objektiv an der Verwirrung des linken Bewußtseins mitarbeitet.

149 Vgl. P. Kratz: Die nationalrevolutionäre Connection: Gaddafi – Mechtersheimer – Schönhuber, Bonn 1990. – Bei der Frankfurter Buchmesse 1991 wurde Rolf Stolz am »MUT«-Stand im Gespräch mit seinem Verleger, dem »MUT«-Chef Bernhard Wintzek, von Antifaschisten fotografiert. Wintzek ist ein ehemaliger NPD-Bundestagskandidat. – Die Adresse von Rolf Stolz befindet sich in dem kürzlich veröffentlichten privaten Adreßbuch Michael Kühnens, neben etlichen Adressen völkischer Sekten.

150 F. Engels: Ludwig Feuerbach und der Ausgang der klassischen deutschen Philosophie, Berlin 1972, S. 46. Vgl. hierzu a. Marx über Feuerbachs »idealisierte Liebe« in »Die Deutsche Ideologie«, in: MEW Bd. 3, S. 43–45.

151 Vgl. z. B. die Arbeiten von H. Eichberg, besonders: Die Industrie des Verschweigens. Über den industriellen Rassismus, in: ders.: Abkopplung, Koblenz 1987, S. 75–91; ders.: Sozialverhalten und Regionalentwicklung. Modernisierung in der indonesischen Relationsgesellschaft, Berlin. Vgl. a. P. Kratz (1991a): Die »Neue Rechte« in der SPD, in: »ak«, Nr. 329 vom 8. 4. 1991.

152 Vgl. R. Sheldrake: Das schöpferische Universum, München 1990; ders.: Das Gedächtnis der Natur, München 1990. Sheldrakes Einfall ist wenig originell, der Psychologe Ewald Hering hatte ihn bereits 1905 in ähnlicher Weise geäußert, vgl. E. Hering: Über das Gedächtnis als eine allgemeine Funktion der organisierten Materie.

153 Jantzen, 1991a, S. 93.

154 Heine in: Werke, Bd. 4, Wiesbaden o. J., S. 262 f. – Vgl. A. de Benoists Beitrag: Die Religion der Menschenrechte, in: P. Krebs (Hrsg.): Mut zur Identität. Alternativen zum Prinzip der Gleichheit, Struckum 1988, S. 41–73.

155 gl. z. B. Sebald, S. 106 f; Usarski, S. 29, 31 f; H. Wilhelm-Rotenburg: Deutsche Wiedergeburt und abendländische Sendung, in: »Der Rechte Rand«, Nr. 14, S. 6.

156 Vgl. die Dokumentation der Selbstdarstellung der »Heidnischen Gemeinschaft e. V.« in: »Materialdienst der EZW«, S. 113–118.

157 Vgl. z. B.: H. Cancik; J. Hermand; D. Mendlewitsch, die das Thema New Age sogar explizit ausspart, S. 238.

158 Vgl. z. B. den sehr lesenswerten Reader von: International Council für Philosophy and Humanistic Studies and UNESCO (Eds.): The Third Reich, London 1955; G. Lukács: Zerstörung der Vernunft, Berlin 1955; F. Stern: Kulturpessimismus als politische Gefahr, Bern 1963; F. Zipfel: Kirchenkampf in Deutschland 1933 – 1945. Religionsverfolgung und Selbstbehauptung der Kirchen in der nationalsozialistischen Zeit, Berlin 1965; K. Sontheimer: Antidemokratisches Denken in der Weimarer Republik, 2. erweiterte Aufl. München 1968; R. Alleau: Hitler et les sociétés sectrètes, Paris 1969; W. Gerson: Le

Nazisme, société secrète, Paris 1969; R. Baumgärtner: Weltanschauungskampf im Dritten Reich. Die Auseinandersetzung der Kirchen mit Alfred Rosenberg, Mainz 1977; G. L. Mosse: Ein Volk – Ein Reich – Ein Führer. Die völkischen Ursprünge des Nationalsozialismus, Königstein/Ts. 1979.

159 R. Opitz: Faschismus und Neofaschismus, 2 Bde., Köln 1988, hier: Bd. 1, S. 45–76. – Die antisemitisch, okkultistisch und gegen die junge Weimarer Demokratie ausgerichtete Thule-Gesellschaft war eine der personellen und ideologischen Quellen der NSDAP. Der Germanen-Orden war ihr innersten geheimer Kreis. Das heutige »Thule-Seminar« in Kassel, deutscher Ableger des europäischen Neofaschismus der »Neuen Rechten«, lehnt sich mit seinem Namen hieran an. Der Weltkriegs-General Erich von Ludendorff, beim Hitler-Putsch in München 1923 dabei, heiratete die spätere Gründerin der faschistischen Sekte »Bund für Gotterkenntnis – Ludendorffer«, Mathilde v. Kemnitz, die in der Münchner okkultistischen Szene bekannt war, vgl. Kapitel 4 des vorl. Buches.

160 Vgl. Opitz, hier: Bd. 2, S. 86; S. 96 f, S. 124.

161 Gugenberger u. Schweidlenka; Schweidlenka 1989; ders. 1991a: »Faschistische Selbsterfahrung«: Ein neuer Hit des Esoterikbooms?, in: »Materialdienst der EZW«, S. 118–120; ders. 1991b: Wodans neue Erben, in: »esotera«, Nr. 12/1991, S. 18–23, 88.

162 Z. B. Eichberg 1987, S. 44 f, 60 ff.

163 Schweidlenka 1989, S. 60.

164 Vgl. M. Berman: Wiederverzauberung der Welt, München 1983. Bei Gugenberger u. Schweidlenka, S. 84 f.

165 Ähnliches ließe sich auch über einen weiteren prominenten »neuen« Esoteriker, Jörg Wichmann und sein Buch »Die Renaissance der Esoterik. Eine kritische Orientierung« sagen (Stuttgart 1990), der ebenfalls die Verwandtschaft von New Age und Faschismus nicht begrifflich durchdrungen hat.

166 Vgl. Gianni Sfri: »Gandhi in Italien«, in »taz« 19. 11. 1988, S. 17.

167 Frauenbildungs- und Ferienhaus Zülpich: Programmheft Januar bis April 1992, S. 22. – Vgl. zu Lanz z. B. W. Daim: Der Mann, der Hitler die Ideen gab. Die sektiererischen Grundlagen des Nationalsozialismus, Berlin 1991. »Ostara« war der Name der Zeitschrift, in der Lanz von Liebenfels seine rassistischen Ideen von der Höherzüchtung der »arischen« blond-blauäugigen Herrenmenschen und der Ausrottung anderer »Rassen« verbreitete. Hitler soll einige davon gelesen haben.

168 Vgl. Schorsch 1988, S. 77.

169 H. P. Dürr (Hrsg.): Physik und Transzendenz, München 1986. Zit. n. der Sonderausgabe von 1990. Mit Beiträgen von Max Planck, Carl Friedrich von Weizsäcker und den beiden Physikern, auf deren weltanschauliche Arbeiten sich fast das gesamte New Age stützt: Werner Heisenberg und David Bohm.

170 Dürr 1990, S. 12 f. Vgl. die zweite These über Feuerbach von Karl Marx: »Die Frage, ob dem menschlichen Denken gegenständliche Wahrheit zukomme, ist keine Frage der Theorie, sondern eine praktische Frage. In der Praxis muß der Mensch die Wahrheit, das heißt die Wirklichkeit und Macht, die Diesseitigkeit seines Denkens beweisen. Der Streit über die Wirklichkeit oder Nichtwirklichkeit eines Denkens, das sich von der Praxis isoliert, ist eine rein scholastische Frage.« (MEW, Bd. 3, S. 533) – Daß Dürr bisweilen als Verbündeter der Linken erscheint (so z. B. in der »Zeitschrift der kommunistischen und Arbeiterparteien« namens »Probleme des Friedens und des Sozialismus«, 33. Jg., 1990, H. 4, S. 514 f), liegt wohl vor allem an der Bündnispolitik der achtziger Jahre. Dürr erklärt hier zu den neofaschistischen Tendenzen in den letzten Monaten der DDR: »... das beunruhigt mich sehr. Ich hoffe, daß diese Tendenzen nur in der Übergangszeit deutlich hervortreten. Ich kann mir nicht Vorstellen, daß der Faschismus wiederauflebt, denn alle Deutschen haben aus dem zweiten Weltkrieg, dieser von uns verschuldeten Katastrophe, viel gelernt. Ich rechne stark damit, daß es diesen Kräften nicht gelingt, ihre Positionen zu festigen. Wir müssen jedoch einander bei der Eindämmung der Neofaschisten und der Beseitigung der Ursachen für ihr Auftreten helfen.« (S. 514) Ein Verständnis dafür, daß seine eigene Ideologie dem Faschismus zumindest wesensverwandt ist, zeigt Dürr nicht.

171 »Der Spiegel«, Nr. 46/1976, S. 45. Vgl. E. Albrecht: Der Staat – Idee und Wirklichkeit.

Grundzüge einer Staatsphilosophie, Stuttgart 1976.

172 Dürr 1990, S. 8 f.

173 Vgl. z. B. P. Brückner und A. Krovoza: Was heißt Politisierung der Wissenschaft und was kann sie für die Sozialwissenschaften heißen?, Frankfurt a. M. 1972; Wissenschaftskritik und sozialistische Praxis. Konsequenzen aus der Studentenbewegung, Frankfurt a. M. 1973; R. Rilling: Theorie und Soziologie der Wissenschaft. Zur Entwicklung in BRD und DDR, Frankfurt a. M 1975; H. J. Sandkühler (Hrsg.): Marxistische Wissenschaftstheorie. Studien zur Einführung in ihren Forschungsbereich, Frankfurt a. M. 1975.

174 Zitate aus den Katalogen des »Horizonte«-Verlags, Bad König, »Das Programm Herbst 1991« und »Nichts ist realistischer als starke Visionen. Das Programm 1990/91«. Der Verlag brachte 1991 auch Nelson Mandelas »Color it free! Das neue Südafrika nach der Apartheid« heraus.

175 Vgl. zu Fichte die exzellente Ausarbeitung von Mendlewitsch, VI. Kapitel, S. 156–224: »Die Deutschen als Ausdruck Gottes im Dasein – Johann Gottlieb Fichte«, in dem die Autorin in aller Ausführlichkeit die »ganzheitliche« Konzeption Fichtes darstellt, allerdings ohne die heute wichtige Möglichkeit des Bezugs auf das New Age deutlich zu machen.

176 Vgl. »Der Spiegel«, Nr. 11/1992, S. 30.

177 Vgl. z. B. P. Schille: »Gesellschaft der Wahnsinnigen«, in: »Der Spiegel«, Nr. 33/1990.

178 Vgl. H. Eichberg: Die Revolution, die aus der Wüste kommt. Über das libysche Phänomen und den Weg des Sufi, in: »wir selbst«, Nr. 11/1986. Die nationalrevolutionäre Zeitschrift »wir selbst«, in der auch der eher christlich orientierte Wolfgang Strauss schrieb, erscheint im Verlag Siegfried Bublies, Koblenz. Bublies besitzt die deutschsprachigen Rechte am Vertrieb des »Grünen Buches« Gaddafis. Gaddafi finanzierte europaweit zahlreiche nationalrevolutionäre Gruppen. Vgl. P. Kratz: Die nationalrevolutionäre Connection. Gaddafi – Mechtersheimer – Schönhuber, Bonn 1990. Vgl. Idries Shah: Die Sufis – Botschaft der Derwische, Weisheit der Magier, München 1989.

179 Zit. n. »Der Spiegel«, Nr. 38/1990, S. 202.

180 »MUT«, Nr. 289, September 1991. Die kontinuierlich fortlaufende Numerierung von »MUT« seit dem ersten Heft in den sechziger Jahren symolisiert die Kontinuität dieser früher militant-nazistischen Zeitschrift, die auch schon einmal wegen antisemitisch-rassistischer Volksverhetzung verboten war.

181 »Causa«, Nr. 3/1987 und Nr. 1/1988: »Nation und Religion: die Geschichte der Deutschen«.

182 Vgl. R. Bahro: Die Alternative. Zur Kritik des real existierenden Sozialismus, Frankfurt a. M. 1977; zit. n. der ungekürzten Studienausgabe von 1979, vgl. S. 15 f.

183 Vgl. z. B. den III. Teil der »Alternative«: »Zur Strategie einer kommunistischen Alternative«, S. 381; S. 401; S. 404; S. 448.

184 R. Bahro: Logik der Rettung, Stuttgart 1987, S. 60–69. – Vgl. zu »neurechten« Konzepten einer Politik der Armut in der Dritten Welt, die dem Erhalt der dortigen »nationalen Identität« Vorrang vor den Forderungen der dortigen Menschen nach gleichberechtigter Teilhabe an den Errungenschaften der Menschheitsentwicklung einräumen, P. Kratz 1991a.

185 Bahro 1977, S. 521; S. 531; ders. 1987, S. 338; S. 335.

186 Ders. 1987, S. 20; S. 74; S. 345; S. 364; S. 368.

187 Ebd. S. 491; Biedenkopf in Bahro 1987, S. 502; Bahro 1987 S. 59. – Renate Jäckle hatte in ihrem Buch »Gegen den Mythos Ganzheitliche Medizin« (Hamburg 1985, S. 140 ff) ähnliche Positionen, die lediglich den Flexibilisierungsstratregien des Kapitals auf dem Rücken der berufstätigen Mütter zugute kommen, bereits bei der Grünen-Politikerin Gisela Erler und deren Buch »Frauenzimmer. Für eine Politik des Unterschieds« als weitgehend identisch mit konservativ-modernistischer Familienpolitik analysiert.

188 Bahro 1987, S. 59; S. 62; S. 345; S. 347. Zum »Kaisertraum« vgl. J. Hermand, S. 118 ff.

189 Lutzhöft, S. 272.

190 Bahro 1987, S. 352; S. 353; S. 363; S. 365; S. 466; S. 473; S. 476; S. 481; S. 491; S. 492; S. 493; S. 345. – Zum rituellen Identifizieren bzw. Einüben vgl. unsere Ausführungen zum Kult in Kap. 2. – Zu dem Unsinn eines »Eigenrechts« der Natur vgl. P. Kratz: Rob-

ben, Robben über alles... Mit »Eigenrechten der Natur« zum Faschismus?, in: »Waterkant. Mitteilungsblatt der Aktionskonferenz Nordsee e. V.«, Nr. 4–5/1989, S. 15–20.

191 Bahro 1987, S. 337. Zu Niekisch vgl. Kratz 1990, S. 58–60. Niekisch verwendete den Mythos »Rom« exakt wie Bahro, der hierfür auch den Begriff »Megamaschine« erfindet. Die »Megamaschine« ist identisch mit dem »Babylon« der heutigen Rasta-Ideologie und des mittelalterlichen Dritte-Reichs-Mystikers Joachim de Fiore, der im New Age wieder Bedeutung gewonnen hat. – P. de Lagarde: Deutsche Politik und Religion. Eine Auswahl aus den Schriften von Paul de Lagarde, Leipzig o. J. (nach 1920), S. 23.

192 Bahro 1987, S. 149; S. 151. Allerdings kritisiert Bahro, der ja das Faustische ablehnt, auch eine von ihm – und positiv z. B. auch von Chamberlain – gesehene, angebliche Disposition »der Germanen« zum Kapitalismus. Hiermit steht er im Gegensatz zu sonstigen New Agern und (Neo-) Faschisten, die das Keltogermanentum unkritisch glorifizieren. – Franz Alt in: »Die Zeit« 22. 1. 1988, S. 18. – Wenn sich Bahro in »Logik der Rettung« zur Schuldzuweisung an das Judentum explizit auf Johann Galtung bezieht und ihn zu seinen Vorlesungen an die Berliner Humboldt-Universität als Gastdozenten einlädt, so paßt dies zu seinem eigenen Antisemitismus. Galtung wollte schon einmal das Raketenabwehrsystem SDI als jüdische Veranstaltung und Mittel eines Weltjudentums zur Ausrottung aller Nichtjuden hinstellen, was zu erheblicher Unruhe innerhalb der Friedensbewegung führte.

193 Bahro 1987, S. 344 f.

194 Ebd., S. 340; S. 346.

195 R. Bahro, N. Leser, L. Neidhart und M. Voslensky: Die Zukunft der Demokratie. Entwicklungsperspektiven der Regierungssysteme in Ost und West, Wien 1989.

196 Zit. n. Schweidlenka 1989, S. 174.

197 K. Lorenz in einem Interview kurz vor seinem Tod mit dem Vorsitzenden des BUND, Hubert Weinzierl, in »Natur«, Nr. 11/1988, S. 32: »Gegen Überbevölkerung hat die Menschheit nichts Vernünftiges unternommen. Man könnte daher eine gewisse Sympathie für AIDS bekommen. Eine Bedrohung, die die Menschheit immerhin dezimieren, immerhin von anderen bösen Unternehmungen abhalten könnte.« Weinzierl protestierte nicht gegen diese Äußerung.

198 Gespräch mit Prof. Dr. Rudolf Bahro: Die deutschen Linken und die nationale Frage oder Unsere Ölinteressen am Golf, in: »Streitschrift zur Erneuerung der Politik«, Nr. 3, November 1990, S. 6.

199 R. Schweidlenka: »Faschistische Selbsterfahrung«: Ein neuer Hit des Esoterikbooms?, in: »Materialdienst der EZW«, Nr. 4/1991, S. 118–120, hier S. 119.

200 Vgl. R. Niedenführ (1991) in R. Hethey u. P. Kratz.

201 Ein wissenschaftlich unsauber arbeitender Mode-Politologe der »geistig-moralischen Wende« wie der Totalitarismustheoretiker Eckhart Jesse, der vor allem durch die Bundeszentrale für politische Bildung bekannt wurde, nachdem der CSU-Bundesinnenminister Friedrich Zimmermann sie weit nach rechts geschoben hatte, sieht in unseren Arbeiten dagegen ein »ungenießbar(es) Gebräu«, das ihn an »Wahnvorstellungen« erinnere, in: E. Jesse: Rechtsextremismus: Aus der Sicht von links, in: U. Backes und E. Jesse (Hrsg.): Jahrbuch Extremismus und Demokratie, 3. Jg. 1991, S. 215. Allerdings kann Jesse, der selbst offen mit Nationalrevolutionären zusammenarbeitet und dessen Texte im »Jahrbuch« deutlich »neurechte« politische statt wissenschaftliche Beiträge sind, nicht einmal richtig zitieren (z. B. S. 204). Sein »Jahrbuch« erscheint im Bonner Bouvier-Verlag, dessen heutiger Besitzer, der größte Privatbuchhändler Deutschlands Thomas Grundmann, durch die »Arisierungs«-Maßnahmen der Nazis in den Besitz des Betriebes des Bonner Juden Friedrich Cohen kam. Grundmann kaufte nach dem Ende der realsozialistischen DDR in Ostberlin die bekannten großen sozialistischen Renommier-Buchhandlungen Unter den Linden, am Alexanderplatz und an der Karl-Marx-Allee auf und beschwerte sich anschließend über die hohen Mieten. Sein Vater bekam den Betrieb Cohens nach dem jahrelangen Nazi-Boykott gegen die »jüdische« Buchhandlung noch günstiger.

202 Zu Mechtersheimer vgl. P. Kratz 1990. Zu Uebel vgl. R. Bahro: Rückkehr. Inweltkrise als Ursprung der Weltzerstörung, Bad König 1991, S. 354. Gugenberger u. Schweidlenka, S. 128.

203 R. Nemitz: Der neue Spiritualismus. Über Capras »Wendezeit«, in: »Das Argument«, Nr. 155, 1986, S. 43–56, hier S. 55. Nemitz ist einer der wenigen Linken, die sich überhaupt hiermit befassen.

204 M. Weingarten: Konservative Naturvorstellung in grünem Gewande? Entwicklungsdenken als ideologisches Kampffeld, in: J.-P. Regelmann und E. Schramm (Hrsg.): Wissenschaft der Wendezeit – Systemtheorie als Alternative?, Frankfurt a. M. 1986, S. 34.

205 Vgl. »Frankfurter Allgemeine Zeitung-magazin« 26. 11. 1993: Vom Gest der Freiheit. Die Humboldt-Universität in Berlin.

206 A. Mechtersheimer: Friedensmacht Deutschland. Plädoyer für einen neuen Patriotismus, Berlin 1993, S. 142.

207 In »Freiheit der Wissenschaft«, Nr. 3/1991; »Deutschland-Magazin«, Nr. 2/1992, S. 14 ff.

208 D. Bohm: Fragmentierung und Ganzheit, in Dürr 1990, S. 281. F. Capra: Wendezeit. Bausteine für ein neues Weltbild, München 1988, S. 22 f.

209 Capra 1988, S. 38 f. Vgl. H. Mynarek: Ökologische Religion. Ein neues Verständnis der Natur, München 1986; ders.: Die Vernunft des Universums. Auf der Suche nach den Lebensgesetzen von Kosmos und Psyche, München 1988. Vgl. E. Fromm: Haben oder Sein. Die seelischen Grundlagen einer neuen Gesellschaft, Stuttgart 1976, z. B. S. 12 ff. Fromm (S. 9) empfiehlt ausdrücklich den rechtsextremen französischen Philosophen und Anhänger von Telepathie und Parapsychologie, Gabriel Marcel, und dessen Buch »Sein und Haben« von 1935 (deutsch 1954).

210 Die Quellen über germanische Religiosität sind unsicher und politisch gefärbt, z. B. die »Germania« des Tacitus. Die meisten Vorstellungen über germanische Mythologie sind Erfindungen der Gotik, der Romantik und der völkischen Bewegung.

211 P. de Lagarde: Ueber das verhältnis des deutschen Staates zu theologie, Kirche und religion, Göttingen 1873, S. 22 f. Zit. n. der Originalorthographie. Die Schrift entstand im wesentlichen 1859. Vgl. a. ders.: Deutscher Glaube, Deutsches Vaterland, Deutsche Bildung, Jena 1925 (Verlag Eugen Diederichs), z. B. S. 3–5. – Zur damals üblichen Identifizierung von Judentum und kapitalistischen Mißständen vgl. auch F. Stern: Kulturpessimismus als politische Gefahr, Bern 1963, S. 90 f. – Vgl. H.-P. Obladen: Waldsterben im 19. Jahrhundert. Zur Geschichte eines aktuellen Problems, in: »Ästhetik und Kommunikation«, Heft »Deutsche Mythen«, 1984.

212 H. St. Chamberlain: Die Grundlagen des neunzehnten Jahrhunderts, München 1899, S. 404; S. 443. Den Begriff »Judaochristentum« oder »Judäochristentum«, den die »Neue Rechte« um Benoist und Hunke wiederentdeckt hat, benutzte bereits Chamberlain, als er von der »judaeo-christliche(n) Religion« (1899, S. 682) sprach.

213 Vgl. H. Eichberg: Abkopplung, 1987. Vgl. H. Eichberg: Kommen die alten Götter wieder?, 1984, wo er sich auch z. B. auf Hermann Wirth bezieht, den religiösen Germanenmystiker und zeitweiligen Chef der SS-Organisation »Ahnenerbe«; zit. S. 27; S. 35; S. 42.

214 H. St. Chamberlain: Grundlagen, a. a. O.; S. Hunke: Europas andere Religion, Düsseldorf 1969; A. de Benoist: Die Religion der Menschenrechte, in: Krebs 1988.

215 H. St. Chamberlain 1921, S. 716.

216 S. Hunke: Das Ende des Zwiespalts, Bergisch Gladbach 1971, S. 101. Im Erscheinungsjahr dieses Buches wurde Hunke zur Vizepräsidentin der nazistischen Sekte »Deutsche Unitarier Religionsgemeinschaft e. V.« gewählt. Dies.: Kampf um Europas religiöse Identität, in: Krebs 1988, S. 81.

217 Vgl. »esotera«, Nr. 10/1988, S. 20–22.

218 Capra 1988, S. 324; S. 338; S. 329; S. 331; S. 403 ff; S. 406. – C. G. Jungs »kollektives Unbewußtes«, das heute im New Age, nicht nur bei Franz Alt, wiederauferstanden ist, war vom Erfinder als völkische Kategorie gedacht. R. Jäckle, S. 89 f, zitiert z. B. einen Text Jungs aus dem Jahre 1934: »Das arische Unbewußte hat ein höheres Potential als das jüdische; ... Meines Erachtens ist es ein schwerer Fehler der bisherigen medizinischen Psychologie gewesen (er meint Sigmund Freud, P. K.), daß sie jüdische Kategorien, die nicht einmal für alle Juden verbindlich sind, unbesehen auf den christlichen Germanen oder Slawen anwandte. Damit hat sie nämlich das kostbare Geheimnis des germanischen Menschen, seinen schöpferisch ahnungsvollen Seelengrund als kindisch-banalen Sumpf

erklärt. ... Wo war die ungeheure Spannung und Wucht, als es noch keinen Nationalsozialismus gab? Sie lag verborgen in der germanischen Seele, in jenem tiefen Grunde, der alles andere ist als der Kerichtkübel unerfüllbarer Kinderwünsche und unerledigter Familienressentiments.« Dieselbe Position vertritt auch Mynarek 1988.

219 Dürr 1990, Vorwort, S. 10; C. F. v. Weizsäcker: Parminedes und die Quantentheorie. Naturgesetz und Theodizee, in Dürr 1990, S. 261; P. Jordan: Die weltanschauliche Bedeutung der modernen Physik, in Dürr 1990, S. 227. Vgl. M. Berman: Wiederverzauberung der Welt, München 1983.

220 Jordan, S. 227. M. Planck: Religion und Naturwissenschaft, in Dürr 1990, S. 23. Planck wendet sich deutlich gegen eine Spiritualisierung der Physik, daher auch Dürrs Kritik an ihm.

221 Der Goldmann-Verlag gehört zur Bertelsmann-Gruppe. In einem Gebäude an der Rue Pierre le Grand in Paris, in dem die Bertelsmann-Tochter »Gruner und Jahr« ihr Quartier hatte, residierten lange Zeit gleichzeitig die Redaktionen führender französischer Zeitschriften der »Nouvelle Droite« um Alain de Benoist.

222 Mynarek 1988, S. 31; ders. 1986, S. 171; S. 39; S. 90; S. 157; S. 158.

223 Mynarek 1986, S. 212 f; ders. 1988, S. 293; S. 144.

224 Bahro 1987, S. 21; S. 493; S. 337; S. 455.

225 Vgl. z. B. P. de Lagarde: Deutsche Politik und Religion, S. 69 f.

226 Vgl. G. Mosse: »Ein Volk Ein Reich Ein Führer. Die völkischen Ursprünge des Nationalsozialismus«, Königstein 1979. Er geht insbesondere auf den »germanischen Glauben« als den damaligen Respiritualisierungsversuch ein.

227 Vgl. z. B. P. de Lagarde: Die Religion der Zukunft. Erster Band der Deutschen Schriften, Ostern 1878, zit. n. ders.: Deutsche Schriften, München 1934, S. 253 (Ablehnung der religiösen Beziehung auf die Natur); S. 272 (Kritik der Weltflucht des Katholizismus); S. 277 (Deutscher Glaube zeige sich in Buchen und Eichen). Vgl. J.-J. Anstett: Paul de Lagarde, in: The Third Reich, S. 190.

228 Chamberlain 1899, S. 670; S. 1044; S. 654; ders. 1921, S. 757; ders. 1899, S. 288; S. 659 f; S. 1057; S. 1104; S. 1105. Zum »Yin und Yang« vgl. a. Chamberlains »Kant«-Buch, 1921, S. 292 ff, über die Naturmystik der »altarischen Inder« und der Naturvölker.

229 Chamberlain 1899, S. 1104; zum Pantheismus S. 1115. – Seinen Rassismus als den zweiten Kern der »Grundlagen des neunzehnten Jahrhunderts« kann er kaum durchhalten. Immer wieder muß er ihn an kulturelle Erscheinungen binden, denn alle Versuche, den »Arier« über blonde Haare, blaue Augen usw. zu definieren, scheitern. Selbst die Definition über die Schädelform, die im Nationalsozialismus gängig wurde und die der »Deutsche Unitarier«-Papst Wilhelm Hauer noch in den sechziger Jahren vertrat, verlangt nach Ausnahmen, weil Chamberlain ihm positiv erscheinende Kulturgrößen als »Arier« retten möchte, die der rassistischen Schädel-Norm nicht entsprechen.

230 H. St. Chamberlain: Dilettantismus, Rasse, Monotheismus, Rom. Vorwort zur 4. Auflage der Grundlagen des XIX. Jahrhunderts, München 1903, S. 66. – Duns Scotus: ein voluntaristischer mittelalterlicher Franziskaner-Mystiker, der heute z. B. beim Evangelikalen Borowski (vgl. Kap. 2) hoch im Kurs steht. Die durch Duns‹ Nachfolger chaotisierte Ideologie des Scotismus löste im Franziskaner-Orden den Augustinismus ab. »unitas ineffabilis«: ein Begriff des römischen Kirchenvaters Augustinus, das »unaussprechliche Eine«, der etwa den Heiligen Geist der Pneumatologie bezeichnet. Es ist erstaunlich, daß Chamberlain hier einen Ausdruck des in Nordafrika missionierenden Augustin verwendet, den er ansonsten abfällig als »afrikanischen Mestizen« für die »Verjudung« und Orientalisierung des »germanischen« Christentums verantwortlich macht, so wie Hunke heute, die von »dem Afrikaner« spricht, wenn sie Augustin meint.

231 P. E. Schlund: Neugermanisches Heidentum im heutigen Deutschland, Reprint der 2. Auflage (München 1924) als Heft 4 der Irmin-Edition, hrsgg. von der Arbeitsgemeinschaft für Religions- und Weltanschauungsfragen (F.-W. Haack), München o. J. (80er Jahre), S. 51. Wie Künneth, so war auch Schlund ein christlicher Antisemit und stimmte den anfänglichen Verfolgungsmaßnahmen der Nazis gegen Juden zu.

232 Die Dr. Lothar Rossipaul Verlagsgesellschaft München gibt alljährlich den von Jens Ditt-

mar bearbeiteten Buchkatalog »Lebenshilfe und Esoterik« heraus, der New Age-Literatur zahlreicher deutschsprachiger Verlage vorstellt und laut Impressum »von mehr als 600 Buchhändlern« in der Bundesrepublik Deutschland, Österreich und der Schweiz »kostenlos an Kunden abgegeben« wird. – DG-Flugblatt zit n.: Deutschland-Berichte der Sozialdemokratischen Partei Deutschlands (Sopade) 1934–1940, Frankfurt a. M. 1980, 2. Bd. 1935, S. 237.

233 Eichberg 1978, S. 203; ders. 1984, S. 22; S. 36.

234 S. Hunke: Europas andere Religion, Düsseldorf 1969, S. 500; S. 501. Dies.: Vom Untergang des Abendlandes zum Aufgang Europas, Rosenheim 1989.

235 »elemente«, Nr. 1/1986, S. 5 ff.

236 A. de Benoist: Heide-Sein zu einem neuen Anfang, Tübingen (Grabert-Verlag) 1982. G. Faye: Die neuen ideologischen Herausforderungen, in: P. Krebs (Hrsg.): Mut zur Identität. Alternativen zum Prinzip der Gleichheit, Struckum (im Ludendorffer-»Verlag für ganzheitliche Forschung und Kultur«) 1988, S. 218 und S. 231. – »Surhumanismus«: Ein aus dem Französischen schlecht übersetzter Ausdruck, der in etwa bedeuten soll: gegen »die Fesseln des Egalitarismus und der tausendjährigen Ideologie des okzidentalen Humanitarismus« (S. 217) gerichtet.

237 Nach Luthers Gnaden-Automatik geht ins Himmelreich ein, wer nur stark genug an Christus glaubt. Der Glaube ist der entscheidende Schlüssel, nicht das ethische Handeln auf Erden. So wurde die ethisch disziplinierende Lehre von der Sündhaftigkeit des Menschen ausgehebelt, mit faustischen Folgen. – Im November 1993 wurde an den 500. Geburtstag des Paracelsus erinnert, vgl. »Frankfurter Allgemeine Zeitung« 10. 11. 1993. Die Deutsche Bundespost brachte eine Sonderbriefmarke mit dem Bild des Paracelsus und Tierkreiszeichen heraus. – Mohler 1950, S. 71 f.

238 Mynarek 1986, S. 159.

239 Capra 1988, S. XI; S. 488; S. 5; S. 6.

240 Chamberlain 1899, S. 482; ders.: »Goethe«, zit. n. d. Volksausgabe 1932, S. 716; ders. 1899, S. 907; S. 1103; ders. 1921, S. 288; ders. 1899, S. 1045.

241 Capra 1988, S. 388.

242 G. Schiwy: Teilhard de Chardin, München 1981, S. 208. Schiwy ist Teilhard-Anhänger, verschweigt in seiner Biographie aber nicht die heute negativ wirkenden Seiten seines Vorbildes. – Vgl. G. Lukács: Zerstörung der Vernunft. Der Weg des Irrationalismus von Schelling zu Hitler, Berlin 1954.

243 Chamberlain 1899, S. 1086; S. 1044. Weizsäcker in Dürr 1990, S. 239.

244 J.-P. Regelmann: Systemtheorie und Krise. Betrachtungen über die historischen Zusammenhänge zwischen Politik, Wissenschaft und der Sinn-Sucht nach der Weltanschauung, in: ders. u. E. Schramm, S. 77. – W. I. Lenin: Materialismus und Empiriokritizismus. Kritische Bemerkungen über eine reaktionäre Philosophie; vgl. dort v. a. »Kapitel V: Die neueste Revolution in der Naturwissenschaft und der philosophische Idealismus«. Zit. n. d. deutschen Ausgabe des Verlags für fremdsprachige Literatur, Moskau 1947.

245 Küenzlen 1988, S. 246.

246 Lukács, S. 69 f; S. 71.

247 P. Forman: Weimar Culture, Causality, and Quantum Theory, 1918–1927: Adaptation by German Physicists and Mathematicians to a Hostile Intellectual Environment, in: Historical Studies in the Physical Sciences 1971, S. 1–115. Forman stützt sich auf eine vorherige Arbeit von M. Jammer: The Conceptual Development of Quantum Mechanics, New York 1966, und seine eigene Dissertation: P. Forman: The Environment and Practice of Atomic Physics in Weimar Germany, Merkeley 1967. In der Einschätzung des kulturell-politischen Milieus der Weimarer Republik stützt er sich auch auf Sontheimer und Lukács. – Forman benutzt das deutsche Wort »Entseelung« (S. 11) und verweist im übrigen auch, aber nur am Rande, auf H. St. Chamberlain, O. Spann, E. Spranger und M. Heidegger als Mitverantwortliche für diese Vorwürfe und das antirationale Klima, vgl. S. 102, S. 21, S. 40 u. S. 34. – Das Argument, daß sich vor allem auch Forscher jüdischer Herkunft im antisemitischen Klima an das ganzheitliche Denken der hegemonialen Lebensphilosophie überanpaßten, so, wie viele deutsche Juden mit ihren Weltkriegs-Orden auf ihren Patrio-

tismus verweisen wollten, um damit ein Gegengewicht zum deutsch-völkischen Antisemitismus zu setzen, bringt Forman nicht.

248 U. Geuter: Die Professionalisierung der deutschen Psychologie im Nationalsozialismus, Frankfurt a. M. 1984, S. 85–99, hier S. 95.

249 Forman, S. 16. Neben Lukács und Sontheimer stützt sich Forman in der Einschätzung des geistigen Klimas im Deutschland der zwanziger Jahre auf P. Gay: Weimar Culture: The Outsider as Insider, New York 1968, und F. K. Ringer: The Decline of the German Mandarins. The German Academic Community 1890–1933, Cambridge, Mass. 1969.

250 In Forman, S. 12 f. Übersetzung Verf. – Zur Verfälschung des Deterministen Einstein und zum Ausspielen des älteren (religiösen) gegen den jüngeren (materialistischen) Einstein zugunsten eines idealistischen, kosmisch-pantheistischen Weltbildes vgl. F. Herneck: Einstein und sein Weltbild, Berlin (DDR) 1976.

251 Vgl. z. B. Krebs 1988, S. 372; S. 380. Lenin, S. 312. – Der ursprünglich aus der Résistance kommende Ideologe der »Nouvelle Droite« Julien Freund, heute Autor in fast allen »neurechten« Publikationen und Herausgeber der von Sorel gegründeten Sammlung »Le Devenir Social«, hielt 1975 bei der von Armin Mohler geleiteten Siemens-Stiftung einen Vortrag über Sorel, interessanterweise auf Vermittlung von Thomas Nipperdey, der sich in besonderer Weise um die Religion als Integrationsinstanz bemüht. Mohler selbst schrieb ergänzend zu dem als Broschüre der Siemens-Stiftung erschienenen Vortrag eine Kurzbiographie und Bibliographie Sorels, vgl. P. Kratz, 1991b. Sorels interessanter Beitrag zu unserem Thema kann hier leider nicht weiter ausgeführt werden. – Vgl. A. Steil: Die imaginäre Revolte. Untersuchungen zur faschistischen Ideologie und ihrer theoretischen Vorbereitung bei Georges Sorel, Carl Schmitt und Ernst Jünger, Marburg 1984; J. J. Roth: The roots of Italien fascism: Sorel and Sorelismo, in: The Journal of Modern History (Chicago), Jg. 39, 1967, S. 30–45; Michael Freund: Georges Sorel. Der revolutionäre Konservatismus, Frankfurt 1972; M. Curtis: Three against the Third Republic. Sorel, Barrès and Maurras, Princeton, N. J., 1959.

252 Capra 1988, S. 82; S. 84; S. 47. – Hunke 1969, S. 485 f (verfälschend); S. 486; S. 489. – R. Künast: Empirische Wissenschaften zur Gleichheitslehre, in: Krebs 1981, S. 277. Der Gründer des Grabert-Verlages, Herbert Grabert, war in der »Deutschen Glaubensbewegung« Wilhelm Hauers aktiv. – Krebs 1988, S. 36. – Vgl. W. Heisenberg: Der Teil und das Ganze. Gespräche im Umkreis der Atomphysik, München 1969; ders.: Physik und Philosophie, Stuttgart 1959; ders.: Die Einheit des naturwissenschaftlichen Weltbildes, Leipzig 1942.

253 Grußadressen für Ernst Krieck in: Volk im Werden, Jg. 1942, S. 146.

254 K. B. Ritter: Religiöse Grundeinstellung der Jugend, in: A. Moeller van den Bruck, H. von Gleichen und M. H. Boehm (Hrsg.): Die Neue Front, Berlin 1922, S. 95; S. 92. – A. Dietrich: Wissenschaftskrisis, in: ebd., S. 149, 168 f.

255 Zeitschrift »Volk im Werden«, Jg. 1942, S. 175; S. 177; Weizsäckers Artikel S. 95–105.

256 Thomas Görnitz: Carl Friedrich von Weizsäcker. Ein Denker an der schwelle zum neuen Jahrtausend, Freiburg 1992, S. 119; S. 125.

257 Weizsäcker zit. n. R. Wisser: Verantwortung im Wandel der Zeit, Mainz 1967, S. 202. – H. Korch: Zur Kritik des physikalischen Idealismus C. F. v. Weizsäckers, Berlin (DDR) 1959. Korch sieht hier bereits die Notwendigkeit einer linken Auseinandersetzung mit dem, was heute als New Age Breitenwirkung entfaltet hat, und kritisiert die Untätigkeit und Flachheit der Nachkriegs-Linken in der Auseinandersetzung mit dem physikalischen Idealismus. Allerdings läßt er die spirituelle Dimension des physikalischen Idealismus außen vor, weil er 1959 wohl deren kommende Bedeutung im New Age nicht sehen konnte.

258 F. Capra: Das Tao der Physik, München 1984, S. 62 f.

259 Ph. Lenard: Deutsche Physik, München 1936, zit. n. 3. Aufl. 1943. Vgl ders.: Große Naturforscher. Eine Geschichte der Naturforschung in Lebensbeschreibungen, München 1929, zit. n. 6. Aufl. 1943, in dem Lenard J. C. Maxwell zum Vertreter ganzheitlichen Denkens auf der Basis der »Einheit des Äthers« macht, S. 305. – Das Ziel der »Deutschen Physik« nicht verstanden hat Marie-Luise Heuser: »Was grün begann endete blutigrot«, in: D. Hassenpflug (Hrsg.):Industriealismus und Ökoromantik. Geschichte und Perspekti-

ven der Ökologisierung, Wiesbaden 1991, S. 43–64. Heuser begreift ebenfalls den Faschismus nicht als Ideologie zur Absicherung der Gesellschaftsmodernisierung. Vgl. Schweidlenka 1989 (S. 39 f), der den Zusammenhang zwischen der ersten »New Age«-Bewegung der Völkisch-Religiösen und der industriellen Modernisierung durch den Faschismus ebenfalls nicht versteht.

260 E. Krieck: Leben als Prinzip der Weltanschauung und Problem der Wissenschaft, Armanen-Verlag Leipzig 1938. Chamberlain 1899, S. 129.

261 Heisenberg hatte kein Problem, sich auf Einstein zu beziehen, und wurde deshalb zeitweise als »Geist von Einsteins Geist« und als »der Ossietzky der Physik« angegriffen, z. B. in »Das Schwarze Korps« vom 15. 7. 1937, zit. n. R. Wistrich: Wer war wer im Dritten Reich, München 1983, S. 117. Unter nazistischen Ideologen fand eine heftige Kontroverse um die Physik statt, die schließlich aufgrund der Perspektive »Atombombe« zugunsten des Heisenberg-Kreises entschieden wurde, dessen weltanschauliche Ideen sich – ungeachtet des »Problems« Einstein – auf der Basis des Organizismus dann doch in die NS-Ideologie integrieren ließen. – Wir wollen keinesfalls behaupten, Lenards fast schon pantheistisches Äther-Konzept sei nur eine andere Formulierung der neueren Physik, insbesondere der Relativitätstheorie, im ideologischen Gewand des »Ariertums« gewesen. Aber die ideologischen Verfälschungen und Interpretationen der neueren Physik haben einen gemeinsamen Grund mit Lenards pantheistischer Umformung des Äthers: der Kampf gegen den Dialektischen Materialismus mit Hilfe »naturwissenschaftlicher« Unterstützung. – Auch ist zu bedenken, daß Lenard und Chamberlain durchaus mechanistische Anteile in ihrem Denken hatten, sich im Übergang von mechanistischen zum holistischen Weltbild befanden.

262 H. St. Chamberlain: Natur und Leben. Hrsgg. von Jakob von Uexküll, München 1928, S. 11. – Vgl. Mynarek 1988; Krebs 1981.

263 Chamberlain 1928, S. 102; S. 32; S. 105; S. 96; S. 101; S. 132. Vgl. Capra 1988, S. 324. Chamberlain 1928, S. 136.

264 Chamberlain 1928, S. 45; S. 50; S. 74. Daß Chamberlain noch am Anfang ganzheitlichen Denkens steht, wird hier in seiner Trennung von »beiden« und der Idee der »Bürgschaft« der »beiden« füreinander deutlich. Heutiges ganzheitliches Denken sieht »beide« als Eines, weil Teil des einen kosmischen, pantheistischen Transzendenten.

265 Chamberlain in einem Brief vom 7. 10. 1923 an Adolf Hitler, zit. n. G.-K. Kaltenbrunner: Houston Stewart Chamberlains germanischer Mythos, in: »Politische Studien. Zweimonatsschrift für Zeitgeschichte und Politik«, 18. Jg., 1967, S. 568–583, hier: S. 583.

266 Vgl. Kratz 1990.

267 Peinliche Verwechslungen der beiden Jacob von Uexküll finden sich tatsächlich immer wieder. So meint Maria Wölflingseder, der ältere von beiden, der schon 1944 starb, habe den »Alternativen Nobelpreis« gestiftet, in: M. Wölflingseder: Von oben oder von unten? Eine Studie über gesellschaftliche Veränderungen aus der Sicht Paulo Freires und Fritjof Capras unter besonderer Berücksichtigung gegenwärtiger New Age-Strömungen, Diss. Phil., Universität Wien 1991, S. 192. – Einladungsschreiben der »Jugend- und Bildungsstätte Klingberg der Deutschen Unitarier« vom 11. 2. 1991 für das »Osterseminar: Perspektiven einer ökologischen Politik im geeinten Europa.«

268 J. Smuts: Die holistische Welt, 1938. In der uns vorliegenden Originalausgabe der deutschen Ausgabe sind die zitierten Stellen Meyer-Abichs nach dem 8. Mai 1945 überklebt worden, ließen sich jedoch gut – gegen das Licht gehalten – lesen. Die Praxis des Überklebens offen faschistischer Textstellen findet sich in öffentlichen Bibliotheken häufig.

269 F. S. Crafford: Jan Smuts. A Biography, New York 1945, zit. S. 225 ff. – R. P. Stevens: Weizman and Smuts, Beirut 1975. Übersetzung vom Verf. Die von der Universität von Kuwait finanzierte und vom »Institute for Palestine Studies« herausgegebene Studie ist politisch gegen Israel gerichtet und sieht die Unterstützung der Errichtung und Existenz Israels durch Smuts und Südafrika als eine Maßnahme rechtsextremer Unterstützung für den völkischen Zionismus. Wir beziehen uns hier nur auf die von Stevens geschilderten Fakten über Smuts. – Die Studie von Stevens zeigt jedoch in unserem Sinne etwas anderes: Die vom (Neo-) Faschismus behaupteten ideologischen Unterschiede zwischen einem

»dualistischen Juden« (wie hier Weizman) und einem »ganzheitlich-holistischen Arier« (wie hier Smuts) spielen in der praktischen Politik keine Rolle mehr, wenn der Imperialismus sich zur Verfolgung seiner Ziele sowohl das Judentum als auch den Holismus nutzbar machen kann – eine praktische Art von »Einheit in der Vielheit« der Ideologien.

270 Lenin, S. 273; S. 336; S. 271.

271 Diesen Aspekt des Heroischen Realismus als Folge von Ganzheitsideologie in Verbindung mit Selbstvergöttlichung sieht Wölflingseder überhaupt nicht, da bei ihr die religiöse Seite des New Age gänzlich unterbelichtet bleibt.

272 Wölflingseder, S. 41; S. 47.

273 J. Langbehn: Rembrandt als Erzieher, 1890, S. 153. Langbehns Buch, das wir hier nicht näher behandeln können, gehört ebenfalls zu den herausragenden »New Age«-Werken der letzten Jahrhundertwende. Vgl. G. Mosse 1979, S. 49 ff, und D. Mendlewitsch 1988, S. 74–115. Vgl. Langbehns posthum erschienenes Buch »Der Geist des Ganzen«, Freiburg 1933.

274 P. de Lagarde: »Deutsche Politik und Religion«, S. 25. Vgl. J.-J. Anstett, a. a. O., der aus Lagardes »Die Reorganisation des Adels« zitiert: »No nation can do without an organic structure; the mechanical division which the State effects and requires does not replace the structure that comes from natural evolution an growth« (S. 158). – Zu Diederichs vgl. Lutzhöft, S. 219. – Mendlewitsch, S. 129.

275 Lagarde zit. n. Mendlewitsch, S. 139. Mendlewitsch, S. 140; vgl. S. 141; S. 155. Mendlewitsch nennt in ihrem Buch das New Age nicht. – Vgl. Mynarek 1986.

276 F. Stern, S. 265. – E. Krieck in »Volk im Werden«, Jg. 1942, S. 113.

277 Chamberlain 1921, S. 325; S. 327. Capra 1991, S. 309. Chamberlain 1899, S. 341. – Vgl. J. Réal: The Religious Conception of Race: Houston Stewart Chamberlain and Germanic Christianity, in: The Third Reich, S. 252 f.

278 Chamberlain 1928, S. 96; S. 124; S. 132. Vgl. Mynarek 1988. Chamberlain 1921, S. 294. – Der widersprüchliche Chamberlain lehnt dagegen diese platte Gleichsetzung von Natur und Vernunft in seinem »Kant«-Buch ab. Das Buch argumentiert in der Folge der neukantischen Bewegung der Jahrhundertwende erkenntniskritisch und verfährt deshalb anders als manch erkenntnistheoretisch ungebildeter New Ager von heute. Chamberlains Descartes- und Kant-Interpretationen erscheinen in einer zwischen ganzheitlichem und mechanistischem Weltbild ständig unentschlossen schwankenden Argumentation zu pendeln, kommen jedoch – da er Kant (wie auch Descartes) als »Arier« und »Germanen« und daher als Vertreter des Organizismus retten will – schließlich zu einer vermittelnden Position, in der Descartes – und in seiner Fortentwicklung Kant – als »arische« Urväter ganzheitlichen bzw. pantheistischen Denkens vorgestellt werden.

279 Mynarek 1986, S. 165; ders. 1988, S. 43; S. 25 f. Chamberlain 1921, S. 293 f.

280 J. v. Uexküll: Staatsbiologie, zit. n. 2. Aufl. 1933, S. 48. Capra 1988, S. 51 f.

281 Im New Age wie in der faschistischen Literatur, bei Hunke gleichermaßen wie in Rosenbergs »Mythus des zwanzigsten Jahrhunderts« (S. 145, S. 255), auch bei nazistischen Sekten wie den »Deutschen Unitariern«, wird immer wieder darauf verwiesen, daß die ersten Christen bei den Germanen »Arianer« gewesen seien und das »arianische Christentum« erst vom römisch-jüdischen hätte zurückgedrängt werden müssen. Das »arianische Christentum« des beginnenden Mittelalters zeichnete sich nach diesen Darstellungen durch eine einheitliche (statt dreiheitliche: Gottvater, Sohn und Heiliger Geist) Gottesvorstellung aus, dessen Nachfolge offenbar das pantheistische »Deutsche Christentum« der völkischen Bewegung antreten wollte.

282 F. Capra: Das neue Denken, München 1987, S. 91; ders. 1988, S. 293; S. 314. Mynarek 1988, S. 176. Capra 1988, S. 315. Chamberlain 1921, S. 327.

283 Vgl. Fromm, 65; S. 126. Volk im Werden, Jg. 1942, S. 45; S. 111; S. 46; Krieck 1938, S. 30.

284 S. Hunke 1969, S. 459 f. Chamberlain 1899, S. 614–620.

285 Vgl. z. B. Capra 1988, S. 433; G. R. Bach und H. Molter: Psychoboom. Wege und Abwege Moderner Therapie, Reinbek 1979, das bereits die New Age-Ansätze der Humanistischen Psychologie und hierbei insbesondere auch das kalifornische Esalen-Institut kritisch

behandelt. Über die gestaltpsychologischen Ziele des Esalen-Gurus Fritz S. Perls schrieb »Der Spiegel«, Nr. 41/1983, S. 275: »Jeder einzelne müsse zu der in seiner Natur archetypisch angelegten, ganzheitlichen ›Gestalt‹ als Lebensform finden.« – Das Buch von Bach und Molter, eines der ersten neuen, das dem New Age gegenüber kritisch argumentierte, ohne daß dieser Begriff bereits bekannt gewesen wäre, erschien interessanterweise zuerst 1976 im Eugen Diederichs Verlag, der in den zwanziger Jahren ebenso groß im Geschäft mit Publikationen des ersten, deutsch-völkischen »New Age« und der neuheidnischen Konservativen Revolution war wie heute mit solchen des New Age, und heute auch wieder nachgedruckte Neuausgaben des zwanziger Jahre-»New Age« bringt. Arno Klönne, der sich von uns in unserem Sammelband »In bester Gesellschaft« (Hethey u. Kratz 1991) in die Nähe der Konservativen Revolution gestellt sieht – zu Unrecht, wie er meint; aus einem Mißverständnis seinerseits heraus, wie wir meinen –, veröffentlichte in den achtziger Jahren bei Diederichs. Interessant ist in diesem Zusammenhang, daß der nazistische »Schamane« Hermann Wirth 1928 bei Diederichs sein Buch »Aufgang der Menschheit. Untersuchungen zur Geschichte der Religion, Symbolik und Schrift der atlantisch-nordischen Rasse« veröffentlichte, Werner Georg Haverbeck sich als Schüler Wirths sieht und 1985 ein »Hermann-Wirth-Symposium« im »Collegium Humanum«, Haverbecks Tagungshaus für Rechtsextremisten, abhielt (vgl. Gugenberger u. Schweidlenka, S. 127) und Klönne in den siebziger Jahren im Vorstand des »Collegium Humanum«, saß (vgl. Hethey u. Kratz, S. 23).

286 Krieck in »Volk im Werden«, Jg. 1942, S. 11. W. Metzger: Der Auftrag der Psychologie, ebd., S. 133–144. F. S. Perls u. P. Baumgardner: Das Vermächtnis der Gestalttherapie, Stuttgart 1990, S. 192. Vgl. A. Zurek: Psychotherapie und Entfremdung, in: Verhaltenstherapie und psychologische Praxis (Ztschft.), Nr. 4/1992, S. 433–456.

287 Der Begriff der »Not-Wende« als einer Wende aus gegenwärtiger Not ist zentral in der völkischen Religiosität. Als »Not« ist hier immer die »westliche« oder »jüdische Überfremdung« mit ihren angeblichen politisch-ökonomisch-militärischen und psychischen Folgen gemeint.

288 Capra 1987, S. 32. Metzger, S. 138 f. Mynarek 1986, S. 90; S. 63. Metzger S. 139; S. 136; S. 140; S. 143.

289 W. Prinz: Ganzheits- und Gestaltpsychologie und Nationalsozialismus, in: C. F. Graumann (Hrsg.), S. 89–111, hier S. 103.

290 Krebs 1988, S. 358. Mynarek 1986, S. 171; S. 213; ders. 1988, S. 232. Capra 1988, S. 322; S. 317.

290a F. Capra: Ganzheit, Gesundheit und Friede, in: Tübinger Ärzteinitiative gegen den Krieg: Unser Eid auf das Leben verpflichtet zum Widerstand. Dokumentation des 4. Medizinischen Kongresses zur Verhinderung eines Atomkrieges 1984 in Tübingen, Tübingen o. J.

291 Capra 1988, S. 312. Mynarek 1988, S. 32 ff; S. 43. Uexküll 1933, S. 59 ff. Eichberg 1986, S. 264.

292 K. Sontheimer: Antidemokratisches Denken in der Weimarer Republik, Frankfurt a. M. 1968, S. 256. – W. Becher: Der Blick aufs Ganze. Das Weltbild Othmar Spanns, München 1985, S. 13; S. 135. – Zu W. Becher vgl.: G. Herde und A. Stolze: Die Sudetendeutsche Landsmannschaft, Köln 1987. K. Hirsch: Rechts von der Union. Personen, Organisationen, Parteien seit 1945. Ein Lexikon, München 1989, S. 184–187, S. 352 f.

293 Krebs 1988, S. 12 f; S. 21.

294 Capra 1988, S. 313; S. 311. Smuts, S. 355; S. 353.

295 Maslow zit. n. Schorsch 1988, S. 50. Fritzsch zit. n. Schorsch 1986, S. 269. Capra 1988, S. 298 f. Vgl. Smuts, S. 142 f; S. 353.

296 Chamberlain 1899, S. 659 f; ders. 1928, S. 124 f; S. 132.

297 Capra 1988, S. 2 f; S. 320. Krieck in »Volk im Werden«, Jg. 1942, S. 54. – D. Bohm: Fragmentierung und Ganzheit, in: Dürr 1990, S. 278; S. 280 f.

298 Smuts, S. 150. Bohm, S. 281 f.

299 Metzger, S. 140. – Weshalb Physiker, die gerade ihr Weltbild selbst zerstört haben, und herrische Faschistinnen, deren Weltbild am 8. Mai 1945 von »Untermenschen« beendet wurde, so wenig konfliktfähig sind, daß sie Harmonie ideologisch erzwingen wollen, ist

eine interessante psychologische Frage, der wir jedoch hier nicht nachgehen werden.

300 S. Hunke: Das nach-kommunistische Manifest. Der dialektische Unitarismus als Alternative, Stuttgart 1974, S. 205; S. 199; S. 201; S. 185; S. 229.

301 Chamberlain 1899, S. 1050. Schlund, S. 45. Hunke 1969, S. 466; S. 468; S. 334. H. E. Ulrich: Von Meister Eckhardt bis Carlos Castaneda, Frankfurt a. M. 1986, S. 135 f. Hunke 1969, S. 400.

302 Lenin S. 371 ff. Däniken in »esotera«, Nr. 12/1991, S. 11. Mynarek 1986, S. 157; S. 115; S. 159.

303 Capra 1988, S. 465. Fromm S. 51. Bahro 1987, S. 194 f; S. 153.

304 Mynarek 1988, S. 257. Capra 1988, S. 403–408.

305 Chamberlain 1921, S. 362; S. 775; S. 752; S. 723; ders. 1899, S. 1120.

306 Hunke 1969, S. 9; dies. 1989, S. 9; S. 7. Chamberlain 1899, S. 1111; S. 1122 f; ders. 1932 S. 728. Hunke 1969, S. 462 f.

307 Spangler zit. n. Schweidlenka 1989, S. 67.

308 Hunke 1969, S. 493. – Alain de Benoist sieht in der Menschenrechtsdeklaration eine moderne Form der mosaischen Gesetzestafeln, mit denen die Menschen zu einem Einheitsbrei »Menschheit« gerührt werden sollten, damit die jüdische Weltherrschaft besser über sie herfallen könne, vgl. A. de Benoist: Die Religion der Menschenrechte, in: Krebs 1988. Der gänzlich überschätzte Benoist ist keineswegs originell in der Erfindung dieses Unsinns, dieselben Gedanken finden sich z. B. bereits 1899 in Chamberlains »Grundlagen des neunzehnten Jahrhunderts« (z. B. S. 526–536, z. B. 837–858), ein Buch, das die »Neue Rechte« – meist ohne Chamberlain zu nennen – bis zum letzten Gedanken ausgeschlachtet hat. Als wörtliche Vorwegnahme des 1988er Artikels von Benoist schrieb Chamberlain 1899 (S. 1015): »Die déclaration des droits de l'homme ist ein religiöses Bekenntnis.« Der heutige Kopf des europäischen Neofaschismus Alain de Benoist entpuppt sich hier als Plagiator, der nicht einmal die Quellen »seiner« Gedanken angibt.

309 Krieck 1942, S. 49–51; S. 54 f; ders. 1938, S. 23.

310 S. Hunke: Kampf um Europas religiöse Identität, in: Krebs 1988, S. 79; S. 81. Fromm, S. 120 ff.

311 Spranger, S. 275; S. 287; S. 295 f; S. 297; S. 311 f.

312 Bahro 1987, S. 20 f. Capra 1988, S. 3. Spranger S. 294. Mynarek 1986, S. 186. Fromm S. 11; S. 29; S. 109 f. Rosenberg S. 217–277. Haberer S. 31. – Wenn das »Philosophische Wörterbuch« von Klaus und Buhr (Leipzig 1969, S. 754) Eckhart »und vor allem Böhme« wegen ihres Pantheismus unreflektiert zu einer »linken, progressiven Mystik« rechnet, kann man nur den Kopf schütteln; nicht einmal in historischer Betrachtung ist die gotische Mystik »links«, wie man an ihren Beiträgen zum Imperialismus der Kreuzzüge ersehen kann.

313 Smuts S. 9; S. 340; S. 355; S. 142.

314 A. Bachmann und M. Schaeffer (Hrsg.): Neue Wege – neue Ziele. Denkanstöße und Orientierungshilfen in der Wendezeit, München 1990. Mit Beiträgen von F. Capra, F. Vester, R. Jungk, M. Gorbatschow, R. v. Weizsäcker, O. Lafontaine, Dalai-Lama, M. Griefahn u. a. Der meist oberflächlich argumentierende Jungk hatte 1974 in der Zeitschrift »Evangelische Kommentare« (Nr. 4, S. 225–228) ein Interview über seine »Zukunftswerkstätten« gegeben (Titel. »Die Verwandlung der Technik«), wo er den abstrakten Lebens-Begriff benutzt, den wir oben darstellten. Über »die kommende Technik«, die er als »evolutionäre, lebendige Technik« haben will, sagt er hier: »Ihre Baupläne wären wesentlich von der Biologie her bestimmt. Eine solche Technik erscheint mir vernünftiger als jene, die dem Lebendigen entgegengestellt wird, ihm fremd, feindlich ist und dann diese Fremde vergewaltigt und unterdrückt.« Er sieht das Technik-Problem analog zur Architektur als ein Problem von »Stilformen«, als gewinne ein gigantomanisches Bauwerk eine andere ökologische Qualität, wenn sein Dach der Statik eines Blattes folgt. Jungk übersieht dabei gänzlich, daß die Statik ja selbst eine Naturwissenschaft ist und die heutigen Baupläne der Technik bereits den Naturgesetzen unterliegen.

315 Jungk in Bachmann und Schaeffer, S. 94; S. 99; S. 95 f. D. Sillescu: Das New Age Buch, Mainz 1986. W. G. Haverbeck: Die andere Schöpfung, Stuttgart 1978. Mynarek 1986, S.

273. R. Jungk: Sein Kampf (Bahro-Rezension), »taz« 29. 10. 1987. – Zu Haverbeck/Kühnen vgl. Verfassungsschutzbericht 1984 des nordrhein-westfälischen Innenministers. Kühnen hatte in dem »Zeitgeist«-Blatt »Tempo« (Februar 1989, S. 84) gesagt: »New Age wirft sehr viele intelligente Fragen auf. Schade, daß die New Age-Intellektuellen Angst vor der Machtfrage haben – wir könnten ihre Weltanschauung gut gebrauchen. Ich habe viele Sympathien für Esoterik. ... Der Mensch wird ganzheitlich, der Sprung vom Homo sapiens zum Homo superior wird möglich.« Vgl. Bahros Zustimmung zum Besuch Erich Frieds bei Kühnen, in: Bahro 1987.

316 Jungk in Haverbeck, S. 2. Haverbeck S. 220; S. 174; S. 9; S. 343; S. 330; S. 346; S. 329; S. 326. – Zu Ziegler vgl. G.-K. Kaltenbrunner in »MUT«, Nr. 292, Dezember 1991, S. 69 f: Kaltenbrunner ernennt Ziegler zum »deutschen Esoteriker« und »Weisen vom Bodensee«, der »in einem Atemzug mit Oswald Spengler, Ludwig Klages und Hermann Graf Keyserling« zu nennen sei und »geistesverwandt« mit Julius Evola »in der Nachfolge Jakob Böhmes« stehe.

317 Haverbeck S. 10. Mynarek 1986, S. 131; S. 139. Hunke 1989, S. 287–295; S. 311; S. 313; S. 218; S. 229. Zum Kampf gegen den »Sündenfall« vgl. Fromm, S. 120 f.

318 Vgl. E. Mayr: Die Biologie des Menschen und das Jahr 2000, in: R. Jungk und H. J. Mundt: Der Weg ins Jahr 2000, München 1968 (Original: Toward the Year 2000, Cambridge/Mass. 1967); vgl. S. 225; S. 228 f.

319 G. v. Uexküll: Können wir überleben?, in: R. Jungk und H. J. Mundt: Deutschland ohne Konzeption?, München 1964, S. 16.

320 Diese Auseinandersetzung, deren Abart wir heute in der Debatte um die Eigenrechte der Natur erleben (vgl. Kratz 1989b), gehörte zu den Hauptbetätigungen der gegen »Rom« gewandten Heidnisch-Völkischen, obwohl es hier um Grundsätze aus dem antiken römischen Recht ging. Vgl. G. Isbary: Ziele einer deutschen Raumplanung, in: Jungk u. Mundt 1964, S. 107. Zum Kampf der Völkischen gegen die Einführung des Römischen Rechts vgl. K. v. See: Deutsche Germanen-Ideologie. Vom Humanismus bis zur Gegenwart, Frankfurt a. M. 1970, S. 49–52.

321 J. Lederberg in R. Jungk und H. Mundt: Das umstrittene Experiment: Der Mensch, München 1966. Zit. n. L. Weß: Die Träume der Genetik, Nördlingen 1989, S. 184–194. Bei diesem von Jungk und Mundt herausgegebenen Buch handelt es sich um die Beiträge eines Kongresses der CIBA-Foundation, der Stiftung des schweizerischen Pharmakonzerns CIBA, im Jahre 1962.

322 Ferguson S. 393. Wölflingseder S. 64 f; S. 147 f. Schweidlenka 1989, S. 70; S. 143. Küenzlen 1988, S. 243.

323 Capra 1987, S. 18. C. F. v. Weizsäcker: Geist und Natur, in: Dürr u. Zimmerli 1991, S. 21 f.

324 Chamberlain 1928, S. 101; ders. 1899, S. 1104; S. 1122; ders. 1921, S. 776; S. 778 f; ders. 1928, S. 74. Lukács, S. 557 ff. – Heute wird der Futurismus in der »Neuen Rechten« wieder reaktiviert, vgl. z. B. G. Accame: Futurismus und Politik, in: »Criticon«, Nr. 96, Juli/August 1986.

325 Vgl. Farías 1989, S. 390. Vgl. dagegen S. Vietta: Heideggers Kritik am Nationalsozialismus und an der Technik, Tübingen 1989, dem Heideggers Vortrag von 1938 »Die Begründung des neuzeitlichen Weltbildes durch die Metaphysik« genügt, den Philosophen als Technikgegner und Kritiker des nationalsozialistischen Modernisierungsschubs darzustellen. – Spengler hatte sich bereits in »Preußentum und Sozialismus« (München 1919) und in »Der Mensch und die Technik. Beitrag zu einer Philosophie des Lebens« (München 1931) für das Faustische ausgesprochen. Vgl. bei Ernst Jünger besonders »Der Arbeiter. Herrschaft und Gestalt«, Hamburg 1931.

326 Zu Mohler vgl. Kratz 1991b. A. Mohler: Wie modern war das Dritte Reich?, in: »Criticon«, Nr. 125, Mai/Juni 1991, S. 137 f. Es handelt sich um eine Rezension des Buches von M. Prinz und R. Zitelmann (Hrsg.): Nationalsozialismus und Modernisierung, Darmstadt 1991. Zitelmann gehört inzwischen selbst zu den Nachfolgern der Konservativen Revolution.

327 Mohler 1950, S. 155 ff.

328 Ebd., S. 157; S. 169; S. 157 f; S. 160.

329 Spranger S. 315 ff. Mohler 1950, S. 160 f.

330 W. Hauer: Naturwissenschaft und Religion, Glauben und Wissen, in: ders.: Verfall oder Neugeburt der Religion?, Stuttgart 1961, S. 280; ders.: Indo-arische Metaphysik, Stuttgart 1934.

331 Vgl. z. B. den wenig originellen und oberflächlichen Artikel von H.-G. Jaschke: Nationalismus und Ethnopluralismus. Zum Wiederaufleben von Ideen der »Konservativen Revolution«, in: »Aus Politik und Zeitgeschichte. Beilage zur Wochenzeitung Das Parlament« 10. 1. 1992. Immerhin nimmt Jaschke das Konzept des »Ethnopluralismus« wenigstens endlich als ein neofaschistisches zur Kenntnis.

332 Capra 1988, S. 338. Hunke 1969, S. 222 ff; S. 228; S. 225 f; S. 468; S. 226.

333 G. Schiwy: Der kosmische Christus, München 1990, S. 103; S. 86 ff; S. 88.

334 Hunke 1969, S. 226 f; S. 464.

335 P. Teilhard de Chardin: Der Mensch im Kosmos, München 1959, S. 279 ff.

336 Schiwy 1981, Bd. 2, S. 262; S. 202 ff; S. 261 f. Teilhard 1959, S. 281. Teilhard zit. n. Bahro 1987, S. 460. Ruppert 1987, S. 111 f.

337 Hunke 1969, S. 465; S. 468.

338 Schweidlenka 1989, S. 58. Niedenführ 1990, S. 111.

339 G. Gerken: Die Geburt einer neuen Kultur, Düsseldorf 1988. »Management und Wissen«, Nr. 1/1989, S. 5. »Wiener«, Nr. 11/1989, S. 101–108.

340 Hermand S. 67 f. Mynarek 1986, S. 159. Niedenführ 1990, S. 76 f.

341 Faye in Krebs 1988, S. 240; S. 245; S. 256 f. – Vgl. Weß, S. 99–107; Kardoff S. 67 ff.

342 Teilhard 1959, S. 280. Krebs 1981, S. 152. Hermand S. 293–311. Spengler 1931, S. 86.

343 H.-P. Michels: Informationsverarbeitung und Künstliche Intelligenz. Eine Analyse der Grundlagen der modernen Denk- und Gedächtnispsychologie, Frankfurt. a. M. 1991; vgl. S. 58 f; S. 106; S. 126; S. 178; S. 180–185. Ders.: Eighth International Joint Conference on Artificial Intelligence, in: »Das Argument«, Nr. 142, 1983, S. 888 f. – Russel und Leary zit. n. Schweidlenka 1989, S. 151, S. 153. Schweidlenka beschränkt sich in seiner Darstellung der spirituellen »Computopia« wiederum auf eine romatizistische Kritik der technischen Entwicklung: Computer bedeuteten »Krieg gegen die Natur« (S. 155) und würden die Naturreligiosität der vermeintlich harmonischen vorzivilisatorischen Gesellschaften zerstören (S. 156).

344 W. Ch. Zimmerli: Technik als Natur des westlichen Geistes, in: Dürr und Zimmerli, S. 389–409.

345 Weizsäcker zit. n. Wisser, S. 234 f.

346 A. von Schrenck-Notzing: Grundfragen der Parapsychologie, 2. Aufl. Stuttgart 1962 (1. Aufl. 1929), S. 24. Scheler verfaßte u. a. das Buch »Die Stellung des Menschen im Kosmos«, Darmstadt 1928.

347 Faye in Krebs 1988, S. 250. Chamberlain 1928, S. 74. Puttkamer zit n. »taz« 14. 3. 1987. – Der Nazi Otto Sigfrid Reuter war ein Halbbruder des von den Nazis verfolgten Ernst Reuter, dessen Sohn Edzard Reuter als Chef von Daimler-Benz die Fusion mit MBB herbeiführte, vgl. Kratz 1991b.

348 Zit. n. »Der Spiegel«, Nr. 12/1992, S. 146. Vgl. zur Siemens-Stiftung Kratz 1991b.

349 Becher S. 150; S. 156; S. 162 f.

350 Jäckh zit. n. R. Opitz: Europastrategien des deutschen Kapitals 1900–1945, Köln 1977, S. 367 ff.

351 B. Kanitscheider: Selbstorganisation in komplexen Systemen, in: Universitas. Zeitschrift für interdisziplinäre Wissenschaft, Nr. 8/1991, S. 751–760.

352 »Das Neue Zeitalter«, Nr. 15/1990, S. 9. Capra 1987, S. 287; S. 289; S. 337; ders. 1988, S. 366; S. 374.

353 G. Höhler: »Bäume – Sinnbilder des Lebens: Indianerbäume«, in: »MUT«, August 1989. Höhler im Interview in: Verspielen wir die Zukunft? Gespräche über Technik und Glück, Zürich 1982, S. 52 f; 54. Uexküll 1933, S. 66; S. 73.

354 »Criticon«, Nr. 44, S. 324. Vgl. G. Faye: Von der Konsumgesellschaft zur organischen Wirtschaft, in: Krebs 1981. »Der Spiegel«, Nr. 34/1979, S. 157–162.

355 Vgl. A. Barkai: Das Wirtschaftssystem des Nationalsozialismus. Der historische und ideo-

logische Hintergrund 1933–1936, Köln 1977, S. 31 ff. Zu Spann ebd., S. 77–81, 92–96.

356 »Der Spiegel«, Nr. 17/1989, S. 130 ff; Nr. 11/1992, S. 152 ff.

357 Hunke 1969, S. 470; S. 505.

358 Mynarek 1986, S. 203; S. 201. Rosenberg S. 24.; S. 26. »Das Atlantis Lichtnetz«, Nr. 3/1990. Der sechste Kontinent der Erde ist Antarktika. – Vgl. z. B. Hermand 1988, S. 238–243, zur »Faschisierung des Atlantis-Mythos«. Gugenberger u. Schweidlenka 1987, S. 49. A. Strohmeyer: Helgoland – Heiligland? Um den roten Felsen in der Nordsee ranken sich braune Mythen, in: »Waterkant. Mitteilungsblatt der Aktionskonferenz Nordsee e. V.«, Nr. 1/2/1991, S. 45–48.

359 »Die Tat«, Heft 9, S. 642 ff. Zu Heidegger vgl. Farías, S. 43; Heidegger war selbst ein Respiritualisierer von Volk und Reich, vgl. ebd. S. 302 f, 365 f. Bahro 1987, S. 346; S. 451. Reichstümler zit. n. F.-W. Haack: Blut-Mythus und Rasse-Religion. Neugermanische und deutsch-völkische Religiosität, München 1983, S. 19.

360 Sontheimer S. 226 ff; S. 230 ff.

361 S. Hunke: Das Reich ist tot. Es lebe Europa, Hannover 1965, S. 52 f.

362 Schweidlenka 1989, S. 158 f; allerdings verfällt er dann in den Fehler, das nationalrevolutionäre Konzept des »Bioregionalismus« gegen die EU als zentralistische Macht zu setzen (S. 161 f) und anschließend auch noch, an die Ludendorffer-Sekte erinnernd, die UNO anzugreifen (S. 163–170). Sontheimer S. 239.

363 H.-J. Schwierskott: Arthur Moeller van den Bruck und der revolutionäre Nationalismus in der Weimarer Republik, Göttingen 1962, S. 107 f. Hunke 1965, S. 123. – Vgl. J. Neurohr: »Der Mythos vom Dritten Reich«, Stuttgart 1957, der vor allem in dem Kapitel »Imperium Sacrum« auch auf die geschichtliche Entwicklung der Idee eingeht. Er setzt den Reichsgedanken auch in Beziehung zu den Verheißungen des »Neuen Menschen«, eine Vision, auf die auch Küenzlen (1988) für das New Age hinweist und die bei Teilhard de Chardin deutlich wurde. Zur »Idee eines übernationalen Reiches« läßt Neurohr den konservativen Revolutionär Edgar Jung (»Die Herrschaft der Minderwertigen, ihr Zerfall und ihre Ablösung durch ein Neues Reich«, Berlin 1927) zu Wort kommen: »aus deutschem Geiste geboren, das Abendland vor endgültiger Auflösung bewahrt« (S. 201). Bei Sigrid Hunke heißt dies 1989: »Vom Untergang des Abendlandes zum Aufgang Europas«. E. Jung und Hunke sind sich über mehrere Jahrzehnte hinweg einig: »Die Zukunft der Deutschen hängt von der Inbrunst ab, mit welcher sie religiös-geistiges Leben in den Mittelpunkt ihres Seins stellen« (Jung 1927, S. 65). Vgl. Läpple, S. 22 ff.

364 J. Ackermann: Heinrich Himmler als Ideologe, Göttingen 1970, S. 171; S. 174. Vgl. Mynarek 1986.

365 Vgl. MEW, Bd. 3, S. 43 f.

366 Vgl. Gugenberger u. Schweidlenka, S. 31–39. – Insbesondere die Zusammenarbeit mit religiösen Gruppen innerhalb der Friedensbewegung der achtziger Jahre hatte in der DDR bei Marxisten eine Öffnung zu religiösen Fragen bewirkt, um Bündnispartner zu gewinnen, vgl. den Aufsatz von Birgit Gysi: Religiöse Aneignung der Welt als kulturelles Erbe, in: »Analytisch-synthetische Informationen der Akademie für Gesellschaftswissenschaften beim ZK der SED«, Nr. 63/1987. Hier wurde auch der romantische Mythos von der naturreligiös gestützten »urgesellschaftlichen Ganzheit« ohne »antagonistische Klassenspaltung« gepflegt (S. 93), der sich auch bei Marx und Engels findet, für den aber eine überzeugende empirische Evidenz der Prähistorik immer noch auf sich warten läßt. Auf die Wirkung dieses Mythos setzen offenbar New Ager wie Bahro, ohne zu reflektieren, daß sich Zehntausende von Jahren der Menschheitsgeschichte nicht auslöschen lassen, wenn es denn unter der Gültigkeit des Rechts des Stärkeren, der Steinäxte und der Mangelwirtschaft der Jäger- und Sammler-Gesellschaften überhaupt diese Uridylle gegeben haben mag. – Demgegenüber machte Friedrich Engels in seiner Schrift »Der Ursprung der Familie, des Privateigentums und des Staats« von 1884 deutlich, daß die Urgesellschaft »dem Untergang geweiht war« und ihre vermeintliche Idylle eine sehr beschränkte war, wie er am Beispiel der Irokesen aufzeigt: »Wo nicht ausdrücklicher Friedensvertrag vorlag, herrschte Krieg von Stamm zu Stamm, und der Krieg wurde geführt mit der Grausamkeit, die den Menschen vor den übrigen Tieren auszeichnet. ... Die Gentilverfassung in

ihrer Blüte, wie wir sie in Amerika sahen, setzte voraus eine äußerst unentwickelte Produktion, also eine äußerst dünne Bevölkerung auf weitem Gebiet; also ein fast vollständiges Beherrschtsein des Menschen von der ihm fremd gegenüberstehenden, unverstandnen äußern Natur, das sich widerspiegelt in den kindischen religiösen Vorstellungen. Der Stamm blieb die Grenze für den Menschen, sowohl dem Stammesfremden, als auch sich selbst gegenüber: der Stamm, die Gens und ihre Einrichtungen waren heilig und unantastbar, waren eine von Natur gegebne höhere Macht, der der einzelne in Fühlen, Denken und Tun unbedingt untertan blieb« (zit. n. der Ausgabe Stuttgart 1948, S. 48).

367 Eichberg 1987, S. 213. Der in Schlesien geborene Eichberg zitiert den Indianer-Häuptling mit einer Rede gegen die Forderung der US-Regierung an die Crow, weiteres Land an den Staat abzutreten: »Der Boden, den ihr hier seht, ist kein gewöhnlicher Boden – er ist das Blut, das Fleisch und die Knochen unserer Vorfahren. ... Dieses Land ist mein Blut und mein Tod, es ist heilig, und ich gebe kein Stück davon her.«

368 Hunke 1989, S. 319 f. Vgl. Fromm S. 79.

369 Diese sprachliche Parallele von »Deutschland als Ganzem« (aus dem Deutschland-Vertrag von 1955) zum aktuellen ganzheitlichen Trend erscheint nunmehr als Treppenwitz der Weltgeschichte.

370 H. S. Visnupada: Varnasrama-Manifest der sozialen Vernunft, Heidelberg 1981, S. 215–219. Nemitz, S. 51.

371 M. Bauer: Plädoyer für ein Neues Deutschland, in: S. Ulbrich (Hrsg.): Gedanken zu Großdeutschland, Vilsbiburg 1990, S. 39.

372 R. E. Frykenberg: Religion, Nationalism And Hindu Fundamentalism: The Challenge To Indian Unity, Colombo 1993.

373 »ÖkoKalender '92«, S. 167; S. 169 f. Der Kalender erscheint im Verlag Die Werkstatt, in dem es heftige Diskussionen um den hier kritisierten Kalendertext gegeben hat. Am Ende wurde er abgedruckt.

374 A. Korsenz: Plädoyer gegen die Weltwirtschaft, in: Krebs 1988, S. 269–301, zit. S. 281; S. 285 f. Vgl. G. Faye: Von der Konsumgesellschaft zur organischen Wirtschaft, in: Krebs 1981.

375 Vgl. Faye 1981. Becher S. 157; S. 168. Rezension: P. Küffner: Der Blick aufs Ganze. Das Weltbild eines ungewöhnliches Politikers, in: »Europa Zeitbünde«, Nr. 7 u. 8/1986, S. 26.

376 A. de Benoist: Die Religion der Menschenrechte, in: Krebs 1988. »Thule«-Programm zit. n. Arbeitskreis »Neue Rechte«: Thule Seminar. Spinne im Netz der Neuen Rechten, Kassel o. J. (1990), S. 10.

377 »Volk im Werden«, Jg. 1942, S. 46. Krieck 1938, S. 160. Hitler zit. n. Läpple 1980, S. 35. Hunke 1969, S. 333; S. 488 f; S. 503.

378 Die »Duineser Elegien«, die Hunke zitiert, sind ein Werk Rilkes, in dem er diese »ganzheitliche« Sicht des Todes darstellte. Hunke 1969, S. 414; S. 412; S. 407; S. 406. Zu beachten ist die völkische Gebundenheit, wenn Hunke von »uns« spricht. Sogenannte Nicht-Arier haben in dieser religiösen Konzeption keinen Zugang zum All-Göttlichen, weil ihnen angeblich eine andere Religiosität »eigen« ist.

379 S. Hunke: Tod – was ist Dein Sinn?, Pfullingen 1986, S. 124; S. 126; S. 129 f, S. 141 ff; S. 147; S. 145.

380 GGG zit. n. Hieronimus 1982, in: Cancik, S. 169. DG zit. n. Deutschland-Berichte der SoPaDe, Bd. 2, 1935, S. 237. »Grundgedanken« der DUR, Flugblatt, (1990). Hunke 1986, S. 145. Der Begriff des »historischen Gewordenseins« bei Hunke darf nicht verwechselt werden mit dem, wie er von der Linken verwendet wird. Dieses »Gewordensein« beruht nicht auf der planmäßigen menschlichen Arbeit an der Welt, sondern auf rassisch-religiösen Zwängen.

381 Vgl. »Der Rechte Rand«, Nr. 14/1991, S. 13 f; Nr. 10/1991, S. 14–16.

382 Capra 1987, S. 289. Fromm S. 126; S. 115; S. 109 f. Schweidlenka (1989) zitiert zur Geringschätzung des Individuums z. B. David Spangler von der Findhorn-Kommune.

383 Verf. führte im Jahre 1990 mehrere Gespräche mit Reitz über das Projekt »Begleitung«. Zur DG vgl. »Deutschlandberichte der SoPaDe 1934–1940«, a. a. O; U. Nanko: Die Deutsche Glaubensbewegung. Eine historische und soziologische Untersuchung, Marburg 1993.

384 R. Reitz: Christen und Sozialdemokratie. Konsequenzen aus einem Erbe, Stuttgart 1983, S. 162 f; S. 295; S. 301; S. 319. Vgl. »unitarische blätter«, Nr. 1/1980, S. 7. Der Artikel behandelt »kultische Thingspiele«, ein Thema, mit dem Eichberg den Neofaschismus in der Sportwissenschaft verankern wollte, vgl. F. Teichmann: Henning Eichberg. – Nationalrevolutionäre Perspektiven in der Sportwissenschaft, Frankfurt a. M. 1991. Eichberg durfte im »Lexikon des Sozialismus« seine Sicht der Freidenkerbewegung darstellen (Köln 1986). Das Buch wurde mitherausgegeben von dem damaligen Büroleiter Willy Brandts, Karl-Heinz Klär, dem Leiter der Heimvolkshochschule der Friedrich-Ebert-Stiftung in Freudenberg, Thomas Meyer, und der SPD-Parteihistorikerin Susanne Miller.

385 Atrott zit n. O. Tolmein: Geschätztes Leben. Die neue »Euthanasie«-Debatte, Hamburg 1990, S. 56. Vgl. Th. Bruns, U. Penselin und U. Sierck (Hrsg.): Tödliche Ethik. Beiträge gegen Eugenik und ›Euthanasie‹, Hamburg 1990; D. Weber: Wer nicht paßt, muß sterben. Euthanasie für das Jahr 2000, »Publik-Forum« Materialmappe, Oberursel 1990; Impatientia e. V. (Hrsg.): Informationspaket zur Bioethik-Debatte, Genarchiv Essen o. J.; L. Weß: Die Bioethik und der Wert des Menschen, in: »1999. Zeitschrift für Sozialgeschichte des 20. und 21. Jahrhunderts«, 5. Jg., 1990, H. 4, S. 64–81.

386 P. Singer: Praktische Ethik, Stuttgart 1984, S. 291; S. 182 f. Vgl. Chamberlain 1928; vgl. Mynarek 1986, S. 203.

387 Singer S. 40–56. Vgl. Krebs 1981; »elemente«, einzige Ausgabe 1990.

388 Jantzen 1991b, S. 57 f.

389 Vgl. S. Heim und G. Aly: Vordenker der Vernichtung. Auschwitz und die deutschen Pläne für eine neue europäische Ordnung, Hamburg 1991; W. Schneider (Hrsg.): »Vernichtungspolitik«. Eine Debatte über den Zusammenhang von Sozialpolitik und Genozid im nationalsozialistischen Deutschland, Hamburg 1991. »Verfolgung der Juden war kein Selbstzweck«, Interview mit Susanne Heim, in: »ak«, Nr. 338, 13. 1. 1992, S. 18 ff, hier S. 20.

390 Vgl. G. Süssmann: Carl Friedrich von Weizsäcker, in: H.-J. Schultz (Hrsg.): Tendenzen der Theologie im 20. Jahrhundert. Eine Geschichte in Portraits, Stuttgart 1966, S. 582. Originalzitat in: C. F. v. Weizsäcker, Zum Weltbild der Physik, a. a. O., S. 332. Zur Analyse der Ideologie und Praxis Viktor von Weizsäckers vgl. Karl Heinz Roth: Psychosomatische Medizin und »Euthanasie«. Der Fall Viktor von Weizsäcker, in: »1999. Zeitschrift für die Sozialgeschichte des zwanzigsten Jahrhunderts«, 1. Jg., 1986, H. 1, S. 65–99. Die im Text folgenden Zitate V. v. Weizsäckers finden sich bei Roth.

391 Vgl. den »ganzheitlichen« Arzt Erwin Liek, der den angeblichen »Mißbrauch« der Sozial- und Rentenversicherung anprangerte und von Kranken der Unterschicht als »Kassenlöwen« sprach. Er unterschied in »Personen, denen es zu helfen lohne und solche, die keine Hilfsberechtigung besitzen würden«, vgl. H.–P. Schmiedebach: Der wahre Arzt und das Wunder der Heilkunde. Erwin Lieks ärztlich-heilkundliche Ganzheitsideen, in: Der ganze Mensch und die Medizin, Hamburg 1989. Vgl. den »ganzheitlichen Mediziner« Karl Kötschau, der sich 1981 ausdrücklich auf den südafrikanischen Rassisten-Holisten Jan Smuts berief und 1936 die Verantwortung für die »bewußte Pflege und Aufzucht alles Krankhaften und Erbuntüchtigen« beim »jüdisch marxistische(n) Internationalismus« suchte. Als Gegenmittel empfahl er, »die Ganzheits-Reaktionen organismischen Geschehens zu studieren«, um »das große Ganze ..., die biologischen Zusammenhänge und Grundregeln der Natur« zu erkennen. »Wir wissen heute, daß man aus den Teilen nichts Ganzes aufbauen kann. Es ist nötig, vom Ganzen her zu kommen, die Natur als Ganzes zu betrachten und Gesundheit und Krankheit im Rahmen des Naturganzen zu erforschen«, was praktisch bedeute: »Der Schwächliche ist nicht dazu da, geschont zu werden. ... Ist es nicht ein Gewinn für alle, wenn Sieche, die unter oft unsäglichen Leiden ihre letzten Lebensmonate verbringen müssen, in einem letzten Versuch, ihr Lebensschicksal zu wenden, etwa vorzeitig zugrunde gehen?« Wer alles krepieren soll, sagt Kötschau auch: »Ich denke an den Krebskranken, den Tuberkulösen, den Rheumakranken und andere chronische Leiden. ... Es wird eine Entscheidung darüber herbeigeführt, entweder Leistungsfähigkeit oder natürliche Ausmerze«. Zit. n. R. Jäckle, S. 92–100. Mutige Vorstellungen der »Eigenverantwortlichkeit« statt der staatlichen Wohlfahrtsfürsorge, wie sie für den

Gesundheits- und Bildungsbereich in den »neuen sozialen Bewegungen« vertreten werden, haben in diesen älteren Angriffen auf die Sozialsysteme eine Wurzel. Sie arbeiten der konservativen Argumentation von der Notwendigkeit zur Selbstbeteiligung des Einzelnen vor allem im Gesundheitswesen zu, die so alt ist, wie die Sozialsysteme, und immer nur die unteren Gesellschaftsschichten traf.

392 Vgl. »Der Spiegel«, Nr. 12/1987, S. 142. Vgl. J. Friedrich: Die kalte Amnestie. NS-Täter in der Bundesrepublik, Frankfurt a. M. 1984, S. 113–118.

393 Vgl. die DUR-Zeitschrift »glaube und tat«, Nr. 10/1965, S. 320. Zu Catel vgl. Tolmein, S. 59; S. 188.

394 Zur Biographie Hartls vgl. die oft widersprüchlichen Angaben in: Der Prozess gegen die Hauptkriegsverbrecher vor dem Internationalen Militärgerichtshof Nürnberg 14. November 1945 – 1. Oktober 1946, Nürnberg 1949, Bd. XXXVIII, Dokument 185-L (Geschäftsverteilungsplan des Reichssicherheitshauptamtes vom 1. März 1941), S. 1–24, hier: S. 14; F. Zipfel: Kirchenkampf in Deutschland 1933–1945, Berlin 1965, S. 296 f, S. 486. M. Höllen: Heinrich Wienken, der ›unpolitische‹ Kirchenpolitiker, Mainz 1981, S. 86 f, S. 91 f; H. Stehle: Ein Eiferer in der Gesellschaft von Mördern. Albert Hartl, der Chef des antikirchlichen Spitzeldienstes der SS, in: »Die Zeit«, Nr. 41/1983, S. 12; E. Klee: »Euthanasie« im NS-Staat, Frankfurt a. M. 1983, S. 278 ff; ders.: Dokumente zur »Euthanasie«, Frankfurt a. M. 1985, S. 146–151; ders., W. Dreßen und V. Rieß: »Schöne Zeiten«. Judenmord aus der Sicht der Täter und Gaffer, Frankfurt a. M. 1988, S. 84 f; R. Rürup (Hrsg.): Topographie des Terrors. Gestapo, SS und Reichssicherheitshauptamt auf dem »Prinz-Albrecht-Gelände«, Berlin 1987, S. 78.

395 A. Hartl: Euthanasie aus religiöser Sicht, Hameln 1965, S. 4 f; S. 6; S. 15; S. 7; S. 16; S. 24; S. 8; S. 27; S. 11; S. 10 f; S. 28; S. 16; S. 19; S. 20; S. 21 f; S. 29.

395a Ebd., S. 28.

396 R. Hilberg: Die Vernichtung der europäischen Juden, Frankfurt a. M. 1990, S. 1080.

397 In Wirklichkeit fand das Landgericht Berlin lediglich eine Äußerung nicht in Ordnung wie: »Bis weit in die 70er Jahre ließen sich regelmäßige gemeinsame Zeltlager von Wiking-Jugend und Deutsch-Unitarischer Jugend nachweisen«, weil für die siebziger Jahre nur ein einziges solches Zeltlager nachgewiesen werden konnte – eine Nebensächlichkeit. Beim Landgericht Hamburg kam es noch toller: Hier hatten die Richter offenbar gerade ihre Brillen vergessen und lasen ein Semikolon für ein Komma und die Jahreszahl 1989 für 1988. Zwei Sätze, die angeblich aus einer antifaschistischen Presseerklärung gegen die DUR stammten, wurden wegen Komma und »1988« verboten, obwohl die Presseerklärung das Semikolon und »1989« enthielt. Die richtig gelesenen Sätze dürfen auch heute weiterhin geäußert werden, denn das Gericht verbot nur die eigenen Lesefehler! Aber die DUR hatte nun ihre »Verbote«, mit denen sie bis heute hausieren geht, weil ein paar Hamburger Antifaschisten das Prozeßrisiko scheuten und die einstweilige Verfügung der schlecht bebrillten Richter akzeptierten. So macht man Politik. Die angeblichen »Strafen« allerdings hatte Kramer ohne jede Basis einfach erfunden.

398 Vgl. P. Kratz: Neuheidnische Sekte mit Öko-Profil, in: SPD-Pressedienst »blick nach rechts«, 22. 12. 1986, S. 2–4; A. Pfreimdt (d. i. P. Kratz): Vom Antisemitismus zur »ökologischen Religion«, »taz« 29. 10. 1988, S. 12; P. Kratz: FaschistInnen wollen mit New Age-Image leichtgläubige Menschen ködern, hrsgg. von der »Bonner Initiative Gemeinsam gegen Neofaschismus«, Bonn 1990. – Die Kieler Broschüren »Der völkische Rassismus in der Weltanschauung der Deutschen Unitarier« (»Avanti« 1991) und »Stellungnahme des Antifaschistischen Forums Kiel« (1991) sowie Artikel in »ATZE – Antifaschistische Zeitung Kiel« sind erhältlich bei »ATZE« und »Avanti« im »Initiativenzentrum« Kiel, Schweffelstraße 6. – Die hier vorliegende zusammenfassende Darstellung der DUR ist auch deshalb nötig, weil die zentrale Position dieser Sekte im Neofaschismus in bisher erschienen Kurzdarstellungen fast gänzlich ausgeblendet wurde, vgl. z. B. H. Reller und M. Kiessig (Hrsg.): Handbuch religiöse Gemeinschaften, Gütersloh 1985; H. Krüger et al. (Hrsg.): Oekumene-Lexikon, Frankfurt a. M. 1983; F. Heyer (Hrsg.): Religion ohne Kirche. Die Bewegung der Freireligiösen, Stuttgart 1979. Das unwissenschaftliche Buch von Seibert versucht sogar ausdrücklich und entgegen der gesamten Forschungslage, die DUR

vom Vorwurf des Faschismus reinzuwaschen.

399 Ausgewertet wurden die von der DUR offiziell herausgegebene Zeitschriften seit 1949 sowie Broschüren und Bücher der Sekte selbst bzw. prominenter Funktionsträger der Sekte. Eine Reihe interner Publikationen hält die DUR jedoch unter Verschluß und gibt sie nicht einmal für wissenschaftliche Arbeiten heraus. Es ist zu vermuten, daß es sich hierbei um Schriften handelt, in denen die Interna des (Neo-) Faschismus behandelt werden.

400 Klie-Riedel in »ub« 1985, S. 161. Prem in »ub« 1986, S. 182. Vgl. »ub« 1988, Heft 4.

401 Kahl in »ub« 1989a, S. 116 f. Herder zit. in »ub« 1986, S. 176. Schöll zit. in »ub« 1990, S. 30. Kahl in »ub« 1990, S. 76. »g+t« 1966, S. 70.

402 Moshammer in »ub« 1988, S. 139 f.

403 Die Angaben entstammen dem Vereinsregister des Amtsgerichts Worms, wo die Sekte 1902 unter der Nummer VR I-7 eingetragen wurde und heute unter der Nummer VR 364 registriert ist. Alle anderen Angaben, die sich in DUR-Schriften finden, sind nachweislich falsch.

404 H.-D. Kahl: Strömungen. Die Deutschen Unitarier seit 1945 – ein kritischer Rückblick, München 1989b, S. 33 f; S. 4.

405 DG-Flugblätter zit. n. Deutschlandberichte der Sozialdemokratischen Partei Deutschlands (SoPaDe) 1934–1940, Frankfurt a. M. 1980, Bd. 1935, S. 238; Conway, S. 127. Vgl. Cancik: »Neuheiden« und totaler Staat, in: ders. (Hrsg.), a. a. O., S. 176–212; Scholder 1977, S. 573 ff, S. 699. – Zur DG vgl. die umfassende Arbeit von U. Nanko: Die Deutsche Glaubensbewegung. Eine historische und soziologische Untersuchung, Marburg 1993; BFGD S. 122; Schlachtruf zit. 239; Hauer als »Christus« S. 120. – Nanko gibt auch einen Überblick über die verschiedenen Sekten der ersten »New Age«-Bewegung. Seine Einschätzungen wirken jedoch bisweilen naiv, weil ihm ein Großteil des Wissens über die politischen Hintergründe vor und nach 1945 zu fehlen scheint und er zu Vermutungen Zuflucht nimmt. Er nennt die DUR nur in einem Satz und mit dem falschen Namen »Deutsch-unitarische Religionsgemeinschaft« (S. 252), bringt sogar widersprüchliche Angaben: So soll Hauer einmal den Vorsitz des BFGD »niedergelegt« haben (S. 160), ein andermal aber »nicht wiedergewählt« worden sein (S. 206).

406 Zit n. »Politische Ökologie. Zeitschrift für Theorie. Praxis, Diskussion und Dokumentation ökologischer Politik«, Nr. 4/1984, S. 40.

407 W. Hauer: Deutsche Gottschau. Grundzüge eines deutschen Glaubens, Stuttgart 1934, S. 4; S. 22; S. 27; S. 45; S. 16; S. 246; S. 238; S. 57; S. 174; S. 211; S. 238; S. 224.

408 W. Bonneß in »Deutscher Glaube«, Jg. 1939, S. 471; Jg. 1940, S. 125 ff.

409 H. Grabert (Hrsg.): Wilhelm Hauer: Was will die Deutsche Glaubensbewegung?, 1935, S. 18; S. 43; S. 41. G. Pick: Werkstatt der Schöpfung. Vom Atom zum Weltstaat, Prien am Chiemsee 1966, S. 246 f.

410 H. Grabert: Der protestantische Auftrag des deutschen Volkes, Stuttgart 1936; zu Teilhard vgl. S. 277; zit. S. 15; S. 267; S. 260 f. – Vgl. W. Deppert: Systematische philosophische Überlegungen zur heutigen und zukünftigen Bedeutung der Unitarier, in: ders. et al. (Hrsg.): Der Einfluß der Unitarier auf die europäisch-amerikanische Geistesgeschichte, Frankfurt a. M. 1990. – Grabert-Empfehlung in Krebs 1981, S. 453.

411 Vgl. K. Meier: Die Deutschen Christen. Das Bild einer Bewegung im Kirchenkampf des Dritten Reiches, Göttingen 1964, S. 4, S. 305, S. 313. – Zu Sauckel vgl. J. Friedrich: Die kalte Amnestie. SS-Täter in der Bundesrepublik, Frankfurt a. M. 1984.

412 Recherchematerial bezüglich einiger Aktivitäten von Lothar Stengel-von Rutkowski hat Frank L. Schütte vom Internationalen Bund der Konfessionslosen und Atheisten dem Verf. überlassen; der Bund veröffentlicht Gedichte der Rassistin Kriemhild Klie-Riedel. – Zu Stengel-von Rutkowski vgl. Nanko, S. 267. – Zur »Nordischen Bewegung« vgl. H.-J. Lutzhöft: Der Nordische Gedanke in Deutschland, Stuttgart 1971; L. Poliakov: Der arische Mythos. Zu den Quellen von Rassismus und Nationalsozialismus, Wien 1971, der auch die religiös-rassistische Linie aufzeigt, die wir im 3. Kapitel behandelten; M. H. Kater: Das »Ahnenerbe« der SS 1935–1945. Ein Beitrag zur Kulturpolitik des Dritten Reiches, Stuttgart 1974; M. Billig: Die rassistische Internationale. Zur Renaissance der Rassenlehre in der modernen Psychologie, Frankfurt a. M. 1981; A. Bramwell: Blood and

soil: Walther Darré and Hitler's Green Party, Abbotsbrook 1985. Zur herausragenden Bedeutung von Günther und Clauß im NS-Rassismus vgl. C. F. Graumann, S. 4; J. Hermand, S. 147, S. 229.

413 Vgl. Lutzhöft, S. 41.

414 Nach Augenzeugenberichten, vgl. Lutzhöft, S. 47.

415 H. W. Hammerbacher behauptet dagegen nach einem Bericht der antifaschistischen Zeitschrift »Der Rechte Rand« (Nr. 10, S. 10), Sigrun Schleipfer sei nicht mit ihm verwandt, sondern sei die Tochter eines E. F. Standt – da mag wohl einigen Rassisten ihre Abstammung nicht recht klar sein.

416 Zit. n. G. Heidenreich: Die organisierte Verwirrung. Nationale und internationale Verbindungen im rechtsextremistischen Spektrum, in: W. Benz (Hrsg.): Rechtsextremismus in der Bundesrepublik. Voraussetzungen, Zusammenhänge, Wirkungen, Frankfurt a. M. 1984, S. 181.

417 Zu Reuß und Wirth vgl. Kater, S. 15. Zu Reuß und Darré vgl. Bramwell, S. 46 f.

418 Clauß im Ahnenerbe vgl. Kater, S. 209. Abel als Augustin-Schüler vgl. »g+t«, Nr. 2/1977, S. 51.

419 Kummer zit. n. L. Poliakov: Das Dritte Reich und seine Diener. Dokumente, Berlin 1956, S. 208. Vgl. Mohler 1950, S. 81 f.

420 Vgl. W. Scharf: Nationalsozialistische Monatshefte (1930–1944), in: H.-D. Fischer (Hrsg.): Deutsche Zeitschriften des 17. bis 20. Jahrhunderts, Pullach 1973, S. 409–419; G. Berglund: Der Kampf um den Leser im Dritten Reich. Die Literaturpolitik der »Neuen Literatur« (Will Vesper) und der »Nationalsozialistischen Monatshefte«, Worms 1980.

421 Stengel-von Rutkowski in »NS-Monatshefte«, Nr. 161, 1944, S. 83. Vgl. S. Hunke: Kamele auf dem Kaisermantel, Stuttgart 1976.

422 Vgl. J. Billig: Alfred Rosenberg dans l'action idéologique, politique et administrative du Reich hitlérien, Paris 1963, S. 326. Hier heißt es: »Achterberg, Eberhard. Rédacteur en chef des ›Nationalsozialistische Monatshefte‹ (Cahiers mensuels nat. soc.); rédacteur de la revue ›Sigrune‹; ensuite chef de la section ›Judaisme et Franc-Maconnerie‹ de la DBFU«. DBFU heißt »Dienststelle des Beauftragten des Führers für die Überwachung der gesamten geistigen und weltanschaulichen Schulung und Erziehung der NSDAP« (ebd.. S. 29). – Achterbergs Sohn Gerd bestreitet nach dem Tode seines Vaters in einem Brief an die Kieler Antifa-Zeitschrift »ATZE«, daß Eberhard A. diese Funktion im »Amt Rosenberg« inne gehabt habe.

423 »NS-Monatshefte«, 1930, S. 202; 1942, S. 533; S. 539; S. 542. Kahl 1989b, S. 5.

424 Vgl. Baumgärtner, S. 38 f, S. 85. Zu Ziegler in der DG vgl. Nanko, S. 147.

425 Vgl. R. Rietzler: »Kampf in der Nordmark«. Das Aufkommen des Nationalsozialismus in Schleswig-Holstein (1919–1928), Neumünster 1982. – Der Wirtschaftstheoretiker Klagges zit. n. Barkai, S. 33. – Der Erziehungstheoretiker Klagges zit. n. J. Thierfelder: Die Auseinandersetzungen um Schulform und Religionsunterricht im Dritten Reich zwischen Staat und evangelischer Kirche in Württemberg, in: M. Heinemann (Hrsg.): Erziehung und Schulung im Dritten Reich, Bd. 1, Stuttgart 1980, S. 255 ff. – Klagges vor Gericht zit. n. M. Jenke: Die nationale Rechte. Parteien, Politiker, Publizisten, Berlin 1967, S. 194.

426 Hegels in »ub«, 1981, S. 61.

427 Zu den Wahlergebnissen vgl. Jürgen Falter: Hitlers Wähler, München 1991, S. 155, S. 159; R. Stöss: Rechtsextremismus und Wahlen in der Bundesrepublik, in: »Aus Politik und Zeitgeschichte«, Nr. B 11/93, 12. März 1993; »Der Rechte Rand«, Januar 1994, S. 12 f. – Achterberg in »g+t«, 1951, Heft 8. – Der Bundesminister des Innern: Erfahrungen aus der Beobachtung und Abwehr rechtsradikaler und antisemitischer Tendenzen im Jahre 1964, Bonn 1965, S. 14 f.

428 Hegels in »ub«, 1986, S. 163.

429 Zur Biographie von Schäfer-Hansen vgl. E. Stockhorst: 5000 Köpfe. Wer war was im 3. Reich, Kiel 1985, S. 373. Das Buch erscheint im rechtsextremen »Arndt-Verlag«. Prem in »g+t«, 1977, S. 142.

430 Prem über Castagne in »ub«, 1983, S. 232.

431 Vgl. E. Hansen: Wohlfahrtspolitik im NS-Staat, Bremen 1991, S. 383 f.

432 Eichmann zit. n. J. Billig: Die Endlösung der Judenfrage, New York und Paris 1979, S. 71; vgl. S. 66. – Vgl. K. Pätzold: »Die vorbereitenden Arbeiten sind eingeleitet.« zum 50. Jahrestag der »Wannsee-Konferenz« vom 20. Januar 1942, in: »Aus Politik und Zeitgeschichte. Beilage zur Wochenzeitung Das Parlament«, 3. 1. 1992; H. Graml: Zur Genesis der »Endlösung«, in: W. H. Pehle: Der Judenpogrom 1938. Von der »Reichskristallnacht« zum Völkermord, Frankfurt a. M. 1988. – Zu den Massengräbern in Kiew vgl. Hilberg, S. 333, S. 408. – Hilberg zur »Blut-Sippschaft« S. 1082. – Prem über Hartl in »ub«, 1982, S. 31.

433 Zu Keller vgl. Thierfelder, S. 243 f. Prem über Keller in »ub«, 1978, S. 24.

434 Kahl 1989b, S. 30. Böhmes Hitler-Texte zit. n. F.-W. Haack 1983, S. 48.

435 Achterberg über Böhme in »g+t«, 1967, S. 307; 1971, S. 372.

436 Vgl. J. Lütge: Der Mensch als Material. Erwin Guido Kolbenheyers »Bauhütten«-Konzept, in: Schwedhelm, S. 228–242. – Farías berichtet: »Bei den Feierlichkeiten zu Ehren von E. G. Kolbenheyer ..., die 1954 von der Kolbenheyer-Gesellschaft, der Sudetendeutschen Landsmannschaft und dem Deutschen Kulturwerk Europäischen Geistes begangen wurden, begrüßte Kolbenheyer die Anwesenden mit dem nationalsozialistischen Gruß. Burte (ebenfalls ein völkischer Schriftsteller, P. K.) beglückwünschte ihn unter allgemeinem Beifall dazu und sagte, er sei ein Mann und kein Kriecher« (S. 121). – Das DKEG wurde gegründet mit einer 100000 DM-Spende des Stifterverbandes der Deutschen Industrie, vgl. H.-J. Schulz (Hrsg.): Sie sind wieder da! Faschismus und Reaktion in Europa, Frankfurt a. M. 1990, S. 146. – Tauber dagegen benennt den Spender als »Kulturkreis« der deutschen Industrie: K. P. Tauber: Beyond Eagle and Swastika. German Nationalism Since 1945, Middletown 1967, S. 659. Tauber, der niemals ins Deutsche übersetzt wurde, bei dem sich aber fast alle Autoren über den bundesdeutschen Neofaschismus bedienen, gibt über Böhme und dessen Organisationen umfassend Auskunft (S. 624–666). – Vgl. B. Engelmann: Das »Deutsche Kulturwerk Europäischen Geistes«, »Pflegstätte« der »Aktion W«, Schriftenreihe der Demokratischen Aktion, o. O., o. J. – Zu Böhme vgl. R. Stöss (Hrsg.): Parteien-Handbuch, Bd. 2, Opladen 1986, S. 1146. – Hagen in »g+t«, 1967, S. 246. Kahl 1989b, S. 31.

437 Zu Windisch und dem BHJ vgl.: Wie kriminell ist die NPD?, Hamburg 1980, S. 63. Vgl. Tauber.

438 Zu der Bednarski-»Sippe« vgl. Kratz 1990.

439 Vgl. H. Brenner: Die Kunstpolitik des Nationalsozialismus, Reinbek 1963, S. 11, S. 17, S. 38. Vgl. zum langjährigen Chef der Sudetendeutschen Landsmannschaft, Walter Becher, Kap. 3; Becher war wie Böhme, Pozorny und andere DKEG-Leute auch im Witiko-Bund aktiv.

440 Zu Lauck vgl. ID-Archiv (Hrsg.): Drahtzieher im braunen Netz. Der Wiederaufbau der ›NSDAP‹, Amsterdam o. J. (1992), S. 14 f. Zur »Stillen Hilfe« vgl. J. Pomorin, R. Junge und G. Biemann: Geheime Kanäle. Der Nazimafia auf der Spur, Dortmund 1982; Klug zit. S. 44 f.

441 »ub«-Ausländer-Zitat in »ub« 1982, Nr. 1, S. 17 ff. Darsow in »ub« 1980, Nr. 2, S. 59. Zu Rüddenklau und Venohr vgl. Kratz 1990.

442 Vgl. F. L. Carsten: Geschichte der preußischen Junker, Frankfurt a. M. 1988.

443 Helmut Lölhöffels Schwester, die sich Margret von Löwensprung nennt, hält noch 1987 ein Seminar bei der »Unitarischen Akademie« ab. Ein weiterer Verwandter, der sich Lutz von Lölhöffel nennt, schreibt im März 1989 in der rechtsextremen Zeitschrift »Lebensschutz-Informationen LSI«, die gemeinsam vom »Weltbund zum Schutz des Lebens«, der »Akademie für Umwelt und Lebensschutz e. V.« und dem nazistischen »Collegium Humanum« des Werner Georg Haverbeck herausgegeben wird. Erich von Lölhöffel, auch durch seine zweite Niederlage vom 8. Mai 1945 noch nicht klug geworden, schreibt 1964 in der revanchistischen Zeitschrift »Der Deutsche Osten« (der hier bis über das Baltikum hinaus reicht!) Artikel über »den roten Krieg im Äther«; in der Zeitschrift schreibt zeitgleich auch Richard W. Eichler. Den Stammbaum der »Sippe« mit zahlreichen Verzweigungen seit 1516 beschreibt E. v. L. stolz im »Genealogischen Handbuch des Adels« des »Deutschen Adelsarchivs e. V.«, Limburg 1972, Bd. 52, S. 292–303 (Druck posthum).

444 In einem »Offenen Brief« stellen sich Prominente, die anscheindend glauben, auf den »FR«-Journalisten angewiesen zu sein, vor Lölhöffel, ohne aber die wahren Hintergründe auch nur annähernd zu durchschauen. Die Wahrheit aber spielt hier keine Rolle mehr: »Versuche, ihn (gemeint ist Helmut Lölhöffel, P. K.) als Sympathisanten, gar als Helfer oder Zuträger rechter und reaktionärer Gruppen oder Sekten zu denunzieren, entspringen reinen Hirngespinsten«, meinen die Prominenten, die ihre eigene Wahrheit definieren, als wären sie zu den Selbstgöttlichen übergelaufen. Zu den Unterzeichnern dieses »Offenen Briefes« zählen die SPD-Bundestagsabgeordneten Norbert Gansel (Kiel) und Horst Ehmke (Bonn), in deren lokalen bzw. Landes-Parteigremien in den achtziger Jahren selbst DUR-Leute bzw. DUR-Mitstreiter sitzen, die Landtagsabgeordneten der NRW-Grünen Roland Appel (dessen Mitarbeiter Martin Böttger eine Zeitlang zu den Funktionären des New Age-Beerdigungsinstituts »Begleitung« zählt) und Michael Vesper sowie der Pressesprecher der Bundestagsgruppe des Bündnis 90/Die Grünen Heinz Suhr. Auch die Käufer des Pahl-Rugenstein-Verlages, Arnold Bruns und Hartmut Löschke, die nun im Verlag Pahl-Rugenstein Nachfolger die antifaschistischen Bücher des verstorbenen Reinhard Opitz verlegen, solidarisieren sich öffentlich mit Lölhöffel gegen die »Bonner Initiative Gemeinsam gegen Neofaschismus«, die in der Tradition von Opitz und in persönlicher Bekanntschaft mit ihm seit Jahren ihre antifaschistische Politik betreibt. Selbst nach Lölhöffels Niederlage in dem Gerichtsprozeß hat sich niemand von den Unterzeichnern, etwa wenigstens nachträglich eines Besseren belehrt, von dem »Offenen Brief« distanziert.

445 Langbehn in »g+t« 1956, S. 613. BDUJ-Gründung in »g+t« 1960, S. 99. Kramer in »g+t« 1959, S. 33. »g+t« 1960, S. 35; 1963, S. 284. Lölhöffel in »g+t« 1963, S. 282 f; S. 262 f; 1967, S. 176 f.

446 Stapperfenne in »g+t« 1973, S. 377.

447 Prem in »ub« 1985, S. 156.

448 Vgl. B. Ph. Schröder: Deutschland und der Mittlere Osten im Zweiten Weltkrieg, Göttingen 1975; L. Hirszowicz: The Third Reich and the Arab East, London 1966.

449 Vgl. »Der Spiegel«, Nr. 47/1962: Von der Heydte: General-Anzeiger; Nr. 19/1963: Deutsche Raketen für Nasser. Zu Alfred Heß vgl. D. M. McKale: The Swastika Outside Germany, Kent 1977.

450 Vgl. G. R. Warburg: Islam and Politics in Egypt: 1952–80, in: Middle Eastern Studies, 1982, Jg. 18, S. 131–157, besonders S. 140 f; B. M. Borthwick: Religion and Politics in Israel and Egypt, in: The Middle East Journal, 1979, Jg. 33, S. 145–163, besonders S. 157; M. Berger: Islam in Egypt Today. Social and Political Aspects of Popular Religion, Cambridge 1970.

451 Über eine interessante Episode, Saddam Husseins »Superkanone«, die ursprünglich zur Beschießung Großbritanniens über den Ärmelkanal hinweg von der SS als Alternative zu den V 1- und V 2-Raketen Wernher von Brauns entwickelt wurde und Jahrzehnte später auf Umwegen in den Irak gelangt, berichtet die britische antifaschistische Zeitschrift »Searchlight« im Mai 1992 (»From the Third Reich to Iraq. The secret history of the supergun«). Zu Windisch vgl. B. Hoffman: Right-Wing Terrorism in West Germany, Santa Monica (RAND Corporation) 1986, S. 17.

452 Der aus politischen Gründen von den Nazis verfolgte Ernst Reuter war ein Halbbruder Otto Sigfrid Reuters. Edzard Reuter ist der Sohn Ernst Reuters. Sein Image als Mitglied der SPD und einer jüdischen Gemeinde ist den ökonomischen Interessen von Daimler-Benz sicher nützlich, die sich seit den dreißiger Jahren, als auch diese Firma die Nazi-freundlichen antijüdischen Araber im Nahen und Mittleren Osten aufrüstete, nicht geändert haben. – Interessant im Zusammenhang mit der Südamerika-Connection und der Frage nach den Auslands-Verbindungen der DUR ist auch, daß der Nazi-Oberst Hans-Ulrich Rudel in den fünfziger Jahren in Argentinien als Vertreter von Daimler-Benz fungiert haben soll, vgl. Pomorin u. a., S. 113.

453 Zu Rauff vgl. Pomorin, S. 61, S. 91 f.

454 Zu Sänger vgl. »Der Spiegel«, Nr, 36/1962, »Nassers Zigarren«, und Nr. 40/1962, »Freunde der Braut«. Zur NS-»Science Fiction« vgl. Hermand, S. 293–311.

455 Prem zit. n. »Blick«, Juni 1991. Kramer in »ub« 1991, S. 25.

456 Kahl 1989b, S. 3. Leutkart in »g+t« 1974, S. 335–338. Hunke 1969, S. 478 f.
457 Vgl. von See 1975, S. 13. Zur Siemens-Stiftung vgl. Kratz 1991b.
458 Witzel in »ub« 1989, S. 200 ff.
459 Prem in »ub« 1989, S. 216–220.
460 Vgl. U. Hunger: Die Runenkunde im Dritten Reich. Ein Beitrag zur Wissenschafts- und Ideologiegeschichte des Nationalsozialismus, Frankfurt a. M. 1984. Zum »Jul-Leuchter« vgl. J. Ackermann: Heinrich Himmler als Ideologie, Göttingen 1970, S. 72 ff. – Daß auch die DUR ihr Zeichen als Hagalsrune sieht, trotz aller absurden Interpretationen Depperts in die Richtung des Christogramms, mit denen er die Öffentlichkeit zu täuschen versucht, zeigt die unter Depperts Regie herausgebrachte Kieler DUR-Zeitschrift »Blick« vom Juni 1991, in der Rolf Hoffmann schreibt: »Das Ganze, das Heile versinnbildlicht die HAGAL-Rune«. Vgl. »ub« 1987, S. 142, wo sich Baldur Springmann ähnlich äußert.
461 Zu Jefferson vgl. H. Prem: Aus unserer Gemeinschaft, in: »ub« 1991, S. 137; auch bereits Hunke, 1969, S. 478; dies., 1974, S. 157 f: »Der Unitarismus – Wurzel der modernen Demokratie«. Deppert 1990, S. 142. Zu Darré/Jefferson vgl. Bramwell, S. 187.
462 Vgl. Tauber, S. 652–656, S. 1270.
463 Vgl. »ub« 1978, S. 210.
464 Zu Firgau als »Erbbiologe« vgl. »Materialien und Informationen zur Zeit«, Nr. 1/1978, S. 15. – Zu Willy Hellpach vgl. H. Grundlach: Willy Hellpach; Attributionen, in: C. F. Graumann, a. a. O.; J. Ritter u. K. Gründer, a. a. O., S. 1344; »glaube und tat«-Sonderheft über Hellpach, Nr. 2/1977; von H.-J. Firgau herausgegeben: Willy Hellpach 1877–1955. Tedeum. Laienbrevier einer Pantheologie, München 1977.
465 Zu Scheller vgl. Hunger, S. 119.
466 Zu Dierks auf den Dichtertagen vgl. M. Jenke: Verschwörung von rechts?, Berlin 1961, S. 365. Jenke ist ein ehemaliger Verfassungsschutzpräsident. Nanko, der sich in seinem Buch über die DG auf die Hauer-Biographie von Dierks stützt, kennt weder deren Dissertation noch ihre Verstrickungen in den Neofaschismus.
467 J. Albertz (Hrsg.): Evolution und Evolutionsstrategien in Biologie, Technik und Gesellschaft. Schriftenreihe der Freien Akademie, Band 9, Wiesbaden 1989. Zu Markl bei der Siemens-Stiftung vgl. Kratz 1991b. – Der ehemalige Besitzer der »Villa Borsig«, der Industrielle Ernst von Borsig, gehörte zu den Finanziers der NSDAP. In der Villa soll zukünftig der Bundeskanzler untergebracht werden.
468 Zu Wetzel vgl. H. Hoffmann: Im Gleichschritt in die Diktatur. Die nationalsozialistische ›Machtergreifung‹ in Heidelberg und Mannheim, 1930 bis 1935, Frankfurt a. M. 1985, S. 162, S. 208; Jenke, S. 440; Tauber, S. 913 f.
469 Hunke in »ub« 1991, S. 84. Kahl 1989b, S. 44.
470 Schlingelhof in einem Brief an die »Bonner Initiative Gemeinsam gegen Neofaschismus« vom 30. 12. 1989, Brief im Archiv des BIFFF.
471 Zu Eckhart Pick vgl. »Wer ist Wer?«, Ausgabe 1992/93, Lübeck 1992, S. 1044; Kürschners Volkshandbuch Deutscher Bundestag, Rheinbreitbach 1992, S. 191. Zu Greve vgl. Presse- und Informationszentrum des Deutschen Bundestages (Hrsg.): Datenhandbuch zur Geschichte des Deutschen Bundestages 1949 bis 1982, Bonn 1983, S. 576.
472 Alle Briefe im Archiv des BIFFF.
473 Zu Stellrecht vgl. Kratz 1991b, S. 216. Börner in einem Brief an Verf. vom 15. 3. 1990, Brief im Archiv des BIFFF. Ludwig in »ub« 1987, S. 204.
474 Eichel zit. n. Programmheft des Unitariertages 1993. Briefe von Stather, Heinemann und Schnoor im Archiv des BIFFF.

Namensregister

Die Literaturangaben in den Anmerkungen erschließen sich ebenfalls über das Namensregister. Kursive Zahlen sind Anmerkungen.